Die Form des Karate

Dr. Roman Westfehling

Die Form des Karate

Kata als umfassendes Übungskonzept

Palisander

Der Verlag dankt Dr. Sven Hensel, Dr. Janett Kühnert und Norbert Wölfel vom Chemnitzer Karateverein für die fachliche Unterstützung bei der Redaktion.

Deutsche Erstausgabe
1. Auflage Juli 2015

Umschlaggestaltung: Anja Elstner
Lektorat: Frank Elstner
Redaktion & Layout: Palisander Verlag
Druck- und Bindearbeiten: Jelgavas tipogrāfija SIA
Printed in Latvia
ISBN 978-3-938305-84-3

www.palisander-verlag.de

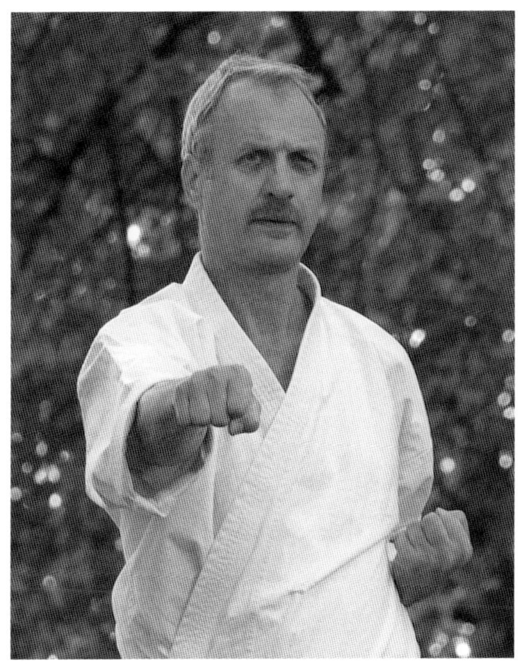

Roman Westfehling

Der Autor

Dr. rer. nat. Roman Westfehling, gebürtiger Lübecker, studierte Chemie an der Universität Kiel und promovierte dort 1988.

Als Elfjähriger begann er mit dem Judō- und im Alter von fünfzehn Jahren mit dem Karate-Training. Schon früh lag im viel daran, den Fortschritt auf körperlicher Ebene mit profundem Hintergrundwissen zu bereichern, wozu insbesondere das Eindringen in die Geschichte und Kultur Japans sowie dessen der Sprache gehörte.

Als junger Sportler suchte er Unterweisung bei hochrangigen Experten. Durch Beziehungen seines Judō-Lehrers Holger Brückner gelang der Kontakt zu Sensei Fumio Demura. 1981 erfolgte der erste Besuch in dessen Dōjō in Kalifornien. Er betrieb zunächst weiter Shotokan-Karate unter Sensei Akio Nagai, bei dem er 1987 die Prüfung zum 3. Dan bestand.

1991 erfolgte der Stilwechsel zum Shitō-ryu verbunden mit einer erneuten Prüfung zum 1. Dan. Seit Ende der 70er Jahre praktiziert er Kobudō, u. a. bei dem seinerzeit sehr bekannten Dr. Georg Stiebler.

Nach wissenschaftlicher Mitarbeit an der Universität Kiel und der Klinik für Nuklearmedizin der Medizinischen Universität Lübeck widmete er sich der Naturheilkunde und Ganzheitsmedizin. Er wurde Heilpraktiker mit dem Hauptarbeitsgebiet Traditionelle Chinesische Medizin und absolvierte eine zweijährige Ausbildung im Stillen Qigong bei Meister Zhichang Li in München.

2010 bestand er vor den Sensei Demura und Sawabe den 5. Dan. Im selben Jahr erschien im Verlag Werner Kristkeitz sein erstes Buch über die spirituellen Aspekte der Karate-Praxis mit dem Titel »Karate als Budō«.

Weblog des Autors

Unter der folgenden Internetadresse veröffentlicht der Autor regelmäßig Beiträge und Videos, die in Bezug zu dem in diesem Buch angesprochenen Themenkreis und anderen Aspekten des Budō stehen:

https://romanwestfehling.wordpress.com/author/romanwestfehling/

Danksagung des Autors

Bei der Erstellung dieses Buches haben mir meine Freunde und Trainingskameraden Andreas Plöger und Frank Holderbaum besonders geholfen. Andreas, weil er dazu beitrug, das im Text Beschriebene bildlich darzustellen, indem er für die Aufnahmen seinen Übungsraum sowie sich selbst zur Verfügung stellte. Frank hat mit seiner professionellen Erfahrung für eine herausragende Qualität der Fotos gesorgt. Beiden möchte ich hiermit für ihre Mühe und den nicht unerheblichen Zeitaufwand danken.

Mein Dank gilt auch meiner Übungs- und Lebenspartnerin Dolores Meléndez für ihre inspirierende und motivierende Unterstützung.

Frau Dr. Gabriele Förster schulde ich Dank für die Geduld bei der sicher nicht selten mühevollen Durchsicht und Korrektur des Manuskripts.

Inhaltsverzeichnis

Vorwort

Zu Beginn des Buches »Der kleine Prinz« von Antoine de Saint-Exupéry gibt es eine Kinderzeichnung, in der eine Riesenboa zu sehen ist, die einen Elefanten verschluckt hat. So, wie den Erwachsenen, die hier statt der Boa nur einen Hut sehen, bleibt auch uns das Offenbare häufig verborgen, weil unser Blick verstellt ist durch voreingenommenes Wissen und festgefügte Meinungen.

Nach den vielen Jahren meines mehr oder minder intensiven Studiums der Kampfkünste stellte ich – nicht ganz ohne Erstaunen – fest, dass mittlerweile sehr viel zu den verschiedensten Aspekten der Karate-Praxis geschrieben wurde, es aber zumindest in der deutschsprachigen Literatur nur wenig über das Wesen seiner Kata zu lesen gibt.

Um den Wert der Karate-Kata wirklich schätzen und von ihrer Übung maximal profitieren zu können, bedarf es besonderer Informationen. Ich habe versucht, diese möglichst vollständig zusammenzutragen und näher zu erläutern. Es handelt sich dabei um Gesichtspunkte, die zwar nicht gänzlich unbekannt sind, häufig aber als Randwissen betrachtet werden, obwohl sie notwendig sind, um die Essenz der Kampfkunst zu erfassen.

Bei dieser Essenz handelt es sich um das Wissen von Meistern der Vergangenheit, gleichsam um den Schatz ihrer Erfahrungen aus zahlreichen Kämpfen, aus Unterricht und spiritueller Praxis, welche über viele Generationen weitergegeben wurden.

Die Kata geht über den reinen Formalismus, den es zunächst zu beherrschen gilt, in vieler Hinsicht weit hinaus. Ihre umfassenden Zielsetzungen und Grundlagen sind Inhalt dieses Buches. Ich möchte einen Einblick geben in das, was das Üben der Karate-Kata uns bieten kann, und ich möchte aufzeigen, wo die Schwierigkeiten des Lernens und Verstehens liegen und wie diese bewältigt werden können. Und vor allem will ich deutlich werden lassen, wie die Praxis der Karate-Kata uns hinführen kann zu einer effektiven Form der Selbstverteidigung und darüber hinaus zu einem spirituellen Weg im Sinne des Budō.

Jedoch handelt es sich nicht um ein Lehrbuch über Kata. Ihre Besonderheiten, die über das ästhetische Bild hinausgehen, können letztendlich nur in direkter Unterweisung vermittelt werden. Andererseits haben sich im Laufe meiner Trainertätigkeit bestimmte Fragestellungen derart oft wiederholt, dass ich glaube, wagen zu können, die Antworten in verallgemeinernden Worten schriftlich wiederzugeben.

Aus der eigenen Übungspraxis und aus unzähligen Beobachtungen beim Unterrichten ist ein Werk entstanden, das – so hoffe ich – vielen Karateka helfen wird, ihren Blickwinkel zu erweitern. Denn erst mit einem Blick, der jenseits des unmittelbar Erkennbaren dringt, der vermeintlich sicheres Wissen hinterfragt, kann ihr Karate nach und nach wirklich zum Dō werden.

Teil I

Vom Wert der formellen Übung

1. Einleitung

Die Künste des Kampfes sind mittlerweile Bestandteil der modernen Kultur, in Film und Fernsehen ebenso präsent wie in der Werbung. Wussten zu Beginn des 20. Jahrhunderts nur wenige um ihre Existenz, so kam nach dem Zweiten Weltkrieg neben Jūdō, Aikidō, Kendō und anderen auch das Karate zuerst in die USA und dann nach Europa.

Anfangs noch als mysteriöse Methode tödlicher Schläge beargwöhnt, wandelte sich das Image des Karate nach und nach – von der Kampfkunst hin zum Sport und zu einer Methode der Gesundheitsförderung. Auch verstand man bald, dass die außerordentlichen Fähigkeiten der Karatekämpfer nicht ohne hartes und entbehrungsreiches Training erreicht werden konnten. Dabei fiel die Aufmerksamkeit der Kampfkunst-Interessierten auch auf ein ganz besonderes Konzept der Unterweisung: die *Form*, japanisch *Kata*. Wohl ist formales Üben auch in unserem Kulturkreis seit alters her die Basis einer jeden Ausbildung. Doch ein Training in Gestalt einer abstrahierten Übung, bei welcher der wahre Sinn des Handelns nicht klar ersichtlich ist, scheint eher typisch für den Fernen Osten zu sein.[1]

Allen, die schon länger eine Kampfkunst betreiben, erscheint Kata als etwas ganz Selbstverständliches. Kata werden bei Graduierungsprüfungen und auf Meisterschaften präsentiert. Sie dienen der Einstufung des Übenden, dem Beurteilen seines Fortschritts und seines Könnens. In fast allen Kampfkünsten asiatischen Ursprungs finden sich Kata, in der Regel als zentrale Form des Übens.

Für den westlichen Anfänger erweist sich der Zugang zu einer solchen Form der Übung jedoch mitunter als schwierig. Zwar wird auch in unserer Unterrichtstradition betont, dass nur häufiges Wiederholen zu hoher technischer Fertigkeit führt. Doch strebt man dabei danach, den für dieses »notwendige Übel« nötigen Zeitraum möglichst zu reduzieren. Darum verstehen viele Übende, besonders Anfänger, nicht, warum sie sich weiter mit einer bestimmten Form oder Kata beschäftigen sollen, obwohl sie ihren Inhalt doch bereits erfasst zu haben glauben. Frei nach dem Motto: Was ich kann, muss ich nicht mehr üben.

Fragt man einmal nach, worum es sich bei der *Kata*[2] handelt, so bekommt man ein breites Spektrum an Antworten. Von einer Art Pflichtprogramm im Gegensatz zur »Kür«, dem freien Kampf, war früher die Rede, oder auch von der »Gram-

---

[1] So wurden die Kampfkünste Chinas lange Zeit als »Schattenboxen« bezeichnet. Auch sprach man zu Zeiten des Boxeraufstands um 1900 von »seltsamen Riten«, die jene Rebellen aufführten.

[2] Ich habe den im Japanischen geschlechtslosen Begriff, der deutschsprachigen Übersetzung »die Form« entsprechend, mit einem weiblichen Artikel versehen. Mitunter findet man in der Literatur auch Formulierungen wie »das Kata«, was meiner Ansicht aber etwas seltsam klingt.

matik des Karate«. Als ich Anfang der 1970er Jahre mit dem Training anfing, galt Kata noch als eigentlich wenig wertvolles Beiwerk für die Gürtelprüfung, als etwas, das mit dem Kämpfen wenig zu tun hatte. Später erfuhr ich dann, dass gerade japanische Instruktoren das Studium der Kata als weitaus wichtiger erachteten als jeden Freikampf und alle andere harte Übungsarbeit.

Im ersten Teil des vorliegenden Buch versuche ich darzulegen, warum die Kata von so großer Bedeutung für die Kampfkunst ist. Dabei werde ich auch auf Besonderheiten der chinesisch-japanischen Kultur eingehen. Um ein tieferes Verständnis für die Kata zu erlangen, wird es nötig sein, sich der Denkweise der Menschen früherer Generationen anzunähern, um so zu verstehen, wie die Meister selbst zur Kata standen und wie sie mit ihr beziehungsweise der Kampfkunst insgesamt umgingen. Anschließend beschäftige ich mich mit der Frage, welche Bedeutung die Kata als zentrale Übung unserer Kampfkunst für uns Europäer hat – oder haben kann. Dabei betrachte ich die Schichten der Übung, das heißt die unterschiedlichen Facetten der Kata als zentrales Ausbildungskonzept für die Kampfkunst, und versuche abschließend eine Übersicht über die verschiedenen Kategorien von Kata zu erstellen.

Im zweiten Teil geht es dann um die Praxis, also um technische Details und Methoden der Übung. Im dritten Teil stelle ich einige für das Karate besonders bedeutsame Kata vor, um im vierten und letzten Teil schließlich zu begründen, worin der Wert der Kata für die Kampfkunst besonders im Hinblick auf ihre spirituelle Praxis besteht.

2. Wissen, was man tut

2.1. Kampfkunst gleich Budō? – Versuch einer Annäherung

Im heute allgemein praktizierten Karate japanischen Ursprungs findet sich eine recht praktische Dreiteilung des Unterrichtsstoffs wieder – Kihon, Kumite und Kata. Unter *Kihon* und *Kumite* kann sich der Anfänger leicht etwas vorstellen, sobald er die jeweilige Übertragung ins Deutsche, nämlich »Basisprogramm« und »Partnerübung«, vernimmt. Wird dann *Kata* (richtigerweise) als »Form« übersetzt, hört das intuitive Verständnis zunächst einmal auf, zumal sich auch Senpai und Sensei[3] schwer tun mit einer einfachen Erklärung.

Den Begriff Kata in wenigen Worten zu erklären, ist tatsächlich nicht einfach – ein Grund für mich, dieses Buch zu schreiben. Wer Karate praktiziert, lernt, sofern er sich öffnet, immer wieder etwas hinzu, auch was den Bereich Kata betrifft, so dass letzterer immer komplexer und tiefgründiger erscheint. Auch mir stellte sich die Kata über lange Zeit – wohl auch beeinflusst durch Kinoproduktionen aus Hong-Kong in den 1970er und 1980er Jahren – als ein symbolischer Kampf gegen mehrere Gegner dar, genau so, wie dies auch heute noch von vielen Karateka aufgefasst wird. Erst viel später entdeckte ich andere Gesichtspunkte, gleichsam Botschaften der jeweiligen Schöpfer oder Übermittler einer Kata, die sich dem Übenden erst allmählich, und ohne Hilfe mitunter nur schwer oder gar nicht offenbaren.

Sicher ist es unwahrscheinlich, dass jemand allein durch das Üben von Kata eine so außergewöhnliche Kampfkraft erlangt, dass es ihm möglich wäre, es gleich mit einer Vielzahl Gegner aufzunehmen. Mit einem einzelnen hat man ja meist schon genug zu tun. Diesen dahin zu bringen, dass er den Kampf beenden muss, ist Ziel unserer Kampfkunst.

Es erscheint mir wichtig, dass man begreift, dass nicht jede (japanische) Kampfkunst automatisch als Budō zu verstehen ist. In der Kampfkunst geht es darum, einen Kampf auf effektive Weise für sich zu entscheiden. Dabei spielt der ökonomische Aspekt eine wichtige Rolle: Der Gegner soll mit möglichst geringem physischen Aufwand oder auch auf besonders elegante Weise bezwungen werden. Budō indessen geht über dieses Ziel weit hinaus.

Die Schriftzeichen für *Budō* bedeuten *dō* – »Weg« – und *bu* – »Beendigung eines Konfliktes« oder »Beendigung eines Kampfes«. Hier geht es nicht unbedingt darum, den Gegner technisch zu besiegen, ihn gar zu töten. Im Gegenteil: Durch technisch-geistige Überlegenheit soll der Gegner noch vor der physi-

---

[3] *Sensei* und *Senpai* sind Bezeichnungen, die in Japan gar nicht so ehrenvoll klingen, wie viele bei uns denken. Sie haben ihren Ursprung im Konfuzianismus und bedeuten schlicht »der zuvor Geborene« bzw. »der vorherige Kamerad«.

schen Auseinandersetzung, also dem sichtbaren Kampfgeschehen, derart beeinflusst werden, dass die folgende Aktion nur noch dazu dient, seine Niederlage sichtbar werden zu lassen. *Budō* kann somit auch als »Weg der Konfliktlösung« übersetzt werden.

Kenji Tokitsu (siehe Literaturverzeichnis) erklärte, dass bei einem Sieg im Sinne des Budō eine subtile Einflussnahme auf das Ki des Gegners erfolgt, dessen Aufmerksamkeit hierdurch kurzzeitig getrübt wird und der dadurch zu keiner wirksamen Reaktion auf den nun folgenden Angriff fähig ist. Während in der Kampfkunst (und mehr noch im Sport) das technische Können über den Sieg entscheidet, findet die Auseinandersetzung und damit die Entscheidung über Sieg und Niederlage beim Budō auf energetisch-geistiger Ebene statt.

Kennzeichen des Budō als »Weg-Praktik«[4] ist auch der nach innen gerichtete Prozess beim Übenden, der durch bewusste Aktivierung und Kultivierung des Ki stattfindet. Empfindungen positiver und negativer Art werden verstärkt wahrgenommen. Durch positives Streben hin zu einer nahezu perfekten Technik kommt es mit der Zeit zu einer inneren Genugtuung, wodurch negative Ambitionen sich mit der Zeit auflösen. Auf der anderen Seite wirken Gefühlsregungen wie Hass, Zorn oder Neid negativ auf die Zirkulation des Ki.

Beim Ki handelt es sich um ein feinstoffliches, allgegenwärtiges Fluidum, das uns am Leben erhält, sich in und um uns bewegt und so die Kommunikation zwischen Individuen ermöglicht (siehe auch Kapitel 3.3). In Japan benutzt man das Wort, um emotionale und mentale Vorgänge zu umschreiben. Eine Störung der Ki-Zirkulation führt zu subtilem Unwohlsein und lässt die Technik schlechter, mit anderen Worten weniger effektiv werden, was dann letztlich weniger befriedigt. So reift beim Übenden mit der Zeit durch intuitive Einsicht eine innere Moral, die ihn emotional stabiler macht. Er wird weniger leicht von den Wogen der Gefühle mitgerissen, wird beherrschter und somit letztlich zu einem besseren Menschen. Aus der teils unbewussten Erkenntnis, dass keinem Kampf ein wirklicher Wert innewohnt, lässt er von vornherein von ihm ab. Mehr noch: Der Eindruck überlegener Stärke, den ein Meister des Budō überall hinterlässt, nimmt potentiellen Aggressoren schnell den Mut zum Angriff.

---

[4] Übungskonzepte, die das Ziel verfolgen den »Weg« zu erreichen, wobei die Bedeutung dieses Wortes unterschiedlich ausgelegt sein kann. Seinen Ursprung hat es im Daoismus, wo mit *dao* so etwas wie ein göttlicher Weltprozess gemeint war. Das Ziel der Übung war dann letztlich, zu diesen Prozess *zurück*zufinden, mit der Welt vollständig zu harmonieren. Im frühen chinesischen Zen-Buddhismus blieb dieser Begriff im Kern erhalten, wurde aber in seiner Beutung modifiziert. Im Einklang zu sein mit der Welt wurde eher als eine Voraussetzung gesehen, um ins Nirwana zu gelangen.
Letztlich wird in beiden Weltanschauungen davon ausgegangen, dass das Leiden der Menschen nur durch vollständiges Loslassen aller »irdischen Begierden« beendet werden kann.

Der chinesische Philosoph Zhuangzi[5] kommentiert dies in jener Geschichte, in der ein König seinen Kampfhahn von einem besonderen Trainer ausbilden lässt. Auf mehrfaches Nachfragen des Königs entgegnet der Trainer immer wieder hinhaltend, der Hahn sei noch nicht bereit. Anfangs ist er noch voller Streitsucht und Hochmut, dann zu schreckhaft, später hat er immer noch einen zu zornigen Blick und ist voller Kampfeslust. Erst nach geraumer Zeit ist der Trainer mit dem Ergebnis der Ausbildung des Hahns zufrieden: Das Krähen anderer Hähne lässt diesen völlig unberührt. Er ist ausdruckslos wie ein Stück Holz. Sein Charakter ist jetzt »ganz«, also perfekt. Kein anderer Hahn würde es nunmehr wagen, gegen ihn anzutreten, alle würden sie schon allein bei seinem Anblick davonlaufen (Zhuang Zi, siehe Literaturverzeichnis).

Gründe, eine Kampfkunst zu betreiben, gibt es viele, diese müssen zu Beginn aber nicht unbedingt besonders »ehrenhaft« sein. Wer mit dem Karate beginnt, hegt selten den Wunsch, eine Kunst zu erlernen. Den meisten geht es vielmehr darum, sich eine effektive Methode der Selbstverteidigung anzueignen. Die edlen Werte der japanischen Bushi oder mögliche spirituelle Ziele sind beim Einstieg ins Karate-Training noch eher unbekannt. Als Übender hört man davon im Laufe der Praxis und dies oft auch nur am Rande. Den einen interessiert das mehr, den anderen weniger. Viele wollen auch einfach nur etwas für ihre Gesundheit, Figur oder Fitness tun. Nicht selten kommt dazu eine Faszination für das Asiatische, gepaart mit einem Hauch Esoterik.

Ob die Wahl auf Karate fällt, hängt von vielerlei Faktoren ab. Ein Freund betreibt es bereits, oder das nächstbeste Angebot ist der Verein um die Ecke. Man verzeihe mir an dieser Stelle diese etwas profane Beschreibung, aber die Erfahrung zeigt doch nur allzu häufig, dass Entscheidungen, die das spätere Leben grundlegend beeinflussen, nur selten das Produkt reiflicher Überlegung sind.

Unter den Motiven, Karate zu lernen, steht wohl an erster Stelle der Wunsch nach Sicherheit. Sich im Fall der Fälle »selbst« verteidigen zu können, ist ein nachvollziehbarer Wunsch. Diesen zu verwirklichen, erscheint auch zunächst nicht allzu schwer. Es gibt vielfältige Angebote, die mitunter suggerieren, nach dem Erlernen der richtigen Griffe und Schläge sei man gegen jeden möglichen Angriff gewappnet. Doch merkt man beim Üben bald, dass, bedingt durch eigene Unzulänglichkeiten wie scheinbar fehlendes Talent, die erwünschte Kampfkraft in immer weitere Ferne rückt.

Jede Grundtechnik erweist sich als schwierig, nie ist der Trainer zufrieden. Sobald man mit einem Partner übt, kommen noch Probleme der Koordination zweier Individuen hinzu, und so manche Fehlreaktion endet schmerzhaft. Und erst die Kata! Bis man endlich begriffen hat, wann man sich in welche Richtung drehen

[5] Zhuangzi bzw. Zhuang Zi war ein für die daoistische Literatur bedeutender Weiser, der von 370 bis 301 v. u. Z. gelebt haben soll.

soll, wird die eigene Geduld auf eine harte Probe gestellt. Und das soll nun gut sein für die Selbstverteidigung? Die ersten Zweifel kommen.

Junge Leute haben es da etwas leichter. Sie lernen schnell und finden in der Aussicht auf Siege bei Turnieren eine Ersatzmotivation. In der Kampfkunst geht es aber nicht um Auszeichnungen. Sich mit anderen auf Meisterschaften zu vergleichen, ist allenfalls eine gute Schulung für Durchhaltevermögen und Disziplin. Da es in einem echten Kampf aber kaum Regeln gibt, können Meisterschaften nur begrenzt zeigen, wie weit die kampftechnischen Fähigkeiten eines Karateka entwickelt sind.

Es wird gern argumentiert, dass Kampfkunst den Übenden weniger aggressiv werden lässt. Auf den ersten Blick erscheint das wenig einleuchtend, schließlich werden hier Techniken gelehrt, mit denen anderen Menschen Schaden zugefügt werden kann. Die Praxis der Kampfkunst setzt jedoch voraus, dass mit der Entwicklung der technischen Fertigkeiten des Übenden – und mit der zunehmenden Gefährlichkeit seiner Techniken – auch seine Fähigkeit wachsen muss, diese zu kontrollieren, um sich selbst und seine Partner nicht zu verletzen oder von ihnen verletzt zu werden.

Zudem erwächst über die Jahre intensiven Trainings von innen heraus ein gesunder Zweifel, zunächst an einer möglicherweise sich selbst zugestandenen Berechtigung zum Missbrauch der Techniken einer Kampfkunst, später dann auch am Sinn eines physischen Kampfes, wodurch sich der Übende allmählich von der Kunst hin zur spirituellen Praxis, dem Budō, orientiert (Kenji Tokitsu, siehe Literaturverzeichnis). Letztlich bewirkt jede intensive körperliche Betätigung den Abbau von Stresshormonen, und man wird insgesamt ruhiger und weniger anfällig für Streitereien. Kampfkunst zu betreiben hat also durchaus sein Gutes. Nur, auf das »wie« kommt es an.

2.2. Warum wir Kata üben

Für die Praxis der Kampfkunst hat sich besonders in neuerer Zeit die schon erwähnte Dreiteilung in Form, Grundtechnik und Partnerübung bewährt, wobei der Kata nach wie vor die zentrale Bedeutung zukommt. Denn für die im Rahmen der Kampfkunst gesetzte Zielsetzung, das sichere Besiegen eines Aggressors, wird uns durch die Kata ein großer Teil des dazu nötigen technischen Könnens vermittelt, ebenso wie energetische Fähigkeiten bis hin zu spiritueller Erkenntnis. Im Laufe der verschiedenen Kapitel dieses Buches möchte ich versuchen, dies alles zu erläutern.

Kata beinhaltet weit mehr als nur das Einschleifen von Routinen, durch die man bestimmte Handlungen bis zur scheinbaren Perfektion beherrschen will, in unserem Fall die Verteidigung gegen einen uns übelwollenden Angreifer. In den

Kata des Karate steckt noch mehr. Richtig betrieben, enthält die Kata alle Facetten, die Karate von einer profanen Methode des Kämpfens unterscheiden und es letztlich zum Budō werden lassen.

Wenn Kata ein Medium zur Verwirklichung des Budō werden soll, dann reicht es natürlich nicht aus, gerade eben ihren vorgeschriebenen Bewegungsablauf ausführen zu können. Nicht nur, damit sich die genannten inneren Prozesse einstellen können, sondern auch für die optimale Schulung unserer kampftechnischen Fähigkeiten ist ein vertiefendes Üben auf mehreren Ebenen notwendig.

Bei dieser Vertiefung gilt es, über das stumpfe Aneinanderreihen von Abwehr- und Angriffstechniken hinauszukommen. Klar ist, dass man sich unter den Bewegungen etwas vorstellen können sollte. Was aber so einfach scheint, erweist sich in der Praxis als heikle Angelegenheit. Eine große Zahl der Techniken, die wir in den Kata üben, finden wir im Programm des Kihon wieder, und man erliegt leicht dem Trugschluss, dass unsere Kata aus ebendiesen Grundtechniken analog den Bestandteilen eines Baukastens zusammengesetzt wären.

Dadurch, dass viele dieser Bewegungen wohldefinierte Namen haben, werden die Möglichkeiten ihrer späteren Anwendung zusätzlich eingeschränkt. Wird zum Beispiel eine Bewegung als *Yoko-uke*, also als »Seitwärtsabwehr«, bezeichnet, so blenden wir unbewusst alternative Anwendung aus. Vielen ist gar nicht bekannt, dass die Bezeichnungen unserer Grundtechniken noch gar nicht so alt sind. In den 1920er und 1930er Jahren wurden im Rahmen der Strukturierung des Karate als Sport und Budō an Japans Hochschulen den Techniken die Namen gegeben, die für die damaligen Karateka sinnvoll waren. Aus heutiger Sicht ist aber zumindest ein Teil jener Nomenklatur fragwürdig geworden (siehe Kapitel 11.4).

Vor der Wende vom 19. zum 20. Jahrhundert war es unüblich, die Bewegungen des Karate mit Namen zu bezeichnen. Mehr noch: Nicht einmal Erklärungen zu ihrem Ablauf wurden gegeben. Mit dieser »Didaktik« des alten China wollte man erreichen, dass das Wissen des Meisters um die Komplexität des Kampfes möglichst nonverbal übertragen wurde. Man war überzeugt, dass es weite Bereiche der persönlichen Erfahrung gibt, die eben nicht durch Worte erfasst werden können oder durch solche ihren Sinn verlieren würden. Auch sollte die Intuition des Schülers gefördert werden, eine Fähigkeit, die ihm vielleicht in einem realen Kampf einmal das Leben retten konnte.

Anders als zu jener Zeit wurde mit Beginn des 20. Jahrhunderts das Karate (wie andere Kampfkünste Japans auch) einer breiteren Zahl von Schülern zugänglich, weshalb der Unterrichtsstil sich zwangsläufig ändern musste. Das Training in großen Gruppen wurde durch die lautstarken Anweisungen eines Trainers ermöglicht, dafür mussten die Techniken Namen bekommen. Die Kenntnisse und das Verständnis des Karate seitens der damaligen Namensgeber waren aber noch vergleichsweise gering. Und besonders unsere »höheren« Kata weisen eine recht große Zahl von Bewegungen auf, für die es bis heute keine Bezeichnungen gibt und deren Sinn, zumindest aus meiner Sicht, nur unzureichend erklärt wird (Kapitel 11).

Ein Ausweg aus diesem Dilemma liegt darin, eine veränderte Grundeinstellung gegenüber der vermeintlich vorhandenen Wahrheit einzunehmen – was uns Europäern jedoch nicht immer leicht fällt. Der chinesischen und auch der japanischen, vom Daoismus geprägten Denkweise ist Eindeutigkeit fremd. Alle Erscheinungen des menschlichen Daseins und der Welt gelten als relativ im Sinne eines Sowohl-als-auch. Für uns heißt das: Wir müssen den Wunsch nach Eindeutigkeit aufgeben. Eine Bewegung, die wir einst als Abwehr erlernten, kann in unserer Vorstellung später zum Angriff werden. Das Gefühl während des Übens ist dann ein anderes. Und selbst der gedachte Angriff oder die gedachte Abwehr unterliegt einer Art Evolution, so dass im Laufe der Jahre die Vorstellung über die Anwendbarkeit einer Technik sehr komplex werden kann. So wächst die geistige Flexibilität und damit die Fähigkeit zu kämpfen, was durch das Studium der Kata ja erreicht werden soll. Es empfiehlt sich darum dringend, sich von dem »so ist es« zu verabschieden und zu einem »könnte so, aber auch anders sein« zu gelangen.

Auch Basistraining im heutigen Sinne gab es vor Beginn des 20. Jahrhunderts kaum. Das dem Exerzieren beim Militär entlehnte routinemäßige Ausführen einzelner Techniken unter Kommando wurde unter anderem von Kentsu Yabu, einem Offizier der japanischen Armee, eingeführt. Die Dreiteilung in Kata, Kumite und Kihon erleichtert bis heute vielen Menschen das Erlernen des Karate in überschaubaren Zeiträumen. Wir wollen das Rad der Zeit nicht zurückdrehen, sollten uns aber bewusst sein, dass jede sogenannte »Grundtechnik« einer Kata entstammt, und darum auch nur im Zusammenhang mit dieser wirklich verstanden werden kann. Die Grundtechniken repräsentieren Prinzipien, wie auf einen Gegner reagiert werden kann. Im *Kihon* werden Schwerpunkte gesetzt, was die Trainingsarbeit strukturiert und den individuellen Fortschritt erleichtert.

Ähnlich verhält es sich im Bereich Partnerübung. Hier findet sich eine große Variation an Kumite-Arten, von denen das *Ippon-kumite*[6] wohl die bekannteste ist. Auch sie fanden erst im Laufe der Zeit ihren Weg in das reguläre Trainingsprogramm. Gewiss gab es schon immer Partnerübungen. Diese dienten aber eher der Schulung von Koordination und Abstandsgefühl und waren anders geartet als die heute üblichen. Ich möchte hier nicht zu sehr ins Detail gehen, aber zumindest so viel anmerken: Beim Kihon-kumite[7], und damit auch beim Ippon-kumite, wie wir es heute kennen, handelt es sich eigentlich um die Interpretation von Bewegungen aus den Kata, meist reduziert auf das Wesentliche, ähnlich wie im *Kihon*.

Das Wechselspiel zwischen Kata- und Kumite-Übung ist sehr fruchtbar und hilfreich bei der Ausbildung kampftechnischer Fähigkeiten. Nur mit einem Part-

---

[6] Partnerübung mit einmaligem Angriff.

[7] Partnerübung, die besonders einfach strukturiert ist.

ner ist es möglich, Gefühl für Abstände und Gleichgewicht zu bekommen und eine Intuition für die Reaktionen eines echten Gegners zu entwickeln. Weiter fortgeschrittene Karateka können durch eine Art »experimentelles« Üben, bei dem weniger genau vorgegeben ist, wie der fingierte Kampf ausgeht, also das »Ergebnis« nicht von vornherein feststeht, an Erkenntnisse gelangen, die über reines Denken weit hinausgehen. Das heißt, es handelt sich um intuitive Einsichten auf körperlich-geistiger Ebene, die mit Worten kaum zu vermitteln sind. Genau diese Momente, in denen man plötzlich »Ach so!« sagen mag, sind meiner Ansicht nach wichtig für das Vorankommen im Karate als Kampfkunst und als Budō.

Um die gewünschten Fähigkeiten zu erlangen, sich eines Gegners sicher erwehren zu können, ist es nötig, die Kata oder deren einzelne Sequenzen und Techniken immer aufs Neue zu wiederholen. Die Bewegungen müssen so routiniert sein, dass sie ohne langes Nachdenken abrufbar sind, wozu es in der Regel Jahre braucht. Zunächst erfolgt das Erlernen des Grundablaufs. Ich sehe es nicht als unbedingt falsch an, sich in dieser Phase des Einstiegs vorzustellen, man hätte es mit einem Gegner oder auch mit mehreren Gegnern zu tun, die aus verschiedenen Richtungen angreifen. Wir werden später sehen, wie sich durch das wiederholte Ausführen der Drehungen und Wendungen einer Kata das Gefühl für die räumliche Ausrichtung zu einem späteren Gegner verbessern lässt. Sich ein solches Kampfgeschehen vorzustellen, hat auch den Vorteil, dass »man die Sache ernst nimmt« und die jeweilige Kata kompromisslos zu Ende bringt. Dadurch werden Durchhaltevermögen und zu einem gewissen Grad auch die physische Kondition gestärkt. Körper und Geist werden gleichermaßen gefordert.

Wurde der Bewegungsablauf verinnerlicht, beginnt die Detailarbeit. Je nachdem, welche Vorstellungen man hinsichtlich des Hintergrunds der Techniken entwickelt, können letztere im Hinblick auf unterschiedliche Gesichtspunkte verbessert werden. Meiner Meinung nach sollte es hier in erster Linie um eine effektive Koordination gehen. Erst wenn alle Teile des Körpers in angemessener Form zusammenarbeiten, wenn sich eine Kette kleiner Einzelbewegungen zu einem harmonischen Ganzen zusammenfügt, kann sich ein starker Kraftfluss entwickeln. Es hat daher keinen Sinn, allzu früh Wert auf hohen Krafteinsatz zu legen. Man bleibt dann leicht auf dieser Ebene stecken und arbeitet dann nur noch mit einzelnen Muskeln, statt den ganzen Körper einzusetzen, zu dem neben den physischen auch unsere energetischen[8] und geistigen Kräfte gehören.

Wenn sich der Übende nicht mehr auf die technischen Details konzentrieren muss, wird sein Geist allmählich frei, so dass sich seine Aufmerksamkeit nach

---

[8] Das Wort »energetisch« wird in der Literatur über Kampfkunst, alternative Heilmethoden und Esoterik gebraucht, um Vorgänge zu umschreiben, in denen das *Ki* bzw. *Qi* eine Rolle spielt (siehe Kapitel 3.3). Gleichwohl trifft es nicht ganz das Wesen jener feinstofflichen Größe.

innen richtet und ein stilles Beobachten während der Übung einsetzt. Man kann dies fördern, indem man dem Gefühl in bestimmten Körperpartien nachspürt, sich in sie hineindenkt, etwa in die Fußsohlen beim Gehen oder die Faustspitze am Ende des Stoßes. Oder man bemerkt, wie sich die Übung schlichtweg »gut anfühlt«, wenn der Geist klarer wird.

An diesem Punkt beginnt im Grunde genommen erst das wirkliche Studium der Kata und damit der Kampfkunst. Wenn wir in der Lage sind, eine Kata ohne bewusstes Zutun, gleichsam von selbst ablaufen zu lassen, kann eine vertiefende Innenschau stattfinden. Dieses Stadium ist auch für den Kampf von immenser Bedeutung. Erst jetzt ist gewährleistet, dass dem Gegner die volle Aufmerksamkeit zuteil werden kann und trotzdem die nötigen Reaktionen auf sein Handeln reflexartig ablaufen.

Im Laufe der Zeit kommen immer neue Aspekte zur Übung hinzu, während andere wegfallen – zumindest sollte es so sein. So wächst die eigene Kata, das heißt der Charakter ihrer individuellen Ausführung, mit dem eigenen Fortschritt und dem Stand der wachsenden Erkenntnis. Entsprechend viel (oder wenig) kann, je nach Ambition, aus dem Üben der Kata gewonnen werden.

Sicher wird es niemanden auf der Welt geben, der Kata ganz ohne »Hintergedanken« übt, auch wenn uns die Meister immer wieder ermahnen, das Üben solle ohne jegliche Absicht geschehen. Eine Sache ohne irgendwelche Zielsetzungen zu tun, ist absurd und entspricht nicht der menschlichen Natur. Es kommt wohl eher darauf an, welcher Art die Zielsetzungen sind, und zwar auf kurze wie auf lange Sicht. Entsprechend gilt in der Welt des Karate die Maxime, es gehe auf dem Weg der Praxis nicht um Sieg oder Niederlage, sondern um die positive Formung des eigenen Selbst. Vom kleinlich-egoistischen sollen die Ambitionen allmählich auf ein höheres, edles Niveau gehoben werden.

In China und Japan dient das Üben von Kata der Perfektionierung der Person. Aufgrund des religiös-philosophischen Weltbildes war man überzeugt, durch besondere Übungen das irdische Leid überwinden zu können. Ein Grundgedanke dabei war, durch spirituelle Praxis die menschliche Natur zu überwinden und eine Art göttlichen Zustand zu erreichen (Tokitsu, siehe Literaturverzeichnis).

So suchten schon die frühen Daoisten nach Wegen, die »Unsterblichkeit« zu erlangen. Ob es sich dabei um eine physische Unsterblichkeit handeln sollte, um das ewige Leben auf Erden, möchte ich bezweifeln. Die spärlichen allgemein zugänglichen Informationen über die bis heute streng geheim gehaltenen Praktiken lassen vermuten, dass es sich beim Unsterblichwerden eher um eine Transformation des körperlich-seelischen Zustands zu Lebzeiten handelt, so dass der Tod dann nicht mehr die normale Konsequenz für den Ausübenden hatte. Damit ließen sich die Unsterblichen mit den Bodhisattvas vergleichen, mit Individuen also, die statt sich vollkommen aus der Dualität von Leben und Tod herauszubegeben, in einem Zwischenzustand verweilen, um anderen Menschen auf dem zu beschreitenden

Weg zu helfen. Für uns würde vielleicht am ehesten der Begriff »Engel« auf diese Wesen zutreffen.

Interessant ist, dass unsere jüdisch-christlich geprägte religiöse Tradition es nicht vorsieht, dass wir durch entbehrungsreiche spirituelle Arbeit nach unserem Ableben zum Engel werden können. Allenfalls eine posthume Heiligsprechung ist möglich. Wohl aber werden in verschiedenen christlichen Traditionen bestimmte Heilige gern um Hilfe gebeten oder generell als Schutzpatron für bestimmte Gruppen der Gesellschaft eingesetzt.

Ich möchte mit diesem kurzen Exkurs eine These begründen, die besagt, dass tief in uns Menschen Sehnsüchte sitzen, die uns veranlassen, rituellen und damit formellen Praktiken nachzugehen. Die Ungewissheit, was nach dem Tod kommt, beschäftigt den Menschen, solange er denken kann. Der Versuch lag nahe, sich mit den unergründlichen Mächten mit Hilfe von Religionen zu arrangieren oder die Übergänge Leben-Tod und Tod-Leben besser »in den Griff zu bekommen«, wobei eins das andere nicht ausschließen musste. In Kapitel 5 wird etwas mehr darüber zu erfahren sein, wie die frühzeitlichen Schamanen Chinas feststellten, wie die wiederholten Versuche der Beschwichtigung der Mächte der Natur den »Nebeneffekt« einer körperlichen Stärkung hatten, die den Übergang vom Leben zum Tod beträchtlich hinauszögern konnte.

Formelles Üben ist Kernbestandteil einer jeden spirituellen Praxis. Selbst Meditationen kommen, zumindest in der Phase des Lernens, ohne strukturierende Richtlinien nicht aus. Dazu gehören Aussagen, wie man sich richtig hinsetzt, hinlegt oder hinstellt, wie man die innere Ruhe findet, wie mit dem Denken umzugehen ist und vieles andere mehr. Richtiges Sitzen, Liegen oder Stehen zum Beispiel sind unabdingbar, damit die für die spirituelle Entwicklung notwendigen energetischen Prozesse nicht blockiert werden und sich der Geist sammeln, transformieren oder frei werden kann, je nach Ziel der Übung.

Irgendwann, in weit fortgeschrittenem Stadium, mag die Form bedeutungslos werden. Dann nämlich, wie Yagyū Munenori (siehe Literaturverzeichnis) es umschreibt, wenn alles erlernt wurde und dem Übenden durch einen befreiten Geist alles möglich geworden ist. Doch bis ein solcher Zustand erreicht wird, ist es ein langer, entbehrungsreicher Weg. Wir können also davon ausgehen, dass uns »Normalsterbliche« die formale Übung, sei es die der Bewegung oder die der Stille, bis an unser Ende begleiten wird.

Nun könnte man jene für Experten halten, die sich hervortun, indem sie möglichst viele Kata und deren technische Anwendungen erlernen. Interessant ist aber, dass es früher unüblich war, besonders viele Kata zu können. Neben anderen ist wohl Gichin Funakoshi einer der bekanntesten Autoren, die dies erwähnen. In seinem Werk Karate-Dō Kyōhan (siehe Literaturverzeichnis) teilt er uns mit, dass man bis zur Generation vor ihm während des ganzen Lebens in der Regel drei, maximal fünf Kata lernte und übte.

Nach der Modernisierung Japans wurden auch die klassischen Kampfkünste entsprechend den neuen Erfordernissen umgeformt. Die bisherigen Methoden des Zweikampfes dienten von nun an nicht mehr dem realen Kampf (auf Leben und Tod), sondern der Körperertüchtigung. Besonders im Karate wurden dabei die bis dahin sehr detailreichen Kata stark vereinfacht. Ein Vorreiter dieser Entwicklung war Ankō Itosu, weitere seiner Zeitgenossen folgten ihm. Um zu vermeiden, dass gewisse Kata in Vergessenheit gerieten, begann man zugleich vermehrt, deren vereinfachte Versionen zu unterrichten. So stieg im Laufe der Zeit das Pensum der zu erlernenden Kata mehr und mehr an, je nach den sich in den 1920er und 1930er Jahren ausbildenden Karate-Stilen (Ryūha). Besonders Kenwa Mabuni[9] entwickelte fast so etwas wie eine Sammelleidenschaft für Kata, wodurch das von ihm später gegründete Shitō-ryū der an Kata reichste Karate-Stil wurde.

Oft glaubt man, diese oder jene Kata zu »beherrschen«, ohne dabei jedoch ihre Essenz durchdrungen zu haben. Ein solcher »Glaube« kann einen davon abhalten, weiterzuforschen. Aber allzu viele technische und energetische Details sind von Itosu und seinen Kollegen oder deren Nachfolgern nicht übermittelt worden. Eine unserer Aufgaben als Übende besteht somit darin, diese Details, so gut es geht, wiederzuentdecken.

Aber ist es überhaupt nötig oder sinnvoll, die Kata vollkommen zu beherrschen? Ich sehe allein in der Behauptung, irgend etwas in der Welt zu beherrschen, also absolute Macht darüber auszuüben, eine Anmaßung gegen die Natur der Dinge. Nichts kann wirklich »beherrscht« werden, auch eine Kata nicht. Im übrigen geht es ja im Budō darum, sich so gut es geht selbst zu beherrschen – ein sicher sinnvolleres und für die Gesellschaft dienlicheres Unterfangen.

Zum Abschluss dieses Kapitels möchte ich noch einiges anmerken zum Begriff »Kata« an sich. Ich erachte es als wichtig, das Wort auch von seiner rein sprachlichen Bedeutung her genau zu verstehen.

Im Japanischen erhält das Wort *Kata* je nach Schreibweise der Kanji[10] etwas unterschiedliche Bedeutungen. Für uns interessant sind zwei alternative Ideogramme, nämlich die für »Form« und für »Art und Weise«. Es ist nicht dasselbe, ob man von *tsuki-kata* spricht oder von *tsuki no kata*. Der erste Ausdruck bezieht sich auf eine Art Beschreibung des Stoßens oder dessen Dynamik, um die jeweils betrachtete »Stoßweise«. Beim zweiten aber steckt die Silbe *no* zwischen *tsuki* und *kata*. Das Ganze wird darum als die »Form des Stoßens« übersetzt. Es handelt sich daher bei der Bedeutung des Kanji um eine Generalisierung oder Verallgemeinerung – wobei man hier jedoch in der Praxis durchaus recht unterschiedlichen

[9] Kenwa Mabuni lebte von 1889 bis 1952.

[10] *Kanji* bedeutet wörtlich »Han-Buchstabe«. Die chinesische Schrift gelangte während der Han-Dynastie nach Japan. Man unterscheidet heute zwischen den original chinesischen komplexen Wortzeichen und zwei Silbenalphabeten, den *hira-gana* und *kata-gana*.

Arten und Weisen des Gemeinsamen und Grundlegenden finden kann. Eine Kata des Stoßens verdeutlicht dessen dynamisches Prinzip anhand seiner Varianten.

Beide Facetten des japanischen Begriffs *Kata* sind für uns relevant. Denn wir finden nur über das »korrekte« Üben unserer Techniken, also das Einhalten der jeweils vom Meister oder Trainer vorgegebenen Richtlinien, zur wahren Form. Eine Kata als *komplexe Form* enthält diverse *Arten und Weisen* zu stoßen, zu treten, abzuwehren oder sonstwie mit einem gedachten oder realen Gegner umzugehen.

3. Das Kämpfen als Kunst

3.1. Ursprünge

Während ihrer gesamten Entwicklung waren die Menschen ständig bedroht – von Artgenossen ebenso wie von wilden Tieren. Wer überleben wollte, musste geschickt kämpfen können. Schon bei den Vorfahren des heutigen Menschen zählte nicht nur die reine Kraft, sondern auch geschicktes Taktieren zu den Qualitäten, die ihnen halfen, dies zu gewährleisten. Gegen die oftmals größeren und stärkeren Tiere mussten die Menschen besondere Strategien entwickeln, indem sie ihre rudimentären mentalen Fähigkeiten einsetzten. Und nicht nur gegen Kreaturen, welche sie fressen wollten, mussten die Menschen sich wehren. Auch jene, die ihnen als Nahrung dienten, mussten überlistet werden, denn freiwillig ließen sie sich nicht verspeisen. Ohne eine Strategie verloren die Jäger den Kampf, was nicht selten bedeutete, dass sie selbst und ihre Familien oder Sippen verhungern mussten.

Aus den Erfahrungen jener frühen Jäger und Kämpfer entwickelten sich mit der Zeit Methoden, die immer strukturierter und mehr und mehr auch von rationalem Denken durchdrungen wurden. Erkenntnisse aus Philosophie, Wissenschaft und Technologie kamen hinzu. So war das Werk des großen Strategen Sun Zi für seine Zeit bereits überaus vollständig und tiefsinnig (siehe Literaturverzeichnis).

Alle Methoden der Kriegführung haben gemeinsame Grundlagen. Mehr noch: Die Gesetzmäßigkeiten, die den Ausgang einer Auseinandersetzung bestimmen, sind bei einer Schlacht fast die gleichen wie beim Kampf Mann gegen Mann. So betont zum Beispiel der japanische Schwertkämpfer Miyamoto Musashi in seinem »Buch der fünf Ringe«, *Gorin no Sho* (siehe Literaturverzeichnis), immer wieder die grundlegenden Parallelen zwischen Feldschlacht und Einzelkampf. Denn obwohl in einer Feldschlacht sehr viele einzelne Soldaten kämpfen, verhält sich die Gruppe durch ihre besondere Dynamik doch wieder fast wie ein Individuum. Zudem handelt es sich bei den Entscheidungsträgern, den Offizieren und auch dem Feldherrn selbst, letztendlich um Einzelpersonen mit individuellen Denkweisen und Gefühlen.

Vom Körperbau her gleichen sich alle Menschen. Das betrifft auch den Teil der Psyche, der sich aus der Konstitution ergibt, beziehungsweise daraus, wie unser Gehirn strukturiert ist. So empfinden alle Menschen Freude, Zorn und Angst. Diese Grundemotionen werden aber konditioniert: Je nach der zu einer Epoche oder in einem Kulturkreis vorherrschenden Erziehung werden sie modifiziert, so dass sich das Verhalten der Menschen nach außen hin bisweilen sehr unterschiedlich manifestiert.

Für unsere weiteren Betrachtungen ist es darum sinnvoll zu unterscheiden, was gleichsam angeboren ist und was anerzogen wurde im Hinblick darauf, wie sich ein Mensch in einer bedrohlichen Situation verhält. Im Falle einer Bedrohung bieten sich grundsätzlich zwei Möglichkeiten: Man läuft weg oder man stellt sich der Gefahr. Dabei kann bei einem Kampf auf Leben und Tod eine vorgetäuschte Flucht durchaus Teil einer Strategie sein, da sie den Aggressor zur Illusion seiner Überlegenheit verführt.

Die Fluchtreaktion wie auch der Drang zu kämpfen sind biologisch bedingt. Diese Impulse sind in jedem von uns vorhanden. Sie entstehen von selbst und äußern sich sogar auf stofflicher Ebene, unter anderem durch die Ausschüttung von Adrenalin in das Blut. Wir können aber zu einem gewissen Grad entscheiden, *wie* wir uns bei einer solchen Gefühlslage verhalten, und zwar anhand von Kriterien, die uns zuvor gelehrt wurden. Für einen Kampf sprächen zum Beispiel die Angst vor Ehrverlust oder die Überzeugung, dass böse Menschen grundsätzlich bekämpft werden sollten. Für eine Flucht spräche hingegen, dass dadurch unnötiger Schaden vermieden würde. Ausschlaggebend ist letztendlich die individuelle Art zu denken – wobei die Flucht ja schon in gewisser Weise ein Strategem darstellt, denn indem man flieht, wird man weder besiegt noch erleidet man körperlichen Schaden. Stellt man sich einem Kampf, sind die Aussichten weniger klar.

Inwieweit wir unsere emotional bedingten Reflexe kontrollieren können, sei dahingestellt. Ich meine, dies ist nur begrenzt möglich. Ein Weg dahin führt über des Studium der Kampfkünste. Durch sie lernen wir, die uns von der Natur gegebenen Möglichkeiten nutzbar zu machen, ja sogar, sie verantwortungsbewusst einzusetzen. Nach welchen Kriterien dies zu tun ist, entscheiden wir anhand eines übergeordneten moralischen Rahmens. Er gibt uns Richtlinien, wie wir die einzelnen Dinge zu bewerten haben und wie wir sie in eine logische Struktur einordnen können oder sollten.

Wir sind uns oft gar nicht bewusst, in welchem Maß unser Denken durch die Werte, die wir im Laufe unseres Leben verinnerlicht haben, bedingt ist. So war es in früheren Epochen der Menschheitsgeschichte durchaus üblich, jemanden zum Wohle der Gesellschaft umzubringen und ihn zum Beispiel den Göttern zu opfern, was heutzutage, zumindest uns in den westlich-demokratischen Ländern, als vollkommen verwerflich erscheint, weil es nicht (mehr) unserem ethischen Verständnis entspricht. Dieses Verständnis wird durch das religiös-philosophische Weltbild geprägt, in dem wir aufwachsen. Die Nächstenliebe oder das fünfte Gebot Gottes aus dem Alten Testament, »Du sollst nicht töten«, sind in unserem Denken so tief verwurzelt, dass andere Alternativen, das Töten und Getötetwerden betreffend, für uns gar nicht mehr in Frage kommen. Und die durch die Philosophie der Aufklärung entwickelten Werte mahnen uns zusätzlich, die Grundrechte jedes Einzelnen zu achten. Zu ihnen gehören das Recht auf Selbstbestimmung oder eben auch das auf Leben (in Freiheit).

In sich geschlossene Denkmuster, die derart tief im Denken und Verhalten der Menschen einer Epoche oder Kultur verankert sind, bezeichnet man als Paradigma. Unter einem Paradigma versteht man eine meist zeitlich begrenzt vorherrschende oder anerkannte Lehrmeinung oder Modellvorstellung. Es ist somit ein Bezugsrahmen, in den wir all unsere Beobachtungen und Fragestellungen einordnen und den wir in der Regel nicht hinterfragen. Doch ein Paradigma ist nichts Absolutes. Wird es unstimmig, das heißt, passen Beobachtungen und Denkschema nicht mehr zusammen, kommt es zunächst zu Anpassungen innerhalb des bestehenden Paradigmas. Wenn diese aber nicht ausreichen, dann führt dies schließlich zur Umorientierung und damit zum Wechsel zu einem anderen oder neuen Paradigma (Thomas Kuhn, siehe Literaturverzeichnis).

Man mag nun fragen, was dieser philosophisch anmutende Exkurs mit dem Karate zu tun hat. Ich meine, sehr viel, denn je weiter jemand in der Lage ist, in die Denkweise einer Kampfkunst einzudringen, desto eher wird er das Wesentliche sowie die relevanten Details erfassen können. Karate ist das Produkt einer historischen Entwicklung. Daher ist es erforderlich, die Denkweisen früherer Generationen von Karate-Experten zumindest im Ansatz zu verstehen. Ohne dieses historisch-kulturelle Verständnis des Karate bliebe uns ein Großteil seines Potentials für den Kampf für immer verborgen. Und das Resultat unserer Übungen wäre nichts weiter als eine Kulthandlung oder ein schöner Tanz.

Anders als für uns heute war für die Menschen früherer Zeiten das Kämpfen von grundlegender Bedeutung für das Überleben. Und dies nicht nur im direkten, sondern auch im übertragenen Sinne. Ein Feldherr, dessen strategische Ansichten nicht zur Realität einer Schlacht passten, wurde schnell seines Postens enthoben. Meister der Kampfkunst wurden brotlos, wenn die von ihnen unterrichteten Methoden keine Wirkung zeigten, das heißt, wenn ihre Schüler sich in realen Kämpfen nicht zu behaupten wussten.

Wir sollten uns klar machen, warum und wie Menschen früherer Zeitalter ihre Kampfkunst sahen und wie sie diese ausübten – und damit auch, wie sie den Dingen des täglichen Lebens gegenüberstanden. Denn das Wissen jener Zeit beeinflusste zwangsläufig Entstehung und Entwicklung unserer Kampfkunst. Aber davon später mehr. Zunächst wollen wir uns etwas mit unserer eigenen Einstellung zum Karate befassen.

3.2. Zielsetzungen

Jeder Einzelne von uns hat seine eigenen Gründe, Karate zu üben, und entsprechend sind auch die Zielsetzungen bei allen Übenden mehr oder minder verschieden. Sicher gibt es Überschneidungen und übereinstimmende Motive, wie zum Beispiel die Faszination der Kata; erst auf dieser Basis können sich Gruppen zusammenfinden und gemeinsam trainieren. Doch gerade bei den Zielsetzungen gibt es auch beträchtliche Unterschiede. Viele betreiben Karate als Sport, wobei zweierlei Motive eine Rolle spielen können: Karate als reine Körperertüchtigung und/oder als Wettbewerb, um sich mit anderen zu messen. Nicht wenige jedoch sehen das Karate auch als reine Kunst oder gar spirituellen Weg an.

Ich meine, man sollte all diese Ambitionen respektieren, solange sie nicht dazu führen, dass die Techniken des Karate missbraucht werden, um anderen Menschen gegenüber Macht auszuüben. Wie wir unser Karate sehen, *warum* wir es *wie* betreiben, was wir uns davon versprechen – das alles bestimmt unser »persönliches Paradigma« des Karate, nämlich die Lehrmeinung, die uns plausibel erscheint und der wir uns anschließen. Ich möchte kurz auf einige gängige Sichtweisen bezüglich des Karate eingehen, um dann auf die aus meiner Sicht angemessenste zu sprechen zu kommen.

Karate als Sport: Während der Modernisierung der japanischen Gesellschaft im Rahmen der Meiji-Reform – bei der Japan von einer Feudalgesellschaft zu einem Staat nach dem Vorbild der damaligen europäischen Weltmächte[11] umgestaltet wurde – kam es auch zur Aufstellung einer Armee nach europäischem Muster. Die klassischen Methoden des Krieges wurden nicht mehr gebraucht, da nun der Einsatz von Gewehren und Kanonen den Verlauf einer Schlacht bestimmte und nicht mehr die kämpferischen Fähigkeiten eines Bushi[12] im Kampf Mann gegen Mann (siehe weiter hinten). Gleichzeitig erwiesen sich aber jene alten Kampfkünste als hervorragend geeignet, den Kampfgeist der Soldaten zu fördern und ihre Körper zu stärken. So wurden die Kampfkünste entsprechend dieser neuen Ziele umgestaltet, wobei die Ansprüche an sie in Bezug auf die Wirksamkeit der Techniken im Rahmen eines Zweikampfs an Bedeutung verloren. Das technische Training wurde weitgehend vereinfacht. Entscheidend war, dass die Übenden in genügendem Maße physisch und auch geistig gefordert wurden. Das soll jedoch nicht heißen, dass alles, was vorher für den Kampf und die spirituelle Entwicklung wertvoll gewesen war, nun verworfen und für immer vergessen wurde. Nicht wenige Meister der japanischen Kampfkunst stellten sich dieser Entwicklung entgegen, doch die grobe Richtung war vorgegeben.

Mit der Niederlage Japans im Zweiten Weltkrieg erschien die Zukunft der Kampfkünste insgesamt, also auch ihrer »vereinfachten« Versionen, praktisch beendet. Eine »Rettung« bot sich an mit der Einführung sportlich orientierter Wettkämpfe und einer vermehrten Betonung des Inhalts der bisherigen Kampfkünste als Leibesübungen. Sicherlich trug auch die Tatsache dazu bei, dass der Wettbewerb in der amerikanischen Gesellschaft traditionell eine große Rolle spielte und die amerikanischen Besatzer somit geneigt waren, den Japanern das Betreiben der

[11] Die Meiji-Epoche dauerte von 1868 bis 1912.

[12] Bushi: Krieger des alten Japan, dessen Stellung in der Gesellschaft in etwa der unserer mittelalterlichen Ritter entsprach.

Kampfkunst als Sport zu gestatten – gleichsam als Unterstützung der demokratischen Werte. So konnten die Kampfkünste Japans vor dem Aussterben bewahrt werden und stellen heute ein wertvolles Kulturgut des Landes dar.

Auf diese Weise wurde auch das Karate, wie bereits vorher Kendō und Jūdō, zum Wettkampfsport. Der neuen Ausrichtung entsprechend, wurden die Techniken demnach ein weiteres Mal umgestaltet, mit dem Ziel, das Verletzungsrisiko für die Sportler gering zu halten. Auch waren nun die wenigen im Turnier noch erlaubten Stöße, Schläge und Tritte so großräumig auszuführen, dass das geschulte Auge eines Schiedsrichters sie trotz ihrer Schnelligkeit noch erfassen konnte. Neben den Kämpfen wurde auch das Vorführen von Kata, ähnlich wie schon in früheren Zeiten,[13] zur Wettkampfdisziplin. Doch auch hier musste man viele Zugeständnisse machen und sich bei der Beurteilung durch Schiedsrichter auf Kriterien beschränken, die nicht selten an der Realität vorbeigingen. Damals wie heute müssen die Techniken des Ausführenden nach außen hin wirksam *erscheinen*, will er die Schiedsrichter überzeugen. Ob die Techniken tatsächlich wirksam sind, ist dabei unerheblich; die »schönere« Kata gewinnt.

Um es noch einmal zu betonen: Der Karate-Sport hat sein Gutes, und der Besuch von Turnieren bietet vielen Menschen Freude. Dabei kommt es aber darauf an, dass die Techniken *ästhetischen* Kriterien entsprechen. Ein Fauststoß muss, um mit ihm punkten zu können, stark *aussehen*. Viele kurze, kaum sichtbare und in einem realen Kampf äußerst effektiv einsetzbare Schläge und Stöße entsprechen diesem Kriterium aber nur sehr bedingt. Sie werden meist als »zu schwach« angesehen und darum nicht gewertet – ein Kuriosum.

Wir sollten uns darüber klar sein, dass Karate, rein als Sport betrieben, keine Kampfkunst ist und erst recht kein Budō darstellt. Trotzdem hat der Karate-Sport seinen Stellenwert in der Gesellschaft, die Sportler absolvieren ein hartes und intensives Training, dessen Frucht der Turniertitel darstellt. Eine Medaille oder einen Pokal zu gewinnen, schafft Befriedigung und Freude bei allen Beteiligten, und das ist etwas sehr Wertvolles, vorausgesetzt, es geht dabei fair zu, und der Sport verkommt nicht zu einem Spektakel, bei dem soziale oder nationale Rivalitäten ausgetragen werden.

Selbstverteidigung: Karate wird häufig auch als eine effektive Form der Selbstverteidigung angesehen. Dafür bedient man sich einer Auswahl an Techniken, von denen man meint, dass sie besonders gut zur Abwehr eines Angriffs geeignet wären. Indem man bestimmte Situationen wiederholt durchspielt, will man erreichen, dass die eingeübten Abwehraktionen im Ernstfall spontan ablaufen. Das könnte funktionieren – wenn denn die gestellten Situationen der Realität

[13] Der Vergleich zweier Schwertkampfschulen bestand häufig im gegenseitigen Vorführen von Kata, um Blutvergießen zu vermeiden.

entsprächen. Aber jede reale Konfliktsituation ist einzigartig, und ohne die Praxis des Freikampfes wird man kaum die Fähigkeit erlangen, spontan auf die unvorhersehbaren Aktionen eines Aggressors einzugehen.

Zudem lassen sich viele der traditionell überlieferten Techniken des Karate heutzutage nur bedingt so einsetzen wie es früher vielleicht einmal vorgesehen war (Kapitel 11). Zweikämpfe laufen nicht mehr so ab wie im alten China, und die Gründe, warum gekämpft wird, sind heute vollkommen anders gelagert als damals. Auch scheinbar so Nebensächliches wie die Kleidung spielt dabei eine Rolle.

Ohne das Studium aller Ebenen eines Kampfes, von der rein physischen bis zur mentalen, ist es kaum möglich, sich sicher zu verteidigen, sei es auf der Straße oder in einer Bar. Ein Verteidigungstraining, das nur auf das Erlernen von Abwehr- und Kontertechniken ausgerichtet ist, birgt darum wenig Erfolgsaussichten. Die Fähigkeiten, die dafür erforderlich sind, lassen sich kaum anders als durch das langfristige Üben von Kata aneignen. Warum das so ist, werde ich versuchen, im weiteren Verlauf des Buches zu erläutern.

Anders liegen die Verhältnisse natürlich bei der Nahkampfausbildung der Einsatztruppen und Sondereinheiten von Militär und Polizei. Die Grundkonzeption ist dort eine komplett andere als bei einem Selbstverteidigungskurs. Aber Karate-Training ist keine Eliteausbildung. Wer das glaubt, liegt falsch und sollte sich konsequenterweise als Bodyguard ausbilden lassen oder bei der Fremdenlegion melden.

Ich möchte nicht missverstanden werden. Wer über viele Jahre eine Kampfkunst trainiert, hat sehr wohl bessere Chancen, sich notfalls seiner Haut zu wehren als ein gänzlich Ungeübter. Noch größer werden diese Chancen allerdings bei einer geschickten Trainingsgestaltung, in der die Kata eine sehr wesentliche Rolle spielt.

Spirituelle Entwicklung: Übt man Karate über einen längeren Zeitraum, so stellt man mit der Zeit vielleicht einen nach innen gerichteten Prozess fest, den man spirituell nennen könnte. Doch nur, weil Karate seinen Ursprung in Ostasien hat, führt dessen Ausübung nicht automatisch zu einer wie auch immer gearteten besonderen geistigen Entwicklung oder gar Erleuchtung.

Wer Karate langfristig und ernsthaft betreibt und dabei allmählich von seinen vordergründigen Absichten loslässt, der erfährt vielleicht wirklich, bedingt durch den geschmeidigen Fluss des Ki (siehe weiter hinten) und den damit immer klarer werdenden Geist gelegentlich jene kurzen Momente, in denen es einem vorkommt, als wäre man eins mit der Welt. Ich meine aber, dass es hierfür weit besser geeignete Konzepte gibt, allen voran die Meditation, aber auch alle Methoden, die direkt auf seelisch-geistigem Niveau ansetzen.

Andererseits muss jede kampftechnische Schulung auch geistige Komponenten enthalten. Dies ist nötig, zum einen, weil der spätere Kampf sich zu einem Großteil auf mentaler Ebene abspielt, zum anderen aber auch, weil nur so gewährleistet ist, dass der Ausübende verantwortungsvoll mit seinem Können umgeht.

Karate als Kampfkunst: Soll die Praxis des Karate als Kunst gesehen werden, so muss diese über die profane Anwendung hinausgehen und Möglichkeiten der Entwicklung beinhalten, für sich selbst und für den Ausführenden. Eine Kunst will ergründet und durchdrungen werden. Im Falle der Kampfkunst ist dies schon allein deswegen nötig, weil sie nur dann effektiv sein kann. Denn fehlt in einem Kampf die Wirkung, dann erfüllt die vermeintliche Kunst nicht ihren Zweck.

Wer Karate übt, wird es erst dann als Kampfkunst ausüben, wenn er sich alle Aspekte des freien, insbesondere nicht-sportlichen Kampfes in Theorie und Praxis hinreichend angeeignet hat. Dafür müssen eine Reihe von Bedingungen erfüllt sein:

- Der Übende verfügt über ein technisches Repertoire, das es ihm ermöglicht, auf nahezu alle erdenklichen Angriffe zu reagieren.
- Das Ziel, einen Gegner zu besiegen oder ihn zur Aufgabe zu zwingen, soll mit möglichst geringem Aufwand erreicht werden können (Ökonomie).
- Der Übende ist in der Lage, die Schwächen des Gegners auszunutzen, das heißt, er muss seine Maßnahmen der Abwehr und des Konterns so arrangieren, dass die Kraft des Angreifers gegen diesen selbst gerichtet werden kann.
- Der Übende verhält sich entsprechend kampfstrategischen Richtlinienn; das sind grundlegende Verhaltensregeln, die ihm sagen, wie er sich in einem Kampf zu verhalten hat und wie er dessen Dauer und Ausmaß auf ein Minimum reduzieren kann.
- Zu dem Wunsch zu siegen tritt ein moralisch-ästhetischer Anspruch: Die Aktionen zur Verteidigung sollen dem Gegner so wenig wie möglich schaden.
- Es existiert eine Lehrstruktur, die dem Übenden das Lernen ermöglicht und erleichtert.

Wenn dann beim Übenden der Wunsch nach einem Sieg zurücktritt gegenüber dem Ziel, einen Konflikt ganz ohne körperliche Auseinandersetzung zu lösen, wird der Übergang zum *Budō* vollzogen. Karate wird zum Karate-*dō*. Hierzu ist aber das Überschreiten des rein technischen hin zu einem energetisch ausgerichteten Training nötig.

Ich möchte nun auf die einzelnen Punkte eingehen, die Karate zu einer Kunst des Kampfes machen. Lange Zeit galt Karate als Form der Verteidigung, bei der vornehmlich Techniken des Stoßens, Schlagens und Tretens zum Einsatz kommen. Diese Sichtweise ist auch heute noch sehr verbreitet, insbesondere im Bereich des Sports, wo auf Turnieren eben nur diese drei Arten von Techniken gewertet werden. Eine scheinbare Bestätigung findet sich auch bei oberflächlicher Betrachtung des für Graduierungsprüfungen nötigen Lehrstoffs. Die eben erwähnten Techniken überwiegen in Basistraining und Partnerübung. Und selbst in den Kata dominieren, abgesehen von den als Abwehr angesehenen Techniken, die Schläge und Stöße neben einigen Tritten.

Die Annahme einer solchen Beschränkung ist das Resultat fehlender Informationen bei der Einführung des Karate in Japan selbst und mehr noch bei uns in Europa. Das Karate kam ja als ein Turniersport zu uns, in dem nur solche Techniken erlaubt und gewertet werden, die für die Teilnehmer leicht kontrollierbar und damit nicht allzu gefährlich sind. Aber gerade die in einem Turnier verbotenen, weil für den (sportlichen) Gegner zu gefährlichen Aktionen, sind für den realen Kampf wertvoll und machen das Karate als Kampfkunst erst komplett. Neben den direkten Schlägen und Stößen auf empfindliche Stellen des Körpers gehören hierzu auch Aktionen, die den Gegner zu Boden bringen, ihn strangulieren oder seine Gelenke schmerzhaft überdehnen (Kapitel 9.3).

Aber auch strategisch wichtige Aktionen, die den Gegner zwar nicht direkt zur Aufgabe zwingen (durch Schmerz oder Paralyse), sondern ihn einfach nur in seiner Beweglichkeit oder seinen Handlungsmöglichkeiten einschränken, stehen uns im Karate zur Verfügung und sind profunder Bestandteil vieler Kata. Durch das Ergreifen des Gegners an Arm oder Bein erlangt man schnell eine gewisse Kontrolle über ihn. Man kann ihn »vorbereiten« auf die wirkliche Attacke in Form eines Stoßes oder Trittes. Auch der Druck auf empfindliche Stellen, sogenannte Vitalpunkte, wird auf diese Weise möglich. So kann der Gegner geschwächt, eventuell sogar allein hierdurch schon besiegt werden.

3.3. Quellen der Wirksamkeit

Im Karate früherer Zeiten war man bemüht, einen Kampf möglichst rasch für sich zu entscheiden, und zwar durch das Einwirken auf vitale Stellen des gegnerischen Körpers. An diesen vitalen Stellen, japanisch *kyūsho*, ist es möglich, den Fluss des Qi eines Menschen zu beeinflussen. Das Qi durchströmt und ernährt den gesamten Organismus. Es erhält alle Prozesse des Lebens und stärkt die Abwehrkräfte, genauso, wie es den Geist klar und das Gemüt wach hält.

Innerhalb des daoistischen Weltbildes wird mit dem *Qi* eine feinstoffliche Substanz postuliert, die man sich von der Konsistenz her zwischen Materie und Energie vorzustellen hat. Man kann seine Existenz weder beweisen noch ausschließen. Doch viele Vorgänge in der Natur werden durch den Begriff des Qi[14] plausibel. Das Schriftzeichen bedeutete ursprünglich so viel wie »gedämpfter Reis«, sollte aber wohl eher auf dessen lebensspendende Kraft als auf die sättigende Speise selbst hinweisen.[15]

---

[14] Weitere (veraltete) Arten der Umschrift des chinesischen Wortes sind *Chi* oder *Tschi*.

[15] Das chinesische Wort Qi wird in der alternativ-medizinischen und besonders in der eso-

Das Vorhandensein eines Fluidums, das das Leben bewirkt und erhält, stand für die Menschen in China und seiner Nachbarnationen seit jeher außer Frage. Schon seit alters her war dieses Konzept Bestandteil der Kultur und des täglichen Lebens.[16] Wenn wir demnach das Denken unserer historischen Meister nachvollziehen wollen, dann müssen wir auch lernen, mit Begriffen wie Qi oder Ki umzugehen, theoretisch wie auch praktisch.

Der japanische Ausdruck *Ki* deckt sich in weiten Bereichen mit dem chinesischen *Qi*, jedoch nicht vollständig. Während der chinesische Begriff insbesondere in den daoistischen Lehren und damit auch in der chinesischen Medizin sehr differenziert gebraucht wird, umfasst das japanische Wort mehr den emotionalen und spirituellen Bereich unseres Daseins in der Welt oder solche Vorgänge wie nonverbale Kommunikation (Tokitsu, siehe Literaturverzeichnis). Ich habe mich darum bemüht, im Text je nach Zusammenhang den jeweils besser passenden Ausdruck zu gebrauchen, wobei ich bei Äquivalenz dem japanischen Wort den Vorzug gab.

Um nun die Fähigkeit zu erlangen, durch die Manipulation vitaler Stellen das Qi eines Gegners stören zu können, ist ein ausgiebiges Studium des Qi-Flusses, also letztlich der chinesischen Medizin, unumgänglich. Doch diese Kenntnisse in einem Kampf anzuwenden, ist allein schon deshalb schwierig, weil der heutige Unterricht der traditionellen chinesischen Medizin ausschließlich auf die therapeutische Anwendung ausgerichtet ist. Der Einfluss auf das Qi eines Menschen soll der Heilung dienen. Die Varianten der Negativmanipulation werden, sofern überhaupt noch bekannt, weitgehend geheim gehalten, ein Umstand, der uns zwar das Studium nicht unbedingt erleichtert, aber andererseits den verantwortungslosen Einsatz eines solchen Wissens zu vermeiden hilft.

Neben genauer Kenntnis der Lokalisation der einzelnen Vitalstellen, muss deren Bedeutung für den Qi-Haushalt, das heißt, ihre mögliche Wirkung, vollständig bekannt sein. Zudem muss man wissen, auf welche Weise welcher Effekt zustande kommt, etwa was das spitze Auftreffen der Einknöchelfaust Ippon-ken im schrä-

---

terischen Literatur oft und gern mit »Energie« übersetzt, was dessen tiefe und vielschichtige Bedeutung aber nur unzureichend beschreibt. Treffender wäre vielleicht das Wort »Potential«. Wenn ich im Text das Wort »energetisch« verwende, dann nur deshalb, weil es im Deutschen kein passenderes gibt.

[16] Auch in der Geschichte unserer westlichen Kultur hatte im Denken der Naturphilosophen und Ärzte ein analoger Begriff seinen Platz. Bis in das 18. Jahrhundert war man der Ansicht, dass Leben ohne ein feinstoffliches Fluidum, eine *vis vitalis*, nicht möglich sei. Als es dann auch im Rahmen des wissenschaftlich-technologischen Fortschritts der letzten 200 Jahre nicht gelang, eine solche Lebenskraft nachzuweisen, hegte man vermehrt Zweifel an ihrer Existenz. Heute ist man überzeugt, auf die Annahme einer Lebenskraft oder eines Odems gänzlich verzichten zu können. In der modernen Medizin wird die Existenz einer solchen Größe deshalb kategorisch ausgeschlossen.

gen Winkel bewirken kann. Des weiteren sind nicht wenige solcher Stellen nur zu einer bestimmten Tages- oder Nachtzeit für einen Angriff nutzbar (Kapitel 4.2).

Wir sehen, dass die Sache so einfach nicht ist, und verstehen nun, warum die Meister es vorzogen, dem überwiegenden Teil der im ausgehenden 19. Jahrhundert stark anwachsenden Zahl von Schülern dieses schwierige und zugleich brisante Wissen vorzuenthalten.

Zum Glück bietet sich uns mit dem *Bubishi*, chinesisch *Wubeizhi*, im Deutschen etwa wiederzugeben mit »Dokument zur Vorbereitung auf die (militärische) Konfliktlösung«, die Möglichkeit für einen ersten Einstieg in dieses faszinierende und für das Verstehen der Kampfkunst absolut nötige Thema. Bei dem Werk handelt es sich um die einzige bekannte Informationsquelle in schriftlicher Form über die frühen Formen des Karate, *tōde* oder *toudi*,[17] die von China nach Okinawa kamen. Das Bubishi besteht im wesentlichen aus einer Sammlung von aus früheren Epochen Chinas tradierten Texten. Es enthält Angaben zu vielen Bereichen der Karate-Praxis, wobei Themen der traditionellen Medizin einen breiten Raum einnehmen. Der durch seine Forschungsarbeit zur Geschichte des Karate und der Kampfkunst Okinawas bekannt gewordene Kampfkunstexperte Patrick McCarthy hat es ins Englische übertragen und mit Kommentaren versehen (siehe Literaturverzeichnis).

Um Grundkenntnisse und praktische Erfahrungen zu erlangen, die ein späteres sicheres Umgehen mit Vitalpunkten gewährleisten, empfiehlt sich die Ausbildung in einer der traditionellen Manualtherapien, die aus China, Japan oder Korea zu uns gekommen sind. Dabei soll es uns aber gar nicht so sehr darum gehen, das Wissen um die Vitalpunkte unbedingt im Kampf einsetzen zu wollen. Die meisten von uns betreiben ja Karate nicht in erster Linie, um es als Methode des Kampfes einzusetzen – dazu müsste unsere Ausbildung viel intensiver sein – sondern wohl mehr einer höheren Erkenntnis wegen. Gerade deshalb ist es wichtig, das den Vitalpunkten zugrundeliegende Konzept zu verstehen. Dafür ist es nötig, das Paradigma der chinesischen Medizin anzunehmen, in dem davon ausgegangen wird, dass die gesamte Welt von dem *Qi* genannten Fluidum erfüllt und durchdrungen wird. Das Qi eines jeden Menschen steht im Austausch mit dessen Umgebung und damit auch mit dem Qi anderer Individuen. Der Fluss des eigenen Qi unterliegt Einflüssen von außen, die sich stabilisierend oder störend auswirken können. Mit einem solchen Wissen können wir unsere Kampfkunst auch für einen eventuellen Ernstfall effektiv machen und uns gleichzeitig davor bewahren, durch einen Gegner ernsthaft Schaden zu erleiden.

Wegen der geringen Ausdehnung vitaler Stellen von jeweils etwa 0,5 bis 1,0 cm^2 und ihrer Lage in zumeist tieferen Schichten des Körpergewebes eignen sich für

[17] Das Wort *toudi* entspricht im Dialekt Okinawas dem japanischen *tōde*, was »Tang-Hand« bedeutet, im Sinne von einer aus China kommenden Methode.

einen direkten, harten Angriff Stöße mit der heute üblichen Standardfaust Seiken kaum. Es ist mittlerweile bekannt, dass vor der Umgestaltung des Karate durch Ankō Itosu in den Kata weit mehr Stöße und Schläge mit der offenen Hand enthalten waren als heute. Bis in die 1920er Jahre war bei vielen Experten Okinawas und auch Japans die Einknöchelfaust Ippon-ken darum auch viel beliebter, und zwar wegen ihrer im Vergleich zur heutigen Standardfaust höheren Durchdringung beim Aufschlag. Mit ihr ist es bei genauer Kenntnis sehr wohl möglich, vitale Stellen zu attackieren und sofort eine hohe Wirkung zu erzielen.

Wer genau hinschaut, erkennt, dass das Karate ein sehr reichhaltiges Spektrum an Techniken bietet, die es dem Kämpfenden ermöglichen, bei den meisten der in Frage kommenden Freikampfsituationen Herr der Lage zu bleiben. Man findet diese Techniken aber schwerlich im Kihon der Prüfungsrichtlinien, die ihrerseits nur einen (historisch bedingten) Auszug aus dem Gesamtprogramm der Kampfkunst Karate darstellen. Sie sind jedoch, wenn auch verborgen und verschlüsselt, in den verschiedenen Kata enthalten. Viele dieser Techniken werden sichtbar, wenn man die eigene Denkweise ändert und sich von der Idee einer Methode des Schlagens und Tretens löst, um zu einer universell ausgerichteten Form des waffenlosen Kampfes zu gelangen. Im zweiten Teil des Buches werde ich genauer darauf eingehen.

Indem man sich die Denkweise der Bewohner Chinas, Japans und Okinawas früherer Zeiten zu eigen macht, findet man einen Schüssel zum tiefen Verständnis unserer Kampfkunst – und einen Weg zu echter Effektivität. Dazu gehört eben auch das Wissen um die Kyūsho. Solange wir keine klare Vorstellung davon haben, wo unsere Schläge und Stöße auftreffen sollen und wo wir unsere Hände anlegen müssen, um den Gegner durch Strangulation oder Schmerz zur Aufgabe zu zwingen, ist eine wirksame Technik reiner Zufall. Man versteht, wie gefährlich eine Sichtweise werden kann, bei der es schon als Erfolg gilt, wenn man den Gegner einfach nur trifft. Im sportlichen Wettkampf werden Aktionen gewertet, die ästhetischen Kriterien entsprechen, wie ein dem äußeren Anschein nach kraftvoll ausgeführter Stoß, bei dem die Faust nahe genug an den gegnerischen Körper gebracht wird und diesen praktisch berührt – wobei er ihn jedoch nicht zu stark berühren darf, denn das wäre gegen die Regeln. Wo genau und mit welcher inneren Dynamik ein Schlag oder Stoß auftrifft, ist für dessen Bewertung im Rahmen eines Wettkampfs völlig unerheblich.

Ein rein auf den Wettkampf ausgerichtetes Karate-Training führt darum bei den Übenden leicht zu einer falschen Grundeinstellung bezüglich der Frage, was eine Technik bewirken soll. Wird bei der täglichen Praxis das einfache Treffen des gegnerischen Körpers – egal wo – schon als Erfolg empfunden, so bleibt der Anspruch, einen eventuellen echten Kampf sicher gewinnen zu können, mit einiger Sicherheit unerfüllt.

Widmeten sich die Menschen früherer Epochen kampftechnischen Übungen, so taten sie es wohl kaum des Ruhmes wegen oder aus Freude an der Bewegung.

Die Übungen dienten ganz einfach ihrem Überleben. Für »Spaß« war hier nur wenig Platz.[18] In der Kampfkunst galten daher nur Aktionen als erfolgreich, bei denen eine Wirkung erzielt wird – oder zumindest potentiell erzielt werden kann. Der Kontakt zum Körper des Gegners ist aber nur eine der notwendigen Bedingungen für eine wirkungsvolle Entfaltung einer Aktion. Soll diese zum Erfolg führen, müssen weitere Voraussetzungen erfüllt sein. Hierzu gehört neben dem präzisen Einwirken auf die Vitalfunktion eines Gegners auch das genaue Timing. Nur wenn es dem Kämpfenden gelingt, eine Phase der Unaufmerksamkeit seitens des Gegners auszunutzen, und sei diese auch noch so kurz, ist er in der Lage, mit dem eigenen (Konter-)Angriff überhaupt »durchzukommen«. Auch hier gilt: Wenn man nicht in der Lage ist, Lücken in der Aufmerksamkeit des Gegners wahrzunehmen, wird der Ausgang des Kampfes und damit ein eventueller Sieg gleichsam zum Resultat einem Glücksspiels.

Ich möchte mich auf diese wenigen Anmerkungen in Bezug auf das Wesen des freien Kampfes beschränken, da sie nicht Thema dieses Buches sind. Die geistige Schulung für den freien Kampf kann nämlich, wenn überhaupt, nur indirekt durch das Üben von Kata stattfinden. Immerhin bietet die Praxis der Kata aber ein umfassendes Arsenal an Möglichkeiten, Momente geistig-energetischer Schwäche beim Gegner taktisch zu nutzen, nämlich durch Schnelligkeit und die angemessene wirkungsvolle Technik.

3.4. Ökonomie als Maxime der Kampfkunst

Unser derzeitiger Kenntnisstand über die Geschichte des Karate erlaubt uns den Schluss, dass die meisten Aktionen einer Kata darauf abzielen, auf einen oder mehrere der Vitalpunkte eines Gegners einzuwirken, um ihn durch Störung seiner Körperfunktionen zur Aufgabe zu zwingen (McCarthy, siehe Literaturverzeichnis).

Alle möglichen zum Erlangen des Sieges zur Verfügung stehenden Mittel einzusetzen, war immer eine Maxime erfolgreicher Strategen, und das nicht nur im Bereich militärischer Auseinandersetzungen. Zugleich mahnte aber auch die Erfahrung dazu, mit den Reserven sparsam umzugehen, da der Verlauf einer Schlacht oder eines Krieges selten komplett absehbar war. In der wahren Kunst des Krieges

---

[18] Gichin Funakoshi und weitere Experten seiner Zeit waren sicher nicht aus einer pazifistischen Grundhaltung heraus, wie heute viele meinen, gegen Übungen des freien Kampfes, sondern weil sie das Karate noch als eine kompromisslose Methode der Verteidigung ansahen. Man war sich bewusst, dass der sportliche Wettkampf nur unter Einbußen bei der Effektivität möglich war und der wahre Geist der Kampfkunst dabei teilweise verloren gehen würde.

wird also weniger auf Stärke gesetzt als vielmehr auf eine geschickte Taktik, die den Feind möglichst wirkungsvoll schwächt, die eigenen Mittel aber schont.

Für den freien Kampf zwischen zwei Individuen gilt ähnliches. Die physische Kondition eines Aggressors lässt sich meist nur schwer einschätzen. Beim Kampf ums Überleben darf darum kein Kräftemessen stattfinden, das fatal für einen selbst enden könnte. Ein solcher Kampf muss schnell und kompromisslos beendet werden.

Ein potentieller Angreifer wird immer von seiner Überlegenheit überzeugt sein. In der Regel wird er diese – vermeintliche – Überlegenheit auf seine körperliche Stärke zurückführen. Unsere Kampftechnik soll uns jedoch in die Lage versetzen, etwaige Defizite an Köperkraft auf intelligente Weise mehr als auszugleichen. Neben der gezielten Manipulation der Vitalpunkte bietet das Ausnutzen scheinbarer gegnerischer Stärken eine weitere Möglichkeit dazu. Ist der Gegner kräftig gebaut, also besonders groß und schwer, so führt das meist dazu, dass er sich eher langsam bewegt. Ein großer Mensch hat zudem einen hohen Schwerpunkt. Dies macht es einfacher, ihn durch einen geschickten Wurf zu Fall zu bringen. Je nach der konkreten Situation werden die Bedingungen anders ausfallen, doch wir sollten lernen, sie zu einem Teil unserer Strategie werden zu lassen.

Prinzipiell haben alle Menschen bestimmte körperliche, durch die Anatomie bedingte Schwächen, wie zum Beispiel das durch den aufrechten Gang bedingte labile Gleichgewicht. Anders als ein Vierbeiner muss der Mensch ständig darauf bedacht sein, nicht umzufallen. Zudem lastet das gesamte Körpergewicht auf nur zwei Knien. Diese sollen zudem alle möglichen für das Gehen notwendigen Bewegungen ausführen, was sie aufgrund ihres komplexen Aufbaus besonders empfindlich macht. Im Kampf gilt es nun, diese und weitere Unzulänglichkeiten der menschlichen Anatomie beim Gegner auszunutzen und sie bei sich selbst wiederum auszugleichen.

Um auf einen realen Kampf hinreichend vorbereitet zu sein, müssen Routinen eingeübt werden, die es dem Kämpfer ermöglichen, auch in einer solchen Stresssituation spontan und angemessen zu reagieren. Dies ist natürlich nur möglich, wenn dieselben Bewegungsabläufe unzählige Male wiederholt wurden.

Das Training von in sich geschlossenen Kurzprogrammen, wie es die Kata darstellen, hat den Vorteil, dass die Abläufe leichter gelernt und auch wieder aus der Erinnerung abgerufen werden können – anders, als wenn das Zweikampf-Training lediglich aus einer Reihe von Einzelaktionen bestünde, gleichsam einer Liste, die je nach Lust und Laune entworfen und abgearbeitet würde. Zwar tun wir so etwas auch, insbesondere im Rahmen des Kumite-Trainings, aber eben nicht nur. Ein derartiges methodisches Vorgehen stellt nur einen geringen Teil unserer gesamten Übungspraxis dar. Auf lange Sicht ist die Kata die effektivste Form der Übung.

Der Ablauf praktisch aller Kata beginnt und endet grundsätzlich an derselben

Stelle im Raum.[19] Dieses Merkmal erweckt durch die vielfach wiederholte Ausführung der Kata einen gewissen Eindruck von Zyklizität, der unbewusst unser Denken während des Übens in positiver Weise beeinflusst: Unser Ki fließt »runder« und unser Gehirn wird besser durchblutet, was dann letztendlich wieder unserer Merkfähigkeit dient. Die erlernten Routinen stehen in einem eventuellen Kampf als gleichsam unbewusste Reaktionen zur Verfügung, was meist von entscheidender Bedeutung für dessen Ausgang ist, denn wirklich klar denken kann man in solch einer Lage selten.

Vielleicht sollten zum Ende dieses Abschnitts einige Worte über eine der Kampfkunst innewohnende Ästhetik nicht fehlen. Über Geschmack lässt sich bekanntlich streiten – man sollte dies aber lieber lassen, denn es führt zu nichts. Das Bild, das beim Betrachten einer Kampfkunst entsteht, wird nicht überall auf dieselbe Weise wahrgenommen. Außenstehende Betrachter, das heißt, diejenigen, die sich in keiner Kampfkunst üben, finden vielleicht vor allem Gefallen an spektakulären Aktionen, an der Akrobatik – je extremer, desto besser. Auch bei vielen Enthusiasten des Sports genießt das optisch Beeindruckende, sei es beim Kata- oder Kumite-shiai,[20] besondere Beliebtheit. Wir aber, die wir Kampfkunst üben wollen, sollten den Blick für die Realität wahren und uns besser nicht mit den Helden der Leinwand vergleichen. Kino erfreut zwar Auge und Gemüt, hat aber kaum Wert für das wirkliche Leben.

Für den Experten entsteht die innere Schönheit einer Kampfkunst dann, wenn mit wenig Aufwand ein größtmöglicher Effekt erreicht werden kann, zum Beispiel wenn durch einen kurzen Stoß gegen die Rippen des Gegners dieser regungslos in sich zusammenfällt oder er durch Einwirkung auf den Punkt Gb 31 mit gelähmtem Bein taumelnd zu Boden geht.[21]

Als ein entsprechendes historisches Beispiel möchte ich hier Chōki Motobu anführen, einen Kämpfer aus Okinawa, der in den 1920er und 1930er Jahren in Japan den Ruf besaß, unbesiegbar zu sein. Als er einmal bei einer Art Jahrmarktspektakel gegen einen Boxer aus Russland antrat, der ebenfalls ein guter Kämpfer und seinem Gegner an Kraft und Größe weit überlegen war, mochte das Publikum ihm jedoch nur geringe Chancen zugestehen. Im Laufe des Kampfes bewegte sich Motobu unaufhörlich um seinen Gegner herum, an ihn heran und wieder von ihm weg, und dann geschah etwas Erstaunliches. Der Russe fing plötzlich an zu wanken und fiel nach einer kurzen Weile bewusstlos zu Boden (Mark

---

[19] Ein Ideal, das nur wenige Kata auf den Zentimeter genau erfüllen.

[20] *Shiai* bedeutet zu deutsch »Wettstreit«.

[21] Gb 31 bezeichnet eine Stelle an der Außenseite des Oberschenkels; infolge eines heftigen spitzen Schlages kann es zur Lähmungserscheinungen kommen. »Gb 31« bedeutet: Punkt Nr. 31 auf der Qi-Leitbahn der Gallenblase. Die Bezeichnung entspricht der international üblichen Nomenklatur für Akupunkturpunkte.

Bishop, siehe Literaturverzeichnis). Erst später wurde bekannt, was geschehen war: Motobu bewegte sich derart schnell, dass niemand im Publikum bemerkte, wie er mit Ippon-ken die Schläfe des Boxers attackierte, wo sich ein Punkt befindet, mit dem man »das Yang absenken« kann. *Yang* bedeutet hier so viel wie »Aktivität« – es kam also bei dem Boxer ganz einfach zum Kreislaufversagen, hervorgerufen durch einen einzigen, aber präzisen Schlag auf den *Tai-yang* genannten Kyūsho.[22]

Sicher ist es nicht falsch, sich in Aktionen zu üben, die einem gewisse Reserven in Extremsituationen bieten. Gesprungene, hohe Fußtritte dienten in früheren Zeiten meist als Versuch, sich aus einer ausweglosen Lage zu befreien oder einen berittenen Aggressor vom Pferd zu holen. In unseren Kata kommen solche Techniken aber bis auf wenige Ausnahmen kaum vor, eben weil erstere uns ein eher praxisgerechtes Werkzug liefern wollen, mit dem wir einen Kampf halbwegs risikoarm bestehen können. Für den Nichtkenner mögen unsere Kata darum auch ein wenig langweilig oder öde anmuten. Nur der Eingeweihte ist in der Lage, in ihr gleichsam wie in einem fremdsprachigen Buch zu lesen. Ist man in der Lage, den tatsächlichen Inhalt zu verstehen, kann man sich einer gewissen Begeisterung nicht erwehren ob der teils verblüffend einfachen Mittel, mit denen sich ein potentieller Aggressor auf schnelle, aber schmerzhafte Weise in die Knie zwingen lässt.

Wir sollten dabei aber nicht vergessen, dass diese elegante Einfachheit nur über einen langwierigen Trainings- und Reifeprozess erreicht werden kann. Regelmäßiges, beständiges Üben der Kata ist nötig, und das bedeutet auch, dass Teile der Kata mit dem Partner studiert werden und im Training des Kihon ihren Feinschliff finden.

Durch das Üben sollen unsere Bewegungen koordiniert werden, so dass im Falle eines Kampfes ein harmonischer Kraftfluss gewährleistet ist. Unser Ki kann dann einwandfrei zirkulieren, und der Geist bleibt frei, um sich vollständig dem Gegner zu widmen. Für die Reaktion auf dessen Handeln bieten uns die Kata vielerlei Möglichkeiten. Welche das sind, davon mehr in einem späteren Kapitel.

3.5. Wurzeln und Entwicklung der Kata in China

Das Entstehen formeller Übungen lässt sich zurückführen auf die religiösen Riten jener Völker, welche später das chinesische Reich formten. Sie dienten der Besänftigung der Mächte des Himmels und der Erde. Nach den Angaben meines Qigong-Lehrers Meister Zhichang Li fanden chinesische Archäologen und His-

[22] Der Punkt an der Schläfe mit der Bezeichnung Tai-yang dient in der chinesischen Medizin wegen seiner Yang-absenkenden Wirkung besonders zur Behandlung von Zuständen wie Unruhe und Nervosität.

toriker heraus, dass es im vorgeschichtlichen China nach Ende der letzten Eiszeit zu einem starken Klimawandel kam, der mit schweren Naturkatastrophen einherging. In ihrer Verzweifelung taten die frühzeitlichen Chinesen, wie wohl alle Menschen jener Epochen, alles für sie Erdenkliche, um Himmel und Erde gnädig zu stimmen. Man nimmt an, dass die Beschwörungen und Kulthandlungen ihrer Priester und Schamanen von Niederwerfungen und ähnlich aufwendig gestalteten Bewegungen begleitet wurden, und es galt wohl auch, diese nach der Devise »viel hilft viel« möglichst oft durchzuführen. Dabei sollen diese Leute kurzfristige wie auch langandauernde positive Veränderungen bei sich festgestellt haben: Das Befinden besserte sich und ihre körperliche Widerstandskraft nahm allmählich zu, was aus heutiger Sicht auf eine Stimulation der aus dem Rückenmark austretenden Spinalnerven, z. B. durch eine besondere Bewegung der Wirbelsäule während des Aufrichtens erklärt werden kann.

Im Laufe der Zeit entwickelten sich aus diesen Kulthandlungen die Vorläufer von Übungen, die uns heute als Dao-in, Yang-sheng oder Qigong bekannt sind.[23] Später wurde durch genaue Beobachtung der Natur ein naturphilosophisches System geschaffen, ein Paradigma, in das diese verschiedenen Erkenntnisse und Erfahrungen eingeordnet wurden und aus dem unter anderem die chinesische Medizin hervorging.

Die Chinesen waren von jeher sehr pragmatisch. Sie verstanden schon früh, die aus ihren Beobachtungen gewonnenen Erkenntnisse zu strukturieren und technologisch nutzbar zu machen. In alle Bereiche des Lebens flossen die Gedanken und Prinzipien des Daoismus ein. So verfasste zum Beispiel Sun Zi lange vor Christi Geburt sein umfassendes, stark daoistisch geprägtes Werk über Kriegsstrategien.

Auch die Weisen der chinesischen Vorzeit mussten in der Lage sein, sich zu verteidigen. Da sie aber weniger über rohe Körperkräfte als vielmehr über geistige Einsicht verfügten, machten sie sich dabei die daoistischen Prinzipien, insbesondere das des Nachgebens, kombiniert mit dem Wissen und der Erfahrungen ihres Medizinsystems, zunutze. Methoden zur Verteidigung wurden in die rituellen Übungen zur Stärkung des Qi und zum Nähren der Körperkräfte integriert.[24] So entstanden die ersten Formen rudimentärer Kampfkünste, die im Laufe der Jahrhunderte mehr und mehr verfeinert, strukturiert und durch die Erkenntnisse der jeweiligen Zeit bereichert wurden.

Schon seit Beginn ihrer Entwicklung wurden die Formen der chinesischen Kampfkunst zu einem gewissen Grad rituell praktiziert – und das gilt bis heute. Vielleicht, weil in ihrer Praxis noch immer ein Rest Ehrerbietung gegenüber der

---

[23] *Dao-in* – »Interner Weg« – und *Yang-sheng* – »Das Leben nähren« – sind alte Ausdrücke für *Qigong* – »Arbeit mit dem Qi«.

[24] Mit besonderen Übungen zum Nähren und zur Stärkung des Qi versuchten Daoisten die Unsterblichkeit oder zumindest die Langlebigkeit zu erreichen.

Natur mitschwingt und sie der Gesundheit und dem Wohlbefinden dienen, aber wohl auch, weil den Menschen ein subtiles Grundbedürfnis nach Zeremonien und Riten innewohnt. Oder anders ausgedrückt, weil sie den Menschen einen Lebensrhythmus und das Gefühl der ganzheitlichen Verbundenheit mit der Natur vermitteln.

Form oder Formalismen findet man in allen Bereichen der chinesischen Kultur. Die Teezeremonie, die als typisch japanisch gilt, hat ihren eigentlichen Ursprung in China. In Japan fand eine besondere Perfektionierung statt. Nach eineinhalb Jahrhunderten des kulturellen Niedergangs, bei dem diese Kunst in Vergessenheit geriet, hat man im China der neueren Zeit[25] die verschiedenen Formen des zeremoniellen Teetrinkens aber wiederentdeckt.

Die Teezeremonie, das Arrangieren von Blumen (Ikebana), die Malerei und besonders die Kalligraphie – alle Künste Chinas und somit auch Japans sind durch das formelle Üben geprägt. Der Meister gibt einfache bis komplexe Abläufe der Handlung vor, die der Schüler so lange wiederholt und nachahmt, bis sich in ihm das Erlernte zu einer neuen Individualität transformiert – ein Prozess, der mitunter Jahrzehnte dauert.

Selbst in der traditionell-chinesischen Medizin wird das Wissen und Können durch die Form vermittelt. In den Schulen der Akupunktur und Manualtherapie (Tuina) wird ähnlich unterrichtet wie in der Kampfkunst, wenn auch mit weniger barschen Kommandos. Und selbst beim Studium der Kräuterkunde findet man so etwas wie eine formelle Übung vor. So müssen klassische, über Jahrhunderte überlieferte Standardrezepturen von jedem Studenten auswendig gelernt werden.[26]

Ein Mann, der die asiatische Kultur besonders nachhaltig beeinflusste, war der Gelehrte Kong Fuzi, den meisten eher bekannt unter dem latinisierten Namen Konfuzius.[27] Seiner Lehre zufolge sollte jedes Individuum bestrebt sein, seiner Position in der Gesellschaft gerecht zu werden, was je nach dessen sozialem Rang Rechte, besonders aber Pflichten mit sich bringt. Für Kong Fuzi war der Respekt eine der wichtigsten Tugenden: Respekt vor den Eltern, dem Vorgesetzten, dem Fürsten, aber auch vor religiösen Instanzen und den Verstorbenen. Dazu gehörte auch die Ehrerbietung vor den Dingen, die Vorfahren und Vorgänger, unter ihnen Künstler, Baumeister und Weise, in mühevoller Arbeit vollbracht hatten. Genauso gilt es auch, die Meister der Kampfkunst zu ehren durch Wertschätzung und Erhalt ihrer Werke. Die konfuzianische Moral bildet also einen zweiten Grund,

[25] Seit dem Amtsantritt von Deng Xiaoping 1979.

[26] In der chinesischen Medizin werden so gut wie nie Einzelkräuter eingesetzt. Erst durch Komposition von vier, sechs, acht oder mehr Ingredienzien kommt es zu den bekannten hohen therapeutischen Wirkungen ohne schädliche Nebenwirkungen. Die Standardrezepturen haben sich über Generationen bei bestimmten Krankheitsbildern bewährt.

[27] Kong Fuzi lebte von 551 bis 479 v. u. Z.

warum der Form traditionell so viel Ehrerbietung zuteil wird und den Menschen in China und Japan so viel daran liegt, sie zu erhalten und zu pflegen, aber sie so gut wie nie in Frage zu stellen.

Wie wir sehen, genießt die Form im Selbstverständnis der Menschen Ostasiens einen fundamentalen Stellenwert. Wir Europäer müssen erst zu diesem Bewusstsein hinfinden, dass rituelles Wiederholen von Handlungen einen positiven Wert für die Gesundheit und das Gemüt, für das körperliche wie das geistig-seelische Wohlbefinden haben kann.

3.6. Die Form in der Kampfkunst

In den Kampfkünsten Chinas und Japans stellt die Kata das zentrale Konzept der Übung dar. Sie dient aber auch der Übertragung von Fachwissen und der Weitergabe von Erfahrungen von Generation zu Generation. Als Karateka sollten wir in diesem Kontext unsere begrenzte Sicht davon aufgeben, was unter Kata zu verstehen ist. Jedes strukturierte Üben ist eigentlich Form. Kata müssen nicht unbedingt lang sein oder ein räumliches Muster der Bewegung beinhalten. Schon eine definierte Haltung ist Form. Dies kann auch eine Geisteshaltung sein, etwa bei meditativen Übungen.

Ein Anliegen höherer Stufen der Kampfkunst ist es ja, sich von vorgegebenen Haltungen, körperlich wie geistig, frei zu machen, um irgendwann einmal wirklich jeder Kampfsituation gewachsen zu sein. Sofern wir uns beim Üben an vorhandene Richtlinien halten oder uns selbst welche vorgeben, betreiben wir Kata. So betrachtet, ist die Form für uns Europäer eigentlich nichts Neues, nur unsere Einstellung zum Üben an sich unterscheidet uns von den Menschen des asiatischen Kulturkreises.

Die Form in der Kampfkunst ist gleichzeitig zeremoniell und energetisch-spirituell. Wie schon erwähnt, sollen durch das häufige Wiederholen unsere Kanäle für das Ki geöffnet oder erweitert werden. Durch den verstärkten Ki-Fluss wirkt sich das Üben der Kata langfristig auf alle Ebenen unseres Daseins aus, auf die Gesundheit ebenso wie auf unser Gemüt.

Ganz praxisbezogen dient uns die Kata als Medium zur Vermittlung von Techniken der Verteidigung. Bisweilen stellt sie sogar die einzige Möglichkeit dar, bestimmte Abläufe zu üben. So gibt es Techniken, die nur schwer mit einem Partner trainierbar sind, will man ihn nicht einem sehr hohen Risiko der Verletzung aussetzen, zumindest in frühen Stadien der Übungspraxis.

Ich bin im Laufe der vielen Jahre immer häufiger auf derartige »Anwendungen« gestoßen, die nur dann einen Sinn ergeben, wenn man sie »durchziehen« würde, was aber ausschließlich bei einem realen Angreifer in einem echten Kampf zu vertreten wäre. Hierzu zählen zum Beispiel alle Tritte zum Knie des Gegners.

Das notwendigerweise vorsichtige Üben mit dem Partner ist in dieser Hinsicht immer unzulänglich, und auch die Arbeit an Makiwara oder Sandsack kann nicht wirklich befriedigen. Die körperlich-energetische Dynamik einer solchen Technik kann nur durch die formale Übung derart verinnerlicht werden, dass sie im entscheidenden Moment spontan und mit der nötigen Vehemenz ausgeführt wird.

Die Meister vergangener Epochen waren sich dessen bewusst, wenn sie bemüht waren, statt des realen Kampfes lieber den Vergleich in der Vorführung von Kata zu suchen. Bedingt durch ihre Erfahrung, konnten sie beim Vorführenden durch Betrachtung seines spirituellen und technischen Ausdrucks den Stand der Ausbildung, seine persönlichen Fähigkeiten sowie Stärken und Schwächen des jeweiligen Stils erkennen und einschätzen. Man tat dies, um unnötiges Blutvergießen zu vermeiden. Wichtig war der Vergleich, der es den Beteiligten ermöglichen sollte, aus ihren Fehlern zu lernen.

In China soll es sogar Meister gegeben haben, die auf Grund ihres hohen Alters und der damit verbundenen Erfahrung in der Lage waren, allein durch Konversation einen kämpferischen Vergleich auszutragen. Derartige »Turniere« setzen natürlich ein gegenseitiges Einvernehmen voraus, und unter jüngeren Experten ließ sich ein realer, freier Kampf aus Gründen wie etwa noch fehlender menschlicher Reife nie ganz vermeiden.

Entsprechend bliebe ein ausschließliches Kata-Training unvollständig. Ein nach beständiger Übung von uns verinnerlichtes kampftechnisches Prinzip kann sich nur nach Absolvieren aller Übungsinstanzen, also auch Koordinations- und Partnerübungen sowie mentaler Schulung, als erfolgreiche, das heißt wirksame Technik manifestieren. Denn es müssen Abstand und Timing stimmen sowie der Krafteinsatz, und wir müssen in der Lage sein, uns angemessen an die Reaktionen des Gegners anzupassen.

Erst, wenn alle Facetten der Praxis einbezogen werden, kann auch der Inhalt einer Kata vollständig offenbar werden. Hierzu gehören auch besondere Hinweise des Lehrers oder Trainers, Informationen, die das mitunter eigentlich frei Sichtbare erst wahrnehmbar machen, uns gleichsam die Augen öffnen. Dieser Umstand ermöglichte es in früheren Zeiten, die eigene Kunst darzubieten, ohne dass Umstehende deren Geheimnissen gewahr wurden. Den reinen Bewegungsablauf zu sehen, war wenig hilfreich, solange man nicht wusste, wie die Bewegung anzuwenden war – ein großes Problem auch für uns heute. Selbst wenn jemand heimlich beim Üben beobachtet wurde, konnten die Stärken seiner Methode von den Spähern allenfalls erahnt werden.

So war die Kata zum einen ein Medium zum Wissenstransfer und gleichzeitig ein effektives Mittel zur Geheimhaltung der Details einer Kampfkunst. Es fällt heute schwer, sich das vorzustellen, da wir von Anfang unserer Ausbildung an beinahe alles genau erklärt bekommen und die moderne Struktur des Karate mit Kihon, Kumite und Kata zunächst alle nötigen Informationen bietet, die Abläufe zumindest in ihren Grundzügen zu verstehen. Nicht wenige glauben daher, dass unsere Kampfkunst seit alters her in jener Dreiteilung unterrichtet wurde. Doch dem ist nicht so. Sicher ist vielmehr, dass die heute typischen Partnerübungen in Form eines gestellten (einmaligen) Angriffs das Resultat einer relativ neuen Entwicklung sind. Auch das Benennen von Grundtechniken gab es noch zu Zeiten Ankō Itosus nicht, es wurden fast ausschließlich Kata geübt, mit Ausnahme der Arbeit am Makiwara.

Gerade deswegen wird auch heute mit zunehmender Übungserfahrung der Schwerpunkt vermehrt auf die Kata gelegt. Bei angemessener Praxis im Sinne des Budō tritt die körperliche Übung dann immer mehr zugunsten der geistigen Schulung in den Hintergrund. Nachdem die technischen Prinzipien erfasst sind, kann der Geist frei werden, so dass nach und nach keine Notwendigkeit mehr für die äußere Form besteht und diese somit überwunden werden kann. Ich möchte betonen, dass dies ein langwieriger Prozess ist, der eine sehr intensive Arbeit erfordert. Diesen auf sich zu nehmen, sind heutzutage nur noch wenige Übende willens und in der Lage – und das nicht nur bei uns, sondern auch in Japan selbst.

Man mag sich nun fragen, ob dieser langwierige Prozess hin zur Formlosigkeit, zur Fähigkeit der spontanen angemessenen Reaktion, nur über den Weg der formalen Übung zu ermöglichen sei. Es hat immer Versuche gegeben, diesen Weg abzukürzen und direkt zum Zustand des freien Geistes zu kommen. Doch waren diese letztendlich zum Scheitern verurteilt. Die Schulung und Konditionierung unseres Gehirns erfordert nun einmal lange Zeiträume. Selbst solch illustre Persönlichkeiten wie *Shakyamuni*, der spätere Buddha, oder der göttliche Krieger *Zhen-wu*[28] brauchten Jahrzehnte, um zu ihren Erkenntnissen zu gelangen, aus denen dann als Resultat doch wieder Methoden der formalen Übung erwuchsen.

Wer meint, es besser zu können, der lebt – zumindest im weiteren Umfeld der Kampfkunstszene – recht gefährlich, weil er sich einer falschen Illusion hingibt. Recht deutlich konnte man derartiges in den 1970er Jahren beobachten, als viele, angetan von den schauspielerischen Fähigkeiten eines Bruce Lee, meinten, den Weg zur Formlosigkeit nicht über die Form gehen zu müssen. Sie verstanden nicht, dass sein Kampfstil zwar das Produkt seines Genius war, dass er diesen ohne ein hartes, entbehrungsreiches Training jedoch nie hätte erschaffen können. Zudem ist heute bekannt, dass Bruce Lee sich sehr wohl formalen Übungen, nämlich denen seines Ursprungsstils[29] widmete, dieses Detail aber über lange Zeit niemanden anvertraute.

---

[28] *Zhen-wu*, der »perfekte Krieger«, ist eine legendäre Gestalt der daoistischen Mythologie und wird bis heute in mehreren Heiligtümern, insbesondere dem der Wudang-Berge in der Provinz Hebei, gottgleich verehrt. Er gilt als Ahnherr der daoistischen Kampfkünste.

[29] Der von Bruce Lee zuvor praktizierte Wushu-Stil war das in Hongkong u. a. von Yip Man unterrichtete Wing-Tsun, das seinen Ursprung genau wie viele weitere Stile Südchinas in der »Faust des Weißen Kranichs« *Baihe-quan* hat. Bei der in der legendenhaften

Wer nun meint, Bruce Lees Kampfstil vollständig übernehmen zu können, indem er versucht, dessen Bewegungen zu kopieren, der begibt sich auf einen Irrweg. Es wird immer eine unvollständige Imitation bleiben, so lange die ja weiterhin bestehenden formalen Übungen nicht transformiert werden und daraus die eigene individuelle Form entsteht, die dann vielleicht irgendwann einmal unnötig werden kann. Letztendlich kommen auch die »Schüler von Bruce Lee« nicht ohne Form aus, obwohl sie das meinen und die Existenz von Kata in ihrem System abstreiten mögen.

Für viele Karateka, besonders Anfänger und Kinder, ist Kata zunächst einmal Prüfungsfach oder Turnierdisziplin. Das hat seine Berechtigung, so lange alle wissen, dass es nicht ausreicht, eine Kata nur schön darzubieten. Ich erlebe es beim Unterricht und auf Seminaren immer wieder, dass auch Fortgeschrittenen nicht wirklich klar ist, was Kata bedeutet oder besser, bedeuten *kann*. Nur wenigen ist bewusst, dass es sich bei den Techniken des Kihon um Bruchstücke einer Kata handelt, um methodische Schwerpunktsetzungen für das Training und letztendlich um Formalismen (!), die dem Übenden das Studium der technischen Prinzipien unserer Kampfkunst erleichtern sollen. *Tsuki-kata*, *uchi-kata* und *keri-kata* sind die »Arten und Weisen des Stoßens, Schlagens und Tretens«, die durch Techniken wie Gyaku-zuki und Mae-geri beispielhaft eingeübt werden. Ist ihre Essenz erfasst, ist der Übende dann in der Lage, auf jedwede Art zu stoßen oder zu treten. Ähnlich verhält es sich mit den Abwehr-, Hebel-, Würge- und Wurftechniken.

Ich möchte noch einige weitere, weniger wichtige Vorteile der Kata erwähnen, die uns aber helfen, konsequent langfristig aktiv bei deren Übung zu bleiben. Die Kata präsentiert sich im Alltag der Karatepraxis gleichsam als bewährte vorgefertigte Übungseinheit, auf die man schnell zurückgreifen kann, um sich selbst oder die Teilnehmer einer Gruppe auf einfache Weise sinnvoll zu beschäftigen. Für einen Trainer ist dies sehr hilfreich, weil er dadurch nicht ständig genötigt

---

Geschichte des Wing-Tsun vorkommenden Frau gleichen Namens handelt es sich aller Wahrscheinlichkeit nach um Fang Zhinang, welche nachweislich existierte und den Stil des Weißen Kranichs erschaffen haben soll. Bei »Wing-Tsun« bzw. »Wing-Chun« oder »Yong-Chun« handelt es sich um eine Ortschaft in der Provinz Fukien. Entsprechend gibt es mehre Stile mit Namen wie zum Beispiel *Yongchun-baihe*.

Das Karate Okinawas und das Wing-Tsun Yip Mans haben somit dieselben Wurzeln. Durch die gänzlich andere geschichtliche Entwicklung unterscheiden sich beide Kampfkünste aber heute beträchtlich. Während im Wing-Tsun/Yong-Chun die Prinzipien der Weichheit und des Nachgebens, in Verbindung mit maximaler physisch-energetischer Ökonomie, in der Praxis immer weiter perfektioniert wurden, vermischten sich auf Okinawa und in Südchina selbst die Varianten des Baihe-quan mit härteren Systemen.

Karate enthält somit Elemente weicher und harter Kampfstile, ist aber nicht als direkter Folgestil eines harten Shaolin Kung Fu (bzw. Wushu) anzusehen, wie es lange Zeit fälschlich angenommen wurde.

ist, bis an die Grenzen seiner Kreativität zu gehen, um Übungsstunden komplett durchzugestalten. Bei dem in höherer Stufe unumgänglichen individuellen Üben ohne Trainer erleichtert uns die Kata den Einstieg ins tägliche Training. Einmal angestoßen, läuft die einzelne Form, aber auch das gesamte Übungsprogramm, fast wie von selbst ab. Ohne derartige Formalismen, seien sie nun selbst erarbeitet oder über Generationen tradiert, fiele es dem Großteil der Übenden sicher weitaus schwerer, beständig Tag für Tag ohne große Begeisterung weiterzuüben.

Darüber hinaus ermöglicht die Kata einen leichteren Wiedereinstieg in das tägliche Üben nach trainingsfreien Phasen, seien diese durch Arbeit, Urlaub oder einfach nur Nachlässigkeit bedingt. Nach einiger Überwindung erinnert sich der Körper schnell wieder an die noch abgespeicherten Routinen, und es bedarf weniger Anstrengung, um zur alten Form zurückzufinden.

Für mich persönlich bietet jede Kata die Möglichkeit, mich gedanklich in eine vergangene Welt zu begeben. So versuche ich, beim Üben Meistern wie Itosu, Matsumura oder Motobu nachzuempfinden, was natürlich sehr gewagt ist und nicht frei von eigenen Phantasievorstellungen bleiben kann. Aber ich meine, dass man sich auch als erwachsener Karate-Trainer derartiges »Träumen« erlauben kann, sofern man nur weiß, wo es aufhören sollte und die Realität wieder anfängt.

Uns Europäern bietet die Praxis der Kata eine Möglichkeit zu einer neuen Wertschätzung des Ritus, der zeremoniellen Routine. Obwohl sich der gleiche Ablauf täglich wiederholt, gelangt man selbst doch zu einer Vertiefung des Gelernten, einem immer umfassender werdenden Verständnis einer Sache – in diesem Falle der Kampfkunst. Und das befriedigt auf lange Sicht mehr als alle oberflächlichen Vergnügungen.

4. Aufbau und Struktur der Karate-Kata

4.1. Schichten der formellen Übung

Die Kata einer Kampfkunst soll auf umfassende Weise das Rüstzeug liefern, sich in einer Konfliktsituation behaupten zu können und aus dieser unbeschadet herauszukommen. Dass dies nicht immer auf handgreifliche Weise geschehen muss, ist uns sicher allen klar. Dennoch ist es klug, sich auf Situationen vorzubereiten, in denen die Vernunft keine Chance hat.

Indem wir eine gesamte Form oder deren Teile immer wieder üben, wollen wir irgendwann in der Lage sein, Bewegungen, die sich im Laufe der Geschichte für die Verteidigung als besonders praktisch oder wirksam erwiesen haben, ohne großes Nachdenken abzurufen. Denn Nachdenken können wir uns in einer Extremsituation nicht erlauben. Im Ernstfall müssen die kampftechnischen Routinen entsprechend der jeweiligen Lage spontan ablaufen. Im Rahmen der verschiedenen Kumite-Formen[30] erarbeiten wir uns mit unserem Partner zusätzlich das nötige Feingefühl für Abstand, Timing und Krafteinsatz.

Eine Abwehrreaktion stellt einen dynamischen Prozess dar, bei dem sich aus einer Phase der Ruhe heraus jene Techniken manifestieren, die uns davor bewahren, durch die Attacken des Gegners Schaden zu nehmen, und die ihn zur Aufgabe zwingen. Je nach Hartnäckigkeit des Gegners und Bedeutung des jeweiligen Kampfes kann »zur Aufgabe zwingen« heißen, dass ihm nur Schmerz zugefügt wird oder aber dass er am Ende tot am Boden liegt. Aus dem Gegenüberstehen der Kontrahenten entwickelt sich ein Kampfgeschehen, das ausklingt, wenn Sieg und Niederlage entschieden sind.

Den für einen Zweikampf wesentlichen Wechsel zwischen Bewegung und Ruhe finden wir in den Kata auf vielfältige Weise dargestellt. Nach Abschluss einer Technik oder deren Kombination mit anderen Bewegungen kommt es zu einem Augenblick der Ruhe, in dem in einer realen Kampfsituation beurteilt würde, was und wie etwas geschehen ist. Wie schon erwähnt, muss unser Gehirn in der Phase intensivster Aktion das bewusste Denken auf ein Minimum reduzieren, damit die Intuition sich frei entfalten und unsere Reaktion spontan und angemessen ausfallen kann. Die urteilsfreie Betrachtung des Ergebnisses unserer Aktion wird *Zanshin* genannt (siehe weiter hinten). Beim Durchlaufen einer Kata bewegen wir uns mit Körper und Geist in einem Wechselspiel von Yin und Yang. Körperliches

---

[30] Das Wort *kumite* bedeutet wörtlich »gruppierte Hände« und umfasst alle Formen der Partnerübung, die einen Bezug zum Kampf haben (also keine Gymnastik oder Konditionsübungen). Man unterscheidet grob das Kihon-kumite mit klaren Vorgaben bezüglich der Technik (Formen der Abwehr und Anzahl und Art der Angriffe) vom Jiyū-kumite, dem meist durch Regeln eingeschränkten freien Kampf.

Yin und geistiges Yang wandeln sich kontinuierlich zu körperlichem Yang und geistigem Yin und umgekehrt.

Yin und *Yang* bezeichnen die zwei Polaritäten der Welt, wie wir sie wahrnehmen. Sie stehen für *dunkel* und *hell, weich* und *hart, weiblich* und *männlich* und dergleichen Gegensatzpaare mehr. Entsprechend den Empfehlungen der chinesischen Weisen, sollte in all unseren Lebensbereichen ein Gleichgewicht von Yin und Yang bestehen, wollen wir nicht krank werden und zugrunde gehen. Bei der Praxis der Kata können wir uns dies sehr schön vergegenwärtigen: Üben wir zu hastig, geraten wir in einen Überschuss von Yang, bei zu träger Ausführung in einen Yin-Überschuss. Beides ist nicht nur unzweckmäßig, denn es leidet die Wirksamkeit, sondern auf lange Sicht sogar ungesund. Eine gesundheitlich vorteilhafte Wirkung des Karate-Trainings kann nur gewährleistet werden, wenn dieser Sachverhalt berücksichtigt wird. Bei korrekter Ausführung der Übung wird die Zirkulation unseres Ki angeregt, harmonisiert und gestärkt. Bei fehlender Dynamik kommt das Ki ins Stocken, durch Üben mit übertriebener Schnelligkeit wird es überdreht, kurzfristig werden wir unruhig oder nervös, langfristig jedoch kann es zu erhöhtem Blutdruck kommen.

Um den Wechsel zwischen Yin und Yang zu verdeutlichen, möchte ich den uns allen bekannten Fauststoß im Vorwärtsgehen, *Oi-zuki*, heranziehen. Bei dieser komplexen Bewegung wird durch einen Schritt auf den Gegner zu die Distanz zu diesem überbrückt, um in einen idealen Abstand für den sich sofort anschließenden Fauststoß zu gelangen, was das japanische Wort *oi* – »ankommen« – in etwa zum Ausdruck bringt.[31] *Tsuku* bedeutet »stoßen«, wie wir alle wissen. Der Stoß findet statt, sobald die Distanz optimal ist, damit dieser seine volle Kraft entfalten kann. Natürlich muss auch der genaue Zeitpunkt stimmen, nämlich der Moment, in dem die Aufmerksamkeit des Gegners hinreichend nachgelassen hat.

Der gesamte Ablauf, vom Losgehen bis zum Ankommen beim Gegner mit anschließendem Fauststoß, stellt die Technik O*i-zuki* dar. Die maximale Wirkung wird kurz vor dem Erreichen der Endposition erreicht. Steht man in Vorwärtsstellung mit ausgestrecktem Arm, ist die Technik bereits abgeschlossen. Dabei handelt es sich um eine bestimmte Art von Körperhaltung, japanisch *Kamae*. Kamae sind in den Kampfkünsten Japans sehr wichtig, aber davon später mehr.

Die Kriterien für eine korrekt ausgeführte Bewegung sind darum nicht in der Endposition zu suchen. Betrachten wir Oi-zuki, den Fauststoß, im, oder besser

---

[31] Das Wort *oi* setzt sich zusammen aus einem sogenannten Höflichkeitspräfix *o* und einem Kanji, das eigentlich *deru* ausgesprochen wird und »herauskommen« bedeutet. Je nach sozialem Rang des Sprechers ändern sich jedoch im Japanischen viele Formulierungen. Die Silbe *o* als Ausdruck des Respekts gegenüber dem Angesprochenen bewirkt nun, dass das zweite Kanji seine Aussprache in *i* ändert. So heißt etwa »Kommen Sie bitte her« *o-ide kudasai*, statt etwa »*o-dete kudasai*«.

gesagt, kurz nach dem Vorgehen, ist es zum Beispiel relativ unerheblich, ob das hintere Bein der Vorwärtsstellung am Ende vollständig durchgestreckt ist. Was wirklich von Bedeutung ist, ist das Strecken an sich, das heißt, die Kontraktion der Muskeln an der Rückseite des Beines. Im Moment des Auftreffens der Faust braucht es einen sicheren Stand, um von der Wucht des eigenen Stoßes nicht aus dem Gleichgewicht gebracht zu werden. Die gewählte Fußstellung muss für ausreichende Stabilität sorgen. Ich meine, ein bis zum Anschlag durchgestrecktes Bein ist hier eher hinderlich.

Ich bitte, mich hier recht zu verstehen: Die Fußstellung Zenkutsu-dachi hat für sich eine große Bedeutung. Genau wie mit Hilfe der anderen Grundstellungen erarbeiten wir uns durch das Üben von Zenkutsu-dachi ein besonderes »Standgefühl«, hier verbunden mit dem Gespür für das erwähnte Anspannen des hinteren Beines. Es gibt kaum Alternativen, um diese für einen Kampf nötigen Fähigkeiten zu erwerben, als durch das Training der Grundtechniken – obwohl diese in der Realität eigentlich nie so zur Anwendung kommen. Auf das »Prinzip des Stehens«, *tachi-kata*, werde ich unter anderem im Kapitel 7 noch ausführlicher eingehen.

Es nützt jedoch wenig, nur für den Moment sicher und fest zu stehen. Im Gegenteil: Beweglichkeit ist einer der entscheidenden Faktoren für den Ausgang eines Kampfes. Zum einen sollte man in der Lage sein, den feindlichen Attacken rasch genug auszuweichen, zum anderen kann sich nur durch geschicktes räumliches Taktieren eine ideale Position für den eigenen, eventuell entscheidenden Angriff bieten.

Zwar kann der überwiegende Teil der möglichen gegnerischen Angriffe allein durch Parieren mit den Armen (aber auch mit den Beinen) unwirksam gemacht werden. Ausweichen bietet jedoch vor allem den Vorteil, dass, neben dem Gewinn an Sicherheit, die Arme und Beine für eigene Maßnahmen zur Verfügung stehen, was einem erheblichen Zeitgewinn gleichkommt. Zeit ist für die Strategie von ausschlaggebender Bedeutung. Daher gilt in der Kampfkunst die Maxime, dass alle Aktionen sowohl auf technischer als auch auf geistiger Ebene möglichst zügig ablaufen sollten.

Anders ausgedrückt: Es ist besser, auf einen Angriff des Gegners mit einer Ausweichbewegung zu antworten als mit einem unter Umständen sehr hart ausfallenden »Block«, der die eigenen Kraftreserven über das nötige Maß hinaus beanspruchen könnte. Wenn wir nur richtig hinschauen, dann wird in unseren Kata auch genau dies gelehrt. Die meisten der sogenannte harten Abwehrtechniken mit der Kante des Unterarms sind in Bewegungen eingebunden, in denen sich die Position des Körpers, wenn auch mitunter nur wenig, ändert.

Nach einem heute allbekannten Ideal des Shuri-te, das wahrscheinlich auf Sōkon Matsumura und Ankō Itosu (Kapitel 5) zurückgeht, soll die Abwehr schon so schmerzhaft für den Gegner ausfallen, dass dieser von weiteren Angriffen absehen muss. Da eine solche Technik dann jedoch keine reinen Abwehrbewegungen mehr darstellt, sondern eher direkte Attacken auf Arm oder Bein des Gegners, ist es meist nötig, den eigenen Körper aus der »Schusslinie« zu nehmen. Auch hier ist letztendlich Ausweichen die bevorzugte Devise.

Doch man sollte nicht nur in der Lage sein, sich einem Angriff auf angemessene Art und Weise zu entziehen. Ein Kämpfer muss auch fähig sein, sich dem Gegner für einen Konterangriff zu nähern oder – falls nötig – sich (wieder) schnell genug von ihm zu entfernen.

Auch in Situationen, bei denen der Gegner in den Bereich hinter uns gelangt ist, müssen wir in der Lage sein, uns durch die geeignete Köperdrehung schnell wieder in eine für uns günstige Position zu bringen. Mitunter sind hier Dreh- oder Übersetzschritte erforderlich. Unsere Kata sind so aufgebaut, dass wir beim Durchlaufen des Bewegungsdiagramms *Enbu-sen* zwangsläufig all diese für den Kampf benötigten Schritte, Drehungen und Wendungen üben.

Keine der Kata ist diesbezüglich als »vollständig« zu betrachten, weshalb für ein komplettes eigenes Repertoire auch verschiedene Kata studiert werden müssen. Beim Vergleich der Kata Naifanchin und Sanchin wird dies besonders deutlich. Während man sich in der Naifanchin ausschließlich seitwärts bewegt, erfolgt die Fortbewegung in der Sanchin nur vor und zurück. Dem entspricht auch das »Angebot« der in diesen beiden Kata gelehrten Schrittarten. Allerdings ist dies eine recht reduzierte Sichtweise der Dinge. Wir werden später sehen, dass beide Kata in Bezug auf Drehungen mehr zu bieten haben, als der erste Anschein vermuten lässt.

Entgegen der früher und auch heute noch verbreiteten Ansicht handelt es sich bei der Karate-Kata nicht um einen symbolisierten Kampf gegen mehrere Gegner – zumindest nicht in erster Linie. Wohl mag diese überkommene Sichtweise einem Anfänger einleuchten und für ein grundlegendes Verständnis hilfreich sein. Man sollte sich aber so bald wie möglich von dieser irrtümlichen und auch gefährlichen Anschauung verabschieden. Sie ist durch Kinoproduktionen geprägt, die wiederum auf Legenden beruhen. Zwar ist nicht auszuschließen, dass es solch außergewöhnliche Kämpfer gab, die durch brillante Technik und extreme körperlich-geistige Fähigkeiten in der Lage waren, mit einer Vielzahl von Gegnern fertig zu werden. Aber von uns gehört wohl kaum einer zu diesem besonderen Personenkreis, und wir können froh sein, uns in einer echten Kampfsituation eines, vielleicht auch zweier Angreifer sicher erwehren zu können. Ich glaube, auch in Zeiten Matsumuras und Itosus (Kapitel 5) war man sicher Realist genug, um dies ähnlich zu sehen.

Ein Kampf gegen eine größere Gruppe von Angreifern ist natürlich nicht absolut auszuschließen, aber doch relativ unwahrscheinlich, wohingegen auch in unserer heutigen Zeit Konflikte mit Einzelpersonen, verursacht durch Banalitäten, durchaus einmal auf die handgreifliche Ebene abrutschen können. Wenn also unsere Kata den Eindruck erwecken, man bewege sich durch ein Kampfgetümmel hindurch, so ist dies allenfalls als Nebenaspekt zu sehen. Vielmehr bewegt man sich gedanklich im Laufe einer Kata um einen, maximal um zwei Kontrahenten herum. Bei zweien mag man diese dann räumlich gegeneinander ausspielen – wozu bestimmte Drehungen wie in den Kata Niseishi oder Seipai besonders dienlich sind.

Durch die Praxis der Kata trainieren wir demnach unsere Beweglichkeit in Kombination mit wirksamen Aktionen, die einen (eventuell auch zwei) Angreifer zur Aufgabe zwingen und die sich uns heute als Einzeltechniken oder eine Kombination aus diesen darstellen. Die hier gewählte Formulierung soll darauf hindeuten, dass wir vom analytischen Denken geprägt sind und darum alles, was wir zu ergründen suchen, gedanklich auseinandernehmen möchten. Hierzu gehört auch die mittlerweise immer beliebter gewordene Übung des Bunkai, aber davon später mehr.

Zu dieser analytischen Betrachtungsweise trägt auch die Tatsache bei, dass wir wohl alle Karate einmal in Form von Kihon, Kumite und Kata erlernt haben. Wir sind geneigt, in den Kata lauter Einzeltechniken zu erkennen, anstatt zu versuchen, diese als Akzente einer ganzheitlichen Dynamik zu erfahren, etwas, was sicher eher im Sinne der alten Meister wäre. Die Praxis der Kata und damit der Kampfkunst insgesamt sollte darum auf duale Weise geschehen. Das Erkennen einzelner Prinzipien ist genauso wichtig wie das Erfassen des Ganzen. Wenn wir uns daher im Folgenden auch einzelnen Techniken des Karate zuwenden, so sollten wir bemüht sein, diese im Verbund der Aktionen zu sehen, insbesondere wie sie uns in den Kata übermittelt wurden.

4.2. Waza – die wirksame Technik

Das japanische Wort *waza* bedeutet eindeutig »Technik«. Für die weiteren Ausführungen ist es jedoch zunächst einmal sinnvoll, zu definieren, was genau wir hierunter verstehen wollen. In der Kampfkunst handelt es sich bei einer Technik um das grundlegende Prinzip einer Handlung, durch die ein Gegner zur Aufgabe gezwungen wird, und zwar infolge von:

- unvorteilhafter Lage (z. B. am Boden)
- unangenehmem Gefühl (z. B. bei Luftnot durch Strangulation)
- Schmerz
- Paralyse
- Verletzung
- Bewusstlosigkeit
- Tod

In der Kampfkunst soll eine Technik ökonomisch ausgeführt werden, also zunächst mit möglichst wenig eigener Kraft, später dann auch mit wenig Aufwand an Bewegung insgesamt. Insbesondere in höheren Stufen der Kampfkunst (Budō) ist man bestrebt, den Gegner dabei auch möglichst wenig zu schädigen und die Entscheidung weniger durch körperliche Beeinträchtigung als durch gezieltes Einwirken auf sein Ki herbeizuführen. Darüber hinaus kann der Geist des Gegners auch dahingehend beeinflusst werden, dass dieser zur Vernunft kommt und vom (weiteren) Angreifen absieht.

Die Palette möglicher Kampftechniken kann grob in zwei Kategorien eingeteilt werden: in *Seme-waza* und *Uke-waza*. Entsprechend dem Ideal des Karate-dō, *Karate ni sente nashi*, beginne ich mit der Beschreibung der Techniken zur Verteidigung.[32]

Techniken der Verteidigung – Uke-waza: Das Wort *ukeru* bedeutet im Japanischen aufnehmen oder annehmen. *Uke-waza* sind demnach eigentlich keine »Techniken der Abwehr« – das wären *fusegi-waza* – oder gar »Blocks«, sondern solche des »An- oder Entgegennehmens«. Angenommen wird der gegnerische Impuls, der, sofern möglich oder nötig, umgeleitet und auf den Angreifer zurückgeworfen wird. Dem Angriff wird demnach nichts entgegengestellt, und das deutsche Wort »Block« ist somit unangemessen. Zu den Uke-waza gehören nur Techniken, die einen Angriff von einem selbst wegleiten – allerdings auch solche, die gleichzeitig dem Gegner Schmerz zufügen. Auf jeden Fall wird Einfluss auf dessen Ki genommen, denn ohne physischen Kontakt wäre es nicht möglich, die Richtung seines angreifenden Arms oder Beins zu verändern.

Die einzige und im übrigen sehr sinnvolle Alternative zur aktiven Abwehr bietet das Ausweichen. Dieses ist jedoch streng genommen kein *uke-waza*, da der Impuls des Gegners nicht aufgenommen und umgeleitet wird, sondern ins Leere geht. Obwohl das Ausweichen zu bevorzugen wäre (siehe weiter vorn), ist es aus Zeitmangel nicht immer möglich, so dass man in der Praxis meist den Kompromiss in Form einer Kombination von Ausweich- und aktiver Abwehrbewegung sucht.

Bei einer »weichen« Abwehr leiten wir den Angriff an uns vorbei. Im besten Fall stören wir den Gegner gleichzeitig in seiner Balance oder bringen ihn durch Ergreifen seines Armes oder Beines unter Kontrolle. Beide Aktionen beeinflussen

[32] *Karate ni sente nashi* – »Beim Karate keine Ersthand« – ist nicht als Mahnung zur Passivität zu verstehen, in dem Sinne etwa, dass ein Karateka zu Beginn eines Kampfes unbedingt geduldig abwarten müsse, bis ein Gegner irgendwann einmal mit einer sichtbaren Technik angreift, die dann pariert würde. Eine etwas umfassendere Übertragung von *sente* in »Primär-Handhabe« würde auf das Vermeiden jedweder Initiative zu einer gewaltsamen Auseinandersetzung hindeuten. Ist ein Kampf aber nicht zu vermeiden, dann sollte es auch einem ehrbaren Karateka freistehen, dem Aggressor technisch zuvorzukommen, indem er seinen Schlag oder Stoß zuerst landet.

ihn bereits, wenn auch nur geringfügig, in negativer Weise und haben demnach schon die Qualität eines Angriffs. In verstärktem Maße trifft dies natürlich auf die »harten« Abwehrtechniken zu. Ziel dieser Techniken ist es, nicht nur den Angriff abzuleiten, sondern dem Gegner Schmerz zuzufügen, im Idealfall so viel, dass er keine Lust mehr verspürt, weiter anzugreifen. Dabei kann es zur Lähmung von Nerven oder zu Knochenbrüchen kommen.

Ich vermute, dass diese für das Karate Okinawas typische Strategie das Resultat der besonderen Bedingungen ist, die während der knapp dreihundertjährigen Besatzung der Inselgruppe durch die Satsuma, einem in Kyūshū ansässigen Klan japanischer Samurai, vorherrschten. Den in der Verwaltung tätigen Kunshi[33] Okinawas war das Tragen und der Gebrauch von Waffen, zumindest in der Öffentlichkeit, untersagt. Kam es zum Kampf mit einem japanischen Beamten, in der Regel ein bewaffneter Samurai, lag die einzige Chance zu überleben darin, dessen Schwert rasch zu immobilisieren, was am einfachsten durch einen harten Schlag auf den Unterarm zu erreichen ist. Diese Hypothese erklärt, warum gerade im Karate Okinawas, und dort im Shuri-te (Kapitel 5), die Taktik des harten Schlages auf den angreifenden Unterarm dominiert.

Wir sehen, die Grenze zwischen Abwehr- und Angriffstechnik ist eigentlich fließend. Je nach Intention kann aus einer scheinbaren Abwehr ein echter, unter Umständen entscheidender Angriff werden. Als Beispiel für weiche Abwehrtechniken seien Nagashi-uke und Sukui-uke genannt, harte Abwehrtechniken sind unter anderem Age-uke und Harai-uke (Kapitel 11.4).

Techniken des Angriffs – Seme-waza: Das Wort *semeru* bedeutet »angreifen«. Man spricht auch von *kōgeki-waza*, was eigentlich dasselbe ist und im Japanischen nur etwas vornehmer klingt. Zu dieser Gruppe von Techniken gehören alle Aktionen, die darauf abzielen, dem Gegner physisch zu schaden. Auch hier ist eine weitere Unterteilung in hart und weich möglich.

Zu den harten Seme zählen natürlich alle »Perkussionen«. Dies ist eine für den deutschen Sprachgebrauch vielleicht etwas ungewöhnliche Bezeichnung, doch eignet sich dieser Ausdruck am besten, um alle Schläge, Stöße und Tritte, aber auch Aktionen wie das Rammen (z. B. mit der Schulter), unter einem Oberbegriff zusammenzufassen. Wenn auch von schwächerer Intensität, so gehört auch der Druck auf empfindliche Partien des gegnerischen Körpers noch zu den harten Techniken des Angriffs. Ein harter Druck kann auf alle Stellen ausgeübt werden, die per se besonders empfindlich sind. Allein durch den so verursachten Schmerz lässt sich der Gegner für das eigene weitere Vorgehen gefügig machen. Um Druck ausüben zu können, ist in der Regel ein vorheriges Ergreifen des Gegners erforderlich (siehe weiter vorn).

[33] Okinawanischer Ausdruck für *bushi*, frei übersetzt in etwa »ehrbarer Krieger«.

Wird jedoch auf besondere Zonen eingewirkt, die einen Effekt über den Schmerz hinaus entfalten, so spricht man von *kyūsho-jutsu,* der »Methode der Vitalpunkte«. *Kyū* bedeutet in der hier gebrauchten Schreibweise unter anderem »zügig«, »plötzlich« oder »abrupt«, aber auch »Alarm« oder »Krise«. *Sho* wird am besten mit »Ort« oder »Stelle« übersetzt. Bei den Kyūsho handelt sich um Areale auf der Oberfläche des menschlichen Körpers, die mit kritischen Zuständen und einem schnellen Ablauf in Verbindung gebracht werden. Entsprechend kann bei therapeutischem Einsatz eines Kyūsho mit einer raschen Reaktion des Patienten gerechnet werden, zum Beispiel wenn man ihn aus einer kritischen Situation herausholen will. Umgekehrt kann man aber auch durch »falsches« Einwirken auf solche vitalen Stellen einen lebensbedrohlichen Zustand hervorrufen. Es sei betont, dass die Erforschung vitaler Stellen des menschlichen Körpers in der Geschichte primär der Heilung und Therapie diente und ihr Einsatz im Rahmen von Kampf und Verteidigung erst später entwickelt wurde (McCarthy, siehe Literaturverzeichnis).

Bis auf wenige Ausnahmen handelt es sich bei den vitalen Zonen um Areale von maximal einem Quadratzentimeter Ausdehnung.[34] Die meisten, wenn auch nicht alle, werden heutzutage in verschiedenen alternativmedizinischen Verfahren therapeutisch genutzt. Um sie sicher einsetzen zu können, bedarf es jedoch eines hinreichenden Basiswissens in der traditionellen Medizin Chinas. Diese möchte ich nun in groben Zügen umreißen, verbunden mit der Empfehlung, sich mit ihren theoretischen und praktischen Grundlagen ruhig etwas intensiver auseinanderzusetzen.

4.2.1. Von der Heilung zur Kampfmethode

Entsprechend der daoistisch geprägten Weltsicht werden alle Wesen von einer feinstofflichen Substanz durchströmt, die alle Funktionen des Lebens aufrecht erhält. Sie steuert die Verdauung, ernährt alle Partien des menschlichen Körpers und schützt vor dem Eindringen von Krankheiten ebenso, wie sie den Geist klar hält. Aus ihren Beobachtungen folgerten die Ärzte des frühen China, dass sich das Qi durch ein weitverzweigtes Kanalsystem über die Oberfläche und das Innere des Körpers verteilt.

An bestimmten Bereichen dieser Leitbahnen, chinesisch *Jing-luo*,[35] bestehen

[34] Einige Körperstellen noch größerer Ausdehnung haben eine besonderes hohe Bedeutung für unsere Lebensfähigkeit. Sie befinden sich auf zentralen Linien an Vorder- und Rückseite des Rumpfes und stimmen weitgehend mit den Energiezentren anderer traditioneller Medizinlehren überein.

[35] In Europa wird für *Jing-luo* meist der eigentlich etwas unglücklich gewählte Begriff Me-

Engstellen oder Erweiterungen. An den Engstellen, wo das Qi bis dicht unter die Oberfläche des Körpers gelangt, kann auf Fluss und Verteilung des Qi, ähnlich wie an Stellknöpfen, eingewirkt werden. Zum großen Teil decken sich diese Engstellen mit den Kyūsho.

Behinderungen im Qi-Fluss führen zu funktionalen Störungen. Zunächst ist das Wohlbefinden betroffen, dauert die Stagnation an, kommt es zu ernsthafter Beeinträchtigung der Gesundheit. Aber auch ein Überschuss oder ein zu starker und heftiger Fluss des Qi können zu Beschwerden führen. Die Zirkulation des Qi soll demnach ausgeglichen, sanft und dennoch stabil sein. Es soll in allen Partien des Körpers im rechten Maß zur Verfügung stehen. Die traditionellen Anweisungen zur Pflege der Gesundheit (*Yang-sheng*) haben das Ziel, dies zu gewährleisten. Auf die Kampfkunst übertragen, hieße das: Der Kämpfer hat aktiv Sorge zu tragen, dass kein Angreifer die Zirkulation seines Qi stören kann.

Die therapeutischen Maßnahmen der chinesischen Medizin sind darauf ausgerichtet, eine mangelnde Balance des Qi wiederherzustellen. Die Akupunktur ist hier das bekannteste Verfahren. Durch das gezielte Setzen feiner Nadeln und deren manuelle Stimulation werden Blockaden geöffnet oder das Qi umverteilt. Aber auch Kräutermedizin und sogar die richtige Ernährung können eine Korrektur des Qi-Haushalts bewirken. Damit die Therapie angemessen wirken kann, ist jedoch eine klare Diagnose nötig. Nur wer die pathogenen Vorgänge versteht, kann erfolgreich heilen. Bei Therapiefehlern tritt bestenfalls keine Wirkung ein. Es kann aber auch vorkommen, dass die Nadelung falscher Punkte, genauso wie falsch verordnete Kräuter, den Zustand des Patienten sogar noch verschlechtern.

Das Wissen um den Umstand, dass Menschen bei falscher Behandlung noch kränker werden, wurde von Experten der chinesischen Heilkunde, zu denen nicht nur Ärzte gehörten, für die Verteidigung nutzbar gemacht. Zu ihnen gehörte auch *Zhang Sanfeng*,[36] der sich sowohl in der Kunst des Heilens als auch in der des Kämpfens sehr gut auskannte. Indem er bisher bekannte Techniken der Verteidigung mit seinen Kenntnissen über vitale Stellen kombinierte, entwickelte er eine höchst effektive Methode, die es ermöglichte, einen Gegner mit einem Minimum an Aufwand außer Gefecht zu setzen. Um sein Wissen zu vervollständigen unternahm er viele Reisen und führte sogar Experimente mit Menschen durch, so etwa mit zum Tode verurteilten Strafgefangenen.[37]

---

ridian gebraucht. Der Ausdruck stammt von Missionaren, die China im 17. Jahrhundert besuchten und die Bedeutung der Linien nicht verstanden. Bei ihrem Anblick wurden sie an die Längen- und Breitengrade von Seekarten erinnert.

[36] Zhang Sanfeng lebte im 13. Jahrhundert.

[37] Aus heutiger Sicht ist es natürlich verwerflich, Experimente an Menschen vorzunehmen, um die negative Einwirkung auf Vitalpunkte zu studieren. Zu Zeiten Zhang Sanfengs gab es das Prinzip der Menschenrechte aber noch nicht. Zudem nahm er seine Versuche an zum

Die Druck- und Schlagtechniken, mittels derer das Qi des Gegners beeinflusst werden sollte, integrierten Zhang Sanfeng und seine Nachfolger in formelle Übungen des Kampfes. Außenstehende jedoch konnten in den abstrakt anmutenden Bewegungen nur schwer deren wahren Inhalt erkennen, der streng geheim gehalten und nur einem kleinen Kreis von Auserwählten weitergegeben wurde (McCarthy, siehe Literaturverzeichnis).

Laut Ji Yiming (siehe Literaturverzeichnis) soll auf einen Schüler Zhang Sanfengs, einen gewissen »Adlerkralle« Wang, eine Zusammenfassung von fünf prinzipiellen Methoden zur Störung des Qi-Flusses an einem Kyūsho zurückgehen. Diese wären:

- Schneiden mittels der Schwerthand
- Stoß mit den Fingern
- Stoß mit der Handinnenfläche
- Schlag mit der Handinnenfläche
- Druck mit den Fingern

Zhang und seine Kollegen fanden auch heraus, dass bestimmte Punkte sich erst dann öffneten und eine schädigende Wirkung ermöglichten, wenn vorher ein anderer Punkt manipuliert worden war. Das erklärt, warum wir in unseren Kata häufig Kombinationen aus einem Ergreifen des Gegners mit anschließendem Stoß oder Schlag vorfinden. Genauso lässt sich mit diesem Wissen leicht verstehen, warum in den klassischen Kampfkünsten so viel Wert darauf gelegt wird, sich aus einem Griff zu befreien: um einem gegnerischen Einfluss auf das eigene Qi, durch den der Körper für weitere Angriffe leicht verwundbar wird, zu entgehen.

Es kann sogar geschehen, dass nach der Manipulation eines Kyūsho die Wirkung erst mit zeitlicher Verzögerung eintritt, der Gegner gleichsam »krank« gemacht wurde. Mystisch anmutende Phänomene wie *sannen-goroshi* oder *gonen-goroshi*, der »Tod nach drei«, beziehungsweise »nach fünf Jahren«, werden durch genaue Kenntnis der das Qi betreffenden Vorgänge erklärbar und sollten daher nicht, wie nicht selten geschehen, als Phantasterei abgetan werden.

Es lässt sich nur schwer erahnen, wie viele der Erkenntnisse von Menschen wie Zhang Sanfeng sich bis heute erhalten haben. Aufgrund der strengen Geheimhaltung ist sicher spätestens mit dem Übergang Japans (und auch Chinas) in die Moderne viel von ihrem Wissen und Können verlorengegangen. Hinzu kamen die veränderten Anforderungen, die an Kampfkünste wie das Karate ab dem Beginn des 20. Jahrhunderts gestellt wurden. Die eigentliche Wirkung der Technik war gegenüber dem erzieherischen Wert und dem der Körperertüchtigung in den Hin-

---

Tode Verurteilten vor, die sonst auf »konventionelle« Weise hingerichtet worden wären, was nach dem damaligen Moralverständnis wohl gebilligt werden konnte.

tergrund getreten. Und spätestens seit der Umgestaltung des Karate zum Sport war es höchst unerwünscht, wenn durch den Einsatz der Technik eine Wirkung eintrat.

Natürlich wird ein Gegner niemals bereitwillig zulassen, dass sein Qi manipuliert wird. Im Gegenteil, er wird alles Erdenkliche tun, um dies zu verhindern. Auch wird er im Gegenzug bemüht sein, den Qi-Fluss seines Gegenübers, soweit möglich, zu stören. Ein Großteil der Sequenzen unserer Kata gehen darum auf Bewegungsmuster zurück, die das Ziel hatten, den Gegner einerseits taktisch für ein Einwirken auf sein Qi vorzubereiten und andererseits zu vermeiden, dass ihm dasselbe bei uns gelingt.

Sobald ein direkter Kontakt zum Gegner hergestellt ist, kann man aber auch auf Alternativen zu Schlag, Tritt oder Fingerdruck zurückzugreifen. Dazu gehören die sogenannten weichen Attacken, wie zum Beispiel Strangulationen und Gelenkmanipulationen, mit denen einem Gegner erheblicher Schaden zugefügt werden kann. Diese für das Karate häufig als untypisch angesehenen Techniken sind als formale Hinweise in den Kata verborgen, aber nur für den Eingeweihten ohne weiteres erkennbar.

Bei den Strangulationen wird die Zufuhr von Luft zur Lunge oder die Durchblutung des Gehirns unterbunden. Dies kann – abhängig von der Situation – zu Bewusstlosigkeit oder zum Tod führen. Die Manipulationen der Gelenke reichen von der reinen schmerzhaften Fixierung oder Überdehnung bis zur echten, irreversiblen Schädigung.

Für beide Methoden ist eine ausreichende Kenntnis der jeweiligen anatomischen Verhältnisse nötig. Mit roher Kraft kommt man nicht weit, insbesondere bei Strangulationen, denn in der Halsregion werden die nach oben zum Gehirn verlaufenden Arterien durch eine starke Muskulatur geschützt. Und auch Luftröhre und Kehlkopf können einiges an Belastung aushalten. Andersherum kann einem bei einem exakt platzierten Druck auf die Arteria carotis, die Halsschlagader, sogar ein natürlicher Reflex zur Hilfe kommen, nämlich die schlagartige Weitung aller Blutgefäße als Reaktion auf einen vermeintlichen Überdruck, was einem akuten Kreislaufversagen gleichkommt.

Bei den Gelenkmanipulationen, den sogenannten »Hebeln«, unterscheidet man zwischen Überstreckung und Verdrehung eines Gelenks. Die Wirkung hängt unter anderem von der richtigen Stelle der Auflage ab. Ist diese nicht gut gewählt, kann der Gegner relativ leicht mit Muskelkraft gegenhalten. Das Gegenhalten kann ihm aber durch das gezielte Irritieren nervaler Reflexbögen unmöglich gemacht werden. Ein kurzzeitiges Nachgeben lässt den gegnerischen Muskelzug ins Leere gehen. In der darauffolgenden Phase ist der Gegner für einen kurzen Moment nicht in der Lage, den Muskel erneut zu spannen, wodurch er unfähig wird, der Überdehnung des Gelenks zu widerstehen.

Hebeltechniken können auf zweierlei Art ausgeführt werden. Bei der ersten Form wird das Gelenk bewusst geschädigt, um den Gegner bis auf weiteres in seiner Angriffsfähigkeit einzuschränken. Die Überdehnungen werden dann ruckartig durchgeführt. Bei einer zweiten, moderateren Form wird nur bis zur Schmerzgrenze überdehnt. Ziel ist es, den Gegner zu kontrollieren oder zur Aufgabe zu bewegen, ohne ihn jedoch körperlich zu schädigen. Ähnlich wie Strangulationen entfalten auch Hebeltechniken nur durch Präzision ihre volle Wirkung.

Hebeltechniken lassen sich prinzipiell an fast allen Gelenken einsetzen, aber bei nur einigen wenigen ist dies in der Praxis möglich. Am verbreitetsten ist wohl die Überdehnung der Hand- und Ellbogengelenke, da sie in einem Kampf besonders leicht zugänglich sind. Auch das Überdehnen der Finger ist gängige Praxis, bisweilen auch das ruckhafte Überdrehen des Kopfes oder besser gesagt des Halses. Gelingt es, das Bein oder den Fuß des Gegners aufzufangen, etwa nach einem misslungenen Tritt, kann mit etwas Geschick auch dessen Knie- oder Sprunggelenk überstreckt werden.

Um diese Techniken effektiv einzusetzen, müssen wir verstehen, wie deren Wirkung zustande kommt. Die Mechanismen bei Hebel- und Würgetechniken mögen vielen verständlich erscheinen, da sie mit einigen Kenntnissen in moderner Medizin einfach erklärbar sind. Etwas anders verhält es sich mit den Vitalpunkten. Nicht selten wird deren Wirkung angezweifelt.

Patrick McCarthy hat in seiner Ausgabe des Bubishi (siehe Literaturverzeichnis) versucht, eine den Kriterien der modernen Medizin genügende Erklärung bezüglich der Wirkung zumindest eines Großteils der heute noch bekannten Vitalpunkte zu geben. Eine schwierige und anerkennenswerte Arbeit. Ich meine aber, dass die Vorgänge beim Einwirken auf einen Kyūsho nur im Rahmen der Denkweise der traditionellen Medizin Chinas (Paradigma!) hinreichend plausibel gemacht werden können.

Für die Folgen eines Schlags unter das Kinn oder gegen die kurzen Rippen gibt es einleuchtende Erklärungen, die auf fundierten medizinisch-anatomischen Erkenntnissen beruhen. Bei Gewalteinwirkung auf Teile des Vegetativums, welche die inneren Organe oder die Weite der Blutgefäße steuern, können verheerende Folgen auftreten. So wirken etwa Schläge auf Organfaszien, Nervenplexus oder große Arterien über vegetativ-nervale Reflexbahnen, wie der oben erwähnte starke Druck auf die Arteria carotis am Kehlkopf.

Wie aber soll ein Schlag oder ein starker Druck auf die Zone zwischen Daumen und Zeigefinger zu Schwindel oder Kreislaufversagen führen? Besagter Punkt mit dem Namen *Hegu* und der Bezeichnung Di 4 hat bei entsprechender Nadelung eine stark entspannende, blockadebrechende und das Qi zerstreuende sowie absenkender Wirkung.[38] In Fachkreisen ist auch bekannt, dass eine zu starke Stimulation der Nadel bei schwacher Konstitution des Patienten zu Schwindel bis hin

[38] Die vollständige, innerhalb Europas in Akupunktur und verwandten Therapie- und Massageformen übliche Bezeichnung dieses Punktes ist »Dickdarm-Meridianpunkt Nr. 4«.

zur Bewusstlosigkeit führen kann, eben wenn Qi und Blut zu sehr nach unten gelangen, so dass es von beidem im Gehirn zu einem Defizit kommt.[39] Trotzdem wird dieser Punkt in der Therapie wegen seiner positiven Wirkungen gern und häufig ausgewählt und mit anderen kombiniert – insbesondere bei Schmerzzuständen im oberen Körperbereich, aber auch bei Menstruationsbeschwerden, Bluthochdruck oder Stress allgemein. In der Karate-Praxis kann man durch Massage von Di 4 einem Kameraden helfen, etwa bei Schmerzen oder emotionalen Ausnahmezuständen während des Trainings oder auf Meisterschaften.

Gerade jene Punkte, die bei falscher Anwendung in der Therapie oder zu starker Einwirkung (z. B. mit der Nadel) unerwünschte Effekte wie etwa Kreislaufstörungen hervorrufen, werden in Klassikern wie dem *Bubishi* als für den Kampf wichtige Vitalpunkte genannt. Doch diese Körperzonen während eines Kampfes bewusst zu manipulieren, ist ungemein schwierig. Man muss die entsprechende Stelle bei einem sich bewegenden Gegner genau treffen, mit der richtigen Intensität, meistens noch in einem bestimmten Winkel und häufig auch mit einer besonderen Technik. Währenddessen wird aber auch der Gegner alles versuchen, um uns schaden. Hinzu kommt, dass viele dieser Punkte sich nur zu bestimmten Tageszeiten »öffnen« und man dadurch nur zu diesem Zeitpunkt den Qi-Haushalt des Gegners wirklich stark beeinflussen kann. So hätte zum Beispiel ein heftiger Schlag (mit der offenen Hand) auf *Shousanli*, Di 10 am oberen Unterarm, nur gegen zwölf Uhr mittags die »erwünschten« fatalen Folgen.[40]

Beispiele für klassische Trefferzonen: Aus traditionell-medizinischer Sicht resultiert die Wirkung eines Treffers aus der Störung des Qi unseres Gegners. Damit ein hartes Einwirken eine sichere Wirkung zeitigt, ist es wichtig, die in Frage kommenden Zonen und Punkte genau zu kennen. Ich habe im Folgenden einige

---

[39] Auch kann ein vorzeitiger Abort ausgelöst werden, weshalb nach den Richtlinien vieler Akupunkturschulen die Anwendung dieses Punktes in der Schwangerschaft kontraindiziert ist.

[40] Obwohl beim Kämpfen im Dōjō oder auf Turnieren Fauststöße gern und häufig mit der offenen Hand pariert werden, kommt es doch kaum zu lebensbedrohlichen Zuständen, da Punkte wie Di 10 praktisch nie auf die beschriebene Weise getroffen werden. Zudem liegen die meisten dieser Vitalpunkte relativ gut geschützt in körperlich-strukturellen Mulden oder an der Innenseite von Bein, Arm oder Rumpf. Das heute übliche Treffen mit Zonen wie den Fußballen, dem Spann oder der flachen Faust bietet darum auch mehr Sicherheit für den Partner, da sie nicht so leicht eindringen wie etwa die Fingerspitze. Letztlich findet das Training meist am Abend statt, in einem Zeitraum, wo eher Punkte im unteren Bereich des Körpers, vom Knie abwärts, geöffnet sind. Dies sind Regionen, auf die man ohnehin kaum zielt, da beim turnierorientierten Kampftraining diese Bereiche nicht als Trefferzonen gelten und darum meist ausgespart werden. So kommt es im Dōjō eigentlich nie zu lebensgefährlichen »Ausrutschern«, und auch bei Meisterschaften sind sie sehr selten.

praktische Beispiele zusammengestellt und versucht, diese anhand der traditionellen chinesischen Medizin zu erklären. Es handelt sich um Punkte der Bronzemann-Statue, wie sie unter anderem im Bubishi Erwähnung finden:

- Xin-hui, Du 22: Die Silbe Du steht für den Du-mai, einen besonderen Energiekanal, der vom Steißbein aus entlang der Rückenmitte nach oben über den Kopf verläuft und unter der Nase endet. Er versorgt den gesamten Körper mit Yang-Qi, insbesondere das Gehirn. Xin-hui befindet sich in der Fontanelle des Vorderkopfes. Ein Hammerschlag auf diesen Punkt bewirkt ein drastisches Absinken des Qi, mit anderen Worten einen Bewusstseinsverlust. Seine maximale Öffnung ist zwischen 23 und 1 Uhr nachts. Mehrere Kata enthalten Sequenzen, im denen Xin-hui mit einem »Eisenhammerschlag«, *tettsui-uchi*, attackiert wird, so etwa Chinte oder Saifa.
- Da-zhui, Du 14, befindet sich über dem Dornfortsatz des ersten Brustwirbels. Ein Schlag, etwa mit der Handkante, kann den Fluss des Yang-Qi innerhalb des Du-mai blockieren. Das Gehirn wird unterversorgt, und es kommt zur Bewusstlosigkeit.
- Ren-zhong, Du 26, liegt zwischen Nase und Oberlippe. Ein Stoß mit der Einknöchelfaust Ippon-ken kann zum Kreislaufkollaps mit schweren Folgen führen. Andererseits kann dieser Punkt auch zur Wiederbelebung eingesetzt werden. Bei Schwächezuständen des Kreislaufs wird er mit der Kuppe des Mittelfingers stark stimuliert. Dieser Punkt ist immer offen.
- Tai-yang, wörtlich »großes Yang«, ist ein Extrapunkt an der Schläfe. Er hat keinen direkten Organbezug und liegt auf keiner Leitbahn. Ein Schlag oder Stoß mit einer spitzen Technik darauf stört die Verteilung des Yang. Die Folge kann Schwindel bis hin zum Verlust des Bewusstseins sein.
- Wei-zhong, Bl 40, in der Kniekehle gelegen, ist ein Punkt auf dem Blasenmeridian und heißt übersetzt »Gleichgewicht-perfekt«. Ein Schlag in diesen recht versteckt liegenden Punkt gegen 12 Uhr mittags bringt das Qi in den beiden Ästen des an der Rückseite der Beine und über den gesamten Rücken verlaufenden Blasenmeridians durcheinander. Der Betroffene verliert die Balance und kann sich nur schwer aufrecht halten.
- Guan-yuan, Ren 4, befindet sich etwa eine Hand breit unter dem Nabel auf einem besonderen Energiekanal namens Ren-mai, der vom Damm ausgehend in der Mitte des Körpers bis zum Kinn verläuft und den Körper hauptsächlich mit Yin-Qi versorgt. Dieser Punkt korreliert mit dem unteren Dantian, einem der wichtigsten Energiezentren des Körpers.[41] Ein heftiger,

[41] *Dantian*, jpn. *tanden* bedeutet wörtlich »Zinnoberfeld«, ein Ausdruck aus der Inneren Alchimie. Weitere Energiezentren sind das obere und mittlere Dantian oder das »Leben-

aufwärts gerichteter Tritt auf diese Zone zwischen 13 und 15 Uhr kann den gesamten Qi-Haushalt nachhaltig schädigen und unbehandelt zu Krankheit und Siechtum führen. In diesem Punkt fließen die Energien von Verdauung, Fortpflanzung und Sexualität zusammen.

Wer also um eine wirklich effektive Technik bemüht ist, kommt um ein Basisstudium der Akupunktur kaum herum. Alles andere wäre ein Anwenden nach Kochbuchschema: wenig profund, unvollständig und aus Sicht der Kampfkunst sogar höchst risikoreich – auch für einen selbst. Die an dieser Stelle aufgeführten Angaben sollen daher nur eine erste Vorstellung davon geben, was prinzipiell möglich ist. Die Dosierung entsprechender Schläge ist schwer und die Wirkung ohne das nötige Wissen kaum abzuschätzen. Darum sei dringend davon abgeraten, dies ohne fachkundige Anleitung auszuprobieren!

Eine wirksame und ökonomische Technik zielt darauf ab, die Schwachstellen des Körpers zu nutzen. Ziele sowohl harter als auch weicher Angriffe sind Gelenke, Nerven, Arterien und energetisch-vitale Stellen, die sich im Laufe des Kampfes von selbst anbieten oder durch eine geschickte Taktik zugänglich gemacht werden. Im alten China war das Wissen um die Vorgänge im menschlichen Körper weit fortgeschritten. Jeder Gebildete hatte Kenntnisse in traditioneller Medizin, besonders auch jene Mönche und Militärs, von denen unsere Kata geschaffen wurden.

Vom großen Strategen Sun Zi stammt die These, dass nur der, welcher sich selbst und den Feind vollständig ergründet hat, in der Lage sei, einen sicheren Sieg zu erlangen (siehe Literaturverzeichnis). Dafür ist es nötig, den Gegner nicht nur von seiner Psyche her einschätzen zu können, sondern auch über sein physisches Potential, also seine Körperkraft und Technik, sowie bezüglich seiner Anatomie, Physiologie und Energetik umfassend informiert zu sein.

4.2.2. Präzision statt Krafteinwirkung

Ich möchte nun einige erste Betrachtungen über den Krafteinsatz anfügen. Da wir nie wissen, wie langwierig und intensiv ein Kampf werden wird, ist es sinnvoll, unsere Aktionen so kräfteschonend wie möglich auszuführen. Dies gilt natürlich auch für jede einzelne Technik. Wer mit zu viel Kraft agiert, hat zudem Schwierigkeiten, sich in die technischen Abläufe einzufühlen, etwa beim Ertasten der Schlagader bei Strangulationen oder bei der korrekten Auflage bei Hebeltechni-

---

stor« *Mingmen*. Die Zentren erhöhter Qi-Dichte der daoistischen Lehre decken sich in weiten Teilen mit denen in Lehren anderen Ursprungs, wie etwa der Chakra-Lehre des Ayurveda.

ken. Bei den Perkussionen ist es entscheidend, ein Gefühl für den Moment des Auftreffens zu erlangen, will man nicht selbst von der Wucht des eigenen Stoßes ins Wanken geraten.

Um der eigenen Stabilität willen muss bei allen Stößen und Schlägen für ein Gegenhalten im eigenen Körper gesorgt werden. Ein kurzes Anspannen am Ende der Technik ermöglicht es, den Rückimpuls der eigenen Aktion aufzufangen. Dies gibt unserer Technik zusätzliche Durchdringungskraft, weil nun nicht mehr nur der Arm oder das Bein allein die Arbeit tut, sondern dabei vom Rest des Körpers muskulär unterstützt werden. Bei Fußtritten muss die Muskulatur an Rumpf und Beinen zudem für den Erhalt der Balance sorgen.

Um diese finale Anspannung auszuführen, gibt es zwei Varianten. Bei der ersten wird am Ende der Bewegung in der Haltung des Aufpralls bei vollständiger Körperspannung innegehalten. Man stellt sich vor, dass auf diese Weise die Kraft der Erde über den eigenen Körper auf den Gegner übertragen wird. Dafür ist eine stabile Fußstellung nötig, denn nur so kann nach traditioneller Sicht das Ki über die Fersen außen am Bein – zum Beispiel im Falle eines Stoßes – über Wirbelsäule und Schulter bis in die Faust gelangen.

Diese Art des Anspannens aller für solch eine Technik nötigen Muskeln wird häufig, jedoch nicht wirklich korrekt, mit *Kime* bezeichnet. Der Begriff leitet sich ab von *kimeru*, was auf Japanisch »entscheiden« bedeutet. Techniken, die mit ausreichendem Kime durchgeführt werden, sind »entscheidend«. Aber wofür? Wohl für den Ausgang eines Kampfes. Es leuchtet ein, dass ein genügend kraftvoller und zudem präzise auf einen Vitalpunkt ausgeführter Faustst oß einen Gegner so sehr schwächt, dass dieser nicht mehr weiterkämpfen kann. Aber auch Würge- und Hebeltechniken können kampf*entscheidend* sein – und sind dann mit Kime ausgeführt worden.

Für Kime ist demnach nicht allein der hinreichende Krafteinsatz ausschlaggebend, sondern genauso, wenn nicht noch mehr, die energetisch-geistige Einstellung während der Ausführung einer Technik. Japanische Instruktoren übersetzen *Kime* darum gern mit »Fokus«, also »Brennpunkt«. Eine solche »Übersetzung« reduziert den Vorgang leicht, aber nicht ganz zutreffend auf ein reines Bündeln der Kraft aller Muskeln. Wie ich bereits erwähnt habe, herrscht in Ländern wie Japan auch heute noch eine Weltsicht vor, in der das Konzept des Ki eine erhebliche Rolle spielt. Auch wenn es vielen modernen Japanern nicht bewusst ist, wird bei der Erklärung alltäglicher Dinge von diesem unsichtbaren Fluidum wie von einem allgegenwärtigen Potential gesprochen. Der Begriff des Ki ist Bestandteil der japanischen Sprache und darum für Japaner etwas Selbstverständliches. Wenn daher im Karate von einer Bündelung der Kräfte gesprochen wird, dann geht diese Vorstellung weit über das rein Körperliche hinaus. Gemeint ist die Bündelung des Ki, in die sowohl das physische wie auch das geistige Potential gleichsam automatisch mit einbezogen werden. Das

Wort *Kime* steht dann für die endgültige und kompromisslose Ausführung einer Technik.[42]

Anders verhält es sich mit *Muchimi*. Dieser weniger bekannte Begriff umschreibt die Dynamik einer Technik, die einen Kampf zwar nicht entscheidend zu Ende bringt, wohl aber den Gegner körperlich-energetisch so stark beeinträchtigen kann, dass auch sein geistiger Zustand zeitweilig leidet. Die damit verbundene Schwächung des Ki vermindert seine Reaktionsfähigkeit und ermöglicht oder erleichtert so das Ausführen eines endgültigen Schlages oder Stoßes. Während das Ziel eines finalen Stoßes oder Trittes auch sein kann, starke körperliche Schäden wie Rupturen, Frakturen, Paralysen oder ähnliches zu verursachen, will man bei Muchimi auf subtilere Art Einfluss auf den Energiehaushalt des Gegners nehmen. Es ist klar, dass auch hier die genaue Kenntnis geeigneter Trefferzonen von entscheidender Bedeutung ist.

Bei einer Technik mit Muchimi werden Hand, Faust oder Fuß nach dem Auftreffen nicht im Ziel belassen, sondern durch ein besonderes Abfedern sofort wieder zurückgenommen. Dabei macht man sich die Elastizität von Muskeln, Sehnen und Gelenken in Verbund mit nervalen Reflexbahnen zunutze. Derart schnell und präzise ausgeführte Techniken können eine starke Wirkung entfalten. Dem Gegner wird schwindelig, er verliert die Balance oder ihm bleibt die Luft weg. Auch kann ein Arm oder Bein durch einen geschickten Schlag auf den entsprechenden Punkt längere Zeit ohne Gefühl und damit unbeweglich bleiben.

Das japanische Wort *muchimu* bedeutet »federn« oder »wippen«. Praktisch alle Schlagtechniken funktionieren mit Muchimi.[43] Auch gibt es einige für Muchimi recht typische Fußtritte. In vielen Kata der höheren Stufe werden die Techniken mit Muchimi ausgeführt. So muten diese eleganter und insgesamt weniger statisch an. Ein Beispiel für eine Technik mit Muchimi ist der senkrechte Schlag mit der Rückfaust Tate-uraken-uchi in den Kata Kushanku-shō und Saifa.

Für Stoßtechniken hingegen ist die Dynamik »mit Kime«, also das Stehenlassen von Faust oder Fuß, stärker verbreitet. Der wohl bekannteste Stoß unserer Kampfkunst ist sicherlich Oi-zuki, das Stoßen im oder nach dem Vorwärtsgehen. Im Kampf wäre es jedoch strategisch höchst unklug, in dieser Weise vorwärts zu gehen, da man so dem Gegner eine Blöße bietet, die größer kaum sein kann. Nur wenn der Gegner schon hinreichend geschwächt ist, dies mag körperlich oder energetisch-geistig sein, kann man sich eine solche Aktion erlauben. So wird verständlich, warum Oi-zuki in den entsprechenden Kata in der Regel erst am Ende einer Sequenz auftritt. Oi-zuki ist somit eigentlich kein Angriffsstoß, wie viele

---

[42] Die japanischen Worte *Ki* und *Kime* werden mit unterschiedlichen Kanji geschrieben. Es besteht daher zwischen ihnen kein direkter Zusammenhang.

[43] *Muchimi* ist nicht mit *Mochimi* zu verwechseln (siehe Fußnote 134 auf S. 177).

meinen, sondern als Finaltechnik zu verstehen, die bei einem bereits angeschlagenen Gegner zum Einsatz kommt.

Sowohl Kime (hier rein körperlich-technisch gesehen) als auch Muchimi setzen ein optimales Zusammenwirken aller involvierten Körperpartien voraus. Wenn sich die beteiligten Muskeln gleichsam entlang einer Kette zusammenziehen, entsteht so etwas wie eine Welle, die bis zum Auftreffen im Ziel immer mehr an Potential gewinnt. Mit der sich verbessernden Koordinierung gewinnt die Ausführung fast wie von selbst an Geschwindigkeit. Durch das Wegfallen von Sekundärbewegungen – Muskelanspannungen, die nichts zur jeweiligen Technik beitragen und daher nur Kraft und damit Zeit kosten – erhöht sich auch die Effizienz. Ein Hauptaugenmerk des technischen Trainings muss daher darauf liegen, die Bewegung von allen störenden Einflüssen zu befreien. Dazu gehört auch das Loslassen gewisser Gedanken, etwa bezüglich der Stärke oder Härte der auszuführenden Technik. Nur ein unbelasteter Geist gewährleistet ein frei fließendes Ki, Voraussetzung für eine schnelle und effektvolle Technik.

Für Fußtritte gilt mit gewissen Einschränkungen dasselbe wie für Hand- und Armtechniken. Typischerweise werden Mae-geri und auch Mawashi-geri mit Muchimi ausgeführt. Yoko-geri und Ushiro-geri werden hingegen gestreckt und haben daher den Charakter einer finalen Technik.

Insbesondere bei hart ausgeführten Angriffen ist es erforderlich, dass unser Ki zur Entfaltung einer maximalen zerstörerischen Wirkung vollständig und gebündelt auf den Gegner übertragen wird, idealerweise über die als »Öffnungen« fungierenden Vitalpunkte. Damit unsere Technik überhaupt einen ausreichend hohen Einfluss auf den Qi-Haushalt unseres Gegners hervorrufen kann, muss sie über einen gewissen Mindestdruck verfügen beziehungsweise, im Falle der Perkussionen, eine bestimmte Durchschlagskraft überschreiten.

Dies zu erreichen ist das Ziel des Basistrainings im Karate. Dabei sollte es in erster Linie um die Entwicklung einer zunehmend perfekten Koordination der Gesamtbewegung gehen, aus der sich dann allmählich die nötige hohe Auftreffgeschwindigkeit entwickeln kann. Zu den reinen Arm- und Beinbewegungen kommt der effektive Einsatz der Hüfte, durch den sich ein zusätzlicher Gewinn an Dynamik erzielen lässt. Doch dies ist ein recht komplexes Thema, auf das ich erst in späteren Kapiteln genauer eingehen möchte. Zusätzlich gilt es, sich an Makiwara[44] und ähnlichen Geräten das Gefühl für das Auftreffen und den sich daraus ergebenden Rückstoß zu erarbeiten.

---

[44] Makiwara: Wörtlich: »Wickelstroh«, was sich auf das Polster aus Reisstroh bezieht, das sich am oberen Ende des für das Karate typischen Schlagpfosten befindet, mit dessen Hilfe Koordination, Präzision und die Kraft von Schlägen und Stößen verbessert werden soll.

4.2.3. Kategorien der Karate-Technik

Dank der Strukturierung in den 1920er und 1930er Jahre gibt es im modernen Karate eine praktische und sinnvolle Einteilung der Techniken, die als für das Karate besonders charakteristisch angesehen werden: in *zumeist* harte Abwehrtechniken und *ausschließlich* harte Angriffstechniken. Die weichen Angriffe wie Hebel-, Würge- und Wurftechniken, *katame-*, *shime-* und *nage-waza*, fehlen in diesem »Katalog« bis heute. Sie gehören nicht zum »offiziellen« Ausbildungsprogramm, obwohl in unseren Kata zur Genüge auf sie hingewiesen wird. Eine etwas unglückliche Lage, denn wenn wir die zweite Kategorie von weichen Seme (vgl. Abschnitt 4.2) nicht in unsere Betrachtungen mit einbeziehen, verwehren wir uns das vollständige Verständnis unserer Kata und damit den wahren Zugang zu unserer Kampfkunst.

Ich möchte im Folgenden die gängigen Einordnungen und Unterteilungen zu benennen, die für unsere weiteren Betrachtungen von Belang sind:

1. Einteilung nach strategischem Wert: Es wird unterschieden, zu welchem Zweck eine Technik dient, etwa ob sie vornehmlich zur Abwehr oder zum Angriff eingesetzt wird. Beispiele wären Tsuki-waza und Keri-waza für den Angriff oder Uke-waza zur Verteidigung. Es gibt aber auch Techniken, die den Gegner nur behindern oder in eine für ihn ungünstige Situation bringen sollen, wie etwa Nage-waza, die Würfe, oder Tsukami-waza, das reine Ergreifen eines seiner Köperteile, und die darum weder in die eine noch in die andere Kategorie zu passen scheinen.

2. Einteilung nach eingesetztem Körperteil: Meister Kenwa Mabuni hat immer betont, ein Vorteil des Karate bestünde darin, den gesamten Köper als Waffe zur Verfügung zu haben. Prinzipiell können alle harten Stellen, Gelenksspitzen und Knochenvorsprünge zum Schlagen oder Stoßen benutzt werden, genauso wie der biegsame Arm als Schlinge zum Würgen.

Die gängige Einteilung der für das Karate »typischen« Techniken unterscheidet hier zwischen Arm- und Beintechniken. Das ist auch sinnvoll, denn beim Einsatz des Fußes oder Knies ist das Wahren des Gleichgewichts ein spezielles Problem.

Weiterhin unterteilt man die Techniken noch in Bezug darauf, welche Partie von Arm oder Bein genau zum Einsatz kommt. Dabei spielt auch die Dynamik der sich ergebenden Techniken eine Rolle. Ellbogen- und Kniestöße werden nie so schnell ausgeführt wie Schläge mit der Hand oder Tritte mit dem Fuß, entwickeln aber eine immense, bisweilen verheerende Wucht.

Auch das Schienbein und die Kanten des Unterarms sind harte Zonen, die zwar eher zur Verteidigung, bisweilen aber auch für den Angriff eingesetzt werden. Kopfstöße und das Rammen mit Schulter oder Hüfte vervollständigen diese Aufzählung.

3. Einteilung nach Auftreffzone: Je nachdem, ob die Hand eine Faust bildet, ganz oder partiell geöffnet bleibt, gibt es eine fast unerschöpfliche Variationsbreite. Zwar ist der Fuß nicht zu einer »Faust« einrollbar, aber auch hier gibt es verschiedene Möglichkeiten, am Gegner aufzutreffen. Je spitzer die Form des Fußes oder der Hand, desto höher die Durchdringung und somit die Wirkkraft. Allerdings ist die Anwendung spitzer Hand- und Fußformen schwerer zu erlernen und risikoreicher als der Tritt mit dem Fußballen oder der Stoß mit den Knöcheln der vollständig geschlossenen Faust.

4. Einteilung nach der Dynamik: Bei dieser Einteilung wird unterschieden, ob das »Projektil« auf geradem oder kreisförmigem Weg die bis zum Auftreffen nötige Geschwindigkeit erlangen soll. Stöße werden gerade, Schläge kreisförmig ausgeführt. Analog gibt es gerade und kreisförmige Tritte. Es existieren aber auch Mischformen, wie etwa der im Bogen ausgeführte »Wirbelstoß«, Furi-zuki, oder der Schlag mit der Handinnenkante, Haitō-uchi.

Wird eine Technik in die Realität umgesetzt, so handelt es sich um einen Vorgang, nicht um ein Resultat. Bedingt durch unser modernes analytisches Denken begehen wir leicht den Fehler, beides miteinander zu verwechseln, wenn wir von *Stößen* und *Tritten* sprechen. Das Substantiv »Stoß« erweckt leicht die Vorstellung einer bereits vollbrachten Tat oder gar eines Ergebnisses. Besser wäre es, die Aktionen – wie im Japanischen – als *Stoßen* oder *Treten* zu bezeichnen. In den japanischen Formulierungen wird der Eindruck vermieden, dass es sich bei den Techniken in den Kata und auch in deren späteren Anwendungen um so etwas wie deren Bestandteile oder »Elemente« handele. Die Bewegungen in den Kata stellen eigentlich Prinzipien dar. Durch das Üben dieser Bewegungen werden die ihnen zugrundeliegenden Prinzipien verinnerlicht und können sich dann als Technik nach außen hin manifestieren.

So wird das Prinzip des verkehrten Stoßens, also des Stoßens mit dem Arm der entgegengesetzten Seite des Körpers, japanisch als *gyaku-zuki* bezeichnet. *Gyaku* bedeutet einfach »verkehrt« oder »umgekehrt«, so wie im Deutschen auch, aber *zuki* keinesfalls »Stoß«, sondern eher »stoß*end*«. Es handelt sich bei dieser Formulierung um eine Eigentümlichkeit der japanischen Sprache, die es erlaubt, das vollständige Verb *tsukimasu* für »ich stoße«, »er, sie, es stößt« usw. auf *tsuki*[45] verkürzen zu können.[46] Im Deutschen klänge das recht seltsam, wenn man von

[45] Das scharfe *ts* wandelt sich in Kombination mit vorangestellten Worten zu einem weich ausgesprochenen *z*.

[46] Verkürzungen von Worten und Begriffen findet man sehr häufig im Japanischen, insbesondere in der Sprache des Alltags. So spricht man z. B. von *nega* statt von (Foto-)Negativen, das Wort *karaoke* hieß ursprünglich *kara orukesutora*, also »leeres Orchester«, und *pokemon* bedeutet eigentlich *poketto-monsutah* – von »pocket monster«.

»stoße-» und »trete-» sprechen würde, was aber tatsächlich einer wörtlichen Übersetzung gleichkäme. Am nächsten käme man der japanischen Sprachformel *tsuki to keri* mit dem Gerundium des Englischen – »punching and kicking«. Um keine unnötige Verwirrung zu stiften, werde ich aber auch weiterhin bei der bei uns üblichen Wortwahl bleiben und aller verbalen Unzulänglichkeit zum Trotz von »Stößen« und »Tritten« sprechen.

Dieser linguistische Einschub erscheint mir wichtig, weil ich es als sehr grundsätzlich erachte, zu verstehen, dass eine Technik nichts Losgelöstes, eben kein »Element« ist, sondern ein Prinzip, und ihre Ausführung daher einen Prozess, also etwas Dynamisches, darstellt. Unsere Kata besteht nicht aus Einzeltechniken, sondern aus einem dynamischen Fluss mit Akzentuierungen oder Brennpunkten zwischen Bewegung und Ruhe, zwischen *Waza* und *Kamae*. In der Endstellung hat sich die Technik bereits manifestiert, ihr Prozess ist beendet. Waza ist das, was zwischen der Endstellung einer Technik und der ihr vorausgehenden Körperposition geschieht. Beide werden als Kamae bezeichnet. Waza vollzieht sich also zwischen Kamae und Kamae. Davon mehr im nächsten Abschnitt.

4.3. Kamae – die besondere Haltung

In der formellen Übung des Karate besteht, bedingt durch die Verkettung verschiedener Techniken von Angriff und Verteidigung, zwangsläufig ein Wechselspiel zwischen Phasen der Ruhe und der Bewegung, von Übergängen von Yin zu Yang und umgekehrt. Idealerweise besteht ein dynamisches Gleichgewicht zwischen Yin und Yang in allen Bereichen unseres Daseins. Trotzdem werden von vielen Karateka die Yin-Phasen gern als weniger wertvoll angesehen als Phasen der Aktion. Sie glauben, während des Stillstands ließe sich kein Sieg erringen. Aber ist das wirklich so?

Die umfassende Vorbereitung vor einer Feldschlacht kann dazu beitragen, Menschen und Material zu schonen. So ermöglichen Kenntnisse der Stärken und Schwächen des Feindes, die eigenen Ressourcen effektiv und ökonomisch einzusetzen. Dazu bedarf es Kundschaftern und Spionageaktivitäten. Während der Schlacht ist es dann aufgrund der sich ständig ändernden Lage nur noch schwer möglich, diese Art von Erkundungen einzuholen.

Auf den individuellen Kampf übertragen bedeutet das: Damit der Geist sich vollständig auf den Gegner einstellen kann, muss äußerlich Ruhe herrschen. Nur wenn das Ki vollständig dem Geist zur Verfügung steht, kann er die jeweilige strategische Lage sowie die Kräfte und Fähigkeiten des Gegners angemessen einschätzen. Jede Bewegung verbraucht Energie und würde daher den Anteil, der für die geistige Aufmerksamkeit zur Verfügung steht, verringern.

Um eine Aktion sicher ausführen zu können, muss diese auf geistiger Ebene vorbereitet und technisch »durchgearbeitet«, ja, in der Vorstellung bereits vollendet worden sein, will man nicht einfach nur ziellos drauflos schlagen. Den wesentlichen Teil dieses »Erarbeitens« haben wir – hoffentlich – durch unser tägliches Training vollzogen. Ganz gleich, ob es um Angriff oder Verteidigung geht, die jeweilige Situation muss schnellstmöglich erfasst und daraus die Entscheidung getroffen werden, was zu tun ist. Während des Kampfes geschieht dies alles in Bruchteilen von Sekunden und zwar weniger auf gedanklicher als vielmehr auf unbewusst-intuitiver Ebene. Doch diese, wenn auch noch so kurze Zeit, ist notwendig. Nimmt man sie sich nicht, so wird das Handeln während des Kampfes zu einer reinen Glücksfrage. Ein Sieg ist dann nicht das Resultat überlegenen Könnens, sondern schlicht Zufall.

Aus dem Moment der Ruhe heraus greift der Geist mittels des Ki auf das gelernte Repertoire zurück – mit dem Ergebnis, dass sich nach außen unsere Technik manifestiert. Diese Phasen körperlicher Regungslosigkeit, aber höchster geistiger Aktivität, werden in der Kampfkunst Japans mit dem Wort *Kamae* bezeichnet. Der Aspekt der körperlichen und geistigen Haltung ist dort mitunter von größerer Wichtigkeit als die daraus resultierende Technik. So befassen sich zum Beispiel fast alle Schwertkampfschulen eingehend mit der Frage, welche Haltung in einer bestimmten Situation einzunehmen ist.

Das Verb *kamaeru* bedeutet auf Japanisch, etwas »aufbauen« oder »errichten«. Oberflächlich betrachtet, handelt es sich bei der Kamae um eine vorgegebene Haltung des Körpers. Aber eine Kamae ist weit mehr als eine Körperhaltung: Man will damit beeindrucken und zugleich ideale Voraussetzungen für den Einsatz der eigenen Technik schaffen. Andererseits kann jemand mit ausreichender Erfahrung aus der Haltung des Gegenübers viel darüber erfahren, was in ihm vorgeht, was er vorhaben mag. – Auf die Bedeutung der inneren Haltung werde ich in Kapitel 7.4 weiter eingehen.

Aufgrund der räumlichen Gegebenheiten bietet jede Hand-, Arm- oder Beinhaltung gewisse Möglichkeiten und Einschränkungen im Hinblick auf eventuelle Folgebewegungen. Je nachdem, wie man sich zu seinem Gegner ausrichtet, ergeben sich verschiedene Alternativen für Aktion und Reaktion. Es handelt sich demnach um eine taktische Positionierung, die den Gegner zu einer Handlung verleitet, die man dann zum eigenen Vorteil ausnutzen kann. In früheren Zeiten machte der sich mitunter daraus ergebende »Stellungskampf« oft den wesentlichen Teil eines Kampfes aus. Derjenige mit der »überlegenen« Kamae, das heißt, mit der letztlich strategisch günstigeren Position, gewann die Begegnung.

Mag zu Beginn eines Kampfes die Kamae noch bewusst gewählt werden – im Laufe des Geschehens ergibt sich die Mehrzahl der Körperhaltungen aus der Situation heraus. War eine Aktion wirksam? Wie reagiert der Gegner? Viele Faktoren spielen jetzt eine Rolle. Nach einem Fauststoß etwa muss dessen Wirkung abgeschätzt werden: War diese ausreichend für einen Sieg, oder konnte der Gegner den Stoß erfolgreich abwehren? Während dieses – wenn auch kurzen – Innehaltens bewegt sich der Körper nicht, dafür ist aber der Geist in höchster Aktion. Mit anderen Worten: Nachdem die Technik beendet wurde, befindet sich der Kämpfer in deren Endposition und damit in einer definierten Körperhaltung.

In der Praxis lassen sich zwei Arten oder besser zwei Nuancen von Kamae unterscheiden:

1. Kamae als potentielle Bewegung: Eine Haltung wird eingenommen, um eine bestimmte Kampfaktion – einen Angriff oder eine Verteidigung – zu ermöglichen oder ihre Ausführung wahrscheinlich zu machen.

2. Kamae als Endprodukt einer Bewegung: Wenn eine Aktion zu Ende geht, muss deren Resultat beurteilt werden. Dies ist nur möglich, wenn der Körper weitestgehend zur Ruhe kommt.

Das einer Aktion folgende Geschehen ist von einem besonderen geistigen Zustand geprägt, der in den Kampfkünsten Japans mit *zanshin*, zu deutsch in etwa »zurückbleibendes Herz« bezeichnet wird.[47] Man beurteilt das Ergebnis des Kampfes bis zum aktuellen Zeitpunkt, das heißt, der Kämpfende versucht einzuschätzen, ob der Gegner weiterkämpfen wird. Unser weiteres Vorgehen muss sich daran ausrichten, inwieweit der Gegner imstande ist, den Kampf fortzusetzen oder ob er womöglich aus freiem Entschluss aufgeben will. Dieser kurze Moment der Beurteilung ist immens wichtig für den weiteren Verlauf eines Kampfes. Wer sich auf die Reaktion seines Gegners nicht einstellen kann, ist an dieser Stelle verloren. Ist der (jeweilige) Gegner wirklich besiegt, so weicht die bis dahin auf ihn fokussierte Aufmerksamkeit dem vermehrten Erfassen der gesamten Umgebung oder dem Zuwenden zu einem möglichen weiteren Angreifer.

In einem Kampf ändert sich die Situation ständig. Nach einer kurzen Rückschau muss der Geist vom soeben Geschehenen loslassen und die Lage neu erfassen. Er darf niemals anhaften. In den Momenten fehlender körperlicher Bewegung besteht also keineswegs eine vollkommene Ruhe oder gar Stagnation. Im Gegenteil, der Geist ist in höchstem Maße aktiv, um möglichst rasch, also weitestgehend intuitiv, die nächsten notwendigen Aktionen einzuleiten.

---

[47] *Shin* wird häufig mit »Herz« übersetzt, was bisweilen etwas geschwollen klingt. Der japanische Ausdruck umfasst deutschsprachige Begriffe wie Geist, Gefühl und eben auch Herz (aber nicht das Organ, das wäre *shinzo*). Recht gut für die Übertragung ins Deutsche geeignet finde ich das Wort »Gemüt«, als etwas, das zwischen dem fühlenden Herz und dem rational denkenden Geist liegt. Auch »Intuition« würde passen.

Unsere gesamte Aufmerksamkeit soll so lange in der Situation verbleiben, bis sichergestellt ist, dass von dem vermeintlich besiegten Gegner keine Gefahr mehr ausgeht. Dabei müssen wir alle in Frage kommenden Möglichkeiten in Betracht ziehen: Ist der Gegner verwundet, geschwächt, verwirrt? Täuscht er eine Schwäche vor? Oder hat er gar erfolgreich abgewehrt und ist darum jetzt um so stärker motiviert?

Die richtige Einschätzung der Lage im Anschluss an das eigene Wirken muss unter Umständen sehr rasch erfolgen, besonders, wenn tatsächlich weitere Angreifer zugegen sind. Aber sie ist unbedingt nötig, um ein voreiliges – und möglicherweise lebensgefährliches – Handeln zu vermeiden. Der ästhetisch vollkommene Ablauf einer Kata gaukelt dem Übenden leicht eine Überlegenheit vor, die aber in der Realität nie gewährleistet ist. Es wäre ein großer Fehler, einen Gegner zu unterschätzen und schon vorab von der Wirkung der eigenen Technik auszugehen.

In einer besonderen, vielleicht besser bekannten Form von Zanshin am Ende einer Kata, löst sich die eigene Aufmerksamkeit allmählich vom Kampfgeschehen – an dem tatsächlich auch mehrere Gegner beteiligt sein konnten – insgesamt. Die geistige Aktivität und zwangsläufig auch die innere Erregung werden hier auf das normale Maß zurückgefahren. Dieses finale Loslösen dauert etwas länger als das zuvor beschriebene kurze Beurteilen der einzelnen Kampfsituationen. Man kann es das »große« Zanshin nennen, im Gegensatz zum »kleinen« Zanshin zwischen den Einzelaktionen eines Kampfes.

Zur geistigen Erfassung der strategischen Lage kann man einfach in der Endposition der letzten Technik verharren oder sich aus dem jeweiligen Geschehen etwas zurückziehen. Meist nimmt man dazu eine besonders geeignete Körperhaltung ein, oft verbunden mit einen Rückwärtsschritt. So gewinnt man auch ganz konkret mehr Abstand zum Gegner. Dies erhöht zum einen die eigene Sicherheit, zum anderen kann man aus der größeren Distanz heraus die Lage besser überblicken.

In den Kata Seienchin und Seipai finden wir genau solche Momente: Eine eher langsame Rückwärtsbewegung in Shiko-dachi, verbunden mit einer kreisförmigen Armbewegung, die oft fälschlicherweise als Abwehrtechnik interpretiert wird. Das Einnehmen einer Haltung, die der Technik Gedan-barai ähnelt, war anscheinend auf Okinawa gängige Praxis, um einen Kampf einzuleiten oder zu beenden.[48] Meister Gichin Funakoshi berichtet in seinen Memoiren mehrfach davon (siehe Literaturverzeichnis).

Wenn es die Lage erfordert, kann man aber auch dem (gedachten) Gegner nachsetzen, gleichsam »an ihm dranbleiben«. Ein Beispiel dafür findet sich

[48] Wahrscheinlich geht auch das Einleiten des Übens von Grundtechniken im Vor- und Zurückgehen (Idō-kihon) durch Gedan-barai im Rahmen des heute üblichen Trainings auf diesen Brauch zurück.

in der Kata Pinan-shodan (Heian-nidan) am Ende der rückläufigen Sequenz in Form einer Technik, die als Morote-uke bekannt ist. Der Sinn dieser lange Zeit fälschlicherweise als »verstärkter Block« interpretierten Bewegung liegt nach derzeitigem Wissen in einer Art Kampfstellung, die ein breites Spektrum verschiedener Abwehrtechniken und Angriffe ermöglicht. Diese Position heißt Chūdan-kamae und wird heute gern von Teilnehmern an Turnierkämpfen eingenommen.

Neben den Körperhaltungen, die sich als Endposition aus dem Ablauf einer Technik ergeben, gibt es im Karate besondere Formen der Ausrichtung von Armen und Beinen. Unter diesen, oft bewusst *vor* einer Aktion eingenommenen Haltungen, gibt es neben Chūdan-kamae weitere, mitunter recht eindrucksvolle Beispiele, wie etwa Musō-kamae (Kapitel 7.4).

Es gibt aber auch weniger spektakuläre, jedoch weit wichtigere Haltungen in den Kata des Karate, die oft gar nicht als besondere Kamae wahrgenommen werden, allen voran Shizen-tai: Bei dieser Haltung denken wir zunächst an die Eingangsposition, wie wir sie auch vom Kihon-Training kennen. Zu den Haltungen in *Shizen-tai*, dem »natürlichen Körper«, gehören jedoch alle aufrechten Positionen mit entspannten Armen und Beinen. Natürlich nimmt niemand, der einen realen Gegner vor sich hat und mit einem Kampf rechnet, eine solche Haltung ein: Die Stellung mit schulterbreit auseinander stehenden Füßen und den leicht geballten Fäusten ist ein Formalismus, so wie der Rest der Kata auch. Wir sollten jedoch beachten, dass eigentlich jeder echte Kampf aus einer derart entspannten und unspezifischen Körperhaltung beginnen muss, denn im normalen Leben entstehen Konfliktsituationen meist allzu unerwartet, als dass man rechtzeitig eine spezifische Kampfstellung einnehmen könnte.

Seit jeher waren daher die Experten der Kampfkünste bestrebt, sich aus einem natürlichen Zustand heraus, ohne besondere körperlich-geistige Vorbereitung, verteidigen zu können. Um diese Fähigkeit zu erreichen, schulten sie ihren Geist darin, sich kontinuierlich in Einklang mit der Umgebung zu bringen, so dass dieser in der Lage sein würde, jedes Ereignis vorauszuahnen. Das Vorausahnen und die darauffolgende Reaktion sind nicht das Ergebnis bewussten Denkens, sondern erfolgen intuitiv. Befindet sich der Geist in Harmonie mit der Umgebung oder gar mit der Welt, so spricht man auch vom Zustand des Iai.[49]

Bringt man im Rahmen der geistigen Vorbereitung auf den Kampf Arme und Beine in eine definierte Haltung, so ist dies bereits als Teil des Kampfgeschehens

---

[49] Das Wort *iai* setzt sich zusammen aus den Kanji *i* für »gegenwärtig« und *ai* für »Harmonie« oder »Gleichklang«. Gemeint ist eine geistige Präsenz, eine Wachheit, die einen in die Lage versetzt, alles aus der Umgebung angemessen zu reflektieren. Im Zustand des Iai ist wird nach und nach von allen Gedanken losgelassen, im Falle der Kampfkunst auch von jenen an die Technik und deren Details.

anzusehen. So etwa bei einer Reihe von Kata des Naha-te (Kapitel 5.2), bei denen durch den Übergang aus einer Position mit geschlossenen Beinen in eine solche mit schulterbreit auseinander stehenden Füßen und nach innen gerichteten Zehen sowie Strecken der Wirbelsäule und Anheben des Unterbauchs das Ki für den bevorstehenden Kampf mobilisiert werden soll.

Zu den Positionen mit natürlichem Körper gehören auch alle Haltungen, bei denen die Füße L- oder T-förmig angeordnet sind oder einander berühren. Kamae mit geschlossenen Füßen haben meist zeremoniellen Charakter, denn in solch einer Position zu kämpfen ist kaum realistisch. Allerdings treten in einigen Kata durchaus Bewegungen auf, die offensichtlich nicht Teil einer zeremoniellen Geste sind, die aber trotzdem in einer Stellung mit geschlossenen Füßen enden. Hier liegt der Fokus jedoch nicht auf der Stellung selbst, sondern auf dem Heranziehen des meist hinteren Fußes, mit dem Ziel, die Distanz zum Gegner zu verkürzen (Kapitel 8.2). In einem echten Kampf würde diese Bewegung nur so weit wie nötig ausgeführt werden. Die Endposition der geschlossenen Füße im Rahmen der Kata entspricht dann lediglich ästhetischen Ansprüchen. – Zwei scheinbar gleiche Sachverhalte unterscheiden zu lernen, ist wesentlicher Teil der Kata-Praxis (Kapitel 11).

Ein guter Kämpfer sollte auch ohne große Vorbereitungen in der Lage sein, direkt auf einen Angriff reagieren zu können. Es gibt Situationen, in denen man sofort handeln muss, will man überleben. Hier hat der Kämpfer nicht die Zeit, eine besondere Stellung einzunehmen, die bessere Optionen bieten oder den Gegner besonders beeindrucken würde. Jede natürliche Körperhaltung kann darum zur Kamae werden und die Ausgangsstellung für einen Kampf darstellen. Alle namhaften Meister der japanischen Kampfkunstgeschichte betonen daher, dass jede gute kampftechnische Ausbildung letztlich das Lösen von jeglicher Haltung oder Einstellung zum Ziel haben muss. Das Stadium, in dem aus jeder Lage heraus alles machbar wird, wird Daiki Taiyū genannt. Das Wort *tai* steht für das Gegenständlich-Materielle, den »Körper«, während *yū* das innewohnende Vermögen bezeichnet, als sichtbarer Vorgang hervorzutreten. Alles in der Welt besitzt diese beiden Seinsebenen. Das *dai* von *daiki* bedeutet »groß« im Sinne von »ehrenwert«. Es soll die Bedeutung des (uns ja schon vertrauten) energetischen Fluidums, des *Ki*, sprachlich hervorheben. Nach dem Erreichen von Daiki Taiyū verhält man sich frei und nach eigenem Belieben, trotzdem aber vollständig entsprechend den in der Kampfkunst geltenden Prinzipien. Das eigene Tun ist immer angemessen, gleichsam perfekt und könne darum »göttlich« genannt werden, so Yagyū Munenori (siehe Literaturverzeichnis).

Jede Kamae hat ihr eigenes Potential. Bestimmte Aktionen lassen sich aus einer Position heraus gut durchführen, andere weniger gut, weitere sind praktisch unmöglich. Dies gilt nicht nur für die typischen Kamae, die sogenannten Kampfstellungen, in denen man taktiert und die Gelegenheit abwartet, um den Gegner anzugreifen oder dessen Angriff zu kontern. Auch aus den Endpositionen vollendeter Aktionen können sich ohne Übergang neue Techniken entwickeln. Uns allen erscheint dies logisch, besonders wenn auf eine Abwehr ohne Verzug der Konterangriff folgt.

Trotzdem finden wir in unseren Kata sehr häufig Sequenzen mit umgekehrter Anordnung vor, und zwar in Form eines Wandels von Angriff zur Verteidigung. Ein besonders eindrucksvolles Bespiel hierfür finden wir in der Kata Kushanku-shō, bei der nach dem Vorgehen der Fauststoß in eine Seitwärtsabwehr, Yoko-uke, verwandelt wird. Auch in fast allen Versionen der Kata Passai (Kapitel 14) gibt es analoge Kombinationen von Tsuki zu Yoko-uke. Interessant ist auch, dass in einer Version der Kata Jion des Shōrin-ryū (Kap 6.2) im ersten Abschnitt auf den Fauststoß Oi-zuki eine stark an die Aufwärtsabwehr Age-uke erinnernde Bewegung mit demselben Arm erfolgt.[50] Analog ist die Kombination von Tsuki und Gedan-barai möglich. Die Notwendigkeit, die eigenen Aktionen an die des Gegners anzupassen, setzt die Fähigkeit voraus, jederzeit die Strategie wechseln zu können. Anhand derartiger Kombinationen soll uns dieses Prinzip über die Kata vermittelt werden.

All dies veranschaulicht, wie das daoistische Konzept der Wandlung sich in die Realität umsetzen lässt. Für diese sich technisch nach außen manifestierenden Wandlungen sind ein flexibler Geist und ein ungehindert zirkulierendes Ki unbedingte Voraussetzung. Es ist darum wichtig, sich geistig im Moment der vollführten Technik sofort wieder von dieser zu lösen, sie gleichsam vollkommen zu vergessen (Yagyū, siehe Literaturverzeichnis). Die Technik selbst ist Vergangenheit, nicht aber ihr Ergebnis: die sich aus ihrem Erfolg oder ihrem Fehlschlagen ergebende Situation. In Zanshin beurteilt man die neue Sachlage in Bezug auf Sieg, Niederlage oder vorläufige Ergebnislosigkeit, nicht aber die Qualität der soeben vollführten Technik. Der Geist darf niemals an ihr haften bleiben, etwa indem er fragt, warum eine Technik so oder anders oder gar nicht gewirkt hat. Er muss sich allein dem weiteren Verlauf des Kampfes widmen.

Der Vollständigkeit halber sollte nicht unerwähnt bleiben, dass gerade zu Beginn und am Ende der Kata Haltungen eingenommen werden, die einen zeremoniellen Inhalt haben oder die die Zirkulation des Ki regulieren sollen. Von besonderer Bedeutung ist hier *Ten-chi no kamae*, die »Himmel-Erde-Haltung«, die wir heute in vielen Kata finden, etwa als Endposition in der Kata Niseishi. Diese Haltung, bei der die Fingerspitzen der einen Hand nach oben und die der anderen nach unten zeigen, wird von nicht wenigen als Technik für den Nahkampf ansehen. Aber wahrscheinlich hat diese Kamae einen viel profunderen, wohl eher spirituellen Inhalt (Kapitel 7.4). Und jene Haltung mit geschlossenen Beinen und

[50] In der den meisten anderen Stilen bekannten, gängigeren Version der Kata Jion folgt auf die Abwehr Age-uke ein Fauststoß Gyaku-zuki mit dem anderen Arm.

den vor dem Genitalbereich aufeinander gelegten offenen Händen, aus der heraus die meisten unserer Kata eröffnet und abgeschlossen werden, gehört vermutlich zu den Qi-regulierenden Kamae. Obwohl sie sehr häufig vorkommt, ist mir bis heute noch keine Bezeichnung dafür bekannt.

Wir fassen zusammen: Die Kata des Karate stellt sich uns dar als Wechselspiel von Waza und Kamae, wobei die Technik als Übergang von einer Körperhaltung zur nächsten angesehen werden kann. Während der Kamae befindet der Körper sich äußerlich in Ruhe, während im Innern der Geist aktiv ist. Er beurteilt, was gerade passiert ist und was als nächstes geschehen könnte oder sollte. Während der Aktion ist dies kaum möglich, bei der Ausführung der in den Kampfkünsten meist sehr schnellen Bewegungen ruht die geistige Aktivität. Während der Technik ist das äußere Geschehen Yang und das innere Yin. Umgekehrt befindet sich bei Kamae das Äußere im Yin- und das Innere im Yang-Zustand.

Im Folgenden soll erklärt werden, wie wir durch die Praxis der formellen Übung lernen, die bei einem Kampf bestehenden räumlichen Verhältnisse zu nutzen, um dann später Kamae und Waza zweckmäßig einsetzen zu können.

4.4. Enbu-sen – die richtige Richtung

Enbu-sen wird üblicherweise mit »Bewegungsdiagramm« übersetzt. Richtiger wäre jedoch »Kriegskunst-Darstellungsdiagramm«. Denn *en* bedeutet in etwa »Vorführung«, für *bu* wird dasselbe Kanji gebraucht, wie es in Begriffen wie Budō Verwendung findet, mit der tieferen Bedeutung von »einen Kampf beenden«, und *sen* bedeutet Linie. Damit gelangen wir zu einer Art Strichzeichnung, einem Muster, entlang dessen wir uns beim Üben – und Darstellen – unserer Techniken bewegen.

Durch das Studium der Kampfkunst wollen wir die Fähigkeit erlangen, uns aller erdenklichen Angriffe eines Gegners erwehren zu können. In einem Kampf wird es nötig sein, sich selbst in eine günstige Position bringen, um eine entscheidende Aktion zu starten oder zu Ende zu bringen. Bisweilen braucht es dazu besondere Schrittfolgen. Im Laufe der Entwicklung unserer Kampfkunst haben sich einige dieser Muster als besonders günstig oder praktisch erwiesen.

Nicht immer kommt unser Gegner direkt von vorn auf uns zu. Es sind eine Vielzahl von Situationen denkbar, in denen Angriffe aus allen Richtungen des Raumes kommen können. Aber selbst wenn eine handgreifliche Auseinandersetzung einen »normalen« Anfang nimmt und sich beide Gegner frontal gegenüberstehen, werden sich im Laufe des Kampfgeschehens besondere Situationen ergeben, wie sie in den verschiedenen Kata dargestellt werden.

Mitunter befindet sich der Gegner im Anschluss an ein Ausweichen, etwa nach schräg vorn, für einen Moment in einem Bereich hinter unserem Körper. Solche

Situationen stellen sich immer dann ein, wenn man, um einem Angriff zu entgehen, nicht einfach zurückgeht, sondern sich dazu in eine andere Richtung des Raumes bewegt. Häufig wenden wir uns danach unbewusst dem Gegner wieder zu und bemerken gar nicht, dass wir eine, bisweilen auch nur geringe, Körperdrehung vollführt haben. Und genau das wird meiner Meinung nach in den Kata als Drehung und Wendung thematisiert: sich schnell auf die ständig wechselnden räumlichen Verhältnisse zwischen Kämpfendem und Gegner einzustellen.

Die verschiedenen »Dreh- und Wendearten«, japanisch *mawari-kata*, werden uns, sinnvollerweise in Verbindung mit zweckmäßigen Schrittfolgen oder »Geh-Arten«, *aruki-kata*, in den Kata vermittelt. Die meisten haben besondere Namen, die aber hier noch von geringer Relevanz sind und darum erst im zweiten Teil des Buches Erwähnung finden sollen.

Die unendlich vielen möglichen Ausrichtungen, in welchen der Gegner sich uns präsentieren kann, lassen sich – wie bei einem Kompass – auf die acht Hauptrichtungen des Raumes reduzieren. Der japanische Ausdruck hierfür ist *happō*. Die acht Hauptrichtungen des zweidimensionalen Raumes hatten schon in der antiken chinesischen Kultur eine große Bedeutung. Das Achteck, chinesisch *Bagua*,[51] findet sich dort in allen Lebensbereichen wieder, so auch in der Kampfkunst.[52]

Die Bewegungsdiagramme der meisten Kata greifen von ihrer Struktur her zumindest Teile des Bagua auf. Besonders häufig sind zentrierte Formen wie die eines Kreuzes, eines Sterns oder Teile davon sowie das Doppel-T (siehe Abb. 4-1). Es gibt aber auch die einzelne diagonale Linie oder eine Bewegung auf der Außenkante eines Achtecks um eine gedachte Mitte herum, wie bei der Kata Niseishi. Die Wendungen betragen meist ein Vielfaches des 45-Grad-Winkels. In der Kata Pinan-nidan finden wir Drehungen um 180 Grad, 135 Grad, 90 Grad und 45 Grad, jeweils mit der gleichen Abwehr, nämlich Gedan-barai. Gelehrt werden uns hier Unterschiede, die sich für ein und dieselbe Technik aufgrund der verschiedenen räumlichen Ausrichtung ergeben können. Je nach Situation müssen Winkel und Abstand einer gegebenen Technik angepasst werden, um eine maximale Effektivität zu erzielen.

Die Mehrzahl der Wendungen verläuft gegen den Uhrzeigersinn. Wenn Menschen sich spontan umdrehen, dann tun sie es meist in diese Richtung. Es

---

[51] Besonders in der Lehre des *Feng-Shui* wird viel mit dem Bagua gearbeitet. Die altchinesische Lehre über die energetischen Verhältnisse von Gebäuden und Landschaften wird traditionell in allen Methoden zur Gestaltung, insbesondere von Wohn- und Geschäftsräumen, angewandt und erfreut sich auch in Europa zunehmender Beliebtheit.

[52] Von Kenwa Mabuni, dem Begründer des Shitō-ryū, ist ein besonderes Übungskonzept für das Ausweichen in die acht Hauptrichtungen bekannt: *Tenshin-happō* wird mit und ohne Partner geübt, wobei der (gedachte) Angreifer aber in der Regel von vorn kommt.

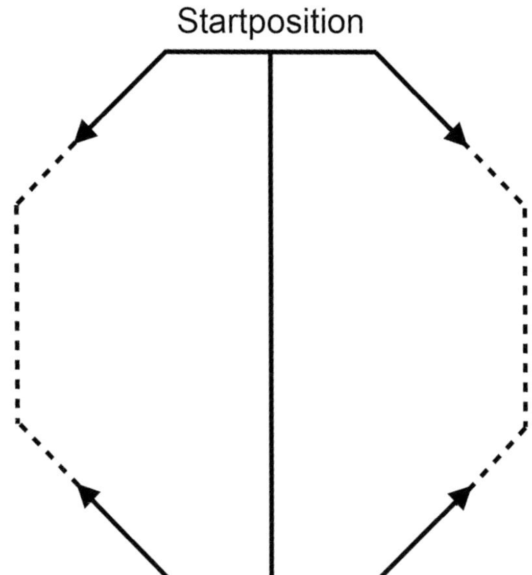

Abb. 4-1: Das Doppel-T als Bestandteil des Bagua.

scheint dies unser natürlicher Drehsinn zu sein. Über die Gründe für diese bevorzugte Drehrichtung des Menschen gibt es mehrere Vermutungen. Vielleicht hat es mit der Richtung der Erddrehung zu tun, der der Mensch während seiner Evolution ausgesetzt war. Experten der chinesischen Medizin und des Qigong sagen, dass ein Drehen nach links (gegen die Uhr) tonisierend, also anreichernd und stärkend wirke, während eine Drehung nach rechts eine auflösende und zerstreuende Wirkung zeige. »Auflösen« und »Zerstreuen« bezieht sich in diesem therapeutischen Sinne auf alle möglichen »Ansammlungen« sowohl substanzieller Art als auch in Form energetischer Blockaden. Möglicherweise liegt hier eine Erklärung dafür, warum in einer alten Version der Kata Kushanku (siehe weiter hinten) auf eine recht hohe Zahl an Linksdrehungen eine, wenn auch deutlich geringere, Anzahl von Rechtsdrehungen folgt: Es soll so einer überschießenden Wirkung der energetisch anreichernden Linksdrehungen vorgebeugt werden. Insgesamt betrachtet wird tonisiert und die Kata wirkt anregend und stärkend.

Summiert man alle Wendungen einer Kata, so beinhaltet ein Durchlauf mindestens eine, oft sogar mehrere Rotationen um die eigene Körperachse. Die Kata Chatanyara-Kushanku und Suparinpei sind hier besonders hervorzuheben. Erstere enthält fünf Rotationen gegen und eine mit der Uhr. In der Summe dreht man sich demnach viermal um sich selbst. Bei der Suparinpei ist es noch extremer: Hier kommen insgesamt sieben Körperrotationen gegen die Uhr zustande. Bei den meisten übrigen Kata dreht man sich einmal (z. B. Pinan) oder zweimal (Jion, Niseishi) um die eigene Achse.[53]

In sehr alten chinesischen Formen der Kampfkunst bewegen sich die Übenden auf Kreisen und anderen in sich geschlossenen Figuren. Erst in neuerer Zeit, man vermutet, seit Ende der Ming-Dynastie,[54] haben die Kata eher zentralisierte Schrittdiagramme, wie die schon erwähnten Kreuze, Sterne oder das Doppel-T. Die kreisförmigen Bewegungen ergaben sich möglicherweise aus magischen Spekulationen. In vielen antiken Kulturen versuchten die Menschen, durch rund angelegte Bauten oder kreisförmig auszuführende Riten dem Himmlischen oder Göttlichen näher zu kommen. Viele unserer Volkstänze, die ja ihren Ursprung in keltischen oder germanischen Bräuchen haben, weisen solche kreisförmigen Muster auf.

Nach alt-daoistischer Ansicht befindet sich die ganze Welt mit all ihren Vorgängen in ständiger zyklischer Wiederkehr. Besondere Riten sollten im frühzeitlichen China dazu dienen, die Harmonie zwischen Menschen und Kosmos zu erhalten. Die im Rahmen jener Riten auszuführenden Kulthandlungen entwickelten sich dann im Laufe der Zeit zu Praktiken, die auch halfen, Konstitution und Widerstandskraft des Ausführenden zu stärken (Kapitel 3.4). Je nach Grundvorstellung befanden sich die vom Übenden visualisierten Kreisläufe in seinem Körperinnern, aber auch teilweise oder gänzlich außerhalb seines Körpers.[55] Auch wurden Übungen entwickelt, bei denen man sich selbst auf Kreisbahnen bewegte, die man gleichsam abschritt. Als relativ große, in einen Kreis einfügbare, regelmäßige und für die Übungspraxis geeignete geometrische Figur mag sich hierzu besonders das Bagua angeboten haben.[56]

---

[53] Von mehreren Karatemeistern wird empfohlen, die Kata ab und an »andersherum« zu üben, um unser Gehirn zu fordern und unsere Flexibilität zu steigern. Man solle dies aber nicht zu häufig tun, weil sonst Probleme mit der Gesundheit die Folge sein könnten.

[54] Die Ming-Dynastie dauerte von 1368 bis 1644.

[55] Der »Kleine Himmlische Energiekreislauf« des Stillen Qigong ist als eine der bekanntesten solcher Praktiken bis heute überliefert. Bei ihm wird mit Hilfe der Vorstellungskraft das Qi entlang seiner zwei zentralen Hauptgefäße Dumai und Renmai der Wirbelsäule folgend nach oben und über Brust und Bauch wieder nach unten geführt, was u. a. einer Stärkung des Qi-Flusses des gesamten Körpers dienen soll. Bei anderen, ähnlich konzipierten Übungen, lässt man das Qi auf kreisförmigen Bahnen aus dem Körper aus- und wieder in ihn hineintreten, womit eine Anreicherung des eigenen Qi mit »kosmischem« Qi erreicht werden soll.

[56] Natürlich gibt es noch weitere und größere regelmäßige Vielecke, aber das Bagua ist für den Menschen auf den ersten Blick noch überschaubar und zeichnet sich zudem durch besondere »magische« Eigenschaften aus. Im übrigen war im alten China die 8 die höchste irdische, das heißt, für einen Normalsterblichen »gebrauchbare« Zahl, während die 9 bereits göttlich war und nur vom Sohn des Himmels, dem Kaiser (in Ornamenten usw.) benutzt werden durfte.

In den ersten Formen der daoistischen Selbstverteidigung nutzte man solche Bewegungsmuster aus unterschiedlichen Gründen. Neben dem energetisch-tonisierenden Effekt hatte man wohl auch bemerkt, dass diese Art von Übungen die Beweglichkeit förderten und zudem die strategische Intuition schulten: Bei Zweikämpfen ist es bis heute üblich, dass sich die Kontrahenten umeinander herum bewegen, um sich zu belauern und den jeweils günstigsten Moment für einen Angriff auszunutzen.

Als im Jahre 1644 das chinesische Reich von den Qing übernommen wurde, begann eine Fremdherrschaft, denn die Kaiser wurden nun vom Volk der Manchu gestellt. Viele hochrangige Militärs des Ming-Regimes wurden exekutiert oder mussten untertauchen. Teilweise taten sie dies in den Klöstern des Shaolin. Letztendlich konnten die Qing den Südwesten des Reiches nie vollständig kontrollieren, wodurch sich während mehrerer Jahrhunderte eine Zone des schwelenden Widerstands ausbildete.

Um den kampftechnisch versierten Manchu gegenübertreten zu können, wurde von einigen dieser (han-)chinesischen Generäle und Offiziere das vorherrschende Konzept des Kampfes überarbeitet und neu strukturiert. Die bisherigen langen und sehr komplexen Formen wurden gestrafft und gekürzt, unter anderem durch einfachere, einprägsamere Schrittmuster. Bei der Einführung dieser neuen Diagramme spielten sicher auch die Denkgewohnheiten der Militärs eine große Rolle. So konnten mit Hilfe dieser neuen Art von Kata den Übenden grundlegende Konzepte der Feldstrategie vermittelt werden. Von nun an bewegte man sich von einer Basis aus und kehrte zwischendurch sowie am Ende wieder zu ihr zurück. Es gab Vorstoß und Rückzug auf mehr oder weniger sternförmigen Mustern, so dass weniger Platz zum Üben benötigt wurde. Der Kreis wurde weitgehend aufgegeben, ohne jedoch die wertvollen Wendungen und Drehungen zu vernachlässigen. Die Kata bekam »Himmelsrichtungen«, was dazu führte, dass der Übende eine zentralere Position während des gedachten Kampfes einnahm. Durch die klare räumliche Orientierung war er eher auf Überraschungen aus dem Hinterhalt vorbereitet. Daneben wurden auch die Techniken selbst verfeinert und ökonomischer und somit effektiver gemacht.

Alle uns über die Kata vermittelten Drehungen und Wendungen sind vielseitig einsetzbar – sei es bei einem Angriff aus dem Verborgenen, oder sei es bei einem Ausweichmanöver auf einen frontalen Angriff. Die in den Kata noch relativ groß angelegten Bewegungen schulen Augen, Muskeln, Knochen und Nerven. Ihre Muster sind durch die Routine der Übung bei der späteren Anwendung im Kampf intuitiv abrufbar.

Durch die Komposition als ganzheitliche Bewegungsabläufe fällt es uns leichter, Drehungen und Wendungen ebenso wie Waza und Kamae in unserem Unterbewussten zu speichern. Der Aufbau der Kata mit definiertem Anfang und der Rückkehr zum Ursprung erleichtert das Erlernen der Kampfkunst. Und vielleicht

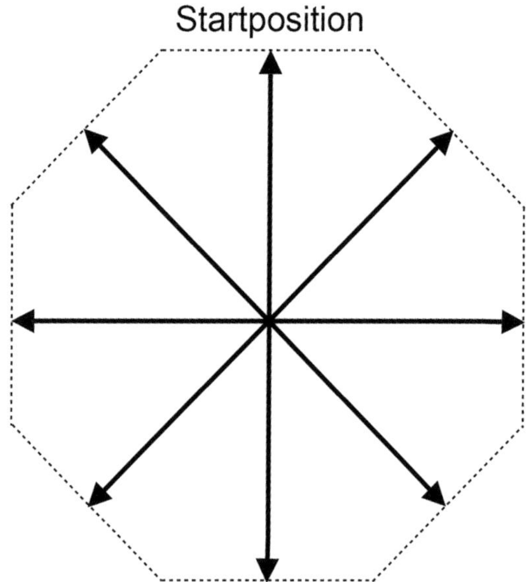

Abb. 4-2: Sternförmiges Diagramm in den Kata Seipai und Shisōchin.

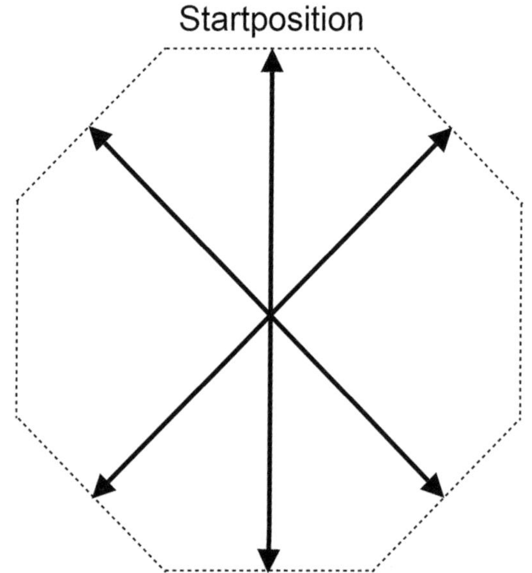

Abb. 4-3: Unvollständiges Sterndiagramm in der Kata Seienchin.

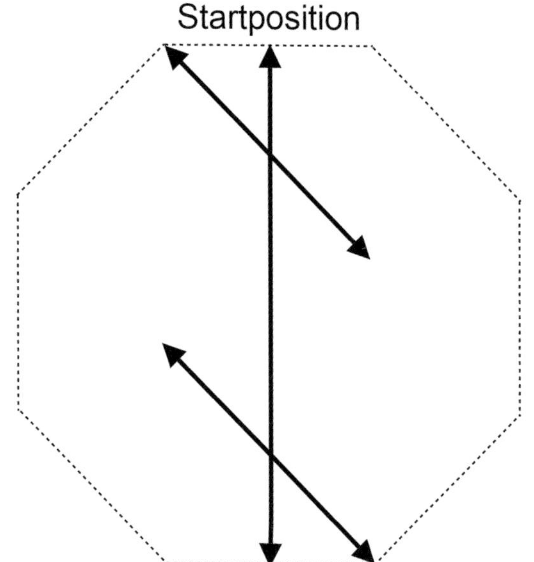

Abb. 4-4: Schräg angeordnete Bewegungen in der Kata Nipaipo.

trägt das intensive Abschreiten der Bewegungsmuster auf längere Sicht sogar dazu bei, unser strukturiertes, ganzheitliches und vorausschauendes Denken zu schulen.

4.5. Die Kata als Ganzes

Anders, als man es sich heute vielleicht vorstellt, sind die meisten Formen der Kampfkunst auf intuitivem Wege entstanden. Sie sind das Produkt einer Entwicklung über viele Generationen von Experten. Jeder Meister hat einen Teil seiner Kampf- und Lebenserfahrung in die Kata eingebracht, die er von seinem Lehrer übernahm oder gar selbst geschaffen hat.

Die ersten Formen der daoistischen Kampfkunst sollen sogar aus einem besonderen meditativen Zustand, aus einer spirituellen Übung heraus, entstanden sein. Man spricht in China von »spontanen Bewegungen«, in denen ein frei fließendes Qi den Körper steuert und der Geist die angemessene Reaktion auf die Attacken eines Gegners einfach nur zulässt. Um jedoch derart außergewöhnliche Fähigkeiten zu erlangen, war jahrzehntelanges Üben in der Abgeschiedenheit unter Anleitung eines erfahrenen Meisters erforderlich.

Natürlich konnten Kata nur von Personen erschaffen werden, die über das nötige technisches Können und hinreichende Erfahrung aus zahlreichen Kämpfen verfügten. Da aber zu jenen Zeiten die spirituelle Ausbildung für jeden, der den

Weg eines Kriegers gehen wollte, obligatorisch war, ist sicher anzunehmen, dass in allen Kampfkünsten Chinas und Japans die intuitive Komponente bei der Schaffung von Kata die entscheidende Rolle spielte.

Entsprechend ist eine Kata des Karate als ganzheitliches Gebilde zu sehen, bei dem Waza, Kamae und Enbu-sen wichtige Facetten darstellen, die jedoch ohne die Gesamtheit schnell an Sinn verlieren. Zwar sind Techniken und Kamae in einer Kata bis zu einem gewissen Grad gegen andere austauschbar, doch übertreibt man dies, geht die Essenz einer Kata verloren.

Jede Kata des Karate beginnt und endet an demselben Ort im Raum. Nachdem die gesamt Form durchlaufen wurde, kehrt man an den Ursprung zurück. Dass dies in der Praxis nicht immer exakt funktioniert, sollte uns nicht stören. Dies kann unter anderem daran liegen, dass in der moderneren Fassung einer Kata die Länge der Schritte nicht mehr ganz dem historischen Original entspricht (Kapitel 7.3).

Das räumliche Zusammenfallen von Beginn und Ende einer Kata hat sicher auch eine symbolische Bedeutung. Dazu kommt meiner Meinung nach aber auch ein praktischer Aspekt: Das in sich geschlossene Schema erleichtert das Erinnern des gesamten Inhalts einer Form, so dass keines der technischen Details verloren geht. Kommen wir ohne Probleme an den Ausgangsort zurück, so haben wir aller Wahrscheinlichkeit nichts wesentliches ausgelassen.

Nach hinreichender Praxis, also ausreichend häufigem Wiederholen sollte eine Form derart vollständig gelernt worden sein, dass ihre Ausführung ohne willentliches Zutun wie von selbst ablaufen kann. Technik folgt auf Kamae und umgekehrt, ganz ungezwungen, fast wie beim Abspulen einer Kette. Jetzt erst sind wir in der Lage, uns auf die Details zu konzentrieren. Dies ist nur schwer möglich, solange man noch an die Reihenfolge der Techniken und die entsprechende Ausrichtung im Raum denken muss.

Zu den Dingen, die es beim Kata-Üben zu verfeinern gilt, gehören unter anderem:

- Präzision und muskuläre Koordination
- Dynamik und Schnelligkeit
- Der Takt und seine Änderungen

Im Laufe der Zeit setzt so ein nach innen gerichtetes Beobachten ein. Man lernt mehr und mehr, sich selbst einzuschätzen in Bezug auf Standfestigkeit, Gleichgewicht und Effektivität der Techniken. Das Einfühlen in die eigene Bewegung schwingt ständig mit und wird letztendlich Bestandteil des täglichen Daseins, so dass wir uns irgendwann durch den frei werdenden Ki-Fluss nicht mehr bewusst auf eine kritische Situation einstellen müssen, sondern dies spontan tun, gleichsam aus unserer Intuition heraus.

Im Laufe unseres Lebens wird sich darum unserem Reifegrad entsprechend auch das Üben selbst verändern. Wollten wir zu Anfang – meist vergebens – viel erreichen, so geht uns später vieles wie von selbst von der Hand, und wir werden gelassener. Dies ist ein wichtiger Gesichtspunkt in der Kampfkunst.

Formeller Aufbau

Fast alle Karate-Kata sind nach einem gemeinsamen Schema aufgebaut. Dabei kann man zwischen verschiedenen Aspekten der Übung oder deren späterer Anwendung unterscheiden:

- Enbu-sen
- Abwehrtechniken und Konter
- Kihon-Teil und »Action«-Teil
- Zeremonielles und Energetisches

Der grundlegende Ablauf einer Kata ist folgender: Nach der symbolisch-energetischen Eröffnung schreitet man das jeweilige Bewegungsdiagramm, Enbu-sen, in den vorgegebenen Fußstellungen ab und vollführt dabei die geforderten Abwehrtechniken und Angriffe. Über diverse Drehungen und Wendungen kommt man während der Kata und nach deren Gesamtdurchlauf an den Ausgangspunkt zurück und schließt die Übung energetisch und/oder symbolisch ab.

Jede Kata lässt sich in verschiedene Abschnitte unterteilen, die – nach nicht mehr ganz aktueller Interpretation – jeweils einem von mehreren Gegnern entsprechen sollen. Diese Abschnitte beinhalten unterschiedliche Themen, was das Üben an sich oder die spätere Umsetzung einer Technik im Kampf angeht. Im weitaus größten Teil dieser Abschnitte werden kampftechnische Prinzipien, die fast so etwas wie Grundtechniken sind, gelehrt. Diesen Teil könnte man als »Kihon-Teil« bezeichnen. Oft gibt es dreimalige Wiederholungen, oder das zu Erlernende wird nacheinander links und rechts durchgeführt. In diesem Punkt ähneln sich viele Kata oder überschneiden sich in ihrem technischen Repertoire.

Was eine Kata trotz dieser strukturellen Ähnlichkeiten einzigartig macht, ist meist eine besondere Sequenz, die tatsächlich sehr an einen Zweikampf erinnern kann. Ich nenne diese Sequenz gern »Action-Teil«, da sie spektakulärer anmutet als der Rest der Kata. In diesem Abschnitt der Kata werden besondere Finessen für den Kampf vermittelt, »Spezialitäten« ihres Schöpfers oder Eigenarten seines Kampfstils.[57] Die entsprechende Technik oder Kombination kommt jeweils

[57] Letzteres bezieht sich vor allem auf die chinesische Kampfkunst. Deren Stile wurden durch besondere Merkmale voneinander abgegrenzt. Technische Unterschiede entstanden z. B. durch das Imitieren von Tieren oder das Umsetzen philosophischer Konzepte. Die

nur einmal vor und wird auch nicht beidseitig ausgeführt. Nicht nur hier, aber insbesondere in diesem technisch herausragenden Abschnitt einer Form finden wir so etwas wie versteckte Botschaften der alten Meister, eine Art Fingerzeig auf besondere technische Konzepte, Strategien oder essentielle Feinheiten, ohne die eine Kampfkunst nicht vollständig wäre.

Um diese Botschaften zu erkennen, ist natürlich ein schon recht fortgeschrittener Stand an Können und Wissen erforderlich. Aber meist genügt auch das nicht. Um wirklich hinter das jeweilige Geheimnis zu kommen, sind persönlich von Lehrer zu Schüler übermittelte Hinweise nötig. Ansonsten sieht der Übende das Geheimnis nicht, obwohl es eigentlich klar erkennbar vor ihm liegt.

Als Beispiel möge die Endsequenz der Kata Bassai-dai in der Version von Ankō Itosu dienen. Nach dem ersten Ausführen von Kake-te werden die Arme bedächtig nach schräg hinten geführt. Darauf folgt nochmaliges Ausführen von Kake-te mit der anderen Seite. Die Hände nach hinten zu führen hat wenig Sinn, solange man nicht berücksichtigt, dass viele der Kämpfe auf Okinawa nachts stattfanden und dass die Beleuchtung, sofern überhaupt vorhanden, spärlich war. Nach Angaben meines Lehrers Sensei Demura sollte diese Bewegung darauf aufmerksam machen, wie man im Dunkeln Angriffen von hinten gewahr werden kann. Überhaupt müssen wir aufpassen, bei der Auslegung einer Kata durch scheinbar Offensichtliches nicht auf falsche Fährten zu geraten. In Kapitel 11 werde ich noch genauer darauf eingehen.

Zu den Botschaften der Meister gehören auch Angaben zur Wichtigkeit einer Technik, indem diese in der jeweiligen Kata besonders oft wiederholt wird. Auch Empfehlungen zur Trainingspraxis finden sich in den Kata versteckt. Denn obwohl das wiederholte Ausführen des Doppelstoßes im Verbund mit dem Wechselschritt in Kata wie Bassai oder Rōhai auch einen bedeutenden Wert im Kampf hinsichtlich der Anpassung des Abstands zum Gegner haben mag, so weist dessen dreimalige Ausführung doch noch auf etwas anderes hin: nämlich auf ein spezielles Trainingskonzept, das im Karate zwar keinen besonderen Namen hat, aber zum Beispiel im Kendō als *sū-buri*, zu deutsch »beständiges Wirbeln« bekannt ist. *Sū* steht demnach für ein kontinuierliches Üben, was bedeutet, dass eine einfache Technik mit dem besagten Wechselschritt abermals zu wiederholen ist. Dies fördert sowohl die Koordination als auch die Kraft und auf Dauer auch die Willenstärke.

In einigen Kata finden wir auch rudimentäre Übungen zur Kultivierung und Stärkung des Qi. Rudimentär, weil diese viel von ihrem ursprünglichen Charakter der Arbeit mit dem Qi, *Qigong*, japanisch *kikō-jutsu,* verloren haben. Die Anfangssequenzen mehrer Kata des Naha-te beginnen mit Übungen, die sich so

---

klassischen Stile der chinesischen Kampfkunst sind nicht zu verwechseln mit den japanischen Ryūha, welche mehr an Personen gebunden waren und/oder Familientraditionen entsprachen.

nicht direkt in einem Kampf umsetzen lassen. Ihr Hauptanliegen ist es, Atmung und Technik in Einklang zu bringen. Außerdem kann dabei an der Koordination und der Kraftentwicklung gearbeitet werden, da an dieser Stelle der Kata meist langsam geübt wird. Richtig ausgeführt und durch die betonte Konzentration auf die Atmung und die Vorgänge im Innern kommt es so zu einer Harmonisierung und Kräftigung der Qi-Zirkulation.

Die Eingangssequenzen aus Kata wie Shisōchin, Sanseiru oder Seisan können aus dem Ablauf der Kata herausgelöst und separat geübt werden, so die Botschaft der Meister, wie ich sie verstehe. Zu den Besonderheiten mancher Kata gehören auch spezifische Schwerpunkte wie die Schulung des Gleichgewichts in der Kata Chintō oder die Anpassung an die Bewegungen des Gegners bei kurzer Distanz in der Kata Tenshō.

In den Kata werden an besonders bedeutsamen Stellen des Gesamtablaufs Kiai ausgeführt, in der Regel am Ende einer sehr dynamischen Sequenz oder in dem Moment, in dem man sich vorstellt, den gedachten Gegner vollends überwunden zu haben. Der Kiai in den Kampfkünsten soll die Kultivierung des Ki zum Ausdruck bringen. Angeblich soll er sich lösen, wenn alle »Instanzen« einer Person während der Ausführung einer Aktion im Einklang sind und deren Lebenskraft in Harmonie ist. Nach einer Übereinkunft der japanischen Fachverbände bei der Schaffung einheitlicher Richtlinien für den Wettkampf in den 1950er Jahren kommen heute gemeinhin in jeder Kata zwei Kiai vor, obwohl nicht alle Kata Momente für zwei Kiai aufweisen, während andere Gelegenheiten für vier oder mehr Kiai bieten. Beispielsweise passt in die Kata Jitte eigentlich überhaupt kein Kiai. In der Kata Seipai wiederum wären bis zu sechs Kiai denkbar – was sich darin äußert, dass die zwei obligatorischen Kiai je nach Stilzugehörigkeit an jeweils anderer Stelle ausgeführt werden.

Alle Kata beginnen und enden in der gleichen Ausgangshaltung. Beim Ausführen neuerer Kata, wie zum Beispiel denen der Pinan-Gruppe, geschieht dies in der natürlichen Haltung Shizen-tai. Dabei sind die Fäuste locker geballt und befinden sich oberhalb der großen Zehen der schulterbreit auseinander stehenden Füße. Die älteren Kata werden in einer Haltung begonnen und abgeschlossen, bei denen die Füße (vollständig oder sich nur in der Ferse berührend) zusammenstehen. In den meisten Fällen liegen dabei die Handflächen ganz oder teilweise in Höhe der Genitalien übereinander oder es wird die rechte Faust in die linke Handfläche gelegt und in Kinnhöhe nach vorn präsentiert. All diese klassischen Haltungen haben ihren Ursprung in zeremoniellen Riten oder energetisch-spirituellen Praktiken des alten China (Kapitel 7.5).

Entsprechend den konfuzianischen Tugenden beginnt und endet eine Kata mit einem respektvollen Gruß. Die uns allen bekannte Form der Verneigung entspricht japanischer Sitte, und ihre Ausführung sollte mit Ehrerbietung und Dankbarkeit erfüllt sein (Kapitel 10.5).

Unterschiede zu anderen Kampfkünsten

Die Kata des Karate unterscheiden sich von denen anderer, insbesondere der klassischen Kampfkünste Japans. So sind in Iaidō, Kendō und Jūdō die formellen Übungen deutlich anders konzipiert als im Karate, das seinen Ursprung in China hat, auf Okinawa im Geheimen geübt wurde und sich erst im 20. Jahrhundert in Japan etablierte. Die Form reflektiert die Essenz einer jeden Kampfkunst. Schon in China definierten sich die Unterschiede einzelner Stile durch ihre Form. So ist es ganz natürlich, dass auch das Karate sich durch seine Kata von anderen Kampfkünsten abgrenzt.

Anhängern ähnlich konzipierter Kampfkünste wie Shaolin Quanfa oder Taijiquan erscheinen unsere Kata bisweilen »statisch« oder »abgehackt«. Dieser Eindruck resultiert meines Erachtens weniger aus dem eigentlichen Gesamtbild unserer Kata, sondern aus einer (noch) unangemessenen Ausführung. Denn bei praktisch allen Kampfkünsten besteht die Notwendigkeit, dass der Kämpfende zwischen seinen Aktionen deren Wirkung beurteilen muss (Zanshin), so dass notwendigerweise kurze oder längere Pausen zwischen den Techniken entstehen. Das falsche Bild, das bei Außenstehenden oft beim Betrachten einer Karate-Kata entsteht, ist vielmehr das Ergebnis einer irrigen Grundvorstellung des (Aus-) Übenden. Denn häufig wird viel zu viel Wert auf Muskelkraft gelegt, wodurch der Gesamtablauf zwangsläufig schwerfällig wird. Oder die Kata wird wie ein aus einzelnen Elementen, den Grundtechniken, zusammengesetztes Gebilde betrachtet. Zudem werden häufig als Techniken nicht die Bewegungen selbst, sondern fälschlicherweise deren Endstellungen angesehen. Das äußere Bild einer solchen Darbietung reflektiert somit das noch geringe Verständnis des Ausführenden für die Sache und ist keine Unzulänglichkeit unserer Kampfkunst an sich.

Wird die Kata jedoch als ganzheitliches Werk verstanden, dann werden Techniken und Körperhaltungen zu Akzenten eines Gesamtgeschehens. Das Erscheinungsbild ist dann bewegter, und ein innerer Fluss wird erkennbar, der auch in Momenten der Ruhe weiterbesteht. Das Äußere spiegelt dabei das Innere wieder: Wenn auf geistiger Ebene ein geschmeidiger Wechsel von Yin und Yang stattfindet, dann geschieht dies auch im Bereich des Körperlichen. So können die Kata, je nach unserer Einstellung, tatsächlich eher statisch erscheinen oder sich als dynamisches Ganzes präsentieren, das, einmal angestoßen, scheinbar wie von selbst bis zu Ende abläuft.

4.6. Anwendungen

Das in den Kata Gelernte soll im Kampf umsetzbar sein. Das ist etwas, das einfach anmutet, aber bei näherer Betrachtung einige Schwierigkeiten bietet. Denn in Zeiten, als die Kampfkünste noch zum Überleben ausgeübt wurden, war es üblich, die Techniken zu verschlüsseln. Man tat dies aus Gründen der Sicherheit, denn wenn der Feind um die eigenen Stärken wusste, war man schon halb besiegt. In den Kampfkunstschulen wurde darum der Masse der Schüler nur ein unvollständiges Wissen und Können von etwa 80 Prozent vom Gesamtwissen des Meisters vermittelt. Zur vollen Wirksamkeit ihrer Technik gelangten daher nur wenige Auserwählte, denen eine gesonderte Unterweisung im essentiellen Rest zuteil wurde.

In den japanischen Kampfkunstschulen unterscheidet man bis heute zwischen *Hantai* und *Honto*. *Han-tai* bedeutet wörtlich »halber Körper«. Ein recht klarer Ausdruck, der zu verstehen gibt, dass, um die gelernte Technik sicher einsetzen zu können, es noch einer wesentlichen zweiten Hälfte bedarf. Dies kann ein besonderes technisches Detail sein; meist aber handelt es sich um eine andere, weniger offensichtliche Sichtweise desselben technischen Prinzips, das nun dank dieses zusätzlichen Wissens zu seiner vollständigen Entfaltung kommen kann. Das Wissen um den idealen Vitalpunkt für einen bestimmten Schlag ist ein Beispiel für eine solche Zusatzinformation, die dem Übenden vermittelt werden muss, da sie aus dem Schema der Kata nicht hervorgeht (Kapitel 11.2).

Zwar ist offensichtlich, was bei einem Fauststoß passieren soll. Doch ob dieser an einem Gegner die erwartete Wirkung zeitigt, hängt von Faktoren ab, die durch einfaches »Abarbeiten« des Bewegungsmusters einer Kata kaum zu erkennen sind. Dass das Ziel, an dem die Faust auftreffen soll, bekannt sein muss, hatte ich bereits erwähnt. Wenn eine vitale Zone des Gegners nicht mit der nötigen Präzision getroffen wird, bereitet ihm die besagte Technik im besten Falle Schmerzen, mehr aber wahrscheinlich nicht.

Bei der Kata handelt es sich um einen Formalismus, bei dem mitunter ganz bewusst Zugeständnisse an die Ästhetik gemacht werden. So kann der Eindruck entstehen, alles sei ganz einfach. Aber dem ist nicht so. Zu der »Verschleierungsstrategie« der alten Meister gesellt sich erschwerend der Umstand, dass im Laufe der letzten 150 Jahre das Karate und damit auch die Kata mehrfachen Veränderungen unterworfen waren. Die von Ankō Itosu initiierten Vereinfachungen erwähnte ich bereits, ebenso wie die Umformung des Karate zum Sport.

Wenn wir also heute darangehen, die Bewegungen der Kata zu ergründen, dann müssen wir Vorsicht walten lassen, um nicht allzu voreilige Schlüsse zu ziehen, welchem Zweck die eine oder andere Technik wohl dienen könnte. Etwas derartiges geschah bereits in der Zeit, als das Karate in den 1920er und 1930er Jahren in Japan eingeführt und dem dort vorherrschenden Verständnis von einer Kampfkunst oder vom Budō angepasst wurde. Bis dahin war es auf Okinawa noch unüblich, den Techniken Namen zu geben. Auch wurden bei der Unterweisung nicht allzu viele Erklärungen gegeben. Bei der namentlichen Bezeichnung dessen, was man in den Kata als Methode vorfand, musste man sich also auf das beschränken, was vordergründig offensichtlich schien, unter Zuhilfenahme der spärlichen Erklärungen der Meister aus Okinawa. Dass eine solche Vorgehensweise nicht ohne Irrtümer bleiben konnte, liegt auf der Hand. Da nicht selten bestimmte Kerninformationen fehlten, wurden den Techniken Namen gegeben, die uns bis heute daran hindern, ihren wahren Sinn zu erkennen.

Ein Beispiel ist die Anwendung von Age-uke. Die Abwehr passt in ihrer bis heute überwiegend gelehrten Grundausführung kaum zu einem anderen Angriff als zu Oi-zuki, dem Fauststoß im Vorgehen zur oberen Stufe. Dabei ist es aber eher unwahrscheinlich, in einem Kampf mit einer derartigen Bewegung attackiert zu werden. Sie wäre für einen Aggressor viel zu langsam und ließe zu viele Öffnungen in seiner eigenen Deckung. Ich habe beim Betrachten chinesischer Kampfstile kaum etwas gefunden, was unserem Age-uke nahe käme. Allerdings bietet das schräge Nach-oben-Führen des *bewehrten* Armes, zum Beispiel mit einem Schild oder einem ähnlichen im Kobudō[58] Okinawas verwendeten Gerät, die Möglichkeit einer sinnvollen Anwendung von Age-uke, nämlich zum Abfangen eines von oben kommenden Schlages mit einer schweren Waffe. Es wäre also denkbar, dass Age-uke ursprünglich aus solch einer Schutzreaktion hervorgegangen ist.

Meine These besagt, dass gerade auf Okinawa Strategien gebraucht wurden, mit denen ein unbewaffneter Verteidiger[59] sich gegen einen Schwertkämpfer aus Japan sicher behaupten konnte. Dem für den japanischen Schwertkampf typischen geraden Schnitt von oben aus Jōdan-kamae, *tate-giri,* kann – außer durch Ausweichen – nur durch rasches Vorgehen auf den Gegner begegnet werden, wobei man unter den Armen des Angreifers durchtaucht. Ein harter Schlag von unten gegen einen oder beide Unterarme kann bewirken, dass der Gegner das Schwert vor Schmerz nicht mehr ausreichend kontrollieren kann, um den Schnitt präzise zu Ende zu führen. Und dies entspricht eher den Bewegungen, die in vielen Kata des Shuri-te vorkommen und die heute die Bezeichnung Age-uke tragen (Kapitel 5.2).

Es geht mir keineswegs darum, in irgend einer Weise den über mehrere Generationen bewährten Unterrichtsstoff des modernen Karate verändern zu wollen. Vielmehr ist mir daran gelegen, das überkommene Selbstverständnis, alles sei bereits bekannt, in Frage zu stellen. Der Weg des Karate ist ein Prozess ständiger Veränderungen und sich daraus ergebenden neuen Sichtweisen. Age-uke als Grund-

[58] In Japan wird heute mit dem Wort *Kobudō,* wörtlich »altes Budō« die Pflege der klassischen Methoden der Kriegskünste bezeichnet, in denen vornehmlich die Handhabung von typischen Waffen wie Speer, Hellebarde, Pfeil und Bogen oder das Kämpfen zur Pferde geübt wird. Hiervon zu unterscheiden ist das Kobudō Okinawas. Man bediente sich verschiedener zu Waffen umfunktionierter Objekte, die angeblich von Werkzeugen aus der Landwirtschaft abstammen sollen, was aber nur eingeschränkt zutrifft. Vielmehr stammt der überwiegende Teil der in der Kampfkunst Okinawas zur Anwendung kommenden Waffen von Vorläufern aus dem Süden Chinas ab.

[59] Im konventionellen Sinn unbewaffnet, das heißt, ohne Schwert, Speer, usw.

technik und die entsprechende Anwendung sind gute Übungen. Man sollte sich nur im Klaren darüber sein, dass es sich um Übungen handelt, die nicht ein zu eins in die Realität eines Kampfes umsetzbar sind.

Um ein entsprechendes Verständnis zu entwickeln, ist meiner Ansicht nach zweierlei nötig: Zum einen empfiehlt sich das Üben mit einem Partner. Man kann hier vieles ausprobieren und gegebenenfalls wieder verwerfen. Sinnvolles wird weiterverfolgt und bis zur wirksamen Reife vertieft. Zum anderen würde ich empfehlen, sich auch über das eigentlich Karate-Terrain hinaus zu bewegen und ein möglichst breites Wissen zu erwerben, das mehr als nur den technischen Rahmen einer Kampfkunst umfasst.

Annäherung durch Kumite: Indem man mit einem Partner übt, lernt man einzuschätzen, welche Aktionen in der Realität einen Sinn ergeben würden und welche eher weniger. In gestellten Kampfsituationen werden einzelne Sequenzen der Kata durchgespielt und eingeübt. Oft entdeckt man dabei Wesentliches, Dinge, die beim individuellen Üben kaum oder gar nicht zutage treten. Dazu gehören unter anderem die Verhältnisse von Abstand und Winkel zum Gegner oder Zusammenhänge, die sich aus der menschlichen Anatomie ergeben.

So kann das Verständnis der Kata und damit der jeweiligen Kampfkunst insgesamt allmählich vertieft werden. Dieses schrittweise Vorgehen entspricht im Wesentlichen der Methode der wissenschaftlichen Forschung, weshalb man auch von einer Analyse der Kata sprechen kann. Genau dies wird auch mit dem japanischen Wort *Bunkai* zum Ausdruck gebracht.

Beim Bunkai geht der Übende den Dingen auf den Grund, er versucht zu verstehen, wie und warum etwas funktionieren kann. Wenn wir Techniken in den Kata als »Yoko-uke« oder »Ura-zuki« bezeichnen, dann betreiben wir durch diese verbale Eingrenzung bereits Bunkai. Jedoch können wir nie sicher sein, ob der Schöpfer der jeweiligen Kata wirklich an die eine oder andere Technik gedacht haben mag. Es handelt sich beim Bunkai nicht um den wahren oder ursprünglichen Inhalt einer Kata oder einer ihrer Sequenzen. Bunkai im Sinne von »Bedeutung« zu übersetzen, wäre daher falsch, denn im Deutschen impliziert »Bedeutung« eine weitgehende Eindeutigkeit und damit ein Festgelegtsein. Durch das Studium der Kata soll der Übende aber im Gegenteil zu einem flexiblen Handeln gelangen, um irgendwann in der Lage zu sein, sich aller erdenklichen Angriffen erwehren zu können. Dementsprechend ist der japanische Begriff für »Bedeutung«, nämlich *imi,* in der Kampfkunst auch unüblich.

Aus dem Verständnis eines Prinzips ergeben sich meist mehrere Möglichkeiten, das in der Kata Gelernte – in all seinen Variationen – an einem oder mehreren Partnern umzusetzen. Dabei ist zwischen der Analyse als solcher und der Anwendung ihres Ergebnisses zu unterscheiden. Beim Bunkai wird experimentiert und ausprobiert, so lange, bis eine Anwendung sinnvoll und sicher durchführbar ist.

Danach beginnt im Rahmen des Henka-oyo das eigentliche Training, das »Einschleifen«, bis das Geübte zur Routine und spontanen Reaktion wird (Kapitel 11.3). Da in nur sehr wenigen Fällen der ursprüngliche Inhalt einer Kata übermittelt wurde, sind wir heute auf Bunkai und dessen Umsetzung in die Praxis angewiesen.

Ich glaube, es wäre im Sinne ihrer Schöpfer, wenn wir verstünden, dass es zu den in den Kata vermittelten Prinzipien eine Vielzahl möglicher Anwendungen gibt. Eine einzige Anwendung für eine bestimmte Technik, also eine technische Reaktion, die nur auf einen einzigen, im Voraus festgelegten Angriff passt, wäre höchst unökonomisch. Es wäre zu zeitaufwendig und daher kaum möglich, mit einer solcherart strukturierten Kampfmethode eine angemessene technische Versiertheit zu erlangen. Anhänger derartiger Konzepte hätten in früheren Zeiten kaum lange überlebt.

Oft sehen die Endpositionen verschiedener Bewegungen einer Kata fast gleich aus. Vorsicht ist darum geboten bei deren Benennung in Analogie zu den Techniken des Kihon. Die weitere Interpretation einer Bewegung oder Kamae würde durch eine Bezeichnung auf Basis der Endposition unter Umständen beträchtlich eingeschränkt. Ich hatte bereits darauf hingewiesen, dass Technik Bewegung ist und nicht mit ihrer Endposition verwechselt werden darf. Andersherum ausgedrückt: Zu einer Endposition können verschiedene Bewegungen führen, wie dies etwa bei den Techniken Yoko-uke, Tate-uraken-uchi und Ura-zuki der Fall ist (Kapitel 11.2).

Weiter oben hatte ich bereits angedeutet, dass es in den alten Kampfkünsten Sitte war, den vollständigen Inhalt von Kata, Kamae oder Waza nur wenigen Schülern mitzuteilen. Man unterschied zwischen »Hälfte« und »Wahrheit«, japanisch *hantai* und *honto*. Die für die volle Wirksamkeit erforderlichen Schlüsselinformationen wurde dem Schüler von seinem Sensei oder Senpai erst dann vermittelt, wenn er genug technische und geistige Reife entwickelt und sich als vertrauenswürdig genug erwiesen hatte – was oft Jahrzehnte dauerte. In Anlehnung daran wird gern die profane oder spektakuläre Auslegung einer Kata, Waza oder Kamae, das »Offensichtliche«, japanisch *omote*, von deren feinerer Umsetzung als Selbstverteidigung unter Heranziehung besonderer Kenntnisse in traditioneller Medizin, Psychologie oder der Prinzipien der Strategielehre abgegrenzt. Diese sogenannte »Kehrseite der Technik«, japanisch *ura-waza*, gilt als die wahrscheinlichste Annäherung an den ursprünglichen Inhalt der Bewegung einer Kata.

Ein variationsreiches Partnertraining erhöht die technische und geistige Flexibilität und ist darum immer zu empfehlen. All zu viel Training von »Bunkai« im Sinne gestellter Kampfsituationen kann jedoch dazu führen, dass man zwar glaubt, viel zu können, dieses Können in Wahrheit aber weitestgehend realitätsfremd ist. Ein wirklich feindlich gesinnter Angreifer wird vieles, was sich im Rahmen der Übung als »Anwendung« anbietet, gar nicht mitmachen. Das, was jemand im Laufe jahrelanger Praxis wirklich aus einer Kata gelernt hat, sind im Grunde einfache Routinen, die im realen Kampf intuitiv und flexibel eingesetzt werden können. Das führt dazu, dass man im Ernstfall spontan und ohne jedes Nachdenken richtig reagiert und erst im Nachhinein erkennt, zu welcher Kata die durchgeführte Aktion gehören könnte. Nicht eine bestimmte, vorgegebene Bewegung wird auf Dauer durch das Training verinnerlicht, sondern ihr Muster, ihre Dynamik oder ihr Prinzip.

Wir müssen uns lösen vom scheinbar Eindeutigen und die Essenz der Botschaft einer Kata erkennen. Doch das ist nur möglich, wenn alle »Instanzen« des Menschen am Lernprozess teilhaben. Neben dem rationalen Denken tritt hier das intuitive Erfassen in den Vordergrund. Wir trainieren mit Körper, Geist und Seele. Techniken spielen sich zwischen den einzelnen Figuren einer Kata ab, und vieles ist darum nicht sofort ersichtlich. Was nicht überliefert ist, müssen wir durch beständige Praxis selbst herausfinden: Akzente in der Bewegung und das Spektrum aller möglichen Anwendungen. Dann erst wird die Kata im vollen Umfange einsetzbar und versetzt uns in die Lage, flexibel auf jeden Gegner zu reagieren. Kata als ganzheitliches Übungskonzept ist vielschichtig. Die einzelnen Ebenen werden einem erst mit der Zeit zugänglich. Nur auf der Basis eines fortschreitenden Verständnisses kann sich eine neue, tiefgründigere Erkenntnis aufbauen.

Annäherung durch breit angelegtes Wissen: Es ist schwer zu sagen, wieviel von dem alten und größtenteils verborgenen Wissen während des Übergangs von Japan und Okinawa in die Moderne gegen Ende des 19. Jahrhunderts verloren ging. Da uns nur sehr wenige schriftliche Quellen zur Verfügung stehen, sind wir auf zusätzliche Informationen angewiesen. Die traditionelle chinesische Medizin erwähnte ich ja bereits. Es lohnt sich auch, sich über andere Kampfkünste zu informieren sowie über die Geschichte und Kultur Japans und Chinas. Aus solch einem Wissensmosaik lassen sich so manche, wenn auch bisweilen recht kühn anmutende Schlüsse ziehen.

Wir wissen zum Beispiel, dass sich in Japan, bedingt durch die Insellage, besonders aber durch die Isolierung des Landes vom 16. bis zum 19. Jahrhundert, im Laufe seiner Geschichte einige für uns recht eigentümliche Bräuche entwickelten. So schreibt Kenji Tokitsu, dass es für die meisten Schichten der dortigen Bevölkerung üblich war, beim Gehen auf der Straße die Arme parallel zu den Beinen schwingen zu lassen und nicht, wie von uns als normal empfunden, entgegengesetzt (siehe Literaturverzeichnis). Techniken wie Oi-zuki lassen sich so ganz anders verstehen: Für die damaligen Krieger war dieser der natürlichere Stoß, für uns wäre es dagegen Gyaku-zuki. Detaillierte Kenntnisse über die Bedingungen, unter denen die einzelnen Kampfstile entstanden und praktiziert wurden – dazu gehören zum Beispiel Kleidung und Lebensgewohnheiten –, machen viele Dinge einleuchtender.

Natürlich kann niemand alles können oder wissen. Nur wenige sind in der Lage, mehr als eine Kampfkunst so intensiv zu studieren, dass sie mit ihrem Wissen und Können nicht auf einem oberflächlichen Niveau bleiben. Aber das ist auch gar nicht nötig. Entscheidend ist es, aus der Menge an Wissen das Wesentliche herauszufiltrieren. In jedem Fall ist es ratsam, den eigenen Horizont ständig zu erweitern, allgemein wie auch speziell die Kampfkunst betreffend. So empfiehlt Gichin Funakoshi in seinem Werk »Karate-Dō Kyōhan« (siehe Literaturverzeichnis) das Training mit Waffen. Jedoch wäre das Ziel dabei nicht, diese im Kampf einzusetzen, sondern deren Stärken und Schwächen kennenzulernen und so auch auf Auseinandersetzungen mit bewaffneten Angreifern vorbereitet zu sein.[60]

Ein eigenes breites Repertoire an Kata erhöht die Wahrscheinlichkeit, auf bestimmte Details zu stoßen, die zwar nicht vollständig verloren gegangen, aber anders als früher nur noch in vereinzelten Kata gleichsam als »Spezialitäten« zu finden sind. Wenn Schwertmeister Yagyū Munenori davon spricht, dass »alles, was es zu lernen gibt, erlernt« sei, dann meint er nicht das gesamte Wissen dieser Welt, sondern wohl eher alle für das vollständige Verständnis der Kampfkunst nötigen Informationen. Wichtiger sei, so Yagyū, der befreite Geist, der in der Lage ist, auf jedwede Situation angemessen und richtig zu reagieren. Ein Stadium, das wohl die wenigsten von uns je erreichen werden. Unser Streben sollte es aber sein, diesen Weg zu finden und so weit wie möglich zu gehen – das allein ist schon viel wert.

Von Seiten der Meister wird gern betont, die Kunst des Kampfes mit der leeren Hand diene ausschließlich der Verteidigung. Und darum begännen und endeten unsere Kata auch immer mit einer Abwehrtechnik. Was den technischen Aufbau unserer Kata angeht, so stimmt diese Aussage nur bedingt. Es gibt einige Kata, die eben nicht mit einer Abwehr enden. Beispiele sind Jion, Chintō oder Seipai. Und obwohl der zur Einleitung der Kata Pinan-nidan ausgeführte Hammerschlag Tettsui-uchi wohl nur den Unterarm des Gegners treffen soll, handelt es sich dabei doch um keine reine Abwehr, sondern um einen harten Schlag.[61]

»Karate ni sente nashi« sollte dahingehend verstanden werden, dass ein wahrer Karateka zwar den Kampf nicht sucht, doch dass er, wenn ein solcher unvermeidlich wird, sehr wohl dem Gegner taktisch durch einen Erstschlag zuvorkommen

[60] Ich selbst habe durch mein Kobudō-Training vieles im Bereich des Karate als »Kampf mit der leeren Hand« besser verstehen können.

[61] Möglicherweise wollte man innerhalb einiger Stile wie dem Shōtōkan bei der Weiterentwicklung der Kata Pinan-nidan hin zu Heian-shodan der genannten Prämisse im nachhinein Rechnung tragen, indem man den einleitenden Hammerschlag durch eine Fegeabwehr zur unteren Stufe, Gedan-barai, ersetzte.

kann. Im übrigen stellen alle harten Abwehrtechniken (»Blocks«) gleichzeitig Angriffe dar, sonst könnten sie ihren Sinn nicht erfüllen, den Aggressor von weiteren Angriffen absehen zu lassen.

Findet der eigene Angriff vor Vollendung der gegnerischen Attacke statt, so spricht man von der »Strategie des Zuvor«, japanisch *sen no sen*. Um dem Gegner technisch zuvorzukommen, muss man ihm mental einen Schritt voraus sein. Obwohl der Anschein entstehen kann, als handelte man als Erster, bedeutet es jedoch nicht, dass die Initiative für den Kampf von einem selbst ausging (Chōki Motobu, siehe Literaturverzeichnis). Dem gegenüber kann der Hammerschlag aus Pinan-nidan den Unterarm erst nach einem in die Leere gegangenen und somit eigentlich vollendeten Faustst0ß oder Schwertangriff (!) treffen. Das wird *go no sen*, die »Strategie des Danach« genannt und entspricht auch im äußeren Anschein der genannten Maxime.

In den Kampfkünsten Chinas und damit auch im Karate Okinawas war man bestrebt, die Dauer zwischen Angriff und Gegenaktion auf ein Minimum zu reduzieren. Abgesehen von einem direkten Gegenangriff ohne echte Abwehrbewegung kurz vor oder nach der Attacke des Gegners ist dies auf zweierlei Weise möglich: Entweder werden Abwehr- und Konterbewegung mit beiden Armen gleichzeitig ausgeführt, oder aus der Abwehrbewegung ergibt sich direkt die nächste Aktion mit demselben Arm. In den Kata wird dies nur selten so deutlich gezeigt. In vielen Endpositionen steckt aber eine entsprechende Botschaft, die es zu finden und zu entschlüsseln gilt. So bieten sich zum Beispiel nach dem Ausführen der »verbrückenden Hand«, Kake-te, verschiedene Alternativen: Ergreifen des Gegners zwecks Einschränkung in seiner Beweglichkeit mit nachfolgender Manipulation eines Vitalpunkts durch einen Schlag/Stoß oder auch durch Schläge mit derselben Hand in Form von Shutō-uchi oder Haitō-uchi (Kapitel 11.5). Entscheidend ist die Reaktion des Gegners, etwa wenn er dem Ergreifen zu entrinnen sucht und seinen Arm zurückzieht (eine Demonstration in der Praxis lässt dies schnell verständlich werden). Man erkennt auch hier, dass es sinnvoll ist, im Verlauf der Ausführung einer Kata innezuhalten. Täten wir das nicht, würden wir uns der vielen Möglichkeiten, die eine Haltung (Kamae!) wie Kake-te uns bietet, kaum bewusst werden.

Wenn man die eigene Vorstellung dafür öffnet, was alles aus einer bestimmten Endhaltung heraus möglich ist – in diesem Falle einer scheinbar reinen Abwehrtechnik – dann bekommt das formelle Üben einen ganz anderen »Geschmack«. Im zweiten Teil des Buches beschreibe ich ausführlicher, wie sich aus einer gegebenen Kamae ganz unterschiedliche Strategien entwickeln lassen, etwa wie man einen Gegner besiegen kann, indem man sich dessen Reaktionen zunutze macht.

Zur angemessenen Grundeinstellung beim Kata-Üben gehört auch, sich innerlich von der Annahme zu lösen, dass jede Technik zwangsläufig eine bestimmte

Wirkung zeitigen muss.[62] Wer seine Kata in der Annahme »abläuft«, nach jedem Schlag, Stoß oder Tritt würde ein Feind schwerverletzt am Boden liegen oder leblos in sich zusammenbrechen, liegt falsch. Das Resultat einer Angriffstechnik ist aus den bereits erwähnten Gründen schwer voraussagbar. In jedem Fall sollte man davon ausgehen, dass der Gegner kein Trottel ist, dass er selbst überleben will und daher alle ihm zur Verfügung stehenden Mittel und Tricks einsetzen wird. Diese Tatsache sollten wir auch beim Üben mit Partnern (Kapitel 11.3) nicht außer acht lassen. Genauso wenig sollten wir vergessen, dass dort alles nur gestellt und vieles ein Produkt unseres Wunschdenkens ist, das nicht bedingt mit der Realität übereinstimmt.

Eine Kata des Karate stellt daher weniger die Choreographie eines Kampfes gegen eine Vielzahl von Feinden dar. Vielmehr wird man während ihrer Ausführung räumlich gleichsam mit verschiedenen Themen oder Aspekten ein und desselben Zweikampfes konfrontiert. Die Kata lassen sich darum in Abschnitte aufteilen und diese wiederum in Sequenzen. Dies lässt sich so lange fortführen, bis man bei den Waza und deren Prinzipien angekommen ist. Alle Anteile einer Kata sollten auf den jeweiligen Ebenen der Komplexität eingehend studiert werden, so die Botschaft der alten Meister. Das wiederholte Durchlaufen des vorgegebenen Musters mit seinen »Stationen« erleichtert zudem das Abspeichern der Abläufe, da es vielen Menschen leichter fällt, sich an Fakten und Details mit Hilfe einer räumlichen Verknüpfung zu erinnern.

Obwohl die Universalität des Karate als umfassende Methode des Kampfes mit der »leeren Hand«, also ohne Waffen, gern betont wird, sollten wir uns doch auch der Beschränktheit des Karate und seiner Kata bewusst sein. Beispielsweise lässt sich ein Geschoss kaum abwehren. Und auch anderen bewaffneten Angriffen haben wir nur bedingt etwas entgegenzusetzen. Vor diesem Hintergrund sollten wir daher zumindest bestrebt sein, unsere eigenen Möglichkeiten voll auszuschöpfen, indem wir mit angemessener Einstellung unsere Kata üben und uns bemühen, ihre Inhalte durch Kumite und das Training am Makiwara zu verfeinern. Auch meditative Praktiken zur Schulung der mentalen Fähigkeiten bieten sich an. Denn um aus einer Konfrontation siegreich hervorzugehen, braucht es neben effektiven Techniken auch das Gespür für den richtigen Moment und ein Gefühl für die ideale räumliche Ausrichtung zum Gegner, was mit dem Üben von Kata allein kaum zu erreichen wäre.

[62] Im Gegensatz zu Treffern mit Faust oder Fuß kommt es durch den Kontakt mit einem scharfen Schwert praktisch immer zu einer, zumindest minimalen Wirkung, wobei Blut fließt und auf jeden Fall Schmerzen entstehen. Das Ausführen eines effektiven, tiefen Schnitts ist aber ähnlich schwierig wie das sichere Treffen eines Vitalpunkts.

5. Zur Geschichte der Kata Okinawas

5.1. Von China nach Okinawa

Ich möchte mit einer Anmerkung zum Titel dieses Kapitels beginnen. Eigentlich hätte ich es auch »*Die* Geschichte der Kata Okinawas« nennen können, damit aber möglicherweise eine unangemessene Absolutheit beansprucht. Es gibt, was die Geschichte der Kampfkünste und damit auch deren Kata angeht, sicherlich Experten, die mehr davon verstehen als ich. Denn schon das Werk von Mark Bishop »Okinawan Karate« (siehe Literaturverzeichnis), das eher indirekt von der Geschichte des Karate handelt, gibt so viele Einblicke in die (sehr komplexen) historischen Zusammenhänge, dass wir die bisher gängige Meinung zur Entwicklung unserer Kata und deren Kategorisierung in weiten Bereichen überdenken müssen.

Heutzutage verfügen wir über relativ leicht zugängliche Informationen, die uns einen Vergleich ermöglichen zwischen dem Karate Japans und dem Karate, das sich auf Okinawa erhalten und teilweise auf etwas andere Weise als in Japan weiterentwickelt hat. Darüber hinaus erlaubt uns der Blick auf die Kampfkünste, wie sie in China gelehrt und geübt werden, Rückschlüsse auf Herkunft und Entwicklung des Karate und seiner Kata.

In älteren Ausführungen über das Karate liest man häufig, der Vorläufer des Karate Okinawas wäre das Gongfu[63] des Klosters Shaolin gewesen. Das stimmt nur insofern, als Shaolin[64] eines der Zentren der spirituellen und technischen Entwicklung der Kampfkunst Chinas war. Daneben gab es aber noch andere Zentren der Kampfkünste, unter ihnen die daoistischen Klöster und später private Kampfkunstschulen. Auch am Hofe der Fürsten wurde Kampfkunst trainiert mit dem Ziel, fähige Soldaten für die Armee des Kaisers stellen zu können. Dabei galt die Kampfkunst von Shaolin (Shaolin Quanfa) als tendenziell »härter« als die Stile der Daoisten.

Von beiden Richtungen der Kampfkunst aber war bekannt, dass sie sehr schwer und nur sehr langsam im Laufe vieler Jahre erlernbar waren. Als das chinesische Reich unter die Herrschaft der Manchu, einer fremden Dynastie, geriet, versuchte man vielerorts, die bestehenden Kampfmethoden so anzupassen, dass sie beim Kampf gegen die Soldaten des Fremdregimes weiterhin wirkungsvoll einsetzbar oder noch besser, überlegen waren. Die neuen Methoden sollten effektiver, weni-

[63] *Gongfu*, häufig auch *Kung Fu* geschrieben, bedeutet »an etwas intensiv arbeiten«, sich einer Sache ernsthaft widmen, was zunächst gar nichts mit dem Kämpfen zu tun hat und das Ausüben jedweder Kunst betreffen kann. Für »Kampfkunst« wird besser das Wort *Wushu* benutzt.

[64] Man weiß heute, dass es nicht nur ein buddhistisches Kloster mit dem Namen *Shaolin*, sondern mehrere davon gab.

ger kräftezehrend und zudem schneller zu erlernen sein. Einer der wichtigsten der so entstandenen neuen Stile war der aus Yongchun in der Provinz Fujian im Süden Chinas mit dem Namen *Baihe-quan* – »Weißer-Kranich-Faust«.

Auf einer Handelsroute zwischen der Provinz Fujian, Taiwan und der südlichsten japanischen Hauptinsel Kyūshū liegt eine Inselgruppe mit dem Namen Ryūkyū. Sowohl China als auch Japan waren daran interessiert, diesen Handelsstützpunkt politisch und wirtschaftlich unter ihre Kontrolle zu bringen. Das ursprünglich unabhängige Inselkönigreich mit seiner Hauptinsel Okinawa stand zuletzt unter chinesischem Protektorat, bevor es 1609 von Truppen des japanischen Satsuma-Klans erobert wurde und seitdem faktisch zu Japan gehört.

Um mögliche Konflikte mit der einheimischen Bevölkerung zu entschärfen, wurde den Adeligen und Beamten Okinawas das öffentliche Tragen von Waffen verboten. Denn obwohl das Inselreich unter japanischer Besetzung stand, wurde der König im Amt und die Verwaltung der Inseln weitgehend in der Hand der bisher Verantwortlichen, den *Pechin,* belassen. Diese aber rekrutierten sich weitgehend aus Edelleuten verschiedenen Ranges, den *Kunshi,* die eine Kriegerkaste waren, ähnlich den japanischen Samurai.

Allerdings war es für die Kunshi nichts wirklich Neues, keine Waffen tragen zu dürfen. Bereits vor der Besetzung durch die Japaner hatte es ein ähnliches Edikt gegeben, erlassen von einem der Könige Okinawas. Sein Ziel entsprach ganz dem der japanischen Machthaber: Jeder Tendenz, die seiner Macht hätte gefährlich werden können, sollte durch das Waffenverbot Einhalt geboten werden.[65] So existierten auf Okinawa schon lange, bevor Kampfmethoden aus China die Insel erreichten, Systeme der waffenlosen Selbstverteidigung. Doch eine »neue«, von chinesischen Gardeoffizieren (siehe weiter hinten) vorgestellte und bis dahin noch recht wenig beachtete, *Toudi* oder *Tōde* (siehe weiter hinten) genannte Kampfmethode, erschien den Kriegern Okinawas von nun an besonders attraktiv. Der Grund dafür lag in ihrer im Vergleich zu den bisher bekannten Systemen ganz anders gearteten Struktur und Charakteristik. Diese bot viele Möglichkeiten für strategische Überraschungen, die waffenlosen Kämpfern halfen, den im Schwertkampf versierten Samurai Paroli zu bieten.

In Zeiten der Geheimhaltung, also vor der Modernisierung des Landes im Rahmen der Meiji-Reform, sprach man öffentlich nur von *te* (im Dialekt Okinawas von *ti*) im Sinne von »die Methode«. In Insiderkreisen, also unter Kriegern und Edelleuten, aber benutzte man den Begriff *Tōde* oder *Toudi,* die »Tang-Hand«. Die Umschreibung als »Tang-Hand« ermöglichte es durch ihre Mehrdeutigkeit den Anhängern, über eine an sich geheime Sache zu sprechen, ohne dass Nichteingeweihte verstanden, worum es wirklich ging. Auf diese Wei-

---

[65] König Shō Shin erließ das Edikt 1507, mit dem zugleich auf den Ryūkyū-Inseln die Feudalherrschaft, zumindest offiziell, zu einem Ende kam.

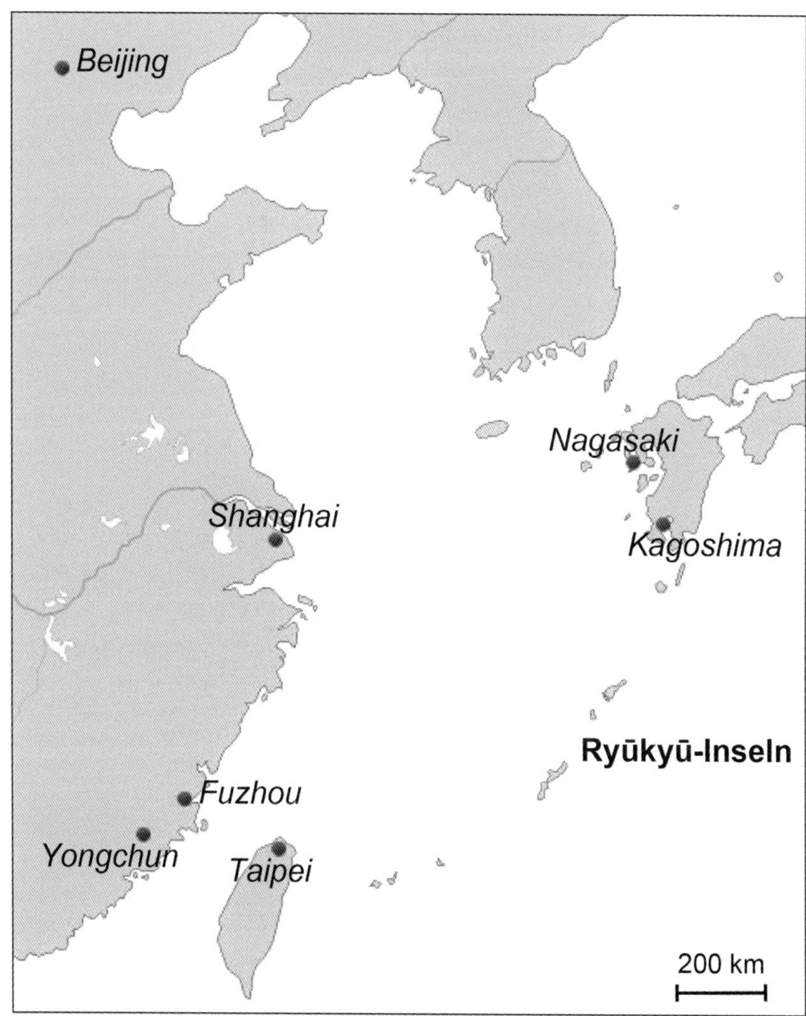

Abb. 5-1: Die Ryūkyū-Inseln zwischen Südchina und Okinawa.

se ließen sich die eigenen Aktivitäten in Sachen Kampftraining leichter vor den Japanern verbergen.

Tang ist der Name einer chinesischen Kaiserdynastie.[66] Wahrscheinlich war die Silbe »Tang« ursprünglich ein Synonym für »aus China stammend«, das vor allem von vornehmen oder gebildeten Personen verwendet wurde. Solcherart Aus-

[66] Die Tang-Dynastie währte von 618 bis 907.

drucksweise fand in Kreisen der gehobenen Schicht in späteren Jahrhunderten weiter Gebrauch, insbesondere im »Zeitalter des breitflächigen Friedens«, japanisch *Heian-jidai*.[67] Das Wort *te* bedeutet wörtlich eigentlich »Hand«, wurde aber im Sinne von »Handhabung«, also »Methode«, gebraucht. Bei *Toudi* handelt es sich um dasselbe Wort, mit denselben Kanji[68] geschrieben, aber dem Dialekt Okinawas entsprechend ausgesprochen.

Man weiß heute, dass es den angeblichen patriotisch geprägten Widerstand der einheimischen Bevölkerung gegen die japanische Okkupation nicht gegeben hat. Vielmehr handelt es sich um einen Mythos, mit dem die Geschichte des Karate glorifiziert werden sollte (Bishop, siehe Literaturverzeichnis). Bauern, Handwerker und Kaufleute hatten andere Sorgen, als sich um Krieg oder Politik zu kümmern und waren durch die Moral der streng konfuzianisch geregelten Sozialstruktur des Landes dazu auch gar nicht dazu befugt. Wohl aber kam es unter den Angehörigen des Kriegerstandes zu internen Streitigkeiten, wie andernorts auch, die in jenen Tagen schnell einmal zu einem Zweikampf auf Leben und Tod ausarten konnten. Wer in einer solchen Lage dem japanischen Schwert nichts Gleichwertiges entgegenzusetzen hatte, verlor nur allzu schnell sein Leben. Wohlgemerkt kämpften dann Edelleute gegeneinander und keine unterdrückten Bauern gegen ihre Besatzer. Es ist anzunehmen, dass die Noblen Okinawas mit Waffen umzugehen wussten und diese bei sich zu Hause aufbewahrten. Außerhalb ihres Heims mussten sie sich allerdings auf ihre kämpferischen Fähigkeiten ohne Schwert verlassen, was natürlich nicht bedeutete, dass sie nicht im Kampf Gegenstände einsetzen, die als solche nicht als Waffen zu erkennen waren.[69]

Die Krieger Okinawas übernahmen die Kampfkunst Chinas und formten sie für ihre Zwecke um. Sie wurden von Militäroffizieren unterrichtet, die verantwortlich waren für die Sicherheit chinesischer Gesandter während ihres Aufenthalts am Hofe des Königs in Shuri, der damaligen Hauptstadt der Insel. Einige von ihnen waren längere Zeit auf der Insel stationiert, so dass tatsächlich so etwas

[67] Das Heian-Zeitalter dauerte von 794 bis 1185. Während dieser Zeit ging es in Japan vergleichsweise friedlich zu. Es gab nur wenige Kriege. Durch einen regen Kontakt mit China wurde das Land auf technologischem und vor allem künstlerischem Gebiet immens bereichert. So kam es in Japan zu einer kulturellen Blüte, die in der weiteren Geschichte des Landes in dieser Form nie wieder erreicht wurde.

[68] *Kanji* – »Buchstabe der Han«; in Japan gebräuchliche Bezeichnung für die ursprünglich chinesischen Schriftzeichen. Das Wort *han* steht für die Kaiserdynastie von 266 v. u. Z. bis 220 und diente im frühen Japan, ebenso wie später das Wort *tō* für »Tang«, als Synonym für »aus China stammend«.

[69] Hieraus entwickelte sich die später unter dem Begriff *Kobudō* bekannt gewordene Methode des Kampfes. Für den Zweikampf wurden Dinge benutzt, die eigentlich für etwas anderes geschaffen waren oder solche, die sich gut in der Kleidung verbergen ließen.

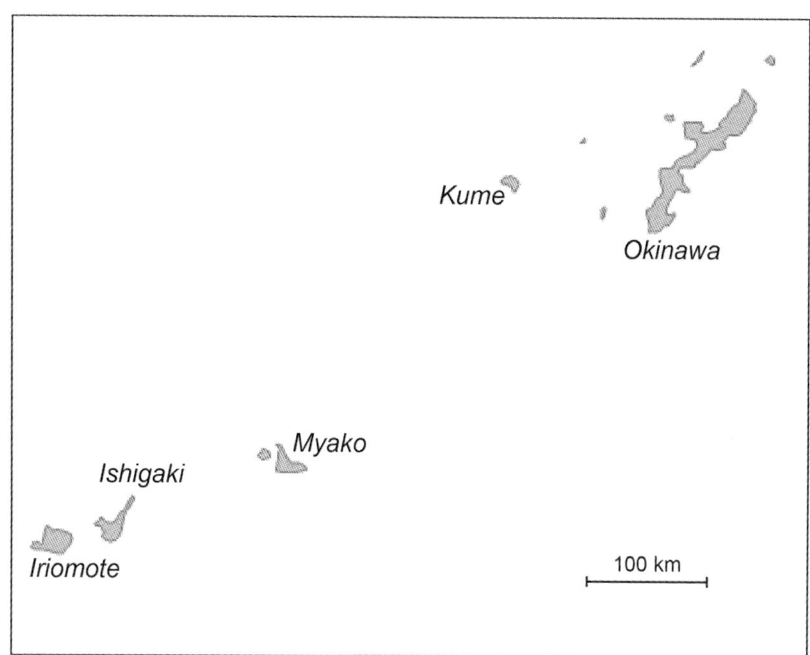

Abb. 5-2: Die Provinz Okinawa mit den dazugehörigen Inseln.

wie eine Lehrer-Schüler-Beziehung zwischen ihnen und den Bewohnern Okinawas entstehen konnte.

Vermutlich gehörte das von den chinesischen Offizieren gelehrte Wushu[70] eher zu den härteren Linien dieser Kampfkunst. Unklar ist, inwieweit diese bereit waren, auch tiefergehende Kenntnisse an »Ausländer« weiterzugeben. Es ist durchaus denkbar, dass die Chinesen die Bewohner Okinawas eher als ihre Verbündeten betrachteten als die Japaner, so dass die Unterweisung der Kunshi durch ihre chinesischen Meister möglicherweise auch Kenntnisse höherer Stufen umfasste. Der bekannteste dieser als Lehrmeister fungierenden Kriegsherren war Kuang Shangfu, auf den eine der bedeutendsten Karate-Kata, Kushanku beziehungsweise Kosōkun, zurückgeht.[71]

Das Toudi wurde jedoch nicht nur durch Lehrmeister aus China auf Okinawa eingeführt. Beamte des okinawanischen Königs wurden als Botschafter nach

[70] Chinesischer Ausdruck für »Kampfkunst«; siehe auch Anmerkung 63 auf Seite 95.

[71] Es gibt verschiedene japanisierte Schreib- und Sprechweisen für den chinesischen Namen dieses Mannes. Die Kata selbst erhielt ihre Bezeichnung erst nach dem Tod Kuang Shangfus 1762 durch seinen Schüler Kanga Sakugawa in Gedenken an seinen Lehrer.

China gesandt und gelangten dort bis an den kaiserlichen Hof in Peking. Einer von ihnen war Sōkon Matsumura, der maßgeblichen Anteil an der Entwicklung des Karate am Hofe von Shuri hatte. Auch wurden junge Männer, die eine Beamtenlaufbahn anstrebten, als Ryū-gakusei[72] zum Studium nach China geschickt. Einige von diesen studierten dort nicht nur Sprache, Schrift, Philosophie und Wissenschaft, sondern nutzten auch die Gelegenheit, Wushu zu erlernen.

Im Laufe des 18. und 19. Jahrhunderts reisten dann nicht nur Edelleute, sondern auch Einwohner Okinawas aus den übrigen sozialen Schichten nach China, teils um Geschäfte zu tätigen, aber auch, um direkt vor Ort die so überlegen scheinende Kampfmethode namens Toudi zu erlernen. Aufgrund der relativen Nähe der Provinz Fujian zu den Ryūkyū-Inseln gelangten diese Reisenden überwiegend in den Süden des chinesischen Reiches. Umgekehrt kamen von dort Leute nach Okinawa, um Handel zu treiben oder aus anderen Gründen. Diese enge Verbindung zeigt sich im starken Einfluss der südchinesischen Stile auf die Struktur des späteren Karate. Wie schon erwähnt, war es der Stil des *Yongchun-baihe*, der die Kampfkunst Okinawas am meisten prägte, neben der »Faust der Würdigen«, *Louhan-quan*, und der Tiger-Faust, *Hu-quan*.

Eine dritte Quelle des Wissens um die chinesische Kunst des Kampfes bildeten Familien, die im 14. Jahrhundert als Handwerker und Kaufleute aus China nach Okinawa eingewandert waren und die sich vornehmlich in der Ortschaft Kuninda (jpn. Kumemura; auf dem Stadtgebiet des heutigen Naha-City) niedergelassen hatten. Über mehrere Jahrhunderte hatten sie ihre heimischen Traditionen bewahrt, zu denen bei einigen auch der eine oder andere Familienstil des Wushu gehörte. Eine der bekanntesten dieser Familien waren die Kōjo. Sie genossen auf Okinawa hohes Ansehen als aufrechte Bürger und exzellente Kämpfer (Bishop, siehe Literaturverzeichnis).

Man hört oder liest in diesem Zusammenhang oft von »den 36 Familien«. Dabei wird diese Zahl wohl eher aus Gründen der Mystifizierung genannt, denn in China gilt die 36 als besonders glückverheißend.[73] Alle möglichen Dinge werden dort 36-fach durchgeführt oder mit der Zahl 36 versehen. Demzufolge gibt es auch im Karate eine entsprechende Form: die Kata Sanseiru, deren Name in japanischer Aussprache dem chinesischen Wort für die Zahl 36 entspricht. Allerdings ist nicht klar, worauf sich das »36-fache« hier beziehen soll.[74]

---

[72] *Ryū-gakusei* bedeutet in etwa »Austauschstudent«.

[73] Die mystischen Eigenschaften der Zahlen zeigen sich u. a. in ihren mathematischen Eigenschaften: 36 ergibt sich durch Multiplikation von 2 x 2 und 3 x 3, also 4 x 9. Die Quersumme von 36 ergibt 9, ist also himmlisch oder göttlich. Ähnliches gilt auch für weitere wichtige mystische Zahlen wie etwa 108, 54, 18 und 24, was auch zu den entsprechenden Benennungen von Kata geführt haben mag.

[74] Handelt es sich um 36-fache Verteidigungen, Wendungen oder Schritte? Oder um 36

5.2. Kampfstile auf Okinawa

Bevor die einzelnen Karate-Stilrichtungen in Japan ausgeformt und benannt worden waren, unterschied man auf Okinawa allenfalls zwischen Shuri-te, Naha-te und Tomari-te. Mit diesen Bezeichnungen drückte man jedoch eher Unterschiede in einigen Details aus, als dass es sich um eine wirkliche Abgrenzung der einzelnen Methoden voneinander gehandelt hätte. Vielmehr sprach man in den Zeiten der Geheimhaltung bis zur Meiji-Reform nur von *Toudi* oder *Tōde* und meinte damit alle wirkungsvollen Kampftechniken, die ihren Ursprung in China hatten. Man sah darum auch keine Notwendigkeit einer weiteren Unterscheidung als der zwischen der klassischen Kampfkunst der Insel, einfach nur *ti*, also »Methode« genannt, und der aus China stammenden »*Tang*-Methode«. Der Einzelne betrieb dann »*Tou*-di« und war Schüler von diesem oder jenem Meister oder Experten.[75]

Zur weiteren nominellen Unterscheidung kam es erst, als man gegen Ende des 19. Jahrhunderts begann, Karate öffentlich und im größeren Stile zu lehren und man dadurch gezwungen war, erste Strukturierungen vorzunehmen. Einer von jenen Meistern, die sich in diesem Reformprozess besonders engagierten, war Ankō Itosu.[76] Er sichtete und unterrichtete eine größere Anzahl von Kata, als bis dahin üblich, wohl auch, um sie in den Zeiten des Umbruchs vor dem Vergessen zu bewahren – was allerdings nicht ohne Einbußen hinsichtlich der Mannigfaltigkeit der Details möglich war.

Um Ordnung in die Vielzahl der überlieferten Kata zu bringen, bot sich die Einteilung nach Herkunft oder Ort ihrer Überlieferung an. So wurden die Kata den Ortschaften *Shuri, Naha* und *Tomari* zugeordnet. Allerdings ist Okinawa keine besonders große Insel, und diese Orte liegen in Wirklichkeit gar nicht so weit auseinander. Unterschiede zwischen den drei Hauptströmungen des Karate Okinawas, *Shuri-te*, *Naha-te* und *Tomari-te*, können demnach ihre Ursache im Gegensatz zu einer verbreiteten Ansicht, kaum in räumlichen Distanzen haben, sondern müssten anders zu begründen sein.

In Shuri befand sich der Palast des Königreichs Ryūkyū. Hier dienten die Kunshi in der Verwaltung und als Garde des Königs. Zu ihnen zählten beispielsweise Sōkon Matsumura und Ankō Itosu. Aber auch Seishō Aragaki diente als Übersetzer und Botschafter in China. Er war der erste Lehrer Kanryō Higaonnas, der später Initiator des Naha-te wurde – aber davon später mehr.

Attacken auf Vitalpunkte? Auch ein spiritueller Bezug, etwa zu 36 Bewusstseinszuständen, wären denkbar.

[75] Zu jener Zeit wurde auch schon von *kara-te* gesprochen, was aber damals noch mit anderen als den heute üblichen Kanji geschrieben wurde; die alten Kanji bedeuteten »China-Hand«.

[76] Ankō Itosu lebte von 1832 bis 1916.

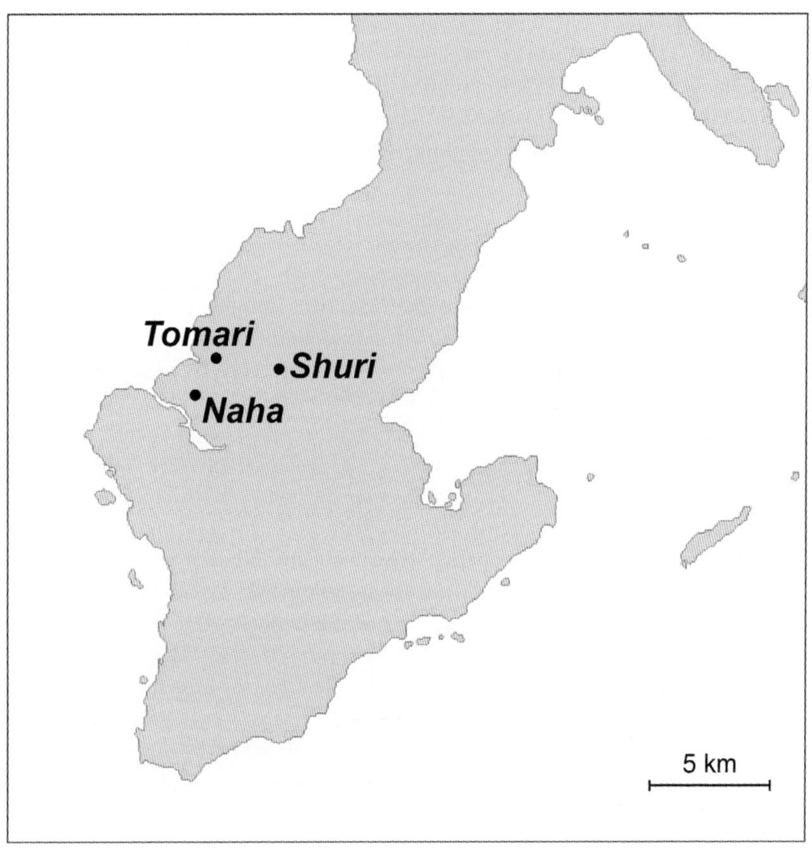

Abb. 5-3: Der Süden Okinawas. Die Orte Shuri, Naha und Tomari sind kaum mehr als 5 Kilometer voneinander entfernt.

Die Kampfkunst bei Hofe wurde überwiegend von den Kunshi und deren Lehrern, den chinesischen Militäroffizieren, also von Edelleuten, ausgeübt, wenn auch so, dass die japanische Samurai-Administration nur wenig davon mitbekam. Ganz anders hingegen waren die Bedingungen für die Entwicklung der Kampfkunst in der Hafenstadt Naha. Man könnte das damalige Naha in seiner Bedeutung als Handelszentrum mit Orten wie früher Venedig und Brügge oder das heutige Hamburg vergleichen. Dementsprechend rekrutierten sich die dortigen Kampfkunstexperten eher aus den mittleren sozialen Schichten der Kaufleute und Handwerker, die zu einem erheblichen Teil aus China stammten, sowie aus den Kreisen von Polizisten, Kriminellen, Seeleuten und politischen Flüchtlingen.

Die am jeweiligen Ort vorherrschende soziale Struktur war meines Erachtens der Grund dafür, dass die Kampfkünste in Shuri, Naha und Tomari einige typische Charakteristika entwickeln konnten. Von größerer Bedeutung sind aber bestimmte Personen, die während des Übergangs in die Moderne die Umgestaltung und Etablierung des Karate als Methode der Gesunderhaltung und der spirituellen Entwicklung (bis hin zum Sport) entscheidend prägten. Im Weiteren soll eine historische Annäherung an die drei methodischen Strömungen Shuri-te, Naha-te und Tomari-te versucht werden.

Shuri-te: Anders als die zum großen Teil chinesischstämmigen, nichtadeligen Bewohner Nahas hatten die Ritter bei Hofe sicher Erfahrung in der Handhabung klassischer Waffen. Zudem pflegten sie während der drei Jahrhunderte japanischer Herrschaft ständig Umgang mit schwerttragenden Samurai. Aus diesem engen Kontakt hat sich vermutlich fast zwangsläufig eine besondere Sichtweise auf den Kampf Mann gegen Mann ergeben.

Zu dem Umstand, dass die Konfrontation zwischen einem Schwertkämpfer und einem (scheinbar) Unbewaffneten an sich schon eine besondere Situation darstellt, kommt hinzu, dass das japanische Schwert im Vergleich zum chinesischen vollkommen anders geführt wird. So war der beidhändige, von oben geführte Schnitt wohl auch in China nicht unbekannt, in der japanischen Schwertkampfmethode Ken-jutsu stellt dieser jedoch die zentrale Technik dar. Nicht wenige der ja letztlich in japanischem Dienst stehenden Beamten Okinawas genossen allerdings die Freiheit, den japanischen Schwertkampf selbst zu studieren. Sōkon Matsumura[77] verbrachte im Rahmen seiner diplomatischen Tätigkeit geraume Zeit in der Provinz Satsuma auf Kyūshū. Dort konnte er in der Schwertkampfschule des *Jigen-ryū* beachtliche Fähigkeiten erlangen und die schulinterne vierte, oberste Stufe erreichen – was ihm in einer Urkunde bestätigt wurde.

Charakteristisch für das Jigen-ryū war dessen besondere Strategie des Erstschlags. Die bevorzugte Taktik sah vor, unter ständigen vehementen Attacken in den Gegner gleichsam hineinzugehen, so dass ihm kaum noch die Möglichkeit zu einer Gegenwehr blieb. Starke körperliche Kraft und Willensstärke waren hierfür erforderlich, und dementsprechend war das Training konzipiert. Möglicherweise hat das Makiwara, der mit Reisstroh umwickelte Schlagpfosten, hier seinen Ursprung, denn in China kennt man ein anders geartetes Gerät zum Koordinieren der Technik und zum Abhärten des Körpers. Auch das wiederholte Einschlagen auf ein festes Ziel in Verbindung mit einem Wechselschritt, *kiri-gaeshi* genannt (Kapitel 8.3), ist typisch für den japanischen Schwertkampf und damit auch für das Jigen-ryū.

---

[77] Sōkon Matsumura war einer der bekanntesten Meister der Kampfkunst in der Geschichte Okinawas und soll laut den Angaben von Mark Bishop (siehe Literaturverzeichnis) von 1809 bis 1901 gelebt haben.

Es ist denkbar, dass Matsumura seine Erfahrungen aus vielen Kämpfen mit seinen Kenntnissen im japanischen Schwertkampf verband und sich so allmählich die bisherige strategische Konzeptionierung des Tōde von Grund auf änderte. In den Vorläufern des Tōde war man bestrebt, durch technisches Taktieren den Gegner auszumanövrieren. In den Kampfkünsten Südchinas wurde zudem viel Wert auf das Ausnutzen von Schwächen des Gegners über den direkten Kontakt zu Armen oder Beinen gelegt. Das spätere Ideal des Shuri-te hingegen bestand in einem schnellen Sieg, bei dem der Kämpfer die Distanz zum Gegner zügig überbrückte, um diesen dann durch einen (einzigen) entscheidenden Schlag oder Stoß außer Gefecht zu setzen. Matsumura hatte mehr Schüler, als andere Experten seiner Zeit. Seine hohe Stellung bei Hofe bewirkte sicher einen zusätzlichen Einfluss auf die Entwicklung der Kampfkunst in Shuri. Ankō Itosu, der heute wohl bekannteste unter den Schülern Matsumuras, legte noch mehr Betonung auf den einzelnen, frühen, entscheidenden Schlag (Kime), so dass die Kata des Shuri-te im Vergleich zu den anderen beiden historischen Richtungen etwas »ruppiger« wirken.

Letztlich war Itosu zum überwiegenden Teil verantwortlich für das äußere Bild und die Auslegung des Shuri-te. Zum einen, weil er überdurchschnittlich viele Schüler hatte, zum anderen, weil er stark für die Verbreitung des Karate in der Öffentlichkeit eintrat. Er wollte das Karate für jeden zugänglich machen und erkannte die aus seiner Sicht hohen pädagogischen Werte der Kampfkunst. Auf sein Wirken hin wurde Karate[78] an den Grundschulen Okinawas im Fach Leibesübungen unterrichtet. Itosu ist es darum auch zu verdanken, dass in den Kata des Shuri-te heute besonders einfache Techniken mit der geschlossenen Faust dominieren. In früheren Formen derselben Kata wurden viele Schläge und Stöße sowie auch die Abwehrtechniken mit der offenen Hand ausgeführt. Oder man bevorzugte vor der Umgestaltung Itosus die Einknöchelfaust Ippon-ken anstelle der heute üblichen Standardfaust Seiken, die einfacher auszuführen ist und in der Praxis für den Ausführenden wie für den eventuell Getroffenen weniger Risiken birgt (Kapitel 7.6).

Neben Sōkon Matsumura und Ankō Itosu möchte ich noch einige weitere Personen erwähnen, die maßgeblich beteiligt waren an der Entwicklung des Karate in Shuri. Die Geschichte des Shuri-te begann um das Jahr 1756 mit dem Besuch von Kuang Shangfu, dem bereits erwähnten chinesischen General. Sein herausragender Schüler war Kanga Sakugawa, der wegen seines außergewöhnlichen Könnens in der chinesischen Kampfkunst sogar den Beinahmen »Toudi« erhielt, und sein Wissen auch an Sōkon Matsumura weitergab.

Zu Beginn des 20. Jahrhunderts taten sich bei einer Sichtung von Rekruten für das japanische Militär einige Schüler Itosus durch ihre exzellente körperliche

---

[78] Man sprach damals noch von der »Faustmethode«, *kenpo*.

Verfassung besonders hervor. Auf einen von ihnen, Kentsu Yabu, geht die dem militärischen Exerzieren entlehnte Weise des Kihon-Trainings zurück. Weitere für das heutige Karate historisch bedeutende Schüler Itosus waren unter anderen Gichin Funakoshi, Kenwa Mabuni, Moden Yabiku, Hanashiro Chōmo, Chōshin Chibana und Kanken Toyama.[79]

Gichin Funakoshi und Kenwa Mabuni haben sich besonders um die Verbreitung des Karate in Japan und dessen Etablierung als Budō verdient gemacht und so das Bild des modernen Karate bedeutend mitgeprägt. Die auf diese Meister zurückgehenden Stilrichtungen des japanischen Karate, Shōtōkan und Shitō-ryū, zählen zu den meistverbreiteten, sowohl in Japan selbst als auch in der restlichen Welt. Und auch das bekannte Wadō-ryū, gleichsam eine Weiterentwicklung des frühen Shōtōkan, ist letztlich ein Karate des Shuri-te. Man kann sagen, dass Itosu durch sein Bemühen der Wegbereiter des modernen Karates schlechthin war. Nicht zuletzt mit der Einführung der kurzen, leicht zu erlernenden Pinan-Kata[80] hat er Zeichen gesetzt. In kaum einem Karate-Stil fehlt heute eine entsprechende Gruppe von Einstiegskata, die den Anfänger weniger fordern als die deutlich längeren »Klassiker« (Kapitel 12).

Zum Shuri-te wird unter anderem auch das Shōrin-ryū gerechnet. Allerdings sind hier die Einflüsse Itosus weniger klar erkennbar, so dass sich Kata gleichen Namens in ihrem Ablauf zum Teil deutlich unterscheiden. Beispiele sind die Kata Jion oder Chintō. Trotz seiner dem chinesischen *Shaolin* entsprechenden japanischen Bezeichnung *Shōrin* hat das Shōrin-ryū kaum einen größeren historisch-technischen Bezug zum Kloster gleichen Namens als andere Stilrichtungen des heutigen Karate.[81]

Naha-te: Die Entwicklung des Naha-te geht letztlich auf Seishō Aragaki zurück, einen Beamten chinesischer Abstammung am Hofe von Shuri und Experte des Stiles der »Faust der Würdigen«, *Louhan-quan*. Er arbeitete als Dolmetscher für den okinawanischen König und als Diplomat. In dieser Funktion reiste er regelmäßig nach China. Er war der erste Lehrer Kanryō Higaonnas.[82] Anders als die

---

[79] All diese lernten das Tō-de bereits von Sōkon Matsumura. Sie waren aber weitaus jünger als Itosu, so dass sie dessen Schüler wurden, nachdem der Meister gestorben war.

[80] In einigen Stilen auch als *Heian* bekannt, was der dem modernen Japanisch entsprechenden Lesart derselben Kanji entspricht.

[81] Je nach Schreibweise für *shō* kann *shōrin* »kleiner Wald« oder »Kiefernwald« bedeuten. Man spricht dann auf Okinawa, bedingt durch eine andere Lesart der Kanji, auch von *Kobayashi-* bzw. *Matsubayashi-ryū*. Zwischen beiden gibt es aber nur geringfügige Unterschiede.

[82] In der Literatur findet man den Namen dieses Mannes bisweilen auch als »Higashi-onna« geschrieben. Dies ist eigentlich richtig, denn die Kanji lesen sich vollständig »higashi« und »onna«. In der Kombination als Familienname wird die Aussprache aber meist klangästhetisch zu »Higa-onna« verkürzt.

meisten späteren Experten der Kampfkunst gehörte Higaonna keiner Adelsfamilie an,[83] war dafür aber sehr talentiert – dies war wohl der Grund, warum ihn Aragaki als Schüler annahm. Als dieser für längere Zeit nach China beordert wurde, übernahm Taitei Kōjo die weitere Ausbildung des jungen Kanryō.

Möglicherweise wurde auch Kanryō von der damaligen, durch die gesellschaftlichen Umwälzungen jener Zeit bedingten Aufbruchstimmung erfasst. Er begab sich nach China, um dort sein Glück zu machen. In den rund zehn Jahren, die er in Fujian verbrachte, studierte er neben der Kampfkunst an illustren Schulen Fuzhous auch die chinesische Kräuterkunde. Nach seiner Rückkehr nach Okinawa verdiente er seinen Lebensunterhalt zeitweise im Geschäft seiner Eltern oder mit dem Verkauf von Heilkräutern, bevor er die ersten Schüler unterrichtete. Die Nachfahren seiner Schüler berichten, dass bei ihm zu Anfang einer Lehrzeit und auch später jahrelang fast ausschließlich die Kata Sanchin geübt wurde (Bishop, siehe Literaturverzeichnis).

Sicherlich ist das, was damals geübt wurde, nicht mit dem zu vergleichen, was wir heute als Kata Sanchin kennen (Kapitel 13.1). Wenn man heute die Stile in Fujian betrachtet, so fällt auf, dass deren Kata mehr Dynamik aufweisen als die meisten entsprechenden Varianten des Naha-te, insbesondere die des am weitesten verbreiteten Gōjū-ryū. Die chinesischen Formen wirken elastischer und agiler. Womöglich kam es erst innerhalb der Generation der Schüler Higaonnas – Chōjun Miyagi und dessen Zeitgenossen – zu jenem bedächtig-langsamen, kraftbetonten Üben von Kata wie Sanchin, wie es für das Naha-te und besonders das Gōjū-ryū als so typisch angesehen wird. Chōjun Miyagi hat am meisten zur Verbreitung des Karate seines Lehrers Kanryō Higaonna beigetragen, was dazu geführt hat, dass seine Auslegung des Naha-te die bekannteste ist.

Auch die übrigen Schüler Higaonnas gründeten später Schulen oder kleine Organisationen, so dass das als Naha-te bezeichnete Karate insgesamt am stärksten durch Higaonna geprägt wurde. Allerdings gelangten auch noch weitere zum Studium der Kampfkünste nach China reisenden Bewohner Okinawas von Naha aus direkt nach Fuzhou, einer Stadt an der Küste der Provinz Fujian. Fuzhou war der von Okinawa aus nächstgelegene Hafen Südchinas, was erklärt, warum Informationssuchende in Sachen chinesischer Kampfkunst auf ihrer Reise per Schiff fast zwangsläufig hier ankamen. Die meisten von ihnen kamen auf besondere Empfehlung in denselben Schulen der Kampfkunst unter und lernten so bei denselben Meistern wie Higaonna. Zu nennen wären hier besonders Ryuro Ko, Wai Xinxian

---

[83] Nach einigen Überlieferungen war die Familie Higaonna in ihrer früheren Geschichte sehr wohl adlig. Deren Mitglieder gingen aber mittlerweile profanen, weniger noblen Geschäften nach. Der Vater Kanryō Higaonnas importierte Brennholz von einer Nachbarinsel. Die Angaben gehen aber weit auseinander, ob die Einkünfte gerade zum Broterwerb reichten oder zu bescheidenem Wohlstand führten.

und Xie Zhongxiang. Auch hatten die in Kume, nahe Naha, ansässige Familie der Kōjos Verwandte in Fuzhou, die dort ein großes Dōjō unterhielten.

Zu den bekanntesten Zeitgenossen Higaonnas, die zum Studium nach Fuzhou gereist waren, zählten Norisato Nakaima und Kanbun Uechi. Uechi trainierte allerdings später unter Zhou Zihe, einem Meister der Tiger-Faust *Hu-quan* – möglicherweise eine Erklärung für die im Vergleich zum übrigen Naha-te extreme Härte des später nach ihm benannten Stils Uechi-ryū.

Die Varianten des Naha-te haben einen Großteil der Kata gemein. Die meisten weisen aber in Aufbau und Dynamik beträchtliche Unterschiede zu den angeblichen chinesischen Originalen auf. Kurioserweise gehören die drei von Seishō Aragaki überlieferten Kata Niseishi, Sōchin und Unsu nicht zum Programm des heutigen Naha-te,[84] obwohl zwei von ihnen die recht typische Eingangssequenz, eine Art beidarmiger Yoko-uke mit der sich daraus entwickelnden Stoßtechnik, aufweisen.[85]

Tomari-te: Wegen des lange Zeit irrtümlich angenommenen Dualismus (*Shōrei-Shōrin, Nord- und Süd-Shaolin*; siehe weiter hinten) fand die dritte historische Quelle unserer Kata lange Zeit weniger Beachtung. Für nicht wenige Kampfkunstexperten steht die in der Ortschaft Tomari praktizierte Kampfkunst technisch gesehen zwischen Shuri-te und Naha-te. Rein von der Dynamik und dem Spektrum der angewandten Techniken her gesehen ist diese Sichtweise nicht ganz falsch.

Jedoch habe ich eher den Eindruck, dass, anders als in Naha und Shuri, das Tōde in Tomari viel weniger durch die Ansichten oder Vorlieben bestimmter Personen geprägt wurde. Die Kata des Tomari-te behielten weitgehend ihren originalen Aufbau, obwohl ihr jetziges Erscheinungsbild nur noch wenig an das erinnert, was heute in China gelehrt wird. Letztlich kann man das Tomari-te als ein variationsreiches Konglomerat von Stilen verschiedenster chinesischer Ursprünge ansehen.

Einer dieser Ursprünge begegnet uns in der Person eines Schiffbrüchigen aus China, der angeblich in einer Höhle hauste und von einigen jungen Leuten bei seinen Kampfkunstübungen am Strand beobachtet wurde. Später wurden diese tatsächlich von ihm unterrichtet, so die Überlieferung (Bishop, siehe Literaturverzeichnis). Von den Schülern des *An-nan* genannten Meisters ragen Kōkan Oyadomari und Kōsaku Matsumora[86] besonders hervor. Mehrere für das Tomari-te grundlegende Kata gehen auf die beiden zurück.

---

[84] Nur in dem auf Norisato Nakaima zurückgehenden, auch zum Naha-te gerechneten Ryūei-ryū wird die Kata Niseishi geübt.

[85] Die Stoßtechniken werden mit geschlossener Faust oder offener Hand als Yonhon- oder Ippon-nukite (Vierfinger- oder Einfingerspitzhand) ausgeführt.

[86] Kōsaku Matsumora lebte von 1829 bis 1898, Kōkan Oyadomari von 1827 bis 1905. Kōsaku Matsumora ist nicht mit Sōkon Matsumura zu verwechseln.

In das Tomari-te werden heute viele Kata eingeordnet, die nicht so recht in das Schema von Naha-te oder Shuri-te hineinpassen wollen, obwohl diese Verfahrensweise aus historischer Sicht nicht immer korrekt ist. Hierzu gehören unter anderem die drei von Seishō Aragaki, dem ersten Lehrer Higaonnas, überlieferten Kata Niseishi, Sōchin und Unsu (siehe weiter vorn).

Der Hafen von Tomari war nach dem südlich des damaligen Zentrums von Naha gelegenen der zweitgrößte der Insel. Heute bildet das nur wenig weiter nördlich gelegene Tomari nur noch einen Stadtteil Nahas, der Hauptstadt Okinawas. Dies zeigt, wie gering die Entfernung zwischen den historischen Ortschaften eigentlich war. Vielleicht diente der Begriff *Tomari-te* darum auch nur dazu, die verschiedenen anderen ebenfalls im Großraum Naha praktizierten Stile und deren Varianten chinesischen Ursprungs von der primär aus Fuzhou stammenden, besonders auf Ryuro Ko zurückgehenden Kampfmethode abzugrenzen.

Shuri-Naha-Tomari: Nach dem bisher Gesagten sollte plausibel sein, dass die drei Hauptströmungen des Karate Okinawas, Shuri-te, Naha-te und Tomari-te, von besonderen Personen und den jeweiligen sozialen Gegebenheiten vor Ort geprägt wurden. Ihre technischen Eigenheiten lassen sich kaum auf die räumliche Distanz zwischen den drei Ortschaften zurückführen. Die mitunter in der Literatur angeführte Analogie zur Unterscheidung in Nord- und Süd-Shaolin ist darum meines Erachtens nicht besonders sinnvoll. Bei einem so großen Land wie China sind Klima, Landschaft und die Mentalität der an einem Ort lebenden Menschen sicher bedeutungsvoll für die Ausprägung eines Kulturgutes. Jedoch liegt der wesentliche Unterschied zwischen der Kampfkunst des Nordens und der des Südens in der Geschichte des gesamten Großreiches begründet.

Von 1644 bis 1911 wurde China von den Qing regiert. Diese Dynastie stammte aus dem Land der Manchu, das nordöstlich des bisherigen Reiches lag. Dies kam einer Fremdherrschaft gleich: Kaiser und führende Regierungsbeamte gehörten einer Volksgruppe an, die zur damaligen Zeit nicht zu den Chinesen gezählt wurde. Im Rahmen der Sicherung der neuen Machtverhältnisse kam es zu zahlreichen Restriktionen. Tatsächlich gelang es den Qing nie, den Südwesten des Reiches vollständig unter ihre Kontrolle zu bringen, so dass sich dort für mehrere Jahrhunderte eine Zone des fortdauernden Widerstands bildete.[87]

Wie bereits weiter vorn erwähnt, überarbeiteten im Süden Chinas Experten aus Kreisen von Mönchen und Militärstrategen des früheren Ming-Regimes das bisherige Konzept des Kampfes, um es mit den kampfstarken Manchu aufnehmen zu können. Die ursprünglich langwierige und sehr komplexe Form des Trainings

[87] Noch bis 1662 installierten die Ming von Südchina aus einige Gegenkaiser, die aber an der weiteren Entwicklung kaum etwas ändern und nur noch den Untergang ihrer Dynastie verfolgen konnten.

wurde auf das Wesentliche reduziert, mit dem Ziel, größtmögliche Effektivität bei geringem technischen Aufwand zu erlangen. Unter anderem bevorzugte man nun kürzere Aktionen, im Unterschied zu den für das bisherige Wushu charakteristischen groß angelegten Bewegungen. Hierbei wurde weniger auf Körperkraft, als auf ausgeklügelte Technik gesetzt. Die favorisierte Strategie bestand von nun an darin, Schwachstellen beim Gegner und in dessen Kampfmethode zu finden und zum eigenen Vorteil zu nutzen.

Ein Großteil dieser Veränderungen fand in Klöstern mit dem Namen Shaolin (siehe weiter hinten) statt, in denen viele der ehemaligen chinesischen Militärs Zuflucht gefunden hatten. Daher ist es durchaus gerechtfertigt, vom »Shaolin des Südens« als Antwort auf das nun antiquiert erscheinende »Shaolin des Nordens« zu sprechen. Und tatsächlich standen die beiden Systeme – oder besser gesagt, jene, die sie ausübten – bedingt durch die Jahrhunderte andauernde politische Auseinandersetzung – in meist tödlicher Konkurrenz zueinander.

Das Tōde Okinawas ist durch dessen geographische Lage bedingt hauptsächlich vom »Südlichen Shaolin« geprägt. Eine Unterscheidung wie beim Wushu Chinas hat darum wenig Sinn. Wirkliche Unterschiede in Technik und Dynamik in der Kampfkunst von Shuri, Naha und Tomari sind daher wohl eher auf Entwicklungen vor Ort, im südchinesischen Fujian und auf der Insel selbst zurückzuführen.

In den Palastanlagen von Shuri war stets mehr Platz als im Hafen von Tomari oder in den Straßen Nahas. Auch wenn das königliche Anwesen in Shuri im Vergleich zu den Residenzen in Edo, Kyōto oder Peking recht bescheiden war, so hatte man dort doch weit mehr Bewegungsraum für das Kampfkunsttraining oder für Auseinandersetzungen als in den engen Gassen, Tavernen oder Kaianlagen von Naha und Tomari oder auf den Schiffen selbst.

Ich erwähnte bereits die sozialen Unterschiede an den drei Orten: Edelleute, Beamte und Gesandte einheimischer, chinesischer oder japanischer Herkunft bei Hof in Shuri gegenüber Seeleuten, Händlern und eventuell auch Kleinkriminellen neben alteingesessenen Handwerker- und Kaufmannsfamilien oder auch Ärzten in Tomari und Naha. Vielleicht sollte man sich, in Anbetracht der geringen Größe der Insel, Orte wie Shuri, Naha und Tomari sogar eher als Viertel oder Stadtteile vorstellen, statt von eigenständigen Städten oder gar Landstrichen sprechen zu wollen.

Da praktisch alle Experten des Naha-te während ihrer Ausbildung in Fuzhou in denselben Schulen oder von denselben Meistern unterrichtet wurden, ähnelte sich das, was sie anschließend nach Hause brachten und dort unterrichteten, in weiten Teilen. Das Naha-te wirkt darum homogener als Shuri-te und Tomari-te und weist am ehesten noch Gemeinsamkeiten mit der Kampfkunst Fujians, insbesondere dem Stil des Weißen Kranichs, auf. Die einzelnen Varianten des Naha-te haben durch den engen Bezug zu Chinas südlicher Provinz Fujian sehr viel miteinander gemein, und es werden überwiegend die gleichen Kata praktiziert.

Dagegen hat sich im Tomari-te anscheinend eine größere Vielfalt erhalten, weil sich im Laufe der Jahrhunderte Menschen aus unterschiedlichen Teilen des chinesischen Reiches – und nicht nur aus der Provinz Fujian – hier und im Rest des heutigen Stadtgebietes von Naha ansiedelten, deren Kampfstile von denen des aus der Stadt Fuzhou stammenden Naha-te nur im Nachhinein unterschieden wurden. In Shuri wiederum wurden die Beamten und Edelleute okinawanischer Abstammung im wesentlichen vor Ort oder bei ihren (Studien-)Reisen an den viel weiter im Norden gelegenen kaiserlichen Hof von chinesischen Experten unterrichtet, wodurch ein gewisser Einfluss durch das Nord-Shaolin nicht auszuschließen ist.

Hinzu kommt, dass ein Beamter nach konfuzianischer Tradition eine fundierte Ausbildung absolvieren musste, deren Grundlage das Studium der chinesischen Klassiker war. Die Lehren des großen Strategen Sun Zi[88] werden darum bei der Ausformung der Kampfkunst der leeren Hand am Hofe von Shuri von wesentlicher Bedeutung gewesen sein. Sun Zi empfiehlt in seinem Werk (siehe Literaturverzeichnis) mehrfach, einen Krieg so schnell wie möglich zu beenden, da es sonst zu unnötigen Verlusten und Leid in der Bevölkerung käme. Analog versuchten die Kunshi, eine Strategie der schnellen maximalen Wirkung zu entwickeln, da ein längerer Kampf mit einem Schwertkämpfer dem unbewaffneten Kämpfer nur wenig Chancen bot. In den Stilen Südchinas hingegen ist man bestrebt, durch geschicktes Taktieren auf mittlerer und kurzer Kampfdistanz die technischen Schwächen des Gegners zum eigenen Vorteil auszunutzen und ihn zu diesem Zweck, wenn nötig, durch ein langwieriges »Gefecht« zu zermürben. Die Taktik des Tomari-te enthält bis zu einem gewissen Grad Elemente beider Strategien.

Ich muss zugeben, dass ich bei dem eben Beschriebenen nicht ganz ohne die Kraft meiner Vorstellung auskommen konnte. Ich habe aber trotzdem versucht, mich so weit wie möglich an das zu halten, was sich aus der spärlichen Literatur über das Okinawa jener Epoche herauslesen lässt, sowie an die Informationen, die mir meine japanischen Lehrer direkt vermittelten. Mein Anliegen ist es, dem Interessierten ein halbwegs realistisches Bild der Situation auf Okinawa während der letzten Entwicklung des Karate vor der Einführung in Japan zu geben, wobei es sich meines Erachtens auch empfiehlt, einige bisher als richtig angenommene Sichtweisen in Frage zu stellen. Nur so kann man einen angemessenen Zugang zu den jeweils geübten Kata finden. Zu diesen fragwürdigen Sichtweisen gehört meiner Ansicht nach auch die Unterscheidung der Kata nach *Shōrei und Shōrin.*

Shōrei und Shōrin: In seinen Werken »Karate-dō Kyōhan« und »Ryūkyū Kenpo Karate-Jutsu« (siehe Literaturverzeichnis) vertritt Gichin Funakoshi die Auffassung, dass man das Karate, oder besser gesagt, dessen Kata, anhand technischer

---

[88] Sun Zi lebte etwa von 534 bis 453 v. u. Z.

Merkmale in Shōrei-ryū und Shōrin-ryū aufteilen könne. Ich hatte schon vor vielen Jahren, als ich einen der Texte ausgiebig studierte, große Schwierigkeiten, der Argumentation des Meisters zu folgen. Später erkannte ich, dass er wohl an eine Einteilung analog zu Naha-te und Shuri-te gedacht haben mag. Die Kata, die er dann aber jeweils als dem Shōrei oder Shōrin zugehörig aufzählt, gehören allesamt zur Linie des Shuri-te. Eine Ausnahme bildet lediglich die Kata Hangetsu, deren Vorform mit dem Namen Seisan man heute eher zum Naha-te zählt.[89]

Bereits Chōjun Miyagi bezeichnet in seiner Abhandlung »Karate-Do Gaisetsu« (siehe Literaturverzeichnis) die Einteilung des Karate in Shōrei-ryū und Shōrin-ryū als unangemessen, ja sogar falsch. Allenfalls gäbe es Unterschiede in der Methodik des Trainings. Eine interessante These zu diesem Thema findet sich in Heiko Bittmanns Buch »Karate-dō – Der Weg der Leeren Hand« (siehe Literaturverzeichnis). Die fälschliche Unterscheidung wird dort auf ein Missverständnis zurückgeführt, das aus verschiedenen Schreibweisen für die Shaolin-Faustmethode in China selbst zurückzuführen sein soll. Die Bezeichnung für ein und dieselbe Kampfkunst aus dem »Kloster des kleinen Wäldchens« würde in dem im Norden des Landes vorherrschenden Dialekt Mandarin *Shao-lin* ausgesprochen, während es sich im südlichen Dialekt, dem Kantonesischen, nach *Chao-ling* oder *Zhao-ling* anhören würde. Die Schreibweise für »Chao-ling«, japanisch »Shōrei« ausgesprochen, wäre dann wohl als ein Transkriptionsfehler anzusehen.

Gewiss gibt es Unterschiede zwischen dem Shaolin Quanfa des Nordens und dem des Südens. Aber letztlich liegen die Wurzeln aller dieser Stile, ob als »Shaolin« oder »Chao-ling« bezeichnet, in jenem Tempel, der 495 am Berg Shao-shi des Sung-Gebirges im Norden der Provinz Honan errichtet und nach mehrfacher Zerstörung immer wieder aufgebaut wurde. Der Legende nach soll Bodhidharma dort die Kampfmethode *Shaolin Quan* begründet haben. Im Laufe der Zeit entstanden im ganzen Reich mehrere Ableger des Tempels und entsprechend viele Variationen der auf ihn zurückgehenden Kampfkunst, die alle denselben Namen, »Shaolin«, trugen. Eine entsprechend korrekte Bezeichnung, auch im Japanischen, wäre daher hier zweckmäßiger als ein falscher Begriff, denn die Schreibweise für *shōrei* bedeutet »leuchtende Seele«, was nach meiner Ansicht nur wenig Sinn ergibt.

Der Begriff *Shōrei-ryū* wird bis heute gern gebraucht, auch um einen angeblichen, aber kaum nachgewiesenen Bezug des Naha-te zu einem Tempel namens »Shōrei-ji« herzustellen, bei dem es sich aber nur, wie mittlerweile bekannt, um einen der Ableger des Ur-Shaolin-Klosters handeln kann. Nach den Aussagen ei-

[89] Die Kata Seisan hat ihren Ursprung im Yongchun-baihe-quan. Es sind neben der des Naha-te auch zwei Varianten bekannt, die dem Tomari-te zugeordnet werden. Wahrscheinlich geht die im Shotokan praktizierte Kata Hangetsu auf eine von diesen, vermutlich auf die Version von Aragaki zurück.

niger noch lebender Meister aus der Zeit vor dem Zweiten Weltkrieg benutzte Kanryō Higaonna den Ausdruck *Shōrei-ryū* einfach, um seiner Kampfkunst einen Namen zu geben, wobei er sicher in Ermangelung besseren Wissens auf die (kantonesische) Aussprache und Schreibweise Südchinas zurückgriff. Zur gleichen Zeit gebrauchte Ankō Itosu in ähnlicher Weise den Ausdruck *Shōrin-ryū*, wahrscheinlich, um seine Auffassung von Kampfkunst von der Higaonnas abzugrenzen.

Echte Unterschiede: Die Besonderheiten des Shuri-te liegen in dessen grundlegender Strategie sowie in einigen technischen Eigenarten seiner Kata. Zu ihnen gehören zwei Techniken der Abwehr, Yoko-uchi-uke und Age-uke sowie der bekannte und für das Karate allgemein als typisch angesehene Fauststoß im Vorwärtsgehen, Oi-zuki.

Yoko-uchi-uke, die seitlich geführte Abwehr mit der Charakteristik eines Schlages,[90] finden wir in derart ausgeprägter Form nur in den verschiedenen Versionen der Kata Bassai und in den Kata Jion und Jitte, allesamt Kata des Shuri-te. Allenfalls in der Kata Sōchin von Seishō Aragaki gibt es eine analoge Abwehrtechnik, jedoch in Kombination mit einem Unterleibsstoß. Die Form wird heute dem Tomari-te zugerechnet. Die auf den ersten Blick ähnlichen Bewegungen der übrigen Kata basieren meist auf einer anderen Vorstellung als die einer seitlichen geschlagenen Abwehr (siehe Kapitel 11).

Age-uke kommt in den altüberlieferten Kata des Naha-te überhaupt nicht vor. Die beiden Gekisai-Kata sind erst von Chōjun Miyagi im 20. Jahrhundert ins Gōjū-ryū eingeführt worden und stellen eine Adaption von Itosus Konzept der Pinan-Kata dar. Als Miyagi seine Einführungskata entwarf, gehörte Age-uke aber schon zum »Standard-Kihon-Programm« des neustrukturierten Karate der 1920er und 1930er Jahre. Damit diese Kata bezüglich der Grundtechniken möglichst vollständig waren, fügte er hier wohl auch Age-uke mit ein.

Oi-zuki ist keine Technik für den direkten Angriff. Vielmehr repräsentiert das »Hingehen und Stoßen« eine technische Umsetzung des Prinzips *Sen no sen*. Die »Taktik des Zuvorkommens« bietet im Grunde die einzige Chance, eine Begegnung mit einem schwerttragenden Kämpfer auf sichere Weise siegreich zu beenden. Derart schnellen Schnitten auszuweichen, wie sie mit dem japanischen Schwert möglich sind, ist kaum möglich, genauso wenig wie ein Ableiten des Angriffs aus seiner Bahn. Hingegen bietet die für einen kraftvollen Schnitt nötige Ausholbewegung einen kurzen Moment, der für einen gezielten Stoß genutzt werden kann, was aber voraussetzt, dass man auf den Gegner zugeht. Zwar weisen auch einige Kata des Tomari-te ein Stoßen im Vorwärtsgehen auf, zum Beispiel die Kata Wankan, aber es ist schwer abzuschätzen, inwieweit dies

---

[90] Yoko-uchi-uke entspricht *Sōto-ude-uke* in der Nomenklatur des Shōtōkan, in der des Wadō-ryū heißt es *Uchi-ude-uke.*

nicht ein Ergebnis der Überlieferung oder der Umformung solcher Kata durch Ankō Itosu ist.

Die besondere Bedeutung von Techniken wie Age-uke und Oi-zuki ergab sich also aus der Notwendigkeit, sich gegen schwerttragende Samurai wehren zu können. Für den Unbewaffneten besteht nur dann eine Chance, wenn er es versteht, die Schwächen des Schwertes auszunutzen. Dies sind vor allem Schwierigkeiten bei der Handhabung, die durch Form und Länge der Waffe bedingt sind. Den Schnitt in seiner Anfangsphase mit ausreichender Härte zu blockieren, ist eine solche Möglichkeit. So wird verständlich, warum im Shuri-te so viel Wert auf den »Sieg mit einer einzigen Technik« gelegt wurde, was sich sehr eindrucksvoll in Techniken wie Yoko-uchi-uke und Age-uke manifestiert.

Die geringste Gefahr geht von einem Schwert aus, das noch in seiner Scheide steckt. So muss eine weitere Taktik des Shuri-te darin bestanden haben, den Gegner am Ziehen des Schwertes zu hindern. Bei näherem Hinsehen findet man in einigen Kata die dazu nötige Handhabe, verbunden mit einem raschen Vorgehen, was wiederum der Taktik des Sen no sen entspricht.

Als ein Unterschied zwischen Naha-te und Shuri-te wird gern die Art und Weise der Drehungen angeführt. Die angeblich für das Shuri-te so typische Drehung mit dem Übersetzen des hinteren Beines in Zenkutsu-dachi, wir sie auch vom Kihon-Training her kennen, findet man jedoch nur in der Kata Bassai in der Version von Itosu wieder.[91] In allen anderen Kata des Shuri-te wird in der Katzenfußstellung, Neko-ashi-dachi, gedreht, und zwar so, dass kein Fuß seine Position zu verändern braucht.[92] Das betonte Übersetzen des Vorderfußes in vielen Kata des Naha-te findet man in denen des Shuri-te tatsächlich nicht, wohl aber in einigen des Tomari-te. – Siehe auch Abbildungen 8-1 bis 8-3. auf Seite 194 f.

All diese Details zeigen, dass die Unterteilung von Shuri-te, Naha-te und Tomari-te mehr geschichtliche als kampftechnische Bedeutung hat. Nähmen wir solche eigentlich gar nicht vorhandenen Unterschiede ernst, so würden wir, wenn wir uns einem bestimmten Stil zugehörig sehen, durch Ausschlüsse beim Üben, etwa bei den Drehungen, erheblich an Flexibilität im Freikampf verlieren. Das in diesem Kapitel Gesagte trägt hoffentlich dazu bei, die heute übliche Einteilung der Kata im rechten Licht zu sehen und einiges richtigzustellen, was in der Vergangenheit durch Fehlinformationen zu Irrtümern geführt haben mag und uns in der Praxis nicht weiterbringt. Ihre Zuordnung zu den drei Ortschaften des alten Okinawa wird zwar in ihrer Bedeutung überschätzt, kann jedoch helfen, unsere Kata historisch korrekt einzuordnen und so zu ihrem Verständnis beitragen.

---

[91] Genauer in der Kata Bassai-*dai*. Die Versionen von Gichin Funakoshi und Hironori Ōtsuka sind als Varianten derselben Form anzusehen.

[92] Dies trifft auf einige entsprechende Kata von Shōtōkan und Wadō-ryū nicht mehr zu, da sie inzwischen weiteren Veränderungen unterlagen.

5.3. Stilrichtungen und Ryūha

Vorstellbar ist, dass die heute übliche strenge Einteilung in Shuri-, Naha- und Tomari-te auch als eine Art Rückwirkung aus der Bildung von Stilrichtungen in Anlehnung an die japanischen Ryūha entstanden ist. Während sich das Karate in Japan als Budō etablierte, begann eine Abgrenzung, die, bedingt durch die Gründung von Fachverbänden (*Renmei*) und unterschiedliche Interessen, zur Bildung von sogenannten Stilrichtungen führte. Deren meistverbreitete ist das *Shōtōkan*, gefolgt von *Gōjū-ryū*, *Shitō-ryū* und *Wadō-ryū* sowie einer Vielzahl weiterer mittlerer und kleinerer Stile und Organisationen. Es war jedoch nie im Sinne der Meister aus Okinawa, Stile im Sinne der japanischen *Ryūha* zu schaffen. Gichin Funakoshi, heißt es, habe sich bis zu seinem Tode dagegen gewehrt, seinem Karate in irgendeiner Weise eine Bezeichnung als Ryūha zu geben.

Zur Benennung eines Karate-Stils kam es zum ersten Mal 1930 im Anschluss an eine öffentliche Vorführung, als ein Schüler von Chōjun Miyagi, Jinan Shinzato, von anderen Budō-Experten nach dem Namen der von ihm praktizierten Ryūha gefragt wurde. Er musste die Antwort schuldig bleiben und auf Nachfragen bei seinem Meister entgegnete dieser ihm, man sollte beim nächsten Mal antworten, es handele sich um eine »Schule von Hart und Weich« – in Anlehnung an eine Passage aus dem Bubishi[93] (Kapitel 3.3). Dies führte dann letztlich zur Bezeichnung *Gōjū-ryū*. Kenwa Mabuni, ein Freund Miyagis, folgte später mit einer ähnlichen Namensgebung, nämlich »Schule von Halb-Hart«, *Hangō-ryū*. Später wurde der Stil zu Ehren seiner maßgeblichen Lehrer, Itosu und Higaonna, von ihm in *Shitō-ryū* umbenannt.[94]

Sicher wurde in Japan von Seiten der Verantwortlichen in Kultur, Sport und Bildung vom Karate eine innere Struktur erwartet, wie sie es von den übrigen Budō-Disziplinen gewohnt waren. Die Meister aus Okinawa mussten dem Rechnung tragen, wollten sie sich selbst und ihre Kampfkunst als ebenbürtig akzeptiert wissen. So waren wohl die damals vorgenommenen Festlegungen in Kata, Trainingsmethoden und Ausbildungsprogramme in Verbindung mit den Namensgebungen eine notwendige Voraussetzung für die rasante Verbreitung des Karate in Japan und später auf der ganzen Welt. Ohne diese Maßnahmen hätten wir in Europa das Karate vielleicht nie kennengelernt. Wir sollten dies bei aller Kritik nicht vergessen, uns aber trotzdem dieser damals nötigen und bis heute geltenden Einschränkungen bewusst sein.

[93] Das im Bubishi erwähne Zitat »*jū yoku gō o seisu*« findet sich wiederum im »oberen Band« der »Drei Strategien«, *San-lui* des Huang Shi-kung aus dem 1. Jahrhundert v. u. Z..

[94] Die Kanji für *shi* und *tō* werden in der jeweils alternativen Lesart *Ito* (von *Ito-su*) und *Higa* (von *Higa-onna*) ausgesprochen.

Die Ryūha[95] der japanischen Kampfkunst waren meist Familientraditionen, innerhalb derer es sich besondere Personen zur Aufgabe gemacht hatten, den Kampf, insbesondere den mit dem Schwert, zu erforschen und zu verfeinern. Die Familien waren meist verantwortlich für die Ausbildung des Militärs des jeweiligen Herrschers. Deren Mitglieder, zu denen nicht nur Blutsverwandte zählten, unterrichteten Adelige und Samurai, Offiziere und einfache Soldaten im Umgang mit den Waffen. So stand beispielsweise die Yagyū-Familie lange Zeit im Dienste des Shōguns. Die verschiedenen Schulen des Kampfes haben Traditionen, die zumeist bis in das 13. Jahrhundert zurückgehen. Besonders erwähnenswert sind die Schulen *Katori-Shinto-ryū* und *Shinkage-ryū*, die zwar erst im 15. beziehungsweise 16. Jahrhundert offiziell gegründet wurden, deren Überlieferung in der Kunst des Schwertkampfes aber mehrere Generationen weiter zurückreichen.

Die Ryūha in Japan sind über viele Generationen gewachsen, und ihre jeweiligen Besonderheiten und Schwächen lassen sich meist auf eine oder mehrere Personen zurückführen. Sie entstanden Jahrhunderte früher als entsprechende Methoden oder Systeme auf Okinawa, wie etwa Shuri-te oder Naha-te. Im Karate Okinawas gab es kaum Stile, die als solche benannt wurden. Nur bei den chinesischstämmigen Bewohnern, den Nachfahren der »36 Familien«, gab es den Ryūha analoge Traditionen.

Neben den oben genannten vier großen Karatestilen gibt es heute sowohl in Japan als auch auf Okinawa eine Vielzahl mittlerer und kleinerer Stile, im Sinne einer Anhängerschaft an einen Meister oder von Mitgliedern in einem entsprechenden Fachverband (Association/Federation). Eine Aufzählung würde hier wenig Sinn ergeben. Viel wesentlicher ist es meines Erachtens, ein Verständnis für die geschichtlichen Zusammenhänge der vielen heutigen Stilrichtungen zu entwickeln. Denn sie betreffen ja letztendlich alle dieselbe Kampfkunst, nur dass mehr oder weniger unterschiedliche Akzente gesetzt werden, was technische Details und die Übungsmethoden betrifft.

Die Stilrichtungen[96] des modernen Karate dürfen auch nicht mit den Stilen der Kampfkunst Chinas verwechselt werden, deren Tradition eine ganz andere ist. Letztere entstanden als kampftechnische Umsetzung philosophischer, bisweilen sogar religiöser Prinzipien. Zu diesen gehören unter anderem das Konzept von *Yin* und *Yang* oder von den Fünf Wandlungen, *Wu-qing*. Auch war es ihr Anliegen, die Fähigkeiten bestimmter Tiere zu erlangen, sich gleichsam deren Potential (Qi) anzueignen, wie in vielen klassischen Wushu-Stilen zu sehen ist. In das Karate

[95] Das Wort *ryū* bedeutet »Ausbildung« oder »Methode«, *ha* kann mit »Schule« im Sinne von »Fraktion« oder »Abgrenzung« übersetzt werden.

[96] Der Begriff Stil*richtung* wird innerhalb der deutschen Karate-Fachverbände gebraucht und soll die administrative Zusammenfassung der einem Stil untergeordneten Ryūha bezeichnen.

Okinawas flossen ja bekanntlich mindestens zwei solcher Tier-Stile ein, nämlich der des Weißen Kranichs, *Baihe*, und der des Tigers, *Hu*. Mehrere Kata des Naha-te sind Abkömmlinge von Tier-Formen, so geht zum Beispiel die Kata Saifa auf die *Form des Löwen* zurück, Seienchin auf die *Form des Adlers* oder Kururunfa auf die *Form des (liegenden) Drachen*. Letztlich waren bestimmte Orte für das Ausformen chinesischer Kampfstile bestimmend, wie die bekannten buddhistischen Shaolin-Klöster oder die daoistischen Klöster, wie die in den Wudang-Bergen gelegenen. Später kamen auch in China Familientraditionen hinzu. All das gab es, soweit wir heute wissen, auf Okinawa in dieser Form nicht. Entsprechendes Wissen wurde, wenn überhaupt vorhanden, nur im Geheimen gepflegt und weitergegeben.

Trotz aller Abgrenzungen, tatsächlicher und (zum überwiegenden Teil) nur proklamierter Unterschiede der einzelnen Stilrichtungen des heutigen Karate, erachte ich es als wichtig, zu verstehen, dass deren Ursprünge nicht so eindeutig sind wie die der japanischen Ryūha oder etwa der chinesischen Tier-Formen. Die Kata des Karate sind über verschiedene Wege in unsere Gegenwart gelangt, was sich unter anderem in deren Zuordnung zu den drei großen Hauptströmungen äußert. Je nach tatsächlicher Überlieferung ergeben sich bei den verschiedenen Kata gleichen Namens mehrere Variationen.

Die Änderungen in den Details einzelner Kata dauern bis heute an und sind als Prozess einer natürlichen Entwicklung einer Gesellschaft lebender Individuen anzusehen. Schon Gichin Funakoshi hatte in seinen Memoiren »Karate-Dō – Mein Weg« betont, dass die Kata nichts absolut Festgelegtes seien und man die seinigen in Zukunft bestimmt anders als von ihm selbst einst gelehrt praktizieren würde (siehe Literaturverzeichnis). Ein und dieselbe Kata wird von verschiedenen Personen, wenn auch auf sehr ähnliche Weise, jedoch immer ein wenig anders ausgeführt, geübt und interpretiert werden. Denn wir sind nun einmal Individuen, Menschen mit unterschiedlichen Eigenheiten, Neigungen, Vorlieben, Stärken und Schwächen.

Im Grunde ist es darum ganz normal, dass sich im Laufe der Zeit verschiedene Stile entwickelt haben und auch weiterhin entwickeln. Die gewonnene Vielfalt bietet zusammen mit ihren Auslegungen jedem Einzelnen ein reiches Angebot für seine persönliche Entwicklung, für das Suchen und Finden der für ihn selbst angemessenen Methode des Kampfes. Vergessen wir nicht, dass die Kampfkunst mit ihren Kata uns gleichsam als Werkzeug dienen soll, um unser körperliches und geistiges Potential zu entfalten. Wir dienen durch unsere Praxis weder einem Stil noch dessen Organisation, sondern nur uns selbst.

Veränderungen an den Kata sollten daher keiner künstlichen Abgrenzung dienen, wie es leider nur allzu oft vorkam und immer noch vorkommt. Genauso wäre auch das sture Festhalten an Überkommenem unangemessen und entspräche einem Dogmatismus, der in der Kampfkunst zur sicheren Niederlage führt. Zur

Praxis der Kata gehört auch das ständige Hinterfragen, ein subtiler, grundlegender Zweifel beim Üben, die selbstkritische Einstellung gegenüber den erlangten kampftechnischen Fähigkeiten und der eigene Zielsetzung. Das Wissen um die Herkunft unserer Kata, so lückenhaft es auch immer bleiben wird, ist hierbei sicher von Nutzen.

6. Die Karate-Kata im Überblick

6.1. Kategorien und Namen der Kata

Wer beschlossen hat, sich der Kampfkunst zu widmen, muss mit einem ersten Schritt beginnen. Beim Karate sind dies meist die korrekten Fußstellungen und erste Handbewegungen. Aber schon bald steht man das erste Mal einem Partner gegenüber, um das Gelernte an oder mit diesem umzusetzen – oder es zumindest zu versuchen.

Schon sehr früh lernt man dann auch die ersten Kata. Heute sind dies oft besondere Kurzformen, die auch unter der Bezeichnung *Kihon-Kata* bekannt sind, weil sie an den Übenden nicht mehr Anforderungen stellen als das Training der einfachen Grundtechnik. Trotzdem sind die Schrittdiagramme bereits ähnlich anspruchsvoll wie die der »richtigen« Kata.

Noch zu Zeiten Ankō Itosus begann man, wenn nicht mit der Kata Naifanchin, direkt mit einer der aus heutiger Sicht »klassischen« Formen, die mitunter sehr lang sind und damals in ihrem Aufbau noch viel komplexer waren. Man lernte sie darum auch nicht als Ganzes, sondern abschnittsweise, was sich über Monate und manchmal Jahre hinziehen konnte. Dabei war es unüblich, viele Erklärungen zu geben. Der Meister machte die Bewegung vor, und der Schüler ahmte ihn nach, so lange, bis dieser zufrieden war und die nächste »Lektion« erteilte. So wird verständlich, warum es in früheren Zeiten Brauch war, während des ganzen Lebens nur wenige Kata zu erlernen, dies aber in einer so profunden Weise, wie es heute kaum noch vorstellbar ist.

Im Rahmen der bereits beschriebenen Situation während der sozialen Umgestaltung Japans und Okinawas entwickelte Ankō Itosu Kurzformen, bestehend aus Elementen der ihm überlieferten Kata-Klassiker wie Jion, Bassai und Kushanku. Diese sogenannten Pinan-Kata sind im Verhältnis zu alten Formen wie Kushanku oder Chintō relativ schnell zu erfassen, bergen aber immer noch genug Stoff für ausgiebige Detailarbeit. Auf diese Weise konnte dann auch Karate als Unterrichtsfach zur Körperertüchtigung an den Grundschulen Okinawas eingeführt werden.

Nicht wenige meinen, Itosu hätte die fünf Pinan-Kata aus einer genialen Eingebung heraus geschaffen. Es handelt sich hierbei aber sicher um einen (weiteren) Mythos. Verglichen mit einer plötzlichen Eingebung erscheint es mir logischer, anzunehmen, dass Itosu bei der Entwicklung der Pinan-Kata auf etwas schon Vorhandenes zurückgriff und dies weiterentwickelte. So gibt es Hinweise auf Vorformen der Pinan-Kata mit dem Namen *Channan*. Möglich wäre, dass er zunächst Formen wie Channan-*dai* und Channan-*shō* schuf – was er bei anderen Kata ja auch tat –, aus denen durch weitere Aufteilung vier noch kürzere Formen entstanden. Auffallend ist nämlich die Ähnlichkeit zwischen Pinan-shodan[97] und Pinan-yondan einerseits sowie Pinan-sandan und Pinan-godan andererseits (Kapitel 12).

Die fünfte Form wurde womöglich hinzugefügt, um die glückbringende Zahl 5 zu erhalten und die Unglückszahl 4 zu vermeiden.[98] Diese fünfte, heute unter Pinan-*ni*dan[99] bekannte Kata, unterscheidet sich stark von den übrigen vier. Sie erhielt ursprünglich die Nummer 5, hieß also zunächst Pinan-*go*dan. Später wurden die Pinan-Kata umgruppiert, wodurch diese Kata in mehreren Stilen des Shuri-te die Nummer zwei erhielt. Die Numerierung der fünf Pinan/Heian (siehe weiter hinten) änderte sich mehrfach in ihrer Geschichte, und es gibt diesbezüglich unter den Stilen immer noch keine Einheitlichkeit. Zumindest aber werden die Kata selbst überall in gleicher Reihenfolge vermittelt.

In Japan ging man wohl auch aufgrund des zunehmenden Nationalismus[100] im Laufe der Zeit immer mehr zur japanischen Lesart der Kanji über, wobei aber *pinan* und *heian*[101] bei gleicher Schreibweise dasselbe bedeuten, nämlich so viel wie »weitflächiger Friede«. Dies soll an die friedvollste Epoche Japans und dessen kulturelle Blüte erinnern – wohl auch ein Hinweis an den Übenden, neben der Technik seine Friedfertigkeit zu schulen.[102]

Itosu hatte mit der Schaffung der Pinan-Gruppe einen Standard geschaffen. Auch wenn nicht alle Stile des modernen Karate sie praktizieren, so gibt es doch überall Äquivalente, wie etwa die beiden Einstiegskata des Gōjū-ryū, Gekisai-ichi und Gekisai-ni, die von Chōjun Miyagi entwickelt wurden und bisweilen auch unter anderen Namen (z. B. Fukyū-kata im Shōrin-ryū) bekannt sind. Bevor es die Pinan-Kata gab, diente im Shuri-te die Kata Naifanchin als Grund- oder Einstiegskata, ähnlich wie die Kata Sanchin im Naha-te.

Miyagi bezeichnete Formen wie Sanchin, Tenshō und Naifanchin, in denen grundlegende Fähigkeiten vermittelt werden wie korrekte Atmung und fester Stand, eine stabile und gleichzeitig bewegliche Hüfte (Naifanchin) oder Sensibilität und Flexibilität in den Armen (Sanchin und Tenshō), als *Heishu*-Kata. Er

---

[97] In anderen Stilrichtungen als dem Shitō-ryū als Pinan-*ni*dan bzw. Heian-*ni*dan bezeichnet.

[98] Im Japanischen und Chinesischen ist das jeweilige Wort für die Zahl 4, nämlich *shi* oder *si*, klanggleich mit dem Wort für »Tod«, was vielen Menschen Unbehagen bereitet. Dagegen ist die Zahl 5 eher positiv gefärbt, weil sich die Welt auf vielfältige Weise fünffach manifestiert: Aus den 5 Wandlungsphasen von Holz, Feuer, Erde, Metall und Wasser ergeben sich unter anderem 5 mythische Tiere, 5 menschliche Organe, 5 Geschmäcker und dergleichen mehr.

[99] Auch: *Heian-shodan*; in vielen Stilen außerhalb des Shōtōkan hat man die an sich sinnvolle Umbenennung nicht durchgeführt. Pinan-nidan ist von der Technik her einfacher zu erlernen als Pinan-shodan und wird darum heute zuerst gelehrt.

[100] In den Jahren 1937 bis 1945 stand Japan ein zweites Mal mit China im Krieg.

[101] Die korrekte Aussprache der beiden Kanji ist »*hee-an*«.

[102] Das vergleichsweise friedliche Heian-Zeitalter dauerte von 794 bis 1185.

unterschied sie damit von den *Kaishu*-Kata, deren Techniken direkt im Kampf anwendbar sein sollen und für deren Ausführung die in den Basis-Kata vermittelten Fähigkeiten weitgehend vorausgesetzt werden.

Kaishu bedeutet »offene Hand«. Es dominieren hier aber nicht etwa Techniken mit geöffneten Händen, genauso wenig, wie in den *Heishu*-Kata, den Kata der »geschlossenen Hand«, Techniken mit der Faust bevorzugt werden. Vielmehr ist die geöffnete Hand ein Symbol für die Fähigkeit, etwas aufzunehmen; das bedeutet, der Übende wird durch das Erlernen einer solchen Form in die Lage versetzt, die gegnerischen Impulse zu verarbeiten und zu reflektieren. Im Gegensatz dazu ist er bei der Praxis der Heishu-Kata mehr mit sich selbst beschäftigt als mit einem imaginären Gegner. Die Techniken dieser Kata sind nicht für die direkte Umsetzung im Freikampf bestimmt. Der Fluss des Ki ist hier nach innen gerichtet. Bei den Kaishu-Kata hingegen soll ein energetischer Austausch mit der Umgebung, das heißt mit dem Gegner, stattfinden.[103]

Ab den 1930er Jahren wurden über die Einstiegskata Pinan und Gekisai hinaus auch noch sogenannte Kihon-Kata entwickelt, deren Schrittdiagramm meist dem der Kata Heian-shodan entspricht, die aber für die kampftechnische Praxis nur wenig Wert haben und eigentlich nur dazu dienen, das Unterrichten zu erleichtern. Darüber hinaus wurden von Meistern wie Funakoshi und Mabuni Formen entwickelt, die individuell oder mit Partner geübt werden können, so etwa *Ten no kata*, die »Kata des Universums«, oder *Tenshin-happo*, das »Ausweichen in acht Richtungen«. Aber auch diese Kata eignen sich nicht unbedingt als Vorbereitung auf den freien Kampf. Vielmehr symbolisieren sie eine Reihe von Prinzipien des Budō, sind also mehr als geistige Übung zu verstehen. Das ist vielleicht der Grund, warum nur wenige Karateka heutzutage Lust verspüren, sich mit ihnen zu beschäftigen.

Seit dem Entstehen der Kampfkünste wurden die Formen mit möglichst symbolträchtigen Namen versehen, in früheren Zeiten sicherlich auch, um ihnen eine Art magisches Potential zu verleihen. Besonders gute Beispiele hierfür stellen die Kata dar, deren Namen auf Zahlenmystik zurückgehen, allen voran die Kata Suparinpei.

Suparinpei ist abgeleitet von dem chinesischen Wort für »einhundertundacht«, in der Aussprache des Fukien-Dialekts *So-parinpai*. Die Silbe *so* soll dem Ausdruck einen »offiziellen« Charakter geben (ähnlich wie bei uns früher »Numero…« beziehungsweise »*ein*hundert« statt einfach nur »hundert«), ist aber ansonsten unwesentlich. Hingegen ist die Zahl 108 selbst, besonders im Buddhismus, von großer Bedeutung und verfügt über spezielle Eigenschaften. Sie lässt sich durch *drei*malige Multiplikation der Zahl 3 und *zwei*malige Multiplikation der

[103] Es gibt weitere, spirituell gefärbte Interpretationen dieser Bezeichnungen, etwa solche, die sich auf die Lehre Buddhas berufen.

Zahl 2 erhalten: 108 ist gleich (3 x 3 x 3) x (2 x 2). Das *drei*fache Vorkommen der niedrigsten Yang-Zahl 3 und das *zwei*fache Vorkommen der niedrigsten Yin-Zahl 2 begründen einen Teil ihrer Mystik.[104] Auch Teile von 108 wurden für die Bezeichnung von Kata verwendet: 54 (Kata Useishi beziehungsweise Gojūshi-ho) ist die Hälfte von 108, die 36 (Kata Sanseiru) ist drei Mal und die 18 (Kata Seipai) sechs Mal in 108 enthalten.

Auch die Zahl 24 als Resultat aus (2 x 2 x 2) x 3 weist eine interessante Konstellation auf: die Zwei wird dreimal mit sich selbst und dann mit ihrer Anzahl, der 3, multipliziert. Der Name der Kata Niseishi soll angeblich auf 24 Techniken, Attacken oder Schritte hinweisen. Bei den bis heute überlieferten Versionen will aber keine dieser Interpretationen so recht passen. Trotzdem wird die Kata in mehreren Stilen auch *Nijūshi-ho* genannt, wobei die Silbe *ho* »Schritt« oder »Richtung« bedeutet – was im übrigen auch japanischer klingt.

Mit der Zahl 108 wird einem bereits einen gewisser religiöser Bezug durch die Namensgebung einer Form geboten. Es gibt aber noch mehr metaphysische und transzendentale Aspekte bei der Benennung der Kata. Ein Beispiel wäre *Wuxingquan*, die »Faust der Fünf Wandlungen«, zu der es aber kein direktes Äquivalent in der Kampfkunst Okinawas gibt. Dafür kann aber Sanchin als »drei Kriege« oder »drei Kämpfe« übersetzt werden. Es bietet sich somit die Interpretation als Hinweis auf ein historisches Ereignis an oder aber auf drei Stufen der persönlichen Entwicklung, in deren Verlauf innere Schwierigkeiten zu überwinden, gleichsam zu »bekämpfen« wären, wie etwa das Anhaften (das Nicht-loslassen-Können) oder der Stolz. Hingegen weist der Name der zu Sanchin als komplementär angesehenen Kata Tenshō, »Roll-Hand«, lediglich auf ein technisches Prinzip und die damit verbundene Charakteristik der in ihr enthaltenen Bewegung hin. Wie andere Kata neueren Datums hat der Name Tenshō kaum noch einen mystischen Klang oder religiösen Bezug (Kapitel 13).

---

[104] Die 108 ist eine ganz besondere Zahl. Sie reflektiert in mannigfacher Weise unsere Umwelt. So beträgt z. B. jeder Winkel eines regelmäßigen Fünfecks 108 Grad. Neun Dutzend ergeben 108, genauso wie auch die Summe der neun Zahlen von 8 bis 16. Der Abstand der Erde zur Sonne, dividiert durch deren Durchmesser, beträgt in etwa 108, wiederum ergibt der Abstand zwischen Erde und Mond, geteilt durch dessen Durchmesser, auch diese Zahl. Man mag sich fragen, inwieweit dies alles Zufall ist. Zumindest für die Weisen früherer Epochen musste eine Zahl, die bei der Betrachtung der Welt so häufig in Erscheinung tritt, göttlich sein.
Sowohl im Hinduismus als auch im Buddhismus hat die Zahl 108 vielerlei Bedeutungen. U. a. stellt der Bodhisattva Mahamati in der Lankavarara-Sutra dem Buddha 108 Fragen. Die Gebetsketten der Mönche haben 108 Kugeln. Um ins Nirwana zu gelangen, muss der Mensch 108 Leidenschaften überwinden. Um daran zu erinnern, ertönen in Japan zum Jahreswechsel die Glocken der Tempeln 108 Mal, wobei jeder Schlag einer dieser Leidenschaften, Begierden und Emotionen entspricht.

Der Name der Kata Saifa wiederum kann entsprechend einer heute üblichen chinesischen Schreibweise »Zusammenstoßen-Zerbrechen« bedeuten, was auf technische Details oder eine besondere Strategie hindeuten könnte. In einer weit älteren – womöglich der ursprünglichen – Schreibart heißt die Kata aber »Löwen-Anordnung«, was energetisch-spirituell anmutet und wohl eher der ihr innewohnenden Charakteristik entspricht.

In China wurden viele Formen, ja ganze Stile, dem Wesen von Tieren entlehnt. Ich meine aber, es handelte sich dabei weniger um eine Imitation ihrer Bewegungen, sondern vielmehr um den Versuch der damaligen Meister, das energetische Potential jener Tiere intuitiv zu erfassen und aus diesen Empfindungen heraus besondere Formen der Übung zu schaffen. Auch waren diese Bemühungen nicht unbedingt auf die Entwicklung von Kampftechniken ausgerichtet. Übungen zum Erlangen von Gesundheit und Langlebigkeit gingen dem lange voraus. Es gibt fünf klassische Stile, die auf die Eigenschaften von Tieren zurückgeführt werden: Tiger, Drache, Leopard, Kranich und Schlange. Karate trägt Einflüsse von allen fünf Tieren in sich, wird aber von Kranich und Tiger dominiert.

Die fünf Tiere stehen auch für das Konzept der fünf Wandlungsphasen, *Wuxing*, eine Richtung der frühen chinesischen Naturphilosophie. Aus ihrer Sicht ist die Welt einem ständigen Wandel unterworfen. Die einzelnen Phasen dieses steten Wandels äußern sich unter anderem in den Jahreszeiten, Monaten oder Tageszeiten, die dann in ihren Eigenschaften denen des Holzes, des Feuers, der Erde, des Metalls und des Wassers entsprechen sollen.[105] Ich möchte mich an dieser Stelle auf einige wesentliche Aspekte beschränken, denn es gibt darüber sehr ausführliche Literatur. Wichtig für uns ist zu wissen, warum uns die Zahl Fünf in der chinesischen und folglich auch in der japanischen Kultur immer wieder begegnet.

Im Sinne der fünf Phasen wird der Drache dem Holz, der Tiger dem Metall, die Schlange der Erde, der Kranich dem Wasser und der Leopard dem Feuer zugeordnet. In einigen Kata, besonders denen des Naha-te, findet man in ihrem Verlauf alle fünf Tiere wieder, indem einzelne Abschnitte deren Eigenschaften widerspiegeln, so zum Beispiel in der Kata Seienchin.

Betrachtet man Namen und Schreibweise der Kata im Tōde Okinawas, so scheint hier die Benennung der Kata nach Tieren verloren gegangen zu sein. So bedeutet der ursprüngliche Name der Kata Kururunfa, kantonesisch *Gorun-fa*, »Liegender-Drache-Anordnung«. In der mir vorliegenden japanischen Schreibweise bedeuten die Kanji für Kururunfa aber »Zusammenbinden-Festhalten-Zerstören«. Wie ist das zu erklären? Nur wenige Personen im damaligen Okinawa waren der chinesischen Sprache mächtig. Wenn ihnen von ihren chinesischen

[105] Im alten China waren diese Entsprechungen beispielsweise bei den Jahreszeiten wie folgt: Frühling entspricht Holz, Frühsommer entspricht Feuer, Spätsommer entspricht Erde, Herbst entspricht Metall und Winter entspricht Wasser.

Lehrern etwas beigebracht wurde, dann nur mit wenigen Erklärungen, was die Technik selbst oder deren Hintergrund anging. Ich erwähnte bereits, dass die damalige »Didaktik« darin bestand, möglichst keine verbalen Erläuterungen zu geben, und dass schriftliche Aufzeichnungen zum Thema Kampfkunst unüblich waren und daher kaum überliefert sind.

Sicher wurden später die Namen der Formen aufgeschrieben, aber eben aus der Erinnerung heraus. Dabei wurden Kanji ausgewählt, die zwar einen gewissen Bezug zu dem Geübten hatten, aber wohl nur selten dem Original entsprachen. Aufgrund der spärlichen Erklärungen, die sie erhielten, wussten die Schüler auf Okinawa vermutlich kaum, welchen Tier-Stil sie eigentlich praktizierten. Kata-Namen, die auch heute noch an Tiere erinnern, sind Rōhai und Gangaku, obwohl deren Bezeichnungen eher neueren Datums sind und wohl auf die in ihnen häufiger vorkommende Stellung mit angehobenem Knie hindeuten soll. *Gangaku* bedeutet »Felsen-Kranich«, während die sinnvollste Schreibweise für *Rōhai* sich als »Reiher-straffer-Rücken« übersetzen ließe.

Mit unseren Kata sind nur noch selten Namen oder Kanji-Schreibweisen verbunden, die direkte Hinweise auf ihre Ursprünge beinhalten. Besonders eindrucksvoll zeigt sich dies bei einer der meistpraktizierten und für das Shuri-te fast fundamentalsten Kata, Bassai. Deren Bezeichnung lautet in der gebräuchlichsten Schreibweise *batsu-sai*[106] und wird meist mit »Bestürmen einer Festung« übersetzt. Allerdings ist die Bedeutung des ersten zumeist benutzten Kanji *batsu* nicht »Bestürmen« oder »Angreifen«, sondern vielmehr »Extrahieren«. Auch meine ich, dass die vielen Drehungen und Wendungen in dieser Kata weniger an eine Belagerung, sondern, wenn überhaupt, eher an die Verteidigung einer Burg erinnern.

Die Bezeichnung einer chinesischen Vorform der Kata könnte *Pao-quan* – »Leoparden-Faust« – gewesen sein, woraus sich eventuell ein okinawanisches *Passai*[107] ableiten ließe. Auch *Pao-shi* für »Leopard-Löwe« käme in Frage, insbesondere in der Aussprache des Fukien-Dialekts, *Ba-sai*. Vielleicht hatte Sōkon Matsumura diesen Stil oder eine seiner Formen bei seinem Aufenthalt in China kennengelernt und später eine eigene Kata daraus entwickelt (Kapitel 14.1).

Etwas besser sieht es bei den Kata aus, deren Namen auf eine Person oder einen Ort hinweisen. Auch hier gilt es aber, Vorsicht walten zu lassen, weil kaum nachzuvollziehen ist, inwieweit ihnen der Name nicht erst viel später zu Ehren von Person oder Ort verliehen wurde. Beispiele für personenbezogene Namen sind Kushanku, Wanshu und Wankan, aber auch Zusatzbezeichnungen für bestimmte Versionen von Kata, wie bei Ishimine-Bassai oder Matsumora-Rōhai.

Bei dem Namen Jion handelt es sich wahrscheinlich um eine ortsbezogene

---

[106] Im Japanischen kommt es bei der Kombination bestimmter Silben/Worte zu einer Verschmelzung. Beispiel: *tetsu* + *tsui* ergibt *tettsui* – »Eisenhammer«.

[107] Im Dialekt Okinawas wird *Bassai* als *Passai* ausgesprochen.

Namensgebung. Denn obwohl *jion* wörtlich »Barmherzigkeit-Klang« bedeutet, also eher einen spirituellen Bezug hat, soll es angeblich einen Tempel mit dem Namen *Jion-ji* gegeben haben. Die zweite Silbe *ji* bedeutet hier »Tempel«. Die Kata Jion ist eine von drei Kata, die sich stark ähneln. Zu dieser Gruppe gehören außerdem die Kata Jiin und Jitte. Auch das Worte *jiin*, übersetzt etwa »Barmherzigkeit-Hören/Wahrnehmen«, weist auf die buddhistischen Ursprünge dieser Kata hin.

Bei der Bezeichnung *jitte* – »Methode-Hand« – handelt es sich um eine für das Japanische typische verbale Verkürzung, denn eigentlich müsste man »*jitsu-te*« oder besser noch »*jutsu-te*« sagen. Funakoshi benutzte statt des Kanji für »Methode« jenes für die Zahl 10, also *jū*, wodurch die Bezeichnung dieser Kata (bei gleichbleibender Aussprache der kombinierten Kanji) wieder etwas mystischer wurde: quasi als vermittelte sie dem Kämpfenden die Kraft von zehn Händen oder die Fähigkeit, es mit fünf Gegnern gleichzeitig aufzunehmen.

Weitere ortsbezogene Bezeichnungen findet man bei unseren Kata nur als Zusatz, als Hinweis auf eine bestimmte Version einer Kata, wie etwa Tomari-Passai oder Chatanyara no Kosōkun. Bei *Chatanyara* handelt es sich um einen Meister, dessen Name eigentlich nur *Yara* war. Da sich dieser aber längere Zeit in einem Ort namens Chatan aufgehalten hatte, erhielt er dessen Bezeichnung als Beinamen und wurde so zu *Chatan-Yara*.

Bei einigen unserer Kata wird zwischen zwei Versionen, *-dai* und -shō, unterschieden, wobei die japanischen Ausdrücke zunächst nur »groß« beziehungsweise »klein« bedeuten. Diese Namenszusätze gehen auf Meister Itosu zurück, der möglicherweise bemüht war, bei all den damals nötigen Reformen bestimmte Aspekte der alten Kampfkunst durch deren Erhalt innerhalb einer »kleineren«, aber schwierigeren Variante vor dem Verlorengehen zu bewahren. Dies betrifft insbesondere die beiden grundlegenden Kata des Shuri-te, Bassai und Kushanku.[108]

Die Versionen von Itosu sind die technisch einfachsten von allen heute noch bekannten Kata mit den Namen Bassai oder Passai und Kushanku, Kosōkun oder Kanku. Bestimmt war dem Meister bewusst, dass die von ihm initiierten technischen Vereinfachungen die Gefahr bargen, dass besondere Feinheiten seiner Kampfkunst verloren gingen. Deshalb übertrug er diejenigen Details, die besonders schwierig zu erlernen waren, in eine zweite Form. Diese diente dann gleichsam als Geheimfach für ausgewählte Schüler. *Shō* bedeutet zwar wörtlich »klein«, was sich auf das Ausmaß der Kata beziehen mag, also die Anzahl der Techniken und deren Erscheinungsbild, doch stellt ihre korrekte Ausführung deutlich höhere Anforderungen an den Ausführenden als die *Dai*-Variante.

---

[108] Im Shōtōkan gibt es auch von der Kata Useishi bzw. Gōjushi-ho Versionen von *-dai* und -shō. Sie sind aber vom Ablauf her identisch, Unterschiede bestehen in den Fußstellungen und der Form der Speerhand (Ippon-nukite gegenüber Yonhon-nukite).

Ähnlich mag Itosu vorgegangen sein, als er von den Kata Rōhai und Naifanchin drei Versionen schuf und diese mit den Suffixen *-shodan*, *-nidan* und *-sandan* versah, wobei *dan* »Stufe« bedeutet. Diese Abstufung ist vermutlich den alten japanischen Kampfkünsten nachempfunden, wo man je nach Ausbildungsstand eines Schülers zwischen *Shoden*, *Chūden* und *Okuden* unterschied. *Den* bedeutet in etwa »Überlieferung« im Sinne von »tradierte Methode«. Dabei beschäftigt sich die »primäre Überlieferung«, *sho-den*, besonders mit den Grundtechniken, in der »mittleren Überlieferung«, *chū-den*, werden schon besondere Feinheiten vermittelt und in der »verborgenen Überlieferung«, *oku-den*, erfolgt dann die Einweisung in die wirklichen Geheimnisse der jeweiligen Ryūha.[109] Bei Itosus Dreiergruppen von Naifanchin und Rōhai lässt sich recht gut eine analoge Abstufung im Schwierigkeitsgrad erkennen (Kapitel 13.1).

Mit zunehmender Verbreitung des Karate in Japan zu Beginn des 20. Jahrhunderts wurden die vormals chinesischen Namen der Kata immer mehr »japanisiert«, bedingt durch den sich nicht nur in Japan verbreitenden radikalen Nationalismus und besonders in den Jahren des chinesisch-japanischen Krieges von 1937 bis 1945. So wurde aus ursprünglich *Wushisi* über *Useishi* japanisch *Gojūshi-ho* oder aus *Ershisi* über *Niseishi* analog *Nijūshi-hō*. Aus dem Namen des General *Kuang Shangfu* wurde auf Okinawa *Kushanku*, dann später in Japan *Kosōkun*, welches Funakoshi in *Kanku* umwandelte, was aber nun »Blick zum Himmel« bedeutete und damit ein ganz anderes Wort darstellte.

Alle Kata des Shōtōkan wurden von Gichin Funakoshi umbenannt, damit die Namen so wenig wie möglich ihren chinesischen Ursprung erkennen ließen und Karate damit in Japan noch schneller als »japanisches« Budō akzeptiert werden konnte. Auch setzte sich auf sein Wirken hin die Schreibweise für *Karate* als »Leere Hand« anstelle von »Tang-Hand« endgültig durch. *Kara-te* in der jetzigen Schreibweise kann aber auch als »Himmel-Hand« oder »Universum-Hand« übertragen werden, was eine zusätzliche, spirituelle Interpretation des Begriffs ermöglicht. Nach der Umbenennung der Kata tragen die Kata im Shōtōkan teilweise ähnlich dem Original klingende Namen, wie *Kanku* oder *Bassai,* oder gänzlich andere, wie etwa *Enpi* statt *Wanshu* oder *Gangaku* statt *Chintō*.

Von den Meistern, die sich um die Verbreitung des Karate verdient gemacht haben, war besonders Kenwa Mabuni auch schöpferisch tätig. Dem Konzept seines Meisters Itosu folgend, schuf er eine Reihe von Kata für bestimmte Personengruppen. So sollte die Kata Aoyagi es zum Beispiel Frauen und Mädchen ermöglichen, sich selbst zu verteidigen. Die Kata Shinsei ist analog den Gekisai-Kata Miyagis

[109] In den modernen Budō-Sportarten ist diese Einteilung hinsichtlich ihrer tiefen Bedeutung weitgehend verlorengegangen. Das Dan/Kyū-System, welches ursprünglich von Jigorō Kanō bei der Umformung des Jū-jutsu zu Jūdō eingeführt wurde, geht aber sicher auf diese Grundidee zurück.

aufgebaut und war dazu gedacht, den Schülern Mabunis den Einstieg in die Kata des Naha-te zu erleichtern.

Zumindest aus Sicht der damaligen Zeit ist solch ein Vorgehen sicher verständlich. Leider dauert dieser »kreative Trend« bis heute an, wobei in diesen »neuen« Kata alten Musters an Technik nichts wirklich Neues mehr geboten, sondern nur die Palette bekannter Kata aufgebläht wird. Auch wurden von den »Meistern« des späten 20. Jahrhunderts »neue« Kata entworfen, um ihre Schüler bei der Stange zu halten, oder es wurden bestehende Kata verändert, um sich von Lehrerkollegen (auch aus kommerziellen Gründen) besser abgrenzen zu können. Dabei haben wir doch eigentlich mit den vielen noch erhaltenen Kata und deren altüberlieferten Versionen genug zu tun! Sie zu erhalten, zu studieren und zu ergründen, sollte unser aller Anliegen sein. Mit den so gewonnenen Erkenntnissen können wir unsere Kampfkunst bereichern, getreu der Devise, dass weniger mehr ist – oder wie Konfuzius schon sagte: »Nach dem Alten suchen, das Neue verstehen«.

6.2. Gruppen von Kata

Die folgenden Aufstellungen sollen einen Überblick über die heute bekannten oder am häufigsten geübten Kata des Karate bieten. Dabei zielt diese Liste nicht auf Vollständigkeit. Es wäre ohnehin kaum möglich, alle Stile des Karate und deren Kata zu erfassen. Ständig tauchen Kata auf, die vergessen geglaubt oder gänzlich unbekannt waren. Ich habe mich dabei weitgehend an die übliche Einteilung in Shuri-te, Naha-te und Tomari-te gehalten und vermerkt, wenn Kata in mehreren Linien vorhanden sind.

Es werden verschiedene mir bekannte, im wesentlichen in meinem eigenen Stil, dem Shitō-ryū, üblichen Schreibweisen, nebst geläufiger deutschsprachiger Übersetzung angeführt. Die im besonders verbreiteten Shōtōkan gebräuchlichen Namen und deren Übersetzung sind in Klammern angefügt. Am Ende habe ich einige Kata zusammengefasst, die nur in bestimmten Stilen vorkommen oder aus anderen Gründen nicht in das Schema passen.

Einstiegskata: Diese relativ kurzen Kata entstammen zwar jeweils einer der drei historischen Hauptlinien, werden aber heute unabhängig von diesen in fast allen Stilen praktiziert. Sie dienen dem Neuling als Einstieg in die Karate-Praxis. Bei der ersten Gruppe handelt es sich um Kata, die dem Schüler das Lernen als solches erleichtern, während die der zweiten Gruppe die technisch-energetischen Grundlagen für den Einstieg in das Karate als Kampfkunst liefern sollen.

Es wurden nur Kata des Naha-te und Shuri-te aufgeführt, da es heutzutage keine Stilrichtungen gibt, welche direkt auf das Tomari-te zurückgehen.

Klassische Kata: Im weiteren wurden die wesentlichen überlieferten klassischen Kata, geordnet nach Shuri-te, Naha-te und Tomari-te, aufgeführt. Sie gehören heute zum Standardprogramm der meisten weltweit praktizierten Stilrichtungen.

Daneben gibt es zahlreiche bekannte Kata und Versionen von diesen, die aus kleineren oder erst in jüngerer Zeit bekannt gewordenen Stilen stammen. Außerdem sind Kata bekannt, die nur in einzelnen Stilen geübt werden. Es war nicht möglich – und auch nicht mein Ziel –, sie alle hier aufzuführen. Einige dieser Kata möchte ich dennoch erwähnen, weil sie in den letzten Jahren bei vielen Karateka besonderes Interesse geweckt haben. Mittlerweile recht bekannt sind Nipaipo (Shitō-ryū), Annan (Shitō-ryū/Ryūei-ryū), Pachū (Ryūei-ryū) und Happoren (verschiedene Stile des Naha-te).

Abkürzungen in den folgenden Tabellen:
ST – in anderer Version auch im Shuri-te
SK – in anderer Version oder unter anderem Namen im Shōtōkan
TT – in anderer Version auch im Tomari-te
NT – in anderer Version auch im Naha-te
SRR – in anderer Version auch im Shōrin-ryū

Tabelle 6-1: Einstiegskata Shuri-te

Name der Kata	Bedeutung auf Deutsch	Anmerkung
Pinan-nidan* (Heian-shodan)	Flach-Friede, zweite Stufe (Flach-Friede, erste Stufe)	
Pinan-shodan* (Heian-nidan)	Flach-Friede, erste Stufe (Flach-Friede, zweite Stufe)	
Pinan-sandan (Heian-sandan)	Flach-Friede, dritte Stufe	
Pinan-yondan (Heian-yondan)	Flach-Friede, vierte Stufe	
Pinan-godan (Heian-godan)	Flach-Friede, fünfte Stufe	
Naifanchin-shodan (Tekki-shodan)	Innen-Klaue-Basis, erste Stufe (Eisen-Reiten, erste Stufe)	
Naifanchin-nidan (Tekki-nidan)	Innen-Klaue-Basis, zweite Stufe (Eisen-Reiten, zweite Stufe)	
Naifanchin-sandan (Tekki-sandan)	Innen-Klaue-Basis, dritte Stufe (Eisen-Reiten, dritte Stufe)	

* In vielen Stilen außerhalb des Shōtōkan hat man die an sich sinnvolle Umbenennung nicht durchgeführt. Pinan-nidan ist von der Technik her einfacher zu erlernen als Pinan-shodan.

Tabelle 6-2: Einstiegskata Naha-te

Name der Kata	Bedeutung auf Deutsch	Anmerkung
Gekisai-(dai)ichi*	Angriff/Stark-Stoßen (Nr) 1	SRR**
Gekisai-(dai)ni*	Angriff/Stark-Stoßen (Nr) 2	
Sanchin	Drei-Kämpfe/Kriege	
Tenshō	Roll-Hand	

* Die Numerierungssilbe *dai* wird je nach Vorliebe des jeweiligen Instruktors gebraucht. Sie hat aber keine wesentliche Bedeutung.
** Im Shōrin-ryū der Linie Shōshin Nagamine: Fukyū-kata-ni; Fukyū-kata-ichi entspricht vom Schrittmuster her weitgehend Pinan-nidan und enthält ausschließlich Grundtechniken in Zenkutsu-dachi und Moto-dachi.

Tabelle 6-3 : Kata des Shuri-te, wie sie von Ankō Itosu überliefert wurden

Name der Kata	Bedeutung auf Deutsch	Anmerkung
Jion	Barmherzigkeit-Klang	
Jiin	Barmherzigkeit-Hören	
Jitte (Jūte)	Methode-Hand (Zehn-Hand)	
Bassai-dai	Herausholen-Festung, die Große	TT
Bassai-shō	Herausholen-Festung, die Kleine	
Kushanku-dai, Kosōkun*-dai (Kanku-dai)	(Kata des) Kuang-shangfu, die Große (Blick-zum-Himmel, die Große)	
Kushanku-shō, Kosōkun-shō (Kanku-shō)	(Kata des) Kuang-shangfu, die Kleine (Blick-zum-Himmel, die Kleine)	
Shiho-Kushanku**	(Kata des) Kuang-shangfu-in vier Richtungen	
Wanshu (Enpi)	Arm-Hervorragend (Schwalbe-Flug)	SRR, TT
Chintei (Chinte)	Unterdrücken-Fixieren (Selten-Hand)	SRR
Chintō (Gangaku)	Vorstoßen-Treffen (Felsen-Kranich)	SRR
Ūseishi (Gojūshi-ho)	Vierundfünfzig (Vierundfünfzig-Schritte)	
Itosu no Rōhai-shodan	Itosus Reiher-Medaille, erste Stufe	SK ***
Itosu no Rōhai-nidan	Itosus Reiher-Medaille, zweite Stufe	SK ***
Itosu no Rōhai-sandan	Itosus Reiher-Medaille, dritte Stufe	SK ***

* Andere Lesung derselben Kanji
** Shiho-Kushanku ist eine leicht verkürzte Version der Kata Kushanku-dai, die nur im Shitō-ryū praktiziert wird
*** Die drei Kata Rōhai Itosus wurden von Gichin Funakoshi zu einer einzigen Kata mit dem Namen *Meikyō* – »Glanz-Spiegel« – zusammengefasst.

Tabelle 6-4: Kata des Naha-te, wie sie von Kanryō Higaonna überliefert wurden

Name der Kata	Bedeutung auf Deutsch	Anmerkung
Saifa	Festung-Anordnung; auch: Zerstören-Anordnung	
Seisan	Dreizehn	ST*, TT
Seipai	Achtzehn	
Sanseiru	Sechsunddreißig	
Seienchin	Kontrolle-Ziehen-Erdrücken Kontrolle-Ziehen-Schlacht	
Kururunfa	Zusammenbinden-Festhalten-Zerstören	
Suparinpei	Einhundertacht	

* U. a. im Wadō-ryū und im Shōtōkan, dort aber mit anderem Namen: *Hangetsu* – »Halbmond«.

Tabelle 6-5: Kata des Tomari-te

Name der Kata	Bedeutung auf Deutsch	Anmerkung
Matsumora-Rōhai	Reiher-Medaille, (Version des) Matsumora	ST*
Wankan	Arm-Stark	SK**
Wanshu	Arm-Hervorragend	ST***
Niseishi	vierundzwanzig	NT****
Aragaki-Sōchin	Robust-Ruhig, (Version des) Aragaki	SK**
Unshu	Wolke-Hand	SK
Passai*****	Herausholen-Festung	

* In den drei Versionen des Itosu.

** In einer Version anderen Ursprungs.

*** Dort in der Version des Itosu.

**** In der Version des Ryūei-ryū.

***** Insgesamt sind dort fünf Versionen dieser Kata überliefert (Kapitel 14.2).

Teil II

Von der Praxis – zwischen Form und Anwendung

7. Kamae-kata – die Formen der Haltung

7.1. Körperhaltungen

Ein Kampf spielt sich zwar weitgehend auf geistiger Ebene ab, wird aber letztlich körperlich ausgetragen. Um kämpfen zu können, sind wir also auf einen »gut funktionierenden« Körper angewiesen. Die formelle Übung des Karate soll diesen gewährleisten. Und obwohl der Prozess der formellen Übung im Laufe der vielen Jahre der Praxis vermehrt in unserem Innern stattfindet, bleibt es doch niemandem erspart, ganz außen anzufangen und korrekt aussehende Stellungen und Bewegungen zu erlernen. In vielen Lehrbüchern findet man hierzu die nötigen Informationen und Anleitungen.

Eine Vorgehensweise, die sich auf das äußere Bild beschränkt, mag in der Anfangsphase des Lernens berechtigt und angemessen sein. Mit der Zeit stößt man jedoch an deren Grenzen. Es ist von großem Vorteil zu wissen, wie eine gute äußere Form zustande kommt und welche anatomisch-physiologischen Vorgänge daran beteiligt sind. Ein solches Hinterfragen ist bereits der erste Schritt zu dem nach innen gerichteten Prozess der formellen Übung.

Bei einer Aktion, sei es Angriff oder Verteidigung, bewegen wir unseren Körper. Damit dies möglichst effektiv geschieht, müssen wir alle Körperteile optimal koordinieren. Dabei sind zwei Kriterien zu erfüllen: Stabilität und Dynamik. Wir müssen sicher genug stehen, um der Wucht stand zu halten, die entsteht, wenn wir den Gegner mit einem Tritt, Schlag oder Stoß treffen, aber auch, um den Impuls seines Angriffs aufnehmen und umleiten zu können. Damit die beteiligten Muskeln ihre maximale Kraft entfalten können, müssen die entsprechenden Teile unseres Skeletts optimal ausgerichtet sein. Für eine schnelle oder kraftvolle Bewegung müssen sich die jeweiligen Muskeln in wohlkoordinierter Weise zusammenziehen. So werden aus den vielen Einzelbewegungen (Rotationen) verschiedener Gelenke peitschenartige Schläge, geradlinige Stöße oder effektvolle Zugbewegungen.

In diesem Kapitel beschreibe ich die Bedingungen für jene Techniken und Aktionen, mittels derer ein Gegner mit möglichst wenig Aufwand außer Gefecht gesetzt werden kann. Dabei geht es ebenso um die für den Kampf nötige Stabilität des Körpers als Ganzes, als auch um die Stabilität einzelner Körperzonen entsprechend den Anforderungen der jeweiligen Kampfsituation.

Selbst wenn äußerlich keine Bewegung stattfindet, sind die Muskeln aktiv, um Knochen und Gelenke an ihrem Platz zu halten. Andernfalls würden wir ja schlaff in uns zusammenfallen. Allgemein gilt, dass maximale Stabilität nur erreicht werden kann, wenn einerseits alle Gelenke optimal ausgerichtet sind, das heißt, wenn sich die Belastung harmonisch von Knochen zu Knochen überträgt, und wenn andererseits alle beteiligten Muskeln in die Lage gebracht werden, ausreichenden Zug auszuüben, um die Gesamtposition zu erhalten. Hierbei handelt es sich – bedingt durch die Anatomie und Physiologie des Menschen – um äußerst komplexe Zusammenhänge. Viele Generationen von Kampfkunstexperten haben dafür methodische Richtlinien erarbeitet, die wir beispielhaft in den Kata wiederfinden.

Korrekt ausgerichtete Gelenke sind die Voraussetzung für ein frei fließendes Ki. Aus Sicht der früheren Meister kann sich ein effektvoller Stoß oder Tritt nur durch einen starken Ki-Fluss entwickeln. Indem wir die Arme und Beine in eine entsprechende Position bringen und die Wirbelsäule korrekt ausrichten, sollen sich die Kanäle für den Ki-Fluss öffnen. Ebenso sind auch Hände und Füße so zu halten, dass das Ki gezielt und gebündelt auf den Gegner einwirken kann.

7.2. Die Wirbelsäule

Eine Kette ist nur so stark wie ihr schwächstes Glied. Es ist erstaunlich, wie wenig sich die meisten Karateka um das Wohl ihres Rückens sorgen – zumindest solange dort keine Beschwerden auftreten. Die Wirbelsäule ist das zentrale Stützorgan des menschlichen Körpers. Arme, Beine sowie der Kopf sind an ihr aufgehängt. Durch den aufrechten Gang muss sie viel Gewicht (er)tragen. Ihre Doppel-S-Form macht sie elastisch und gewährleistet eine für den Kopf erschütterungsfreie Fortbewegung.

Die flachen Wirbelkörper sind, durch Knorpelscheiben verbunden, übereinander gestapelt und werden durch zahllose Muskeln bewegt oder in ihrer Position gehalten. Durch die entwicklungsgeschichtlich bedingte Form der Wirbelsäule ergibt sich jedoch ein – wenn auch nur leicht – ungleichmäßiger Druck auf die Bandscheiben. Es ist bekannt, dass durch übermäßige Belastung ein Teil einer Bandscheibe herausquellen kann. Ein solcher Bandscheibenvorfall kann zu heftigen Schmerzen bis hin zu nervalen Ausfällen führen.

Bei der Ausführung der Karate-Technik entstehen an und in der Wirbelsäule hohe Zug- und Schubkräfte und sogar Schockwellen, zum Beispiel beim Stoßen oder beim Landen nach Sprüngen. Die beim Auftreffen der Faust am Gegner wirksame Kraft wird aus der Erde über die Beine und den Rumpf, also letztlich über die Wirbelsäule, auf Schulter und Arm übertragen.

Trotz dieser zentralen Bedeutung wird der Wirbelsäule beim Üben meist nur recht wenig Aufmerksamkeit zuteil, wohl aus der unbewussten Annahme heraus, sie funktioniere von selbst und bräuchte darum kein besonderes Training. Diese weit verbreitete Haltung betrifft aber nur die Karate-Praxis der neueren Zeit. Sicher wurde früher, bedingt durch das umfassende Wissen der damaligen Meister in Bezug auf Energetik und traditionelle Medizin, stärker auf einen korrekten Umgang mit dem zentralen Stützorgan geachtet.

In der Wirbelsäule verläuft einer der zwei zentralen Kanäle des Qi, der Dumai. Er versorgt den oberen Teil unseres Körpers, insbesondere das Gehirn, mit

Yang-Qi.[110] Viele klassische Übungsformen, die heute unter dem Sammelbegriff *Qigong* (Kapitel 3.2) bekannt sind, haben das Ziel, den freien Fluss des Qi durch den Dumai zu erhalten oder wiederherzustellen.[111] Jeder Kampf erfordert einen geschärften Verstand nebst freier Intuition. Das durch den Dumai, also über die Wirbelsäule, aufsteigende Yang-Qi sorgt für einen entsprechend klaren Geist. Daher ist es essentiell, dass der Weg des Qi nach oben frei von Blockaden sein muss.

Eine wohlausgerichtete Wirbelsäule ist daher sowohl aufgrund anatomischer Gegebenheiten als auch aus traditionell-energetischen Betrachtungen heraus – und nicht nur in der Kampfkunst – erstrebenswert. Chinesischen Übungskonzepten zufolge erreicht man dies über die Kraft der Imagination: Dabei stellt man sich vor, dass das Steißbein nach vorn-unten gezogen wird und dass gleichzeitig die Spitze des Kopfes an einem unsichtbaren Faden im Himmel verankert ist, wodurch die Wirbelsäule in ihrer Länge gestreckt wird. Etwas weniger blumig formuliert: Man kippt das Becken derart, dass sich der Steiß nach unten-vorn bewegt. So wird der Bereich der Lendenwirbel geweitet und weniger anfällig für Überlastungen. Durch Einziehen der Kinnspitze streckt man die Halswirbelsäule, was sich bei geschickter Ausführung bis in den Bereich der Brustwirbel überträgt und über diesen hinausgeht. Diese Haltung macht auch die Zone des Brustbeins freier und bewirkt so eine verbesserte Atmung. – Siehe Abbildung 7-1 auf der folgenden Seite.

Während des Trainings ist immer wieder die korrekte Ausrichtung von Becken/Steißbein und Kopf/Kinnspitze zu kontrollieren und gegebenenfalls nachzubessern. Das im Karate so beliebte und zugegebenermaßen auch wichtige Anspannen der Bauchmuskeln ist nur dann vollständig möglich, wenn sich das Becken in der beschriebenen Position befindet. In der Folge fällt es nun auch schwer, die Knie

---

110 Nach Auffassung der chinesischen Medizin können dem im Körper zirkulierenden Qi je nach Funktion verschiedene Qualitäten zugeordnet werden. Yang steht für Aktivität. Besonders Gliedmaßen und Gehirn werden vom Yang-Qi versorgt. Probleme mit dem Haushalt des Yang-Qi führen zu muskulärer oder geistiger Schwäche.

111 Entsprechend den Anschauungen der chinesischen Medizin verteilt sich das Qi über ein weitverzweigtes System von Kanälen im Körper. Eines der Hauptgefäße, das gleichzeitig als Qi-Reservoir gilt, ist der im Bereich der Wirbelsäule gelegene Dumai.
In einer im Qigong recht bekannten Übung, dem »himmlischen Kreislauf« aus der Inneren Alchimie, wird aus dem im Unterbauch gelegenen unteren Dantian das Qi über den Dammpunkt und den Steiß den Dumai hinauf über Kopfspitze und Stirn ins Gehirn geleitet, um es zu regenerieren.
Man wusste damals schon um die Funktion des Gehirns und dass besondere Zustände von »Erleuchtungen«, welcher Art sie auch sein mochten, nur bei dessen vollständig genutzter Kapazität zu erreichen waren. Viele Übungsformen, aus denen später letztlich auch die Formen der Kampfkunst entstanden, hatten darum u. a. zum Ziel, den Dumai zu öffnen oder zu erweitern.

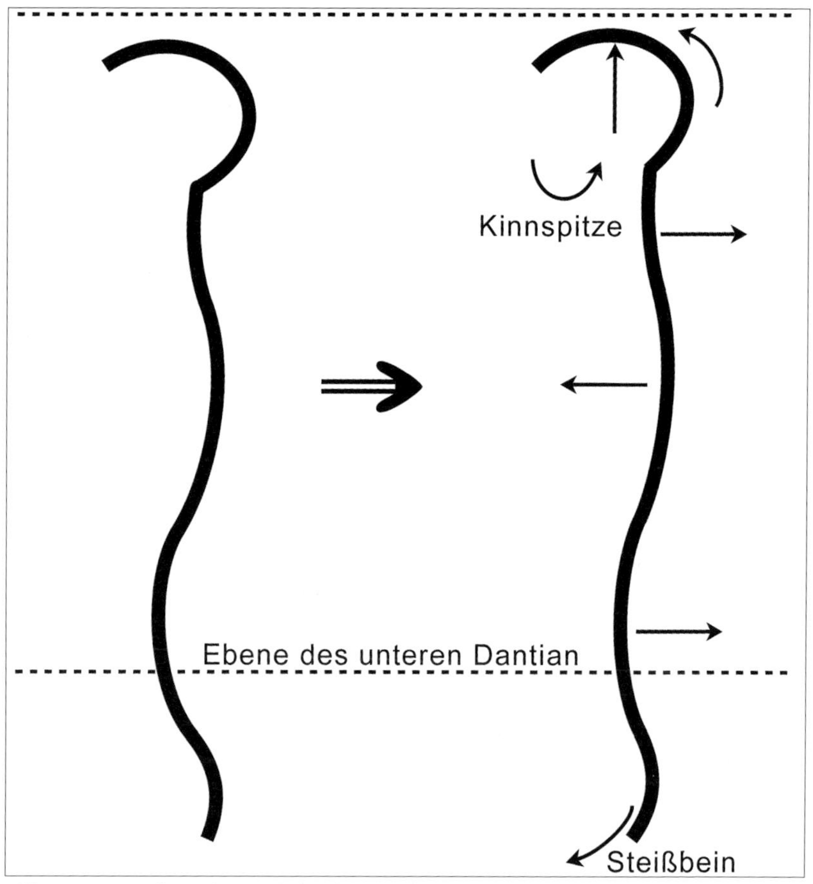

Abb. 7-1: Ausrichten der Wirbelsäule: Durch Bewegen des Steißbeins nach unten-vorn wird der Bereich der Lendenwirbel geöffnet. Das Einziehen des Kinns bewirkt ein Anheben der Kopfspitze und somit ein Strecken des Nacken- und Brustbereichs.

(unwillentlich) durchzustrecken. So unterbindet diese Haltung auch den unvorteilhaften, weil instabil machenden Drang der Knie, sich zu strecken, was sonst nicht so leicht zu erreichen wäre.

Obwohl in jeder Aktion des Karate die Wirbelsäule gestreckt zu halten ist, eignen sich bestimmte Formen der Übung ganz besonders, um dies zu trainieren und ein besonderes Gefühl für die Streckung zu entwickeln. Es sind dies die Eröffnungssequenzen diverser Kata des Naha-te sowie die Kata Sanchin und Tenshō insgesamt (Kapitel 13). In seinem Buch »La recherche du ki dans le combat« beschreibt Kenji Tokitsu einige einfache Übungen, durch die über sanfte Bewegungen der Wirbelsäule längs, quer und horizontal zur Körperachse das Qi aktiviert und ein tieferes Gefühl für diesen Bereich erlangt werden kann (siehe Literaturverzeichnis).

Die durch die korrekte Ausrichtung der Wirbelsäule gewonnene Stabilität des Körpers führt zur Optimierung *aller* Techniken – wodurch sich neben deren Potential auch ihr ästhetisches Erscheinungsbild verbessert.

7.3. Fußstellungen

Zum Einstieg in die Praxis des Karate gehört auch das Erlernen der »Grundstellungen«. Man bekommt heute ein fertiges, scheinbar gut durchdachtes und ausgereiftes Sortiment an Fußpositionen präsentiert, die es gilt, nach und nach zu verinnerlichen. In der Fachliteratur, aber auch von den meisten Lehrern, werden die verschiedenen Kampfstellungen logisch so einleuchtend erklärt, dass man fast glauben könnte, es gäbe dazu keine Alternativen.

So selbstverständlich uns die wohldefinierten Grundstellungen des Karate heute erscheinen mögen, so sind sie doch (ein weiteres Mal) das Produkt der Umstrukturierung unserer Kampfkunst in den 1920er und 1930er Jahren. Die Bezeichnungen, die sie seitdem tragen, bergen heute die Gefahr, dass wir falsche Rückschlüsse über ihre Charakteristik oder ihr Grundprinzip ziehen. So wird aus dem Wort *zenkutsu*, wörtlich »nach vorn gebeugt«, allzugern abgeleitet, dass ein möglichst hoher Anteil des Körpergewichts auf dem vorderen Bein zu ruhen hätte. Wir werden im Verlauf dieses Kapitels sehen, warum diese Sichtweise nicht angemessen ist.

Das japanische Wort *tachi-kata* bedeutet »die Art und Weise des Aufbaus« oder aber auch »die Art und Weise des Stehens«. Es gibt zwei Schreibweisen (Kanji) für *tatsu* mit weitgehend gleicher Bedeutung. Meist denkt man dabei nur an die Ausrichtung der Knie und Füße und vergisst, dass es zu einem stabilen Stand weit mehr bedarf: Der korrekte Aufbau muss bis in die Zehenspitzen hinein gehen und sich auch nach oben hin fortsetzen.

Die Fußstellungen des Karate sollen für Standfestigkeit und Stabilität vor, während und nach der kampftechnischen Aktion sorgen und uns davor bewahren, durch den eigenen Schwung oder den des Gegners selbst umzufallen. Andererseits darf der Stand nicht zu fest sein, da sonst die Beweglichkeit leidet. Die klassischen tiefen Stellungen ermöglichen eine hohe Standfestigkeit, auch durch das »geistige Verwurzeln«. Schnelle Bewegungen des gesamten Körpers sind jedoch nur bei halbwegs entspannten Beinen möglich.

Durch den aufrechten Gang auf nur zwei Beinen haben wir eigentlich höchst ungünstige Voraussetzungen für einen stabilen Stand. Zwar führt das Absenken des Schwerpunktes im Prinzip zu erhöhter Stabilität. Bedingt durch die Anatomie sind hier aber Grenzen gesetzt, denn ab einer gewissen »Tiefe« nimmt die Stabilität wieder ab. Bei der Umgestaltung der Kampfkünste in Südchina während des 16. Jahrhunderts und später suchte man daher nach einem optimalen Verhältnis zwischen Stabilität und Beweglichkeit. Dabei erwies sich eine Stellung mittlerer Tiefe mit nach innen gezogenen Knien als am geeignetsten. Im Yongchun-baihe-quan finden man noch heute diese Stellung, die zunächst an eine Mischung aus Naifanchin-dachi und verkürztem Zenkutsu-dachi erinnern mag oder auch an die Stellung Hangetsu-dachi, deren Name sich von einer Version der Kata Seisan ableitet (Kapitel 6.2). Nach meinem derzeitigen Erkenntnisstand handelt es sich dabei aber in Wirklichkeit um eine Fußstellung mit der Bezeichnung *Moto-dachi*.

Das Wort *moto* bedeutet »Ursprung« oder »Quelle«. Lange habe ich mich gefragt, warum die in vielen Kata heute als eine Art verkürzte Vorwärtsstellung vorkommende Fußposition so benannt wurde. Auch meine japanischen Lehrer wussten keine Antwort, die mich wirklich befriedigt hätte. Wenn man aber bedenkt, dass das Karate mehrfach eine historische Anpassung erfahren hat, erschließt sich vielleicht, was mit dem Ausdruck »Ursprung« oder besser »ursprünglich« gemeint sein könnte. Meiner Ansicht nach weist der Begriff auf eine in früheren Zeiten – eben »ursprünglich« – praktizierte Stellung hin, die sich mittlerweile von deren Weiterentwicklungen unterscheidet, etwa im Falle von Zenkutsu-dachi in der Tiefe des Schwerpunkts, der Distanz der Füße sowie dem komplett durchgestreckten hinteren Bein.

Um es ganz klar zu sagen: Es gab auch in den Kampfkünsten Chinas schon immer mit Zenkutsu-dachi vergleichbare tiefe Stände mit dem Gewicht auf dem vorderen Fuß und durchgestrecktem hinteren Bein, demnach auch in den Kata, die von dort aus nach Okinawa gelangten. In den Formen des *Baihe*, des »Weißen Kranichs«, war diese Position jedoch die Ausnahme, denn man hatte dort statt dessen eine optimierte Form des Stehens entwickelt. Diese halblange »Grundstellung« mit (leicht) nach innen gezogenen Knien wurde dann aber im Zuge der Entwicklungen in Naha-te, Tomari-te und Shuri-te zu Sanchin-dachi, Kiba-dachi oder (wieder) zu Zenkutsu-dachi, je nach Übertragungslinie und des sich später daraus ausformenden Stils. So ist wahrscheinlich Sanchin-dachi das Produkt einer Entwicklung Okinawas, denn in allen Versionen der Vorläufer der Kata Sanchin, die heute in Südchina geübt werden, kommt, soweit ich weiß, ausschließlich die »Stellung des Ursprungs« vor. Unter *Moto-dachi* verstand man daher zu Zeiten Mabunis und Miyagis wohl diese »ursprüngliche« Stellung des Weißen-Kranich-Stils in Abgrenzung zu Stellungen mit den damals noch neuen Bezeichnungen wie »Zenkutsu-dachi« oder »Kiba-dachi«.

Diese »Stellung des Weißen Kranichs« erscheint aus heutiger Sicht wie eine Kombination aus Zenkutsu-dachi, Naifanchin-dachi und Sanchin-dachi. Sie bildet einen optimalen Kompromiss zwischen Beweglichkeit und Standfestigkeit und entspricht so den Anforderungen an eine wohlausgewogene Kampfstellung. Die Schöpfer der südchinesischen Kampfstile haben die tiefe(n) Stellung(en) mit

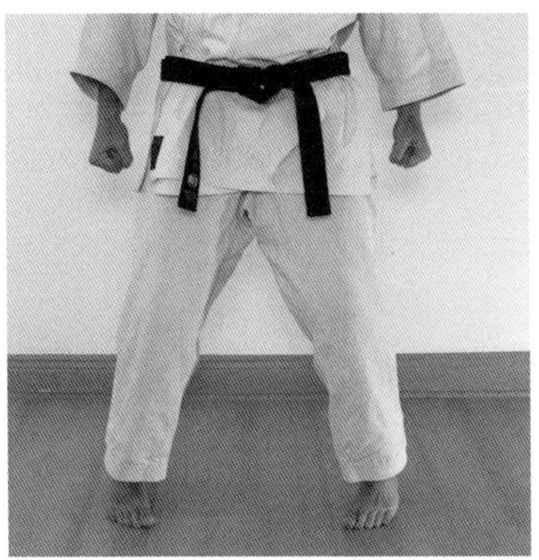

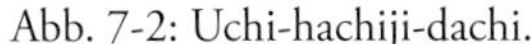

Abb. 7-2: Uchi-hachiji-dachi.

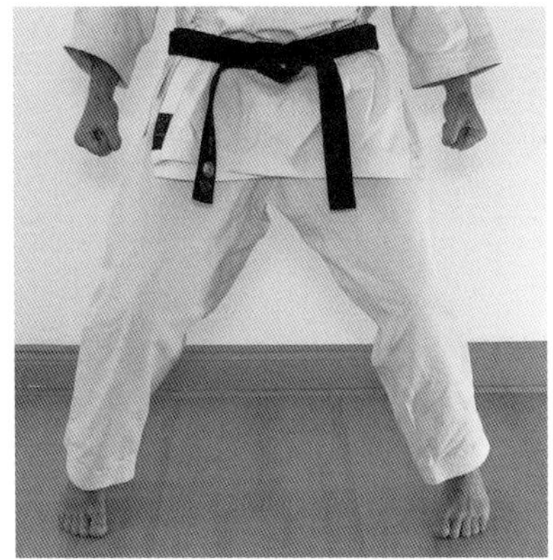

Abb. 7-3: Naifanchin-dachi.

den nach außen gerichteten Knien in praktikablere Formen des Stehens überführt, wobei man durch ein maximal mögliches Absenken des Schwerpunktes immer noch den Großteil der ursprünglichen Standfestigkeit erhalten konnte. Neu war dabei die hohe Elastizität der Stellung, die eine gute Beweglichkeit in alle Richtungen des Raumes gewährleistet. Aus einer solchen Fußstellung heraus lassen sich praktisch alle für den Kampf nötigen Schrittfolgen schnell und sicher ausführen. Zudem sind schnelle Übergänge zu den »klassischen« (tiefen), aber auch zu den natürlichen (hohen) Stellung möglich. Und letztlich lassen sich Fußtritte weit schneller aus dieser Stellung entwickeln als aus »Klassikern« wie Zenkutsu-dachi oder gar Shiko-dachi.

Man kann *Moto-dachi* recht gut als »Naifanchin-dachi über Eck« ansehen. Motobu betonte daher immer wieder, wie wichtig die Kata Naifanchin und dementsprechend die (damals noch so benannte) Stellung Uchi-hachiji-dachi sei (siehe Literaturverzeichnis). Für ihn war die Stellung in dieser Kata nichts anderes als eine Formalisierung der von ihm selbst bevorzugten Kampfstellung. Sein Ruf als kaum zu bezwingender Kämpfer seiner Zeit hat ihn in seinen Ansichten sicherlich bestätigt.

Warum nun dieser Exkurs in die Geschichte der Kampfkunst? Ich denke, es ist wichtig, das eigene Verständnis über das Stehen im Karate zu erweitern und bisweilen auch in Frage zu stellen. Wenn wir uns den »höheren« Kata widmen, stoßen wir sonst unweigerlich auf Schwierigkeiten bei deren Auslegung und ihrer Anwendung im Freikampf.

Tatsächlich bestehen gewisse technische Zusammenhänge zwischen den heute als verschieden angesehenen Stellungen innerhalb der einzelnen Kata. Eine flexible Sichtweise ermöglicht uns ein tieferes Verständnis der jeweiligen mit der Stellung verbundenen Aktion und deren Umsetzung im Kampf, bei der die Abstände

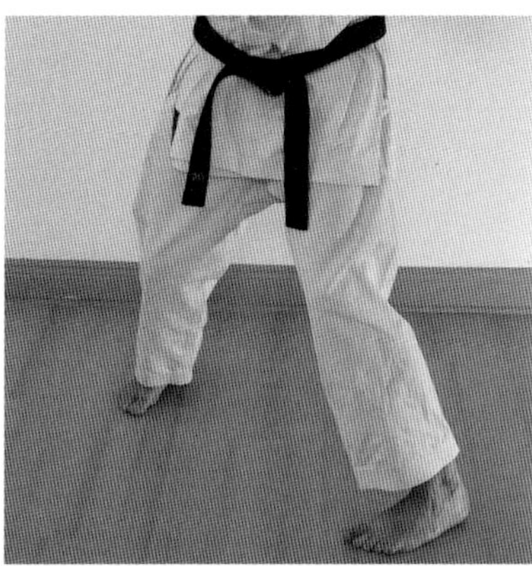

Abb. 7-4: Moto-dachi als »Naifanchin-dachi über Eck« gesehen.

zum Gegner selten stimmen und diese ständig, unter anderem durch Verschieben des Schwerpunkts, angepasst werden müssen.

Ich möchte im Folgenden auf die Verhältnisse zwischen den verschiedenen Arten des Stehens (anhand ihrer heute üblichen Bezeichnungen) eingehen. Betrachtet man die Stellung des Weißen Kranichs als grundlegende Form des Stehens im (alten) Karate, dann gelangt man zu recht interessanten Erkenntnissen über drei Zweiergruppen uns heute bekannter Kampfstellungen:

- Sanchin-dachi ↔ Uchi-hachiji-dachi,
- Moto-dachi ↔ Naifanchin-dachi,
- Fudō-dachi ↔ Kiba-dachi.

Bei näherer Betrachtung erkannt man:

- Dass sich die Paare jeweils nur in der Ausrichtung unterscheiden und durch leichte Hüftdrehung ineinander überführbar sind,
- dass vom erstgenannten zum dritten Paar hin der Schwerpunkt immer tiefer sinkt,
- welch hohe Bedeutung Kata wie Sanchin oder Naifanchin früher (in ihrer Urform) für den Kampf gehabt haben mussten.

Ich sehe in der Stellung des Weißen Kranichs, dem »alten« Moto-dachi, so etwas wie eine Universalhaltung der Beine, in der das Konzept einer Kamae recht gut verwirklicht ist: Aus *einer* Grundposition heraus ist möglichst vieles machbar.

Es gibt noch weitere Zusammenhänge zwischen den einzelnen Fußstellungen, wie die leicht durchführbaren Übergänge von einer zur anderen zeigen: Zwischen

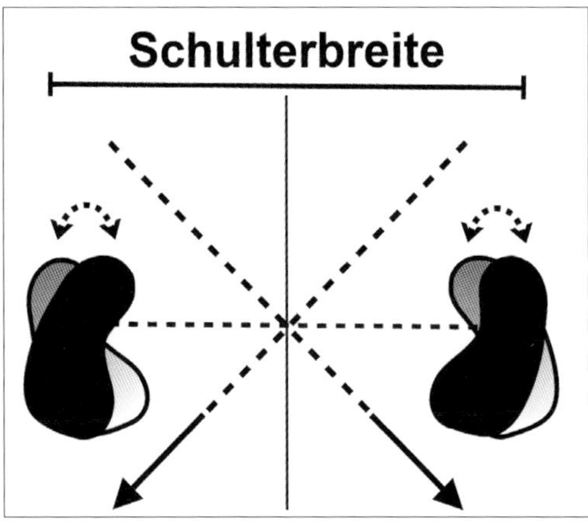

Abb. 7-5: Richtungswechsel in Sanchin-dachi um 90 Grad durch Drehen der Hüfte bei minimalen Fußbewegungen.

Uchi-hachiji-dachi und Sanchin-dachi besteht die schon angedeutete Verbindung über den 45-Grad-Winkel, der sich durch das Drehen der Hüfte in die eine oder andere Richtung ergibt. Sanchin-dachi links und rechts sind somit jeweils über einen Winkel von 90 Grad miteinander verbunden, wobei die Füße kaum bewegt werden, sondern sich nur als Folge der Hüftbewegung etwas in ihrer Lage verdrehen.

Eine analoge Beziehung besteht zwischen Shiko-dachi und Zenkutsu-dachi, nur dass hier die jeweils hintere Ferse aktiv gedreht werden muss. Als Folge wird das sich daraus ergebende hintere Bein durchgestreckt, und die Hüfte dreht sich in die 45-Grad-Richtung (Abbildung 7-6 auf der folgenden Seite).

Eine ähnliche Beziehung zwischen zwei Stellungen, aber ohne Änderung der Blickrichtung, findet man in Kata wie Passai oder Kushanku, in denen man aus einer Position in Heisoku-dachi in eine Art erhöhte, verkürzte und quergestellte Vorwärtsstellung mit überdrehter Hüfte (Gyaku-hanmi) wechselt. Diese Stellung mit den quer zur Aktionsrichtung stehenden Füßen und einer Verlagerung des Schwerpunkts nach der einen oder anderen Seite wird bisweilen *Ōkutsu-dachi* (siehe weiter hinten) genannt. Die Bezeichnung hat aber keinen Eingang in die gebräuchliche Nomenklatur gefunden.

Die zwei Stellungen Neko-ashi-dachi und Kōkutsu-dachi, sind durch einfaches Drehen um 180 Grad jeweils von der Links- in die Rechtsauslage oder umgekehrt überführbar. Zenkutsu- und Kōkutsu-dachi gehen durch eine nur leichte Verlagerung des Schwerpunktes ineinander über, indem sich jeweils ein Wechsel von gebeugtem und gestrecktem Bein von vorn nach hinten oder umgekehrt vollzieht.

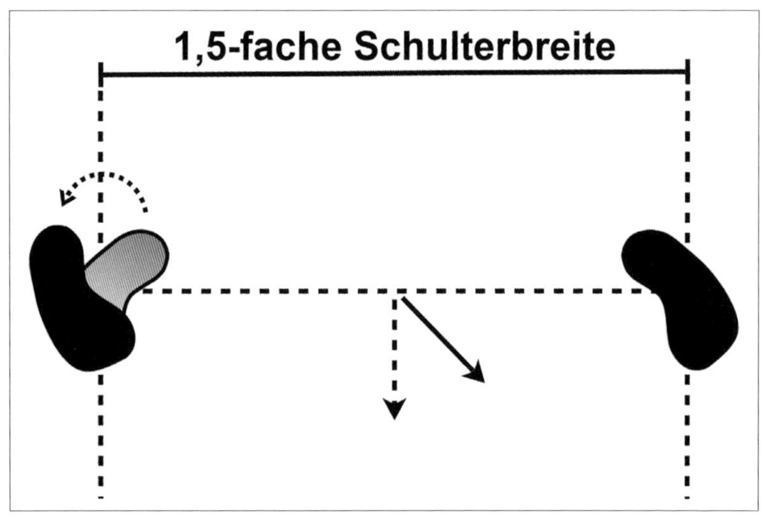

Abb. 7-6: Übergang von Shiko-dachi zu Zenkutsu-dachi durch Drehen der Ferse nach außen und Ausrichtung der Hüfte nach 45 Grad.

Trotz der unterschiedlichen Details liegt das Hauptaugenmerk auf einem in sich ruhenden Körperschwerpunkt, dessen Lage sich bei den Übergängen zwischen den Stellungen nur wenig ändert, sofern man keine wirklichen Schritte ausführt. Selbst bei relativ hohen Stellungen wie Sanchin-dachi sollte der eigene Schwerpunkt immer nach unten streben. Dabei kann es recht hilfreich sein, ein »Gefühl des Sitzens« zu suchen. Zusätzlich trägt das »Ergreifen der Erde«, das leichte Eindrücken der Zehen in den Boden, verbunden mit deren Einziehen nach innen, zur Standfestigkeit bei.

Den Schwerpunkt abzusenken, gelingt am einfachsten in der breiten Tiefstellung Shiko-dachi. Es ist dies ein fast natürlicher Prozess. Ähnlich leicht geht es auch in der Stellung des Katzenfußes, Neko-ashi-dachi, wenn man davon absieht, dass es hier auf nur einem Bein zu geschehen hat.

Schwieriger wird es bei hinten oder vorn gebeugter Stellung, Kōkutsu- oder Zenkutsu-dachi. Werden diese sehr tief ausgeführt, so entsteht leicht ein subtiles unangenehmes Gefühl, ein Zeichen dafür, dass das Ki nicht vollständig »rundläuft«. Bei der »neuen« Stellung des Weißen Kranichs, die vom Maß her ja einer verkürzten Vorwärtsstellung und mehr als andere Stellungen der natürlichen Anatomie entspricht, lässt sich das Zentrum weitaus bequemer absenken: Das Steißbein ist entspannt und kann nach schräg vorn-unten gezogen werden, was die Stabilität des gesamten Körpers erhöht. Bei Zenkutsu-dachi hingegen ist das Becken durch die extreme Position der Hüftgelenke relativ starr und das Steißbein somit kaum beweglich.

Ein gutes Körpergefühl stellt einen nicht zu unterschätzenden Stabilitätsfaktor dar, denn es entspringt einem ungehinderten Ki-Fluss. Man sollte sich also bemühen, die eigenen Fußstellungen so auszubalancieren, dass Engpässe oder Blockaden für das Ki vermieden werden.

Wenn wir uns vergegenwärtigen, dass das japanische Wort *kata* im vorliegenden Zusammenhang »Art und Weise« bedeutet, so erkennen wir, dass es bei dem Ausdruck *tachi-kata* um ein »*Prinzip* des Stehens« geht, das es zu erfassen gilt. Es sind gleichsam »Arbeitsanweisungen«, bei denen unsere Grundstellungen als Ideal oder Modell dienen, in Wirklichkeit aber allenfalls Momentaufnahmen komplexer Bewegungen darstellen.

Im Anschluss folgen nun einige Anmerkungen zu den bekanntesten Fußstellungen mit Hinweisen zur richtigen Ausführung. Bezüglich der genauen Beschreibung der einzelnen Stellungen bitte ich, sofern erforderlich, in die einschlägigen Lehrbücher zu schauen.

Moto-dachi: Wie oben ausgeführt, handelt es sich hierbei eigentlich nicht, wie heute allgemein angenommen wird, um eine verkürzte Vorwärtsstellung. Trotzdem kommen auch solche Positionen in vielen Kata vor. Mitunter wird dann von *Han-zenkutsu-dachi* gesprochen, also »halbe Vorwärtsstellung«, was vielleicht angemessener ist. In einer ganzen Reihe Kata lässt sich diese Halbvorwärtsstellung gut gegen Sanchin-dachi austauschen oder gegen die besagte Stellung des Weißen Kranichs.

Meiner Meinung nach sollte man Han-zenkutsu-dachi und Moto-dachi von Ayumi-dachi abgrenzen, obwohl diese Bezeichnung gern als Synonym gebraucht wird. *Ayumu* bedeutet so viel wie »schreiten«. Beim normalen Schreiten oder Gehen befinden sich die Füße nur wenig weit auseinander und werden folglich in gerader Linie aneinander vorbeigeführt. Hingegen stehen die Füße in der ursprünglichen Kampfstellung jeweils weiter von der Zentrallinie in »Schulterbreite« voneinander entfernt, weshalb der bewegte Fuß das Standbein im leichten Bogen passieren muss. Ich würde Ayumi-dachi darum als eine Form von Shizen-tai (siehe weiter hinten) betrachten, das heißt, als eine, verglichen mit den typischen Kampfstellungen, natürliche Position der Füße.

Sanchin-dachi: Man kann diese Stellung recht gut für sich herleiten, indem man sich aus einer Position mit schulterbreit auseinander stehenden, nach innen zeigenden Füßen (Uchi-hachiji-dachi) um 45 Grad in die eine oder andere Richtung dreht. Die Füße stehen danach etwas mehr als schulterbreit voneinander entfernt. Auch hier ist das Gefühl nach innen gerichteter Zehen wichtiger als deren genaue Ausrichtung. Das Einziehen des Steißbeins nach unten-vorn, verbunden mit dem gedanklichen »Setzen«, bewirkt die nötige Stabilität. Auch diese Stellung erhielt ihren Namen nach der Kata, für die sie als typisch angesehen wird.

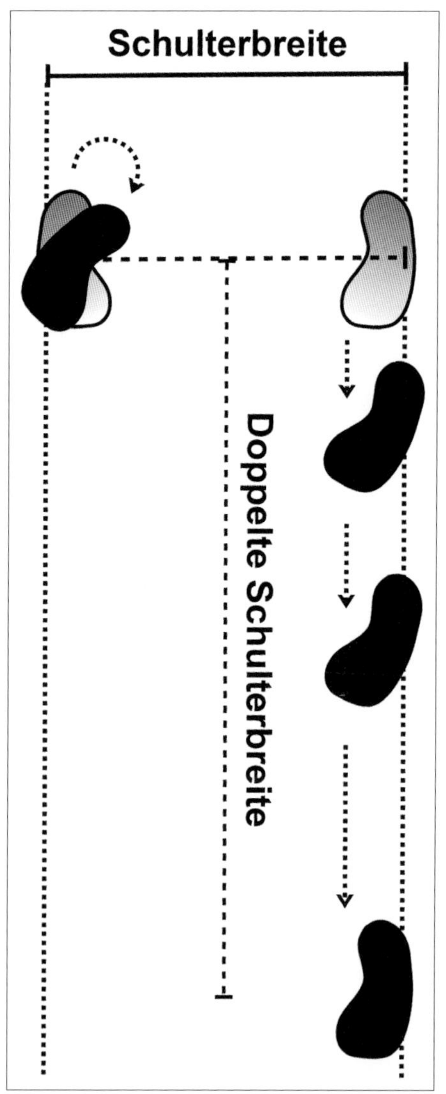

Abb. 7-7: Abstandsverhältnisse zwischen Sanchin-, Moto- und Zenkutsu-dachi. Mit zunehmender Öffnung der Stellung ändert sich die Ausrichtung des hinteren Fußes.

Nach einer weitverbreiteten Ansicht soll es möglich sein, durch genügendes Ziehen der Knie nach innen den Unterleib beziehungsweise die Hoden zu schützen. Derartiges Vorgehen sehe ich für den Kampf als wenig praktikabel an. Man wird kaum darauf warten, dass einem der Gegner zwischen die Beine tritt. Wenn

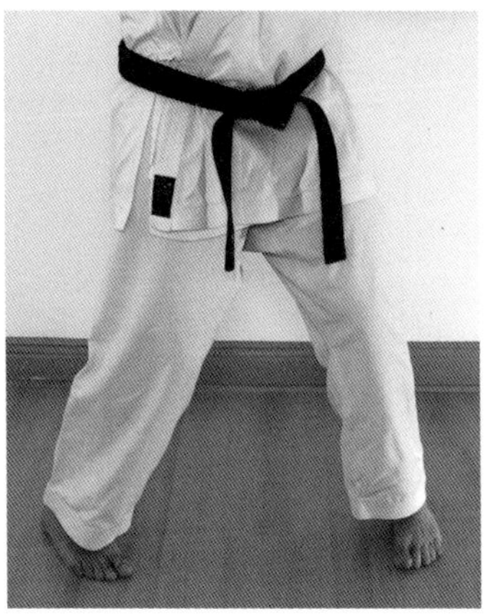

Abb. 7-8: Sanchin-dachi.

zudem die Knie so weit nach innen gebracht werden, dass kein gegnerischer Fuß mehr dazwischen passt, verliert man unweigerlich an Stabilität. Die Vorstellung einer derartigen »Immunisierung« ist illusorisch, abgesehen davon, dass man in allen anderen Fußstellungen ebenso ungeschützt dasteht, auch im Neko-ashi-dachi, sofern diese wirklich stabil ausgeführt werden.

Zenkutsu-dachi: Über die Abmessungen dieser für das moderne Karate wohl besonders typisch angesehenen Fußstellung herrscht weitgehend Einigkeit: Ihr Maß soll in der Länge zweimal und in der Breite einmal der eigenen Schulterbreite entsprechen. Jedoch sollte der Körperschwerpunkt nur leicht nach vorn verlagert werden, denn das Wort *zenkutsu*, zu deutsch »vorwärts gebeugt« bezieht sich lediglich auf das entsprechende Bein. Die Zehen beider Füße sollen so weit es geht nach vorn zeigen. Ich beobachte aber immer wieder, dass es vielen Übenden gar nicht gelingt, dieses letztgenannte Kriterium umzusetzen. Oft zeigt der hintere Fuß zur Seite, wodurch es praktisch unmöglich wird, das Bein vollständig zu strecken. Zudem mangelt es einer solchen Vorwärtsstellungen meist an Stabilität.

Wie ich zu Beginn dieses Kapitels erwähnte, kann sich die maximale Stabilität einer Körperhaltung nur dann entwickeln, wenn die beteiligten Muskeln ihre Zugkraft an den Knochen optimal ausüben können. Das ist aber nur dann möglich, wenn sich diese in der richtigen Position befinden. Hinzu kommt noch ein Faktor, der vielen weitgehend unbekannt ist, nämlich die Stabilisierung durch Torsion über den Gelenk- und Bänderapparat. Mit unseren Muskeln ziehen wir gleichsam gegen eine Art Drehspannung, die sich ergibt, wenn der Fuß etwas mehr nach innen zeigt, als es seiner scheinbar durch die Anatomie natürlich vorgegeben Position entspräche.

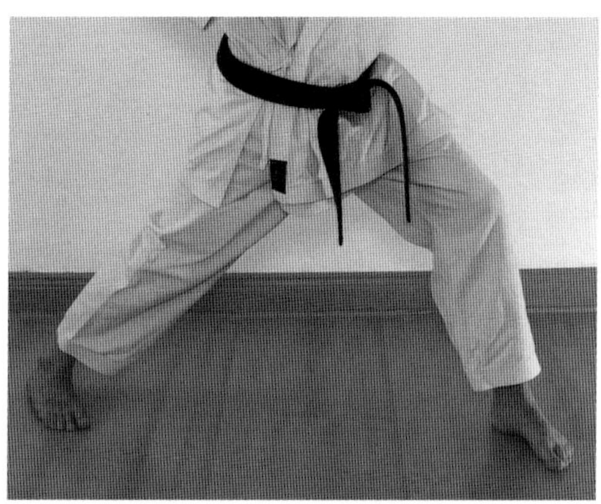

Abb. 7-9: Zenkutsu-dachi.

Im Falle von Zenkutsu-dachi lässt sich dieser Effekt folgendermaßen herbeiführen: Die Ferse des hinteren Fußes wird etwas angehoben, wodurch es möglich wird, die Zehen vollständig nach vorn auszurichten. Nun wird etwas Druck in Richtung Boden gegeben und dem Fuß gestattet, sich so weit zu drehen, dass die Ferse gerade eben den Boden berührt. So zeigen die Zehen des hinteren Fußes maximal nach vorn, und ein Strecken des hinteren Beins wird bequem und kraftvoll.

Analog wird der vordere Fuß so platziert, dass die Zehen etwa 45 Grad nach innen zeigen. Bei einer Rotation des Knies nach außen lässt man den Fuß sich so weit drehen, bis das Knie in eine Position oberhalb des Innenknöchels gelangt. Meist zeigen die Zehen dabei nicht ganz nach vorn, die gesamte Stellung bekommt aber auf diese Weise ihre maximale Stabilität.

Versucht man, unter Berücksichtigung der eigenen anatomischen Verhältnisse die für einen selbst richtige Stellung zu finden, so bringt das, meine ich, letztlich mehr, als das sture Nachahmen von Lehrbuchanweisungen.

Kōkutsu-dachi: Für die Ausführung der Fußstellung mit »rückwärts gebeugtem« (japanisch *kōkutsu*) Bein gilt praktisch das gleiche wie bei der Vorwärtsstellung. Kōkutsu-dachi[112] kann aber sowohl in Schulterbreite als auch auf einer Linie, der Bewegungslinie, wirkungsvoll ausgeführt werden, ohne an Stabilität zu verlieren. Anders als bei Zenkutsu-dachi ist hier die Hüfte abgedreht, wodurch es möglich wird, den Schwerpunkt noch etwas weiter abzusenken. Sofern aus dieser Stellung Techniken quer zur Standrichtung ausgeführt werden, spricht man bisweilen auch

[112] Gemeint ist die sogenannte »alte« Form von Kōkutsu-dachi, die äußerlich von einer »neueren«, z. B. der in Wadō-ryū und Shōtōkan gebräuchlichen Stellung, abweicht. Entsprechend gelten auch etwas andere Richtlinien in Bezug auf die Position der Hüfte.

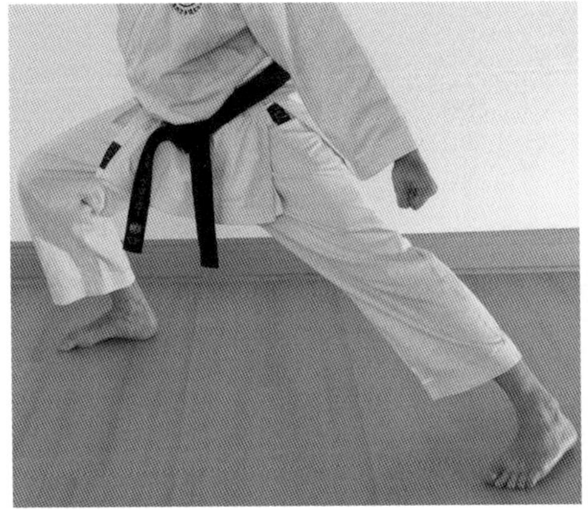

Abb. 7-10: Kōkutsu-dachi, »ältere« Form.

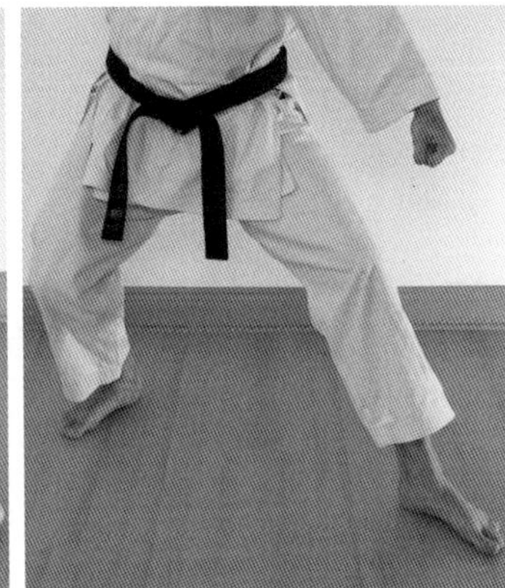

Abb. 7-11: »Neue« Form.

von *Ōkutsu-dachi*, was dann in etwa mit »weit-gebeugte Fußstellung« übersetzt werden könnte.

Shiko-dachi: Zu dieser Stellung gibt es eigentlich nicht sehr viel zu sagen. Sie ist wohl die einfachste Fußstellung, weil sie am meisten der menschlichen Anatomie Rechnung trägt. Allerdings ist sie auch diejenige, die am meisten anstrengt, denn man kann sich bei ihr nicht die oben erwähnten stabilisierenden Torsionseffekte zunutze machen.[113]

Naifanchin-dachi: Man kann diese Stellung mit reichlich schulterbreit bis zu anderthalbfacher Schulterbreite auseinander stehenden Füßen ausführen. Die Zehen sollen etwas nach innen zeigen, wobei die dabei entstehende, einwärts gerichtete Empfindung wichtiger ist als die eigentliche Stellung. Zusammen mit dem Einziehen des Steißbeins nach unten-vorn gewinnt die Stellung so erheblich an Stabilität. Zusätzlich empfiehlt sich ein gedankliches »Setzen«, wodurch sich der Schwerpunkt absenkt. Die Stellung erhielt ihren Namen nach der Kata, für die sie (heutzutage) als typisch angesehen wird.

Neko-ashi-dachi: Eine Stellung fast nur auf einem Bein und darum mit besonderem Schwierigkeitsgrad. Beide Füße stehen auf der Bewegungslinie im Abstand der eigenen Schulterbreite voneinander entfernt. Der vordere Fuß zeigt nach vorn,

---

[113] Der Name dieser Stellung leitet sich wohl von deren Erscheinungsbild ab, das stark an das *shiko* – »Vier-Oberschenkel« – genannte Ritual der Sumo-Ringer erinnert, bei dem das Bein, nachdem es fast senkrecht in die Luft gestreckt wurde, wieder fallengelassen wird und der Ringer am Ende betont mit dem Fuß aufstampft.

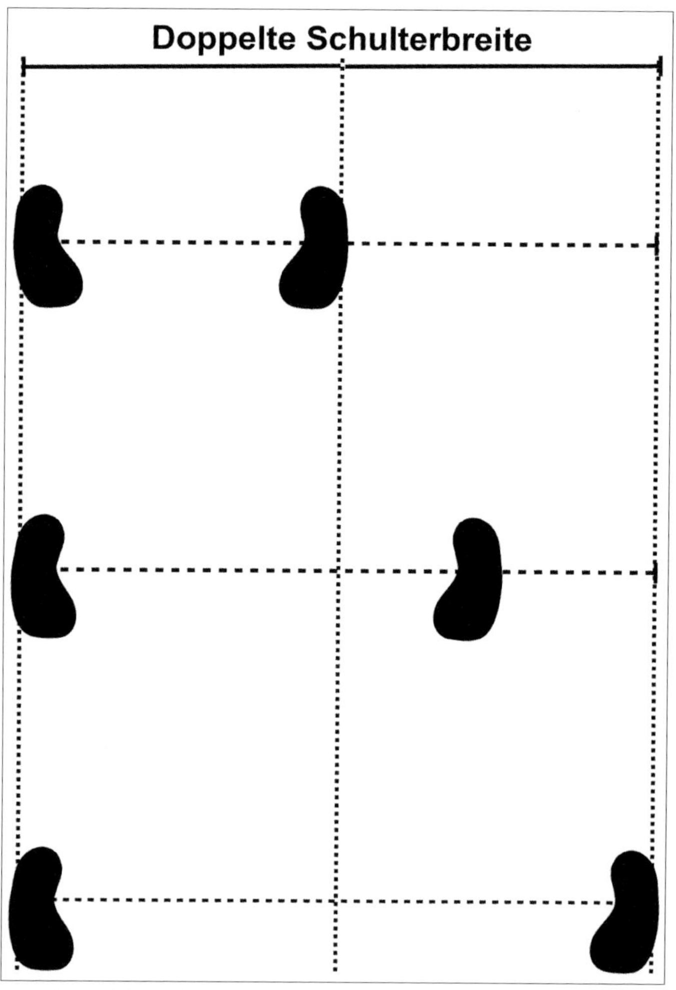

Abb. 7-12: Abstand der Füße in Uchi-hachiji-, Naifanchin- und Kiba-dachi (von oben).

der hintere etwa 45 Grad zur Seite. Die Rotation des hinteren Knies nach außen verleiht die erforderliche Stabilität. Ein möglicher Schluss der Oberschenkel bietet einen, wenn auch geringen Schutz gegen Genitaltritte, sofern dies nötig werden sollte. Der nur mit dem Ballen aufgesetzte Vorderfuß erinnert an eine Katzenpfote, daher der Name dieser Stellung (*neko* – jpn. »Katze«).

Bei der Arbeit mit beiden Armen empfiehlt es sich, die Hüfte etwas einzudrehen, so dass sich die Oberschenkel einander nähern. Bei Aktionen nur mit der Vorderhand und bei nach außen (z. B. bei Shutō-uke bis in den Rücken) gebrachter Kör-

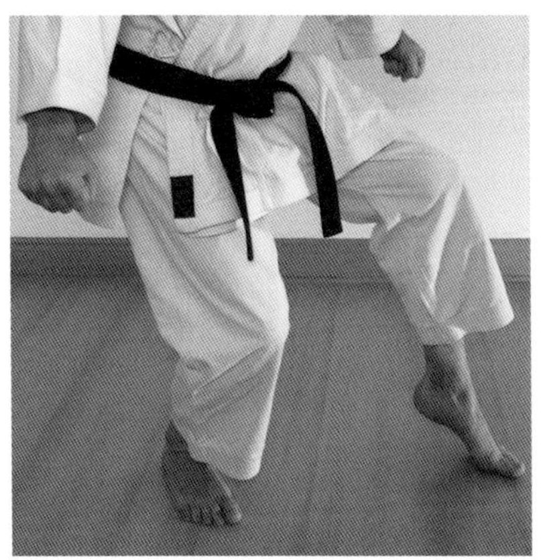

Abb. 7-13: Neko-ashi-dachi.

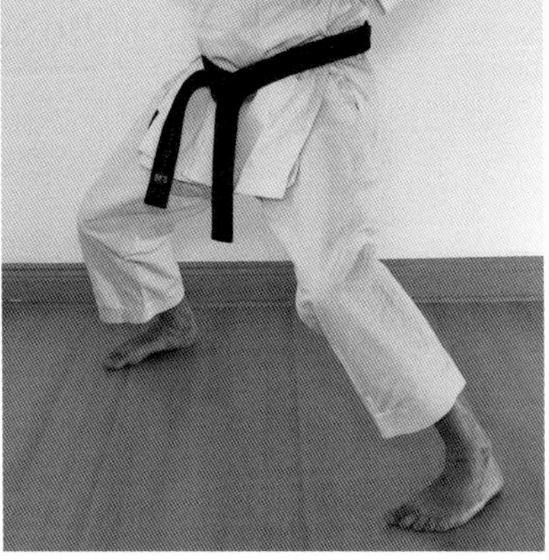

Abb. 7-14: Kiba-dachi.

perspannung öffnet sich zwangsläufig der Abstand zwischen den Knien. Die Position des hinteren Knies zu variieren kann somit – je nach den Erfordernissen – zur Stabilität in dieser vom Aufbau her eher labilen Fußstellung beitragen.

Kōsa-dachi: In der Kreuzstellung fühlt man sich mitunter recht unsicher, weil die Füße sehr dicht beieinander stehen. Man kann dieses Gefühl der Instabilität aber weitestgehend reduzieren, indem man die Knie oder die Unterschenkel aneinanderdrückt. Es gibt drei Variationen: Entweder es werden nur die Ballen des vorderen oder des hinteren Fußes aufgesetzt, oder es berühren beide Fußsohlen vollständig den Boden.

Die gekreuzten Füße bieten sich für schnelle Drehungen an, sei es, um sich rasch einem (weiteren) Gegner zuzuwenden, oder um einen Wurf einzuleiten. Auch bestimmte Tritte lassen sich aus der Position mit gekreuzten Beinen besser ausführen.

Kiba-dachi: In der eigentlich für die Knie nicht gerade gesunden »Stellung des Pferd-Reitens« wurde versucht, die Charakteristika von Shiko-dachi mit denen von Naifanchin-dachi zu verbinden. Die Stellung ist sehr statisch und ermöglicht kaum schnelle Ortswechsel.

Fudō-dachi: Die »Stellung ohne Bewegung« wird bisweilen als Mischung von Kiba-dachi, Zenkutsu-dachi und Shiko-dachi angesehen. In Wirklichkeit verhält es sich aber umgekehrt. Die uns heute unter diesen Namen bekannten Stellungen gingen aus der unbeweglichen Stellung durch Drehung der Hüfte und Verlagerung des Körperschwerpunktes hervor. Man findet sie in Kata wieder, die sich eine gewisse (chinesische) Ursprünglichkeit bewahrt haben, wie zum Beispiel in Nipaipo oder auch in Kata des Kobudō der Fall ist.

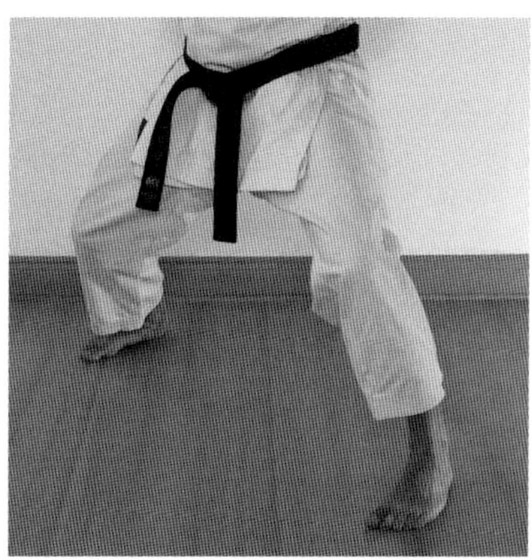

Abb. 7-15: Fudō-dachi entsteht durch leichtes Drehen der Hüfte aus Kiba-dachi.

Shizen no tachi-kata: Zum Stehen mit »natürlichem Körper« (siehe weiter hinten) mit fast geraden, also entspannten Beinen zählen alle Stellungen mit schulterbreit voneinander entfernten oder mit geschlossenen Füßen. Letztere, also Musubi-dachi und Heisoku-dachi, finden eigentlich nur Verwendung bei energetischen Übungen sowie zeremoniellen Bewegungen oder Kamae. Kommt in einer Kata jedoch eine Sequenz vor, in der Kampftechniken in einer Position mit geschlossenen Füßen ausgeführt werden, so ist dies nicht »wörtlich« zu nehmen. Gemeint ist dann in der Regel ein Heranziehen des Fußes, um die Distanz zum Gegner anzupassen, das aber nur so weit erfolgen soll, wie es in der jeweiligen Situation nötig wird.

In den drei Stellungen in Schulterbreite ist eine Kampfaktion durchaus denkbar, weshalb sie in den Kata auch recht häufig vorkommen. Die innere Stabilität steigt in der Reihenfolge Soto-hachiji-dachi über Heiko-dachi zu Uchi-hachiji-dachi, allerdings sinkt auch entsprechend die Beweglichkeit.

Bei allen Fußstellungen sollte das Gewicht des Körpers zu zwei Dritteln im hinteren Teil der Füße ruhen, also mehr zu den Fersen hin verlagert sein. Das intensive Training von Stellungen wie Naifanchin-dachi und Sanchin-dachi gibt einem mit den Jahren ein Gespür für die rechte Spannung, verbunden mit einem Gefühl der Verwurzelung im Boden. Später ist es dann nicht mehr unbedingt erforderlich, sich tief, also »schulmäßig korrekt«, hinzustellen, wenn man nur in der Lage ist, das entsprechende Körpergefühl für einen festen Stand von innen heraus zu entwickeln. Auf diese Weise gelangt man im Laufe der Zeit immer mehr zu einer natürlichen Weise des Stehens.

7.4. Armhaltungen, Qi-Fluss und Kamae

Nachdem wir im vorigen Abschnitt erfahren haben, wie man eine gute Standfestigkeit entwickeln kann, möchte ich nun einige Betrachtungen zur Ausrichtung der Arme anstellen hinsichtlich ihres Einsatzes im Kampf. Dabei empfiehlt es sich, zwischen der Stabilität einer bewegten Handtechnik, die im nächsten Abschnitt besprochen wird, und der Grundstabilität des Körpers selbst, die sich auch aus der Haltung der Arme ergibt, zu unterscheiden.

Wohl jeder hat schon einmal bemerkt, dass bestimmte Ausrichtungen der Arme eine Stabilisierung des gesamten Körpers bewirken. Das geht so weit, dass sogar das Gleichgewicht besser gewahrt werden kann. Als Beispiele möchte ich zwei Haltungen anführen, die überaus häufig in unseren Kata zu finden sind. Es sind dies die Haltung von Kagi-zuki und die der Speerhand vor dem Solarplexus.

Kagi-zuki ist den meisten sicher bekannt als eine Art »Fauststoß um die Ecke«. Es gelingt mir jedoch nur schwer, mir bei einer derart ausgeführten Technik eine hohe Wirksamkeit vorzustellen. In einigen Kata wie etwa Naifanchin soll sicherlich ein Fauststoß angedeutet werden, der in seiner Distanz variiert werden kann (Motobu, siehe Literaturverzeichnis). Die »Endposition« dieser Technik kommt aber viel häufiger in Kombination mit anderen Schlägen und Stößen vor oder wird zu einer anderen Technik umgewandelt. Dies geschieht zum Beispiel in den Kata Naifanchin und Jion, scheinbar als Unterstützung eines Ura-zuki beziehungsweise Tate-uraken-uchi, sowie in der Kata Kushanku – hier mit offener Hand unter dem mit der Speerhand zustoßenden Arm.

Das Wort *kagi* kann »Schlüssel« oder »Riegel« bedeuten. Die Übersetzung »Riegel« finde ich insofern angemessener, als sie auch ein *Ver*riegeln implizieren kann. Tatsächlich bietet diese Haltung mit dem rechtwinklig quergestellten Unterarm in Höhe des Solarplexus eine optische und physische Barriere, die dem Gegner das Angreifen nicht gerade erleichtert. Viel wesentlicher ist aber meiner Meinung nach ein Effekt, der eigentlich nur durch einen sich stabilisierenden Energiefluss erklärt werden kann. Denn wenn wir uns zum Beispiel in Naifanchin seitwärts bewegen (*nuki-ashi*) und dabei den Arm in der Kagi-zuki-Stellung halten, spüren wir, dass dies so besser geht als mit jeder anderen Haltung der Arme.

Im Rahmen einer daoistisch-energetischen Betrachtung lässt sich dieses Phänomen sehr gut erklären: Der auf Höhe des Solarplexus quasi »quadratisch-rund« gehaltene, leicht angespannte Arm festigt den Körper und verriegelt praktisch auch unser Äußeres durch die Bildung eines in sich geschlossenen Kreislaufs, auf dem das Qi von der Schulter über Ober- und Unterarm und Faust auf der anderen Seite in den Körper zurückfließen kann. In einigen sehr alten Übungen des Qigong folgt man einer solchen Vorstellung, indem man das Qi gedanklich auf Kreisbahnen schickt, wodurch sein Fluss intensiver wird und weniger leicht Störungen unterliegt. Es ist bemerkenswert, dass man auch aus der Physik vielerlei

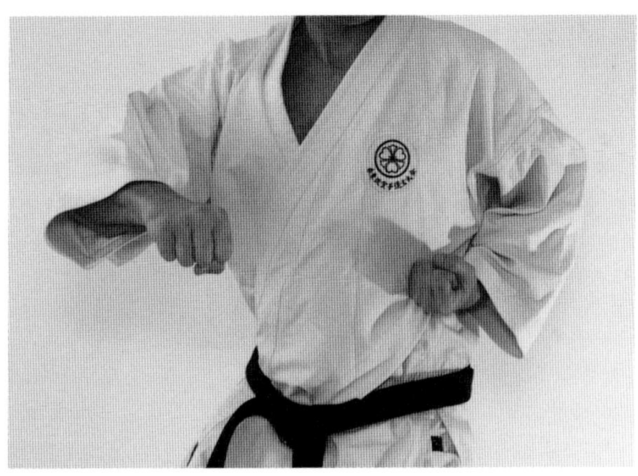

Abb. 7-16: Kagi-zuki.

Vorgänge einer sich selbst stabilisierenden Rotationsachse kennt, ein Effekt, den wir uns beispielsweise beim Fahrradfahren zunutze machen.

In vielen Kata des Shuri-te wird dieser Effekt des rechtwinklig untergelegten Arms ausgenutzt. Er verleiht einer Gesamtbewegung Festigkeit, eine Erfahrung, die nicht nur mir beim Training immer wieder zuteil wird.

Ähnlich verhält es sich mit der Haltung der Speerhand, die in der Regel in Verbindung mit (vermeintlichen) Abwehrtechniken ausgeführt wird. Die bekannteste Kombination ist die mit der Schwerthandabwehr, Shutō-uke, die in zwei Variationen, mit den Fingerspitzen aufwärts oder zum Boden zeigend, ausgeführt werden kann. Die Speerhand liegt dabei so im Bereich des Solarplexus auf, dass sich zur Ellbogenspitze hin zwischen Unterarm und Körper etwas Luft befindet. Auch hier lässt sich in der Praxis leicht zeigen, dass durch die Positionierung der zweiten Hand in jedweder anderen Weise die gesamte Haltung an Stabilität verliert.

Weniger um eine Haltung an sich als um ein sehr wichtiges Detail handelt es sich bei *mizu-nagare*, was wörtlich »Wasser-fließen« oder auch einfach »Gefälle« bedeutet. Bei der Haltung von Kagi-zuki – aber nicht nur da – sollte sich die Faust von der Höhe her etwas unterhalb der Ellbogenspitze befinden, und diese sich wiederum tiefer als die Schulter. So entsteht eine Abschüssigkeit, die das Ki leichter zu Tal fließen lässt. Auch hier lässt sich also durch energetische Aspekte erklären, warum viele Haltungen der Arme nicht nur optisch gefälliger wirken, sondern tatsächlich einen Zuwachs an Stabilität bewirken.

Armhaltungen dienen in der Kampfkunst zweierlei Zielen. Zum einen werden innere Prozesse in Gang gebracht, die zu erhöhter energetisch-körperlicher Stabilität führen. Dabei muss es sich nicht unbedingt um stärker werdende Techniken oder ein besseres Gleichgewicht handeln. Der optimierte Ki-Fluss bewirkt auch

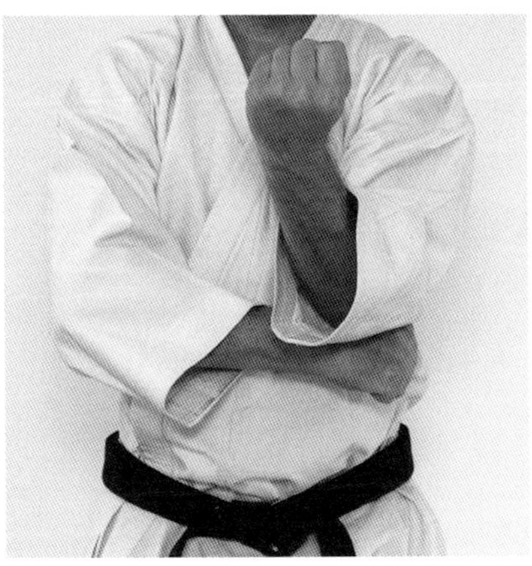

Abb. 7-17: Stabilisierende Funktion von Kagi-»zuki«.

eine bessere geistige Verfassung, führt also zu erhöhter Wahrnehmung oder Entschlossenheit.[114]

Zum anderen soll insbesondere durch die klassischen Kamae oder Kampfstellungen der Gegner durch die eigene Ausstrahlung beeindruckt werden. Indem das Ki mobilisiert und stabilisiert wird, ist der Kämpfer in der Lage, alles Nötige zu tun, um den Gegner zu überwältigen. Eine gut ausgewählte Kampfhaltung ist eine wichtige Voraussetzung für den Sieg. Sie erlaubt uns, auf die Aktionen des Gegners in angemessener Weise zu reagieren und die Situation letztlich zu beherrschen.

Der zuvor mental abgelaufene Zweikampf manifestiert sich anschließend in einer körperlichen Aktion: Aus der Körperhaltung entsteht eine Angriffs- oder Verteidigungsaktion. Aus Ruhe wird Bewegung. Aus den weiter vorn bereits erwähnten Kamae könnte sich beispielsweise Folgendes entwickeln: Aus Kagi-zuki wird möglicherweise Yoko-uke, oder die auf dem Körper platzierte Speerhand löst sich tatsächlich als Stoß. Die in Bereitschaft gehaltene Hand kann aber auch dem Ergreifen des Gegners dienen, wie etwa in der Kata Bassai-dai.

Jede Kamae hat ein besonderes, ihr innewohnendes Potential. Unter *Kamae* muss nicht unbedingt eine sogenannte Kampfstellung verstanden werden. Tatsächlich kann sich aus jeder Körperhaltung ein Kampf entwickeln. Es gibt allerdings graduelle Unterschiede im Ausdruck einer Körperhaltung und in der

[114] Wem das zu esoterisch anmutet, dem sei es freigestellt, die sich nachweislich einstellende Zunahme an Stabilität anderweitig zu erklären. Durch Einbeziehen aller Vorgänge auf muskulärer und nervaler Ebene mag eine Erklärung mit den Termini der modernen Medizin sicher auch möglich sein. Das entsprechend dem damaligen Paradigma für die früheren Meister selbstverständliche Modell des Ki-Flusses ist jedoch einfach, praktisch und, so meine ich, vollkommen ausreichend, um derartige Phänomene plausibel zu machen.

Wahrscheinlichkeit, bestimmte Bewegungen zu Angriff oder Verteidigung aus ihr zu entwickeln. Tiefe Stände mit spektakulären Handpositionen wirken aggressiver als das entspannte, aufrechte Stehen mit gelösten Armen. Die Frage ist letztendlich, welche Variante einem selbst als die erfolgversprechendere erscheint.

Grob unterscheiden lässt sich zwischen Kamae mit tief- oder hochliegendem Körperschwerpunkt. Entsprechend spricht man auch von hoher oder tiefer Fußstellung. Typische Tiefstellungen sind Zenkutsu-dachi und Kōkutsu-dachi sowie Shiko-dachi. Neko-ashi-dachi bildet eine gewisse Ausnahme, weil sie zwar tief, aber weniger fest, dafür um so flexibler ist. »Entspannte« Kamae werden gern in Ayumi-dachi, seltener in Heiko-dachi eingenommen. Wichtig ist zu verstehen, dass man auch bei tief ausgelegter Kamae mit kraftvoll erscheinender Armhaltung nur aus der Entspannung heraus schnell und effektvoll (re)agieren kann.

Wie schon an anderer Stelle erläutert, ergeben sich Kamae häufig einfach aus einer vorangegangen Technik, indem man in deren Endphase verbleibt und die für die Technik notwendige Spannung löst. Ich möchte mich nun einigen für das Karate charakteristischen Kamae zuwenden, um dann zum Abschluss einige allgemeine Betrachtungen zu wagen. Typische Kamae unserer Kata sind:

- Shizen-tai
- Haltung des Schutzes der geheimen Zone
- Tenchi no kamae
- Haltung der Drachenperle
- Horan no kamae
- Haltung von Hidden Tiger and Looming Dragon
- Haltung der Luohan
- Gedan-barai no kamae
- Kurotora no kamae
- Ryōte yoko-uke no kamae
- Musō-Kamae
- Chūdan-kamae

Ich habe klassisch überlieferte Bezeichnungen verwendet oder die Bezeichnungen so gewählt, dass vorstellbar ist, was in etwa gemeint ist. Die seltsam anmutenden deutschen und englischen Namen sind der chinesischen Mystik entlehnt. Es gibt meines Wissens keine japanischen Äquivalente.

Shizen-tai: Alle Positionen mit entspannten Beinen fallen unter *Shizen-tai*, wörtlich »natürlicher Körper«. Hierzu gehören alle L- und T-förmigen Anordnungen der Füße sowie solche, bei denen diese parallel oder leicht nach außen gerichtet in Schulterbreite auseinander stehen. Auch Stellungen, bei denen die Füße einander vollständig oder nur an den Fersen berühren, gehören hierzu.

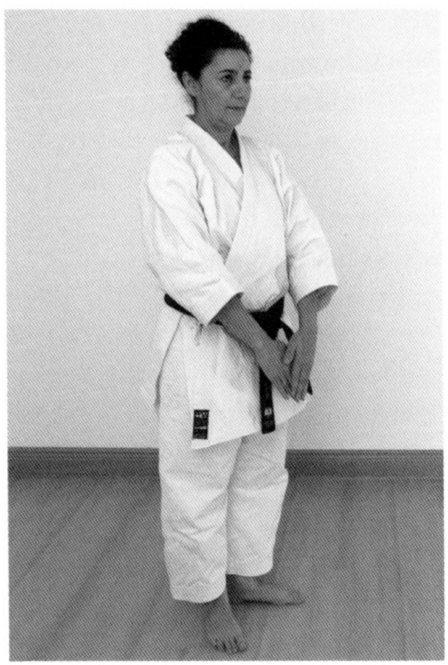

Abb. 7-18: Schutz der geheimen Zone.

Im Besondern wird mit »Shizen-tai« die heute allen bekannte Ausgangsposition bezeichnet, mit schulterbreit auseinander stehenden Füßen und geraden Armen, wobei die Hände Fäuste bilden und sich oberhalb der großen Zehen befinden.

Von vielen Karateka wird diese Körperhaltung nicht einmal als Kamae wahrgenommen. Aber letztlich beginnt jede Auseinandersetzung aus einer derart entspannten und unspezifischen Körperhaltung. Geht man in besonders definierte Stellungen der Beine und Arme über, ist dies oft bereits Teil eines Kampfgeschehens.

Haltung des Schutzes der geheimen Zone: Bei dieser Haltung mit geschlossenen Beinen (siehe obige Abbildung) sind die Handflächen in Höhe der Genitalien übereinander gelegt. Gern wird das so interpretiert, als diene dies dem Schutz vor Tritten. Ich meine jedoch, dass die Hände in dieser Haltung hier wohl kaum einen Angriff abhalten können. Wenn überhaupt, dann handelt es sich um einen spirituell-energetischen Schutz. Es gibt eine Reihe meditativer Übungen buddhistischen Ursprungs, die zeitweise in solch einer Körperhaltung ausgeführt werden. Unter »geheimer Zone« versteht man in der Terminologie der buddhistischen Übungstradition tatsächlich die Genitalien.

Um den ursprünglichen Sinn dieser Haltung zu verstehen, ist es nötig, sich kurz mit den Prinzipien des *Qigong,* (japanisch *Kikō*) zu befassen. Bei der »Arbeit mit dem Qi« ist man bemüht, den Fluss des Qi zu stabilisieren und zu stärken. Daneben geht es darum, Reserven an Qi zu schaffen, für Extremsituationen oder den Fall einer Krankheit. In zweiter Linie möchte man über lange Sicht das Qi verfeinstofflichen, das heißt in eine Art vergeistigte Form bringen, um in Zustände zu gelangen, die den Übenden letztlich aus dem Dualismus von Leben und Tod herausbringen. Für die Buddhisten wäre dies das Nirwana, für Daoisten die Unsterblichkeit.

Der menschliche Körper besitzt eine Reihe von Zonen, in denen sich das Qi in besonderer Form konzentriert (Kapitel 4.2). Von unten nach oben geht die Qualität dieser Zentren oder Reservoirs immer mehr vom Grobstofflichen über das Feinstoffliche in das rein Geistige über. Nach der Inneren Alchimie, der alten daoistischen Methode zur Lebensverlängerung, ist man zum Beispiel bestrebt, nach und nach alles Grobstoffliche in Feinstoffliches und dieses dann in Geistiges zu transformieren, um das spirituelle Ziel der Unsterblichkeit zu ereichen.

Das Übereinanderlegen der Hände im Bereich des Unterleibes soll bewirken, dass das Qi über die Arme in eines der wichtigsten Energiezentren, das untere Dantian, aus den anderen Teilen des Körpers zurückfließt und sich dort anreichert. Das untere Dantian (es gibt auch ein mittleres und ein oberes) dient gleichsam als Energiespeicher für das tägliche Leben und kann später als Ausgangspunkt für die spirituell-energetische Transformation dienen.

So wird auch die Abschlussbewegung vieler Kata verständlich, bei der meist aus Ten-chi no Kamae (siehe weiter hinten) die Hände von der Seite her ineinander gelegt, hochgeführt und über die Bereiche des Halses und der Brust langsam zum unteren Dantian[115] oder eben zur geheimen Zone hinuntergeführt werden.

Tenchi no kamae: Der Name »Himmel-Erde-Haltung« rührt recht eindeutig daher, dass die Finger der einen Hand nach unten, die der anderen nach oben weisen.[116] Meist folgt diese Haltung kreisförmigen Armbewegungen, was dann gern als Abwehrbewegung mit anschließendem Stoß (fehl-)interpretiert wird. Zwar kann man tatsächlich diese Bewegungen im Nahkampf einsetzen. Ich persönlich bezweifle aber die Wirksamkeit der sich ergebenden Schläge mit der offenen Hand oder dem Handballen.

Tenchi no kamae kommt in einigen Kata wie Suparinpei oder Kururunfa einige Male in deren Verlauf, bei den meisten anderen aber nur als Endposition vor. Sie hat demnach sicher im Ursprung eine viel grundlegendere Bedeutung. Denn die

---

115 Über die genaue Lage des unteren Dantian gibt es der jeweiligen Lehre entsprechend unterschiedliche Ansichten und Angaben.

116 *Ten-chi* deutet auch auf eine daoistische Sichtweise über die Entstehung der Welt hin, nach der sich in vorgeschichtlicher Zeit Himmel und Erde trennten und zwischen diese der Mensch und die zehntausend Dinge traten: *Ten-Chi-Jin* bedeutet »Himmel-Erde-Mensch«.

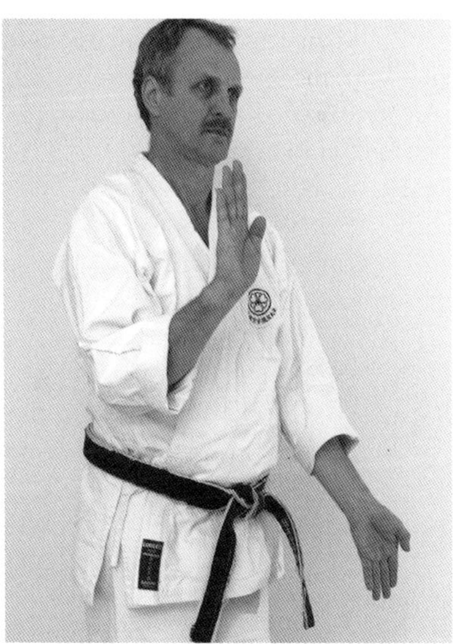

Abb. 7-19: Tenchi no kamae.

Schöpfer unserer Kata dachten in anderen Kategorien als wir heute. Viele von ihnen waren praktizierende Buddhisten. So wird verständlich, wenn gerade in Kreisen von Mönchen, deren oberste Gebote Gnade und Barmherzigkeit waren, Symbolismen in die Übungen eingefügt wurden, die sie immer wieder an dieses buddhistische Prinzip erinnerten.

Die besagte Haltung, die wir heute in vielen Kata als Kampftechnik für den Nahkampf ansehen, ist eine der von Avalokiteshvara, dem Bodhisattva[117] des universellen Mitgefühls. In zahlreichen Statuen ist dargestellt, wie seine offenen Hände den Menschen die Kraft von Himmel und Erde übermitteln, die ihnen helfen soll, besser miteinander umzugehen. Er tut dies über die *Laogong*, kleinen Energiezentren in den Handinnenflächen.[118]

[117] Bodhisattvas sind in der buddhistischen Lehre vorkommende Heilige, die die Erleuchtung fanden, aber es wegen ihrer tiefen Barmherzigkeit vorzogen, zunächst in einem Zwischenstadium zwischen Nirwana und irdischem Dasein zu verweilen, um weiteren Menschen auf ihrem spirituellen Weg zu helfen. Sie entsprechen in groben Zügen den Unsterblichen im Daoismus oder den Engeln der christlichen Lehre.
Avalokiteshvara war ursprünglich ein Mann, wurde aber im Laufe der Zeit besonders in den großen buddhistischen Richtungen Chinas und Japans zu einer weiblichen Gestalt, die unter dem Namen *Kuanyin* bzw. *Kannon* bekannt ist.

[118] In verschiedenen energetisch orientierten Alternativheilmethoden wird über die Laogong Qi übertragen.

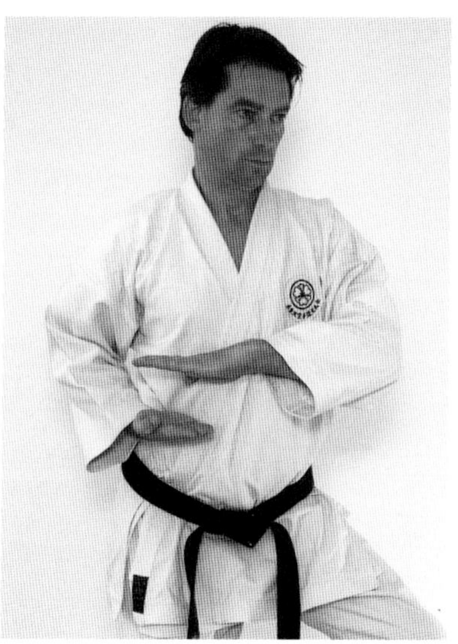

Abb. 7-20: Das Halten der Drachenperle.

Die Haltung der Drachenperle: Dieser sehr phantasievolle Ausdruck stammt aus der Mythologie Chinas. Vollständig müsste es heißen: die Haltung von *Zwei Drachen, die mit einer Perle spielen.* Es ist aber kaum wirklich geklärt, warum Drachen immer wieder mit einer Kugel oder Perle abgebildet wurden. Sie spielen damit, schlucken sie herunter oder speien sie aus, wobei sie manchmal von Flammen umkränzt und ein anderes Mal völlig schlicht dargestellt sind.

Die *Drachenperle* wird bei den Daoisten auch *Perle der Unsterblichkeit* genannt, ein Hinweis auf eine Bedeutung in der Inneren Alchimie. Einigen Legenden zufolge besitzt der (männliche) Drache in seinem Hals eine Perle, die von innen her leuchtet und die alles, was mit ihr in Berührung kommt, vervielfacht. Wird diese Perle von einem Menschen verschluckt, so wird dieser selbst zu einem Drachen.

Drachen wurden schon sehr lange mit Wind und Wetter in Verbindung gebracht. Rituale, bei denen es um Wetterbeeinflussung in Verbindung mit Drachen geht, sind in China seit 600 v. u. Z. überliefert. Danach soll es beispielsweise donnern, wenn zwei Drachen am Himmel mit einer Perle spielen. Es ist vorstellbar, dass frühe daoistische Kampfkunstexperten versuchten, an Kräfte zu gelangen, die jenen des Himmels bei einem Gewitter vergleichbar waren, und entsprechende Praktiken dafür entwickelten.

Es gibt bis heute diverse Übungen des Qigong und des Taiji, bei denen man davon ausgeht, zwischen den Händen einen Energieball zu halten und auch zu spüren. In den Inneren Kampfkünsten macht man sich diese Energie dann auf vielfache Weise zunutze. Dabei entsprechen die Hände den Drachen und die Ku-

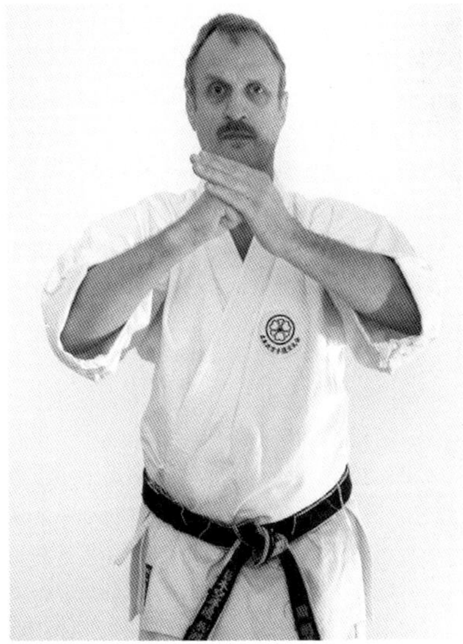
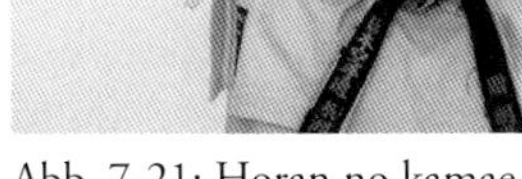

Abb. 7-21: Horan no kamae.

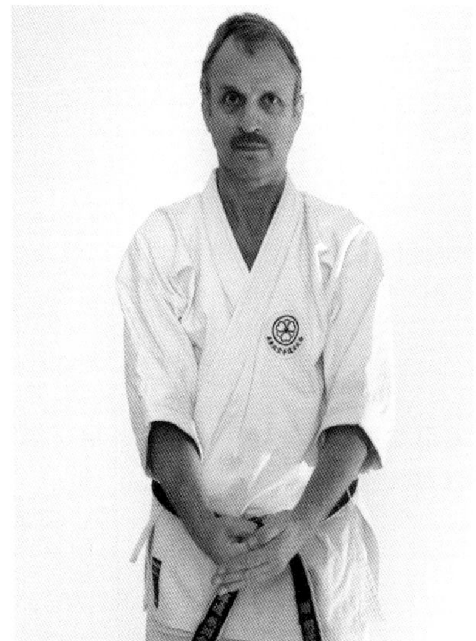

Abb. 7-22: Horan no kamae, Abwandlung.

gel aus Qi der Perle. Durch Öffnen der Hände kann aus dieser Haltung heraus das konzentrierte Qi eingesetzt werden – für den Kampf, besser jedoch zur Heilung, analog wie es auch bei Ten-chi no kamae (siehe weiter vorn) geschehen sollte.

Im Karate finden wir die einander etwa im Abstand einer Faust gegenüberstehenden »korrespondierenden« Handflächen in recht vielen Kata wieder, besonders häufig aber in jenen, deren Vorläuferformen auf den Wushu-Stil des Drachen zurückgehen, nämlich Kururunfa und Seipai.

Bei einer abgeänderten Variante der beschriebenen Haltung befinden sich die Hände zu Fäusten geschlossen an der Körperseite im Bereich der Hüfte. Diese Haltung wird bisweilen auch *Waki-kamae* oder *Koshi-kamae* genannt.

Horan no kamae: Die in den Kampfkünsten Chinas sehr bedeutungsvolle Haltung hat ihren Ursprung wohl in der Lehre des Konfuzius. Sie diente den »Edlen«, also Leuten höheren sozialen Ranges wie Adeligen, Beamten und Gelehrten als Begrüßung (siehe obige Abbildungen).

Die Kanji des Ausdrucks *ho* und *ran* bedeuten jeweils »schützen« oder »(ver)bergen« und »Ei«.[119] Damit wird offensichtlich, was mit dieser Kamae ausgedrückt werden soll: Es geht um den Schutz der Familie, des Lebens, des Vaterlands, von

[119] Das Wort *horan* wird häufig mit »Ei im Nest« übersetzt, was aber nicht wirklich korrekt sein kann. Mir ist kein Kanji bekannt, das sich mit »Nest« übersetzen ließe und »*hō*« oder »*ho*« ausgesprochen würde.

Bedürftigen oder um die Wahrung höherer Werte, auch der des Wushu. Demnach handelt es sich wohl weniger um eine energetische, als vielmehr um eine rein symbolische Haltung. Die Faust der rechten Hand wird gleichsam durch die linke Hand geschützt, da nach daoistisch-medizinischer Sicht die linke Körperseite Yang-betont und darum resistenter ist als die energetisch schwächere rechte. Dies gilt allerdings nur für Männer, bei Frauen liegen die Verhältnisse, das Qi betreffend, genau umgekehrt – weshalb sie Horan no kamae eigentlich andersherum ausführen müssten. Da die Kampfkunst jedoch über die Jahrhunderte von Männern dominiert wurde, hat sich deren Version als die allgemeingültige durchgesetzt.

In den Kampfkünsten Chinas ist es bis heute üblich, einen Kampf mit einer Variante dieser Haltung zu beginnen. Statt sich aufrecht mit geschlossenen Füßen würdevoll zu begegnen, wird dabei meist eine echte, an Neko-ashi-dachi erinnernde Kampfstellung eingenommen und dem Gegner die »blanke Faust« mit dahinter aufrecht stehenden gestreckten Fingern entgegengebracht. In ihrer friedlicheren Form wird die von der entspannten linken Hand bedeckte rechte Faust etwa auf Kinnhöhe gehalten, wobei die Arme locker und leicht gebeugt sind. In den Kata finden wir neben dieser üblicheren Form auch eine Variante mit auf Höhe des Unterbauchs gehaltenen Händen.

Die Haltung von Hidden Tiger and Looming Dragon:[120] Hier entspricht dem Drachen die vordere, offene, aufrecht stehende Hand und dem Tiger die fast schon versteckte Faust in der Hüfte. Entsprechend gängiger strategischer Prinzipien hat die jeweilige Hand die Aufgabe von Vorhut oder Reserve. So wird das bei vielen Kämpfern beliebte taktische Konzept von Abwehr mit der Vorderhand und Konterangriff mit der Rückhand (Go no sen) zum Ausdruck gebracht.

Diese Grundposition gab es bereits in der Kampfkunst des Shaolin-Klosters (Leung, siehe Literaturverzeichnis). Sie wurde jedoch nur von den Kriegern des alten China zu Beginn oder während des Kampfes eingenommen. Auch im modernen Sportwettkampf bevorzugen viele Kämpfer eine Auslage, die dieser Kamae entlehnt ist: die hintere Hand als Faust vor dem Körper, die vordere Hand offen dem Gegner entgegen gerichtet. Wir begegnen der Kamae in Kata wie Niseishi, Unsu und Chinte.

Diese Form der Ausrichtung für den Freikampf entspricht aber nicht den Idealen südchinesischer Kampfstile wie dem des Yongchun-baihe, wo man die Gleichzeitigkeit von Abwehr- und Angriffsbewegung bevorzugt und darum entsprechend abweichende Kampfstellungen einnehmen würde. Chōki Motobu ging

[120] Auf Deutsch »verborgener Tiger und bedrohlich auftauchender bzw. aufragender Drache«. Die englische Bezeichnung ist in diesem Zusammenhang gebräuchlich und wird daher an dieser Stelle verwendet.

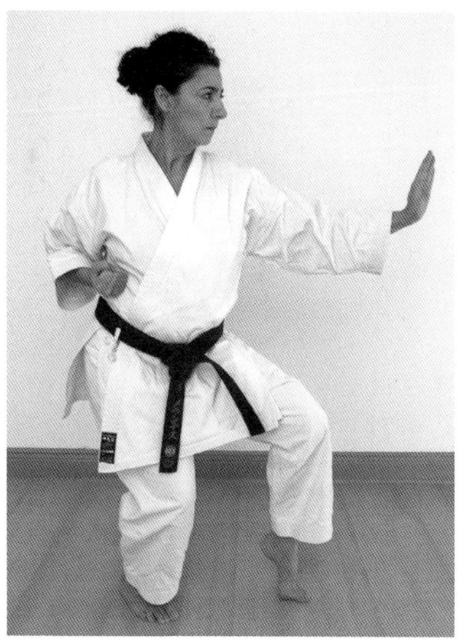

Abb. 7-23: Hidden Tiger and Looming Dragon.

bei seinen Empfehlungen für den Freikampf sogar noch einen Schritt weiter, indem er meinte, man solle bestrebt sein, erst zu kontern und die Abwehrbewegung gegebenenfalls anzuhängen – eine Strategie, deren Wirksamkeit er in zahlreichen Kämpfen auf Okinawa und später auch in Japan unter Beweis stellen konnte (siehe Literaturverzeichnis).

Die Haltung der Luohan: Ich habe diese Bezeichnung gewählt, obwohl nicht auszuschließen ist, dass die Haltung eigentlich aus einem der Shaolin-Tierstile stammt.[121] Jedoch bewirken diese wie auch andere Haltungen der Luohan durch das Ausrichten der Glieder eine Regulation und Verstärkung des Qi-Flusses und damit eine erhöhte innere Stabilität des gesamten Körpers. Zudem wurde das Tōde Okinawas – neben Tigerfaust und Weißem Kranich – wesentlich vom Stil

[121] Zwar gibt es mit *rakan* einen äquivalenten japanischen Ausdruck, der jedoch kaum bekannt ist, so dass ich es vorzog, bei der chinesischen Bezeichnung zu bleiben. *Luohan* bedeutet »Der/die Würdige« und ist der chinesische Ausdruck für das aus dem Sanskrit stammende Wort *Arhat*. Hierbei handelt es sich um einen vollendeten buddhistischen Heiligen, der vollständig Gier, Hass und Verblendung abgelegt hat und der die zehn Fesseln – Persönlichkeitsglaube, Zweifel, Hängen an Regeln und Riten, Begehren der Sinne, Übelwollen, Begehren nach feinkörperlicher Existenz, Begehren nach unkörperlicher Existenz, Dünkel, Aufgeregtheit und Unwissenheit – abgelegt hat. Er wird durch das Erreichen des Nirwana nicht mehr wiedergeboren.

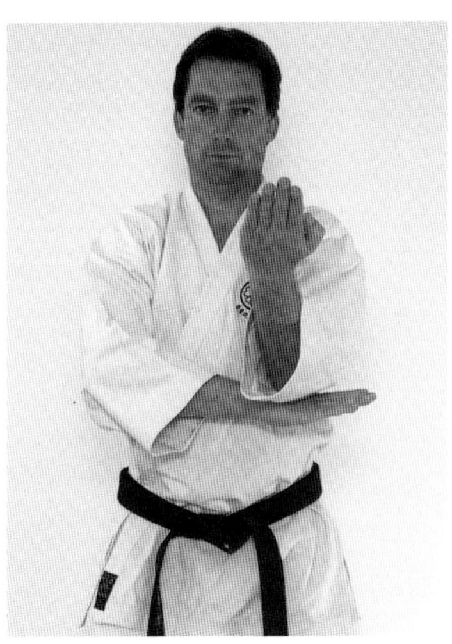

Abb. 7-24: Haltung der Luohan.

der Mönchsfaust Luohan-quan[122] geprägt. Wahrscheinlich erklärt sich auch so die auf den ersten Blick recht sonderbare Haltung, bei der ein senkrechter Arm mit dem Ellbogen aufrecht auf dem sich waagerecht vor dem Körper befindenden anderen Arm ruht. Sie begegnet uns als Stoß-Abwehr-Kombination, wie in der Kata Naifanchin, oder als vorbereitende Zwischenhaltung zu Techniken wie der beidarmigen Kreisabwehr, Mawashi-uke, mit anschließendem Übergang zu Tenchi no kamae in Kata wie Suparinpei, wird aber nur von wenigen Übenden als besondere Kamae wahrgenommen.

Gedan-barai no kamae: Diese Haltung entspricht praktisch der Endphase der gleichnamigen Abwehrtechnik. Allerdings muss nicht immer, wenn im Verlauf einer Kata eine solche Positionen vorkommt, tatsächlich von der Vorstellung her eine Abwehr erfolgt sein. Der weitere Ablauf der Sequenz würde sonst jeder Logik entbehren. Für uns heute weniger vorstellbar, war es zu Zeiten des jungen Gichin Funakoshi wohl tatsächlich noch üblich, eine solche Haltung als Grundposition

[122] *Luohan-quan*, die »Faust der Würdigen«, entstand im Tempel des Shaolin durch meditative Imitation von Form und Ausdruck der Statuen verschiedener Arhats, aus welcher die »18 Handhaltungen der Würdigen« hervorgingen, welche achtzehn besonderen Fähigkeiten des Kampfes entsprachen. Das gesamte System bestand später aus zwölf Formen: sechs der Faustbewegung, vier des Greifens und Ziehens und zwei der offenen Hand, mit insgesamt 108 Techniken, deren Bewegungen durch ihre Anlehnung an die Einfachheit und Ästhetik der Arhat-Statuen bestechen.

für einen Zweikampf einzunehmen. Er beschreibt dies mehrfach in seinen Memoiren »Karate-dō – Mein Weg« (siehe Literaturverzeichnis).

Diese Kamae kommt auch als Nachfolgehaltung (Zanshin) in einigen Kata vor, etwa in Seienchin oder Seipai. Sie wurde vorzugsweise in tiefen Fußstellungen ausgeführt, also in Zenkutsu-dachi, Shiko-dachi oder Fudō-dachi, aber auch in Kokutsu-dachi, dann aber meist in Kombination mit einer Art Yoko-uke mit dem vom Gegner abgewandten Arm (wahrscheinlich als Variation von Musō-Kamae; siehe weiter hinten).

Ryōte Yoko-uke no kamae: In der für eine Reihe von Kata des Naha-te typischen Grundhaltung befinden sich beide Arme ungefähr rechtwinklig gebeugt vor dem Körper, die Hände auf Schulterhöhe. In der entsprechenden Übung wird einer der Arme langsam zurückgeführt, bis die Hand den Rumpf erreicht und im Anschluss als Stoß, je nach Kata oder deren Version, langsam oder schnell nach vorn gebracht, wonach eine Art Abwehrbewegung mit Rückkehr in die Ursprungsposition erfolgt. Die Hände können dabei als Faust oder als Vierfinger- oder Einfinger-Speerhand eingesetzt werden. Im südchinesischen Original dieser Haltung sind die Arme etwas mehr gestreckt, so dass die offenen Hände sich weiter weg vom Körper auf Höhe der Unterarme befinden und die Finger dabei schräg aufrecht, leicht nach außen zeigen.

In einigen Kata des Shuri-te finden sich Varianten dieser Kamae, bei denen die Kleinfingerseiten der Unterarme nach außen zeigen. Sie wird unter anderem *Tazuna no kamae*, »Haltung des Pferdehalfters« genannt.

Kurotora no kamae: Ein recht seltsamer Name für eine Körperhaltung, denn *kurotora* bedeutet »schwarzer Tiger«. Woher dieser Ausdruck kommt, ist unklar. Möglich wäre ein entfernter Bezug zu einem in China tatsächlich existierenden Stil des Schwarzen Tigers.

Bei dem merkwürdigen Begriff könnte es sich aber auch um ein Relikt aus dem chinesischen Sprachgebrauch handeln. Vielleicht wollte man durch die Bezeichnung »Schwarzer Tiger«, natürlich verschlüsselt, etwas über den besonderen Charakter eines Stils oder eine seiner Techniken sagen. Zu bedenken ist dabei, dass man in China sehr wohl Tiger, jedoch andere Großkatzen eher nur von Reiseberichten oder Legenden her kannte. Löwen wie in Afrika gibt es beispielsweise in China nicht. Möglich ist darum, dass es sich daher bei dem seltsamen Tiger eher um einen schwarzen Leoparden handelt, denn die früher gebrauchten Bezeichnungen und deren Schreibweisen trennen nicht so scharf nach Art und Gattung, wie wir es von der modernen Biologie her kennen.

Wie wir schon wissen, wurden traditionell einzelne Techniken eigentlich gar nicht benannt oder, wenn überhaupt, dann wurden sie mit rätselhaft-blumigen Umschreibungen wie »Im Jade-Mond ein Schloss bauen« oder »Der Affe stiehlt

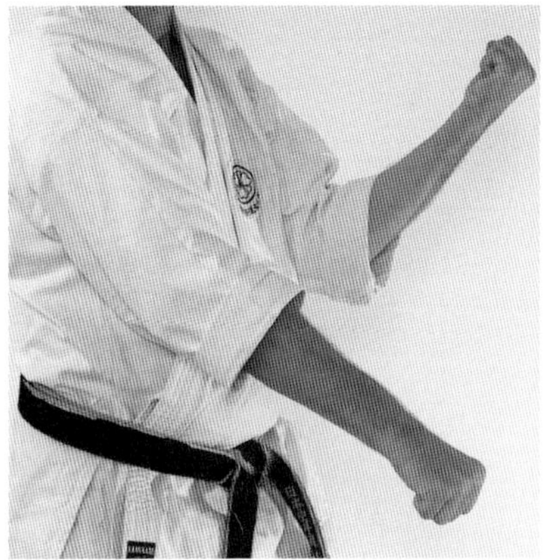

Abb. 7-25: Kurotora no kamae im Shuri-te.

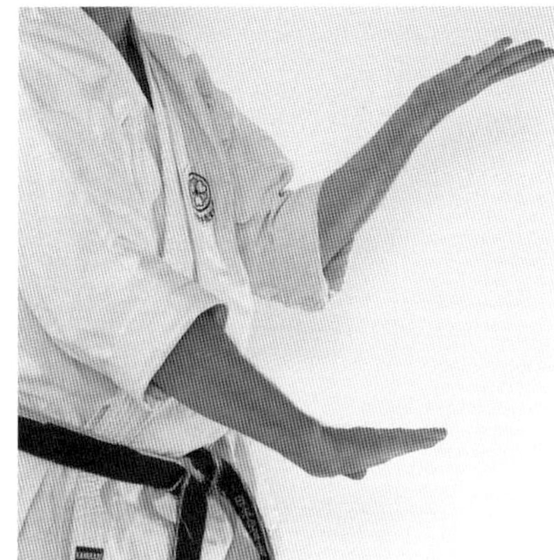

Abb. 7-26: Kurotora no kamae im Naha-te.

den goldenen Pfirsich« versehen. Ob also wirklich ein tieferer Sinn hinter der Bezeichnung steckt, ist fraglich. Ich könnte mir aber ebensogut vorstellen, dass eine Beziehung zu einem der klassischen fünf Tier-Stile des Shaolin besteht, zu deren Weiterentwicklung, der Tiger-Faust He-quan, oder zu einem anderen naturphilosophischen Konzept.[123]

Für die Schreibweise bieten sich zwei Varianten an: Bei der ersten handelt es sich um das reale Tier, während in der zweiten das Kanji für ein mythisches Wesen vorkommt, nämlich der Tiger aus der chinesischen Astrologie.[124] Sollte der seltsame Name tatsächlich etwas bedeuten, dann etwas, das unserem heutigen Verständnis wohl nicht mehr zugänglich ist.[125] Fraglich ist aber auch, ob

[123] Aus dem Feng Shui, der klassischen Lehre über Landschaften und Gebäude, ist ein Verfahren zur Aufteilung von Räumen bekannt, bei dem fünf mythische Tiere benannt werden. Danach befindet sich in der Mitte die Gelbe Schlange, im Norden die Schwarze Schildkröte, im Süden der Rote Phönix, im Osten der Blaugrüne Drache und im Westen der *Weiße* Tiger. Weiß, bzw. silbern ist die Farbe des Metalls. Die fünf mythischen Tiere haben einen Bezug zu den »Fünf Wandlungsphasen« (auch fünf Elemente), dem neben dem von Yin und Yang anderen grundlegenden naturphilosophischen Konzept des alten China zur Erklärung der Vorgänge in der Welt. Beide Konzepte dienten dort als Grundlage von Kunst und Technologie.

[124] So gibt es Jahre, Monate, Tage und Stunden des Tigers. Die mit den Namen mythischer Tiere bezeichneten zwölf (Doppel-)Stunden des Tages sind hierbei für die Kampfkunst von besonderer Relevanz. So enthält z. B. der Text des *Bubishi* Angaben, zu welchem Stand der Sonne bestimmte Vitalpunkte für einen Schlag oder Stoß geöffnet sind (Patrick McCarthy, siehe Literaturverzeichnis).

[125] Möglicherweise handelt bei dem »Schwarzen Tiger« um eine mythische Figur, und er war Bestandteil einer Legende.

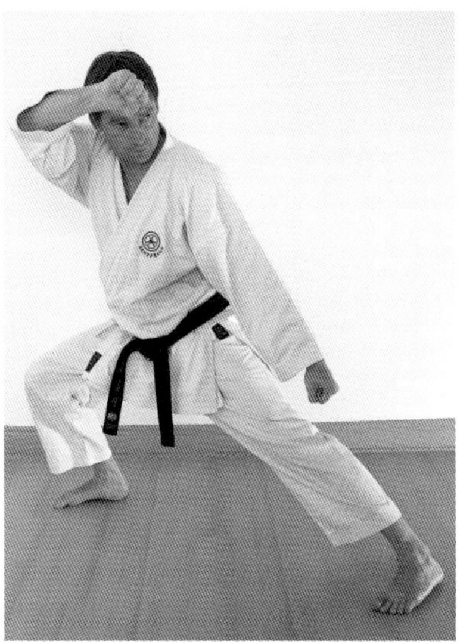

Abb. 7-27: Musō-kamae in Kōkutsu-dachi.

der Begriff noch etwas mit der Kamae oder Technik zu tun hat, die wir heute im Karate üben.

Im Shuri-te setzt sich diese Haltung aus einer Art Gedan-barai und einem Yoko-uke zusammen, die simultan ausgeführt werden. Es gibt diese Haltung auch mit offenen Händen, wobei der untere Arm nicht mehr ganz gestreckt, sondern eher rund gehalten wird. Ich halte diese Variante des Naha-te für die ältere, da sie vielseitiger anwendbar ist. Die Form mit den geschlossenen Fäusten dagegen geht höchstwahrscheinlich auf Ankō Itosu zurück.

Musō-kamae: Bei dieser sehr beeindruckenden Körperhaltung befindet man sich in einer tiefen Fußstellung, meist Shiko-dachi, Kōkutsu-dachi oder auch Fudō-dachi. Der hintere Arm formt eine Art Age-uke, während der vordere wie in einer rund ausgeformten Abwehr zur unteren Stufe ähnlich Gedan-barai gehalten wird. Da beide Arme praktisch in Abwehrposition stehen, erweckt diese Haltung einen, obwohl sehr starken, dabei doch eher defensiven Eindruck. Die Haltung ist besonders im Kobudō sehr verbreitet und bietet dem Gegner keine rechte Angriffsfläche – vielleicht stammt daher ihr Name, der wörtlich so viel wie »Keine-Idee-Haltung« bedeutet. Sicher ist aber auch gemeint, dass derjenige, welcher diese Haltung einnimmt, sich von möglichst allen vordergründigen Absichten (Angriff und Verteidigung betreffend) freigemacht hat. Die Kata Sōchin in der Version des Shōtōkan bietet ein schönes Beispiel für diese Kamae.

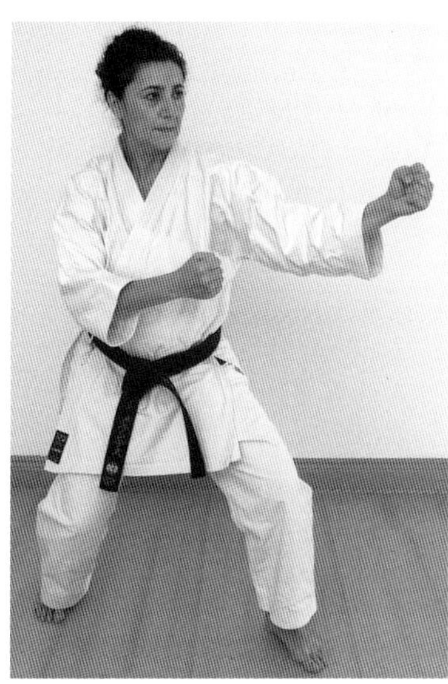

Abb. 7-28: Chūdan-kamae nach Art von Chōki Motobu mit aufrecht stehenden Fäusten.

Chūdan-kamae: Dies ist die von vielen Karateka kaum als besonders angesehene Haltung des Freikampfes. Die meisten Kämpfer stehen etwas höher als im Kihon in einer Mischung aus Zenkutsu- und Shiko-dachi. Dabei halten sie die Fäuste vor den Körper, derart, dass die vordere in Richtung Kinn und die untere in Richtung Brust des Gegners zeigt. Diese Haltung hat sich in Wettkämpfen als sehr praktisch erwiesen, denn sie ist eine gute Ausgangsposition für die typischen Treffertechniken wie Gyaku-zuki und Kizami-zuki. Alle Standardfußtritte sind aus ihr heraus möglich. Zudem bietet sie ein gewisses Maß an Deckung gegenüber gegnerischen Angriffen, so dass eigene Abwehrmaßnahmen leicht eingeleitet werden können. Diese Haltung stellt also eine Art Kompromiss verschiedener Anforderungen an die Taktik in einem Zweikampf dar.

Man findet Chūdan-kamae formalisiert – und häufig als »Morote-uke« missinterpretiert – in einigen Kata wieder, die auf Ankō Itosu zurückgehen, das heißt in den Kata Pinan-yondan, Pinan-godan, Pinan-shodan und Kushanku-shō. Missinterpretiert deshalb, weil eine am Ellbogen angelegte Faust kaum eine Unterstützung des abwehrenden Armes zulässt. Ich glaube, Meister Itosu wollte mit dieser Figur einen Hinweis auf eine realistischere Freikampfhaltung geben als die in seiner Zeit noch üblichen, wie etwa Musō-kamae oder Gedan-barai no kamae.

Mit dem Wort Kamae (siehe Kapitel 4.3) ist vordergründig zunächst einmal eine Haltung von Rumpf, Armen und Beinen gemeint. Viel wesentlicher ist in den Kampfkünsten aber die *innere* Haltung, die seelisch-geistige Einstellung.

Wenn diese nicht stimmt, kann die aus einer physischen Kamae folgende Technik noch so stark, ihr äußeres Erscheinungsbild noch so beeindruckend sein, das Ganze wäre wie eine aufgeblasene Figur, ohne Substanz und nur mit Luft gefüllt.

Besonders fortgeschrittene und erfahrene Kämpfer können an der Körperhaltung ihres Gegners schnell Wesentliches über dessen inneren Zustand ablesen. Die Ausrichtung von Körper, Armen und Beinen des Gegners kann Aufschluss geben über dessen mögliche Intentionen. Je besser man diese einzuschätzen vermag, um so höher die eigenen Chancen.

In den Kampfkünsten wurde daher immer auch angestrebt, den Gegner im Unklaren über das zu lassen, was man selbst wirklich vorhatte oder besser noch, ihn zu falschen Schlüssen zu verleiten. Das gelingt um so sicherer, je nichtssagender eine Kamae wirkt und je besser man äußere und innere Haltung, das heißt körperliche und mentale Einstellung, voneinander trennen kann. Man sollte daher eine Haltung einnehmen, die möglichst viele Handlungsoptionen bietet, aber die eigenen Absichten nach Möglichkeit verschleiert. Das geht sogar so weit, dass man eine Haltung einnimmt, die das eigene Vorhaben eigentlich ausschließen sollte. Äußere und innere Haltung stimmen dann immer weniger überein, so dass es dem Gegner zunehmend schwerer fällt, uns einzuschätzen.

Ein Ziel der Kampfkünste ist es daher, äußere und innere Haltung zu trennen. Die innere Haltung kann auf diese Weise nach und nach an Potential gewinnen, während die äußere mehr und mehr an Bedeutung verliert. Hat man am Ende durch vollkommene geistige Schulung einen Zustand erreicht, aus dem heraus sich die angemessene Reaktion von selbst ergibt, dann bedarf es keiner auf die Technik gerichteten Einstellung mehr. Man spricht dann vom formlosen, von allen störenden Gefühlen und Gedanken befreiten Geist, der auch alle Kamae überwunden hat (Yagyū, siehe Literaturverzeichnis; siehe auch Kapitel 15).

In früheren Zeiten war es die Regel, dass beide Kontrahenten sich lange aus diversen Kamae heraus belauerten, bis es wirklich zum Austausch von Angriffen kam. Meist war bis dahin der Kampf längst entschieden, weil derjenige mit der überlegenen *inneren* Kamae schon gewonnen hatte, bevor es äußerlich losging.

Aber trotz allem, was hier über die Trennung von Innen und Außen gesagt wurde, möchte ich noch einmal betonen, dass jede Haltung des Körpers korrekt und stimmig sein muss. Wenn man sich bewusst oder intuitiv für eine bestimmte Haltung entscheidet, so reflektiert dies immer auch einen Teil des inneren seelisch-geistigen Zustands. Umgekehrt kann die geschickte Wahl einer Körperhaltung auch eine positive Wirkung auf das Geschehen im Innern haben. Nach der Lehre der chinesischen Medizin stellt jedes der großen Gelenke[126] einen Engpass für den Fluss des Qi dar. Die besondere Ausrichtung von Armen und Beinen

---

[126] Unter den *großen Gelenken* versteht man traditionell die Schulter-, Ellbogen- und Handgelenke sowie die Hüft-, Knie- und Sprunggelenke.

kann dort für eine optimale Durchlässigkeit sorgen. Zudem treten so bestimmte Körperzonen mit anderen über Öffnungspunkte energetisch in Wechselwirkung. Dies kann eine Harmonisierung des Qi-Haushalts durch Ausgleichs- oder Verstärkungsmechanismen bewirken. Vom starken und stabilen Fluss des Qi profitiert auch der Geist: Gefühlsregungen wie Nervosität, Ungeduld oder Zorn, die das Handeln negativ beeinflussen können, lassen sich so in Grenzen halten. Kamae, die dies gewährleisten, sind daher besonders vorteilhaft, egal, wie der weitere Verlauf des Kampfes sein mag.

Technisch gesehen bietet jede Hand-, Arm- oder Beinhaltung schon aufgrund der rein räumlichen Gegebenheiten gewisse Möglichkeiten im Hinblick auf nachfolgende Bewegungen – und natürlich auch Einschränkungen. Beispiel: Aus Musō-kamae heraus sind Fauststöße wie Gyaku-zuki direkt kaum ausführbar. Je nachdem, wie man sich zu seinem Gegner ausrichtet, hat man somit verschiedenen Alternativen der Aktion und Reaktion. Bei den Kamae handelt es sich praktisch um strategische Positionierungen. Durch sie kann der Gegner zu einem Handeln verleitet werden, das man dann selbst zum eigenen Vorteil ausnutzt.

Genau genommen ist also jede definierte Köperhaltung als Kamae zu betrachten. Wenn wir eine Kata durchlaufen, so bewegen wir uns gleichsam von Kamae zu Kamae, dazwischen erfolgt jeweils die Technik. Deren Endposition ist eine Kamae, aus der diverse neue Aktionen hervorgehen können, bestimmte andere hingegen nicht. In der Kata wird dem Übenden vorgeschrieben, welche der möglichen Bewegungen ausgeführt werden soll – meist ist dies eine besonders sinnvolle. Während beispielsweise die Position des beidarmigen Yoko-uke mehrerer Kata des Naha-te eine Vielzahl an Abwehr- und Verteidigungstechniken ermöglicht, so scheint es mitunter, dass aus Gedan-barai heraus eigentlich nur noch ein Fauststoß folgen kann.

In den Kata folgen die einzelnen Handlungen fast zwangsläufig aus den ihnen vorausgehenden Positionen. Im realen Kampf kann man jedoch nicht davon ausgehen, dass der oder die Gegner wohlgeordnet, am besten einer nach dem anderen, angreifen. Es gibt Momente voller Hektik, Momente der Stagnation und strategische Ruhephasen. Einige wenige Kata betonen diesen Sachverhalt durch besondere, mit einer Pause im Gesamtablauf verbundenen Kamae. Beispiele dafür sind die Kata Chintō oder Pinan-sandan.

Man kann bei Kamae zwischen strategisch und formal ausgerichteten Haltungen unterscheiden. *Strategisch* ausgerichtete Kamae werden entsprechend den Erfordernissen der jeweiligen Kampfsituation eingenommen. Eine Kamae muss einen Gegner auf angemessene Weise beeindrucken. Sie soll ihn einschüchtern oder fälschlich ermutigen und ihn letztlich zu einer für ihn fatalen Handlung verleiten (Musō-kamae oder Shizen-tai). *Formal* ausgerichtete Kamae sollen die eigene religiös-philosophische Grundhaltung ausdrücken und/oder spirituell-energetische

Prozesse ermöglichen oder unterstützen. Beispiele hierfür sind Horan no kamae und Tenchi no kamae.

Zum Abschluss möchte ich das Gesagte noch einmal kurz zusammenfassen: Die korrekte Haltung der Arme (und auch der Beine, siehe voriger Abschnitt) lässt das Ki ungehindert und stark durch die großen Gelenke fließen, so dass es zu einer Stabilisierung des gesamten Körpers kommt. Dieser Effekt ist nicht nur bei den als »Kamae« bezeichneten Haltungen der Arme spürbar. Auch die Geometrie unserer Grundtechniken resultiert aus den gleichen Vorgängen: Die Stellung der Schulter- und Armgelenke ist in den Grundabwehrtechniken wie Yoko-uke, Age-uke und Shutō-uke so ausgelegt, dass die beteiligten Muskeln die optimale Länge haben, um mit maximaler Kraft zu arbeiten und so der Technik die nötige Festigkeit zu geben. Alle unsere Techniken beinhalten dieses vorgegebene Optimum an Kraftentwicklung, das durch die anatomisch-physiologischen Verhältnisse vorgegeben ist und von der Ausrichtung der Arme und Beine abhängt. Dies gilt es, bei der Anwendung der Techniken zu berücksichtigen.

7.5. Handhaltungen

Der überwiegende Teil der im Karate vorkommenden Techniken wird mit der Hand ausgeführt. Auch hier kommt es auf die korrekte Ausrichtung der Gelenke an. Sie ermöglicht starke Stöße und Schläge und verhindert, dass der Ausführende durch das Fehlen innerer Stabilität mehr sich als dem Gegner schadet.

Die Kata beinhalten eine Vielzahl von Handhaltungen, die, je nach Bedarf, einem bestimmten Zweck dienen. Zum Zugreifen muss die Hand geöffnet und weitgehend entspannt sein. Will man mit ihr zustoßen, dann muss sie hingegen so fest sein, dass sie die Wucht des Stoßes aushält und man sich als Ausführender nicht selbst verletzt. Für jede erdenkliche Kampfsituation gibt es angemessene Haltungen der Hände. Diese Vielfalt wurde im Laufe der Entwicklung unserer Kampfkunst auf wenige Grundformen der Hand oder der Faust reduziert, um ein effektives Training zu ermöglichen, das rasche Fortschritte bringt.

Die japanischen Bezeichnungen für diese Handhaltungen enden meist auf *-te* oder *-ken*. Eine Ausnahme scheint *shutō* zu sein, was so viel wie »Handschwert« bedeutet. Bei *shu* handelt es sich jedoch um dasselbe Kanji wie für *te*, welches zu deutsch »Hand« bedeutet. Es wird in Verbindung mit *tō* nur anders ausgesprochen. Im übrigen ist *te* der umfassendere Begriff. Während im vorliegenden Zusammenhang *ken* einfach nur »Faust« bedeutet, beinhaltet *te* neben der Form der *Hand* noch mehr: Zumindest auf Okinawa bedeutete *te* nämlich auch »Handhabung« oder »Methode«.[127] So gesehen enthalten die Bezeichnungen zu den

[127] Ähnlich beziehen sich Shuri-*te* oder Tō*de* ebenfalls mehr auf das Potential der so be-

Handhaltungen auch Hinweise auf deren Anwendung oder besser gesagt auf deren Potential oder Ki. Die Bezeichnungen der offenen Handhaltungen geben erste Hinweise auf deren Funktion, während bei denen der Fäuste eher deren äußere Form beschrieben wird.

Wie schon im vorigen Abschnitt erläutert, können unsere Muskeln nur in einem bestimmten Längenintervall ihre maximale Kraft entfalten. Je nach Zielsetzung einer Handhaltung sind bestimmte Muskeln mehr gefordert als andere, so dass sich schon aus der Anatomie des Armes und der Hand einige Kriterien für die optimale Stellung der Knochen und Gelenke ergeben. Wir wollen uns hier aber nicht in anatomischen Studien verlieren, sondern uns nur bewusst machen, dass, ganz gleich, ob wir die Hand für einen Stoß oder Schlag ausformen (sie »hart machen«) oder sie zum Greifen und Ziehen einsetzen wollen, unsere Muskeln optimal arbeiten müssen. Teil der Trainingspraxis sollte darum ein ständiges Überprüfen jener anatomisch bedingten Kriterien sein, die letztlich die äußere Form der jeweiligen »Strategiehand« bestimmen.

Bei den verschiedenen Haltungen der Hand kommt der Position des Daumens eine besondere Bedeutung zu. Wenn man bei Haltungen wie Kake-te die Stellung des Daumens variiert, kann man feststellen, wie sich das Gefühl innerhalb der Hand und des Unterarmes verändert. Unsere Hand wird erst durch die Sonderstellung des Daumens so vielseitig einsetzbar. So ist der Daumen der einzige Finger, der Muskeln in der Hand selbst besitzt. Alle anderen Finger haben ihre Muskeln im Unterarm und werden über lange durch das Handgelenk verlaufende Sehnen bewegt.

Mit der intensiven Benutzung des Daumens begann in grauer Vorzeit, verbunden mit dem aufrechten Gang, die Entwicklung vom Primaten hin zum Menschen. Das für die Bewegung des Daumens zuständige motorische Areal im Gehirn ist deutlich größer als das der anderen Finger und aller anderen Partien des Körpers. Anders ausgedrückt: Mit dem Gebrauch des Daumens fordern und fördern wir unser Gehirn. Denn man weiß heute, dass intensiver variationsreicher Gebrauch der Finger sich auf andere Bereiche des Gehirns auswirkt und – wenn auch nur indirekt – Intelligenz und Intuition fördern kann.

In vielen Methoden der spirituellen Entwicklung gebraucht man daher besondere Haltungen der Finger während der Meditation. Eine solche als *Mudra* bezeichnete Ausrichtung der Finger soll neben den motorischen weitere Areale des Gehirns stimulieren, wodurch dann die jeweilige meditative Technik erleichtert oder erst ermöglicht wird. Ich möchte hier die vermutlich für manchen gewagt

---

zeichneten Methode. Bei *te*, *ashi*, *ken* und dergleichen spricht man also nicht nur vom jeweiligen Körperteil, sondern auch von seinem ihm innewohnenden Potential im Hinblick auf das Prinzip der jeweiligen Kampfkunst. Kombinationen von Worten wie *tō* und *soku* für »Schwert« und »Fuß« sollten die Vorstellung hervorrufen, der Fuß oder besser sein Ki wäre tödlich scharf.

erscheinende Behauptung aufstellen, dass die korrekte Übung der verschiedenen Handhaltungen des Karate über lange Sicht zumindest ein wenig dazu beitragen kann, den Verstand zu fördern und bis ins hohe Alter den Geist wach zu halten, wodurch die Praxis dieser Kampfkunst sich dann tatsächlich positiv auf das Wesen des Übenden auswirken kann.

Die Handhaltungen des Karate lassen sich, wie schon angedeutet, in zwei Kategorien unterteilen, die sich zunächst einmal darin unterscheiden, ob die Hand geöffnet oder geschlossen ist, ihre Finger also entweder weitgehend gestreckt oder eingerollt sind. Bei allen Einsatzvarianten der geöffneten Hand steht die Wandlungsfähigkeit im Vordergrund. Aus einer solchen Haltung heraus ist technisch vieles machbar: Greifen, Ziehen, Schlagen, Stoßen oder das Umleiten eines gegnerischen Angriffs. Die zur Faust geballte, geschlossene Hand soll dagegen einfach nur hart sein und das Auftreffen beim Gegner möglichst unbeschadet überstehen. Shutō-uke in der uns bekannten Form nimmt hier eine Zwischenstellung ein, denn die offene Hand wird vordergründig zum Schlagen (mit der Handkante) benutzt. In einem späteren Kapitel werde ich aber diesbezüglich einige Einschränkungen vornehmen.

Im Folgenden werden die in unseren Kata am häufigsten vorkommenden »Strategiehände«, also die einem besonderen taktischen Zweck dienlichen Handhaltungen im Detail erläutert.

Offene Handhaltungen – Strategiehände
Hierzu gehören im Wesentlichen:

- Sasoi-te
- Nukite
- Shutō
- Osae-te
- Sukui-te
- Tsukami-te
- Kake-te
- Soe-te
- Kakushi-te

Sasoi-te: Die Idee hinter der gar nicht so selten vorkommenden und am wenigsten definierten Form der Handhaltung besteht darin, direkten Kontakt zum Gegner aufzunehmen. Das Verb *sasou* bedeutet »einladen«. Der Gegner wird eingeladen, eine für ihn hoffentlich fatale strategische »Dummheit« zu begehen. Vielleicht wäre somit »Empfangshand« ein recht treffender deutscher Ausdruck.

So erscheint es in der Einleitungsbewegung der Kata Seipai viel sinnvoller, von einer Taktik wie der eben beschriebenen auszugehen, als von der sich vordergründig anbietenden Deutung als Speerhandstoß. Dies gilt um so mehr, als die

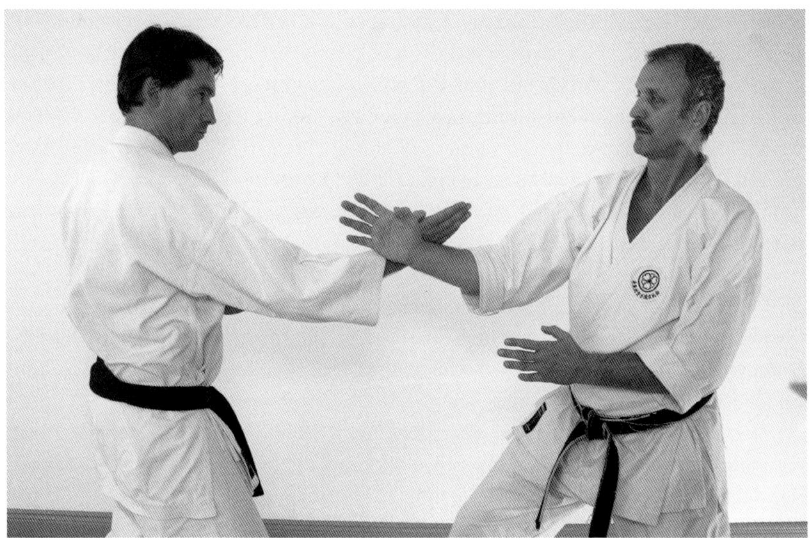

Abb. 7-29: Sasoi-te in Anwendung.

Bewegung langsam ausgeführt wird, was eigentlich mehr dem Einnehmen einer Kampfposition entspricht als einer aktiven Kampfaktion. Die aufrecht stehende Hand vor dem Solarplexus würde dann eher dazu dienen, den Körper zu stabilisieren[128] (Abschnitt 7.4) und mögliche Sekundäraktionen (Griffe oder Stöße) vorzubereiten, als einen vollkommen unrealistischen Angriff mit Oi-zuki abzuwehren – ganz abgesehen davon, dass die räumlichen Verhältnisse all dies gar nicht zulassen.

Im alten China pflegten besonders Experten der Inneren Kampfkünste dem Gegner eine geöffnete Hand entgegen zu strecken, um in möglichst frühzeitigen Kontakt zu einem seiner Arme zu gelangen und daraus unter Ausnutzung seines Bewegungsimpulses eine passende Abwehr- und Konteraktion einzuleiten. Man war bemüht, das Vorhaben des Gegners so früh wie möglich zu erspüren – mit Hilfe einer Art »Antennenhand«.

Wenn wir uns mental von der heute üblichen harten Ausführung der Kata Naifanchin-shodan lösen, erkennen wir bei deren Eingangssequenz eine ähnlich Taktik wie bei Seipai, nämlich den Übergang in eine Kamae mit ausgestreckter Hand. Ich habe mich bis heute schwergetan, Angriffe mit dem Rücken der Hand abwehren zu wollen. Das ruhige Einnehmen einer solchen Position in *Erwartung* eines Angriffs erscheint mir jedoch recht sinnvoll. Ähnliches gilt für die Dreier-

[128] Buddhistische Mönche grüßten einander mit offener, aufrecht vor der Brust positionierter Hand, die *möglicherweise* dem energetischen Schutz des Herz-Chakras dienen sollte.

sequenz des Vorgehens mit offener, leicht aufwärts gerichteter Hand in den Kata Jion, Jiin und Jitte.[129]

Mir scheint, dass Ankō Itosu in Pinan-sandan einen Hinweis eingebaut hat, der dem hier Gesagten entspricht, nämlich dass Nuki-te dort keine finale Technik wie in Pinan-shodan darstellt, sondern eher als Finte gedacht sein könnte. Ist der Kontakt zum Gegner über Sasoi-te erst einmal hergestellt – wobei dieser auch am Unterarm stattfinden kann – ergeben sich vielfältigste Möglichkeiten, vom Greifen und Ziehen bis zum wirklichen Stoß mit der Speerhand.

Nukite: Bei der spitz ausgeformten offenen Hand unterscheidet man zwischen Variationen mit einem, zwei oder allen vier Fingern, die über den Handteller hinausragen. *Nuku* heißt wörtlich »herausziehen«, »beseitigen«, auch »überholen« oder »erobern«. So recht passt dieser Ausdruck darum eigentlich nicht zu der mit ihm bezeichneten Technik, die wir im deutschen ja gern »Speerhand« nennen (was auf japanisch aber *yari-te* hieße). Sinnvoller erschiene die Bezeichnung *sashi-te*, denn *sasu* bedeutet »stechen« oder, in anderer Schreibweise, »hineinstecken«.[130]

Es ist gut möglich, dass bei der Namensgebung der nach vorn ausgestreckten Hand gar nicht so sehr an ein mögliches Zustechen gedacht wurde, sondern dass vielmehr das Sich-Loslösen der Hand vom Körper (siehe weiter hinten) als charakteristisch für diese Haltung angesehen wurde. Durch die Positionierung der Speerhand vor dem Solarplexus kann schnell eine Stoßtechnik eingeleitet werden. Diese Haltung lässt sich mit einer gespannten Armbrust vergleichen, bei der nur noch abgedrückt werden muss, damit sich ein Schuss löst. Der Unterarm entspricht bei diesem Bild dem Pfeil und die Hand der Pfeilspitze. In den Kata findet man Nukite als eine solche »Bereitschaftshand« meist in Kombination mit Shutō-uke oder Kake-te.

Ich muss aber zugeben, dass dies eine recht »wackelige« Erklärung für die Bezeichnung *nuki-te* ist und mir deren Herkunft letztendlich nicht völlig klar ist. Vorstellbar wäre nämlich auch, dass die Namensgeber die aus der Hand herausragenden Finger besonders hervorheben wollten, um von deren vermeintlichem Potential, nämlich einem Zustechen oder dem laut sagenhaften Überlieferungen möglichen Eindringen in das Fleisch des Gegners abzulenken. In den 1920er und 1930er Jahren, als die Techniken ihre Namen bekamen, war man bemüht, Klischeehaftes oder allzu phantastisch Anmutendes aus dem sich nun als Budō präsentierenden Karate her-

---

[129] In einigen Stilen werden in den Kata Jion, Jitte und Jiin die entsprechenden Handhaltungen als Abwehrtechniken oder Stöße mit dem Handballen interpretiert und die Techniken entsprechend ausgeführt.

[130] In zwei weiteren Schreibweisen bedeutet *sasu* auch »zeigen/verweisen« sowie »einfügen«, wodurch sich aber letztlich doch alle mit dem Kanji *sa*(*su*) umschriebenen Tätigkeiten in gewisser Weise ähneln.

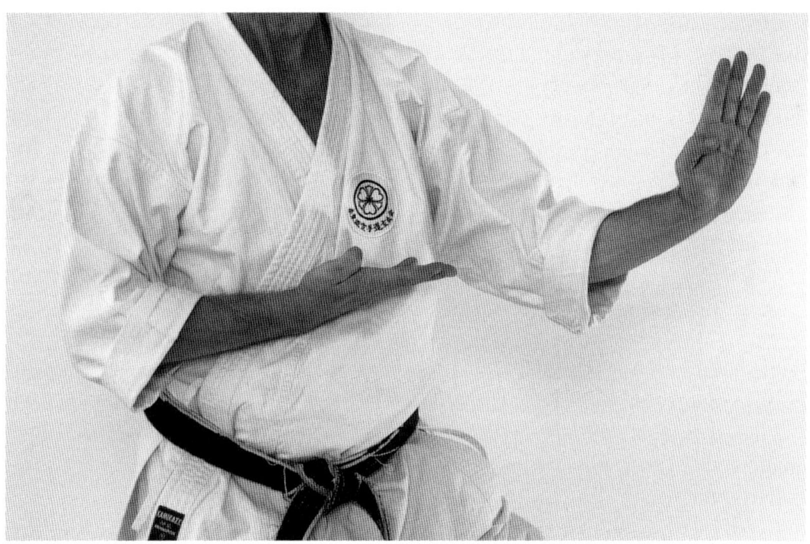

Abb. 7-30: Shutō in Kombination mit der stabilisierenden Speerhand.

auszuhalten. So wäre nachvollziehbar, wenn man Begriffe wie »Stechhand« vermeiden wollte und einfach nur auf die herausragenden Finger verwies.[131]

Insofern gehört Nukite eigentlich in die Kategorie der »Fäuste« (siehe weiter hinten), weil der Ausdruck mehr die Form als die Funktion beschreibt und die Technik selbst nur dem Stoßen oder Schlagen dient. Mir scheint allerdings, dass es zumindest bei Yonhon-nukite, der Variante mit allen vier Fingern, in der Bedeutung Überschneidungen mit der fast gleich aussehenden Handhaltung Sasoi-te gibt.

Shutō: Das »Handschwert« ist eine für das Shuri-te typische Handhaltung. Sie kommt in Form einer Abwehr, Shutō-uke, relativ häufig in dessen Kata vor, in denen des Naha-te hingegen überhaupt nicht. Das Tōde-jutsu hatte in Naha historisch bedingt eine im Vergleich zum Shuri-te recht kurze Zeit der Entwicklung vor Ort und war somit noch stärker an die Kampfkunst Südchinas angelehnt, in der man eine solche Technik, bei der die Hand gedanklich zum Schwert wird, vergeblich sucht.

---

[131] Unter anderem wurden auch Sachverhalte wie *sannen-goroshi* oder *gonen-goroshi*, der von einer Technik provozierte »Dreijahresmord« oder der »Fünfjahresmord«, ins Reich der Fabeln verbannt. Wir wissen aber heute, z. B. aus Behandlungsfehlern bei der Akupunktur, dass durch hinreichend starkes Einflußnehmen auf Vitalstellen ein Mensch regelrecht krank gemacht werden kann und er dann ohne angemessene Behandlung dahinsiecht, bis er ungefähr nach den angegebenen Fristen verstirbt.

Ich vermute, dass sich Shutō-uke aus einer anderen Handhaltung entwickelte, wahrscheinlich durch den Einfluss Sōkon Matsumuras, auf den ja aller Wahrscheinlichkeit nach die Doktrin des Sieges mit einem einzigen Schlag (oder Stoß) zurückgeht. Die Form der Handhaltung mit ihrem leichten Bogen zwischen der gestreckten Hand und dem Unterarm gleicht praktisch der Grundhaltung der Hände im Yongchun-baihe-quan (»Weißer-Kranich«). Jedoch wird diese Handhaltung dort auf flexiblere Art eingesetzt, indem sie als Ausgangsposition für eine Vielfalt von Aktionen – ähnlich Sasoi-te – dient.

Meister wie Matsumura oder Itosu wollten bereits durch den harten Schlag ihrer Abwehr dem eventuell bewaffneten Gegner einen solchen Schmerz oder Schaden zufügen, dass dieser aufgeben musste. Die eigentlich eher weiche, sensible Handkante wurde in ihrer Vorstellung zur scharfen Schneide des Schwerts. Ankō Azato, der wie Matsumura ebenfalls Meister des Jigen-ryū war, änderte zudem den Winkel zwischen Hand und Unterarm so, dass sich nun Schwerthand- und Ellbogenspitze wie bei einem echten Messer auf gerader Linie befanden.[132]

Zwar gibt es in den Kata des Naha-te keine Schwerthandabwehr, so aber doch Schwerthandschläge. Allerdings muss man nicht nur hier, sondern auch in den Kata von Tomari- und Shuri-te sehr nach den in den 1960er Jahren für das Karate als so typisch bekannt gewordenen »tödlichen« Handkantenschlägen suchen. Techniken mit der Schwerthand gibt es meist nur in den jeweils späteren Versionen der betreffenden Kata.

So finden wir Shutō-uchi als echte, klar definierte Schlagtechnik nur in den relativ neuen, auf Itosu zurückgehenden Versionen der Kata Kushanku vor. Andere Kata bieten Shutō-uchi nur als versteckte Technik, die quasi »darauf wartet«, ausgeführt zu werden, und zwar immer dann, wenn die gestreckte Hand in Höhe der Stirn oder Schläfe gehalten wird, wie zu Beginn der Kata Pinan-yondan.[133] In den Gekisai-Kata wird zwar mit Shutō-uchi geschlagen, sie sind aber eine Entwicklung des 20. Jahrhunderts. Und es wird noch komplizierter: Einige auf den ersten Blick als Shutō-uchi interpretierbare Bewegungen, zum Beispiel in den Kata Wanshu, Seipai oder Shisōchin, sind, wie noch gezeigt wird, in Wirklichkeit Teil eines komplexeren Geschehens.

---

[132] Entsprechend wird die Technik heute auf diese Weise in Shōtōkan und Wadō-ryū so praktiziert, da Gichin Funakoshi, auf den die genannten Stilrichtungen letztlich zurückgehen, auch Schüler Ankō Azatos war.

[133] Shutō-uchi wird in einer der im Shōtōkan vorkommenden zwei Varianten von Gojūshiho ausgeführt. Es handelt sich bei dieser Version aber um eine Weiterentwicklung der ursprünglich überlieferten Kata, bei der den entsprechenden Bewegungen höchstwahrscheinlich eine andere Vorstellung zugrunde liegt.

Osae-te: *Osaeru* bedeutet »kontrollieren« oder »pressen«, in erster Linie aber »schwer wiegen«. Es handelt sich hierbei um die offene, leicht zum Handrücken hin angewinkelte Hand mit gestreckten Fingern, mit der – wie der Name schon sagt – Arme oder Beine des Gegners unter Kontrolle gehalten werden und seine Intentionen gleichsam »erdrückt« werden sollen. Die Fingerspitzen zeigen dabei zu der dem gebeugten Arm gegenüberliegenden Körperseite, die Hand liegt also quer zum Körper. Eine Abwehr mit dieser Handhaltung ist zwar möglich und wird von vielen Turnierkämpfern praktiziert, birgt aber das Risiko einer Stauchung des Handgelenks.

Man findet diese Handhaltung hauptsächlich in Kata des Naha-te, vorzugsweise in Kombination mit der nach oben weisenden, auf Schulterhöhe gehaltenen offenen Hand – ähnlich Kurotora no kamae (siehe weiter vorn).

Sukui-te: Die »rettende Hand« ist ein etwas blumiger Ausdruck. Gemeint ist das Auffangen des angreifenden Armes oder Beines des Gegners. Dies kann während des Angriffs selbst erfolgen oder aber im Anschluss, sofern dieser fehlschlug, wenn der Gegner seinen Arm oder sein Bein wieder zurückzieht, wobei dann meist ein Übergang in Tsukami-te erfolgt (siehe weiter hinten). Die Innenfläche zeigt bei dieser Handposition nach oben, und die Finger stehen quer zur (gedachten) Angriffsrichtung.

Die Kata Kururunfa und Niseishi enthalten Sequenzen, in denen auf diese Weise das Bein des Gegners aufgefangen und gegebenenfalls ergriffen werden soll. In der Kata Chinte finden wir als Beispiel eine Kombination von abwehrender und auffangender Hand: eine Aktion, die möglicherweise darauf abzielt, mit der einen Hand einen Angriff zur oberen Stufe abzuleiten und mit der anderen den angreifenden Arm des Gegners am Ellbogengelenk zu ergreifen und ihn so unter schmerzhafte Kontrolle zu bringen.

Tsukami-te: Die »greifende Hand« ergibt sich meist aus anderen Handhaltungen, wenn nach einem erfolgreich abgeleiteten Angriff oder aus einer anderen Situation heraus ein Körperteil des Gegners erfasst werden kann. Dabei muss es sich nicht zwangsläufig um Unterarm oder Fuß handeln. Jede Partie des gegnerischen Körpers kann mit Tsukami-te ergriffen werden, zum Beispiel auch der Hals. Nach dem Ergreifen ist eine Druckmanipulation von Vitalstellen möglich.

Tsukami-te ist in unseren Kata eigentlich nicht also solche vorhanden, sondern in Haltungen wie Sasoi-te, Osae-te, Sukui-te oder Kake-te potentiell enthalten.

Kake-te: Die nach außen abgewinkelte Hand mit den gestreckten Fingern erinnert an die Flügelschwingen eines Kranichs und stellt so einen formalen Bezug her zum System des Yongchun-baihe, von dem das Karate zu einem großen Teil abstammt.

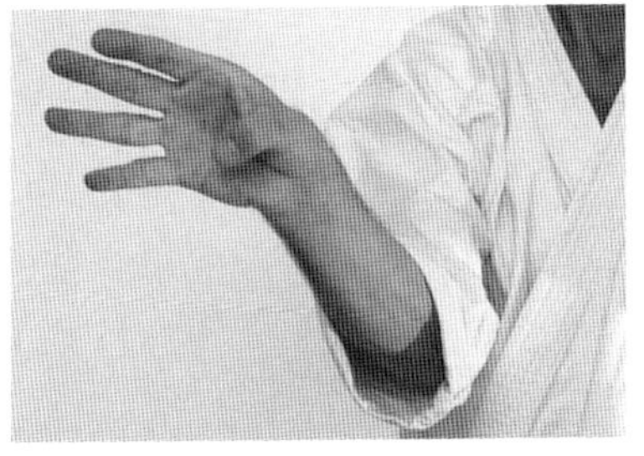

Abb. 7-31: Kake-te.

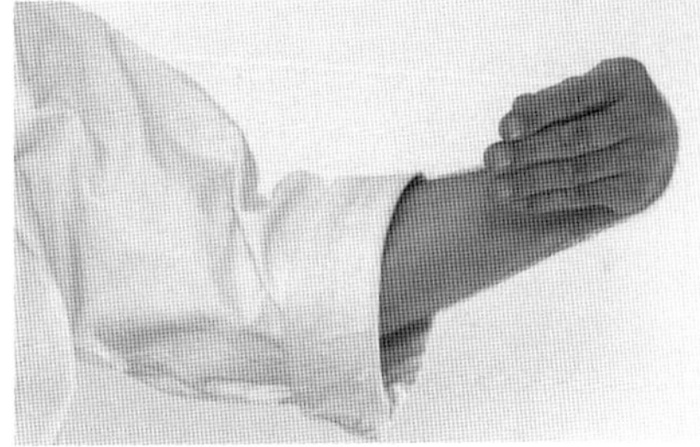

Abb. 7-32: Gyaku-kake-te.

Das Handgelenk wird bei dieser Haltung so stark wie möglich in Richtung des kleinen Fingers eingebeugt, wobei Handrücken und Unterarm in einer Fläche liegen. Der Daumen zeigt dabei zur Wurzel des kleinen Fingers und hält etwas Abstand zur Handinnenfläche. Die dabei entstehende Kuhle im Außenbereich des Handgelenks (auf der Seite des kleinen Fingers) dient zur Kontaktaufnahme mit dem gegnerischen Arm. Je nach seiner Reaktion kann der Gegner ergriffen werden oder es können sich andere Taktiken entwickeln, bei denen aus Kake-te eine Vielzahl anderer Techniken entstehen, wie etwa Haitō-uchi, Shutō-uchi oder die »Fingerschere« *yubi-basami*.

Auch kann Kake-te von der »normalen« in ihre umgekehrte Form abgeändert werden. Die Hand ist dann derart gebeugt, dass die Finger zum inneren Bereich des Ellbogens weisen. Obwohl sich beide Varianten der Handhaltung in ihrem Äußeren unterscheiden, ist ihre strategische Funktion dieselbe: der Aufbau einer direkten Verbindung zum Gegner.

Kakeru heißt nämlich »verbinden« und *kake-te* entsprechend »verbindende Hand«. Über Kake-te soll zwischen unserem Arm und dem des Gegners physisch und energetisch eine Brücke entstehen. Über den Kontakt ist es möglich, sich bis zu einem gewissen Grad in den Gegner hineinzufühlen und ihn so zu manipulieren, dass es ihm schwer fällt, sein Gleichgewicht zu halten, oder dass eine Lücke für unseren Angriff entsteht.

Die relativ lose Verbindung allein über den Druck ist eine sichere Möglichkeit, Kontrolle über den Gegner zu erlangen, ohne wirklich zuzufassen. Das spart Zeit, und die ausführende Hand bleibt letztlich frei verfügbar. Dieses Prinzip wird auf Okinawa *mochimi*, zu deutsch in etwa »Klebrigkeit«, genannt.[134] Zieht sich der

---

[134] Insbesondere im Naha-te bezeichnet *mochimi* ein besonderes Gefühl oder eine Einstellung für das Üben von *Kaki*-e (siehe Fußnote 136 auf S. 180), eine Partnerübung, bei der man lernt, die Reaktion des Gegners bei bestehendem Arm-zu-Arm-, eventuell auch Bein-zu-Bein-Kontakt, zu nutzen. Wichtig ist hier, dass man ebendiesen Kontakt nie verliert, so dass man gleichsam an Arm oder Bein des Gegners »kleben« bleibt. Das japanische Verb für »kleben« ist *mochiru*, *mi* bedeutet »sieht aus wie«. Das heißt, man könnte mochimi

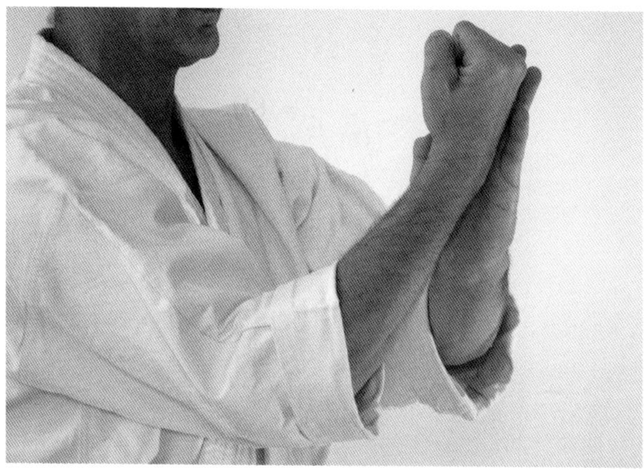

Abb. 7-33: Soe-te.

Gegner zurück, so stoße ich vor, drängt er nach vorn, so gebe ich nach, immer unter Wahrung des direkten Kontakts.

Soe-te: Die »berührende Hand« hat keine direkte Funktion für Abwehr oder Angriff, sondern dient zunächst der Unterstützung von Bewegungen, für welche die Kraft eines Arms allein nicht ausreicht. Sie wird hierzu am Unterarm oder der Faust angelegt, wie in der Kata Seienchin, oder direkt in die andere Hand gelegt, wie in der Kata Seipai.

Ihre zweite Funktion ist die einer Art Bereitschaft, denn durch ihre Lage am abwehrenden Unterarm befindet sie sich viel näher zum Gegner, als sie dies in einer Position vor dem Solarplexus oder in der Hüfte der Fall wäre. Sie dient dann direkt den nachfolgenden Aktionen, wie etwa dem schnellen Ergreifen des gegnerischen Arms. Man kann die Anfangsbewegung der Kata Bassai-dai in diesem Sinne auslegen. Bei Soe-te handelt es sich demnach teilweise schon um die Umsetzung eines strategischen Prinzips, das mit dem japanischen Wort *kakushi-te* (siehe weiter hinten) bezeichnet wird.

Möglicherweise eine dritte Funktion von Soe-te ist der energetische Schutz vitaler Stellen. Anders ist es kaum erklärbar, warum bisweilen in einigen Kata wie

umgangssprachlich mit »sieht aus, als ob's klebt«, wiedergeben. *Mochimi* darf nicht mit *Muchimi* verwechselt werden, dem federnden Krafteinsatz bei Schlagtechniken! Im okinawanischen Dialekt wandeln sich häufig die Vokale des Hochjapanischen, so dass in diesem Falle aus dem »o« ein »u« wird. Die gelegentliche Verwechslung der Begriffe rührt daher, dass es ursprünglich vor allem die aus Okinawa stammenden Karate-Meister waren, die den Begriff *mochimi*, zu deutsch in etwa »sieht aus, als ob's klebt«, benutzten, und diesen dann wie *muchimi* aussprachen.

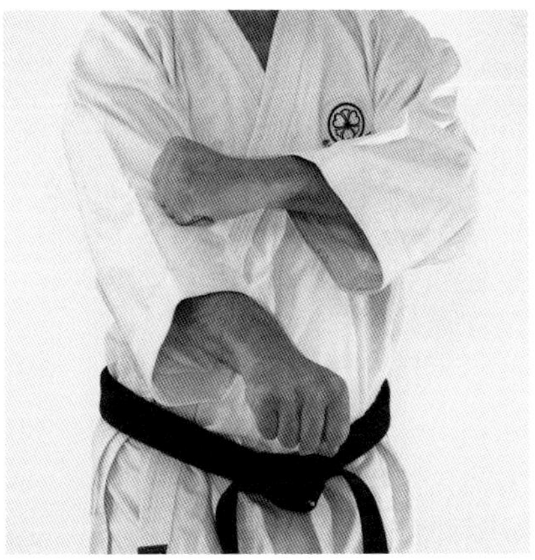

Abb. 7-34: Soe-te als Schutz für den Bereich des Ellbogengelenks.

etwa Wankan oder Seisan beim Stoßen die Handfläche auf den Unterarm in der Nähe des Ellbogengelenks gehalten wird. Sicher ist eine gleichzeitige Abwehr eine mögliche Erklärung. Wenn man aber weiß, dass hier ein für die Funktion des Armes essentieller Akupunkturpunkt liegt,[135] bietet sich eine andere, vielleicht sinnvollere Sichtweise: Womöglich soll vermieden werden, dass der Gegner auf diesen Punkt schlägt, oder man möchte den Stoß zusätzlich mit Qi anreichern, indem man über die Innenhandfläche (Laogong) Energie in diesen Punkt fließen lässt. Die so entstehende Haltung kann zudem zusätzlich stabilisierend wirken (siehe Kagi-zuki no kamae, Abschnitt 7.4).

Kakushi-te: Bei der »Versteck-Hand« handelt es sich weniger um eine definierte Handhaltung als solche. Viel mehr geht es darum, eine Hand so zu platzieren, dass der Gegner nicht ahnen kann, was man mit ihr vorhat. Das lässt sich natürlich auch dadurch erreichen, dass die Hand aufgrund der räumlichen Verhältnisse für den Gegner nicht sichtbar ist, sie also tatsächlich vor ihm verborgen ist.

Das »Verbergen« kann sich aber auch auf unsere Absicht beziehen. So sieht ein Gegner beispielsweise eine auf der Brust mit gestreckten Fingern angelegte Hand, ohne dass er daraus Schlüsse ziehen kann. Er wird daher höchst überrascht sein, wenn plötzlich die Speerhandspitze auf ihn zuschnellt. Obwohl für ihn offen sichtbar, konnte er aufgrund fehlender Information das Potential der Speerhand nicht erkennen.

Somit gilt es bei Kakushi-te, dem Gegner eine falsche Lage vorzutäuschen und »im Hintergrund« Möglichkeiten zu schaffen, ihn taktisch zu überrumpeln, und zwar mit einer Aktion, die er aus dem äußeren Bild, das wir ihm präsentierten,

[135] Der Akupunkturpunkt *Shousanli*, Di 10.

kaum schlussfolgern konnte. Das klingt für manche sicher sehr nach dem, was ich bereits unter dem Stichwort *Kamae* ausgeführt habe. Und tatsächlich, Kakushi-te entspricht der Idee, den Gegner zu einer Handlung zu verleiten, die ihm ein fatales Ende bringt.

So gesehen beinhalten auch Haltungen des gesamten Körpers (Kamae) das Prinzip des Verbergens *kakusu-koto*. Mit Kakushi-*te* bezeichnet man jedoch das Prinzip einer die wahren Absichten verbergenden *Hand*haltung. Hierzu gehören die vor der Brust aufliegende Speerhand, das Anlegen der Hand im Bereich des Ellbogens, aber auch die Hand, die der Gegner einem entgegengestreckt, Sasoi-te (siehe weiter vorn).

Das Konzept des Verbergens war für die Entwicklung der Kampfkünste von entscheidender Bedeutung. Die Kata selbst wurden so gestaltet, dass das technisch Offensichtliche in vielen Fällen gar nicht der wirklichen Bedeutung entsprach – so tappt(e) nicht nur der Feind, sondern auch so mancher Schüler nicht selten im Dunkeln.

Für den angemessenen Gebrauch der offenen Hand braucht es spontane Reflexe, die man nur durch häufiges Training mit einem Partner erlangen kann. Aus den Systemen des Yongchun-baihe sind diverse Formen der kontinuierlichen Partnerübung zur Anpassung an die (Re-)Aktionen des Gegners überliefert, die den meisten unter uns wahrscheinlich unter der Bezeichnung *Kaki-e* bekannt sind.[136]

Geschlossene Handhaltungen – Faustarten

Im Deutschen assoziieren wir mit dem Wort »Faust« fast automatisch die vollständig geschlossene Hand mit eingerollten Fingern. Im Karate ist der Begriff etwas weiter gefasst. Viele Haltungen, bei denen die Hände zum Schlagen oder Stoßen dienen, werden hier als Fäuste, japanisch *ken*, bezeichnet. Die Finger sind dabei entweder vollständig oder auch nur teilweise eingerollt.

Anders als bei den Strategiehänden, müssen die Faust-Haltungen maximale Festigkeit entwickeln, damit sie möglichst hart in ihrem Ziel auftreffen und die Hand

---

[136] *Kaki-e* ist eine kontinuierlich ausgeführte Übung zur Anpassung an die Bewegungen des Gegners, bei der der Kontakt zwischen den eigenen Armen (oder Beinen) und denen des Partners nie aufgehoben wird. Durch wechselseitig ausgeübten Druck und Zug zwischen den Partnern wird die Sensibilität für das eigene Gleichgewicht in Verbindung mit dem des Gegners gefördert, wodurch man lernt, die Reaktionen des Gegners und damit seine Kraft für sich nutzbar zu machen – eine Fähigkeit, die besonders im Nahkampf von großem Vorteil ist. Zudem werden Übergänge vom Greifen zum Schlagen oder Stoßen eingeübt.
Kaki-e soll das sensuelle Spektrum erweitern. Der Gegner wird nicht mehr nur mit den Augen, sondern auch über den Tastsinn und durch die Wirkung seiner Bewegungen auf das eigene Gleichgewicht wahrgenommen. Durch schrittweise ansteigenden Krafteinsatz kann dabei auch die Muskulatur gestärkt werden.

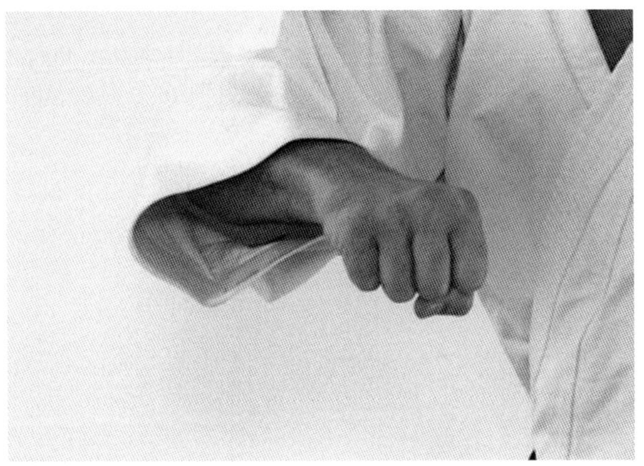

Abb. 7-35: Standardfaust Seiken.

selbst dabei keinen Schaden nimmt. Die Fäuste des Karate werden so geformt, dass eine besonders harte Gelenks- oder Knochenpartie aus dem Rest der Hand herausragt. Nach dem Positionieren der Finger wird die Faust nach innen hin zugezogen. Zusätzlich ist darauf zu achten, dass durch die Spannung im Unterarm das Handgelenk genügend stabilisiert wird, so dass es beim Aufprall der Faust nicht abknickt, was leicht zu Verletzungen führen kann.

Für eine stimmige Fausttechnik ist das Training an Makiwara und Sandsack unumgänglich. Dabei geht es zunächst aber weniger um die – gleichwohl nötige – Abhärtung von Haut-, Knochen- und Knorpelgewebe, sondern vornehmlich um Präzision und Koordination, denn nur so erhält die jeweilige Schlag- oder Stoßtechnik ausreichend Stabilität im Moment des Aufpralls mit hoher Geschwindigkeit. Dann fließen von selbst Kraft und Härte in die Technik.

Die für uns bedeutendsten Faustarten sind:

- Seiken
- Ipponken
- Nukite
- Uraken
- Tettsui
- Hiraken
- Shutō
- Haitō

Seiken: Dies ist die Standardfaust des heutigen Karate. Seit den Umgestaltungen Ankō Itosus werden in den Kata die Stoßtechniken fast nur noch mit dieser Art der Faust ausgeführt. Andere Faustformen finden sich nur vereinzelt und stellen

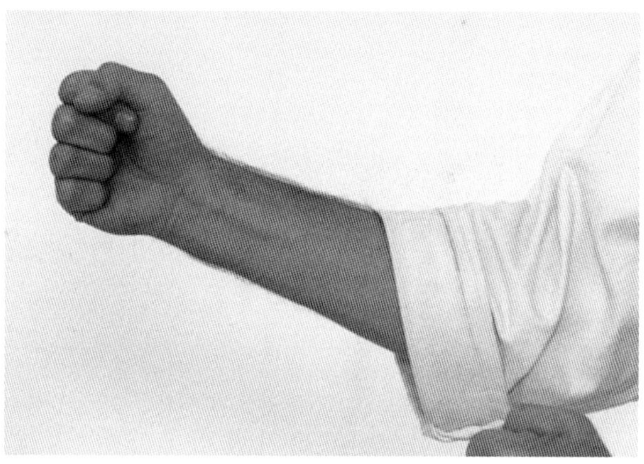

Abb. 7-36: Alternative Standardfaust Seiken.

dann ein besonders charakteristisches Detail der jeweiligen Kata dar. Vor dieser Standardisierung waren die Formen der Faust weniger festgelegt und innerhalb ein und derselben Kata flexibel austauschbar. Somit war es dem Einzelnen selbst überlassen, mit welcher Art der Faust er letztlich kämpfen wollte – während man dies heutzutage fast zwangsläufig mit Seiken tun muss. Besonders in Turnierkämpfen sind alternative Handhaltungen unerwünscht und zum großen Teil verboten.

Heute wird uns in Kihon und Kumite der Gebrauch von Seiken praktisch vorgeschrieben. Die relativ flache Auftreffzone von Seiken gewährleistet weitgehende Sicherheit bei der Übung mit dem Partner. Treffer mit den ersten beiden Knöcheln der Hand sind zwar nach wie vor schmerzhaft und wirksam. Aber unbeabsichtigter harter Kontakt hat weniger verheerende Folgen, als Treffer mit spitzen Handformen wie Ippon-ken, die viel eher in tiefere Körperstrukturen vordringen. Zum anderen handelt es sich bei Seiken um die in sich stabilste Form der Handhaltungen, was das Risiko eigener Verletzungen ebenfalls minimiert.

Wahrscheinlich geht auf den generalisierten Einsatz von Seiken auch dessen Name zurück. *Sei* bedeutet »recht« im Sinne von »richtig« oder »normal für alle geltend« (ähnlich wie in »*Recht*schreibung«). Die »rechte Faust« *sei-ken* wird ausgeführt, indem man die Finger wie einen Teppich fest einrollt und den Daumen auf die mittleren Glieder von Ring- und Mittelfinger legt. Letzterer wird dabei nur zur Hälfte vom Daumen überdeckt. Nun wird durch Anspannung die Faust vom kleinen Finger her zugezogen und auch »energetisch geschlossen«.

In einer heute wenig praktizierten Variante von Seiken werden nur die letzten drei Finger fest eingerollt, und des letzte Gelenk des Zeigefingers wird gerade belassen (siehe Abbildung 7-36). Diese im ersten Moment ungewöhnlich anmutende Ausrichtung der Finger ermöglicht einen schnelleren und festeren Schluss der Faust, verbunden mit mehr Flexibilität. Man kann schnell in die beiden Varianten

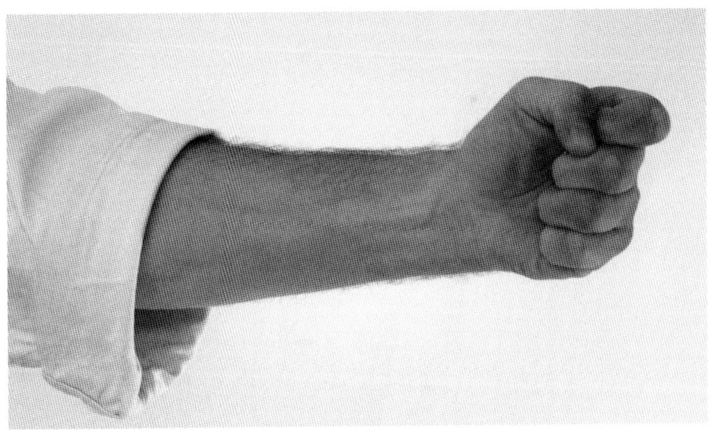

Abb. 7-37: Ipponken.

von Ippon-ken überwechseln. Einmal an diese Variante gewöhnt, findet man nur noch wenig Gefallen an der üblichen Form von Seiken.

Ipponken: Die »Einpunktfaust«[137] stellt in gewisser Weise eine Abwandlung von Seiken dar. Dabei wird das zweite Gelenk des Zeige- oder Mittelfingers herausgeschoben. Die zweite Version ist etwas robuster und heißt *nakadaka-ipponken*, was nichts weiter bedeutet als »Einpunktfaust mit dem Mittleren«. Es wird berichtet, dass dies auf Okinawa eigentlich die bevorzugte Fausttechnik war. Sie bildet ein Optimum an Festigkeit und ist dabei spitz genug, um weit in die Vitalpunkte einzudringen und dort eine hohe Wirksamkeit zu erzeugen, aber nicht so empfindlich wie Einfingerhaltungen à la Ippon-nukite.

Bei Nakadaka-ipponken (Abbildung 7-38) liegt der Daumen auf dem Ringfinger auf und stützt so den eingerollten Mittelfinger beim Abfangen des Stoßes. In der anderen Form von Ipponken, die meines Wissens nach keinen besonderen Namen hat, liegt der Daumen in der sich ausformenden Kuhle des Zeigefingers, um diesen zu stützen.

Nukite: Zu dieser Form der Handhaltung wurde im obigen Abschnitt schon Wesentliches gesagt. Daher möchte ich an dieser Stelle nur die Anwendungen bei

---

[137] *Ippon*, eigentlich *ichi-hon*, bedeutet in etwa »ein-fach«; mit der Silbe *-hon* bzw. *-pon* werden beim Zählen lange schlanke Gegenstände bezeichnet, in diesem Falle Finger. Die japanische Sprache verfügt über eine Vielzahl von Suffixen für das Zählen unterschiedlicher Objekte. Dabei werden an das Zahlwort jeweils andere Wortpartikel angehängt, so zum Beispiel für Menschen, Tiere, Fahrzeuge, Gebäude, Bücher etc., während im Deutschen das Zahlwort selbst ausreicht.

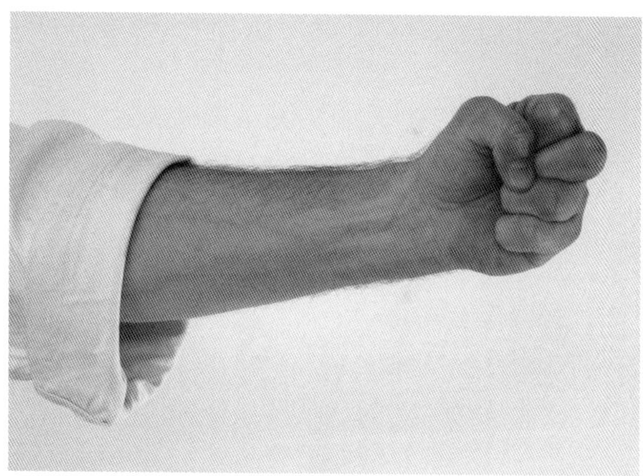

Abb. 7-38: Nakadaka-ipponken.

Stoßtechniken hinzufügen. Es gibt drei Grundformen von Nukite, bei denen ein, zwei oder alle vier Finger zum Einsatz kommen – Yonhon-nukite, Nihon-nukite und Ippon-nukite:

1. Yonhon-nukite: Wird mit dieser in den Kata des Shuri-te vorkommenden Form der Hand gestoßen, werden alle vier gestreckten Finger aneinander gedrückt. Der Daumen liegt an der Wurzel des Zeigefingers an. Es bereitet Anfängern oft Schwierigkeiten, die für die Stabilität nötige Spannung aufzubauen. Trifft diese Form der Hand auf, und sei es auch an den eher weicheren Partien des gegnerischen Körpers, besteht die Gefahr, dass die Finger umknicken und die Gelenke verletzt werden.

Sollte in früheren Zeiten diese Technik, von der man sagte, dass sie die Oberflache des Körpers durchdringen konnte, wirklich zum Einsatz kommen, so musste die Hand durch besondere Übungen und Maßnahmen hierauf vorbereitet werden. Dazu wurde über Monate hinweg wiederholte Male mit der Speerhand zunächst in Sand und später dann in immer gröberen Kies gestoßen. Manchmal ging man sogar zu Eisenspänen über. Während der Übung wurde das Material erhitzt, aber nicht, wie manche vielleicht glauben, um dem Praktizierenden noch mehr Qual aufzuerlegen, die er durch die Kraft seines Willens zu überwinden hätte. Ganz im Gegenteil: Dies geschah aus sehr praktischen Gründen. Eine derartige Beanspruchung der Gewebe erfordert eine erhöhte Durchblutung, die nach der traditionellen Medizin leicht durch direkt zugeführte Wärme erzielt werden kann. Zusätzlich wurden die geschundenen Hände mit Heilkräutern behandelt, um die Nebenwirkungen dieses Trainings auf ein Minimum zu reduzieren. Dennoch: Wer Experte einer solchen Technik werden wollte, bezahlte dies mit der Gesundheit seiner Hände, deren Beweg-

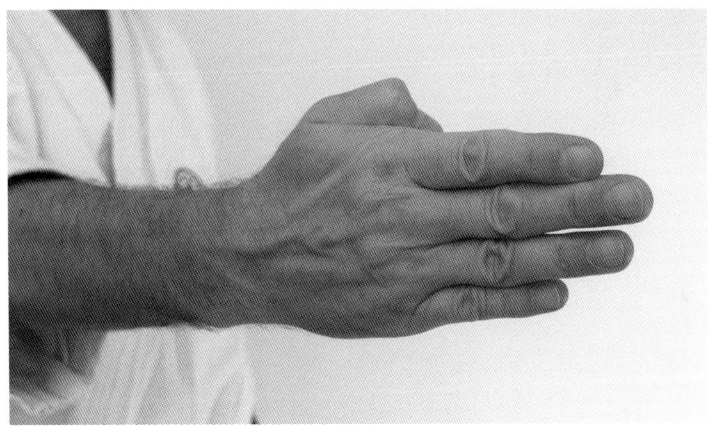

Abb. 7-39: Yonhon-nukite.

lichkeit und Sensibilität stark herabgesetzt waren. Eine Ausbildung zur »Eisenhand« wurde darum in China selbst nur in extremen Lebenslagen gewählt, in denen es möglicherweise ums nackte Überleben oder um die Rettung der Familienehre ging.

Für uns kann die Vierfinger-Spitzhand für die Praxis trotzdem noch interessant sein. In der Selbstverteidigung können wir einen allzu nahe an uns herangekommenen Angreifer wieder auf Abstand bringen, indem wir die Speerhand in der sehr empfindlichen Mulde unterhalb seines Kehlkopfes ansetzen und ihn mit der nötigen Intensität wegdrücken. Dies ist, langsam ausgeführt, relativ gefahrlos, kann aber tödlich enden, wenn das Drücken in einen heftigen Stoß übergeht.

2. Nihon-nukite: Die Anwendung der Zweifinger-Spitzhand ist ganz anders geartet als die der Vierfinger-Version. Zielregion sind fast ausschließlich die Augen des Gegners. Zum Stoßen werden Zeige- und Mittelfinger benutzt. Während in der Kata die Hand so geformt wird, dass der Daumen auf den Nägeln der beiden übrigen, leicht eingerollten Finger zu liegen kommt, wird in der realen Anwendung »am Feind« der Daumen seitlich angelehnt oder etwas abgespreizt, was der Hand Stabilität gibt und den Fingerspitzen ein gezielteres Annähern an die Augen des Gegners ermöglicht. Diese Technik kommt meines Wissens nur in der Kata Chintei vor.

3. Ippon-nukite: Die Einfinger-Spitzhand ist prädestiniert zur Manipulation von Vitalstellen. Dies kann durch Druck oder Schlag geschehen, wobei die Wirkung bei der härteren Ausführung naturgemäß schwerer zu kalkulieren ist. Für die genaue Ausformung sind verschiedene Variationen möglich. In der Standardaus-

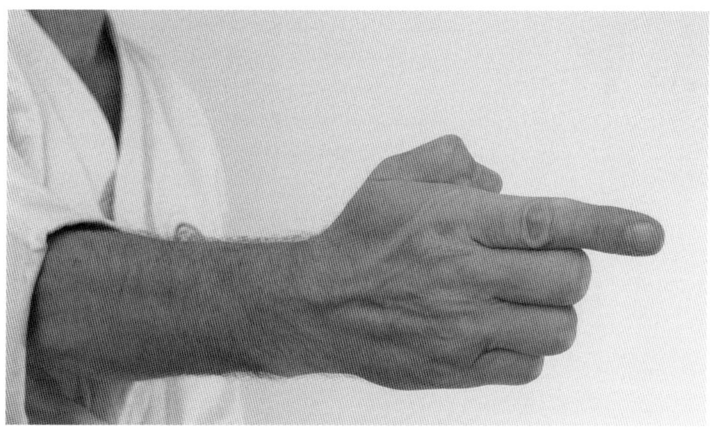

Abb. 7-40: Ippon-nukite.

führung ist der Handrücken gestreckt, der Zeigefinger gerade, und die restlichen Finger sind zur Hälfte eingerollt. Der Daumen liegt seitlich an der Hand an oder kann den Nagel des Mittelfingers berühren.

Uraken: Bei der »umgekehrten Faust« handelt es sich um einen alternativen Gebrauch der Standardfaust Seiken. Statt mit der Vorderseite, also dort, wo ein Teil der Finger sichtbar ist, zu treffen, dienen die auf dem Handrücken befindlichen Partien der Knöchel von Zeige- und Mittelfinger als Zone des Aufschlags. Zielregionen am gegnerischen Körper sind meist Vitalstellen am Kopf.

Tettsui: Der »Eisen-Hammer«[138] ist eine weitere Art der Anwendung von Seiken, aber auch von anderen Formen der Faust, bei der mit deren »Boden«, der Seite des kleinen Fingers, zugeschlagen wird. Zielregionen waren ursprünglich Stirn, Scheitel oder Nacken, aber auch der Unterleib, wo derartige Schocktechniken eine hohe Wirkung entfalten.

Hiraken: Die »flache Faust« kommt, zumindest heute, in kaum einer unserer Kata vor. Gleichwohl ist die Form der gestreckten Hand mit halb eingerollten Fingern bekannt und bietet gewisse Vorteile beim Angriff auf bestimmte Vitalstellen am Kopf, insbesondere bei *Renzhong*, Du 26, einem unterhalb der Nase befindlichen Punkt mit sehr hohem Wirkpotential.

Shutō: Das »Hand-Schwert« wurde bereits im vorigen Abschnitt erwähnt. Ich habe diese Handhaltung an dieser Stelle noch einmal aufgeführt, weil mit ihr trotz

[138] Vollständig hieße es: *tetsu-tsui.*

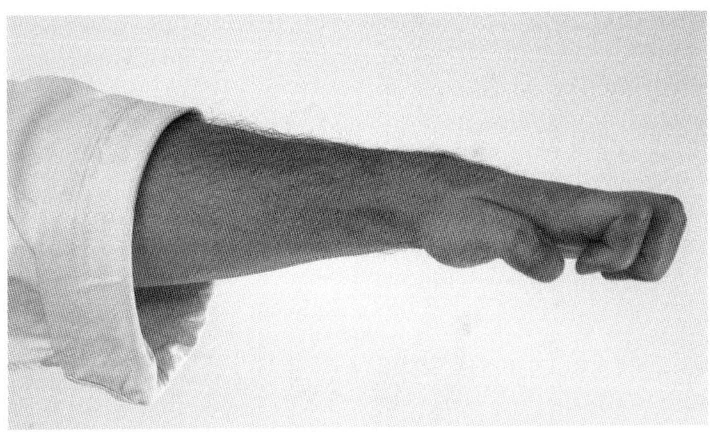

Abb. 7-41: Hiraken.

der eigentlich recht weichen Handkante harte Schläge mit hoher Schockwirkung, ähnlich wie mit Tettsui-uchi, möglich sind. Zielregion sind Hals oder Nacken, aber auch Unterarm und Handgelenk, etwa bei einer Entwaffnung des Gegners.

Haitō: Hierbei handelt es sich in gewisser Weise um das Gegenstück zu Shutō, denn *haitō* bezeichnet dessen Rückseite, das »Rück-Schwert«, also den stumpfen Bogen des japanischen Schwerts. Haitō-uchi wird mit geradem oder, direkt aus Kake-te, mit gebeugtem Handgelenk ausgeführt. Diese Technik findet man explizit nur in der Kata Niseishi, sie kommt ansonsten nur potentiell vor, und zwar verborgen in Kake-te.

Die obige Aufzählung ist natürlich nicht vollständig. Es gibt noch eine ganze Reihe von Sonderformen der Hand, die für das Schlagen gebraucht wurden, die jedoch keine große Bedeutung für das Verständnis unserer Kata haben.

Zudem ließ sich die Einteilung in »Strategiehände« und »Fäuste« nicht konsequent durchhalten, weil die Techniken des Karate und die ihnen zugrundeliegenden Prinzipien nicht immer so eindeutig sind, wie wir es gern hätten. Die Beispiele Nukite und Shutō zeigen dies recht deutlich.

Im Anschluss möchte ich noch auf die Sonderstellung zweier Partien des Armes und deren Anwendungen eingehen. Weder Faust noch Handhaltung, aber von beträchtlicher Wichtigkeit im Karate ist der Unterarm, japanisch mit *wan* oder *ude* bezeichnet. Beide Worte bedeuten das gleiche und werden mit demselben Kanji geschrieben. Der Einsatz der knochigen Kanten des Unterarms passt in keine der beiden Kategorien von Schlag- oder Strategiehand, und es ist fast einerlei, ob die Hand dabei offen oder geschlossen ist. Bei den hart ausgeführten Abwehrtechniken benutzen wir diese Partie vornehmlich, um dem Gegner Schmerzen zuzufügen, wodurch eine solche Technik eigentlich mehr einen Angriff als eine Verteidigung darstellt. Es ist darum auch hier eine Gewöhnung dieser Zone an das harte Auftreffen nötig, um selbst weniger Schmerz zu verspüren als der Gegner.

Wichtig ist aber zu wissen, dass es im Bereich des Handgelenks mehrere vitale Stellen gibt, die in der Akupunktur zur Behandlung chronischer Krankheiten, insbesondere der Lunge, zur Anwendung kommen. Werden diese Zonen durch ungeschicktes Training immer wieder hart getroffen, kann es zum Kräfteverlust und langfristig zur Erkrankung kommen.[139] Man sollte sich darum bemühen, bei Abhärtungsübungen und auch bei der Anwendung nur mit dem robusten und harten zweiten Fünftel des Unterarms (vom Handgelenk aus gemessen) zu arbeiten.

Auch zu Hiji, dem Ellbogen, gibt es nur wenig im Detail auszuführen. Er ist von sich aus hart und robust, aber kaum formbar, weshalb er ziemlich einfach und kompromisslos eingesetzt werden kann. Die Technik wird dann meist Hiji-*ate* genannt. *Ateru* bedeutet lediglich »auftreffen«. Dies deutet schon an, dass die Technik weniger durch ihre Dynamik als vielmehr durch ihre pure Wucht überzeugt.[140]

7.6. Fußhaltungen

Beim Einsatz der Füße gibt es keinen so großen Variationsspielraum wie bei dem Gebrauch der Hände. All die mit der Hand möglichen differenzierten Techniken sind uns Menschen mit den Füßen versagt. Man kann mit ihnen kaum mehr tun als zu treten. Als Trefferzonen dienen heute die Fußballen, *koshi*, die Fußkante beziehungsweise das »Fuß-Schwert«, *sokutō*, sowie die Ferse, *kagatō*. Dazu muss das Sprunggelenk entsprechend gebeugt oder gestreckt werden.

Die Zehen stehen bei fast allen Fußtritten aufrecht. Eine Ausnahme bildet der Einsatz des Spanns bei einer Turnierform des Halbkreisfußtritts, Mawashi-geri, und bei dem Tritt in die Genitalregion, Kin-geri. In früheren Zeiten benutzte man auch die Zehenspitzen, *tsumasaki*, die dann nach vorn gestreckt wurden – eine sehr wirkungsvolle Fußhaltung mit hohem Durchdringungspotential, aber leider auch sehr risikoreich für den Ausführenden selbst.

---

[139] Einer dieser Punkte, *Lieque*, Lu 7, ist besonders gefährdet, weil er sehr exponiert liegt, das heißt, oberflächlich auf der Kante der Speiche etwa 3 cm vom Handgelenk. Einige Richtungen des Shōrin-ryū lehnen daher die harte Abwehr mit Yoko-uke ab, und bevorzugen eine ähnliche Technik mit der *Außen*seite des Unterarms, wie z. B. in der Version der Kata Passai des Ishimine.

[140] Der von Gichin Funakoshi alternativ benutzte Ausdruck *enpi-uchi* bedeutet »(mit dem) Affen-Ellenbogen schlagen«.

Die eigentliche Funktion der Füße ist es aber, unseren Körper mit all seinem Gewicht zu tragen. Beim Einnehmen der Fußstellungen kommt es darum nicht nur auf die Positionierung, sondern auch auf die richtige Ausformung der Füße an. Ich erwähnte schon, dass allein durch das leichte Nach-innen-Drehen der Fußspitzen die Gesamtstellung durch Torsionseffekte beträchtlich an Stabilität gewinnt.

Einen weiteren Faktor für den sicheren Stand stellen die Vorgänge im Fuß selbst dar. Um fest im Boden verankert zu sein, empfiehlt sich das »Ergreifen der Erde« mit den Zehen: Indem man die Zehen leicht in den Boden drückt, zieht sich der Fuß etwas nach innen hin zusammen. Auch wenn dies äußerlich kaum erkennbar ist, so wird dadurch doch der gefühlte Kontakt zum Boden verbessert und die Standfestigkeit erhöht. Da zudem nach daoistischer Anschauung die Kraft, mit der wir kämpfen, weniger aus dem Körper als vielmehr aus der Erde kommen soll, ist es wichtig, besonders mit den Fersen festen Kontakt zum Boden zu halten.[141]

Nach all den vom Yin geprägten Betrachtungen zur Statik soll es in den nächsten beiden Kapiteln um die Wandlung des Yin in das Yang, also um die Umsetzung vom Potential der Kamae in die Bewegung gehen.

---

[141] Das für den Kampf nötige Qi der Erde dringt unterhalb des Außenknöchels in den Körper ein und fließt im Yang-quiaomai, einem links und rechts an den Beinen und in der Körperrückseite befindlichen Energiekanal, bis in die Schultern. Der Kontakt zur Erde wird Kraft der Gedanken hergestellt, indem man sich über die Außenknöchel hinaus in den Boden hineinfühlt.

8. Bewegungen

8.1. Bewegungsarten

Nachdem wir im vorigen Kapitel gesehen haben, wie man optimale Stabilität erlangt, indem man den gesamten Körper korrekt ausrichtet, soll nun betrachtet werden, wie der Wechsel von Statik zu Bewegung und umgekehrt erfolgt.

In einem Kampf bewegen sich die Kontrahenten aufeinander zu, voneinander weg oder umeinander herum. In Momenten des Schlagabtausches kommt es zu Ausweichmanövern. Ein hohes Maß an Beweglichkeit ist hier gefordert, will man nicht vom Gegner getroffen und vielleicht sogar besiegt werden. Da wir nicht fliegen können, ist unser Bewegungsspielraum dabei im Wesentlichen auf zwei Dimensionen des Raumes beschränkt. Als zweibeinige Wesen müssen wir zudem ständig unser Gleichgewicht wahren und unterliegen dadurch noch weiteren Einschränkungen.

Alle Arten des Orts- und Richtungswechsels, die sich im Kampf als praktisch und sinnvoll erwiesen haben, sind in unseren Kata enthalten. Die verschiedenen Arten des Gehens, *aruki-kata*, und der Drehung, *wawari-kata*, dienen

- dem Ausweichen eines Angriffs,
- der Anpassung des Abstands zum Gegner bei Abwehr und Angriff,
- der Positionierung in Vorbereitung einer Kampfaktion.

Dabei ist auch hier keine eindeutige Einteilung möglich. Die einzelnen Geh- und Dreharten können vielseitig eingesetzt werden. Vieles von dem, was an dieser Stelle beschrieben werden wird, erscheint uns in der Praxis klar und natürlich. Und so sollen unsere Bewegungen auch sein – oder zumindest werden. Aber auch hier, meine ich, ist es von großem Vorteil, die zugrundeliegenden Prinzipien zu verstehen und zu wissen, was man tut.

Die vielen Möglichkeiten, sich in der Begegnung mit einem oder auch mehreren Gegnern zu bewegen, wurden in den Kata formalisiert. In der Praxis werden wir nie um genau 45 Grad ausweichen und kaum ein Gegner wird uns genau aus einem rechten Winkel heraus angreifen. Auch wird der für eine Technik erforderliche ideale Abstand sich höchst selten ergeben. Durch die formale Übung können wir uns aber Routinen aneignen, die uns befähigen, uns jeder nur möglichen räumlichen Ausrichtung zum Gegner anzupassen und sie für uns nutzbar zu machen.

Beim Durchlaufen einer Kata schreitet man ein vorgegebenes, als *Enbu-sen* bekanntes Schrittdiagram ab. Dabei führt man verschiedene Drehungen und Wendungen aus, auf die ich als erstes eingehen möchte. Im Anschluss werde ich einige Anmerkungen zu den verschiedenen Arten der linearen Schrittfolgen machen.

8.2. Drehungen und Wendungen

Den meisten ist sicher nicht neu, dass ein versierter Kämpfer bemüht sein wird, bei einem Angriff nicht zurückzuweichen. Ein seitliches Ausweichen bietet viel mehr Möglichkeiten für einen erfolgreichen Konterangriff. Um dies aber geschickt anzustellen, bedarf es der Kenntnis gewisser besonders sinnvoller Schrittfolgen.

Jeder Angriff enthält eine Überraschungskomponente. Um erfolgreich auszuweichen, muss man vor allem schnell und spontan reagieren. Langes Sinnieren kann hier tödlich enden. Die zum Ausweichen genutzten Schrittfolgen müssen sich so gut erlernen lassen, dass sie später ohne unser bewusstes Zutun automatisch vom Körper ausgeführt werden. Je natürlicher eine solche Bewegung der Füße abläuft, desto besser.

Ist die Ausweichbewegung beendet, sollten wir uns zudem in einer strategisch günstigen Position zum Gegner befinden. Dies betrifft in erster Linie Ausrichtung und Abstand. Hinzu kommen besondere Aspekte, etwa ob man sich nach dem Ausweichen vor dem Gegner befindet oder hinter ihm. Dies hat entscheidenden Einfluss auf die Wahl der nachfolgenden Techniken. Befinden wir uns hinter dem Gegner, so bieten sich uns weniger Möglichkeiten für effektive Schläge und Stöße, da sich im Bereich des Rückens weniger empfindliche Areale befinden als auf der Vorderseite des Körpers. Gleichzeitig ist aber der Gegner selbst nur eingeschränkt in der Lage, auf unser Tun zu reagieren, unter anderem weil ihm durch die räumlichen Verhältnisse meist nur ein Arm zur Verfügung steht.

Ich hatte ja bereits die Behauptung aufgestellt, dass der Sinn unserer Kata weniger im symbolischen Kampf gegen mehrere Angreifer liegt, sondern darin, uns ein vielseitig formalisiertes Konzept zu bieten, mit dem wir uns sicher einem einzigen Gegner stellen können – der in der Regel schon allein unsere gesamte Aufmerksamkeit und Kraft erfordert. Die Frage ist nun, wie in einem Zweikampf all die Drehungen der Kata zur Anwendung kommen, die ja im ersten Anschein dazu gedacht sind, sich der diversen angeblich aus allen Richtungen kommenden Angreifer zu erwehren.

Man stelle sich hierzu einen beliebigen Kampf vor. Durch die fortwährenden Bewegungen der Gegner kommt es immer wieder zu mehr oder weniger umfangreichen Drehungen des Körpers. Weicht zum Beispiel einer der Kontrahenten dem gegnerischen Angriff, gleich welcher Art, nach schräg vorn aus, so steht dieser nun dem anderen nicht mehr frontal gegenüber, sondern wendet ihm fast seinen Rücken zu. Um wieder über alle Möglichkeiten der Taktik, das heißt auch beider Arme, zu verfügen, müssen sich die Kämpfer einander zu*wenden*. Wir tun so etwas im Kampf meist unbewusst.

Das erneute Zuwenden zum Gegner nach dem Ausweichen ist meines Erachtens eine der wesentlichen Botschaften jener Drehungen um 45, 90, 135, 180 oder gar 270 Grad. In einigen Kata dreht man sich sogar vollständig um die eigene

Achse. In der Mehrzahl der Fälle handelt es sich aber um Teile der vollen Drehung um 360 Grad, die sich mittels Division durch acht ergeben. Dieses Schema von vier Haupt- und vier Nebenrichtungen ist für uns an zweidimensionale Symmetrie gewöhnte Menschen besonders einprägsam. Es dient dazu, die Kata leichter erlernbar zu machen. Die Richtungen, die wir in den Kata vorfinden, entsprechen demnach Idealisierungen aus der Geometrie, wobei bei der Kreation der Kata im alten China sicher auch die magischen Eigenschaften des Achtecks eine besondere Rolle gespielt haben (Kapitel 4.4).

Einem Angriff aus jeder der acht Richtungen ist jeweils anders zu begegnen. Umgekehrt hat ein Ausweichen in jede der verbleibenden sieben Richtungen, bedingt durch die sich ergebenden Abstandsverhältnisse, jeweils unterschiedliche Konsequenzen für den Konterangriff. Um sich über diese zunächst rational und dann intuitiv klar zu werden, wurde von Kenwa Mabuni, Schüler Ankō Itosus und Gründer des Shitō-ryū, ein besonderes Konzept der Bewegung in acht Richtungen geschaffen. *Tenshin-happo* behandelt als Kata formalisiert die Prinzipien und Variationen des »Ausweichens in acht Richtungen«. Man kann es mit und ohne Partner üben, wobei der gedachte oder reale Angreifer in der Regel von vorn kommt.[142]

Jedes nichtlineare Ausweichen eines gegnerischen Angriffs beinhaltet eine, wenn auch mitunter nur minimale Drehung. Indem wir die in den Kata enthaltenen formalisierten Wendungen üben, erlangen wir die dafür nötige Agilität durch Ausbildung, Training und Koordination der entsprechenden Beinmuskulatur.

Besonders deutlich finde ich dieses Konzept in den Kata des Naha-te umgesetzt. Die dortigen Wendungen, wie man sie in der Kata Sanchin (Version Miyagi) vorfindet, eignen sich sicher auch dazu, einem Angriff von hinten zu begegnen. Interessant ist aber vor allem, dass man dieselbe Bewegung sehr effektiv aus halbnaher Distanz nutzen kann, um sich aus der »Schusslinie« des Gegners zu bringen. In der Praxis ist dies leicht und einleuchtend demonstrierbar.

90-Grad-Wendungen, wie in vielen Eingangssequenzen unserer Kata, sollen daher in nicht unbedingt bedeuten, dass man von der Seite her angegriffen wird. Vielmehr gelten sie als Hinweis, sich so zu bewegen, dass man nach der Abwehr seitlich zur Richtung des Angriffs zu stehen kommt. Was viele nicht wissen, ist, dass zu den in den Kata gezeigten Bewegungen der Arme und Beine Zusatzschritte ausgeführt werden müssen, damit die Gesamtaktion überhaupt erst sinnvoll und effektiv werden kann. Diese teilweise sehr kurzen Fußbewegungen werden (Abschnitt 8.3) heute aus Gründen der Ästhetik weggelassen; in früheren Zeiten hingegen ließ man sie wegen Geheimhaltung und Verschlüsselung weg.

---

[142] Bei Übungen dieser Art spricht man auch von *omote* und *ura*, dem »Vordergründigen« und der »Rückseite«, weil erst durch die Arbeit mit dem Partner das Tiefgründige sichtbar wird.

Ich möchte nun auf die in den Kata vorkommenden verschiedenen Arten von Drehungen eingehen. Im Zweikampf bieten sich in der Regel zwei Varianten an, um ein Ausweichen einzuleiten (eventuell mit anschließender Drehung), und zwar, indem man entweder mit dem vorderen oder dem hinteren Fuß aus der Richtung des Angriffs heraustritt. In den Kata findet man heute diesbezüglich zwei Formalismen: Zum einen das Umsetzen des vorderen Fußes und zum anderen das des hinteren Fußes vor einer Drehung um 180 Grad, wobei man gemeinhin ersteres exklusiv dem Naha-te und letzteres dem Shuri-te zuordnet. Abgesehen davon, dass die unterschiedlich auftretenden Drehungen kein wirkliches Kriterium für eine stilistische Einteilung darstellen (Kapitel 5.2), haben beide ihre Vor- und Nachteile. Die jeweilige Situation im Kampf entscheidet darüber, welche Weise die günstigere ist.

Allerdings muss zugestanden werden, dass beim Lernen des Karate die auf Itosu zurückgehende Art, vor der Wendung den hinteren Fuß zu bewegen, leichter zu verstehen ist. Wobei wiederum die Drehung mit dem umgesetzten vorderen Fuß zunächst schwieriger wirkt, dafür aber später mehr Möglichkeiten für die Praxis bietet. Tatsächlich benutzen wir beim Ausweichen im Kampf meist dieses Bewegungsprinzip, wenn auch in abgewandelter Form.

Im Übrigen ist die Wendung mit dem umgesetzten hinteren Bein erst entstanden, als durch Itosus Umgestaltungen der einzelnen Kata aus Neko-ashi-dachi Zenkutsu-dachi wurde. Bei Wendungen in Neko-ashi-dachi ist kein Umsetzen nötig, da die Füße auf einer Linie stehen. Jedoch muss bei der Anwendung von Techniken in Neko-ashi-dachi der jeweilige hintere Fuß so weit um den Gegner herum nach vorn gesetzt werden, dass Winkel und Abstand zu ihm stimmen. Dadurch erfolgt dann eine mitunter nur kleine Drehung des Körpers, zum Beispiel in der Kata Kushanku-shō.

Analog sind viele Sequenzen in den Kata zu sehen, in denen auf der Stelle gedreht wird, wobei man beispielsweise in Kōkutsu-dachi von links nach rechts wechselt. Auch wird, wenn nötig, einer der Füße zuvor oder gleichzeitig mit dem Stellungswechsel umpositioniert – was im Prinzip dem Umsetzen des vorderen Fußes vor den Drehungen in Sanchin-dachi entspricht.

Das Drehen auf der Stelle ergibt erst dann einen Sinn, wenn, etwa durch einen Ausfallschritt, einem Angriff ausgewichen wurde. Oft folgt nun eine Konteraktion, die ihrerseits von der Dynamik einer Körperdrehung profitiert. Damit sind wir bei dem zweiten wesentlichen Grund angelangt, warum in den Kata Drehungen des Körpers stattfinden: Oft erhält eine Sequenz oder Einzeltechnik erst durch die Drehung Kraft und Wirksamkeit. So sind Hebeltechniken und Würfe kaum möglich ohne eine Bewegung des eigenen Körpers. Obwohl diese in allen Fußstellungen möglich sind, finden wir in zahlreichen Kata dafür eine besondere Position, nämlich Kōsa-dachi. Die Kreuzstellung ist das Resultat einer maximalen Annäherung an den Gegner, um in einen Nahkampf einzutreten. Sie bietet aber auch wie keine andere Stellung die Möglichkeit zu einer schnellen Drehung – gewiss auch, um sich einem

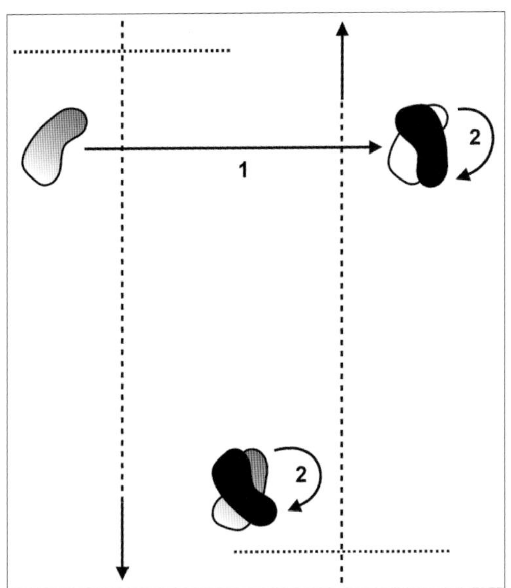

Abb. 8-1: Wendung im Shuri-te: Beim Einleiten wird meist nur der Ballen des Hinterfußes aufgesetzt, wonach das simultane Drehen beider Füße erfolgt.

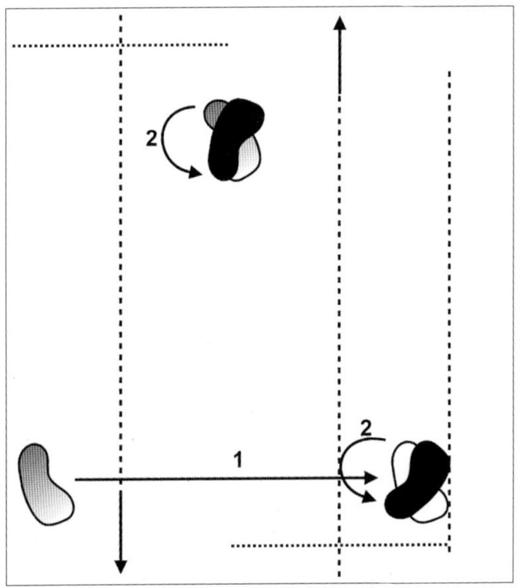

Abb. 8-2: Wendung in Naha-te und Tomari-te: Beim Einleiten wird meist nur die Kante des Vorderfußes aufgesetzt, wonach das simultane Drehen beider Füße erfolgt.

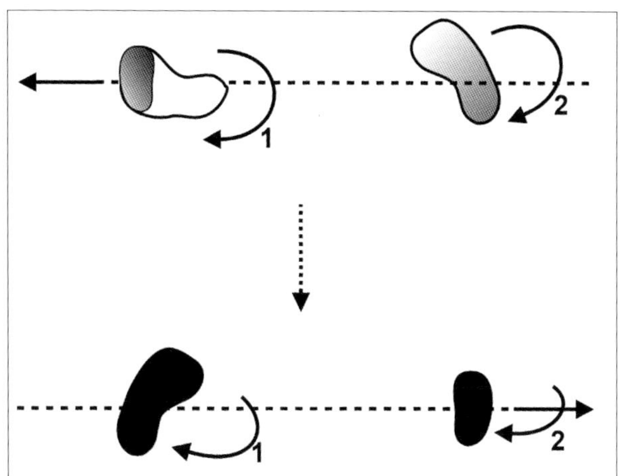

Abb. 8-3: Wendung in Neko-ashi-dachi: Zunächst wird der vordere Fuß bewegt. Die starke Hüftbewegung zieht dann den zweiten Fuß in die korrekte Position. Zum Schluss erfolgt das Anheben der Ferse des nun vorderen Fußes.

weiteren Feind zuzuwenden (Pinan-yondan) – aber viel wahrscheinlicher, um denselben Gegner mit einer Wurftechnik zu Boden zu bringen.

Wir können demnach unterscheiden zwischen Drehungen des Körpers, die sich aus einem Ausweichen ergeben, also Teil einer Taktik sind, und solchen, die zum erfolgreichen Ausführen einer Technik beitragen. Es gibt zwei japanische Fachausdrücke, die ich hier erwähnen möchte, die nahe beieinander liegen, aber nicht ganz deckungsgleich sind: Tenshin und Mawari-ashi. *Tenshin* bedeutet schlicht »das Ausweichen«, während es sich bei *mawari-ashi* um den »Dreh-Fuß« handelt. Dieser etwas komplexere Ausdruck bezieht sich darauf, dass vor jeder Körperdrehung meist einer der Füße umgestellt werden muss, um die nachfolgende Technik effektiv zu machen. Auch hier impliziert das Wort *ashi* mehr als nur den bewegten Körperteil, nämlich das energetisch-technische Potential, das in diesen Drehungen enthalten ist. Viele Wurftechniken enthalten Mawari-ashi, ebenso alle Konteraktionen mit Gyaku-zuki nach einem kurzen Ausfallschritt zur Seite oder nach schräg vorn (siehe Abbildungen 8-4 und 8-5).

Es empfiehlt sich, bei allen Drehungen, die eine Umpositionierung eines Fußes oder beider Füße erfordern, diese möglichst frühzeitig einzuleiten und abzuschließen. Das bedeutet, erst den jeweiligen Fuß zu platzieren und dann die restliche Bewegung ablaufen zu lassen. Man hat so neben der gedachten Rotationsachse im Körperinnern zwei weitere in den Füßen, was den ganzen Vorgang stabilisiert. Wenn man bedenkt, dass während solcher Drehungen Abwehrtechniken, Konterangriffe und auch Wurftechniken ausgeführt werden, ist nachvollziehbar, wie wichtig die eigene Zentrierung ist.

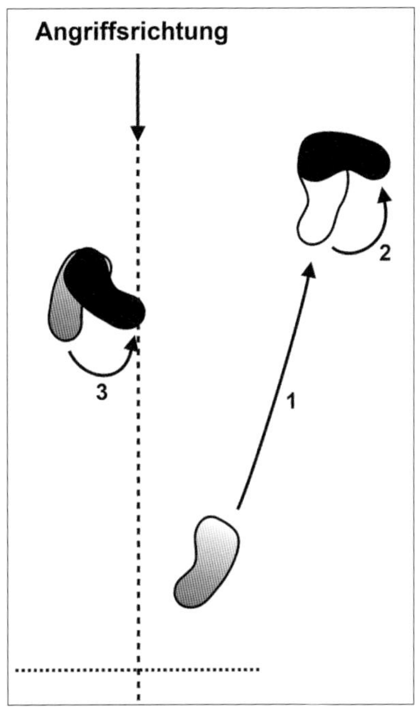

Abb. 8-4

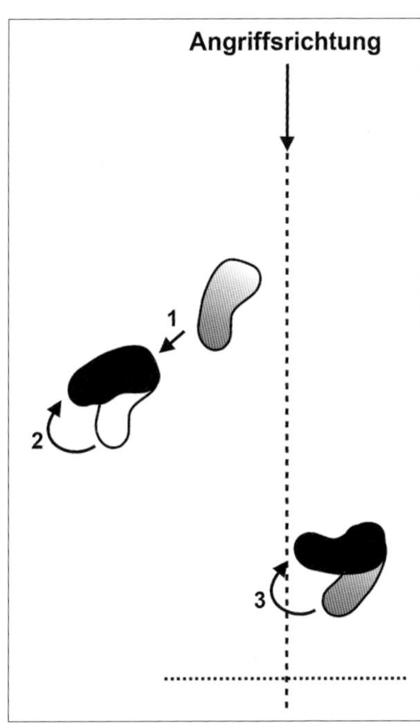

Abb. 8-5

Abb. 8-4: Mawari-ashi, Variante 1: Der hintere Fuß wird vorwärts nach außen platziert, worauf eine Drehung des Körpers erfolgt.

Abb. 8-5: Mawari-ashi, Variante 2: Der vordere Fuß wird nach außen und leicht hinten gesetzt, worauf eine Drehung des Körpers erfolgt.

Abschließend noch ein Hinweis in Bezug auf ein Detail, das gern übersehen wird. In den Kampfkünsten Chinas wurde nichts unversucht gelassen, um die Schwäche des Gegners zu nutzen. Da man mit der eigenen Aufmerksamkeit nicht überall sein kann, dienen bei den verschiedenen Formen des Nahkampfes besonders die Knie, Unterschenkel, Fußgelenke und sogar die Zehen als Ziele des Angriffs. Übersetzschritte vor Drehungen haben darum wohl auch zum Inhalt, bei entsprechender Gelegenheit eben diese Ziele mit dem Fuß zu treffen, um den Gegner so zwar nicht zu schlagen, aber doch aus seiner (energetischen) Balance zu bringen. Das Platzieren des vorderen Fußes kann so zum Tritt werden (Kapitel 13.3). Auch kann man nach einem Auftreten auf den gegnerischen Fuß diesen mit einem heftigen Ruck verdrehen, was mindestens schmerzhaft ist, meist aber das Sprunggelenk schädigt. Die Übersetzschritte *Nuki-ashi* (nächster Abschnitt) und besonders *Kōsa-ashi* haben unter anderem auch diese Bedeutung.

Bei Kōsa-ashi, wörtlich »Kreuz-Fuß« handelt es sich letztlich um das Umsetzen des vorderen Fußes vor der Drehung in Sanchin-dachi. Jedoch kann jede Vorwärtsbewegung des Fußes mit einer anschließenden Drehung dazu dienen, den gegnerischen Fuß schmerzhaft zu schädigen. Kōsa-*ashi* wandelt sich in Kōsa-*geri*, wenn der Fuß vehement genug aufgesetzt wird, so dass die Fußkante den Spann des Gegners trifft.

8.3. Lineare Schrittfolgen

Wir wenden uns nun den Fußbewegungen zu, die im Kampf nötig sind, um die Distanz zum Gegner zu verändern. Dabei kann es darum gehen, sich ihm aus der Entfernung (aus einer Kamae) so weit zu nähern, dass ein wirksamer Angriff möglich wird, oder umgekehrt, sich aus der Reichweite des Gegners herauszubringen. Weit häufiger aber wird eine Art Feinabstimmung nötig sein, bei welcher der für die Wirksamkeit einer Aktion optimale Abstand, Ma-ai, eingestellt wird.

Unter dem Begriff *ma-ai* wird oft nur der Abstand zum Gegner verstanden. Doch es geht dabei um mehr. Das Wort *ma* bezeichnet im Japanischen einen Raum, der klar abgegrenzt ist, in unserem Falle von den zwei Kontrahenten, zwischen denen sich ein geistig-energetisches Spannungsfeld aufbaut. Ist dieses Feld »stimmig«, das heißt, eröffnet es einem oder beiden Gegnern in idealer Weise die maximale Vielfalt des kämpferischen Handelns, so kann von einer gewissen »Harmonie« gesprochen werden, was durch die Silbe *ai* zum Ausdruck kommt. »Stimmiger Innenbereich« wäre darum eine treffendere Übersetzung für *ma-ai*.

Bei den Handlungsmöglichkeiten geht es neben der für die Ausführung einer Technik angemessenen Distanz auch um das Blickfeld, das kleiner wird, je näher aneinander sich die Gegner befinden. Besonders wesentlich ist aber das intuitive Erfassen der Intentionen des Gegners, seines Geistes und seines Ki, um eine Begegnung siegreich beenden zu können. Auch das ist nur in einem bestimmten räumlichen Intervall hinreichend möglich.

Um während des Kampfes das nötige Ma-ai zu wahren, bedarf es der Anpassung des Abstands. Wenn sich die Kontrahenten in ihren Kamae belauern, wird die Distanz naturgemäß größer sein als während eines Schlagabtauschs oder im Nahkampf. Um aus einer Haltung des Belauerns in eine Position zu gelangen, deren Reichweite den effektiven Einsatz einer eigenen Technik ermöglicht, ist ein schnelles Vorgehen erforderlich. Ist man zu langsam, bleibt dem Gegner Zeit, zurück- oder auszuweichen. Nach einer erfolgreich abgeschlossenen Kampfaktion ist es ratsam, sich wieder in eine sichere Distanz außerhalb der Reichweite des Gegners zu bringen (Zanshin). Die Kata bieten hierzu entsprechende Schrittfolgen.

Immer wenn in einer Kata mit ganzem Schritt vor- oder zurückgegangen wird, ist davon auszugehen, dass man sich auf einen Gegner zu bewegt, um ihn zu treffen, oder von ihm weg, um selbst nicht von ihm getroffen zu werden. Ein Vorrücken ist aber nur dann sinnvoll, wenn der Gegner eine raum-zeitliche Lücke verringerter Aufmerksamkeit zeigt. Ansonsten wäre ein solches Vorgehen äußerst riskant und wenig ratsam.

Eine raum-zeitliche Lücke bildet sich, wenn der Gegner, aus welchem Grund auch immer, geistig abgelenkt ist oder er durch das vorherige Geschehen bereits physisch derart angeschlagen ist, dass ihm nicht mehr seine volle körperliche und geistige Kraft zur Verfügung steht. Nur in solch einem Moment ist ein Sieg möglich, der nicht vom Zufall abhängt. Techniken wie Oi-zuki setzen eine solche Situation voraus. In den Kata handelt es sich bei Oi-zuki darum eben nicht um einen (initialen) Angriffsstoß, sondern um eine finale, den Kampf beendende Technik. Auch wird dem Stoß durch das Vorrücken kaum mehr Wucht verliehen.[143] Im Gegenteil, während des Vorgehens ist der Körper in sich viel zu instabil, um die volle Dynamik eines wirksamen Faustostoßes zu entwickeln. Mit anderen Worten: die Faust startet erst, wenn man den Gegner erreicht hat, allenfalls kurz zuvor.

Etwas anders sieht die Sache beim Zurückgehen aus. In den Kata kommt eine Reihe von Sequenzen vor, bei denen eine Rückwärtsbewegung mit einem vermeintlichen Block kombiniert ist. Als Beispiel diene die zweimalig ausgeführte Schwerthandabwehr Shutō-uke in der Schlusssequenz der Kata Wanshu. Meist werden besagte »Abwehrtechniken« aber im Anschluss an eigene Angriffsaktionen ausgeführt. Daher kann es sich bei näherem Hinschauen nicht um Abwehrtechniken handeln, sondern »nur« um das Einnehmen einer Kamae in sicherer Entfernung zum Gegner und in Erwartung seiner möglichen weiteren Aktion (Zanshin). Wenn in den Kata eine Rückwärtsbewegung erfolgt, bei der auf die Aktion eines gedachten Angreifers reagiert wird, dann geschieht dies fast immer mit einem direkten Gegenangriff. Ausnahmen bestätigen auch hier die Regel, etwa in den Kata Niseishi und Aragaki-Sōchin.[144]

Überhaupt ist interessant, dass in den Kata allgemein sehr wenig zurückgegangen wird. Ich schätze, dass es aus taktischen Gründen als ratsam galt, möglichst immer auf den Gegner zuzugehen. Eine nach hinten gerichtete Bewegungstendenz wirkt nach vorn hin, wo sich ja das Geschehen des Kampfes abspielt, zu schwach. Neben den ungünstigen Konsequenzen für die Ausrichtung der Körperkraft würde durch ein in der formellen Übung zu stark betontes Zurückweichen zudem noch der Geist geschwächt, wodurch dieser später möglicherweise zu einer verfrühten Aufgabe bereit wäre.

---

143 Dies ist eine noch immer sehr verbreitete These, die aus alten Lehrbüchern stammt.

144 Ich beziehe mich hier auf die im Shitō-ryū geübte Version der Kata Sōchin. In einer etwas vollständigeren und wahrscheinlich älteren Fassung des Shōrin-ryū erfolgt die entsprechende Sequenz im Vorwärtsgehen in rückwärtiger Richtung.

Das heißt nun aber nicht, dass man blind in den Gegner hineingehen soll. Beim Vorrücken handelt es sich um den ersten Impuls einer Bewegung, die sich schnell wandeln kann, zum Beispiel derart, dass man am Ende der Bewegung eher seitlich vom Gegner zu stehen kommt. Hierzu wird an das Vorwärtsgehen ein Drehschritt angehängt, bei dem der hintere Fuß den Körper aus der Richtung des Angriffs herausmanövriert (Abschnitt 8.2). Dieser Sachverhalt ist Teil jener Informationen, die nicht sofort an jeden weitergegeben wurden und darum auch nur selten in der Kata offen gezeigt werden, trotzdem aber immer in ihr verborgen sind. Jene zurückgehaltenen Kerninformationen werden, wie bereits erwähnt, mit *honto* beziehungsweise *ura* umschrieben.

Für die taktische Optimierung des Abstands stehen diverse Schrittfolgen zur Verfügung: Vom nur leichten Verrücken eines oder beider Füße bis zu Halb-, Viertel- und Wechselschritten ist alles in den Kata vorhanden. Im Folgenden möchte ich die wichtigsten im Detail beschreiben.

Besonders in Turnierwettkämpfen werden von vielen Kämpfern gern die Schrittarten praktiziert, die als Tsuri-ashi und Tsugi-ashi bekannt sind. Das »Vor- und Zurückgleiten« dient sowohl dem Sich-Annähern auf Schlagdistanz und dem Zurückweichen in eine sichere Entfernung, als auch der Anpassung des Abstands für die Technik, ganz gleich ob zum Angriff oder zur Verteidigung.

Das Wort *tsuru* bedeutet »angeln«. Bei *tsuri-ashi* wird der »Angel-Fuß« aus der jeweiligen Stellung weit nach vorn geschoben (Abbildung 8-6 auf der folgenden Seite). Meist wird darauf der hintere Fuß bis zu der ursprünglichen Stellung herangezogen, was mit *tsugi-ashi* umschrieben wird (Abbildung 8-7). *Tsugi* bedeutet je nach Schreibweise in Kanji »das Nachfolgende« oder als Verb *tsugu* auch »zusammenfügen«, womit praktisch das gleiche gemeint ist.

Wenn der Begriff *tsugi-ashi* im Sinne von »Zusammenfüge-Fuß« gebraucht wird, dann kann das auch bedeuten, dass der hintere Fuß zuerst herangezogen wird, damit im Anschluss der vordere leichter nach vorn bewegt werden kann. Das Heranziehen kann soweit gehen, dass sich beide Füße kurz berühren. Man spricht dann (wenn auch selten) von *sasae-ashi*, dem »Anlege-Fuß« (Abbildung 8-8 auf Seite 201).

Das Vorsetzen des Fußes wird in einigen Schulen auch mit *okuri-ashi* bezeichnet, um es von *tsuri-ashi* im Sinne einer Taktik abzugrenzen, bei der nur der vordere Fuß für einen Angriff, zum Beispiel Gyaku-zuki, nach vorn- und sofort wieder zurückbewegt wird. Bisweilen benutzt man die Begriffe aber auch genau umgekehrt (Abbildung 8-9).

Sollte der hintere Fuß den vorderen passieren, so spricht man von *nuki-ashi*, zu deutsch in etwa der »hervorgebrachte Fuß« oder der »überholende Fuß«. Nachdem der eine Fuß vor dem anderen platziert wurde, wird dieser nun ebenfalls nach vorn bewegt, so dass man wieder in die ursprüngliche Fußstellung gelangt. Mit Nuki-ashi (Abbildung 8-10) kann schnell eine größere Distanz überbrückt werden, ohne die Auslage zu verändern. Die Schrittfolge ist zudem taktisch vielseitig

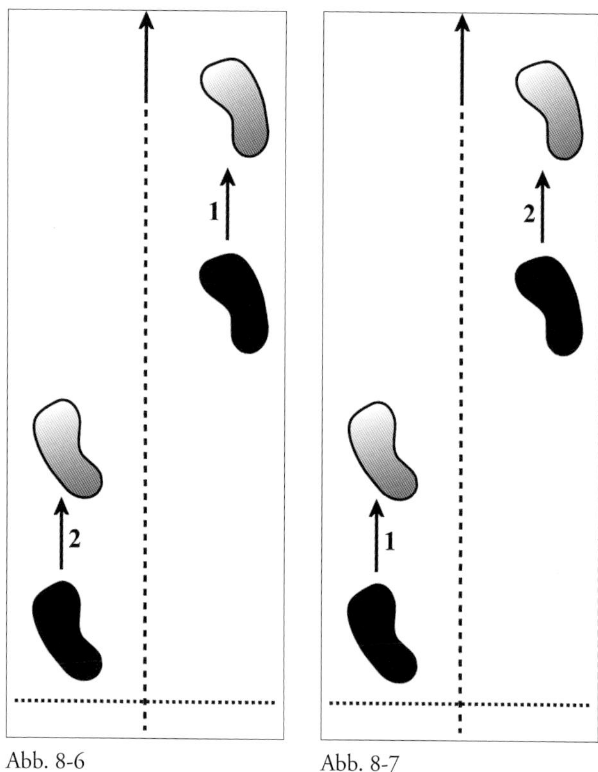

Abb. 8-6 Abb. 8-7

Abb. 8-6: Tsuri-ashi; zunächst wird der vordere Fuß bewegt, worauf der hintere nachgezogen wird.

Abb. 8-7: Tsugi-ashi; zunächst wird der hintere Fuß herangezogen, dann der andere nach vorn gesetzt.

einsetzbar und bietet die Möglichkeit eines Tritts in Richtung Knie, Schienbein oder Sprunggelenk des Gegners (siehe weiter vorn).

Für das Zurückweichen gilt im Wesentlichen das, was ich bereits für die Bewegungen nach vorn beschrieben habe. Es kann mit Tsugi-ashi, Tsuri-ashi, Sasae-ashi oder Nuki-ashi erfolgen (Abbildung 8-11 auf Seite 202).

Jedes Vorrücken mit dem Fuß kann auch dazu dienen, einen Kontakt mit dem Gegner über eines seiner Beine herzustellen. Ist man zum Beispiel durch einen Schritt nach vorn mit dem eigenen Fuß direkt hinter den vorderen Fuß des Gegners gelangt, ist es ein Leichtes, ihn durch Druck gegen sein Knie aus der Balance zu bringen. Mit etwas Geschick lässt sich sogar sein Knie so weit beugen, dass dieses anschließend durch einen Tritt mit dem (eigenen) anderen Fuß in Form

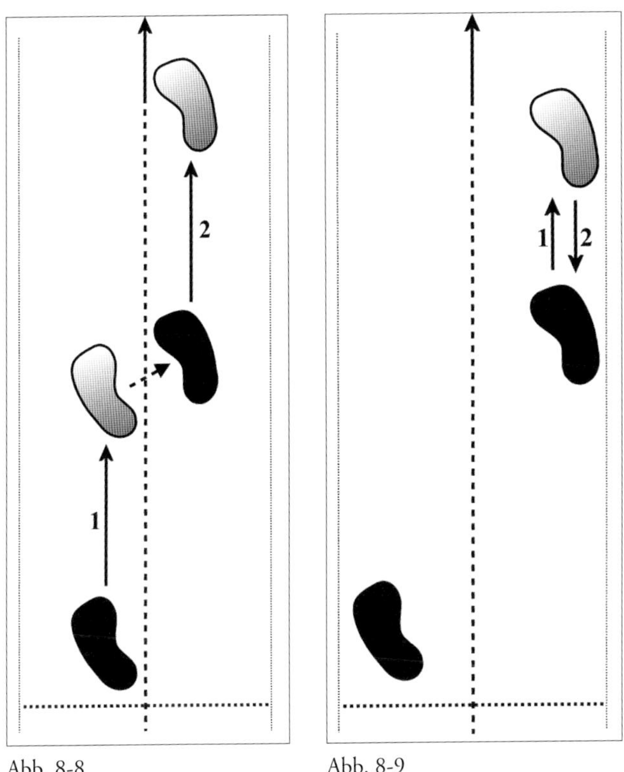

Abb. 8-8 Abb. 8-9

Abb. 8-8: Sasae-ashi; der hintere/vordere Fuß wird soweit herangezogen, dass er den anderen fast berührt, dann wird dieser nach vorn gebracht beziehungsweise zurückgesetzt.

Abb. 8-9: Okuri-ashi; der vordere Fuß wird vorgesetzt und wieder zurückgezogen.

von Kōsa-ashi hinreichend geschädigt werden kann (auch wenn die Beschreibung etwas kompliziert klingt, ist das in der Praxis aber leicht durchführbar). So bekommt auch das in allen Lehrbüchern beschriebene bogenförmige Bewegen des vorschreitenden Fußes noch eine recht interessante Zweitbedeutung, nämlich die, von der Innenseite des gegnerischen Beines oder Fußes her einen direkten Kontakt zum Gegner herzustellen – und diesen natürlich dann auch auszunutzen.

Eine besondere Schrittfolge zur Anpassung des Abstands, aber auch der Ausrichtung zum Gegner, ist Kiri-gaeshi, eine Art Wechselschritt. Bei der einen Variante wird der Vorder- zum Hinterfuß herangebracht, worauf dieser sich dann nach vorn bewegt. Analog kann auch zunächst der hintere Fuß zum vorderen geholt werden. Die zweite Form von Kiri-gaeshi bietet den großen Vorteil, dass beim Zurückbringen des nun hinteren Fußes dieser auch bogenförmig nach außen be-

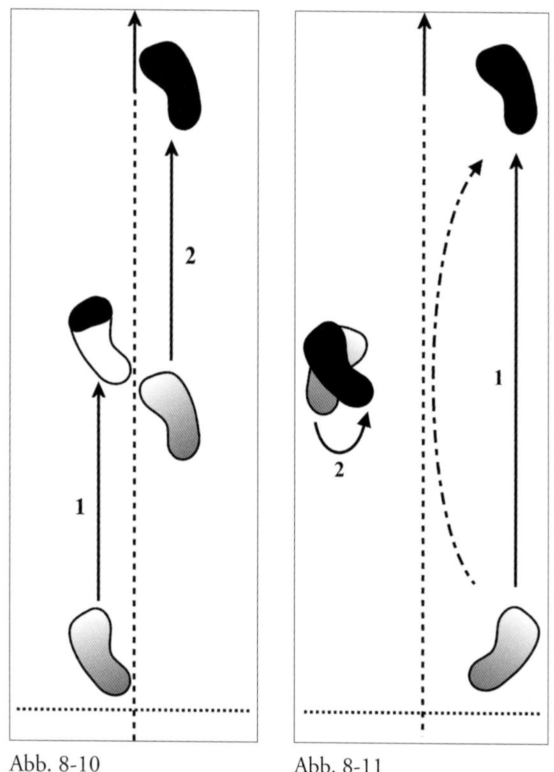

Abb. 8-10 Abb. 8-11

Abb. 8-10: Nuki-ashi mit nur aufgesetztem Fußballen.

Abb. 8-11: Vollständiger Schritt; meist wird der bewegte Fuß eng am Standbein vorbeigeführt.

wegt werden kann, wodurch man in einen anderen Winkel zum Gegner gelangt.

Im Karate fand man für diese Form der Fußbewegung lange Zeit keinen Ausdruck, so dass man sich eines Begriffs aus dem japanischen Schwertkampf bediente. So bedeutet das Verb *kiru* übersetzt »schneiden« und *kiri* dementsprechend »schneidend« oder »beim Schneiden«, während *kaeshi* tatsächlich »Wechsel« bedeutet. Ich selbst würde dieser so wichtigen Fußbewegung die Bezeichnung *Kaeri-ashi* geben, im Sinne von »zurückkehrender Fuß«. Entsprechende Fußbewegungen finden wir in allen Versionen den Kata Bassai und Rōhai.[145]

[145] Die entsprechenden Sequenzen erinnern in ihrer Dynamik stark an die Kata des Kobudō. Sai-Kata haben stellenweise analoge Schrittmuster, bei denen sich allerdings mehrfach derselbe Fuß bewegt.

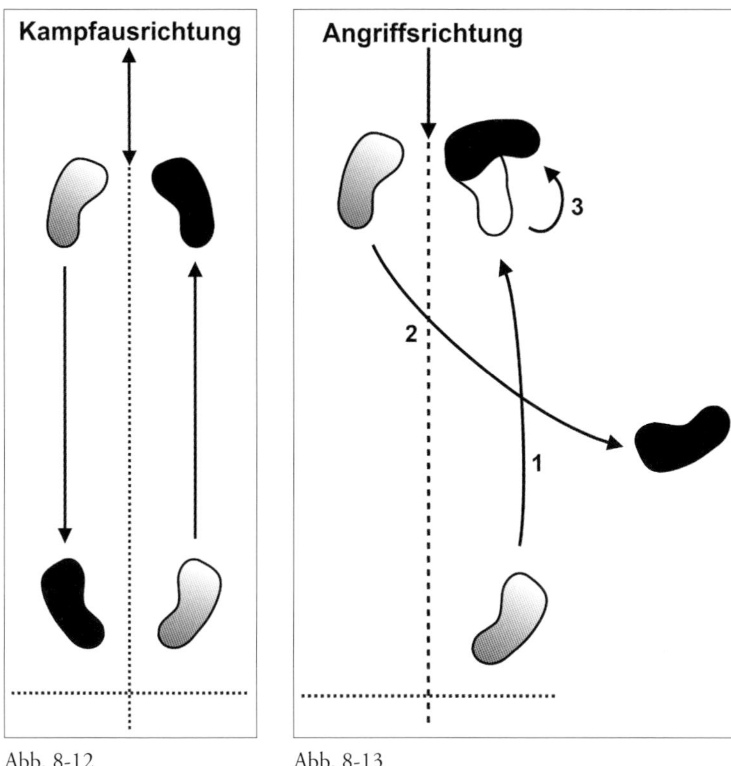

Abb. 8-12 Abb. 8-13

Abb. 8-12: Kaeri-ashi; der hintere Fuß wird zunächst zum vorderen gezogen, bevor dieser nach hinten bewegt wird oder umgekehrt.

Abb. 8-13: Kaeri-ashi mit anschließender Drehung: Der vordere Fuß wird statt direkt nach hinten in einem Bogen nach außen gesetzt, was eine Ausweichbewegung zur Folge hat.

Abschließend möchte ich noch einige Anmerkungen zum Gehen an sich machen. Im früheren Japan erfolgte das Gehen je nach gesellschaftlicher Schicht auf andere Weise, zumindest aber nicht so, wie wir es heute als normal oder natürlich empfinden würden (Tokitsu, siehe Literaturverzeichnis).[146] Das mag unter anderem mit der mehrere Jahrhunderte dauernden Isolation des Inselreichs zu tun haben oder auch nur mit dem bevorzugten Tragen von Zori.[147] So wurde beim

[146] Das »normale« Gehen setzte sich in Japan erst zu Beginn des 20. Jahrhunderts durch, woran wohl auch die starke Militarisierung, etwa durch das Tragen von Stiefeln, einen nicht unerheblichen Anteil hatte.

[147] Die alte Architektur mit den wie auf einem Podest aufgebauten Häusern in Verbindung

Gehen statt der Ferse zuerst der Fußballen aufgesetzt. In allen Kampfkünsten Japans bewegt man sich entsprechend über die Fußballen. Und auch wenn das Karate seinen Ursprung in China hat – die über mehrere Jahrhunderte dauernde Entwicklung auf Okinawa hat die Motorik der Kampfkunst Tōde beziehungsweise Karate diesbezüglich sicher mitgeprägt.[148]

Aber nicht nur wegen der historischen Bezüge ist es sinnvoll, sich dessen bewusst zu sein, wie man sich in der Kampfkunst Karate am geschicktesten fortbewegt. Wir besitzen in den Ballen weit mehr Sensibilität als in der Ferse. Ein ausgeprägtes Gefühl in den Füßen ist immens wichtig, um schnell und sicher auf die Aktionen des Gegners reagieren zu können.[149] Bei allen Varianten des Gehens werden demnach (nicht nur) in den Kata zuerst die Ballen aufgesetzt, von den wenigen besonderen Ausnahmen, etwa am Ende von Bassai-shō einmal abgesehen.

Bemerkenswert ist in diesem Zusammenhang auch, dass die klassischen Krieger Japans und Okinawas, die Bushi beziehungsweise die Kunshi, es gewohnt waren, beim Schreiten (*ayumu*) ihre Arme nicht wie wir der Bewegung der Beine entgegengesetzt schwingen zu lassen, sondern sie parallel zu ihnen zu bewegen (Tokitsu, siehe Literaturverzeichnis). Techniken wie Oi-zuki waren für sie darum weniger gewöhnungsbedürftig als für uns heute, für die Gyaku-zuki viel natürlicher wirkt.

Zusammengefasst lässt sich sagen: Die verschiedenen Arten, sich im Kampf vor- und zurückzubewegen, sind in den Kata formalisiert. Sie wurden entsprechend ihren Grundmerkmalen mit Bezeichnungen versehen. Die Namensgebung der einzelnen Schrittfolgen ist aber nicht einheitlich und variiert von Schule zu Schule. Anhand von Form und Ausmaß der Fußbewegung kann man grob fünf Gehweisen unterscheiden:

---

mit dem feuchtheißen Klima mit häufigen schweren und ergiebigen Regenfällen machte das Tragen von leichtem Schuhwerk erforderlich, das beim Betreten und Verlassen des Hauses leicht ab- und wieder angelegt werden konnte. Die Vorliebe für die heute noch für Japan typischen Slipper, mit dem Band zwischen großem und zweitem Zeh geht wohl auf diese Notwendigkeit zurück. Beim Tragen von Zori ist das Abrollen des Fußes von der Ferse eher unbequem.

[148] Sitten und Gebräuche waren auf den Ryūkyū-Inseln sowohl von der japanischen als auch der chinesischen Kultur geprägt. Geschichtsforscher meinen aber herausgefunden zu haben, dass die Kultur Okinawas letztlich von frühen Formen der japanischen abstammt. Zumindest ähnelt die Sprache Okinawas eher dem Japanischen früherer Zeitalter als dem Chinesischen.

[149] In der biologischen Forschung hat man mittlerweile herausgefunden, dass, bedingt durch die Entwicklung unserer Anatomie, für uns Menschen das Gehen auf den Ballen eigentlich die natürlichere und damit gesündere Form ist.

- **Ganze Schritte:** Vor und zurück
- **Übersetzschritte:** Nuki-ashi und Kosa-ashi
- **»Stepp«-schritte:** Sasae-ashi
- **Gleitschritte:** Tsugi-ashi und Tsuri-ashi
- **Ausfallschritte:** Okuri-ashi und Kiri-gaeshi

Bei all dem, was in diesem und im vorigen Kapitel dargelegt wurde, sollte nicht vergessen werden, dass es uns Menschen kaum möglich ist, alles gleichzeitig zu tun. Ähnlich wie schon im Abschnitt über die Körperdrehungen erwähnt wurde, gilt auch bei den linearen Schrittfolgen, dass der Oberkörper der unteren Körperhälfte nicht vorauseilen darf. Oder anders ausgedrückt: Die Bewegungen der Arme sollten den Bewegungen der Beine zeitlich leicht versetzt folgen. Der Grund dafür ist, dass bei bereits platzierten Füßen die Restbewegungen durch die erhöhte Stabilität viel rascher erfolgen können. Dies macht die ganze Aktion schneller, als wenn man versuchte, während der Fortbewegung mit den Armen aktiv zu werden. Gewiss gibt es auch hier Ausnahmen, etwa Stöße und Schläge aus dem Sprung heraus. Aber auch dabei haben die Beine Pause, während man sich in der Luft befindet und von oben her »austeilt«.

Im nächsten Kapitel möchte ich zeigen, wie aus der Anwendung von Kamae, Hand- und Fußhaltungen in Verbindung mit Schritten und Drehungen eine effektive Gesamtaktion entsteht.

9. Waza – Techniken und deren Ausführung

9.1. Statik und Dynamik

Im 7. Kapitel haben wir gesehen, wie man einen festen Stand und Stabilität in Armen und Händen sowie im Körper insgesamt erlangt. Innere und äußere Stabilität sind grundlegende Bedingungen für eine effektive Technik, und genau dieser – oder besser deren Prinzipien und Umsetzung in die Praxis – wollen wir uns nun zuwenden.

Dabei geht es vor allem darum, wie sich Yin in Yang wandelt, das heißt wie der Wechsel von körperlicher Ruhe (Kamae) zur maximalen Dynamik (Waza) erfolgen kann und was dabei zu beachten ist. Ich werde allerdings nicht die Techniken als solche beschreiben, dafür gibt es bereits genügend gute Lehrbücher. Vielmehr setze ich voraus, dass die Leser die Techniken bereits in ihrer Grundform erfasst haben, sie »ausführen können« – denn von »beherrschen« sollte aus Gründen der dem Karate innewohnenden Bescheidenheit ja besser nicht geredet werden.

Ein Kampf wird letztlich nicht durch das Verharren in irgendwelchen Haltungen gewonnen, sondern durch die Manifestation einer Bewegung, die zwar vom Geist initiiert, aber vom Ki ausgeführt wird, indem es Nerven und Muskeln stimuliert, wodurch sich letztlich die Knochen in Bewegung setzen. Das klingt vielleicht aufwendig und nach einem langwierigen Prozess, in Wahrheit geschieht das Ganze jedoch in Bruchteilen von Sekunden, fast augenblicklich. In dem Moment, in dem unser Geist intuitiv eine raum-zeitliche Lücke beim Gegner erkennt, schießt er auch schon gleichsam in sie hinein. Es kommt zu einer körperlich-technischen Aktion, die den Kampf scheinbar entscheidet. Scheinbar, weil Außenstehende es so wahrnehmen. In Wirklichkeit fand der Kampf aber auf geistiger Ebene statt und wurde auch hier entschieden.

Trotzdem muss der Kämpfende in der Lage sein, das vom Geist Initiierte ohne Verzug in die Tat umzusetzen. Denn eine raum-zeitliche Lücke verminderter Aufmerksamkeit auf Seiten des Gegners ist nur kurz, und jeder Zeitverlust gäbe ihm die Chance, eine eigene Aktion durchzuführen. Unsere Hand, der Arm oder der Fuß müssen so schnell wie möglich dort eintreffen, wo sie ihre Aufgabe erfüllen sollen, sei es in Form eines Schlages, Trittes oder des Ergreifens eines Teils des gegnerischen Körpers.

Beim entsprechenden technischen Training, der formalen Übung, wird es darum gehen, hohe Schnelligkeit, gepaart mit Präzision, zu erlangen. Erst dann kann Kraft in die Aktion fließen, aber nur so viel, dass keinerlei Überschuss vorliegt, der den Gesamtablauf nur behindern und verlangsamen würde. Über Sōkon Matsumura ist überliefert, dass er Ankō Itosu, als dieser schon ein starker und schwer besiegbarer Kämpfer war, dahingehend belehrte, dass all seine Kraft ihm nichts nütze, wenn sie nicht von hoher Beweglichkeit begleitet würde. Seine (Itosus)

Techniken könnten ihn (Matsumura) allenfalls berühren, ihm aber niemals schaden, weil jener zu langsam sei.

In der Dynamik ist die Stabilität zu wahren, genauso wie wir in der Statik beweglich bleiben müssen. Extremes Yang ist genauso schädlich wie extremes Yin. Harmonie bedeutet hier, dass Yin im Yang ist und umgekehrt Yang im Yin. Anders ausgedrückt: Imposante Dynamik ohne innere Stabilität ist nicht viel wert, ebensowenig wie die Starre der Anspannung.

In den strategisch bedingten Phasen des Abwartens während jeder Kamae ist unser Körper äußerlich inaktiv. Gleichzeitig ist das Ki aber bereit, in jede erdenkliche Richtung zu fließen und den Körper mitzunehmen. Umgekehrt müssen während jeder noch so schnellen Bewegung bestimmte Muskelgruppen dafür sorgen, dass die Bewegung auch an ihrem Ziel ankommt und dass wir vom Schwung unserer eigenen Dynamik nicht aus dem Gleichgewicht geraten oder gar umfallen.

Deshalb muss im Moment des Auftreffens innerhalb der Gelenke wieder Stabilität vorherrschen (Kapitel 7), und das bei jeder Art von Technik, nicht nur bei den für das als Karate typisch angesehenen Schlägen, Stößen und Tritten. Diese sind in allen Kata präsent und dominieren sie derart, dass viele meinen, das Karate würde sich auf sie reduzieren. Was bislang über Stabilität und Dynamik gesagt wurde, lässt sich jedoch am Beispiel diesen »harten« Techniken am leichtesten nachvollziehen. Daher möchte ich bei den differenzierten Betrachtungen mit diesen beginnen. Anschließend folgen einige Ausführungen zu weichen Techniken sowie zu den sogenannten versteckten Techniken. Zum Schluss möchte ich noch gesondert auf Fußtritte eingehen und dann das Kapitel mit einer Betrachtung über Kime, einem essentiellen Aspekt der Kampfkunst, abschließen.

9.2. Harte Techniken

Die Kata des Karate können bei einem Anfänger leicht den Eindruck erwecken, als bestünde diese Kampfkunst nur aus Schlägen, Stößen und Tritten. Die Pinan-Kata bestehen augenscheinlich nur aus diesen Techniken, wobei auch alle Abwehrtechniken durchweg »hart« auszuführen sind. Auch in den in früheren Zeiten als Basisform dienenden Kata der Naifanchin-Gruppe findet man kaum weiche Techniken. Und auch die Kata Sanchin, in ihrer heutigen Ausführung, enthält zumindest vordergründig nur harte Abwehrtechniken und Stöße, obwohl diese in der Übung selbst mit einer gewissen Geschmeidigkeit durchzuführen sind.

Wir wissen natürlich, dass das alles nicht das vollständige Bild der Kampfkunst Karate darstellt. Trotzdem überwiegen auch in den Kata höherer Ausbildungsstufen die harten Aktionen, und weiche Techniken bleiben eher die Ausnahme, zumindest was die äußere Form, das für jeden Offensichtliche, angeht. Dies hat seine Ursache in der Geschichte unserer Kampfkunst.

Der Einsatz von gezielten Schlägen und Stößen unter Voraussage einer bestimmten Wirkung (Vitalpunkte) ist relativ neu, verglichen mit anderen Formen des Kampfes (Abschnitt 9.3). Die Experten dieser neuen Methode grenzten sie von den vorher gebräuchlichen durch die Bezeichnung *Quan-fa* ab, was in etwa »Faust-Methode« bedeutet. *Quan* entspricht dem japanischen *ken* und bedeutet tatsächlich »Faust«, weshalb *Quan-fa* in der Vergangenheit meist etwas unzutreffend mit »Boxen« übersetzt wurde. Das chinesische Wort *fa* steht aber auch für »Vorschrift« oder »Verordnung«, womit klar darauf hingewiesen wird, dass bestimmte strategische Prinzipien bei dieser Methode anzuwenden sind. Durch das Schlagen und Stoßen mit der hart ausgeformten Hand (oder dem Fuß) auf vitale Stellen lässt sich weit schneller eine Wirkung beim Gegner erzielen als durch andere Methoden, bei denen es nötig ist, diesen zunächst zu fixieren oder zu ergreifen. Eine Auseinandersetzung kann mit der Faustmethode sehr schnell zu Ende gebracht werden, und das mit eher tödlichem Ausgang. Sicher wurde darum von vielen die Methode der Faust der Methode des Greifens und Kontrollierens, chinesisch *Qin-na,* vorgezogen. Da aber allzu einseitige Kampfmethoden sich meist in der Praxis nicht durchsetzen, enthalten sowohl die Faustmethoden als auch solche, die scheinbar allein auf Halten und Greifen basieren (z. B. das spätere Aiki-jutsu), Elemente des jeweils anderen Konzepts, um auf diese Weise maximale Effektität zu erreichen.

Bei der Methode der Tang-Hand, *Tōde-jutsu,* die im 17. und 18. Jahrhundert nach Okinawa gelangte, handelte es sich um Variationen der Faustmethode Quan-fa. Daher nutzte man noch bis in die 1930er Jahre auch in Japan gern den Begriff *Kenpo,* um die Methode des Schlagens, Stoßens und Tretens von anderen zu unterscheiden.[150] Die Ausdrücke *Karate-jutsu* oder *Karate-dō* setzten sich erst später so weit durch, dass das Wort *Karate* nun selbst offiziell und allgemeingültig diese Kampfkunst bezeichnet.

Das Grundkonzept des Quan-fa ist die gezielte gewaltsame und harte Penetration empfindlicher Stellen des menschlichen Körpers. Der Gegner soll dadurch unfähig gemacht werden, weiterzukämpfen, sei es durch starken Schmerz, Paralyse, Bewusstseinsverlust oder Tod. Letzterer wird hierbei eher in Kauf genommen als bei den weichen Techniken des Qin-na, die viel leichter zu dosieren und damit insbesondere für den Gegner risikoärmer anwendbar sind. Für die erfolgreiche Anwendung der Faustmethode bedarf es hinreichender Kenntnisse der vitalen Stellen, denn andernfalls hinge das Ergebnis eines Schlages oder Stoßes und damit der Ausgang eines Kampfes eher vom Zufall ab. Eine reine Schmerzwirkung wur-

---

[150] Der Begriff setzt sich zusammen aus *ken* und *ho,* »Faust« und »Methode«. Durch Anfügen an das *n* wird aus dem *h* ein *p,* so dass *ken-ho* zu *kenpo* wird. Bisweilen wandelt sich auch das *n* zum *m,* was dann wie *kempo* klingt, wodurch sich diese in der nicht-japanischen Literatur häufig gebrauchte Schreibweise erklärt.

de früher sicher nicht angestrebt, weil eine solche einen starken Kämpfer meist nur wenig beeindruckt und ihn womöglich sogar nur noch mehr motiviert hätte.

Um sich das Wissen über die vitalen Stellen anzueignen, ist ein eingehendes Studium nötig, das integraler Teil der Ausbildung früherer Kampfkunstschulen war und bisweilen auch Kyūsho-jutsu genannt wurde. Dabei genügt es nicht, die genaue Lage der Punkte zu kennen. Auch ihre Physiologie muss bekannt sein, soll eine sichere Wirkung erzielt werden. Wie schon erwähnt, sind nicht alle Punkte während des gesamten Tages geöffnet und damit einem Angriff zugänglich. Zudem können nicht alle Punkte gleich »behandelt« werden, bedingt durch ihre anatomische Lage und ihren energetischen Bezug zum restlichen Körper. Darüber hinaus gilt es zu wissen, welche Form der Faust die jeweils am besten geeignete hierfür ist.

Durch den Einsatz einer harten Technik soll der Fluss des Qi unterbrochen oder gestört werden. Der Effekt setzt aber meist an anderer Stelle als an der des Aufschlags ein: an Organen, im zentralen Nervensystem, besonders aber im Kreislauf durch drastische Weit- oder Engstellung der Blutgefäße mit darauffolgender Minderversorgung bestimmter Körperbereiche, wie zum Beispiel des Gehirns.

Im ersten Teil des Buches hatte ich bereits einige Beispiele für Vitalpunkte und deren Anwendung genannt. Kyūsho-jutsu ist jedoch ein umfangreiches Wissensgebiet, das auf den Prinzipien der traditionellen chinesischen Medizin beruht. Dieses Thema eingehender zu behandeln würde den Rahmen dieses Buches sprengen. Ich beschränke mich darum im Weiteren darauf, zu beschreiben, wie die nötige Energie des Aufpralls aufgebaut werden kann, um genügend tief in einen solchen Kyūsho einzudringen, damit die geforderte negative Wirkung auf die Qi-Zirkulation des Gegners auch eintreten kann.

Beim Auftreffen der Faust oder des Fußes müssen diese im Verlauf der Technik eine ausreichend hohe Geschwindigkeit entwickelt haben und präzise ins Ziel gelangen. Zudem muss hinter dem »Geschoss« genug Druck stehen, damit es nicht abprallt, sondern so weit hinter die Oberfläche vordringt, dass ein genügend starker Impuls an zerstörerischer Energie übertragen wird. Wir unterscheiden dabei von der Mechanik her grob zwischen zwei Arten von Bewegungen, bei denen die Hand oder der Fuß entweder auf geradem Wege oder auf einem Kreisbogen ins Ziel geht.

Unsere Gelenke lassen eigentlich nur kreisförmige Bewegungen der beteiligten Knochen zu. Insofern sind rund angelegte Schläge »natürlicher« als geradlinige Stöße. Beim Auftreffen kommt es bei Schlägen jedoch zu hohen Belastungen in den Gelenken, die kaum abgefangen werden. Auch die Knochen unterliegen hohen seitlichen Kräften, für die sie eigentlich nicht ausgelegt sind.

Anders bei einem geradlinigen Stoß. Im Moment des Aufpralls stehen die beteiligten Knochen weitgehend ihrer Anatomie gemäß in einer Reihe. Gelenke und Knochen sind dadurch imstande, weit höhere Belastungen zu ertragen als bei einem rund ausgeführten Schlag. Es kann eine weitaus größere Wucht aufgebaut werden, weshalb Stoßtechniken tiefer eindringen als Schläge. Andererseits sind Schläge prinzipiell schneller als Stöße und schwerer als diese abzuwehren.

Die Bewegung eines Stoßes ist zudem sehr komplex. Ein Stoß ist aus vielen Einzelrotationen aufgebaut; erst aus deren Zusammenspiel resultiert eine geradlinige Bewegung. Es dauert darum recht lange, bis man einen Stoß korrekt ausführen kann. Die Geradlinigkeit ist aber ein so entscheidender strategischer Vorteil, dass sich die Mühe lohnt: Da eine gerade Linie die kürzeste Verbindung zwischen Start und Ziel darstellt, wird die etwas langsamere Motorik eines Stoßes dadurch mehr als wettgemacht – ein Grund, weshalb in vielen Systemen des Quan-fa geradlinige Stöße bevorzugt werden.

Beim Üben von Techniken beider Kategorien ist zunächst auf genaue Koordination zu achten, bevor man die Geschwindigkeit steigert. Kraft braucht eigentlich nicht hineingelegt werden. Sie entsteht ganz von selbst durch die zunehmende Geschwindigkeit nach der Formel

$$F = m \cdot a,$$

wobei F die Kraft bezeichnet, m die träge Masse (siehe weiter hinten) und a die Beschleunigung im ausführenden Arm und dem restlichen Körper (siehe weiter hinten). Wesentlicher ist nämlich ein Zusammenhang, der durch die Formel

$$E = m/2 \cdot v^2$$

ausgedrückt wird, wobei v die Geschwindigkeit der Faust oder des Fußes beim Aufprall darstellt. Die träge Masse m steht hier nicht nur für das Gewicht der Faust oder des Armes, sondern zusätzlich zumindest für einen Teil des restlichen Körpers. Je nachdem, wie weit dieser bei Vollendung der Technik hinter ihr steht und den schon erwähnten Gegendruck aufbaut,[151] überträgt sich das Produkt aus der anteiligen halben Masse des Köpers mit dem Quadrat (!) der Geschwindigkeit als zerstörerische (kinetische) Energie E. Somit kann im Vergleich zu einem Stoß, bedingt durch die kreisförmige Bewegung, hinter einem Schlag nur sehr wenig (Körper-)Masse stehen. Schläge haben darum weniger Wucht und müssen ihre Wirkung noch mehr aus der schnellen Ausführung schöpfen. Das heißt, Schläge müssen eine größere Schnelligkeit haben als Stöße, um die entsprechende Wirkung zu erzielen.[152]

---

[151] Entsprechend den physikalischen Gesetzen kann eine Kraft nur beim gleichzeitigem Vorliegen einer gleichstarken, ihr aber entgegengesetzten Gegenkraft wirken. Newton umschrieb diese Erkenntnis mit »actio = reactio«.

[152] Vertiefende und mathematisch detailliertere Analysen würden den Text hier nur unnötig

Ein Ziel der formalen Übung ist, dass beim späteren Anwenden der jeweiligen Technik im Moment des Auftreffens alle Glieder korrekt stehen, um den Aufprall abzufangen und durch den Aufbau des bereits mehrfach erwähnten Gegendrucks den Bewegungsimpuls möglichst vollständig auf den Gegner zu übertragen. Beim Üben am Makiwara lässt sich gut erkennen, ob einem dies gelingt oder ob man vom eigenen Schwung zurückgeworfen wird. Damit dies im Kampf am Gegner nicht passiert, nutzen wir eine für die Faustmethode Quan-fa typische Motorik. Im Augenblick des Auftreffens werden alle beteiligten Muskeln zur vollen Anspannung gebracht. Beim rein formalen Üben ohne Widerstand am Makiwara oder Sandsack kommen dafür die Antagonisten der die Technik ausführenden Muskeln zum Einsatz. Die Geschwindigkeit der Bewegung wird so im letzten Moment auf Null herabgebremst.

In diesem Augenblick dürfen die entsprechenden Gelenke nur zu maximal 95 Prozent gestreckt sein, um sie vor Schädigung durch die immensen Kräfte zu bewahren, die hier wirksam werden. Die restlichen fünf Prozent bringen zudem insbesondere bei Stößen kaum etwas, da sich Hand oder Fuß auf dieser Reststrecke, bedingt durch die Anatomie der beteiligten Gelenke, nur noch quer zur Zielrichtung des Stoßes bewegen.

Beim Ausführen von Stößen lässt man dann den Körper einen Moment in dieser letzten Phase der Bewegung stehen, so dass die zerstörerische Energie sich stärkstmöglich auf den Gegner überträgt. Bei Schlägen und einigen Tritten hat sich eine andere Technik bewährt. Direkt nach dem Aufprall werden Oberarm oder Unterschenkel mit derselben Dynamik wie auf dem Hinweg aus der Zielregion wieder zurückgeholt. Von den Meistern wird dies gern mit dem Begriff *muchimi* bezeichnet. *Muchiru* heißt so viel wie »wippen« und *mi* hat hier in etwa die Bedeutung von »sieht aus wie...«.

Kurze, mit Muchimi ausgeführte Techniken haben im Gegensatz zu solchen, die in der Endphase stehengelassen werden, nicht das volle Potential an Kraft, sind aber schneller ausführbar. Ihr Einsatz ist vor allem taktischer Natur, denn sie können einen noch frischen, voll reaktionsbereiten Gegner zwar nicht entscheidend treffen, ihn aber zumindest so weit schwächen, dass ein finaler Stoß weniger riskant wird. Ein stehengelassener Arm oder – schlimmer noch – das gestreckte Bein könnten vom Gegner ansonsten nur allzu leicht aufgefangen werden, wodurch man selbst in eine strategisch ungünstige Lage geriete.

Für das Stehenlassen unter finaler Anspannung ist mir kein besonderer japanischer Ausdruck bekannt. Es wird in dem Zusammenhang gern von »Kime«

---

aufblähen, aber nichts zur Erkenntnis beitragen. Meine bewusst vereinfachten Betrachtungen sollen lediglich aufzeigen, dass es hier primär darauf ankommt, eine schnelle Technik zu entwickeln und erst in zweiter Linie eine kraftvolle. Denn das Ziel von Schlägen, Stößen und Tritten ist das Übertragen zerstörerischer Energie und nicht, irgend etwas zu bewegen.

gesprochen, was dann häufig, aber unzutreffend mit »Fokus« oder »gebündelte Kraft« übersetzt wird. Die in dem Wort vorkommende Silbe »*Ki*« (jpn. für Qi) scheint dies ja nahezulegen. In Wirklichkeit jedoch leitet sich das Wort *kime* vom japanischen Verb *kimeru* ab, das »entscheiden« bedeutet und welches das Kanji für Ki im Sinne von Qi gar nicht enthält. Kampfentscheidend können aber nicht nur gestreckte Stöße sein (Kapitel 9.3).

Um Faust oder Fuß mit hoher Geschwindigkeit zu bewegen, gibt es mehrere Möglichkeiten. Neben der optimal koordinierten Gesamtbewegung ist dafür besonders die Arbeit mit der Hüfte wichtig. Ohne den Einsatz der Hüfte käme die Kraft nur aus den Armen, allenfalls aus den Schultern beziehungsweise bei Tritten nur aus den Muskeln der Oberschenkel, nicht aber – wie gefordert – aus dem gesamten Körper. Auch die in den alten Kampfkünsten verbreitete Maxime, für das Kämpfen »das Ki der Erde nutzbar zu machen« wäre so kaum erfüllbar.

Meist denken wir jedoch nur an die verschiedenen *Drehungen* der Hüfte und vernachlässigen dabei, dass sie in drei weiteren Freiheitsgraden – das heißt auch zur Seite, vor und zurück sowie auf und ab – bewegt werden kann. Zusätzlich kann noch das Becken vor und zurück sowie seitlich gekippt werden. Es ergeben sich hier demnach insgesamt sechs Möglichkeiten der Bewegung.

Die Bewegungen des Hüftgürtels, den beiden über das Kreuzbein verbundenen Beckenknochen, werden durch dessen Muskeln und die der Beine hervorgerufen, um von dort über die Rumpfmuskulatur auf die Schulter übertragen zu werden. So wird verständlich, wie aus der Ferse eine dynamische Kraftwelle bis in die Spitze der Faust gelangen kann, die so vehement ist, dass man den Eindruck hat, die Kraft der Erde selbst übertrüge sich auf den Gegner.

Die wohl uns allen bekannte und einfachste Art der Hüftbewegung ist das Ein- und Ausdrehen entsprechend der jeweiligen Technik. Das Grundprinzip ist leicht nachvollziehbar und bewirkt, korrekt umgesetzt, eine hohe Kraftentfaltung. Nach dem gleichen Prinzip wird die Hüfte auch gern bei Fußtritten eingesetzt, hier allerdings meist linear entlang der Richtung des Angriffs, mit Ausnahme der kreisförmig geführten Bewegung des Mawashi-geri. Mae-geri und Mawashi-geri benötigen zusätzlich jedoch noch gewisse Gegenbewegungen von der Art des Muchimi, um eine wirklich effektvolle Dynamik zu entwickeln.

Bei einer etwas schwierigeren Art des Hüfteinsatzes ist nach Vollenden einer jeden Technik die Hüfte eingedreht. Dadurch wird jeweils ein zweimaliges Bewegen der Hüfte während Abwehr und Konter nötig, und man spricht daher bisweilen auch von »doppelter Hüfte«, um sie von dem einfachen Ein- und Auswärtsbewegen mit der Technik zu unterscheiden. Die Einzelbewegungen der Hüfte sind hier weniger groß, und mit zunehmender Praxis entwickelt sich eine Dynamik, die mehr und mehr einer Vibration entspricht. Wird diese mit dem durch das Nach-vorn-Bringen des Steißbeins bewirkten Zurückkippen des Beckens kombiniert, ergibt sich eine sehr starke, fast peitschenartige Stoßwelle, die sich über den Arm und in die Faust überträgt. Sie ermöglicht ein viel tieferes Eindringen als die Kraft eines einfachen Stoßes. Der Gebrauch der Doppelhüfte ist weitaus schwieriger zu erlernen, weshalb sie in vielen Stilen des modernen Karate (bei dem ja die technische Wirksamkeit nicht mehr so im Vordergrund steht) zugunsten der »einfachen Hüfte« aufgegeben wurde.

Zur wellenförmigen Bewegung des Hüfte gesellte sich in den älteren Schulen noch das Konzept der Gegenschulter: Bei Stößen mit der Faust wird die Schulter des ausführenden Armes im letzten Moment zurückgezogen. Es mag auf den ersten Blick unlogisch anmuten, in eine laufende Bewegung eine ihr entgegengesetzte Motorik einzubauen. Das Zurückziehen der Schulter verleiht der Faust jedoch einen weiteren Schub, indem sie als Reaktion gleichsam wie ein Geschoss nach vorn »fliegt«. Nach hinreichender Übung spürt man recht deutlich den Zugewinn an Geschwindigkeit, obwohl sich Gesamtbewegung weniger »stark« anfühlt.

Derart schnelle Bewegungen, wie sie bei Schlägen und Stößen auftreten, setzen eine gute Zentrierung voraus. Dies gilt um so mehr für Fußtritte, bei denen man ohnehin nur auf einem Bein steht. Die gesamte Bewegung muss in sich geschlossen sein. Man erreicht dies unter anderem durch den geschickten Einsatz des jeweils nicht ausführenden Armes bei Schlägen oder Stößen beziehungsweise beider Arme bei Fußtritten. In den frühen Stadien der Karate-Ausbildung wird darum beim Ausführen von Fauststößen die andere Hand in entgegengesetzter Richtung zur Hüfte gezogen. Auch diese »Zieh-Hand«, japanisch *hiki-te,* trägt zur Entwicklung hoher Endgeschwindigkeiten bei, sowohl bei Schlägen als auch Stößen, ja sogar bei den hart ausgeführten Abwehrtechniken.

Um das Gefühl für die rechte Balance und den angemessenen Krafteinsatz zu erlangen, empfehlen die Meister beim Üben von Grundtechniken wie Gyaku-zuki ein Kräfteverhältnis von 70 : 30 zugunsten der zurückgezogenen Faust. Mit zunehmender Erfahrung können jedoch auch andere Handhaltungen, wie zum Beispiel die Speerhand, dazu dienen, die (physische) Mitte zu wahren. Bei Techniken wie dem vertikalen Schlag mit den Knöcheln des Faustrückens, Tate-uraken-uchi, oder dem schräg aufwärts gerichteten Stoß mit der Umkehrfaust, Naname-ura-zuki, wird in den Kata häufig die Haltung von Kagi-zuki (Kapitel 7.4) zur Zentrierung verwendet. Wichtig dabei ist, dass die gerade nicht beschäftigte Hand innerlich aktiv und somit in die Gesamtbewegung miteinbezogen bleibt.[153]

Ein weiteres Detail, das unseren Schlägen und Stößen noch mehr Dynamik verleihen kann, ist die Drehung der Faust in der Endphase der Bewegung. Das Drehen der Faust stabilisiert Handgelenk und Unterarm. Dadurch wird die gesamte Ausführung der Technik sicherer, und es kommt weniger leicht zu Verletzungen. Dieses

153 Ein leider nicht nur bei Anfängern zu beobachtender Fehler ist das »Vergessen« der anderen Hand, bedingt durch ein übermäßiges gedankliches Fixieren auf die gerade stoßende Faust oder deren vermeintliches Ziel.

»gute Gefühl« vermag das Vertrauen in die eigene Technik zusätzlich zu steigern, und die so gewonnene Zuversicht kann dann rückwirkend weiter zu einer erhöhten Wirksamkeit beitragen. Ob das Drehen der Faust aber wirklich mehr Durchschlagskraft in den Stoß bringt, möchte ich bezweifeln. Die fast ausschließliche Anwendung der Standardfaust Seiken verbunden mit der vollen Drehung in unseren Kata ist, wie schon erwähnt, eine Folge der Umgestaltung des Karate durch Ankō Itosu. Es ist die für den Ausführenden und den eventuell Getroffenen sicherste Methode des Stoßens. Die Übungspraxis wurde durch die geänderte Technik risikoärmer. Zuvor gab es eine Vielzahl von Varianten, bei denen ein- oder zweiknöchelige Fäuste zum Einsatz kamen, mit halben, dreiviertel oder ganz ohne Drehungen.

Zum Schluss dieses Abschnitts noch einige Worte zu den hart ausgeführten Abwehrtechniken, Age-, Yoko- und Harai-uke, bei denen es sich ja weniger um ein Ableiten der gegnerischen Attacke als vielmehr um schmerzhafte Angriffe auf die Arme oder Beine des Angreifers handelt. Der Schlag auf den angreifenden Arm soll den Gegners derart erschüttern, dass er von einem Weiterkämpfen absieht oder vor Schmerzen aufgeben muss. So gesehen handelt es sich vom Konzept her eigentlich um eine Kombination aus Abwehr und gleichzeitigem Konterschlag. Wie zuvor bereits erwähnt, diente sie wohl vor allem dazu, den Gegner schnell zu entwaffnen.

Soll eine dieser Techniken wirklich schmerzhaft beim Gegner ankommen, muss die Kraft entsprechend gebündelt, gleichsam »auf den Punkt gebracht« werden. Nach dem für den Gegner schmerzhaften Kontakt wird dessen Angriff dann aus der Zielrichtung herausgeführt. Ist der Gegner wirklich schnell, wird es einem jedoch kaum gelingen, den angreifenden Arm oder das Bein wegzuleiten, solange man diese Aktion nicht mit einer Ausweichbewegung des Körpers kombiniert. Insofern erfüllt nur die von außen nach innen geführte »seitliche Schlagabwehr« mit dem Unterarm Yoko-uchi-uke[154] das Kriterium solch einer harten Abwehr vollständig, wohingegen Techniken wie Age-uke und Gedan-barai dies nur bedingt tun (Kapitel 11.4).

Das Prinzip des harten Abwehrens wird bisweilen mit *rakka*[155] bezeichnet, was so viel wie fallende Blüte bedeutet. Der etwas poetisch klingende Ausdruck soll möglicherweise an die Blütenblätter erinnern, die in großer Zahl nach einem heftigen Schlag von einem (blühenden) Baum herabfallen. In Kapitel 11.4. werde ich noch eingehender auf diese Art hart auszuführender Abwehrtechniken eingehen.

---

[154] Siehe Anmerkung 90 auf S. 112.

[155] Von Kenwa Mabuni stammen die »Fünf Prinzipien der Abwehr«, *uke go genri*, eine Einteilung aller in den Kata vorkommenden Abwehrtechniken nach ihrer Grundstrategie:
Kusshin: »Biegen-Strecken« – im Sinne von Zurückweichen und Vorrücken;
Ten-i: »Rollen-Vorzug« – im Sinne von Ausweichen;
Ryūsui: »Fließen-Wasser« – im Sinne von weichem Ableiten des Angriffs;
Rakka: »Fallen-Blüte« – im Sinne einer harten Abwehr;
Hangeki: »Gegen-Angriff« – im Sinne von Abwehr und Konterangriff in einer Bewegung.

Harte Attacken müssen präzise auf Vitalstellen treffen, sonst bleiben sie wirkungslos. Einige der an sich kräftigen Fauststöße und Fußtritte mögen vielleicht allein durch ihre Wucht eine Wirkung entfalten. Ist aber bei Schlägen mit der Handkante, den Knöcheln der Rückfaust Uraken oder bei den »feineren« Stößen mit Ippon-ken und Nukite das Ziel falsch gewählt, dann ist die ausbleibende Wirkung bisweilen noch das geringere Übel. Denn trifft zum Beispiel der einzelne Finger auf einen gespannten Muskel oder die harte Oberfläche eines Knochens, kann man – anstatt den Gegner – viel leichter sich selbst verletzen.

9.3. Weiche Techniken

Weit älter als die Methoden der gezielten Schläge und Stöße sind solche, bei denen der Gegner zu Boden gebracht, gehalten, gewürgt oder ihm auf diverse Art Schmerz zugefügt wird, um ihn zur Aufgabe zu zwingen. Wahrscheinlich ist der Ringkampf die älteste Form der körperlichen Auseinandersetzung. Sicher wurde auch dabei schon immer getreten oder geschlagen, aber nicht in einer so differenzierten Art und Weise und nach einer so ausgereiften Theorie einer gezielten Wirkung wie in den verschiedenen Formen des Quan-fa.

Die Manipulation vitaler Stellen geschah ursprünglich zu heilkundlichen Zwecken. Das sehr alte Wissen über deren Funktion wurde erst später in Kombination mit Kenntnissen über die menschliche Anatomie in einer Methode der Verteidigung angewandt, bei der es in erster Linie darum ging, einen Angreifer unter Kontrolle zu bringen und ihm nur so viel Schaden zuzufügen wie nötig war, damit er aufgab.

Qin-na, die Methode von »Griff und Kontrolle«, beinhaltet das Auffangen eines gegnerischen Körperteils und dessen Fixierung. Letzteres kann geschickt über das Zufügen von Schmerz unter Ausnutzung besonderer anatomischer Strukturen geschehen oder einfach nur durch ein festes Zugreifen. In fortgeschrittener Form kann nach dem Zugreifen durch Druckmanipulation bestimmter Punkte der Gegner auch paralysiert werden. Er würde dann eine zeitlang in einem Teil seines Körpers gelähmt sein oder sein Bewusstsein ganz verlieren.

Uns als Karateka interessiert dabei vor allem, wie wir uns durch das Zugreifen einen taktischen Vorteil verschaffen können. Der Gegner ist durch eine solche Aktion abgelenkt und teilweise unter unserer Kontrolle. Es bieten sich zeitliche Lücken in seiner Aufmerksamkeit, die wir nutzen können, um gezielt auf den einen oder anderen Vitalpunkt, der sich uns durch die nun für ihn eingeschränkte Beweglichkeit besser anbietet, zu schlagen oder zu stoßen.

Die folgenden Erläuterungen sollen vor allem helfen, besondere Sequenzen in den Kata besser zu verstehen, die ihren Ursprung in weichen Techniken des Qinna haben. Karate ist aber letztlich eine Variante des Quan-fa, eben eine »Faustmethode«. Wir sollten uns darum unserer Grenzen bewusst sein, nicht alles in seiner vollen Tiefe erlernen zu können und die Techniken des Qin-na mehr als eine Ergänzung zu den unsrigen – denen des Quan-fa – betrachten.

Nach dem Ergreifen des Gegners bieten sich neben der direkten Attacke mit Schlag oder Stoß noch weitere Alternativen, um auf ihn einzuwirken:

- Einwirken auf druckempfindliche Stellen: Viele Übergänge der Sehnen in die Knochen sind sehr schmerzempfindlich. Durch beherztes Hineingreifen in Gelenke wie Ellbogen oder Knie, aber auch in Bereiche, die ein Gelenk umgeben, wie etwa beim Fuß, wird man fast immer fündig. Der eine oder andere unserer Finger trifft auf Stellen, die beim Gegner – im Training also bei unserem Partner – erstaunliche Wahrnehmungen auslösen. Dank des sich mit zunehmender Praxis einstellenden Feingefühls können wir mit solch einer Taktik den Gegner für entscheidende Maßnahmen gefügig machen, das heißt, er wird sich eher in Positionen bringen lassen, in die er eigentlich nicht hinein möchte. Im mittleren Abschnitt der Kata Chintei findet man ein schönes Beispiel einer solchen Anwendung: Nach Ableiten des gegnerischen Angriffs über die Stirn wird dessen angreifender Arm zunächst am Handgelenk und mit der anderen Hand dann am Ellbogen ergriffen, so dass man nun für das weitere Vorgehen zwei schmerzempfindliche Bereiche »zur Verfügung« hat.

- Gezielte Druckmanipulation auf empfindliche Nerven: Hier wird durch gezieltes und tiefes Eindringen eines oder zweier Finger ein starker Reiz auf dickere Nervenbündel ausgelöst, der sehr unangenehm ist. Er kann unter Umständen sogar einen Ausfall von Nervenfasern in Muskeln bewirken und damit zur partiellen Lähmung führen. Viele Positionen in den Kata mit der zunächst offenen, sich dann nach innen zuziehenden Hand, japanisch *kokō,* zu deutsch »Tigermaul«, bieten sich hierzu an. Als Zielregionen wären die Innenseiten von Oberarm oder Oberschenkel zu nennen.

- Gezielte Manipulation von Kyūsho: Auch hier wird zwecks direkter Einflussnahme auf das Qi des Gegners mit Daumen oder Zeigefinger in bestimmte Vitalpunkte, meist solche der Akupunktur, gedrückt. Oft bieten sich diese aus der Lage der zugreifenden Hand her bereits an, da sie in unmittelbarer Reichweite ihrer Finger liegen. Dies erfordert zum Teil eine sehr hohe Intensität, weil die Punkte teilweise recht tief liegen und durch umliegende Muskeln geschützt sind. Beispiele wären die Punkte *Shusanli*, Di 10, circa zwei Zentimeter entfernt von der Hautfalte des Ellbogens, oder *Waiguan*, SJ 5, etwa drei Zentimeter vom Handgelenk entfernt auf der Rückseite des Unterarmes.[156]

[156] Die Angaben zur Lokalisation der Punkte sind hier nicht sehr genau und sollen nur der Orientierung dienen. Es bedeuten Di = Dickdarm(punkt) und SJ = *San-jiao* = »Dreifacher Erwärmer«(-Punkt).

Man sieht, dass die Übergänge recht fließend sind. Da wir nicht Experten auf jedem Gebiet werden können, meine ich, dass wir als Karateka weniger daran denken sollten, welche Struktur wir im Einzelnen treffen möchten. Uns sollte es vielmehr darum gehen, rasch zu einem Ergebnis zu gelangen. Das bedeutet konkret, dass unsere Maßnahmen unserem Partner beim Üben auf leichte Art möglichst viel Unbehagen zufügen (können sollten). Intuitives Vorgehen ist hier angemessener als langes Nachsinnen nach dem Motto »wie war das noch...?«.

Bei einer anderen Gruppe weicher Techniken gibt es allerdings mehr Schwierigkeiten. Vielen Karateka fehlt es für eine zufriedenstellende Ausführung von Gelenkmanipulationen und Strangulationen an nötigem Detailwissen und ausreichendem Einfühlungsvermögen. Wer in diesem Bereich weiterkommen möchte, sollte sich etwas eingehender mit der menschlichen Anatomie beschäftigen. Und ich betone noch einmal, dass gerade bei dieser Art von Techniken der Einsatz schierer Kraft wenig nützt.

Bei den »Würgetechniken«, den *shime-waza*, müssen die Partien des eigenen Armes präzise auf der Luftröhre oder der zu unterbrechenden Ader im Hals aufliegen. Erst dann darf man »die Schlinge« zuziehen. *Shimeru* bedeutet »wringen« oder »würgen«, je nach (fast gleicher) Schreibweise. Eine Strangulation, bei der die Luftzufuhr zur Lunge oder die Blutzufuhr zum Gehirn unterbunden wird, führt mindestens zum Verlust des Bewusstseins.

Ähnlich liegen die Verhältnisse bei den »Gelenktechniken«, *kansetsu-waza*, etwa beim gewaltsamen Überstrecken des Armes. Der Oberarm des Gegners muss in einem Bereich etwa fünf Zentimeter oberhalb seiner Ellbogenspitze auf dem Widerlager, meist unserem eigenen Arm oder Bein, aufliegen. Andernfalls könnte der Gegner der Technik relativ leicht gegenhalten und sich unserer Kontrolle entziehen.

Der Zustand eines Gegners bei oder nach einer gelungenen Gelenktechnik ist so gut wie nie lebensbedrohlich. Vielmehr kann er durch die hohen Schmerzen im überdehnten Gelenk, die einsetzen, bevor ein echter Schaden entstanden ist, zur Aufgabe gezwungen und damit der Kampf entschieden werden. Man spricht daher auch von *katame-waza*. *Katameru* bedeutet »härten« oder »einfrieren« und bezieht sich auf die strategische Lage des Gegners, in der er zu keiner Bewegung mehr fähig ist.

Bei allen Manipulationen von Punkten, Zonen, Adern oder Gelenken kommt es auf maximale Genauigkeit an. Zum Aufbau des nötigen Drucks oder Zugs bedarf es dann zwar einer gewissen Kraft, dabei geht es jedoch nicht um deren reine Intensität. Ebenso wie beim Schlagen und Stoßen muss die Kraft gebündelt und genau auf den Punkt gebracht werden. Anders ausgedrückt: Auch hier bedarf es Kime und Entschlossenheit bei der technischen Ausführung, um die *entscheidende* Wirkung zu erlangen.

Während sich Gelenkmanipulationen in einigen Kata in Andeutung vorfinden, ist mir kaum eine Stelle bekannt, die auf ein Strangulieren des Halses hinweist.

Jedoch gibt es eine ganze Reihe von Wurftechniken, die angedeutet werden. Den Gegner zu Fall zu bringen, ist sicher eine noch ältere Taktik als das Ergreifen und Halten, wahrscheinlich ist es die älteste Form überhaupt, einen Sieg zu erringen.[157]

Wird das Werfen als technisches Prinzip angewandt, das heißt, soll der Gegner nicht einfach nur irgendwie zu Boden gebracht werden, so kommt es zunächst darauf an, ihn soweit aus der Balance zu bringen, dass sein Schwerpunkt weit genug aus seiner Standfläche herausgerät und er fast von allein überkippt und fällt. Hierzu wird sein eigener Bewegungsimpuls ausgenutzt, oder man hilft durch Anwenden schmerzhaften Drucks etwas nach (siehe weiter vorn). Die Kunst des Werfens besteht aber auch darin, den Gegner nicht nur einfach ins Fallen zu bringen, sondern ihm einen zusätzlichen Schub nach unten zu geben, so dass sein Sturz möglichst fatale Folgen hat. Das Wort *nageru* sollte darum in diesem Zusammenhang weniger mit »werfen«, sondern eher mit »schmeißen« übersetzt werden. Auch solche eine, mit Kime (!) ausgeführte Wurftechnik kann einen Kampf entscheiden.

Die im Karate als vollständiger Kampfkunst sehr wohl enthaltenen weichen Techniken werden in den Kata in der Regel nur verdeckt ausgeführt und sind als solche nicht sofort zu erkennen. Gerade aus diesem Grund ist hier das Training mit einem Partner unerlässlich, mehr noch als dies bei den Perkussionen der Fall ist. Der Partner kann einem Rückmeldungen über die Wirksamkeit einer Technik geben, die nur durch Präzision zu erreichen ist. Ausreichend Kraft für einen starken Griff ist dann zusätzlich von Vorteil, um einen Gegner sicher fixieren und dann den erforderlichen präzisen Druck oder Zug ausüben zu können.

Weiche Techniken sind zunächst schwerer zu erlernen als harte, ermöglichen einem aber eine Anwendung mit weniger Risiko für den Angreifer, da ihre Wirkung leichter zu kalkulieren ist – ein besonders in der Selbstverteidigung nicht unwichtiger Aspekt.

9.4. Versteckte Techniken

Die eigene Absicht zu verbergen, ist die Essenz einer jeden Kampfkunst. Sofern ein Kampf nicht durch rohe Kraft gewonnen werden soll, wird man danach streben, über die bessere Strategie zu verfügen, also danach, dem Gegner technisch und geistig überlegen zu sein.

Neben einem guten »Handwerkszeug«, einem sicher beherrschten technischen Repertoire, gehört dazu auch die Fähigkeit, dem Widersacher falsche Tatsachen

---

[157] Man findet sie schon bei den höheren Säugetieren: Der am Boden liegende Artgenosse verliert den Kampf um die Rangfolge innerhalb des Rudels und damit um das Futter oder die Gelegenheit zur Fortpflanzung.

vorzuspiegeln, um ihn zu Reaktionen zu verleiten, die ihm zum taktischen Nachteil gereichen. Das Verbergen der eigenen Absicht ist der Schlüssel zum Sieg. Der Begriff *Kakushi-te* beschreibt dieses strategische Prinzip.

Je nach Schreibweise kann die Bedeutung des Wortes jedoch etwas variieren. Zum einen kann es sich um das Gerundium des japanischen Verbs *kakusu* – »verstecken« – handeln, *kakushite*, was dann in etwa »verbergend« oder »versteckend« hieße. Wahrscheinlicher ist aber die Schreibweise, bei der an den Stamm *kakushi-*..., das heißt »verstecke-...«, das Wort *te* angehängt wird. Wie wir wissen, bedeutetet *te* wörtlich übersetzt »Hand«, in weiterem Zusammenhang aber auch »Methode«. Das Wort *kakushi-te* kann damit die »versteckende Hand«, die »versteckte Hand« oder die »Methode des Versteckens« bedeuten.

In den Kata finden wir all diese drei Aspekte verwirklicht. Es kommen Kamae vor, mit denen wir durch geschicktes Positionieren unserer Arme erreichen können, dass eine Hand für den Gegner kaum oder gar nicht zu sehen ist. Durch die für ihn ungünstige Perspektive kann er nur schwer einschätzen, was man selbst mit dieser Hand vorhaben könnte.

Ein recht typisches Beispiel bietet die Kata Matsumora-Rōhai. Bei einer Seitwärtsabwehr liegt die Hand des anderen Armes im Bereich des inneren Ellbogens an. Bisweilen wird behauptet, sie diene der Unterstützung der Abwehrbewegung, was aber aus verschiedenen Gründen falsch ist (Kapitel 7.5). Eine so platzierte Hand ermöglicht einem vielmehr ein rasches Ergreifen des Gegners am Arm oder an einem anderen Körperteil direkt nach dem Ableiten seines Angriffs. Es wurde für den Gegner unbemerkt die eigene Reichweite optimiert, wodurch die nachfolgende Aktion ohne unnötigen Zeitverlust ablaufen kann. Analog wird in der Kata Wankan aus der am abwehrenden Unterarm angelegten Hand ein Faustst0ß entwickelt, der eine viel kürzere Distanz zu überwinden hat, als wenn er wie üblich von der Hüfte aus ausgeführt würde.

Zu einem Moment der Überraschung kann es für den Gegner auch kommen, wenn eine bestimmte Handhaltung sich zu einer komplett anderen Aktion wandelt, als es für ihn dem Augenschein nach zu erwarten gewesen wäre. Die vor dem Solarplexus gehaltene Speerhand etwa kann vermuten lassen, man wolle mit ihr jeden Moment zustoßen. In Wirklichkeit ist diese Handhaltung viel variabler einsetzbar. Wie bei dem vorigen Beispiel kann mit der vor dem Körper platzierten Hand der gegnerische Arm schnell ergriffen werden, sofern er nur nahe genug an uns herangekommen ist. Anders als bei der tatsächlich verborgenen, weil vom eigenen Abwehrarm verdeckten Hand ist die Speerhand für den Gegner vollständig sichtbar. Trotzdem bleibt für ihn unklar, was genau man damit vorhat.

Beim »Prinzip des Verbergens« *kakusu-koto* kann es daher um zweierlei gehen:

- Die eigene Absicht gegenüber dem Gegner zu verbergen oder
- den wahren Sinn einer Technik verbergen.

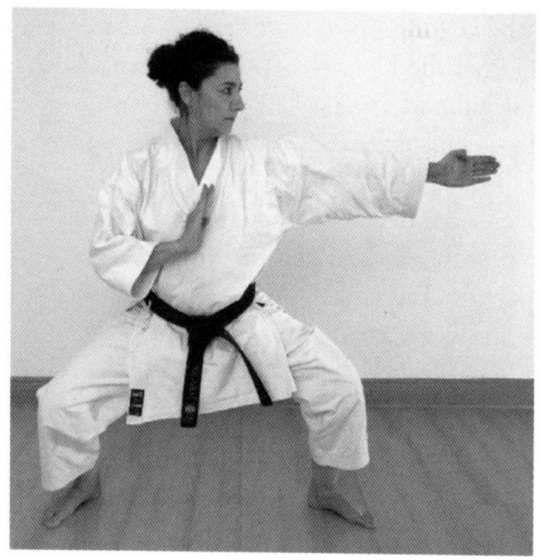

Abb. 9-1

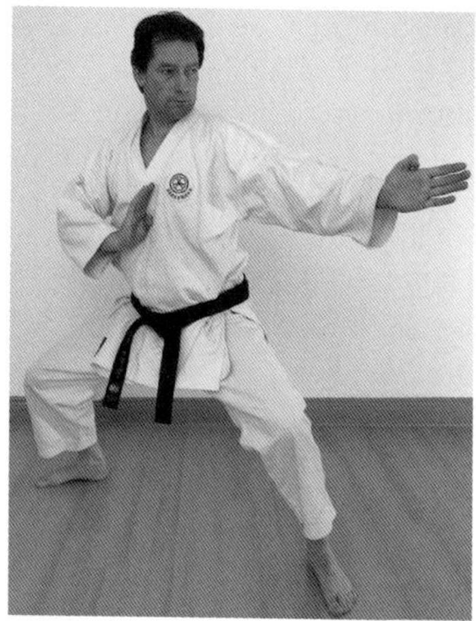

Abb. 9-2

Abb. 9-1 und 9-2: Der Beginn der Kata Seipai kann als Übergang in eine Kampfhaltung ausgelegt werden.

Dabei sind die Übergänge jedoch fließend. Um eine taktische Überlegenheit zu erlangen, müssen wir im Laufe eines Kampfes – durch die Auswahl einer entsprechenden Kamae oder durch bestimmte, irreführende Bewegungen – erreichen, dass der Gegner unsere Intention nicht erkennt oder zumindest einen nur unvollständig zutreffenden Eindruck von unserem Ansinnen erhält. Das äußere Erscheinungsbild von Hand- und Armhaltungen oder Fußstellungen kann leicht über deren wahren Sinn hinwegtäuschen. Schon die uns allen geläufige Standardfaust Seiken bietet mindestens drei Einsatzmöglichkeiten, nämlich als Choku-zuki, Uraken-uchi oder Tettsui-uchi. Und die in der Eingangsbewegung der Kata Seipai langsam (!) nach vorn gebrachte Speerhand lässt noch mehr (Trug-)Schlüsse zu.

Was dem Gegner aus taktischen Gründen widerfahren soll, nämlich die Irreführung, kann aber auch zu unserem eigenen Problem werden, wenn wir die Haltungen und Bewegungen unserer eigenen Kata nicht korrekt und angemessen zu interpretieren wissen. Kakushi-te ist darum nicht vom Prinzip von *omote* und *ura* zu trennen, der Sicht des »Offensichtlichen« und dessen (wahrer) »Kehrseite«.

Falsche Interpretationen entstehen leicht, wenn uns bestimmte Schlüsselinformationen fehlen. Sicherlich werden wir in einem Zweikampf dem Gegner keine Details unserer Taktik verraten. Anders liegt der Fall aber bei der Unterweisung. Fehlt der Hinweis, worin der Schwerpunkt einer Technik oder deren Übung liegt, dann eignet man sich schnell Bewegungen und Denkweisen an, die einem nichts nützen oder sogar durch ihre fehlende Wirksamkeit gefährlich werden können.

Eine der Hauptschwierigkeiten in der Kata-Praxis liegt heute darin, dass wir nur selten genau wissen, wozu die geübten Bewegungen gut waren. Dies ist vor allem darauf zurückzuführen, dass nur wenig über die Denkweise der früheren Meister bekannt ist. Ich möchte im Folgenden anhand einiger Beispiele erläutern, wie durch die Information über bestimmte Details eine Technik oder Haltung einen ganz anderen Inhalt bekommen kann.

In einigen Kata wird mit dem Ellbogen oder der Rückfaust in die offene Hand geschlagen. Eine gängige Interpretation besagt, dass man den Gegner bereits ergriffen und fixiert hat und ihm einen Schlag mit Faust oder Ellbogen versetzt. Wenn man aber weiß, dass in früheren Zeiten nur wenige Worte der Erklärung gebraucht wurden, dann wird eine andere Sichtweise plausibel, bei der das (leichte) Schlagen auf Faust oder Ellbogen auf nonverbale Weise darauf hindeutet, welche Zone von Arm, Hand, Fuß oder Knie (!) beim Schlag oder Stoß zum Einsatz kommen soll.

Die bisweilen bei Fauststößen oder -schlägen auf den Ellbogen aufgelegte Hand in Kata wie Wankan oder Naifanchin-sandan gibt solange Rätsel auf, bis man sich vergegenwärtigt, dass die früheren Meister den Fluss des Ki üblicherweise in all ihre Überlegungen mit einbezogen. Entsprechend versuchten sie, Momente des Ki-Verlustes beziehungsweise das Präsentieren einer entsprechenden Öffnung dem Gegner gegenüber zu vermeiden. Möglicherweise dient(e) das Auflegen der Hand dem physischen und energetischen Schutz von Vitalpunkten im Gelenksbereich. Zusätzlich konnte durch den rechtwinklig gehaltenen zweiten Arm – ähnlich wie mit der Haltung von Kagi-zuki (Kapitel 7.4) – der Ki-Fluss im Innern des Körpers stabilisiert werden.

In unseren Kata finden wir aber auch die entsprechenden »passenden« Angriffstechniken vor, deren Anwendung wir auf die soeben beschriebene Weise vereiteln wollen: Die Kata Chintei und die Passai in der Version des Matsumura enthalten Schläge mit den Knöcheln der Finger, die vermutlich auf den Kyūsho *Shusanli*, Di 10, zielen. Dieser befindet sich einige Zentimeter entfernt von der Ellbogengelenksfalte auf dem Unterarm und präsentiert sich beim Ausführen von Fauststößen praktisch ungeschützt als Angriffszone. Ein starker Treffer auf diesen Punkt könnte den ganzen Arm paralysieren, weshalb man wohl lieber einen Schlag auf die energetisch robustere Hand in Kauf nahm. Oft ist aber nicht zu ergründen, wo genau ein Schlag oder Stoß hingehen soll, weil uns die jeweils spezifische Information fehlt, die über ein prinzipielles Wissen über den Fluss des Qi und die reine Kenntnis seiner Manipulationspunkte hinausgeht.

Die großangelegten »Abwehr«-Bewegungen mit dem Unterarm im Verlauf der Kata Naifanchin-nidan erscheinen in einem ganz anderen Licht, wenn man sich vergegenwärtigt, dass man nicht nur von vorn mit Stößen und Tritten angegriffen werden kann, sondern dass auch Umklammerungen von hinten möglich und gar nicht so unwahrscheinlich sind.

Die in den Kata Pinan-godan und Chintō wiederum vorkommende Drehung der Handgelenke gegeneinander hat eigentlich keinen wirklichen Nutzen (obwohl da einiges hineininterpretiert werden kann). Laut Angaben meines Sensei Fumio Demura kann diese Sequenz aber als Hinweis der Meister gesehen werden, sich darüber klar zu sein, dass man in der Lage sein muss, den eigenen Unterarm um den des Gegners herumzubewegen, ohne den Kontakt zu verlieren. Einigen mag dies bekannt vorkommen: Das Üben von Kaki-e nämlich sieht genau das vor. So gesehen übt man hier gleichsam mit sich selbst als Partner.[158]

Wohlgemerkt geht es bei all dem gar nicht immer um Verschlüsselungen, die nötig waren, um Außenstehenden den Zugang zur eigenen, meist geheimgehaltenen Kampfkunst zu erschweren. Vielmehr handelt es sich schlicht um Kenntnisse, die uns heute fehlen, die aber für die Kämpfer früherer Zeiten gleichsam zur Allgemeinbildung gehörten. Dazu kommt der schon mehrfach erwähnte Umstand, dass im Laufe der über 120 Jahre, in denen das Karate öffentlich praktiziert wird, viele Details aus den Kata entfernt wurden, um diese leichter erlernbar und das Karate insgesamt als Mittel der Erziehung im Sinne des Budō weniger gefährlich werden zu lassen. Zahlreiche Techniken wurden dabei ganz weggelassen, wodurch die Kata zunehmend ein geglättetes Gesamtbild erhielten und nun zwar schön anzuschauen, in ihrer Anwendung aber teilweise kaum noch zu verstehen sind. Die rationale und intuitive Suche nach dem, was in den Bewegungen und Haltungen der Kata verborgen ist, gehört darum zu den Zielen unserer Übungspraxis.

9.6. Fußtechniken

Obwohl von den japanischen Kampfkünsten gerade das Karate so bekannt für seine Fußtritte ist, sind diese in den Kata nur recht spärlich vorhanden. Explizit sind eigentlich nur die Tritte nach vorn und zur Seite, Mae-geri und Yoko-geri, als solche erkennbar. Alle anderen sind allenfalls in komplexeren Aktionen verborgen oder müssen aus solchen gleichsam extrahiert werden. Zumindest kann nach dem, was bisher über das Prinzip der Verbergens gesagt wurde (Abschnitt 9.5), davon ausgegangen werden, dass immer dann, wenn in der Kata in irgendeiner Weise das Knie angehoben wird, auch ein Tritt folgen kann, dies aber nicht unbedingt der Fall sein muss.

Hohe Fußtritte waren zu Zeiten Matsumuras und Itosus eher die Ausnahme. Ein über die Höhe des Gürtels hinaus angehobener Fuß eröffnet dem Gegner nur allzu viele Möglichkeiten, diese ungünstige Lage auszunutzen. Neben der erschwerten Balance durch das Stehen auf nur einem Bein bietet die Innenseite des Standbeins viele verwundbare Stellen. Je höher ein Tritt angesetzt wird, desto län-

[158] Die verschiedenen Formen des Kaki-e waren zu Zeiten Itosus und davor sicher nicht nur auf die Stile beschränkt, die heute zum Naha-te gezählt werden.

ger wird diese Phase der Schwäche – zumal auch das Abwehren von gegnerischen Handtechniken in dieser Haltung nicht gerade leicht fällt.

Aus diesen Gründen wurde von jeher angestrebt, die Dauer eines Tritts so weit es geht zu verkürzen, weshalb das anschließende Zurück-»ziehen des Fußes«, *hiki-ashi*, so immens wichtig ist. Zudem sollte es kraftvoll genug erfolgen für den Fall, dass es dem Gegner trotz aller Schnelligkeit doch gelungen ist, unseren Fuß zu ergreifen.

Fußtritte ab Höhe des Oberschenkels abwärts sind kaum mehr mit der Hand abzuwehren. Daher waren früher wahrscheinlich die Knie und die Innenseite der Beine die bevorzugten Zielregionen. Obwohl in den Kata kaum angedeutet, kamen hierfür sicher auch halbkreisförmige Tritte, das heißt Vorformen unseres heutigen Mawashi-geri, zum Einsatz. Als Reaktion auf solch tiefangesetzte Angriffe auf die eigenen Beine konnte man diese nur wegziehen und »aus dem Schussfeld nehmen«, was in den Kata durch das Einnehmen von Haltungen mit angehobenem oder in die Kniekehle abgelegtem Fuß dargestellt wird.

Zu den Techniken unter Einsatz der Füße sind nicht nur Tritte zu zählen. Einige Kata enthalten bei genauerem Hinschauen noch Elemente aus Taktiken des Nahkampfes, wie sie in einigen Systemen Südchinas bis heute geübt werden. Man versucht dort auf verschiede Weise, Kontrolle über den Gegner zu erlangen, indem man die Beweglichkeit seiner Beine blockiert. Dies kann durch Fixieren seines Fußes oder Einhaken in eines seiner Knie erfolgen. Um dies zu erreichen, müssen wir allerdings zuvor die Distanz genügend reduziert haben, wozu uns alle in den Kata vorkommenden weitausgelegten nach vorn gerichteten Schritte dienen können.

Die schon beim Vor- und Zurückgehen im heutigen Karate-Basistraining, dem Kihon, vorgeschriebene bogenförmige Bewegung der Füße mag hier eine weitere Begründung haben: Mit ihr wird es möglich, vom Gegner unbemerkt mit dem eigenen hinter dessen vorderen Fuß zu gelangen. Dadurch eröffnen sich viele Möglichkeiten, ihn aus der Balance zu bringen, etwa durch Druck des eigenen Knies gegen das seine. In den Kata trainieren wir derartiges oft unbewusst, etwa beim Wechsel von Fußstellungen: Durch den Übergang von Shiko-dachi zu Zenkutsu-dachi kommt es im gebeugten vorderen Knie zu einem starken Schub nach außen.

Bis zu einem gewissen Grade sind auch Abwehrtechniken mit dem Fuß möglich. Man sollte sich aber von der Illusion verabschieden, auf derartige Weise schnell ausgeführte Angriffe mit den Armen oder dynamische Tritte vonseiten des Gegners abwehren zu wollen. Im Grunde kann man mit den eigenen Beinen nur den Attacken auf diese selbst begegnen und den Gegner davon abhalten, unseren Stand zu beeinträchtigen, sich in unsere Knie einzuhaken oder auf unseren Fuß zu stampfen. In den Naifanchin-Kata gibt es entsprechende Bewegungen.

Eine besonders auch im sportlichen Wettkampf gern praktizierte Technik zur unteren Stufe besteht darin, einen der Füße des Gegners vom Boden zu fegen, so dass er zumindest an Gleichgewicht verliert und mit etwas Geschick auch zu Fall gebracht werden kann, so etwa dargestellt in den Kata Seipai oder Itosu no Rōhai-shodan.

Bei all den hier geschilderten Vorgehensweisen sind die Übergänge von hart zu weich recht fließend. Ein Einhaken ins Knie kann sich leicht in einen Tritt gegen die dort befindlichen Kyūsho verwandeln. Auch kann nach dem Platzieren des eigenen Fußes auf dem des Gegners durch einem starken Ruck dessen Sprunggelenk verletzt werden. Oder es wird das gegnerische Standbein selbst nach einem misslungenen Tritt zum Ziel eines Konterangriffs in dessen Kniegelenk.

9.5. Kime

Abschließend möchte ich noch ein wenig auf den Begriff *Kime* eingehen, der in der Karate-Praxis häufig, aber – wie ich meine – nicht immer in der angemessenen Weise gebraucht wird. Kime hat erst in zweiter Linie etwas mit Kraft zu tun. Es geht vielmehr um eine geistige, von Konsequenz geprägte Einstellung bei der Ausführung einer jeglichen Sache, also nicht nur um den Sieg innerhalb eines Kampfes.

Im täglichen Leben begegnen wir oft Situationen, in denen wir unsere Anstrengungen konzentrieren müssen, sofern diese nicht umsonst gewesen sein sollen, etwa bei Examensprüfungen oder Behördengängen (!), wo es wohl kaum um eine korrekte Muskelanspannung geht, sondern darum, dass das eigene Tun zum Erfolg zu führt.

Bei Kime kommt es darauf an, im rechten Moment den angemessenen Aufwand an körperlicher, geistiger und seelischer Kraft einzusetzen. Dabei ist mitnichten immer eine Maximierung vonnöten. Die richtige Dosis bringt häufig das beste Resultat. Im Laufe meiner therapeutischen Tätigkeit haben mich immer gewisse Kollegen der Chiropraktik beeindruckt, die mit scheinbarer Leichtigkeit in der Lage sind, bei einem Patienten ein blockiertes Gelenk zu lösen – mit dem bekannten »Knacken« – und ihn fast schlagartig von seinen Beschwerden zu befreien. Hohe Präzision und ein gutes Einfühlungsvermögen sind dabei unerlässlich, soll dem Patienten nicht mehr geschadet als geholfen werden. Auch im Rahmen der Akupunktur muss die für den Einstich der Nadel nur geringe Kraft konzentriert und präzise eingesetzt werden, um die Überwindung des beträchtlichen Widerstandes der Haut für den Patienten weitgehend schmerzfrei zu gestalten.

Ich habe hier zwei Beispiele angeführt, die für manchen nur entfernt mit der Kampfkunst zu tun haben mögen, aber bei genauerem Hinsehen vielleicht umso deutlicher zeigen, dass die Menge an Kraft allein nichts mit Kime zu tun hat. Auch erscheint es mir wichtig zu verstehen, dass Kime in all unseren Kampfaktionen vorhanden sein muss, nicht nur in den Schlägen, Stößen und Tritten. Ohne

Kime wird kein Wurf funktionieren und weder Würge- noch Hebeltechniken werden beim Gegner einen besonderen Eindruck hinterlassen. Sie sind dann einfach nicht wirksam.

Zur entscheidenden Wirkung einer Aktion kann es nur dann kommen, wenn ausreichende Kraft an der richtigen Stelle und im rechten Moment eingesetzt wird. Dies kann nur ein klarer Geist gewährleisten. Ihm obliegt es, die raum-zeitliche Lücke beim Gegner zu erkennen und zu entscheiden, wie er diese ausnutzen will. Die einzelnen Teile des Körpers werden hierzu vom Geist über das Ki mobilisiert, ein Prozess, der sich in Bruchteilen von Sekunden abspielt.

Kime ist darum weniger ein rein körperliches als ein die gesamte Person erfassendes Phänomen. Im Laufe der Übungspraxis tritt zudem die körperliche zugunsten der energetischen und später der geistigen Komponente in den Hintergrund. Einfacher ausgedrückt: Auch wenn es in manchen Lebenslagen darauf ankommen mag, »alles zu geben«, sollten wir auf lange Sicht bemüht sein, mit dem Einsatz unserer Kräfte, und zwar nicht nur der körperlichen, Maß zu halten und uns so Reserven zu schaffen, die wir vielleicht später einmal dringend nötig haben.

So betrachtet bedeutet Kime insbesondere für das Training der Kata, mit der Kraft des Körpers rational umzugehen. Indem wir zunehmend in der Lage sind, sie immer gezielter einzusetzen, werden wir insgesamt weniger Kraft benötigen, so dass unsere Reserven sich ständig vergrößern. So kommt dann auch Kime in unsere Karate-*Praxis*: Das Training wird effektiver, und wir erreichen mehr mit weniger Aufwand.

10. Die Gesamtaktion

10.1. Eröffnung und Abschluss

Wenn man die Karate-Kata als Abbild eines Kampfes betrachtet, gilt es, sich mit allen Phasen der körperlichen Austragung eines Konflikts detailliert auseinanderzusetzen. Der Beginn einer Kata stellt sich als Einstieg in ein Kampfgeschehen dar – gegebenenfalls auch gegen mehrere Angreifer –, und nach Vollendung der Form tritt man symbolisch aus dem Kampf wieder heraus. Ein Kampf (nicht Wettkampf!) ist in der Regel die Folge einer Konfliktsituation, in der eine gewaltfreie Lösung entweder nicht möglich oder auch nicht gewollt war.

Es kommt durchaus vor, dass beide Parteien »einvernehmlich« in einen Kampf einsteigen. Allzu oft jedoch wird einem der Kontrahenten der Kampf aufgezwungen. Manchmal geschieht dies auch überraschend, wenn eine der in den Konflikt involvierten Personen ohne Vorwarnung angreift. Dem Betroffenen bleibt dann kaum Zeit, sich auf den Kampf einzustellen, weder äußerlich noch innerlich, das heißt, weder körperlich noch geistig.[159] Vor dem Ausbruch des (absehbaren) manifesten Kampfgeschehens steigt im Innern eines der Kontrahenten oder in beiden allmählich die Bereitschaft zur Gewalt und damit zur Akzeptanz ihrer Konsequenzen – wozu in früheren Zeiten oft auch der Tod gehörte. Der Kampf beginnt also eigentlich schon vor dem physischen, für alle sichtbaren Schlagabtausch.

Sind die Kontrahenten sich einig, dass sie kämpfen wollen, so nehmen sie üblicherweise eine besondere Kampfhaltung ein. Wie ich in Kapitel 7 beschrieben hatte, geht es beim meist langsamen, bedächtig anmutenden Übergang in eine solche Kamae sowohl um körperliche wie auch geistige Einstellungen. Körper und Geist werden auf allen Ebenen auf die Kompromisslosigkeit der Situation vorbereitet. Für die Zeit des Kampfes wird alles vergessen, was nicht auf die Erlangung des Sieges abzielt und damit das Überleben oder zumindest den Erhalt der Gesundheit gewährleistet. Das Ki muss für die nun anstehende Aufgabe mobilisiert werden, durch schnelle Reaktionen auf die Angriffe des Gegners zu reagieren und die von diesem gebotenen raum-zeitlichen Lücken auszunutzen. Alle Partien des Körpers werden möglichst günstig ausgerichtet, um dem Gegner wenig Gelegenheit für den Angriff zu bieten und die Erfolgsaussichten der eigenen Aktionen zu erhöhen.

Ein solches Vorgehen finden wir jedoch in unseren Kata kaum dargestellt. Zwar gibt es einige wenige Kata, die offensichtlich mit einer Kamae im Sinne einer

---

[159] Die Reaktion auf Überraschungsangriffe oder solche aus dem Hinterhalt werden in den Kata des Karate kaum thematisiert. Wohl aber gibt es auch im Karate eine besondere Formen der Partnerübung, bei der die Reaktion geschult wird und die unter der Bezeichnung *Iai* bekannt ist. Sie soll Intuition und spontanes Handeln fördern, wobei die dabei zum Einsatz kommenden Techniken eher einem geringen Schwierigkeitsgrad entsprechen.

Bereitschaftsstellung[160] beginnen – so die Kata Kushanku-shō, Sōchin (in der Version des Shotokan) und Pachu (des Ryūei-ryū) –, doch scheint es eher, als ob die früheren Karateka überwiegend davon ausgingen, eben nicht in einen Zweikampf einwilligen zu wollen. So startet der fiktive Kampf in den meisten uns heute bekannten Kata aus Haltungen heraus, die entweder etwas Bestimmtes symbolisieren oder die für die spirituell-energetische Praxis gedacht waren. Beispiele wären die Eingangshaltungen von Kata wie Bassai, Jion oder Chintei.

Die in Kapitel 7.4. im Zusammenhang mit Kamae kommentierte Haltung des »Schutzes der geheimen Zone«, mit den geschlossenen Füßen und den vor dem Unterleib übereinandergelegten Handflächen, möchte ich hier allerdings nicht zu den »Symbolhaltungen« zählen, da sie ganz klar den Zweck verfolgt, eine *Übung* einzuleiten und zu beenden, ja sogar für sich selbst eine Übung sein kann, die direkt der geistig-energetischen Praxis dient.[161] Der überwiegende Teil unserer bis heute überlieferten Kata beginnt und endet (eigentlich) in dieser Haltung. Entweder geht man von dieser in eine andere spezifischere Haltung über, wie in den Kata Jion oder Bassai, oder man startet aus ihr heraus direkt die Aktion.

Ein besonders im Naha-te gebräuchlicher Einstieg in die Kata ist jene Eröffnung, bei der man sich aus dieser Haltung heraus durch Bewegen der Fersen nach außen in die Fußstellung Uchi-hachiji-dachi begibt, dabei die Hände vom Unterleib her zur Außenseite des Körpers hin bewegt und sie als Fäuste in den Bereich seitlich der Oberschenkel platziert. Das Steißbein bewegt sich dabei nach unten-vorn, was ein Strecken der gesamten Wirbelsäule bis in die Spitze des Kopfes einleitet. Am Ende ist die Muskulatur des gesamten Körpers von einer mehr oder weniger starken Grundspannung erfüllt.

Diese Art der Eröffnung hat ihren Ursprung in daoistischen Formen der Übung. Durch Freisetzen von zusätzlichem Qi aus dem unteren Dantian sollen vermehrt Kräfte für den Kampf mobilisiert werden. Das Dantian, japanisch *tanden,* ist eine Zone des Körpers, die von den Daoisten als unerschöpfliches Reservoir für das Qi angesehen wird. Sie befindet sich etwa eine Handbreit unter dem Nabel in einigen Zentimetern Tiefe. Zu Beginn daoistischer Übungen wird das Qi hier aktiviert, um im Laufe der Übung selbst genährt, angereichert oder gereinigt zu werden. Am Ende muss das Qi vollständig in dasselbe Depot zurückgeführt werden, um unerwünschte Auswirkungen der mitunter recht tiefenwirksamen Übung, wie etwa Nervosität oder gestörter Schlaf, zu vermeiden. Ich habe diesen Sachverhalt

---

160 Im Englischen gibt es mit »*prefighting position*« einen besser passenden Ausdruck.

161 In vielen Richtungen des Qigong, insbesondere denen buddhistischen Ursprungs, werden in solchen und ähnlichen Körperhaltungen Übungen zur Kultivierung des Qi praktiziert. Dabei wird das Qi visualisiert oder erspürt und dann angereichert, reguliert oder in seinem Fluss verstärkt.

bewusst an dieser Stelle und nicht schon zu Beginn des Buches erwähnt, weil er sehr wichtig für das Verständnis der Kata als Übung ist.

Nun gibt es aber auch Eröffnungen, bei denen man aus der »namenlosen« Grundhaltung direkt in eine Bewegung übergeht, die heute gemeinhin als Technik, meist als eine Abwehr, interpretiert wird. Ich meine aber, dass Einleitungspositionen wie in den Kata Seipai oder Niseishi genauso gut als Formalismen für den Übergang in eine Kampfhaltung angesehen werden können. Besonders die Haltung mit ausgebreiteten Armen, mit der die Kata Unsu (des Shōtōkan) beginnt, ist zwar geeignet, den Gegner stark zu beeindrucken, ja schon fast einzuschüchtern, indem sie eine hohe geistig-technische Überlegenheit ausstrahlt, sie kann aber wohl kaum dazu dienen, einen starken Angriff abzuwehren. Als ähnliche Taktiken der Einschüchterung und Verwirrung kann man die einleitenden Bewegungen in der Kata Kushanku und der Bassai des Matsumura ansehen.

Selbst die in den Kata Jion und Jiin aus Hōran no kamae heute schnell ausgeführten ersten, meist als Kombinationsabwehr angesehenen Bewegungen, könnte ich mir in früheren Formen dieser Kata als das Einnehmen einer Kampfhaltung vorstellen, dann allerdings langsam und womöglich sogar mit offenen Händen.[162] Bei genauerer Betrachtung erscheint es demnach sehr wohl wahrscheinlich, dass eine ganze Reihe unserer Kata über die erste symbolhafte Haltung hinaus das Einnehmen weiterer Haltungen lehren, bevor das fiktive Kampfgeschehen dann wirklich losgeht.

Je besser man sich vor dem eigentlichen Kampf innerlich auf die Situation einstellen kann, desto höher sind die Chancen auf den Sieg. Beim Üben sollte man sich dessen bewusst sein und der korrekten Eröffnung der Kata entsprechende Aufmerksamkeit widmen.

Vielmehr als heute dienten Kata früher vornehmlich dazu, sich auf den Kampf vorzubereiten. Soll aber das Ziel, nämlich sich besondere kampftechnische Fähigkeiten anzueignen, wirklich erreicht werden, ist es nötig, sie unzählige Male zu wiederholen. Um sich und ihren Schülern die beschwerliche Praxis ein wenig einfacher zu machen, haben die frühen Meister ihre Erfahrungen in zyklisch ausgelegten Formen verarbeitet. Die in sich geschlossene Form erleichtert das Erinnern von Details und macht das Ganze überschaubarer – was bisweilen die Motivation der Übenden steigern mag.

Ganz wesentlich ist hierbei auch, dass – wie bei jeder vom daoistischen Denken geprägten Übung – bei der Erschaffung der Kata von Anfang an energetische Betrachtungen einflossen. Daher wurde immer auf einen bewussten, wohlstrukturierten Einstieg sowie einen ebensolchen Ausklang der Übung geachtet. Energetisch korrektes Eröffnen und Schließen auch von Übungen der Kampfkunst

[162] Vielleicht wurde auch hier von Itosu die in den chinesischen Systemen bevorzugte offene Hand gegen die in mehrerer Hinsicht sicherere Standardfaust ausgetauscht.

bewirken daher beim Üben weniger Erschöpfung und auf lange Sicht die Schaffung körperlicher und geistiger Reserven durch optimale Anreicherung von Qi.

Um das Ki für den Kampf zu mobilisieren, bedarf es nicht unbedingt spezieller Bewegungen oder Gesten wie bei den Eröffnungen des Naha-te, etwa in den Kata Shisōchin oder Seisan. Mit zunehmender Praxiserfahrung wird dies immer mehr allein durch die Kraft der Vorstellung möglich. Das reine Bewegen von Steiß und Armen bewirkt zudem nur wenig, solange dies nicht von einer klaren Idee begleitet wird, was überhaupt erreicht werden soll. Ganz wesentlich ist (nicht nur) hier die Suche nach dem Ki, gleichsam als dessen beiläufiges Erspüren, während man die Technik übt, die einzelnen Bewegungen ausführt oder auch in Ruhe in einer Körperhaltung verharrt.

Bei der körperlich-mentalen Einstimmung auf einen realen Zweikampf kommt es unvermeidlich zur vermehrten Blutzirkulation und zur Erhöhung des Blutdrucks durch die Ausschüttung von Stresshormonen. Bei der Eröffnung einer Kata geschieht dies natürlich nicht, da wir in der Regel unter sicheren Bedingungen trainieren. Möglicherweise führt das wiederholte mentale Durchspielen eines Kampfbeginns im Rahmen des Kata-Trainings auch dazu, dass sich in der realen Situation die Aufregung etwas besser kontrollieren lässt.

Hilfreich ist hierzu ein besonderer Übungsaspekt, nämlich der, dass man sich über die Vorstellung gleichsam im Boden verwurzelt. Nach der Aktivierung des Ki aus dem Unterbauch dringt man dabei gedanklich durch das Hineinspüren in die Fußsohlen und über diese hinaus tief in die Erde hinein. Hierbei kann es hilfreich sein, etwas mit den Zehen in den Boden zu drücken und »die Erde zu ergreifen«. Dieses bewusste Absenken des Ki kompensiert dessen übermäßiges Aufsteigen aufgrund der Erregung. Es hilft zu vermeiden, dass sich der Geist eintrübt und wir dadurch den klaren Blick für das Geschehen verlieren. Werden diese Dinge häufig genug geübt, so gelingt es mit der Zeit immer besser, sich seelisch-geistig in angemessener, also recht kurzer Zeit auf einen Kampf einzustellen.

Zur Verwurzelung gehört auch das Absenken der Mitte. Es handelt sich dabei um ein tatsächlich körperliches, vor allem aber auch um ein energetisches Absenken des unteren Dantian.[163] Der Bereich des unteren Dantian stellt in etwa den physikalischen Schwerpunkt des menschlichen Körpers dar. Bewegungen von hier aus zu beginnen, gewährleistet bestmögliche Stabilität und optimale Ökonomie der Kräfte. Anders ausgedrückt: Bei tiefliegendem Schwerpunkt ist es einfacher, die Balance zu halten. Es fällt leichter, »die Mitte zu wahren«.

Technisch erreicht man das Absenken des Schwerpunktes vornehmlich, indem man den Unterbauch gedanklich fallen lässt. Auch wenn dadurch nur wenige Zentimeter abwärts gewonnen werden, lässt sich so ein deutlich stabilerer Stand erreichen. Ein solcher Abwärtsimpuls sollte allen Eröffnungen vorausgeschickt

---

163 Siehe Anmerkung 41 auf S. 61.

werden, gerade solchen, bei denen sich der Körper von außen gesehen in horizontaler Richtung bewegt. Hierzu gehören eigentlich die ersten Techniken einer jeden Kata, denn alle beginnen ja letztlich in einer natürlich-aufrechten Position mit geraden Beinen, unabhängig von der genauen Haltung der Hände.

Auch bei dem charakteristischen Eröffnen in Uchi-hachiji-dachi bei einigen Kata des Naha-te wird der Schwerpunkt abgesenkt, und es erfolgt ein gedankliches Verwurzeln in der Erde. Durch den Zug des Steißbeins nach unten-vorn streckt sich die Wirbelsäule besonders im Bereich der Lendenwirbel. Dies lässt in ihr eine Welle des Qi aufsteigen, die den Körpers stabilisiert und dem Geist zusätzliche Kraft für den anstehenden Kampf verleiht (Kapitel 7.2).[164]

Beim Einnehmen der gemeinhin als »Shizen-tai« bezeichneten Haltung mit in Schulterbreite positionierten Füßen und den leicht geballten Fäusten oberhalb der großen Zehen sollten sich die gleichen Vorgänge abspielen, da hier eigentlich schon eine erste Einstimmung auf den Kampf erfolgt. Eine Reihe von Kata – meist solche, die auf Ankō Itosu zurückgehen – beginnen mit dieser recht natürlich anmutenden, entspannten Kamae, von der ich vermute, dass sie gleichwohl ihren Ursprung in der Eröffnung analog den Kata des Naha-te hat. Denn bis heute ist kaum bekannt, dass Ankō Itosu, der wie kaum ein anderer das spätere Shuri-te geprägt hat, in jüngeren Jahren lange bei einem Meister namens Nakama in Naha (!) trainiert hat (Chōki Motobu, siehe Literaturverzeichnis).

Auf jeden Fall sollte uns allen klar sein, dass selbst, wenn wir unsere Kata derart »entspannt« beginnen, sich früher vor einem Kampf niemand so hingestellt hätte, auch Ankō Itosu nicht. Vielmehr handelt es sich bei der Haltung von *shizen-tai*, der des »natürlichen Körpers«, um einen Formalismus, dessen Bedeutung darin liegen mag, die Fähigkeit zu entwickeln, aus jeder körperlich, aber auch geistig entspannten Haltung rasch reagieren zu können.[165] Entsprechend starten die besonders von Itosu erarbeiteten Kata der Pinan-Gruppe auch »spontan«. Aus Shizen-tai entwickelt sich sofort und direkt die erste Kampftechnik. Aber auch hier sollte der Primärimpuls unbedingt im Absenken des Schwerpunktes liegen.

---

[164] Dies klingt sicher etwas widersprüchlich zu dem, was über das Ziel der Verwurzelung gesagte wurde. Die traditionell-chinesischen Vorstellungen über die Vorgänge im Körper sind sehr komplex und nicht immer leicht nachzuvollziehen. Vielleicht hilft an dieser Stelle die Information, dass die Qualität des den Geist nährenden Qi eine andere ist als die des Qi, das bei Erregung wild aufsteigt. Nach der chinesischen Medizin muss das Qi entsprechend der jeweiligen Aufgabe und Eigenschaft auf- oder absteigen. Fließt es in die falsche Richtung, kommt es zu negativen Auswirkungen auf die Gesundheit.

[165] Ein solcher Zustand, bei dem der Geist mittels Ki vollständig mit der Umgebung im Einklang steht und damit in der Lage ist, auf jede Konfrontation spontan und angemessen zu reagieren, wird *Iai* genannt.

Bei der sehr häufigen Eröffnung aus der Haltung zum »Schutz der geheimen Zone« mit geschlossenen Füßen und vor dem Unterleib gekreuzten Handflächen ist Folgendes zu beachten: Die Beine sind gerade, aber nicht durchgestreckt. Es gibt zwei Varianten für die Ausrichtung der Füße. Bei der einen berühren sich die Fußinnenkanten vollständig, während bei der anderen nur die die Fersen aneinanderstoßen, wobei dann die Füße selbst einen Winkel von 60 bis 90 Grad zueinander aufweisen. In der Literatur findet man oft genauere Angaben bezüglich der Gradzahl. Ich meine aber, der eigene Körper sollte den genauen Winkel bestimmen. Wichtig ist, dass man sich nichts aufzwingt und dass man sich in der jeweils gewählten Haltung ausreichend wohlfühlt, um aus ihr heraus effektiv auf einen Gegner reagieren zu können. Fühlt man sich irgendwie unwohl, so fließt das Ki nicht rund. Und wie wir wissen, wird durch unrund fließendes Ki der Sieg nicht gerade wahrscheinlich. Angaben zu Abmessungen von Fußstellungen und den Ausrichtungen der Arme und Beine sollten daher nur als grobe Richtlinien verstanden werden.

Entsprechend meine ich auch, dass jeder selbst herausfinden sollte, ob er in Shizen-tai lieber die Zehen leicht nach innen oder nach außen zeigen lassen möchte. Nach innen zeigende Zehen bewirken eine Stabilisierung der gesamten Haltung, gleichzeitig vermindert sich so aber auch leicht die Beweglichkeit.

Die Grundhaltung mit geschlossenen, aneinanderliegenden Fußinnenkanten, also Heisoku-dachi, ist heute die beim Einleiten von Kata des Shuri-te übliche Variante und geht wahrscheinlich ebenfalls auf Ankō Itosu zurück. Hingegen werden die Kata des Naha-te und des Tomari-te in der etwas geöffneten Fußstellung Musubi-dachi begonnen.[166]

Auch was die auf dem Unterleib übereinanderliegenden Hände angeht, werden mitunter recht strikte Anweisungen erteilt. Bisweilen werden hier sogar, wie ich meine, künstliche Unterscheidungen bezüglich Naha-te und Shuri-te angeführt. Wesentlicher als alle Zahlenwerte ist aber auch hier das Gefühl. Die in den Handinnenflächen befindlichen, in der chinesischen Tradition mit *Laogong* bezeichneten Energieöffnungen[167] sollten miteinander korrespondieren. Dafür müssen sie ungefähr, aber nicht unbedingt genau, übereinander liegen. Ob sich dabei die Handflächen eher kreuzen, sich nur in den Spitzen der Finger oder vollständig abdecken, hängt vom eigenen Empfinden ab und davon, wie stark man die Arme gebeugt hält. Ein vollständiges Durchstrecken ist auch hier unvorteilhaft, weil es den energetischen Fluss behindert.

---

[166] Heisoku-dachi wirkt etwas formaler als Musubi-dachi. Womöglich wollte Itosu damit dem damals vorherrschenden Zeitgeist von Nationalismus und Militarismus gerecht werden.

[167] Man findet die auch als »Herz der Hand« bezeichnete Zone leicht dort, wo die Spitze des Ringfingers zu liegen kommt, wenn man die Finger einrollt. *Laogong* heißt wörtlich »Palast der Arbeit«.

Beim Einleiten der Kata aus dieser Haltung soll durch ein gedankliches Strecken nach oben und unten mit nach unten-vorn geführtem Steißbein und eingezogenem Kinn die Wirbelsäule korrekt ausgerichtet werden. Der Schwerpunkt des Körpers ruht tendenziell mehr auf den Fersen. Man kann dies gelegentlich kontrollieren, indem man auf den Fußsohlen leicht vor- und zurückschwingt.

Nach dem formellen Gruß (siehe Kapitel 10.5) genügt es, zu Beginn der Kata direkt in die Grundhaltung überzugehen. Das (vielfach praktizierte) Hoch- und anschließende Herabführen der Hände vor dem Körper ist hierbei unnötig, da das Ki sich ja noch »im Depot« befindet und erst aktiviert werden soll. Eine derartige Bewegung ist vielmehr Bestandteil des Abschlusses einer Kata, denn es symbolisiert das Zurückführen des während des Kampfes zusätzlich durch den Körper zirkulierenden Ki in den Unterbauch.

Das Einsammeln des Ki am Ende einer Kata ist ein sehr wichtiger Übungsaspekt. Geschieht es nicht, kann dies zur Beeinträchtigung des Wohlbefindens führen. Dies mag beim normalen Training noch kaum von Belang sein, da man sich ja beim Üben wohl selten so aufregt wie bei einem wirklichen Kampf. Die antrainierte Routine kann aber in einer realen Stresssituation von großem Nutzen sein, und zwar insofern, als es hilft, sich schneller und vor allem vollständig zu beruhigen. Durch die Visualisierung des absteigenden Ki und dessen Rückkehr ins untere Dantian während der langsam auszuführenden Abwärtsbewegung der Arme sinkt der Spiegel der Stresshormone, und die Nerven kommen zur Ruhe.

Anders als im Film häufig dargestellt, lässt ein echter, bisweilen auf Leben und Tod ausgetragener Kampf niemanden kalt. Auch die Meister früherer Epochen waren keine Maschinen und hatten Emotionen, die es zu kanalisieren galt, wollten sie nicht an deren Überschießen erkranken oder zugrunde gehen. Selbst wenn äußerlich aus taktischen Gründen keine Gefühle gezeigt werden durften, waren diese doch vorhanden. Und selbst wenn Stress ein moderner Begriff ist, so kannte man auch früher sehr wohl schon dieses Phänomen und dessen negative Auswirkungen auf die Gesundheit.

Dem durch bestimmte Bewegungen gestalteten symbolischen Abschluss einer Kata geht darum Zanshin voraus. Beim Zustand des »zurückbleibenden Gemüts« am Ende einer Form wird der Ausgang des fiktiven Geschehens überprüft, ob der/die Gegner wirklich besiegt ist/sind. Man versinnbildlicht dies, indem man ein wenig länger als normal in die Richtung der zuletzt ausgeführten Technik schaut. Es setzt hier aber schon der erwähnte Prozess der inneren Regulation ein, wobei der Umgebung weiterhin erhöhte Aufmerksamkeit zuteil wird. Mehr soll an dieser Stelle nicht zu diesem Aspekt gesagt werden, da dies schon in einem früherem Kapitel geschehen ist.

So wie der Kampf selbst, beginnt auch die Ausführung einer Kata bereits vor ihrer technischen Manifestation, indem ihr geistig-energetische Impulse vorausgehen, ebenso wie sie mit der symbolischen Abschlussbewegung keinesfalls endet, sondern im Innern noch nachklingt.

Kata werden durchweg an demselben Ort beendet, an dem sie beginnen. Warum dies so ist, dafür sind verschiedene Deutungen denkbar. Eine mögliche Erklärung wäre, dass viele ihrer Schöpfer Militärstrategen waren und auf diese Weise darstellen wollten, dass, um wirklichen Frieden zu erlangen, ein Heer nach »getaner Arbeit« in seinen Stützpunkt zurückkehren muss. Wenn man wiederum bedenkt, dass die Entwicklung der Kampfkunst Chinas und damit auch das Karate stark von buddhistischem Denken beeinflusst wurde, dann liegt es auch nahe, das abermalige Wiederholen derselben Übung mit der ständigen Wiederkehr an denselben Ort als Spiegelung des beschwerlichen, leidvollen Daseins und der Wiedergeburt in der materiellen Welt anzusehen.

So gesehen mag es Menschen in von Buddhismus und Daoismus geprägten Ländern leichter fallen, eine Übung häufig zu wiederholen, da sich für sie das Dasein in der Welt nicht als einmalig darstellt. Für uns Europäer schwingt hingegen mitunter die Frage mit, ob wir durch allzu viele Wiederholungen derselben Sache nicht wertvolle Zeit unseres einmaligen (!) Lebens verlieren, und so sind wir eher geneigt, die Kata das eine oder andere Mal weniger als nötig auszuführen. Im Gegensatz dazu mag für manch einen Bewohner Ostasiens beim Durchleben vieler kleiner Zyklen im Laufe der Übung sogar der subjektive Eindruck des Zeitgewinns entstehen – womit er dem daoistischen Ziel der Lebensverlängerung ein kleines Stück nähergekommen wäre.

10.2. Rhythmus und Takt

Mit dem Wort »Rhythmus« wird gemeinhin die einem Musikstück zugrundeliegende zeitliche Struktur der Töne und speziell eine zusammenhängende Folge von (Ton-)Dauern und Pausen bezeichnet. Der Begriff lässt sich meiner Meinung nach, wenn überhaupt, nur eingeschränkt auf die Betrachtung oder Ergründung von Kata übertragen. Ähnlich könnte man statt vom »Rhythmus« auch vom »Klang« oder »Sound«, vom »Geschmack« oder »Feeling« einer Kata sprechen, wobei es sich dann wiederum nur um ungefähre Annäherungen handeln würde von etwas, das eigentlich schwer in Worte zu fassen ist und wofür in Japan üblicherweise der Begriff *Ki* gebraucht wird (Tokitsu, siehe Literaturverzeichnis). Er umschreibt nämlich, entgegen der üblichen Übersetzung »Lebensenergie«, in umfassender Weise verschiedene Facetten des Seins, die zwar messtechnisch nicht nachweisbar, aber für uns Menschen doch eindeutig wahrnehmbar und damit offenkundig vorhanden sind. Mit dem Ki einer Kata würde man dann deren »Potential«, »Vermögen« oder »Grundeigenschaft« meinen.

Zwar ist auch der Rhythmus, zum Beispiel der eines Musikstücks, ein Phänomen, das wir irgendwie wahrnehmen und trotzdem nicht genau wissen, wie. Aber anders als das Ki einer Kata wird man von ihm auf mehr oder wenige angenehme Weise erfasst, das heißt, man unterliegt ihm – oder auch nicht. Das ganze geschieht aber eher passiv. Der Rhythmus ist da, drängt sich einem auf, während das Ki einer Kata vom Übenden entdeckt oder erfühlt werden muss.

Gewiss zeichnen sich die meisten Kata durch etwas »Rhythmusartiges« aus, bedingt durch Änderungen des Tempos und die Übergänge zwischen Spannung und Entspannung. Dabei erfolgt der Wechsel von Ruhe und Bewegung, zwischen Kamae und Waza nach wiederkehrenden Mustern. Ein Rhythmus ergibt sich dann scheinbar durch die zeitliche Abfolge der einzelnen Aktionen. Dabei ist der Übende relativ frei in der Gestaltung, obwohl sich gewiss bestimmte Schlagfolgen für einige Sequenzen eher anbieten als für andere.

Wir sollten uns aber bewusst sein, dass eine Kata symbolisch für einen Kampf steht und keinen Tanz darstellt. Sich im Kampf einem Rhythmus hinzugeben, kann tödlich enden. Ganz im Gegenteil sollte man bestrebt sein, im Kampf so etwas wie Rhythmus unter allen Umständen zu vermeiden, denn andernfalls würde man dem Gegner die Möglichkeit bieten, das eigene Ki zu erfassen und um so leichter einen Moment der Schwäche oder fehlender Konzentration auszunutzen (Mabuni Kenei, siehe Literaturverzeichnis).

Was sich aber sehr wohl für das Ausführen einer Kata vorgeben lässt, ist der Takt. Man kann eine Kata insgesamt betont langsam oder zügig durchlaufen. *Zügig* darf jedoch nicht mit *hastig* verwechselt werden. Insbesondere Anfänger neigen dazu, ihre Kata schnell zu Ende bringen zu wollen. Als Fortgeschrittener erkennt man aber immer mehr, dass man sich, um alle technischen Details hinreichend zu erarbeiten, die entsprechende Zeit nehmen muss. Hinzu kommen Gesichtspunkte, die ich bereits in früheren Kapiteln beschrieben hatte. Hierzu zählt im Wesentlichen der Umstand, dass die Wirksamkeit einer Aktion zunächst abgeschätzt werden muss, bevor man zu einer weiteren übergehen kann. Ein routinierter Kämpfer benötigt dafür sicher nur wenig Zeit, die aber wird auch er brauchen. Eile kann einem Kampf eine tödliche Wendung geben.

Es empfiehlt sich dementsprechend beim Üben, den Takt etwas langsamer zu wählen. So ist sichergestellt, dass alle Techniken vollständig zu Ende gebracht werden. Interessanterweise gelangt man auf diese Weise auf Dauer zu höheren Geschwindigkeiten in den einzelnen Schlägen und Stößen. Der Effekt lässt sich damit erklären, dass durch die bewusst langsamere Ausführung Gehirn und Nervensystem entspannter sind und dadurch die Bewegungsimpulse störungsfrei und somit schneller weitergeleitet werden. Anders ausgedrückt: Durch die bewusste Betonung des Yin wird auch automatisch das Yang gefördert.

Auch innerhalb der einzelnen Sequenzen kann man die gleiche Erfahrung machen. Werden langsam vorgegebene Parts auch wirklich langsam ausgeführt, so laufen die darauffolgenden, schnell auszuführenden Techniken ohne viel eigenes Zutun um so dynamischer ab. Kurioserweise kann so durch das Betonen der Langsamkeit die eigene Schnelligkeit zunehmen, indem unser Geist nicht an Gedanken – wie etwa dem an die Geschwindigkeit – anhaftet und somit das Ki wirklich frei fließen kann.

Während des wechselvollen äußeren Kampfgeschehens laufen in unserem Innern alle Prozesse des Lebens wie Herzschlag und Atmung weiter: Auch wenn sie an die kritische Lage angepasst werden, ihre Frequenzen also erhöht sind, bleibt deren Takt doch jeweils erhalten. Entsprechend bleibt auch der Takt einer Kata durchgehend derselbe, obwohl sich das Tempo der Aktion, die Geschwindigkeit der jeweils vollführten Techniken, mehrfach ändern mag. Es gilt, die eigene Mitte nicht zu verlieren, indem man den inneren Takt beibehält, selbst wenn man sich der ständig wechselnden strategischen Situation immer wieder neu anpassen muss – was sich darin widerspiegelt, dass in Kata der höheren Stufe das, was als Rhythmus bezeichnet werden könnte, sich ständig zu wandeln scheint. So etwa in den Kata Naifanchin-sandan oder Nipaipo, welche darum von nicht wenigen Karateka als besonders schwer erlernbar empfunden werden.

Nun stellt sich bisweilen die Frage, warum bestimmte Techniken in den Kata langsam ausgeführt werden sollen, wenn ihre Anwendung doch eigentlich möglichst rasch erfolgen müsste. In der Praxis mag sich vielleicht gezeigt haben, dass langsames Üben jener Techniken ein besseres Resultat in der späteren Anwendung bringt. Meist handelt es sich um Techniken, die der Abwehr dienen oder den Impuls des Gegners aufnehmen sollen. Dabei entscheidet weniger die Schnelligkeit als vielmehr der rechte Moment über den Erfolg, und auch das Gefühl spielt eine wichtige Rolle: Sobald die eigene abwehrende Hand mit Arm oder Bein des Gegners in Kontakt kommt, braucht es eine, wenn auch nur kurze Zeit, um die Richtung des Angriffs zu erspüren und so die gegnerische Bewegung eventuell für eigene Zwecke nutzbar zu machen.

Sinn der langsamen Ausführung einzelner Techniken ist es daher, die Präzision zu erlangen, welche die wirksame Anwendung möglich macht. Dem gegenüber beziehen die hart ausgelegten Schläge, Stöße und Tritte ihre Wirksamkeit ja im Wesentlichen aus der Geschwindigkeit beim Aufschlag, weshalb hier beim Üben die Betonung eher auf maximaler Beschleunigung liegen wird.

Die zeitliche Struktur einer Kata ergibt sich unter anderem aus ihrer grundlegenden Charakteristik, die nicht zuletzt aus ihrer Herkunft und Überlieferung herrührt. Kata des Shuri-te werden generell anders ausgeführt als die des Naha-te, und diese wiederum anders als Kata des Tomari-te. Je nachdem, auf welchen Meister die jeweilige Form zurückgeht oder auch, von wem man sie selbst gelernt hat, ergeben sich zusätzlich weitere Ausprägungen durch die Betonung einzelner technischer und energetischer Schwerpunkte. Nicht zuletzt wird die Erscheinung einer Form durch die eigene Individualität beeinflusst, die persönliche Art zu denken und zu fühlen.

Jeder Einzelne sollte beim Üben seiner Kata immer wieder neue Akzente setzen, für die Übung an sich, aber auch innerhalb der Sequenzen bis hin zur einzelnen Bewegung. So bekommt die Kata mit der Zeit ein individuelles äußeres Erscheinungsbild, das mit dem Fortschritt des Ausführenden an Qualität gewinnt.

Indem man selbst Akzente setzt, wird die Kata erfahrbar. Es offenbart sich dem Übenden ihr typisches »Klangbild«. Sie wandelt sich von einer Aneinanderreihung von Haltungen und Techniken zu einem harmonischen Ganzen. Sie muss dazu ohne Hast oder Eile ausgeführt werden, ja fast schon ein wenig bedächtig. Nur so kann das Ki sich frei entfalten, ohne steckenzubleiben, was dann sogar der Gesundheit dient und den Geist klar hält.

Der Takt, den man sich dabei selbst oder auch seinen Schülern vorgibt, muss vollständig beherrscht werden (Yagyū, siehe Literaturverzeichnis). Mit zunehmendem Fortschritt kann es vorkommen, dass sich dessen Tempo von selbst steigert. In der Regel wird man jedoch eher einen intuitiven Wunsch nach Langsamkeit verspüren, da der Geist in der Eile kaum noch Vorteile erkennt. Im Rahmen solch eines ruhigen, von jeder Hast freien Ablaufs kann sich das Tempo einzelner Kombinationen und Sequenzen dann zu unglaublicher Schnelligkeit steigern. Für den Betrachter sind diese dann kaum noch sichtbar, er nimmt nur noch die tiefe Ruhe des Ausführenden wahr.

10.3. Atmung und Körperspannung

Ein wesentlicher Aspekt in den Kampfkünsten ist die Atmung. Für viele bildet sie das Bindeglied zwischen Körper und Ki. Mehr noch als der Herzschlag, versinnbildlicht der Atem das Leben. Dem Anfänger wird schon sehr früh erklärt, wie wichtig richtiges Atmen im Karate sei. Aber wie atmet man »richtig«?

Ist die Atmung mit der Technik in Einklang, erhöht sich deren Effektivität. Dies führt auch dazu, dass das Training insgesamt weniger ermüdet, da durch das intensivere, mit der Technik koordinierte Atmen der Körper besser mit Sauerstoff versorgt wird. Durch die korrekte Atmung wird das Karate effektiver und ökonomischer. In einigen Kata des Naha-te spielt darum die Kultivierung des Atems eine herausragende Rolle.

Jede Muskelanstrengung wird leichter, wenn man dabei ausatmet. Insofern sollte eine Technik eigentlich immer mit dem Ausatmen kombiniert werden. Doch es gibt auch Ausnahmen, die sich recht gut erklären lassen, wenn wir den Atem als eine Manifestation unseres Ki betrachten.

Es dürfte allen klar sein, dass es in einem Kampf geschickter ist, nicht Kraft gegen Kraft einzusetzen, sondern den Gegner mit seinem Angriff ins Leere laufen zu lassen. Man nimmt dessen Bewegungsimpuls auf und kann Teile seiner Energie zum eigenen Vorteil nutzen – was durchaus auch in der Phase des Einatmens möglich ist. Anfänger oder nur wenig Fortgeschrittene haben aber erfahrungsgemäß Probleme, beim Ausführen einer Technik einzuatmen und geraten in Luftnot. Es ist darum durchaus in Ordnung, auch in Momenten auszuatmen, in denen die Aufnahme des Angriffsimpulses stattfindet, allerdings ist das dann weniger ökonomisch für den Ki-Haushalt.

Ein Beispiel wäre am Beginn der Kata Pinan-godan zu finden, wo auf eine Seitwärtsabwehr Yoko-uke direkt ein Faustsstoß Gyaku-zuki folgt. Gewiss ist es auch möglich, bei beiden Techniken auszuatmen, sogar ohne zwischendurch Luft zu holen. Im Laufe der Zeit wird es aber leichter fallen, bei der Abwehrtechnik einzuatmen, was den entscheidenden Vorteil bringt, ohne Verzug den Gegenangriff starten zu können, ohne erst wieder einatmen zu müssen.

Nach allem, was ich bisher über traditionelle chinesische Medizin weiß und was ich von meinen Lehrern im Qigong lernen konnte, scheint es mir, als würde bisweilen allzuviel darüber spekuliert, wie die korrekte Atmung zu sein habe. Nimmt man entsprechende Anweisungen ernst, dann zwingt man sich leicht eine Art zu atmen auf, die nicht der (eigenen) Natur entspricht – was sicher nicht gesund sein kann. Mein Qigong-Lehrer Meister Zhichang Li betonte immer, man solle den Atem zunächst lieber vergessen. Er würde sich von selbst regulieren, wenn nur erst das Qi weit genug kultiviert wäre.[168]

Auf die Kampfkunst übertragen bedeutet dies: Da unsere rein körperlichen Ressourcen begrenzt sind, sollten wir langfristig gesehen mehr mit dem Ki als mit der Kraft der Muskeln arbeiten. Wir tun dies indirekt durch das Erarbeiten und Üben von Bewegungen, die zwar in erster Linie dem Kampf dienen, aber deren Wirksamkeit letztendlich auf der Optimierung unseres Ki-Flusses beruht, also darauf, dass wir alle Instanzen unseres Daseins optimal nutzen, die körperlichen wie die geistigen, mit dem Ki als verbindende Größe. Aus diesen Überlegungen heraus erscheint es mir sinnvoll, beim Training den Atem soweit wie möglich natürlich fließen zu lassen und seinen Rhythmus allmählich der Technik anzupassen.

Es lässt sich leicht feststellen, dass man beim Ausatmen an Stabilität gewinnt, wohingegen der Körper beim Einatmen scheinbar an »Schwere« verliert. Dieses Phänomen kann man sich in den einzelnen Kata vielfach zunutze machen. Insbesondere aufwärts gerichtete Bewegungen, wenn zum Beispiel das Knie für einen anschließenden Tritt zur unteren Stufe angehoben wird, lassen sich leichter ausführen, wenn man dabei einatmet. Man sollte hier jedoch nichts forcieren. Es

---

[168] Meister Zhichang Li vertritt wie viele seiner Kollegen die Auffassung, die Schulung der Atmung wäre eine nur sehr oberflächliche Stufe der Arbeit mit dem Qi. Es ginge beim Qigong keineswegs nur um Atemübungen, wie es in den Medien leider oft behauptet wird. Da das Qi alle Prozesse des Körpers steuert, bestehe der geschicktere Ansatz darin, diese übergeordente Größe direkt zu reguliren, wodurch alle Lebensvorgänge, zu denen ja auch der Atem gehört, mit erfasst und reguliert werden.

ist genauso möglich – besonders zum Ausführen eines Fußtritts – beim Anheben des Knies bereits auszuatmen und den Tritt in einem Zug folgen zu lassen, wobei man kurz vor dem Ansetzen der Technik kurz einatmet. Wer sich bei einer anderen Weise des Atmens als der üblichen wohler fühlt, sollte auf die innere Stimme des Körpers hören und dem eigenen Ki folgen. Ist Stabilität erforderlich, empfiehlt sich das Ausatmen, geht es um Agilität, kann eingeatmet werden (muss aber nicht).

Die strategisch unvorteilhafte Phase verminderter Stabilität während des Einatmens wird in der Kampfkunst, sofern man sie sich nicht taktisch zunutze machen kann, möglichst kurz gehalten oder kaschiert, indem man versucht den Atem gänzlich zu verbergen. Das Verkürzen des Einatmens wird besonders in diversen Richtungen des Naha-te gelehrt und trainiert. Geht man hierbei allerdings allzu rigoros vor, kann es zu gesundheitlichen Risiken kommen. Im alten Okinawa glaubte man darum, dass den Experten des Naha-te, die sich zu sehr einer derartigen Schulung des Atems widmeten, eine weniger hohe Lebenserwartung vergönnt sei als denen des Shuri-te (Bishop, siehe Literaturverzeichnis).

Eine durchaus sinnvolle Alternative besteht darin, den Atem gegenüber dem Gegner zu verbergen. Man nimmt ihm so die Chance, die Phase der eigenen Instabilität zu nutzen. Durch die hohe Belastung im Laufe eines Kampfes ist es aber oft schwierig, den Atem so weit unter Kontrolle zu bringen, dass dieser für den anderen nicht mehr vernehmbar ist. Alle drei Arten, mit der Instabilität während des Einatmens umzugehen, haben ihren Wert, und es liegt an uns, im rechten Moment diejenige anzuwenden, die am besten der jeweiligen Situation entspricht.

Die Schwäche während des Einatmens resultiert unter anderem daraus, dass sich der Körper in dieser Phase energetisch öffnet, natürlich auch, um Luft einströmen zu lassen. Entsprechend schließt sich der Körper beim Ausatmen und wird fester, was dem Wesen des Yang entspricht, im Gegensatz zum Yin des Einatmens. Beim Großteil der in den Kata vorkommenden Bewegungen werden wir darum ausatmen, selbst bei den weichen Techniken, denn damit diese eine Wirkung entfalten können, wird immer eine gewisse Grundfestigkeit gefordert sein – sofern nicht die weiter oben erwähnte Taktik unter Aufnahme des gegnerischen Ki zur Anwendung kommt. Die vielen Momente des Einatmens bleiben jedoch nicht ungenutzt, sondern dienen dazu, wie schon mehrfach erwähnt, die Lage im Anschluss an eine Aktion zu beurteilen. Denn beim Zanshin soll ja Information *eingeholt* werden, weshalb es hier richtig ist, sich zu öffnen, in Ruhe zu verharren – und eben auch Luft zu holen.

Was die Körperspannung betrifft, so ist es aus zweierlei Gründen notwendig, den Körper zu »schließen« – auf Japanisch wird dies als *karada o shimeru* bezeichnet. Zum einen ist es im Kampf unabdingbar, sicher zu stehen, und der Körper muss in sich stabil sein. Ansonsten wäre man kaum in der Lage, nach außen hin Kraft auszuüben. Zum anderen muss die muskuläre Kraft gebündelt und koordiniert werden, um den für die jeweilige Technik nötigen Druck oder Zug ausüben zu können. Beides wird dadurch erreicht, dass in dem Moment, in dem die Knochen in ihren Gelenken optimal ausgerichtet sind, sich alle beteiligten Muskelgruppen kurz hintereinander fast gleichzeitig anspannen und damit gleichsam die Kamae oder Technik »zuziehen«.

Beim Einsatz von Kime geht es auf körperlicher Ebene um ein solches Zuziehen der Technik, analog dem Festziehen einer Schraube. Ich ziehe es vor, solch plastische Ausdrücke zu gebrauchen, anstatt etwa nur von »Anspannung« zu reden, denn diesem Begriff haftet leicht etwas Statisches oder Rigides an. Als Übungsleiter sollten wir auf unsere Wortwahl achten, damit sich eine derartige Vorstellung nicht unnötigerweise auf die Übenden überträgt. Einer meiner japanischen Lehrer, Akio Nagai, verglich das Schließen der Technik sehr treffend mit dem Auswringen eines Putzlappens, der um so fester wird, je mehr man ihn in sich verdreht.

Für die Wirksamkeit der jeweiligen Technik genügt es eigentlich, nur die dafür benötigten Muskeln anspannen, wobei auf anatomische Gegebenheiten geachtet werden muss. Die mitunter sehr schnelle Bewegung findet in der Position der Knochen ihr Ende, in der sich die Muskeln optimal anspannen und so ihre maximale Kraft entfalten können.[169] Beim Verriegeln des Körpers werden all seine Partien nach innen gezogen. Wichtig ist, dass dies wirklich überall geschieht, denn wenn zum Beispiel bei einem Stoß oder einer Abwehr die Spitze des Ellbogens nach außen zeigt, verliert die gesamte Bewegung einen Großteil ihrer Wirkung. Mit anderen Worten: Durch jedes »Leck« in der Haltung geht Ki verloren.

Neben der energetischen und körperlichen Zentrierung findet meist auch eine leichte Abwärtsbewegung der Körpermitte statt. Auch hier ist mehr das Gefühl entscheidend, als dass man sich wirklich messbar nach unten bewegen würde. Jedoch bewirkt eine solche Vorstellung tatsächlich auch einen physischen Abwärtstrend, der zur besseren Verwurzelung während des Ausführens gleich welcher Technik beiträgt.

Das von der nach unten und innen gerichteten Vorstellung begleitete Verriegeln des Körpers sollte von dem totalen Anspannen unterschieden werden, wie man es gemeinhin bei Übungen wie die der Kata Sanchin praktiziert, mit dem Ziel der Abhärtung und in der Absicht, sich eine Art muskulären Panzer anzueignen. Bis zu einem gewissen Grade ist das sogar möglich. Doch geht dies zu Lasten der Beweglichkeit. Zudem lassen sich nur wenige Vitalstellen durch solch einen »Schild« vollständig schützen. Letztlich ist derartiges Üben relativ yang-lastig, so dass man Gefahr läuft, seine Mitte zu verlieren und ein »hartes Gemüt« zu bekommen.

---

[169] Von Klimmzügen wissen wir beispielsweise, dass diese entsprechend der Handhaltung und der damit verbundenen Ausrichtung der Bizepsmuskel mehr oder weniger Anstrengung erfordern.

Während des Kampfes ist übermäßige Härte sowieso eher hinderlich. Selbst wenn man gegen die Schläge und Tritte des Gegners immun wäre, wie die Ritter des Mittelalters in ihren Rüstungen, so wäre man doch zu langsam für eigene Aktionen, die rechtzeitig träfen und wirksam genug wären, den Kampf zu entscheiden. Trotz aller Härte fehlte es dann an Kime. Ich möchte hier noch einmal an die Lektion erinnern, die Sōkon Matsumura Ankō Itosu erteilte. Unsere Muskeln dienen von der Natur her der Bewegung, und entsprechend sollten wir sie einsetzen. Um sich auf die Aktionen des Gegners optimal einstellen zu können, müssen möglichst alle Gelenke frei beweglich sein. Daraus folgt, dass die Phasen der Anspannung im Kampf und damit auch in der Kata eher kurz zu halten sind.

Um unsere Aktionen zu charakterisieren, so sollten wir von Festigkeit reden anstatt von Härte. Letzterem Begriff haftete schon immer etwas Negatives an, während das Wort »fest« eher positiv assoziiert wird. Härte führt schnell zu Starre und Inflexibilität. Hingegen bedeutet »fest« auch so viel wie »sicher« oder »unverrückbar«. Gefestigt sein ist das Ergebnis eines Prozesses der gerichteten Anstrengung. So gibt es zwar hartherzige Menschen, nicht aber »festherzige«; hingegen spricht man im positiven Sinne von Charakterfestigkeit und nicht etwa von »Charakterhärte«...

Ein Ziel der Praxis des Karate als Kampfkunst ist meiner Meinung nach die Fähigkeit zur angemessenen Verriegelung des Körpers durch wellenförmiges Anspannen nur jener Muskeln, die tatsächlich benötigt werden. Das ökonomische Anspannen ist weniger kräftezehrend, was in einem Kampf beträchtliche Reserven zur Folge haben kann. Wenn man immer »alles gibt«, ist man schnell »verausgabt«, zum Vorteil des Gegners, von dem man nur selten weiß, wie es um dessen Reserven bestellt ist – sie können beträchtlich sein.

Somit empfiehlt es sich, beim Üben der Kata auf die Ausgewogenheit von Yin und Yang zu achten. Viele Karateka denken zu Yang-betont. Sie wollen schnell, hart, siegreich und damit überlegen sein. Im vorigen Abschnitt hatte ich ja schon beschrieben, wie man durch Üben des Yin das Yang fördern kann, indem man bewusst die Langsamkeit sucht und so an Schnelligkeit gewinnt. In der Kata bietet sich uns ein Wechselspiel aus Spannung und Entspannung. Indem wir die Weichheit als eine Facette des Ganzen annehmen, fördern wir den Kontrast und damit indirekt im rechten Moment unsere Festigkeit.

Zu dem im vorigen Abschnitt erwähnten Setzen von Akzenten gehört darum auch das bewusste *Ent*spannen, oder besser gesagt, das Hineinfühlen in die jeweilige Phase zwischen den Techniken. Dabei erweist es sich bisweilen als hilfreich, den Atem zu beobachten. Durch die geistige und körperliche Entspannung entsteht eine Leere in den Gliedern, in die das Ki einströmen und sie in Bruchteilen von Sekunden mit Spannung für die nachfolgende Technik erfüllen kann.

Das korrekte Zuziehen der Technik in Verbindung mit dem Verriegeln des Körpers kann als ein Bestandteil von Kime gesehen werden. Wir wissen aber bereits, dass es bei Kime nicht primär um Anspannung oder den Krafteinsatz an sich geht, sondern um die bei der Ausführung einer Aktion mitschwingende Einstellung. Wenn also beim Training oder auf Lehrgängen vom (japanischen) Sensei Anweisungen wie »Mehr Kime!« zu hören sind, so zeigt dies, dass unsere Einstellung zu wünschen übrig lässt, was sich dann natürlich in einer zu schlaffen Technik äußert. Ein beherztes »Hai!« oder meinetwegen auch »Oss!«,[170] verbunden mit einer bewussten Steigerung der Motivation, ist dann oft die angemessenere Antwort auf die Ermahnung – und weniger ein krampfhaftes Zulegen von Kraft, Geschwindigkeit oder Anspannung.

10.4. Der Kiai

Die meisten von uns sind es sicher gewohnt, pro Kata zwei Kiai auszuführen. Ob auf Wettkämpfen, in Graduierungsprüfungen, auf Seminaren oder im ganz normalen Training – an bestimmten vorgegebenen Stellen einer jeden Kata ist die Ausführung der Technik mit einer lautstarken Artikulation zu begleiten. Zumindest wird es heutzutage so gelehrt, und es erscheint so selbstverständlich, dass es kaum jemand in Frage stellt.

Dabei vermute ich, dass nicht alle Karateka wissen, worum es bei dem japanischen Begriff *kiai* wirklich geht. Dieser setzt sich aus zwei Worten zusammen, nämlich *ki* und *ai*. Die Silbe *ai* ist eine Verkürzung der Verbform *aimasu*, was in etwa bedeutet, dass etwas »in Einklang ist«. Gern wird *ai* auch etwas überschwenglich mit »Harmonie« übersetzt.

Was aber genau ist das Ki? Das Wort wurde im Laufe des Buches ja schon mehrfach von mir gebraucht, meist im Sinne einer feinstofflichen Energie. Doch das wird der Bedeutung dieses für die japanische Kultur so wichtigen Wortes nur unvollständig gerecht. Das japanische Wort *Ki* wird im deutschen Sprachraum,

---

170 Das Wort *»oss«* besteht eigentlich aus zwei Kanji, und wird korrekt *»o-su«* (mit scharfem s und unbetontem u) ausgesprochen. *O-su* bedeutet »erwürdige Geduld«; dabei handelt es sich um einen Ausdruck der japanischen Kriegsmarine während des Zweiten Weltkriegs im Sinne von »durchhalten«. Beim Gebrauch ist insbesondere in der japanischen Öffentlichkeit Vorsicht geboten, denn für den Durchschnittsjapaner, der von Karate nicht viel weiß, klingt *»oss«* fast wie eine nationalistischen Parole. Der Ausdruck wurde vornehmlich in den Karate-Abteilungen von einigen Universitäten gebraucht, in denen auch lange Zeit nach dem Krieg noch eine politisch rechte bis reaktionäre Grundeinstellung vorherrschte. Angemessener ist auf jeden Fall das Wort *»hai«*, was dann auch besser klingt und in etwa »jawohl« bedeutet.

ebenso wie das chinesischen Äquivalent *Qi*, vielfach mit »Lebensenergie« übersetzt. Es handelt sich dabei aber um eine zu starke Eingrenzung dessen, was die beiden Begriffe alles beinhalten.[171]

Tatsächlich taucht das Wort *Ki* im heutigen Alltagsjapanisch noch in vielen Redewendungen auf. Den modernen Japanern ist oft gar nicht mehr bewusst, was die Ausdrücke ursprünglich bedeuteten. Denn wie hier im Westen hat sich das Denken im Laufe der Zeit stark verändert (Wechsel des Paradigmas). Letztendlich sollen all jene Begriffe und Formulierungen der japanischen Sprache, die das Wort *Ki* enthalten, entweder die Eigenschaften und das Potential einer Sache umschreiben, oder sie haben in irgendeiner Weise mit Sorgfalt und Konzentration zu tun. Entsprechende Sätze umschreiben dann häufig eine Sache über verschiedene Erfahrungsebenen hinweg. So klingen für Japaner Ausdrücke wie Ki des Himmels, Ki der Blätter, Erkältungs-Ki, Straßenverkehrs-Ki oder Ki der Nudelsuppe nicht unbedingt befremdlich, obwohl nur die wenigsten modernen Japaner uns erklären könnten, was sie konkret damit meinen. Besonders Gefühle werden mit Redewendungen umschrieben, die das Wort *Ki* enthalten. Das Wort für »Gefühl« selbst, *Ki-mochi,* bedeutet wörtlich »Ki-haltend«.

Im Grunde kann mit dem Begriff *Ki* jede Erscheinung der Natur oder den Menschen betreffend erfasst und umschrieben werden. Ist darum unser »Ki im Einklang«, so kann sich das auf das Zusammenspiel mit der Umgebung beziehen oder auf uns selbst.

In einem Kampf ist es nötig, in gewisser Weise in Einklang mit dem Gegner zu sein. Ansonsten wäre es unmöglich, einen Moment zu erkennen, in dem seine Aufmerksamkeit so weit nachgelassen hat, dass man selbst mit einem Angriff Erfolg hat. Ich spreche diesbezüglich gern von raum-zeitlicher Lücke, denn neben der verminderten Aufmerksamkeit bedarf es hierzu auch einer Öffnung in seiner

---

[171] In der alternativ-medizinischen und esoterischen Literatur spricht man oft von einer Art Lebensenergie. Dabei greift man indirekt auf den alten naturphilosophischen Begriff *vis vitalis* zurück, einer Kraft, die das Leben hervorbringt, es erhält und die allen Lebewesen innewohnt (siehe auch Fußnote 16 auf S. 34). Bei dem aus der Physik stammenden Begriff *Energie* handelt es sich aber nicht um eine Kraft, sondern um Arbeit, die ein System zu leisten imstande ist und die freigesetzt werden kann, im Gegensatz zu einer Kraft, die *an* etwas wirkt. Subjektiv überschneiden sich diese Größen auch dadurch, dass der Gebrauch der beiden Begriffe weitaus länger besteht als deren präzise Trennung voneinander per wissenschaftlicher Definition.
Für die Menschen früher wie heute entspricht im Alltag die »Kraft« einem »Vermögen«. Insofern handelt es sich bei dem altertümlichen Begriff *vis vitalis* tatsächlich eher um ein Potential als um eine Kraft im modern-physikalischen Sinne. Ich bin mir dieser Diskrepanzen durchaus bewusst, wenn ich, wie mehrfach im Text geschehen, das Wort »energetisch« benutze. Es ist jedoch die einfachste und unmittelbar verständliche Formulierung für einen Prozess, bei dem das Ki bzw. Qi die bestimmende Größe ist.

Deckung, das heißt, der Gegner muss uns ein konkretes Ziel anbieten, das wir attackieren könnten.

In solch einem Moment ist das Ki des Gegners nicht voll funktionsfähig, man könnte sagen, dass es »unrund fließt« oder ins Stocken geraten ist. Dies kann auf vielfältige Art geschehen, durch Ermüdung, ablenkende Gedanken oder auch durch unser gezieltes Einwirken, indem wir ihm einen falschen Angriff vortäuschen oder ihn in irgendeiner Weise irritieren. In früheren Zeiten war es daher durchaus üblich, den Gegner plötzlich anzuschreien, in der Hoffnung, dass dieser zusammenfährt, worauf man den Sekundenbruchteil seines Erschreckens für eine Attacke ausnutzte.

Diese Taktik geht über das reine Einschüchtern durch starkes Gebrüll weit hinaus, denn hier wird versucht, den Gegner, bevor man angreift, derart zu schwächen, dass er zur Gegenwehr unfähig wird. Wir alle wissen, wie verheerend die sogenannte Schrecksekunde sein kann, in der man praktisch gelähmt ist. In der Tat kann durch ausreichendes Stören des gegnerischen Ki etwas Vergleichbares ausgelöst werden. Nur auf diese Weise erringt man einen Sieg, der nicht mehr vom Zufall abhängt.

Ki-ai bedeutet in diesem Zusammenhang die vollständige Kontrolle über die Kampfsituation. Der eigene Geist ist Herr der strategischen Lage sowie über das gegnerische und natürlich das eigene Ki. In solch einem Moment herrscht aber auch Einklang zwischen allen »Instanzen« des eigenen Selbst in ihrer Ausrichtung auf den vollständigen Sieg. Körper und Geist harmonieren unter Vermittlung des Ki, welches selbst in ausgewogener und starker Weise zirkuliert und die zur Ausführung kommende Technik mit maximaler Kraft erfüllt.

Die vollständige Harmonisierung des Ki manifestiert sich in einem lautstarken Ausatmen. Eine vehemente Welle von Ki strömt gleichsam vernichtend auf den Gegner zu. Ein wahrer Kiai kann sich daher schon vor der manifest werdenden Technik lösen, sie begleiten und ihr sogar nachschwingen. Es gibt verschiedene Stufen von Kiai, wobei man die lautstarke Variante in früheren Zeiten als eine eher niedrige Stufe ansah.

Einfach loszuschreien, hat daher nichts mit Kiai zu tun. Gleichwohl kann das lautstarke Artikulieren während des Trainings im Laufe der Zeit helfen, das eigene Ki derart zu regulieren, dass sich dann letztlich doch mit der Zeit ein Kiai im Sinne eines geistig-energetisch-körperlichen Gleichklangs manifestiert. Mein Sensei Fumio Demura erklärt das gern so, dass man nur schreien könne, wenn man ausatmet. Durch die Praxis des Kiai im Sinne eines Schreis koordiniert sich automatisch die Atmung und somit, wenn auch in geringerem Maße, unser Ki-Haushalt. Zudem wird über hormonelle Prozesse Stress abgebaut. Man fühlt sich anschließend besser, was wiederum damit begründet werden kann, dass der Fluss des Ki von Blockaden befreit wird und somit nun runder fließt.

Dennoch sollten wir so ehrlich mit uns sein und uns eingestehen, dass die meisten von uns vom Zustand des vollkommenen Gleichklangs des Ki noch sehr weit entfernt sind. Aber auch wenn wir nun wissen, dass Kiai eigentlich wenig mit reinem Schreien zu tun hat, und wenn wir allzu spirituelle Ansprüche ein wenig beiseite lassen, so hat der »Kiai«, so wie wir ihn gewohnt sind, doch seinen praktischen Wert.

Für die meisten ist der Kiai so etwas wie ein Kampfschrei, was nicht ganz falsch ist, denn schon seit Urzeiten beeindruckten die Krieger ihre Feinde mit Gebrüll. Bereits lautes Sprechen kann einem Mut verleihen. Insofern kann der Kiai auch als reiner Schrei in einem Kampf nützlich sein, womit die Ausführung im Rahmen des Kata-Trainings sinnvoll wird. Denn nur durch die Routine der beständigen Übung kann es zum spontanen Loslösen eines lauten Kiai kommen, sollte dies einmal nötig werden.

Dass in den Kata zwei Kiai vorkommen, ist nicht so selbstverständlich, wie viele vielleicht meinen. Es ist dies ein Ergebnis der (Um-)Strukturierung des Karate im frühen 20. Jahrhundert, besonders aber der Etablierung des Karate als Turniersport, bei dem im Kata-Shiai das Ausführen von zwei Kiai an vorgeschriebenen Stellen gefordert wurde. Warum es gerade zwei Kiai sein mussten, wurde unter anderem damit erklärt, dass dies irgendwie mit Yin und Yang zu tun hätte – warum, bleibt aber relativ unklar. Möglicherweise wollte man auch dem Umstand Rechnung tragen, dass in nicht wenigen Kata gerade die Stellen, die sich besonders gut für einen Kiai eignen, zweifach, je einmal links und rechts ausgeführt, vorkommen. Andere Kata zeichnen sich, entsprechend ihrem Schrittdiagram mit ein- oder mehrfachem Vor- und Zurückgehen, durch zwei analoge Stellen mit ähnlichen Angriffstechniken aus, was wiederum eine zweimalige Ausführung des Kiai nahelegt. Die Kiai mögen sich dann, bedingt durch die etwas andere »Kampfsituation«, leicht unterscheiden, so dass es dann tatsächlich zu gewissen klanglich unterschiedlichen Einfärbungen kommen kann.

Auf die Frage, welchen Laut man denn nun genau bei einem Kiai artikulieren soll, wird von nicht wenigen Meistern geantwortet, dass bei einer sehr offen-aggressiven, Yang-betonten Aktion so etwas wie »Yah!«, bei den etwas verhalteneren Yin-betonten ein langgezogenes »Eeiih!« die angemessene Lautmalung wäre. Diese so formulierten Kiai müssten auch nicht unbedingt akustisch besonders intensiv sein – ein hilfreicher Umstand, denn nicht immer ist volle Lautstärke angemessen, insbesondere dann, wenn man bemüht ist, Mittrainierende nicht unnötig zu stören oder wenn die eigene Übung nach innen gerichtet ist.

Trotzdem gibt es Kata, in denen sich kaum Stellen anbieten, bei denen sich die geforderte Aktion zur inneren Zufriedenheit mit einem Kiai kombinieren ließe. Ich denke zum Beispiel an die Kata Jitte oder Kururunfa. Gewiss können sich bei jeder Technik Momente von totaler seelisch-geistig-energetischer Harmonie einstellen, aber bei realistischerer Betrachtung neigen wir doch eher dazu, dort lautstark zu artikulieren, wo auch wirklich »etwas abgeht«. So gesehen, kommen in anderen Kata auch mehr als zwei solcher Szenarien vor. Das erklärt, warum in den verschiedenen Stilrichtungen die zwei bei Wettkampf und Prüfung (und somit auch im Training) geforderten Kiai an unterschiedlichen Stellen gesetzt und damit »offiziell« wurden.

Soweit ich weiß, war das Ausführen von Kiai in früheren Zeiten in keinerlei Weise festgelegt. Eigentlich sollte es auch heute jedem freistehen, so viele Kiai zu machen, wie er gern möchte, und zwar dann, wenn es einem danach zumute ist und man dazu die Lust verspürt oder gar, wenn in einem der erwähnte energetische Gleichklang herrschen sollte. Begrenzt wird eine solche Freiheit natürlich dadurch, dass wir nicht immer allein sind und daher bisweilen unsere Mitmenschen stören oder in Schrecken versetzen könnten. Auch beim Üben in der Gemeinschaft verbietet die Pflicht zur Rücksichtnahme ein allzu spontanes Ausagieren. Insofern ist die Vorgabe von Kiai und deren Einhaltung sinnvoll, sei es der Vorschrift der eigenen Stilrichtung entsprechend oder um den Anweisungen des Trainers Genüge zu tun.

10.5. Der respektvolle Gruß

Der erste der von Gichin Funakoshi verfassten zehn Leitsätze für die Praxis des Karate als Budō lautet: *karate wa rei ni hajimari rei ni owaru koto o wasuruna*; zu deutsch etwa: »Vergiss nie, dass Karate mit Respekt beginnt und mit Respekt endet!« Entsprechend beginnt und endet auch die Kata als fundamentale Übung des Karate mit einer Geste der Achtung, dem respektvollen Gruß. Das Ausführen der bedächtigen Verneigung selbst wird im Japanischen mit *reigi* bezeichnet, wobei *rei* »Respekt« und/oder »Dankbarkeit« und *gi* in diesem Zusammenhang »Regel«, »Angelegenheit« oder »Zeremonie« bedeuten.

Anders als bei dem uns geläufigen Grüßen, bei dem man dem Gegenüber etwas Gutes wünscht, handelt es sich bei Reigi mehr darum, dem anderen Ehre und Anerkennung zu erweisen, was entsprechend dem sozialen Rang der jeweiligen Person fast in eine Art Huldigung übergehen kann.

Schon von Konfuzius stammt aber der Kommentar, dass eine Zeremonie solange nicht viel wert sei, solange sie nur äußerlich ausgeführt würde, die Ausführenden nicht mit dem Herzen dabei wären oder keine klare Vorstellung von ihrem Tun hätten. Das einfache Vorbeugen des Oberkörpers wäre demnach kaum als respektvoller Gruß anzusehen.

Bei der besagten Verneigung sollten wir darum etwas denken oder fühlen. Denn es fällt einem nur dann wirklich leicht, respektvoll zu sein, wenn der, die oder das zu Würdigende es auch verdient hat. Respekt und Anerkennung zu erweisen, ist also eine wechselseitige Aktion.

Respekt und Anerkennung erweisen wir gern denjenigen, die unserer Meinung nach etwas Besonderes vollbracht haben. Hierzu mögen die Ahnherren unserer

Kampfkunst zählen, aber auch andere Personen aus Geschichte und Gegenwart. Respekt und vor allem Dankbarkeit verdienen unsere Eltern und Lehrer. Denn anders, als viele, besonders junge Leute heute glauben, ist es keinesfalls selbstverständlich, dass man ernährt und gekleidet wird, auch nicht, dass man eine profunde Ausbildung bekommt, dank der man in der Lage ist, das Leben zu bewältigen. Zu vieles wird leicht als selbstverständlich angesehen, wodurch dann schnell die Wertschätzung gegenüber Person oder Objekt verloren geht.

Im Laufe der Karate-Übungspraxis verneigen wir uns unzählige Male. Wir erweisen dem Partner Respekt und Dankbarkeit, insbesondere weil sich das Kumite-Training nie ganz ohne Verletzung und Schmerz gestalten lässt, wofür man sich durch den den respektvollen Gruß indirekt im Voraus und im Nachhinein entschuldigt. Auch dem Trainer oder Lehrer zollt man den gebührenden Dank, indem man sich zu ihm hin verneigt. Zu Beginn und am Ende eines Trainings werden zudem die verstorbenen Meister, meist in Form eines Bildnisses, geehrt.

In japanischen Dōjō findet man zudem oft einen kleinen Schrein, der eine Schutzgottheit beherbergt oder eine Statue des Buddha im *Kami-za*, an der ranghöchsten Wandseite des Raumes. Der »Ort des Weges«, *dōjō,* hat in der Regel einen rechteckigen Grundriss, wodurch die vier Wände nach der Hierarchie alter spiritueller Regeln unterschiedlichen Rang bekommen. Die Wand gegenüber der Eingangstür hat den höchsten Rang inne. *Kami-za* ist dort, »wo die Götter ihren Sitz haben«. Hier werden Bilder von buddhistischen oder daoistischen Heiligen oder verstorbenen Meistern aufgehängt, auch Kalligraphien und die Dōjō-kun[172] oder eben jene, an kleine Häuschen erinnernden Shinto-Schreine installiert.[173] Bei der formellen Begrüßung sitzt hier der Lehrer und bei Graduierungen die Prüfungskommission. Der Bereich wird häufig auch *shōmen*, in etwa »die Vorderseite«, genannt, besonders wenn die Atmosphäre weniger »fromm« anmuten soll, wenn hier zum Beispiel bei Turnieren das Schiedsgericht sitzt. Das entsprechende Kommando zur respektvollen Verneigung lautet dann »*shōmen ni rei*!« anstatt »*shinzen ni rei*!«. *Shinzen* bezeichnet den »vor den Göttern befindlichen« Raum und wird synonym mit *kami-za* gebraucht.

Gegen den Uhrzeigersinn folgt auf den Kami-za der *shimo-za*, die im Range zweithöchste Seite des Dōjō, wo beispielsweise vor und nach dem Training die

---

[172] Die in fast allen japanischen Dōjō vorhandenen und auf einer großen Tafel gut lesbaren Leitsätze gehen auf die Morallehren des Konfuzius zurück. Diese betreffen die angeblichen Tugenden des Karate-dō und werden, in Analogie zu den Sutren im Buddhismus, vor und nach dem Training in der Gruppe laut rezitiert, damit sie sich langfristig ins Unterbewusstsein der Übenden einprägen und so deren Handeln positiv beeinflussen.

[173] Das erhöht angebrachte *kami-dana* – »Götter-Regal« – genannte Kleinstheiligtum darf nicht, obwohl dort installiert, mit dem Bereich des »Sitzes der Götter«, dem *kami-za* als solchem, verwechselt werden.

Assistenten des Meisters, die Senpai,[174] Platz nehmen. Es folgen, dem Kamiza gegenüber, der Bereich für die restlichen Schüler, und dem Shimo-za gegenüber der im Range niedrigste Bereich für eventuelle Zuschauer oder auch Material, Gerätschaften und dergleichen.[175]

Allgemein ist es üblich, die Kata in Richtung Kami-za zu üben. Entsprechend wird der respektvolle Gruß auch in diese Richtung zu Ehren der dort bildlich oder als Skulptur anwesenden Ehrwürdigen ausgeführt, insbesondere beim individuellen Training. Übt man in eine andere Richtung als zum Kami-za, so sollte man sich trotzdem dorthin wenden und in diese Richtung verneigen. Jedoch sehe ich persönlich es nicht als notwendig an, sich, sofern man allein übt, vor und nach jedem Durchlauf einer Kata in Richtung Kami-za zu verneigen. Ich meine, es reicht, wenn dies vor dem ersten Ausführen derselben Kata geschieht, dann aber erst am Ende wieder, also wenn man sich einer anderen Kata zuwendet oder zu einer ganz anderen Übung übergeht.

Ansonsten verneigen wir uns vor und nach der Ausführung einer Kata außerdem zum Meister und/oder Senpai hin, bei Meisterschaft und Prüfung zum jeweiligen Tribunal und bisweilen sogar zu einem Publikum hin, weil man, der konfuzianischen Tugend entsprechend, andere als ehrwürdiger ansieht als sich selbst. Sehr wesentlich ist, dass man sich darüber klar ist, wem oder was man Achtung und Dankbarkeit zollt, und sei es auch nur in der Vorstellung, damit der respektvolle Gruß auch ein solcher bleibt und nicht zur hohlen Geste wird.

In einem früheren Abschnitt habe ich schon erläutert, warum die Kata als Vorübung für den freien Kampf sowohl auf körperlicher als auch geistiger Ebene eröffnet und abgeschlossen werden muss. Der respektvolle Gruß vor und nach dem Ausführen einer Kata vervollständigt diesen Prozess.

Neben seiner moralischen hat der respektvolle Gruß aber noch eine weitere für den Kampf nicht unerhebliche Bedeutung. Sofern man auch seinem (imaginären) Feind Respekt und Achtung entgegenbringt, schützt man sich bis zu einem gewissen Grad vor negativen Emotionen wie Hass oder Zorn. Dies kann für den Verlauf eines Kampfes von großem Vorteil sein, da man auf diese Weise den Geist klar hält und den Fluss des Ki vor Blockaden bewahrt. Seinen Feind zu respektieren, führt aber auch dazu, dass man dessen Können weniger leicht unterschätzt. Andernfalls würde man umso leichter besiegt. Ohne Respekt vor den Fähigkeiten des Feindes werden wir schnell überheblich und begeben uns damit unnötig selbst in Gefahr.

---

[174] Das Wort *senpai*, wörtlich »vorheriger Kamerad«, bezeichnet den vom Rang höheren Schüler des gemeinsamen Meisters. Durch Zusammenfügen der beiden Silben *sen* und *hai* wird bei der Aussprache aus dem *h* durch die Verbindung mit dem *n* ein *p*.

[175] Je nach der zugrundeliegenden Lehre mag es bezüglich der spirituellen Einstufung der Raumrichtungen Abweichungen geben.

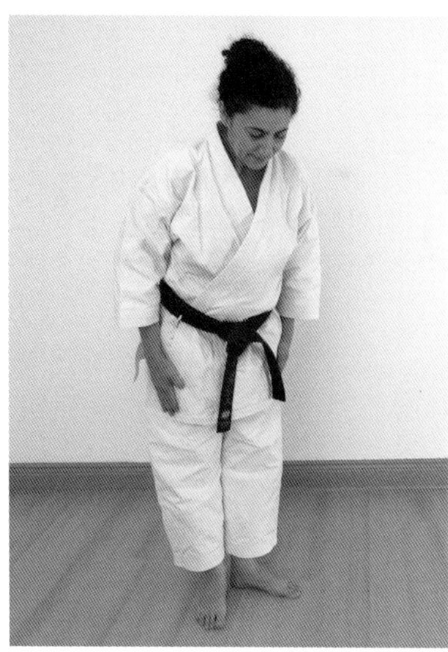

Abb. 10-1: Der respektvolle Gruß.

Wir müssen uns auf eine Weise verneigen, dass es dem Gegner nicht möglich ist, uns zu durchschauen. Wer sich nicht genügend kontrolliert und sich daher zu schnell oder in anderer Weise unangemessen verneigt, gibt dem Gegner willkommene Informationen über den eigenen inneren Zustand. Erfahrene Menschen (in Japan) lesen an der Art, wie sich jemand verneigt, viel über dessen innere Einstellung ab. Meister der Kampfkunst können so beim ersten Augenschein dem Gegenüber ansehen, über welches technische Niveau diese Person verfügt und was sie im Schilde führen mag. Wer also bei der Ausführung des respektvollen Grußes nachlässig wird, läuft Gefahr, so die Meister, auch auf anderen Gebieten der Karate-Praxis nicht mit der gebotenen Sorgfalt zu handeln.

Aber wie hat denn nun der korrekte respektvolle Gruß in der Praxis auszusehen? Der Würdige *verbeugt* sich nicht, er *verneigt* sich, heißt es. Entsprechend soll unsere Verneigung in keiner Weise unterwürfig erscheinen. Dies ist vor allem bei der Ausführung des respektvollen Grußes im formellen Sitz, *za-rei,* zu beachten. Hier und auch beim Verneigen im Stehen, *ritsu-rei,* bleibt der Rücken weitestgehend gerade. Das Verneigen geschieht, wenn man so will, im Bereich der Hüfte. Zusammen mit der langsamen, nur leichten Neigung des Rumpfes nach vorn wird das Kinn und damit der Kopf in Richtung Brustbein bewegt.

Beim Verneigen im formalen Sitz, dem Seiza, berühren die offenen Hände den Boden, woraufhin man bei gestrecktem Oberkörper sich so weit nach vorn neigt, dass die Ellbogenspitzen beinahe den Boden berühren. Obwohl im Karate von heute unüblich, so ist es doch durchaus vorstellbar, dass man zu einem besonderem Anlass, im Rahmen einer Zeremonie zum Todestag eines ehrwürdigen Meisters oder ähnlichem, auch für die rituelle Einleitung und den Abschluss einer Kata abkniet und den respektvollen Gruß im formellen Sitz durchführt.[176]

Üblicher ist im Karate das Verneigen im Stand, wobei die offenen Hände an die Außenseite der Oberschenkel angelegt sind. Der Winkel zwischen Rumpf und Oberschenkeln soll dabei etwa 150 Grad betragen. Er kann je nach Rang des zu Grüßenden nach oben oder unten variieren. Die Füße stehen zusammen und die Fersen berühren einander. Je nach Geschmack können die Zehen dabei nach vorn oder etwas nach außen zeigen. Sich breitbeinig und mit geschlossenen Fäusten zu verbeugen, gilt als schlechtes Benehmen und eines Kriegers unwürdig, ebenso wie sein Gegenüber anzusehen (z. B. den Gegner oder die Schiedsrichter bei Wettkämpfen). Auch ist zu beachten, dass sich selbst im modernen Japan Frauen und Männer recht unterschiedlich verneigen. Im Karate, als historisch von Männern geprägter Kampfkunst, gilt die hier geschilderte maskuline Variante als die angemessenere.

In mehreren Kata finden wir weitere Formalismen des respektvollen Grußes vor, die chinesischen Ursprungs sind. Derartige Formen der Ehrerbietung waren zumindest im Japan des vergangenen Jahrhunderts nicht (mehr) üblich, wobei aber anzunehmen ist, dass die heute so bekannte schlicht anmutende Form der Verneigung das Resultat einer längeren historischen Entwicklung ist.

Insbesondere die Kata Jion und Bassai, aber auch Saifa, Nipaipo oder Enpi, beginnen in Hōran no kamae oder dessen Abwandlung und enden meist auch in dieser Haltung. Im alten China war es in Krieger- und Adelskreisen üblich, erst nach dem Einnehmen von Hōran no kamae zu grüßen (siehe Kapitel 14). Im heutigen Karate haben diese Haltungen konfuzianischen Ursprungs jedoch nur noch historisch-symbolischen Gehalt.

10.6. Übungsrichtlinien

Im folgenden Abschnitt möchte ich einiges dazu anmerken, worauf beim Üben der Kata zu achten ist. Dazu werde ich einige vorangegangene Detailbetrachtungen zusammenfassen und auf verschiedene Aspekte und Probleme des individuellen Trainings eingehen.

Nach dem respektvollen Gruß wird die für die jeweilige Kata geforderte Einleitungshaltung eingenommen und nach kurzem Verweilen die Kata eröffnet, langsam oder schnell, je nach Typ und Herkunft der Kata. Beim Abschreiten des Enbu-sen werden die einzelnen Sequenzen des imaginären Kampfes durchgeführt.

[176] In anderen japanischen Kampfkünsten kennt man sehr wohl Formen der Übung, die im formellen Sitz beginnen und enden.

Es wechseln langsame und schnelle Momente, Phasen der Ruhe mit solchen der Aktion. Zum Ende eines Durchlaufs gelangt man wieder zum Ausgangsort zurück und schließt die Form ab. Um die Kata zu eröffnen, indem man das Ki mobilisiert, und sie zu schließen durch dessen Zurückführen in das untere Dantian, genügt es, sich jeweils kurz in die besagte Zone unterhalb des Nabels hineinzufühlen oder sich ihrer einfach nur bewusst zu sein.

Beim Erlernen einer Form konzentriert man sich naturgemäß zunächst auf deren Ablauf. Hat man sich diesen vollständig angeeignet, geht man allmählich dazu über, Details zu erarbeiten. Das kann auf zweierlei Weise erfolgen. Zum einen mag man sich einen Übungsschwerpunkt für den gesamten Verlauf einer Kata setzen. Dies können ein fester Stand sein, der Wechsel von Spannung und Entspannung, ein bestimmtes Tempo oder der Atem. Zum anderen kann man sich besonders auf bestimmte Details oder die Charakteristik einzelner Techniken konzentrieren.

Schon beim respektvollen Gruß und während der Eröffnung der Kata ist auf ausreichende Zentrierung zu achten. Das Körpergewicht sollte innerhalb der Fußsohle immer etwas weiter nach hinten gelagert sein, in etwa auf der Grenze zwischen hinterem und mittlerem Drittel des Fußes. Viele, besonders jüngere Karateka verlagern ihr Gewicht dagegen gern zu weit nach vorn in Richtung Zehenspitzen. Man wird dadurch körperlich instabil, was sich auch auf das Gemüt auswirken kann. Bei richtiger Ausbalancierung hingegen tritt bestmögliche Verwurzelung ein und man bekommt ein sicheres Standgefühl. Zudem erwächst durch diese an sich körperlich orientierte Übungspraxis die innere Bereitschaft, sich einer Taktik hinzugeben, bei der man weniger das Bedürfnis verspürt, ungestüm nach vorn zu streben, als vielmehr abzuwarten und die Dinge (etwa den Gegner) auf sich zukommen lassen.

Um klar denken zu können, benötigt der Geist nach traditionell-chinesischer Auffassung ständig frisches Qi. Auch diese Tradition geht davon aus, dass der Geist seinen Sitz im Kopf hat, das heißt im Gehirn. Daher muss durch das Ausrichten und das gedankliche Strecken der Wirbelsäule zu Beginn einer Kata sowie auch während deren Ausführung der Dumai, eines der Hauptgefäße des Qi,[177] für den (gedachten) Kampf geöffnet werden. Natürlich wird wohl niemand während der gesamten Laufzeit einer Kata bewusst auf eine gestreckte Wirbelsäule achten können. Zu viele andere Dinge gibt es beim Üben der Kata zu beachten. Vielmehr geht es darum, durch wiederholtes Kontrollieren und Korrigieren auf Dauer dafür zu sorgen, dass der so optimierte Zustand jedes Mal länger anhält und schließlich dauerhaft wird.

[177] Nach den Erkenntnissen der chinesischen Medizin bewegt sich das Qi auf zwölf Hauptkanälen und acht sogenannten außerordentlichen Gefäßen durch den Körper. Zu letzteren gehört auch der im Bereich der Wirbelsäule befindliche *Dumai*, das »Lenkergefäß«.

Indem man sich Prinzipien und Detailvorstellungen immer wieder vergegenwärtigt, geht das bewusst Erlernte allmählich über in Bereiche des unbewusst-spontanen Tuns – letztendlich eine Zielsetzung der formalen Übung. Unser Gehirn kann sich jeweils nur einem einzigen Gedanken vollständig widmen. Anders als im Kampf können wir es uns während des Trainings erlauben, nach und nach verschiedene Vorstellungen und Gedanken über die Technik, deren Einzelheiten und Anwendung, durchzugehen, sie in eine formale Übung umzusetzen und so oft zu wiederholen, bis die so erlernte Handlung ohne gedankliches Zutun und damit in kritischen Situationen spontan ablaufen kann.[178] Erst wenn man nicht mehr gezwungen ist, gedanklich irgendwelchen technischen Feinheiten nachzuhängen, kann man in einem Kampf vollständig auf den Gegner eingehen und intuitiv eine zum Sieg führende Taktik entwickeln.

Neben der inneren Zentrierung und dem Strecken der Wirbelsäule führt auch das Absenken des Schwerpunkts zu Beginn und während der Kata zu physischer und mentaler Stabilität. Gleichzeitig sollten wir aber um hohe Beweglichkeit bei Abwehr und Angriff bemüht sein. Ein scheinbarer Widerspruch – doch Verwurzelung muss nicht unbedingt Trägheit bedeuten, denn der feste Stand wird ja nicht durch Erhöhung des Körpergewichts erreicht, sondern dadurch, dass wir ihn nach unten verlagern. Der rasche Wechsel von Spannung zu Entspannung und umgekehrt bewirkt dann die gewünschte Leichtigkeit in der Bewegung. Entscheidend ist auch hier wieder die Kraft der Vorstellung: Man bemüht sich, die Bewegungen des Körpers von unten her zu starten, aus den Fersen heraus über den Unterbauch. Das ist zwar anfangs anstrengender, fällt aber mit der Zeit um so leichter, wenn sich erst einmal die entsprechenden Muskeln ausgeprägt haben.

Für eine schnellen Bewegung ist es auch hilfreich sich vorzustellen, dass ihr Ablauf dem Abspulen einer Kette gleicht, und davon abzusehen, alles gleichzeitig machen zu wollen. Das Ausführen von Arm- und Handtechniken im Vor- oder Zurückgehen kostet deutlich mehr Kraft als im Stand. Bedingt durch die Instabilität des bewegten Körpers ist mehr Tätigkeit der einzelnen Muskeln nötig, um die jeweilige Technik genau auszurichten und in der gewünschten Bahn zu halten. Hinzu kommt die Mehrarbeit von Muskeln, die für eine aufrechte Haltung sorgen. Insgesamt sind bei gleichzeitiger Bewegung von Körper und Armen viel mehr Muskeln – und das intensiver – mit der gesamten Aktion beschäftigt, als wenn Gehen und Armbewegung zunächst voneinander getrennt würden. Beides zugleich macht die Bewegung langsamer. Tatsächlich ist der Zeitgewinn durch das »Hintereinanderschalten« von für sich allein schneller ablaufenden Einzelbewegungen beträchtlich. Das Ganze ist dann letztlich schneller und weniger kräftezehrend.

---

178 Analoges geschieht beim Autofahren: Ein sicheres Steuern eines Fahrzeugs wäre gar nicht möglich, wenn man all die dazu nötigen Maßnahmen bewusst tätigen müsste.

Es empfiehlt sich darum, zum Ausführen der einzelnen Sequenzen die jeweiligen Bewegungen gleichsam von unten her aufzubauen. Bei Ortswechseln beispielsweise sollte man immer zunächst den jeweiligen Schritt ausführen und erst, wenn der Fuß aufgesetzt ist, den Rest der Bewegung kettenförmig nachfolgen lassen. Die Schrittbewegungen nach vorn oder zurück beginnen zweckmäßigerweise mit dem Abstoßen aus dem hinteren beziehungsweise vorderen Fuß heraus. Durch eine vom Steißbein nach vorn ausgerichtete Kippbewegung des Beckens erhalten Vorwärtsbewegungen eine zusätzliche Dynamik.

Unter allen Umständen sollte auf ein – nicht selten zu beobachtendes – Aufstampfen mit dem Fuß vor oder während der Technik verzichtet werden. Es verleiht ihr keineswegs mehr Kraft, wie manche meinen. Im Gegenteil: Ein Teil des eigenen Potentials, welches besser dem Gegner zuteil würde, fließt ungenutzt in den Boden. Zudem wäre ein Stampfen in einem realen Kampf wegen der meist ungünstigen Beschaffenheit des Untergrunds nicht ratsam. Gefahrlos für Knie- und Sprunggelenke ist es nur in einem Dōjō mit Schwingboden. Allerdings kann ein Stampfen durchaus sinnvoll sein, wenn sich ein Teil des gegnerischem Körpers unter dem eigenen Fuß befindet.

Abgesehen von geistiger Überlegenheit führt in einem Kampf vor allem Schnelligkeit zu einem raschen und sicheren Sieg. Die geistige Überlegenheit kann durch das Üben von Kata nur bedingt erreicht werden. Wohl aber lässt sich durch geschicktes Training die eigene Schnelligkeit bedeutend steigern.

Der Schnelligkeit bedarf es zum einen, um die eigene Taktik wirksam werden zu lassen. Eine raum-zeitliche Lücke, also ein Moment der Unaufmerksamkeit des Gegners in Verbindung mit einer Öffnung in seiner Deckung, kann nur genutzt werden, wenn sich die hierzu nötigen Techniken spontan genug lösen und mit ausreichender Geschwindigkeit ihr Ziel finden. Oder anders ausgedrückt: Die Aktion muss einem Schuss gleichen. Denn viel mehr Zeit bleibt einem nicht, bis sich die vom Gegner gebotene Lücke wieder geschlossen hat.

Die meisten Techniken erhalten ihre Wirksamkeit – neben der mehrfach betonten Präzision – durch die Schnelligkeit der Ausführung beziehungsweise im Falle von Schlägen, Stößen und Tritten durch die Geschwindigkeit beim Aufprall von Hand oder Fuß. Da sich ein gespannter Muskel nur langsam bewegen lässt, liegt der Gewinn an Schnelligkeit in erster Linie in der Entspannung begründet, und zwar all der Muskeln, die *nicht* zur Ausführung der jeweiligen Technik beitragen. Indem man Schlag- oder Stoßbewegungen immer weiter verfeinert, lässt sich die Anzahl der für die Ausführung benötigten Muskeln auf ein Minimum reduzieren und dadurch eine sehr hohe Beschleunigung erreichen.

Besondere technische Details können die Arbeit der ausführenden Muskeln zusätzlich unterstützen. Hierzu gehört unter anderem der Einsatz der Hüfte, deren Bewegung eigentlich in der Ferse beginnt. Der dort initiierte Impuls setzt eine Kraftwelle in Gang, die sich bis in die Schulter fortpflanzt. Sie erlaubt es, dort mit viel weniger Kraft auszukommen und trotzdem eine hohe Aufprallwucht von Hand oder Faust zu erzielen.

Richtig werden Schläge und Stöße darum mit relativ lockerem Arm ausgeführt. Allerdings werden im letzten Moment der Bewegung, also im Moment des Aufpralls, alle an der gesamten Bewegung beteiligten Muskeln maximal angespannt, wodurch eine hohe Durchdringungskraft entsteht. Dieser Moment der Anspannung ist jedoch nur sehr kurz. Beim Üben der Kata sollte man daher bemüht sein, bei der Ausführung der entsprechenden Technik so locker wie möglich zu bleiben, um dann in der Endphase auch wirklich die volle Spannung erreichen zu können.

Der Ausdruck »volle Spannung« klingt hier möglicherweise etwas missverständlich. Es handelt sich um einen relativen Begriff, der sich auf das Gegensatzpaar von Fülle und Leere bezieht. Wenn hier von »voll« die Rede ist, so ist nicht »maximal« damit gemeint, sondern eher so viel wie »aufgefüllt«. Das bedeutet, dass am Ende eines Fauststoßes die Muskeln sehr wohl vollständig angespannt und die Techniken zu ihrem Ende gebracht werden sollen, es aber nicht darum geht, die Spannung aller Muskeln bis zum äußersten zu treiben.

Täte man letzteres, so wäre es fraglich, ob man mehr als einen Kata-Durchlauf durchhalten könnte. Die Kata kann nur ihrem Zweck als Übung gerecht werden, wenn sie von uns mehrfach wiederholt wird. Das können wir aber nur, wenn wir unsere Kräfte gut einteilen, was im übrigen auch im Kampf geschehen muss. Zudem ist man in einem realen Kampf derart erregt und der Fluss des Ki entsprechend eingeschränkt, dass einem ohnehin nur ein Teil des eigenen Potentials zur Verfügung steht. Durch den von vornherein regulierten Einsatz der Kräfte ist man im Vorfeld besser auf eine solche Lage vorbereitet.

All dem zufolge setzt man beim Training der Kata, aber auch im Kihon und Kumite sowie besonders am Makiwara, für die einzelnen Techniken jeweils nur 30 bis 60 Prozent der zur Verfügung stehenden Kraft ein. Wenn man so will, genügen daher für die »volle« Anspannung schon 30 Prozent. Überhaupt ist man während des gesamten Karate-Trainings überwiegend entspannt und locker und steht nur zu 10 bis 20 Prozent der Zeit unter muskulärer Spannung.

Zur Schnelligkeit in der Aktion trägt auch bei, dass diese nicht nur energetisch-geistig, sondern gerade auch körperlich aus der Mitte kommt. Alle Bewegungen sollten gedanklich wie auch faktisch aus dem Unterbauch starten und in ihm zentriert sein. Bildlich gesehen, bewegt sich der Unterbauch und nimmt den restlichen Körper mit oder, andersherum betrachtet, die Partien des Körper bewegen sich um diese Mitte herum.

Letzteres ist besonders wichtig für die im Karate dominierenden Schläge, Stöße und Tritte. Da sich all diese Techniken aus vielen Einzelrotationen zusammensetzen, führt mangelnde Zentrierung zu einem Verlust an innerer Stabilität und damit an Geschwindigkeit und letztlich an Wirksamkeit. Unzentrierte Bewegungen kosten zusätzlich die Kraft derjenigen Muskeln, welche die Unwucht ausgleichen müssen.

Die gewünschte Zentrierung wird zu einem großen Teil durch das vehemente Zurückziehen des Gegenarmes erreicht. Dies führt dazu, dass sich in unserem Körper eine imaginäre Drehachse bildet. Auch bestimmte Armhaltungen und in geringem Maße sogar Fußstellungen tragen zu der für die Ausführung schneller Techniken nötigen Zentrierung bei. Positionen wie die mit der vor dem Solarplexus gehaltenen Speerhand oder mit dem quer vor dem Körper gehaltenen »Riegelarm« stabilisieren auf besondere (bisher wenig ergründete) Weise den Körper. Womöglich schließen sich durch derartige Armhaltungen Kreisläufe des Ki, und es entstehen wie bei einem Kreisel »energetische« Rotationsachsen, die stabilisierend auf den Körper wirken.[179]

Neben der zurück-»gezogenen Hand« *hiki-te* dienen auch andere Körperpartien dazu, eine der Zentrierung dienliche Gegenbewegung zu erzeugen. Vor allem, wenn bei der Ausführung eines Stoßes der zweite Arm damit beschäftigt ist, den Gegner zu fixieren, kann die innere Balance durch das (paradox erscheinende) Zurückziehen der Schulter des stoßenden Armes erhalten werden (Kapitel 9.2). Besonders hervorzuheben wäre noch die Bewegung beider Schultern, mit der bei diversen Techniken wie Shutō-uke oder Kake-te Spannung in den Rücken gelangt. Dadurch entsteht im Körper in gewisser Weise der Effekt eines sich bei Sturm umklappenden Regenschirms, und die genannten Techniken erhalten einen ganz »besonderen Dreh«.

Zum Abschluss meiner Ausführungen über technische Details und deren Umsetzung möchte ich noch einmal kurz auf die Atmung eingehen, die zwar synchron zur Technik ausgeführt werden muss, aber trotzdem so natürlich wie möglich bleiben sollte. Auf allzuviel Künstlichkeit durch absonderliche Geräusche wie »hiss«, »chäp« oder dergleichen ist besser zu verzichten. Wir wissen, wie fatal es sein kann, dem Gegner während des Kampfes durch Präsentation des eigenen Atems Momente der Schwäche zu zeigen, die er leicht ausnutzen könnte. Gleichwohl brauchen wir bei der Kata als formeller Übung unseren Atem nicht unbedingt zu verbergen, so dass in einem gewissen Maß durchaus ein verstärktes Ausatmen vernehmbar sein mag. Gewisse Ausnahmen von dieser Betrachtung bilden Kata wie Sanchin, bei denen die Atmung einen Teil der Übung an sich darstellt und darum insgesamt zu betonen ist. Aber auch hier sollte man meiner Meinung nach nichts übertreiben, was dann vielleicht zu Lasten der Gesundheit ginge.

Zur Stabilisierung des Ki-Flusses wird empfohlen, beim Einatmen die Zunge an den Gaumen und beim Ausatmen an das Zahnfleisch der unteren Schneidezähne

[179] Obwohl vielleicht etwas weit hergeholt, gestatte ich mir an dieser Stelle doch den Vergleich mit Vorgängen in der klassischen Physik und der Quantenmechanik. Dort gilt, dass die Achse eines rotierenden Objekts oder einer Ladung räumlich stabil ist und es zu deren Veränderung in der Ausrichtung einer Kraft oder besser, eines Aufwands von Energie bedarf.

zu legen. Dies ist aber kein Muss, jeder sollte hier der eigenen Natur folgen. Die Zunge platziert sich meist von selbst dorthin, wo es für den Körper gut ist.

Während des Übens ist immer wieder zu kontrollieren, dass wirklich nur die zur jeweiligen Technik nötigen Muskeln tätig werden und alle überflüssige Anspannung eliminiert wird. Die Bewegungen werden auf diese Weise ökonomisch und in ihrer Wirksamkeit optimiert. Ein solches Üben kann überdies auch die Fähigkeit zum geistigen Loslassen fördern – aber das sei hier nur nebenbei bemerkt …

Ein sehr wichtiger Akzent beim Üben der Kata ist natürlich Kime, worüber schon einiges gesagt wurde. Ohne Kime erreicht die Aktion keine Wirksamkeit, selbst wenn sie vielleicht technisch einwandfrei ausgeführt wird. Auch sollte erwähnt werden, dass Kime nicht nur bei der Ausführung der einzelnen Technik von Bedeutung ist, sondern auf weiteren Ebenen der Praxis manifest werden muss. Denn obwohl der wahre Krieger den Kampf nicht sucht, so ist dieser doch nicht immer vermeidbar. Kommt es aber zu einem Kampf, so ist dieser mit aller Konsequenz durchzustehen. Halbherzigkeit führt meist zur Niederlage. Hat man sich einmal *entschieden,* so muss darum noch vor Beginn des Kampfes der Wille zum Sieg da sein. Jegliche Zweifel blockieren nur den Fluss des Ki und trüben den Geist.

Als eine Übung, die uns auf den Kampf vorbereitet, muss darum die Kata selbst, und nicht nur einzelne Techniken, von Anfang bis Ende mit Kime ausgeführt werden. Sollte man darum beim Üben einmal ins Stocken geraten, weil einem für den Moment eine Technik oder Sequenz entfallen ist, so ist es besser, diesen Moment in Ruhe zu verharren, bis der Fluss des Ki wieder in Gang gekommen ist. Ein inneres Lösen etwaiger geistiger Anspannungen ist hier meistens sehr hilfreich. Man beobachtet derartige Situationen nicht selten auf Prüfungen oder bei Wettkämpfen, wo die Kandidaten unter besonderer emotionaler Belastung stehen. Fällt einem dann absolut nicht ein, wie es weitergeht, so sollte man trotzdem die Ruhe bewahren, innerlich abschließen und auch äußerlich die entsprechende Bewegung vollführen. Dies entspricht gleichsam einem geordneten Rückzug.

In einem Training für den Kampf kommen wir nicht umhin zu lernen, auch mit Situationen umzugehen, die nicht unseren Erwartungen entsprechen. Begeht man im Kampf einen Fehler, so ist dies nicht mehr ungeschehen zu machen – etwa durch Wiederholen der misslungenen Technik oder einer verkehrten Sequenz. Jedoch kann man durch besonnenes Handeln wieder Herr der Lage werden. Eine falsche Reaktion oder ein fehlgeschlagener Angriff können nie so fatal sein wie die totale Aufgabe. Es gilt, sich der neuen, eventuell schmerzhaften Situation anzupassen und das Bestmögliche aus ihr herauszuholen. Übertragen auf die Ausführung der Kata heißt dies, den Fehler nicht weiter zu beachten und unbeirrt fortzufahren. Gerade auf Prüfungen kann man auf diese Weise den Stand der eigenen geistigen Entwicklung jenseits der technischen Fähigkeiten unter Beweis stellen.

Kime braucht es sogar beim Training an sich, denn sonst würde man kaum zur beschwerlichen Praxis der Kampfkunst über den notwendigen langen Zeitraum in der Lage sein. Die Einstellung bei der Praxis *entscheidet* über den Prozess der eigenen Fortschritts.

Damit sich Kime in den Techniken entwickeln kann, müssen diese korrekt geübt werden. Ständiges stumpfes Wiederholen nützt nur wenig. Vielmehr müssen beim Üben durch das Hineinfühlen in die Charakteristik der Bewegung und eine nach innen gerichtete Beobachtung die Prinzipien der Technik und mit ihr die der Kata erkannt worden sein. Erst dann kann sich das ihr innewohnende Potential vollständig entfalten.

Trotz aller Forderungen nach Schnelligkeit im realen Kampf – bei der Übung sollten wir Mut zur Langsamkeit haben. Wie wir schon wissen, geht Präzision vor, auch wenn die Wirkung der einzelnen Technik von ihrer Geschwindigkeit abhängen mag. Die zu schnelle Ausführung ist ein häufiger Fehler beim normalen Training, besonders aber wenn eine Kata vorgeführt werden soll. Denn was bringt eine schnelle Aktion, wenn sie ohne Wirkung ist? Jede ineffektive Aktion birgt die Gefahr, dass bei einem selbst der Misserfolg leicht einen Moment der Frustration oder Ratlosigkeit auslöst, der Geist und Ki stagnieren lässt, und dass sich dem Gegner dadurch eine zeitliche Lücke für den Angriff bietet.

Beim Üben ist es darum wichtig, die einzelnen Techniken in allen Phasen zu Ende zu bringen. Das optimale *An*spannen der jeweiligen Muskeln braucht seine Zeit, genauso das entsprechende *Ent*spannen, das die nächste Aktion einleitet. Zudem müsste ja in einem wirklichen Kampf zumindest kurz innegehalten werden, um zu erkennen, inwieweit die eigene Aktion erfolgreich war und eine Wirkung zeitigt. In dieser bereits erörterten, *Zanshin* genannten Phase des »zurückbleibenden Herzen« wird formal entschieden, ob und wie der Kampf weitergehen könnte. Dies äußert sich darin, dass der Blick einen kurzen Moment lang auf dem gedachten Geschehen verweilt, dann aber bald die nächste Aktion einleitet. Der Blick geht jeder Bewegung des Körpers voraus, insbesondere bei den nicht seltenen Richtungswechseln, bei denen so mancher an einen weiteren Angreifer denken mag, ich aber eher davon ausgehe, dass mein Widersacher meiner Taktik ausgewichen ist und sich nun woanders befindet (Kapitel 4.4). Das Darstellen des angemessenen Wechsels der Blickrichtung innerhalb der Kata wird *me no tsuke*, »Gebrauch der Augen«, genannt.

Je nach Art und Charakter der Technik sowie der gedachten Situation werden die Pausen zwischen den Aktionen unterschiedlich lang ausfallen. Lässt man sie aber weg, aus Eile oder Hast, bedingt durch Nervosität oder eine falsche Grundvorstellung, so nimmt man sich die Möglichkeit, die Technik vollständig zu erfahren, sie von innen heraus zu betrachten und nachzubessern, was ja eigentlich Sinn und Zweck der Übung ist.

Ohne die schrittweise Verbesserung ist kein Fortschritt möglich, man tritt auf der Stelle. Ich kenne nicht wenige Karateka, die schon jahrzehntelang sehr hart trainieren und trotzdem kaum weiterkommen, weil sie eben nicht die erwähnten (oder auch andere) Akzentuierungen vornehmen und sich beim Üben einzig Kraft und überzogene Schnelligkeit als Schwerpunkte setzen.

Durch die innere Ruhe wird es andererseits sogar möglich, innerhalb einer schnell ausgeführten Technik wie Gyaku-zuki noch Feinabstimmungen vorzunehmen, wie etwa am Drehen der Faust, der Weise, wie sich der Arm streckt, oder durch Hinzufügen kleiner Zusatzbewegungen, wie das weiter oben geschilderte Zurückziehen der Schulter in der Endphase des Stoßes.

Ich bitte aber, die Betonung der Langsamkeit nicht misszuverstehen: Eine große Zahl unserer Techniken lebt von der Geschwindigkeit. Es geht mir hier um das Gesamttempo einer Sequenz, die erst dann, wenn sie »richtig sitzt«, das heißt, sich ins Unbewusste abgesetzt hat, von selbst immer rascher abläuft. Etwas zügig zu tun oder hastig, ist nämlich zweierlei. Man sagt: In der Ruhe liegt die Kraft. Nimmt man sich für alles ausreichend Zeit, dann lässt sich bei der Übung jedes Detail genau ergründen und damit tief einprägen. Ist man gerade beim Training ein eher gemäßigtes Tempo gewohnt, so bekommt auch auf Wettkämpfen oder in Graduierungsprüfungen, wo man ohnehin meist nervös ist und die normale Konzentration fehlt, die Vorführung einer Kata ein sehr positives Bild.

Die im Laufe der Trainingspraxis durch technische Akzentuierung gewonnenen Körpererfahrungen, Eindrücke und Sichtweisen dürfen aber nicht zur willkürlichen Veränderung am Aufbau und an den Details einer Kata führen. Die Kata, so wie sie uns überliefert sind, sollten als eine Art kulturelles Erbe betrachtet werden, das es zu erhalten gilt. Andererseits sehe ich es aber auch nicht als verboten an, beim individuellen Üben das eine oder andere auszuprobieren, was scheinbar nicht der eigenen Ryūha entspricht. Überhaupt meine ich, ist es falsch, sich sklavisch irgendwelchen Richtlinien zu unterwerfen, ohne sie hinterfragt und für sinnvoll befunden zu haben. Ohne Inspiration von außen und eigenes Nachdenken wird kaum ein Fortschritt möglich sein – und das nicht nur in der Kampfkunst.

Denn selbst wenn unsere Kata für einen Betrachter äußerlich unverändert bleibt, so wandelt sich bei jeder erneuten Ausführung ein klein wenig die innere Empfindung. Mit jeder Wiederholung wächst die eigene Erfahrung, so dass sich mit der Zeit die persönliche Form ändern *muss*. Wenn wir über das entsprechende Wissen und eine gute Methodik verfügen, werden wir fähig sein, diesen Prozess so zu steuern, dass das Ergebnis uns wirklich zufriedenstellt. Das heißt, es liegt an uns, inwieweit unsere Kata wirklich individuell wird, indem wir zulassen, dass ihr Bild von unserer Persönlichkeit (und der unserer Lehrer) geprägt wird.

Die Vielfalt unserer Kata konnte sich ja auch nur insofern entwickeln, als dass frühere Experten den von ihrem jeweiligen Meister erlernten Formen ihre eigene Individualität und Erfahrung hinzufügten, wobei Abänderungen damals sicher eher intuitiv als durch langes Sinnieren entstanden.

Das Üben der Kata muss, wie das Training selbst, an Konstitution und Alter des Einzelnen angepasst sein. Zwar sollen wir uns beim Training fordern, jedoch nicht überfordern. Bei den technischen Vorgaben, wie etwa Abmessungen und Tiefe der Stellungen, ist es ratsam, das Optimum zu suchen zwischen der Richtlinie und dem, was der eigene Körper hergibt. Mit anderen Worten, das Gefühl muss stimmen. Entsprechendes gilt für jedes Detail einer Kata, für Kamae oder Waza gleichermaßen.

Durch das formelle Üben sollen die eigenen Stärken gefördert und die Schwächen kompensiert werden, wobei es natürlich schön wäre, wenn sich, gerade auf geistiger Ebene, die eine oder andere Schwäche als Ergebnis des harten, entbehrungsreichen Trainings in Stärke wandeln würde. Man lernt durch das formelle Üben, die eigenen Grenzen zu erkennen und mit ihnen umzugehen, aber auch, sie weiter zu stecken.

Vielen, besonders den nicht mehr ganz jungen Karateka fällt es zum Beispiel eher schwer, sich strukturierte Abläufe einzuprägen.[180] Sie brauchen sehr lange, bis sie den Gesamtablauf einer Kata nicht mehr vergessen. Sie haben aber kaum Schwierigkeiten, sich einzelne Techniken oder Kombinationen einzuprägen, wohl deswegen, weil diese etwas darstellen, das sich praktisch umsetzen lässt. Meine Empfehlung ist dann häufig, sich die einzelnen Parts einer Kata wie Stationen vorzustellen, an denen etwas Besonderes geschieht und die man wie auf einer Reise erreicht und wieder verlässt. Was ich sagen möchte ist, dass sich, sobald man sich mental vom Bild der Kata als einer endlos langen Kette von Techniken löst oder sich ihrem Schema von einer anderen Seite her nähert als üblich, möglicherweise unbewusst aufgebaute Abneigungen und Lernblockaden schnell auflösen können.

Oft hilft es schon, sich einen klaren Überblick zu verschaffen über die Art des Schrittdiagramms und die Struktur einer Kata sowie über die Änderung der kampftechnischen Thematik von »Station zu Station«. Um eine bessere Orientierung innerhalb des Enbu-sen einer Kata zu erlangen und die einzelnen Abschnitte nacheinander abzurufen, hat es sich als hilfreich erwiesen, die Kata immer in dieselbe Richtung des Dōjō zu üben. Es spielen hier Prozesse der unbewusst-optischen Wahrnehmung eine Rolle, wie beim Eingewöhnen in eine neue Umgebung, zum Beispiel bei einem neuen Wohnort.

Ihre im Vergleich zu früheren Versionen vielfach vereinfachten Fassungen erleichtern das Erlernen der heutigen Kata in größerer Zahl. Man ist so in der Lage, das eine oder andere bei der einen Kata verlorengegangene Detail in einer anderen wiederzufinden. Auch des Erkennen von Querbezügen zwischen den einzelnen

---

[180] Die Veranlagung zum Lernen ist individuell verschieden. Zudem wird nach dem durch intensives Lernen geprägten Lebensabschnitt der Jugend, etwa nach dem Ende einer Berufsausbildung oder nach Abschluss eines Studiums, diese Fähigkeit im Gehirn wegen der fehlenden Stimulation allmählich zurückgebildet.

Kata verschiedener Kategorien (Shuri-te – Naha-te) oder einer bestimmten Gruppe (Naifanchin – Sanchin; Jion – Jiin – Jitte), also das Studium der Gemeinsamkeiten und Unterschiede, gehört zur vertieften Kata-Praxis auf dem Weg zum Erkennen des Wesentlichen.

Die Frage, ob man nun viele Kata können sollte oder auch mit wenigen auskommen kann, ist aber schwer zu beantworten. Natürlich ist es gut, viel zu wissen. Vieles Wissen nützt aber wenig, wenn man kein Verständnis für die gesammelten Daten und Fakten hat. Entsprechend bringt das oberflächliche »Beherrschen« zahlreicher Kata-Abläufe kaum etwas, wenn nicht die Essenz einer jeden Kata, die man sich erarbeitet hat, der Japaner würde sagen, deren Ki, erfasst wurde.

Letztlich hängt es von den persönlichen Vorlieben ab, ob jemand viele oder nur wenige Kata lernen mag. Nämlich davon, wieviel Erkenntnis jemand aus einer Kata ziehen kann, inwieweit es ihm Freude macht beziehungsweise ob es ihm leicht oder schwer fällt, zahlreiche Bewegungsabläufe zu erlernen und durch ständiges Wiederholen (!) auch zu behalten. Man sollte sich da nicht allzuviel Zwang auferlegen, etwa durch die Vorgaben einer bestimmten Stilrichtung beziehungsweise von deren Prüfungsordnung, und nicht vergessen, dass die Praxis des Karate dem Übenden dienen soll und nicht umgekehrt. Denn selbst wenn wir gewillt sind, mit überdurchschnittlichem Ernst und Einsatz den Weg der Kampfkunst zu gehen, so gehören wir doch keiner Sekte an, in der es gälte, sich aufzuopfern. Die Praxis des Karate als Budō und damit die Übung der Kata sollte zur kampftechnischen Fähigkeit führen und der geistigen Entwicklung dienen, aber sie sollte unbedingt auch Freude bereiten, um nicht zu sagen, Spaß machen.

11. Die Kata nutzbar machen

11.1. Das Geübte wirksam werden lassen

Will man Karate wirklich als Kampfkunst betreiben, so sollte der Inhalt der Kata in einem Kampf anwendbar sein. Ansonsten hätte das Üben der komplexen Bewegungen keinen Sinn und es wäre zweifelhaft, ob dies dem Ziel des Budō dienlich wäre, über lange Sicht durch die beschwerliche Praxis des Karate ein besserer Mensch zu werden. Auch wenn wir bestrebt sein mögen, das Erlernte nie anzuwenden, so sollten wir uns trotzdem darüber im Klaren sein, dass die Kata geschaffen wurden, um die für einen Kampf nötigen technischen Fähigkeiten zu erlangen und die entsprechenden Erkenntnisse von Meister zu Schüler zu weiterzugeben. Trotz aller Ablehnung von Gewalt sind auch in unserer Zeit Situationen nicht ganz ausgeschlossen, in denen es darum geht, Schaden von Leib und Eigentum abzuwenden. Jedoch sind dann meist Fähigkeiten von Vorteil, die über das rein Kampftechnische hinausgehen.

Die Praxis des Karate als *Dō* sollte nicht von der Realität abgekoppelt sein, sondern den Ernst des Lebens widerspiegeln. Ursprünglich wurden die Kata geübt, um mit den in ihnen enthaltenen Techniken das eigene Leben oder das anderer Personen zu verteidigen. Mitunter wurde auch um Ehre und Ansehen gekämpft, was natürlich nicht mehr so ganz in unsere Zeit passt. Warum auch immer wir uns dem Studium der Kampfkunst widmen – damit unser Training mit Sinn erfüllt ist, müssen alle in den Kata enthaltenen Prinzipien und Konzepte zur Entfaltung kommen. Hierzu gehört nicht nur das Erlernen der Kamae und der Bewegungen an sich, sondern auch das Aneignen von strategischem Denken und Intuition, ohne die ein realer Kampf kaum zu bestehen wäre.

Ohne eine klare Vorstellung vom Inhalt der Kata ist keine Anwendung möglich. In den vorherigen Kapiteln wurden hierzu von mir viele Detailinformationen zusammengetragen. Das vollständige Wissen über die Mechanismen der einzelnen Technik und die Bedingungen für deren Einsatz ist eine Voraussetzung für ihre Wirkung. Diese aber kommt erst zustande, wenn die Technik adäquat eingesetzt wird, wobei die Wahl des richtigen Zeitpunkts von ausschlaggebender Bedeutung ist.

Wie schon mehrfach erwähnt, kann eine Technik nur dann erfolgreich angewandt werden, wenn der Gegner dies »zulässt« – sei es freiwillig (beispielsweise beim Training) oder unfreiwillig. Das bedeutet, er muss durch die Umstände des Kampfes in seiner Aufmerksamkeit hinreichend gestört und/oder seine Fähigkeit zur physischen Reaktion muss eingeschränkt sein. Aus energetischer Sicht würde man sagen, sein Ki fließt nicht rund genug oder ist ins Stocken geraten. Dieser meist kurze Moment einer vorübergehenden geistigen Schwäche des Gegners, gepaart mit einer für ihn ungünstigen Körperposition, die es uns erlaubt, einen

Schlag oder Stoß durchzuführen oder auch einen Wurf anzusetzen, bezeichne ich gern als *raum-zeitliche Lücke.*[181]

Im Kampf gilt es, eine solche raum-zeitliche Lücke zügig zu nutzen, wozu die in Frage kommende Technik, oft in Kombination mit weiteren, komplexeren Bewegungen, schnell abrufbar sein muss. Weil nur wenig Zeit für eine Aktion zur Verfügung steht, muss all dies ohne rationales Denken geschehen. Genau aus diesem Grund wird die formale Übung so oft wiederholt, bis die darin enthaltenen Bewegungen als Automatismen ablaufen.

Wir sehen also, dass es für eine erfolgreiche Aktion nötig ist, auf zwei Ebenen effektiv zu sein: Grundbedingung ist natürlich, dass unsere Technik an sich wirksam ist. Zum anderen aber müssen wir mit ihr den Gegner auch erreichen, das bedeutet, wir müssen uns während des Kampfes selbst in eine Lage bringen, sie anwenden zu können. Wenn ich hier daher im weiteren von »Technik« spreche, dann verstehe ich darunter mehr als das einfache, aus dem Gesamtzusammenhang herausgelöste mechanische Umsetzen kampftechnischer Grundprinzipien, wie wir es vom Training des Kihon her kennen.

Damit der Inhalt einer Kata effektiv umgesetzt werden kann, muss man zur rechten Zeit am rechten Ort sein. Anders ausgedrückt: Nachdem wir die raum-zeitliche Lücke erkannt haben, müssen wir spontan, gleichsam intuitiv, reagieren. Dies kann geschehen durch

- **Aktionen mit harten Techniken:** Eine Attacke der sich anbietenden Vitalstelle mit der dazu passenden harten Technik – eventuell auch noch unter Einbeziehung der Tageszeit, damit der gewählte Vitalpunkt vollständig geöffnet ist.
- **Aktionen mit weichen Techniken:** Ausnutzen anatomischer Gegebenheiten, um dem Gegner das Weiterkämpfen zu erschweren, indem wir seine Bewusstlosigkeit herbeiführen, eines seiner Gelenke schädigen oder ihm Schmerz zufügen. Hierzu kann auch zählen, ihn in eine körperlich ungünstige Lage hineinzumanövrieren.
- **Eine kombinierte Aktion:** Der Gegner wird fixiert und im Anschluss durch eine harte Technik besiegt. Er wird paralysiert, bewusstlos gemacht oder getötet.

Da zu den ersten beiden Formen der Taktik schon in vorangegangenen Kapiteln einiges gesagt wurde, möchte ich an dieser Stelle nur auf die dritte Variante eingehen.

Das Ergreifen des Armes (oder Beines) des Gegners kann zu einer nicht unerheblichen Einschränkung seiner Beweglichkeit führen, so dass er irritiert und

---

[181] Oft wird im Sport, aber auch in den Kampfkünsten von »Lücken in der Deckung« gesprochen. Diese sind hier aber nicht gemeint. Bei einer freigelegt präsentierten Trefferzone kann es sich beispielsweise durchaus um eine Finte des Gegners handeln.

mental beeinträchtigt ist, wodurch sein Ki-Fluss ins Stocken gerät. Dies öffnet eine weitere, geistig-energetische Lücke, die es uns leichter macht, einen gezielten starken Stoß auszuführen. Wenn es gelingt, zusätzlich zum festen Griff, mit einem der Finger noch einen Vitalpunkt zu erreichen, so lässt sich durch entsprechend starken Druck der Ki-Fluss des Gegners noch weiter stören, sogar so weit, dass sich ein weiterer Kyūsho für die finale Attacke vollständig öffnet. Beispiele finden sich in den Kata Rōhai und Seienchin.

Natürlich braucht man hierfür nicht unbedingt so lange zu warten, bis der Gegner von sich aus angreift und dadurch seinen Arm oder Fuß für ein Ergreifen anbietet. Das spontane Ergreifen kann Teil einer Taktik sein und sich aus dem Kampfgeschehen ergeben. Meiner Meinung nach ist das der Grund, weshalb wir in den Kata so viele technische Ansätze vorfinden, in denen es darum geht, sich aus einem Griff des Gegners zu lösen.

Für die Momente, in denen man in direkten Kontakt mit dem Gegner gerät, sei es durch dessen Angriff oder durch Berührungen im Laufe des Kampfes, wurden die Übungen des Kaki-e entwickelt, die heute besonders in den Stilvarianten des Naha-te praktiziert werden. Die Praxis des Kaki-e hilft, die Kraft des Gegners zum eigenen Vorteil zu nutzen, indem die Sensibilität für Bewegungen und Gleichgewicht des Gegners geschult wird – eine Fähigkeit, die durch das Üben der Kata allein kaum zu erreichen ist (Abschnitt 11.3).

Uns allen ist wohl die Maxime des Karate bekannt, eine kämpferische Begegnung mit nur einem einzigen Schlag zu entscheiden. Wie weit dieses Ideal erreicht werden kann, mag dahingestellt sein. Ganz ausgeschlossen ist es jedoch nicht, wenn wir uns einmal vergegenwärtigen, warum ein Gegner aufgibt. Sicher nicht, weil unsere Technik durch ihre Ästhetik beeindruckt, sondern weil er von seiner Niederlage überzeugt ist. Abgesehen von so drastischen Folgeerscheinungen wie Bewusstlosigkeit, Tod oder Verstümmelung kann dies auch durch einen für ihn unerträglichen Schmerz geschehen. Dafür gibt es am Körper besonders geeignete Stellen. Heftiger Schmerz kann das Bewusstsein trüben, sogar soweit, dass es zur Ohnmacht kommt.

Das Einwirken auf Vitalstellen muss jedoch nicht immer schmerzhaft sein. Bestimmte, meist auch in der Akupunktur für die Therapie ausgewählte Kyūsho wirken, auch ohne dass der Gegner dies direkt bemerken würde, und wenn, dann dadurch, dass er plötzlich die Balance verliert, ihm schwindelig wird und dergleichen mehr. Hierzu gehören auch Einwirkungen, die den Gegner gezielt krank machen, durch Manipulation bestimmter Punkte oder deren Kombinationen, wobei ein der Akupunktur entgegengesetzter Prozess abläuft und das Qi in Disharmonie gebracht wird (die Akupunktur soll ja durch Regulation und Ausgleich des Qi zur Gesundung führen). Solche Verfahren sind aber sehr schwer zu erlernen. Hinzu kommt, dass der Körper von sich aus bestrebt ist, derlei Einwirkungen zu widerstehen. Er wird also eine heilende Einwirkung eher akzeptieren als eine krankmachende.

Nach traditioneller Sichtweise wirkt man über die Kyūsho direkt auf des Qi des Gegners ein. Gewiss kann man die Wirkung auf manche Vitalstellen auch durch die Erkenntnisse der modernen Medizin, also anhand von Anatomie, Physiologie und Neurologie, erklären. Der Effekt wäre dann durch eine Einwirkung auf Nerven, Blutgefäße und Hormonsystem erklärbar. Es gibt aber eine große Anzahl von Punkten und Zonen, die aus modern-medizinischer Sicht keine herausragenden Strukturen enthalten und dennoch eine recht augenscheinliche Wirkung entfalten können, sowohl für die Heilung als auch bei einer Anwendung im Kampf.

In den meisten Kampfkunstschulen sowohl in China als auch in Japan gehörten Kenntnisse der damaligen – heute »traditionell« genannten – Medizin zum »Lehrplan«. Dies zum einen, um den Feind möglichst effektiv schädigen zu können, und zum anderen, um in der Lage zu sein, Schäden von sich selbst abzuwenden beziehungsweise zu beheben oder auch um Kameraden medizinisch versorgen zu können.

Experten der Kampfkunst waren in der Regel zudem Mitglieder der höheren sozialen Schichten. Sie waren darum meist gebildete Leute, die sich in den klassischen Werken auskannten. Zumindest die Grundlagen der chinesischen Medizin gehörten für sie zum Allgemeinwissen, daher wussten sie mit dem Qi »umzugehen«.

Mit zunehmendem Fortschritt des Übenden wird die Art des Einflusses auf das Ki des Gegners immer filigraner und damit ökonomischer. Das Erlernen derartiger Taktiken wird aber in demselben Maße schwieriger. Die »edelste« Art wäre zudem eine Beeinflussung *ohne* physischen Kontakt, gleichsam von Ki zu Ki, oder von Geist zu Geist, vielleicht, indem man mit wohlwollenden Worten auf das Gemüt des Gegners einwirkt oder beide Kontrahenten ihren Verstand (als Teil ihres Geistes) walten lassen und einsichtig werden.

Ganz gleich, was man tut, Ziel einer jeden Kampfstrategie ist die Einflussnahme auf das Ki des Gegners, um ihn zu besiegen, ihn besiegbar zu machen oder ihn vom Kampf abzuhalten. Durch die Anwendung der Kata muss dies auf den verschiedenen Ebenen des Kampfes, von der rein physischen bis hin zur geistigen Auseinandersetzung, erreicht werden können. Zum vollständigen Training gesellt sich darum neben dem formellen Üben der Technik in Kata und Kihon auch das Einspielen von Timing und Abstand mit einem Partner, wozu auch die Erfahrung des Misslingens gehört. Sich an eine solche Situation anzupassen, ist nur durch entsprechend flexibles Üben möglich (Abschnitt 11.4).

Während bei den weichen Techniken ein besonderes Einfühlungsvermögen in die Anatomie oder Balance des Gegners vonnöten ist, kommt es bei den Schlägen, Stößen und Tritten besonders auf den angemessenen Abstand an, verbunden mit der Fähigkeit, im Moment des Aufpralls für ausreichende Stabilität zu sorgen. Um letzteres zu erreichen, kommt eigentlich nur die Arbeit an Makiwara und Sandsack in Frage. Obwohl also die Kata für uns die zentrale und wichtigste Übungsform darstellt, so kann sie doch nur in Verbindung mit Makiwara und

Kumite sowie einem profunden Wissen über die angewandten Prinzipien optimal eingesetzt werden. Erst dann wird das Karate den Anforderungen einer Kampfkunst gerecht, und es kann in Extremsituationen zu einer spontanen und effektiven Reaktion kommen.

Bei der Übung mit Partner gibt es prinzipiell zwei Varianten. Bei der einen lässt man sich von einem Partner mit einer vorgegebenen Technik angreifen, wehrt diese ab und entwickelt daraus eine Konteraktion. Dabei steigen mit zunehmendem Fortschritt der Übenden die Anforderungen an Technik, Schnelligkeit und Timing. Diese Art der »verabredeten Partnerübung« wird *yakusoku-kumite* genannt. Im Gegensatz dazu steht das *jiyū-kumite*, die »freie Partnerübung« mit all ihren Varianten vom leichten Übungskampf über den Wettkampf bis hin zum realen Kampf auf Leben und Tod. Während beim verabredeten – also letztlich immer noch formalen – Üben technische Feinheiten erarbeitet werden, geht es beim Freikampf um die Schulung von Reaktion, Abstandsgefühl und Timing, um Dinge, die allein durch Üben der Kata kaum zu erlangen sind.

Eine besondere, zwischen Jiyū- und Yakusoku-kumite angesiedelte Art des Übens ist das Iai. Zwar sind die Techniken für Angriff und Konter noch vorgegeben, der Angriff soll aber so ausgeführt werden, dass der Verteidiger möglichst »überrascht« wird. Zudem kann der Angriff aus allen Richtungen des Raumes kommen.

I-ai bedeutet übersetzt in etwa »mit der Präsenz in Einklang«. Unter »Präsenz« ist die eigene Anwesenheit zu verstehen, aber auch die aller Wesen und Dinge um einen herum. Die Übung des Iai soll zu einem Zustand führen, bei dem das eigene Innere vollständig mit dem Äußeren harmoniert, so dass eine angemessene Reaktion auf jede, insbesondere auf eine unvorhergesehene Attacke stattfinden kann. Rein technisch betrachtet ist das Iai (des Karate), ähnlich wie die meisten Formen des Jiyū-kumite, relativ einfach gehalten.

Insbesondere im Freikampf kommt aus Gründen der Sicherheit nur ein Bruchteil des an sich zur Verfügung stehenden technischen Repertoires zum Einsatz, darunter vor allem solche Techniken, die leicht kontrollierbar sind.

11.2. Probleme der Auslegung

Bereits beim Erlernen des Karate laufen wir Gefahr, wesentlichen Irrtümern zu unterliegen. So zum Beispiel, wenn wir beginnen, die im Kihon erlernten Grundtechniken mit dem Partner zu üben und meinen, wir würden lernen, Techniken der Kampfkunst ihrem Sinn und Ursprung entsprechend einzusetzen. Die uns heute so selbstverständlich erscheinende Dreiteilung der Karate-Praxis in Kihon, Kumite und Kata ist aber eigentlich schon das Resultat einer Interpretation, die gemeinhin unter dem Begriff *Bunkai* bekannt ist.

Wer heute Karate übt, sei es mit oder ohne Partner, übt den Inhalt der über viele Generationen vermittelten Kata entsprechend der Analyse von Experten der 1920er und 1930er Jahre. In jener Zeit entstanden nicht nur die bis heute üblichen Formen des Kumite, sondern auch die in den Kata besonders häufig anzutreffenden und darum für das Karate für wesentlich gehaltenen Basistechniken erhielten ihre Namen – das Kihon entstand. Jedoch grenzen diese Bezeichnungen, wie *oi-zuki* oder *age-uke,* den Auslegungsspielraum solcher Techniken oder Kamae indirekt ein.

Das Wort *oi-zuki*, wörtlich in etwa »hingehen und stoßen«, führte beispielsweise bei mir lange Zeit zu der Annahme, es handele sich um eine Technik, mit der man einen Gegner direkt angreift.[182] Dass man sich einen derartigen initialen Angriff wegen der sich ergebenden Blöße und des hohen Risikos eines Scheiterns bei einem halbwegs gut ausgebildeten Gegner kaum erlauben sollte, blieb mir bei dieser irrigen Fehlauslegung ebenso unklar wie der Umstand, dass der Einsatz von Oi-zuki, genau wie von allen anderen Techniken des Angriffs, beim Gegner einen Zustand verminderter Reaktionsfähigkeit voraussetzt, sei es durch einen Moment der getrübten Aufmerksamkeit oder aufgrund der Wirkung vorausgegangener Aktionen.

Da Oi-zuki eine relativ langsame Technik ist, kommen solche kurzen Augenblicke gegnerischer Unaufmerksamkeit für dessen Anwendung kaum in Frage, wohl aber sein Einsatz als finaler Stoß bei einem bereits angeschlagenen Gegner. Dies ist womöglich ein Grund, warum Oi-zuki und verwandte Angriffe in den Kata eher am Ende einer Sequenz auftauchen, aber nie zu Beginn. Wenn also Oi-zuki im Kumite als Technik des initialen Angriffs geübt wird, dann nur stellvertretend für alle Angriffe, bei denen eine weite Distanz zum Gegner überbrückt werden muss. Dies ist besonders dann der Fall, wenn dieser eine Waffe trägt (siehe weiter hinten). Beim Kumite handelt es sich demnach um eine *Übung*, bei der innerhalb der Kata tradierte Prinzipien des Kampfes mit dem Partner für die Praxis herausgearbeitet und studiert werden, aber keinesfalls um die Anwendung einer Form.

Ähnliches passiert, wenn man den Begriff *age-uke* allzu wörtlich nimmt. Das japanische Wort *ageru* bedeutet in der Tat »nach oben führen«. Aber *ukeru* heißt keineswegs »abwehren«, sondern »auf«- oder »annehmen«. Innerhalb der Denkkategorien des Karate als Methode des Schlagens und Stoßens ergibt sich so leicht eine allzu eng gefasste Interpretation von *ukeru* als das Annehmen eines gegnerischen Angriffs in Form einer definierten harten Abwehrtechnik. Uke-waza sollen sicher den Arm oder das Bein des Gegners aus der Bahn bringen, damit man nicht getroffen oder ergriffen wird. *Ukeru* kann aber auch bedeuten, den Impuls oder die geistige Initiative des Feindes aufzugreifen. Entsprechend kann ein Großteil

---

[182] In alten auf Deutsch erschienenen Lehrbüchern liest man dann auch noch, der Stoß würde durch die Wucht des in die Bewegung geworfenen Körpers besonders kraftvoll.

der auch im Karate vorhandenen Kamae dazu dienen, das Vorhaben des Gegners zu erspüren, ohne je einen direkten Angriff abzuwehren, auch wenn dies zunächst vielleicht etwas widersprüchlich erscheinen mag.

Es gibt in den Kata Figuren mit nach vorn ausgestreckter Hand, die gemeinhin als Speerhandstoß interpretiert werden. *Nuki-te* bedeutet jedoch nicht »Speerhand«, sondern eher so etwas wie »hervordringende Hand«. Bereits erwähnt hatte ich auch die Handhaltung *sasoi-te*, die »einladende Hand« (Kapitel 7.2). Ich denke, dass die nach vorn gebrachte Hand, insbesondere wenn dies langsam geschieht wie in der Kata Seipai, eher dazu dient, einen ersten physischen Kontakt zum Gegner herzustellen.

Schon in der Kata Pinan Sandan finden wir ein recht drastisches Beispiel für eine derartige Taktik. Die dargestellte Situation wird allgemein als fehlgeschlagener Speerhandstoß angesehen: Der Gegner erfasst den angreifenden Arm, den es dann zu befreien gilt. Wie aber, wenn dies alles die Darstellung einer Situation wäre, in welcher der Gegner erfolgreich in eine zuvor gestellte Falle getappt ist?

Es fällt auf, dass der vermeintliche Speerhandstoß innerhalb der von Ankō Itosu überlieferten Kata eher selten vorkommt. Nur die Kata Kushanku-dai und Pinan-nidan enthalten ihn in Form einer finalen Technik. Wobei ich meine, dass Itosu nur dem Umstand Rechnung trug, dass die Bewegung mit Nuki-te einer Serie von Techniken mit der offenen Hand (Shutō-uke) folgt, dass hier also genausogut ein Stoß mit der Standardfaust ausgeführt werden könnte. Als Beispiel für Kata des Shuri-te, die tatsächlich als Speerhandstöße zu verstehende Bewegungen enthalten, kommt meines Wissens eigentlich nur die Kata Useishi in Frage.

Innerhalb des Naha-te sind mir zwei Kata bekannt, in denen die Bewegung mit der offenen Hand klar als Stoß mit den Fingerspitzen in die Gegend unterhalb der Rippen eines bereits fixierten Gegners angesehen werden kann. Es sind dies die Kata Seienchin und Suparinpei. Zwar enthalten Kata wie Shisōchin oder Sanseiru in der Eingangssequenz auch Stöße mit der offenen Hand, ich sehe aber auch hierin – wie in analogen Sequenzen der Kata Sōchin oder Seisan – weniger den Praxisbezug als vielmehr eine Übung zu Koordination und Kraftentfaltung.

Ich möchte an dieser Stelle keineswegs die Existenz von Speerhandstößen als Bestandteil unserer Kampfkunst in Frage zu stellen. Doch bezweifle ich, dass wirklich alle Positionen mit ausgestrecktem Arm und offener, aufrechtstehender Hand in den Kata sinnvoll als solche anzusehen sind, und möchte behaupten, dass andere Auslegungen plausibler und in der Realität auch zweckmäßiger wären (siehe weiter hinten).

Doch zurück zum »Thema des Aufnehmens« *ukeru-koto*. Ein weiteres Problem, das sich aus der bisherigen Klassifizierung der Techniken innerhalb des Kihon ergibt, liegt in dem Bestreben, jede Position des Körpers als das Endprodukt einer harten Technik zu sehen, verbunden mit der kategorisierenden Zweiteilung der Handtechniken in Stöße und Schläge einerseits und Abwehrtechniken anderseits.

Reine Körperhaltungen als solche, wie sie in den meisten japanischen Kampfkünsten beschrieben werden, kamen im alten Karate zwar vor, erhielten jedoch später »offiziell« keine Namen. Sie wurden aus dem technischen Spektrum des Karate so gut wie vollständig ausgeklammert.[183] Aber gerade in der Kamae findet das statt, was früher in den Kampfkünsten als essentiell angesehen wurde: nämlich das energetisch-geistige Einstellen auf den Gegner. Aus den Kamae heraus entwickelte sich das physische Geschehen des Kampfes, der Schlagabtausch. Das Erspüren dessen, was der Gegner vorhaben mag, kann nur in der Ruhe einer Kamae geschehen. Haltungen wie die einladende Hand, Sasoi-te, mögen darum auch dazu gedient haben, sich zu positionieren und abzuwarten, dass der Feind den ersten, für ihn (hoffentlich) verhängnisvollen Schritt tut.

Wenn dann beispielsweise von *morote-uke*, der »beidhändigen Abwehr«, oder von der »Abwehr des Schwarzen Tigers«, *kurotora-uke*, gesprochen wird, so ist das nach dem bisher Gesagten eine unangemessene Einschränkung dessen, was diese fälschlich als Abwehr deklarierten Positionen der Arme beinhalten können. Durch die Benennung der Bewegungen und Haltungen, die den Kata zu dem Zweck entnommen wurden, ein Basisprogramm zu schaffen (siehe weiter hinten), wurden indirekt Definitionen vorgenommen. So wurden bestimmte Bewegungen als Schläge oder Stöße, andere als Abwehrtechniken *festgelegt*, obwohl durch leichte Abwandlung der vorgegebenen Bewegung auch andere Anwendungen möglich wären. Ein Großteil der im Tōde-jutsu noch vorhandenen technisch-taktischen Flexibilität ist im späteren Karate dadurch verlorengegangen.

Die so geschaffenen Kategorien von Seme-waza und Uke-waza vermitteln scheinbar einen guten Überblick über das gesamte technische Spektrum der Kampfkunst Karate, was gerade der Anfänger zu schätzen weiß. Andererseits passt ein großer Teil der in den Kata enthaltenen Bewegungen und Haltungen nicht in diese Kategorien. Sie sind weder das eine noch das andere oder können sowohl das eine als auch das andere sein.

So gibt es eine ganze Reihe von Techniken, in denen zwei oder mehr Grundprinzipien – die des Stoßens, Schlagens, Abwehrens und so weiter – miteinander vereint zu sein scheinen. Dabei handelt es sich aber eigentlich gar nicht um Kombinationen aus Schlag und Stoß oder Stoß und Abwehr zu sogenannten Mischtechniken. Vielmehr waren die Bewegungen von Anfang an komplex ausgelegt, und entsprechend vielseitig war dann auch die ihnen zugedachte Anwendung.

Viele Kamae werden seit den Festlegungen der 1920er Jahre als Technik gedeutet und entsprechend bezeichnet, so im Falle von Harai-uke und Morote-uke. Ob die vorgenommenen Definitionen sinnvoll sind, wird bis heute kaum in Frage gestellt. Denn sicher hat das Ideal, den Gegner mit einem einzigen Schlag besiegen

[183] Sie sind darum auch nicht Teil der Anforderungen bei Graduierungsprüfungen.

zu können, das äußere Bild des Karate derart beeinflusst, dass Rückschlüsse auf Sinn und Zweck besagter Kamae gezogen wurden, die lange Zeit keine alternativen Auslegungen zuließen.

Erst in den letzten Jahrzehnten gibt es Interpretationen von Techniken, aber auch des Karate insgesamt, die über die bisherigen abgrenzenden Lehrmeinungen hinausgehen. Hierzu gehört auch das Sich-Lösen von der Aussage, das Karate sei eine Kunst des Kampfes, bei der (fast) ausschließlich Schläge, Stöße und Tritte zum Einsatz kommen. Das genaue Studium von Kata wie Seipai lehrt uns das Gegenteil. Beinahe die Hälfte der dort vorkommenden Bewegungen fallen in die Kategorie der weichen Techniken.

Vielleicht wäre es besser gewesen, man hätte bei der Benennung der in den Kata vorkommenden Bewegungen Umschreibungen gebraucht wie »Großer Bogen der Faust« oder »Gerades Streben«, die zunächst offen lassen, auf welche Weise genau beim Gegner eine Wirkung hervorgerufen werden soll. Die Namen würden nur Angaben zu Form und Dynamik der Bewegung machen, so wie es in einem großen Teil der chinesischen Kampfkunsttradition üblich ist.

Dort war und ist es bis heute von ausschlaggebender Bedeutung, durch Bewegung und Kamae den Fluss des Ki zu optimieren. Nicht wenige technische Details unserer Kata hatten vermutlich nur diesen Zweck. Ohne das – heute meist fehlende – Verständnis für die Bedingungen eines starken und harmonischen Ki-Flusses bleiben die Hintergründe der besonderen Ausrichtungen der Arme bis hin zu den Fingerspitzen zwangsläufig unklar.

Eine weitere Quelle von Missverständnissen besteht daher auch darin, dass den wie in anderen Kampfkünsten so auch im Karate vorhandenen Kampfhaltungen, den Kamae, formal wenig Beachtung geschenkt wurde. Beim üblichen Karate-Training sind die Kamae höchst selten Thema der Übung – im Unterschied etwa zu den klassischen Schulen des japanischen Schwertkampfs. Selbst wenn das Kommando »*kamaete*!« zu vernehmen ist, wird für die geforderte Haltung doch eine Bezeichnung gebraucht, die einer Bewegung zukommt, wie zum Beispiel Gedan-barai. Das Einnehmen einer solchen Ausgangshaltung dient aber nur dazu, weitere Techniken im Rahmen des Kihon-Trainings auszuführen, hat jedoch zunächst keinen tieferen Inhalt, geschweige denn einen Wert für den Freikampf. Vielen Karateka ist darum die Existenz oder zumindest die hohe Bedeutung der Kamae für ihre Kampfkunst gar nicht bewusst.

Ein Großteil der Bewegungen, die in den in Vorgängerversionen unserer Kata als Übergänge in Kamae auszuführen waren, also sicher eher langsam und »weich«, werden heutzutage hart ausgeführt. Dies geschieht wohl auch in der irrigen Annahme, im Karate könne man nur durch den Einsatz harter Techniken zu hoher Wirksamkeit gelangen. Durch die Vorgabe, möglichst alle Techniken hart ausführen zu müssen, geht aber leicht die Chance verloren, sich weiterreichende Kenntnisse auf dem Gebiet des realen Kampfes anzueignen, bei dem ja die wahre Auseinandersetzung mit dem Gegner jenseits des physischen Schlagabtausches stattfindet. Kamae, also Kampfstellungen ohne direkte Ausführung einer Aktion, kommen demzufolge häufiger in unseren Kata vor, als es der erste Augenschein vermuten lässt.

Ähnlich liegen die Verhältnisse bei den Fußtritten. Auch diese werden in unseren Kata scheinbar nur am Rande abgehandelt. Abgesehen von einigen Tritten nach vorn und in Richtung Knie des Gegners wird man kaum fündig. Von den vier Basisfußtritten finden wir demnach nur Mae-geri und Yoko-geri wirklich explizit ausgeführt in den Kata wieder, letztere zudem in den meisten Fällen nur zur Gedan-Stufe. In einigen Kata wird so etwas wie ein Tritt nach hinten angedeutet, meist nach ausdruckstarken Drehungen. Es scheint, dass der Tritt nach hinten in früheren Zeiten aus einer Bodenlage heraus üblich war und die Art und Weise, wie wir heute Ushiro-geri treten, relativ neu ist. Kreisförmige Tritte werden in Form einer Bewegung angedeutet, die wir heute gemeinhin mit *mikazuki-geri*, also »Halbmondtritt«, bezeichnen. Unklar ist, ob nicht auch der heute so beliebte, weil spektakuläre Halbkreistritt Mawashi-geri das Produkt einer neueren Entwicklung ist.

Da sich das Tōde-jutsu und damit das Karate vorwiegend aus Stilen Südchinas zusammensetzt, ist weiterhin zu vermuten, dass Fußtritte oberhalb der Gürtellinie die Ausnahme waren. Höhere Tritte wären eher typisch für die Stile Nordchinas. Das insgesamt relativ seltene Auftreten von Fußtritten in unseren Kata zeugt von deren wohl eher geringem Stellenwert für die Meister früherer Epochen.

Gesprungene Fußtritte kommen in unseren Kata fast gar nicht vor. Womöglich wurden sie unabhängig von den Kata gelehrt. Unter »normalen« Voraussetzungen sind sie auch nicht erforderlich. Nach meiner Kenntnis leistete man sich derart riskante Aktionen nur in ausweglosen Situationen. Man bezeichnet solch eine Handlungsweise, bei der man in Kauf nimmt, bei einem Scheitern total verloren zu sein, als *sutemi*, zu deutsch etwa »sieht aus wie wegwerfen« im Sinne von »opfern«. Man geht das Risiko einer Niederlage ein in der Hoffnung, durch den Überraschungseffekt trotz des hohen Einsatzes das Blatt vielleicht doch noch wenden zu können.

Unter Sutemi fallen auch bestimmte Wurftechniken, bei denen man den eigenen sicheren Stand im Vorhinein aufgibt, um den Gegner aus der Balance zu bringen. Vereinzelt findet man in den Kata Hinweise auf Aktionen, in denen der Gegner zu Fall gebracht wird, beispielsweise in der Kata Seipai. Ansonsten wird gern behauptet, dass immer, wenn in der Kata ein Sprung kommt, in Wirklichkeit der Gegner geworfen werden soll. Ich respektiere die Meister, die solcherlei Thesen vertreten, durchaus, aber ich habe diesbezüglich dennoch einige Zweifel.

In den wenigsten Fällen wird die Interpretation einer Kata oder ihrer Sequenz eindeutig sein. Im weiteren Verlauf meiner Ausführungen wird es daher nicht darum gehen, ob eine Ansicht als falsch oder richtig, wahr oder unwahr angesehen werden kann, soll oder darf. Vieles hängt von den jeweiligen Prämissen ab, von den Kriterien, inwieweit eine mögliche Anwendung als realistisch oder praxisnah eingestuft werden kann.

Wir haben gesehen, dass vieles vom historischen Kontext abhängt. Eine ganze Reihe von Anwendungen ergibt erst einen Sinn, wenn man weiß, wie die Umstände zur Zeit ihrer Entwicklung waren, also unter welchen Bedingungen früher gekämpft wurde und wie einzelne Techniken eingesetzt wurden. Hinweise auf das Tragen oder Nichttragen von Schwertern sind ein Beispiel dafür, wie immens wichtig Hintergrundinformationen für eine angemessene und für die *damalige* Zeit realitätsnahe Interpretation sind.

Zu diesen essentiellen Informationen gehört auch, dass die Aktion nicht unbedingt in Richtung des Blickes erfolgt. In der Eingangsequenz der Kata Niseishi etwa würde sich die Aufmerksamkeit nach hinten, der Richtung, aus der die gedachte Umklammerung käme, richten. Ähnliches mag man sich beim Ausführen des zweiten Satzes der Kata Seisan vorstellen, hinsichtlich der dreimaligen bogenförmigen Bewegung der gebeugten Arme nach vorn-unten in Verbindung mit dem vorwärtsgerichteten Halbschritt Tsuri-ashi (Kapitel 8.3).

Me no tsuke, der »Gebrauch des Auges«, ist eigentlich ein sehr wichtiges Detail beim Üben der Kata. Der Blick beziehungsweise dessen Richtungswechsel ist normalerweise als erster Bewegungsimpuls anzusehen, insbesondere vor Sequenzen, die mit einer Drehung einhergehen. Aber wie gesagt: Wenn der Gegner nicht gerade von vorn kommt, kann bisweilen die Reaktion dem Wechsel der Blickrichtung vorausgehen.

In diesem Zusammenhang ist auch interessant, dass der Feind in den Kata scheinbar, wenn nicht gerade von vorn, dann fast immer von links kommt. Wenn eine Kata mit einer Drehung beginnt, dann erfolgt diese in 80 Prozent der Fälle nach links. Fraglich ist, ob sich dahinter ein tieferer Sinn verbirgt oder ob dabei lediglich der Tatsache Rechnung getragen wurde, dass die meisten Menschen bei einer spontanen Drehung diejenige gegen den Uhrzeigersinn bevorzugen (siehe Kapitel 4.4). Eine andere Ursache der primären Linksdrehung in unseren Kata mag auch darin zu finden sein, dass durch sie automatisch eine »Kampfstellung« in Linksauslage eingenommen wird, die womöglich von den meisten Experten bevorzugt wurde, weil sie zum überwiegenden Teil, nicht anders als heute, Rechtshänder waren.

Jede Auslegung der Kata und ihrer Bestandteile hängt von der Wahl der Prämissen ab, von Kenntnissen über die historischen Bedingungen und die Denkweise der Menschen früherer Epochen. So etwas wie »Geheimtechniken« gibt es daher nur so lange, wie eine bestimmte Schlüsselinformation fehlt. Meist handelt es sich dabei um Details hinsichtlich der Ausführung einer Technik oder ihrer Anwendung. So manches Geheimnis lässt sich auch dadurch auflösen, dass man in erweiterten Kategorien denkt. So wird durch das Einbeziehen des Qi-Begriffs, am besten in Anlehnung an die Denkweise der traditionell-chinesischen Medizin, die Funktionsweise der Kyūsho viel eher plausibel. Jede noch so mysteriös anmutende Technik oder Wirkung wird so mit der Zeit zu etwas ganz Gewöhnlichem, so dass am Ende nur noch *ein* »Geheimnis« für das Erlangen einer starken und wirkungsvollen Kampftechnik übrigbleibt, nämlich Bescheidenheit und hartes Training.

11.3. Vom Wert des Bunkai

Nach diesem kurzen Überblick über die verschiedenen Übungsaspekte der Kampfkunst Karate und die Probleme, die sich uns stellen, wenn wir sie zu ergründen versuchen, soll es im Folgenden darum gehen, wie wir den Inhalt der Kata in die Praxis umsetzen können. Beim Erlernen der Kampfkunst durch die formale Übung werden einerseits Bewegungen vermittelt, deren Sinn recht eindeutig erscheint, während man bei anderen gar nicht recht versteht, worum es eigentlich geht. Im Laufe der Zeit wird einem vieles klarer, wohingegen bisweilen das vermeintlich Verstandene wieder fraglich wird. So manches bezüglich der Technik und deren Anwendung wird einem erläutert – oder auch nicht. Teilweise erscheinen einem die gebotenen Erklärungen sinnvoll, manchmal entstehen aber auch Zweifel, was die Praktikabilität der jeweiligen Auslegung angeht. Am weitesten kommt man in einer solchen Situation, wenn man es selbst ausprobiert, das heißt, wenn man eine bestimmte Sequenz einer Kata durchdenkt und die Anwendbarkeit mit einem Partner testet.

Das Erforschen von Kata und deren Inhalt auf verschiedenen Ebenen wird *bunkai* genannt. Das Wort *bunkai* setzt sich aus den Kanji *bun* für »Basis«, »Grund«, »Ursache« und *kai* für »Ursprung«, »Quelle«, »Wirklichkeit«, »Wahrheit« zusammen. Es wird im allgemeinen japanischen Sprachgebrauch im Sinne von »Analyse« verwandt. Man geht einer Sache auf den Grund, sucht nach der Ursache, danach, wie und warum sie funktioniert. Bei Bunkai handelt es sich darum weder um die wahre Bedeutung einer bestimmten Bewegung, noch um deren ursprünglich vorgesehene Anwendung. Bunkai führt lediglich zu einer ersten, mitunter auch schon vertieften Annäherung an den wahren Inhalt einer Sequenz und hilft so, deren Essenz oder das zugrundeliegende Prinzip zu erkennen. Auf die Weise angewandt wie in Übungen des Bunkai wird die Kata oder deren Teile in einem realen Kampf aber kaum, das heißt, es ist höchst unwahrscheinlich, dass längere zusammenhängende Teile einer Kata tatsächlich je in einem Kampf eins zu eins eingesetzt werden, sondern höchstens einmal zwei oder drei zusammenhängende Techniken.

Bunkai, das heißt, die detaillierte Ergründung aller in der Kata dargebotenen Inhalte wie Techniken, Kamae, Taktiken und mehr, ist die Grundlage unseres Vorankommens in der Kampfkunst Karate. Ohne die Analyse der Kata durch die Meister der 1920er und 1930er Jahre gäbe es heute kein Kumite- und auch kein

Kihon-Training, also nicht das Karate, wie wir es heute kennen und wohl auch schätzen. Für jeden Karateka sollte das Analysieren von Kata und die praktische Umsetzung der gewonnenen Erkenntnisse mit einem (oder mehreren) Partner(n) Teil der täglichen Praxis sein. Trotzdem meine ich, dass dem Bunkai-kumite als Übung mitunter eine allzu hohe Bedeutung beigemessen wird.

Das Durchspielen komplexer Situationen des Kampfes in Anlehnung an die Sequenz einer bestimmten Kata verleitet nämlich leicht zur Illusion einer hohen technisch-kämpferischen Kompetenz. Bei solcherart Übung steht der »Sieger« aber meist im Vorhinein fest, und die Gegner »erweisen« sich immer als unterlegen. Je mehr Bunkai man »beherrscht«, um so mehr meint man, für den realen Kampf gewappnet zu sein. Man vergisst bei einer solchen Einstellung aber, dass jedes Ereignis, auch ein realer Kampf, einmalig ist. Man kann sich mit solch vorgegebenen Übungen nur begrenzt an die Bedingungen eines wirklichen Kampfes, der ja, wenn überhaupt, in der Zukunft liegt, annähern. Auch wenn man noch so fleißig und variationsreich verschiedenste Angriffe und Verteidigungen durchspielt, so wird man doch nie die unendliche Gesamtheit aller Möglichkeiten eines Kampfgeschehens abdecken können. Ich meine darum, dass ein Training, bei dem ausschließlich das in den Kata Gebotene eins zu eins umgesetzt wird, nicht in die richtige Richtung geht.

Ein zusätzlicher Fehler bei dieser Art zu üben ist, sich so zu verhalten, wie man es im Standard-Kumite gewohnt ist. Man lässt sich von einem oder auch mehreren Partnern nacheinander (!), oft auch noch besonders realitätsfremd mit Faust-stößen oder Fußtritten aus dem Kihon, etwa Oi-zuki oder Mae-geri, angreifen und verteidigt sich – in der Regel siegreich.

Ich hatte bereits darauf hingewiesen, dass im Laufe der Entwicklung der Vorläufer des Karate in China, insbesondere in den Systemen des Weißen Kranichs, versucht wurde, aus all den möglichen Verläufen von Kämpfen die wesentlichen Gesetzmäßigkeiten herauszuarbeiten und mit den Kata für den jeweiligen Situations*typ* universell anwendbare Antworten zu geben.[184]

Ein realitätsnahes Umsetzen des Inhalts von Kata geschieht daher auf andere Weise. Durch das akzentuierte Trainieren der Kata über einen langen Zeitraum, in Verbindung mit der Arbeit am Makiwara und den verschiedenen Formen des Kumite, setzt sich das Erlernte allmählich in eine unbewusst-intuitiv wirksame Ebene der Erinnerung ab. Dadurch steht dann die Essenz des antrainierten technischen Repertoires für ein spontanes und für den Kampf effektives Handeln zur Verfügung. Man reagiert dabei nicht mit einer bestimmten, so oder so in der Kata vorkommenden Technik, sondern mit einer allenfalls ähnlichen Bewegung, die aber deren Prinzip entspricht.

---

[184] Auch die drei Angriffsstufen des Kihon-kumite können als Resultat einer solchen, wenn auch aus neuerer Zeit stammenden Strukturierung gesehen werden.

So passiert es oft, dass in Extremsituationen, in denen kaum Zeit zum Nachdenken bleibt, plötzlich in einer Weise gehandelt wird, die so nie geplant oder eingeübt wurde, die sich aber dennoch als vollkommen angemessen und zweckmäßig erweist. Ein solches intuitiv und spontan richtiges Handeln ist meiner Meinung nach das wahre Ziel der formellen Übung.

Im Grunde handelt es sich bei dieser Manifestation einer Anwendung von Bestandteilen einer Kata um ein Geschehen*lassen*, im Gegensatz zum willentlichen Einsatz bestimmter festgelegter Sequenzen, so wie es im Bunkai-kumite geschieht. Wohl gibt es auch eine fortgeschrittene Variante davon mit der Bezeichnung *henka-oyo*, zu deutsch in etwa »Abwandlung-Alternative« (Abschnitt 11.5). Aber auch hier bewegt man sich in einem noch relativ festgesteckten Rahmen, im Sinne von: »Macht der Gegner dies, so tue das«. Daher meine ich, dass über Bunkai-kumite keine echte Spontaneität erreicht werden kann.

Bunkai in der uns heute bekannten Form war auf Okinawa früher kaum üblich. Und auch heute gibt es dort nicht wenige Schulen, in denen man dem Ergründen der Kata anhand von Analysen und Übungen mit dem Partner eher ablehnend gegenübersteht.

Ich will nun versuchen, anhand von einigen Beispielen zu veranschaulichen, was ich damit meine, dass sich Routinen aus den Kata in der Praxis gleichsam von selbst umsetzen. Schon vor geraumer Zeit fiel mir auf, dass Trainingsteilnehmer bei dem Versuch, im Kumite bestimmte Übungen umzusetzen, immer wieder erhebliche Schwierigkeiten hatten. Dabei handelte es sich, wie ich meinte, um »keine großen Sachen«, sondern meist nur um eine besondere, aber eigentlich doch eher einfache Art des Körpereinsatzes. Es dauerte recht lange, bis ich endlich verstand, dass das, was mir beim Unterrichten so einfach in den Sinn kam und darum leicht nachvollziehbar erschien, im Grunde Anwendungen von Bewegungsmustern waren, die ich über viele Jahre in den Kata geübt hatte, die jedoch meinen Schülern naturgemäß nicht leicht fallen konnten, weil sie die entsprechende Kata noch gar nicht kannten. Die von mir unbewusst vorausgesetzte Fertigkeit zur Bewegung war bei ihnen einfach noch nicht entwickelt worden. Eine solche neue und ungewohnte Bewegung auch noch mit einem Partner zu üben, hätte sicher auch mich überfordert.

Wenn man beispielsweise über viele Jahre die Kata Saifa und Seisan geübt hat, dann fällt es nicht schwer, aus einer seitlichen Ausweichbewegung einen Tritt mit der Fußaußenkante gegen das Knie des Partners/Gegners zu entwickeln – auch wenn man in den beiden Kata die jeweilige Komponente der genannten Aktion in einem scheinbar anderem Zusammenhang übt. Ein Blick, der sozusagen starr auf die offenkundigen Anwendungen der Katatechniken ausgerichtet ist, hat zur Folge, dass einem die vielseitige Anwendbarkeit durch Kombination solcher Bewegungsmuster verborgen bleibt.

Ein weiteres Bespiel ist die Anwendung der Brückenhand Kake-te für das Lösen eines Griffs. Nur allzu häufig ist es mir beim Demonstrieren dieser Befreiungs-

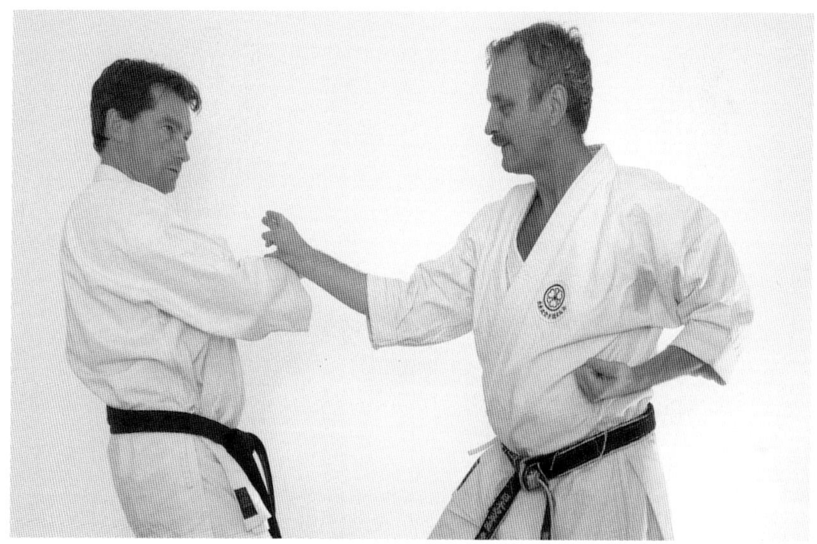

Abb. 11-1: Verbrückung und Kontrolle mittels Kake-te.

technik passiert, dass mein Partner unbewusst gegenhielt – da er ja wusste, was kommen sollte. Derartiges geschieht gar nicht so selten, auch beim Üben von Techniken, bei denen Druck oder Zug ausgeübt werden muss und für die der Partner im Laufe der Zeit – ohne es zu wollen (!) – zunehmend resistent wird. Man meint dann etwas falsch zu machen, was beim weiteren Üben zu einem wenig befriedigenden Gefühl führt.

Intuitiv (ich wollte mir ja keine Blöße geben) wandelte ich dann in den meisten Fällen die Technik von *hon-te* nach *gyaku-te*, der »normalen Handhabe« zur »Kehrhandhabe« ab. Ich drehte die Hand nicht von innen nach außen, sondern anders herum, was zu meiner eigenen Verblüffung auch bei sehr starken »Angreifern« hervorragend funktionierte. Anfangs meinte ich noch, diese Idee wäre meinem »Genius« entsprungen. Ich stellte aber später fest, dass sich auch hier zuvor von mir Erübtes spontan manifestierte. Besagte Form von Kake-te hatte ich – ohne dass es mir in diesem Zusammenhang bewusst war – viele Male in der Kata Tenshō wiederholt.

Als drittes Beispiel möchte ich die Wechselschrittkombination anführen, wie sie zum Ende vieler Versionen der Kata Bassai vorkommt. Derartige im Wechsel ausgeführte Halb- und Viertelschritte dienen dazu, den Abstand und die Ausrichtung zum Gegner anzupassen. Sie sind aber auch vorteilhaft anwendbar, um sich während eines Ausweichens oder Abwehrens eine günstige Position für den Gegenangriff zu verschaffen. In den klassischen Schulen des japanischen Schwertkampfs werden solche Schrittkombinationen in besonderen Übungen kontinu-

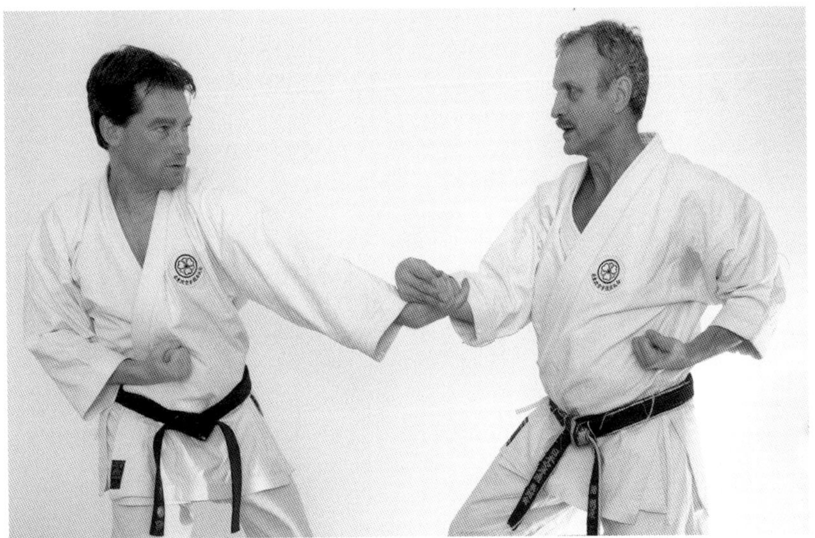

Abb. 11-2: Vermeiden des Zugriffs mittels Gyaku-kake-te.

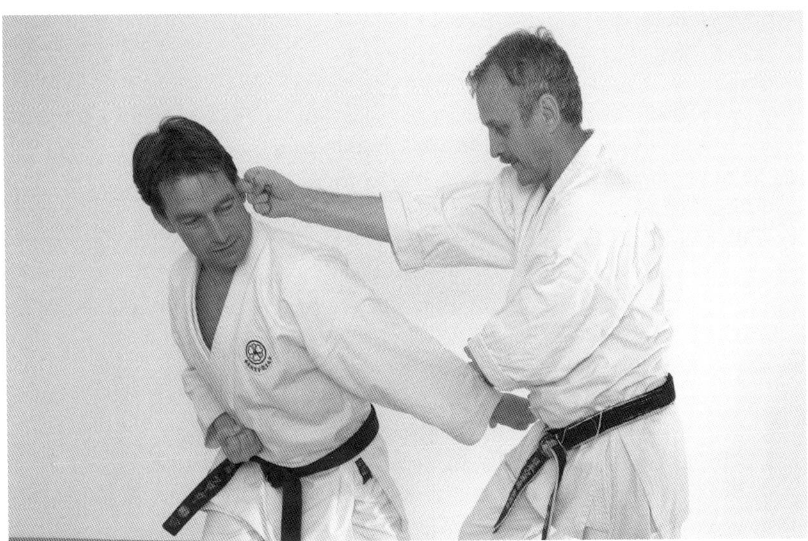

Abb. 11-3: Ipponken zu Tai-yang als sinnvolle Nachfolgetechnik.

ierlich wiederholt und »eingeschliffen«. Sie werden dort *su-buri*, zu deutsch »beständiges Wirbeln« genannt. Die gängige Interpretation der besagten Sequenz, derzufolge man wiederholt mit derselben (!) Technik, einem Simultanstoß mit beiden Fäusten, auf den Gegner einschlägt, halte ich persönlich jedoch für reichlich fragwürdig, weil fern jeglicher Realität.

Ähnlich verhält es sich mit den beidarmig ausgeführten Bewegungen, die man in nicht wenigen Kata vorfindet. Gewiss mag es bisweilen keinen anderen Weg geben, als mit beiden Händen abzuwehren, etwa in Form eines Scherenblocks. Es ist dies aber eine höchst unvorteilhafte Taktik, denn man hätte keine Hand mehr frei für weitere Aktionen. In Wirklichkeit jedoch müssten die meisten beidarmig ausgeführten Techniken »halbiert« werden. Gemeint ist, dass die Anwendung eigentlich mit nur einer Hand erfolgt, wobei die andere simultan kontert, zugreift oder sonstwie tätig wird. In den Kampfkünsten Chinas dient das beidhändige Üben der Zeitersparnis. Statt eine Technik erst links, dann rechts zu üben, wird sie bei der formellen Übung einfach gleichzeitig ausgeführt.

Ein solches Vorgehen, wie das symmetrische Ausführen zweier an sich unterschiedlicher Handbewegungen im Rahmen der Kata, diente auch der Verschleierung gegenüber Außenstehenden, die beim heimlichen Beobachten einer Form schnell in den »Genuss« einer Fehlinformation kamen. Ohne die dazugehörigen Detailinformationen gerät man beim Interpretieren unserer Kata daher schnell auf die falsche Fährte. Ich hatte bereits auf die Bedeutung der Begriffe *omote* und *ura* (das »Vordergründige« und die »Kehrseite«) hingewiesen. Die Interpretation und Anwendung der besagten Technik als »Kreuzblock« entspräche damit Omote, wohingegen unter Ura-waza die Aufteilung der Aufgaben der Hände im Sinne etwa von Abwehr mit der linken und simultaner Konterattacke mit der rechten Hand zu verstehen wäre.

Wir können uns nie sicher sein, inwieweit wir uns mit unseren Interpretationen noch auf der Oberfläche oder schon in Richtung Tiefe bewegen, das heißt, uns dem von den Meistern ursprünglich vorgesehenen Sinn einer Bewegung annähern. Zumindest wird dies ohne die nötige Schlüsselinformation enorm schwierig, wenn nicht sogar unmöglich. Besonders deutlich wird dies bei Kamae oder Bewegungen, deren Sinn so lange unklar bleibt, als man nicht in Betracht zieht, dass sie ihren Ursprung gar nicht in einer Taktik des Kampfes haben. Beispiele hierfür wären Übungen, die der Gesundheit oder der spirituellen Entwicklung dienten, wie etwa die Haltungen der Luohan (siehe Kapitel 7.4).

Auch wenn es vielfach heißt, dass nichts in der Kata ohne Sinn ist, so bedeutet dies nicht gleichzeitig, dass alles aus der Vergangenheit bis heute Übermittelte ausschließlich dem Kampf oder der Verteidigung dient. Die fälschliche Auslegung entsprechender Haltungen und Bewegungen als Kampftechniken kann fatale Folgen haben. Für Menschen früherer Generationen, insbesondere buddhistische und daoistische Mönche, war die spirituelle Praxis ein wesentlicher Bestandteil ihres Lebens. Daher ist es durchaus nicht unwahrscheinlich, dass sie entsprechende Elemente in ihre Kata integrierten und dass sich diese auch über die Umgestaltung des Karate im 19. und 20. Jahrhundert hinaus erhalten haben.

So bedeutend nun aber die Informationen über daoistische Energiearbeit oder buddhistische Mudren für das Verständnis einer Kata, deren Technik oder Kamae sein mögen, bisweilen sind sie für ihre Wirksamkeit doch relativ unerheblich. Andersherum entscheidet gerade das Wissen über energetische Zusammenhänge, also über die Funktion und Lage der Kyūsho, darüber, ob eine entsprechende Technik, die auf ebendiese zielt, effektiv ist.

Wie weit man nun mit der eigenen Forschung auch vordringen mag, es gibt bei einer Kampftechnik oder deren Anwendung keine »letzte Wahrheit«. Vielmehr gelangt man durch die intensive Suche mit der Zeit zu einer erweiterten Sicht. In der Tradition der japanischen Kampfkünste wird der Schulungsprozess auf der Ebene des einfachen Erlernens der Bewegung und ihrer profanen Anwendung nämlich keineswegs als abgeschlossen angesehen. Er umfasst vielmehr drei Stufen, die oft mit *shu-ha-ri*, »Bewahren-Durchbrechen-Loslösen«, bezeichnet werden.

In der ersten Stufe, der des Bewahrens, soll die Form ausschließlich nachgeahmt werden, ohne irgendwelche individuellen Veränderungen an ihr vorzunehmen. Man imitiert die Bewegungen des Meisters und wiederholt sie immer und immer wieder, bis das Erlernte zu einem Automatismus wird und es dem Übenden schwerfällt, außerhalb des gegebenen Rahmens der Form zu handeln. Man wird so ganz persönlich und tief mit der jeweiligen Kampfkunst beziehungsweise Ryūha verbunden.

In der zweiten Stufe, der des Durchbrechens, soll, während man weiter um die Perfektionierung der Grundlagen der Form bemüht ist, ihr vorgegebener Rahmen aufgelöst werden. Man erkennt ihre auf der eigenen Person beruhenden Grenzen körperlich-technischer Art und versucht, Variationen der Form zu schaffen, um diese Grenzen zu kompensieren.

Dringt man schließlich in die dritte Stufe, die des Loslösens, ein, so beginnt man, sich vom vorgegebenen Rahmen zu befreien, bleibt aber trotzdem in Harmonie mit den essentiellen Bestandteilen der Form, also der jeweiligen Kampfkunst. Man agiert individuell und wird eventuell sogar schöpferisch tätig. Dabei kann es sich um Weiterentwicklungen einer vorhandenen oder um die Schaffung einer gänzlich neuen Kampfkunst handeln (Bittman, siehe Literaturverzeichnis).

Das Durchwandern der drei Stufen von Shu-ha-ri ist ein langer, viele Jahrzehnte andauernder beschwerlicher Prozess. Auch wenn es für uns, wie ich meine, anmaßend wäre, neue Kampfkünste oder Ryūha entwickeln zu wollen,[185] so müssen wir andererseits nicht am Beginn der Stufe des Bewahrens klebenbleiben, sondern können zulassen, dass der allmähliche Übergang in die zweite Stufe einsetzt.

---

[185] Immer wieder werden, meist von recht jungen »Experten« neue, meist ultimative Kampfmethoden vorgestellt, welche das »Beste« aus allem bisher Dagewesenen enthalten sollen. Die Kreativität scheint hier fast unbegrenzt zu sein. Es bleibt jedem selbst überlassen zu beurteilen, inwieweit es möglich sein kann, noch bevor man die erste Stufe gemeistert hat, direkt zur dritten Stufe zu springen.

Wenn demnach spontan Bewegungen manifest werden, deren Charakteristik wir in Sequenzen der einen oder anderen Kata wiederfinden, so zeigt dies, dass wir zumindest das Stadium der ersten Stufe vollständig erreicht haben und damit für den Übergang in die zweite bereit sind. Hier soll es erlaubt sein zu hinterfragen, auszuprobieren und die Ausführung der Kata sowie deren Anwendung an die eigene Person anzupassen. Das analytische Erforschen aller Möglichkeiten der Anwendung dessen, was man mit Hilfe des Bunkai aus der Kata erlernt hat, kann hierfür als Brücke dienen. Aber erst, wenn man »Abwandlungen und Alternativen«, *henka-oyo*, zulässt, kann es zum – eigentlich ja erwünschten – individuellen Anpassungsprozess kommen, welcher die Effektivität der ausgeübten Kampfkunst gewährleistet. In dieser Phase der Entwicklung verändert sich auch die Vorstellung, die man von der Kata, und der Kampfkunst als Ganzes hegt, die Vorstellung von dem, was man tut und wofür man es tut.

Wenn dann – zunächst ab und an, mit den Jahren jedoch häufiger und irgendwann fast zwangsläufig – sich zu jeder Situation des Kampfes und der entsprechenden Kumite-Übung Reaktionen manifestieren, die eben nicht aus irgendeiner Kata stammen, aber trotzdem mit den Prinzipien aller Kata und damit des Karate an sich übereinstimmen, kommt der Prozess der zweiten Stufe zu ihrem Ende, und man beginnt, sich von der Form zu lösen. Der bekannte Schwertmeister Yagyū Munenori (siehe Literaturverzeichnis) schreibt dazu: *»Wenn du alle Formen erschöpft hast und sie aufhören, in deinem Geist zu existieren, dann hast du die Stufe erlangt, auf der du alles meisterst. Wenn du all die verschiedenen Formen erschöpft hast und durch Übungen und Praxis Fertigkeiten angesammelt hast, entstehen Bewegungen in deinen Armen, in deinen Beinen und in deinem Körper, nicht in deinem Geist. Was immer du tust, du tust es frei, unabhängig von Formen, doch ohne sie zu verletzen.«*

Um ganz und gar angemessen zu handeln, braucht es einen Geist, der sich sogar vom Rahmen der Kata befreit hat. Im folgenden Abschnitt werde ich versuchen, eine für den ersten Schritt nötige erweiterte Sichtweise auf die Auslegung und Anwendung von Techniken und Sequenzen aufzuzeigen, die in unseren Kata besonders häufig vorkommen.

11.4. Standardanwendungen und deren mögliche Irrtümer

In diesem Abschnitt soll es um die Anwendungen von Techniken gehen, von denen vielen gar nicht bewusst ist, dass auch sie aus den Kata stammen, weil sie den meisten von uns beim Erlernen des Karate als Kihon vermittelt wurden. Mit allem nötigen Respekt erlaube ich mir, auch hier das Bestehende zu hinterfragen. Die Anwendungen unserer Grundtechniken erscheinen uns klar und plausibel. Aber sind sie das wirklich?

Nach dem heutigen Stand der Erkenntnis ist nicht auszuschließen, dass beim Herauslösen dieser Techniken aus dem Verbund der Kata zwecks Schaffung eines Basisprogramms für das Training eine gewisse Vorinterpretation stattfand, die dann durch unzureichende Rahmeninformationen nur allzu beschränkt ausfallen musste. Die daraus resultierenden Vereinfachungen waren aus damaliger Sicht sicherlich hilfreich bei der Vermittlung der Grundlagen des Karate, bedeuteten aber auch eine Einschränkung im weiteren Vorankommen, insbesondere wenn man die Kampfkunst tiefer ergründen wollte.

Im Folgenden möchte ich darum einige, vielleicht etwas gewagte alternative Auslegungen der Grundtechniken anbieten, über deren Sinnhaftigkeit der Leser selbst urteilen mag. Wahrer Fortschritt ist kaum möglich ohne Denkweisen, die im ersten Moment als völlig abwegig erscheinen. Wir sind als Budōka zwar angehalten, das Alte zu bewahren, aber: Was ist *das Alte*? Nicht nur ich vermute, dass im Laufe der Entwicklung der Kampfkunst Karate hin zum System der Körperertüchtigung im imperialistischen Japan des frühen 20. Jahrhunderts und darauffolgend zum Turniersport wesentliche Bestandteile des *wirklich Alten* weitestgehend verlorengegangen oder zumindest so gut wie vergessen worden sind.

Wenn wir heute alle Vorinterpretationen unserer Basistechniken ausblenden und schauen, wo und in welcher Weise sie sich uns innerhalb der einzelnen Kata präsentieren, dann stellen wir schnell fest, dass ihre möglichen Auslegungen gar nicht so eindeutig sind, wie vielfach angenommen wird.

Techniken wie Yoko-uke und Gedan-barai lassen mehrere Anwendungen zu. Worte wie *-uke* und *-barai*, zu deutsch in etwa »annehmen« und »fegen«, verleiten zu der Annahme, es müsse sich um Techniken der Abwehr handeln, um »Blocks« oder »Paraden«. Dabei hat selbst im Deutschen das Wort *annehmen* nichts mit Widerstand zu tun, sondern bezieht sich lediglich darauf, dass die Initiative dem Gegner überlassen wird. Ebenso beschreibt *fegen* eigentlich nur eine besondere Art des Reinigens, was in unserem Kontext auf die Dynamik der jeweiligen Technik hinweist. Jede Aktion, die hilft, mit einem Angriff in irgendeiner Weise fertig zu werden, könnte darum mit »*uke*« bezeichnet werden, selbst wenn in ihr überhaupt kein »Block« vorkommt.

Bei genauerer Betrachtung lassen die entsprechenden Bewegungen, oder besser deren Endpositionen, oft eine Vielzahl weiterer Auslegungen zu. Dadurch werden Bezeichnungen wie *-uke* schnell hinfällig und können gegen Begriffe wie *-uchi*, *-osae*, oder *-kake*, also »schlagen«, »niederdrücken« oder »überbrücken«, ausgetauscht werden.

Um keine Missverständnisse aufkommen zu lassen: Die japanische Nomenklatur unseres technischen Repertoires hat sich über Jahrzehnte in der Praxis bewährt. Es wäre unsinnig, Begriffe, an die wir gewöhnt sind und die im Trainingsalltag eigentlich nur das bezeichnen sollen, was jeweils geübt werden soll, gegen andere auszutauschen, die zunächst vielleicht sinnvoller erscheinen mögen. Dies würde zudem profunde Kenntnisse der japanischen Sprache voraussetzen, abgesehen davon, dass kein noch so spitzfindiges verbales Konstrukt die Tiefe und Komplexität einer Technik der Kampfkunst auszudrücken vermag.[186] Aus diesem Grunde werde ich weiterhin bei den herkömmlichen Bezeichnungen bleiben. Ich meine nur, wir sollten unsere Fachausdrücke nicht zu wörtlich nehmen und den Techniken und Kamae mit ausreichender Flexibilität begegnen.

Im weiteren möchte ich für die fünf Standardabwehren sowie für einige weitere besonders häufig in den Kata oder beim Training vorkommende Techniken Möglichkeiten zu einer erweiterten Sichtweise anbieten. Ich werde dabei auch auf deren historische Entwicklung Bezug nehmen und versuchen zu ergründen, inwieweit sie in der Realität wirklich so anwendbar sind, wie gemeinhin gelehrt wird.

Yoko-uke: Das überaus häufige Vorkommen seitlicher Abwehrtechniken in unseren Kata erklärt sich aus der hohen Wahrscheinlichkeit, mit der Angriffe das Zentrum des Körpers, den Bereich von Brust und Oberbauch, treffen können. Ein Angriff zur »mittleren Stufe«, *chūdan*, kann auf sicherem Wege nur in Richtung linker oder rechter Körperseite aus der Bahn gebracht werden. Nach oben hätte dies fatale Folgen und nach unten müsste die Ablenkung, obwohl möglich, stark genug sein, um nicht den Unterleib zu treffen.

Die Ablenkung kann nach innen an der eigenen Mitte vorbei oder in den Bereich außerhalb des Körpers erfolgen. Kenwa Mabuni differenzierte dies sehr ausführlich in seinem Werk »Karate-Dō Nyūmon« (siehe Literaturverzeichnis).

Auch hinsichtlich des abwehrenden Armes kann nach außen und innen unterschieden werden, ob die Ablenkung an der Schulter oder der Brust vorbei erfolgt. Die erste Form weist in ihrer Charakteristik noch einen Rest von Geschmeidigkeit auf, während die zweite recht hart, fast wie ein Schlag, ausgeführt werden kann und darum auch *yoko-uchi-uke* genannt wird (siehe weiter hinten). Allerdings gibt es innerhalb der verschiedenen Karatestile unterschiedliche Ansichten, was die angemessene Bezeichnung der beiden Variationen der seitlichen Abwehr betrifft. So werden unter anderem Wortkombinationen wie *uchi-ude-uke* beziehungsweise *soto-ude-uke* gebraucht, wobei *ude* darauf Bezug nimmt, dass der Kontakt zum Gegner mit den harten Zonen des Unterarms stattfindet. Ich benutze hier das im Shitō-ryū übliche Vokabular, das eher etwas über die Dynamik der Technik aussagen soll.[187]

Die Seitwärtsabwehr nach außen unterscheidet sich von der nach innen auch

[186] Vielleicht liegt hierin ein Grund dafür, warum im alten China und im alten Japan die Techniken mit philosophisch-blumigen Umschreibungen versehen wurden.
[187] Siehe Anmerkung 90 auf S. 112.

durch die jeweilige Zone, mit welcher der Kontakt zum gegnerischen Arm (oder auch Bein) stattfindet. Bei Yoko-uchi-uke ist dies die knöcherne Zone des zweiten distalen (unteren) Fünftels der Elle, während bei Yoko-uke in seiner heutigen Form der entsprechende Bereich auf der Speiche zum Einsatz kommt.

Allerdings bevorzugte man innerhalb des Shuri-te in früheren Zeiten eine Form von Yoko-uke, bei der mit der Außenkante des Unterarms, also mit der Elle, abgewehrt wird. Ein Grund mag darin zu finden sein, dass es auf diese Weise eher möglich war, den Gegner an seiner Kleidung zu ergreifen. Viel wesentlicher ist allerdings die Tatsache, dass sich etwa fünf Zentimeter unterhalb des Handgelenks, genau auf der Kante der Speiche, ein Akupunkturpunkt, Lu 7, befindet, der besonders bei chronischen Lungenleiden angewandt wird. Unbeabsichtigte harte Treffer auf diese Zone beim Abwehren mit Yoko-uke könnten in Umkehrung des entsprechenden energetischen Prozesses die Gesundheit schwächen und bei Wiederholung zur Krankheit führen.

Ein hartes Auftreffen auf den Punkt Lu 7 wurde auch durch eine Dynamik vermieden, bei welcher der Abwehrimpuls weniger direkt, sondern innerhalb einer schraubenförmigen Bewegung entwickelt wurde und der Kontakt zum gegnerischen Arm mit der Handgelenkaußenseite stattfand. In einigen Kata finden wir derartiges in einer Kombination aus Kaishu-uke und einem direkten Übergang zur Brückenhand Kake-te angedeutet.

Hinter *kaishu-uke*, dem »Aufnehmen mit der geöffneten Hand«, steckt mehr als nur ein seitliches Abwehren. Ursprünglich wurden an der jeweiligen Stelle der entsprechenden Kata Techniken mit dem Namen *sukui-uke* ausgeführt. Mit diesen wollte man, wie der Name »auffangend aufnehmen« besagt, den angreifenden Arm von unten her ergreifen, so dass man schnell in der Lage war, auf gegnerische Vitalpunkte einzuwirken. Kaishu-uke als reine Seitwärtsabwehr ist somit ebenfalls als Resultat der mehrfach erwähnten Vereinfachungen des Karate im 19. und zu Beginn des 20. Jahrhunderts zu betrachten.

Zum tieferen Verständnis sollten wir uns auch immer wieder ins Gedächtnis rufen, dass im alten Karate, dem Tōde-jutsu, und in den chinesischen Vorformen die Fäuste viel seltener geschlossen gehalten wurden, als es seit den Reformen Ankō Itosus üblich geworden ist. Die offene Hand bietet viel mehr Möglichkeiten der weiteren Aktion und war darum praxisnäher. Dem gegenüber bietet die geschlossene Faust mehr Sicherheit. Das Risiko von Verletzungen, insbesondere der Finger, ist deutlich herabgesetzt.

Innerhalb der beiden Hauptströmungen des frühen Karate, Shuri-te und Naha-te, gibt es gewisse Unterschiede in der Ausführung von Yoko-uke. Besonders im Naha-te wird Yoko-uke eher geschmeidig als mit Härte ausgeführt. Die Abwehr besteht weniger in einem harten Kontakt als in einem Aufnehmen und Heranziehen des gegnerischen Arms. Interessant ist, dass auch Gichin Funakoshi noch in seinem Werk »Karate-Dō Kyōhan« (siehe Literaturverzeichnis) das

Prinzip der entsprechenden Technik mit *kake-te*, also »Überbrückung«, bezeichnete.[188]

Yoko-uke in der härteren Form des Shuri-te könnte eventuell Elemente anderer Techniken enthalten, so dass hier zum Beispiel sowohl abgewehrt als auch mit Uraken-uchi geschlagen wird – was dem fünften der von Kenwa Mabuni entwickelten »Prinzipien der Abwehr«, *uke no go-genri*,[189] entsprechen würde. *Hangeki* bedeutet zwar »Gegen-Angriff«, steht aber hier für eine Art Kombination aus Abwehr und Konterangriff mit ein- und derselben Armbewegung.

Die Endposition von Yoko-uke kann in einigen Kata des Shuri-te ebenso gut als die eines senkrechten Rückhandschlags angesehen werden. Insofern wäre die Eingangsbewegung von Pinan-shodan nicht nur als Kombination aus Yoko-uke und einer Deckung des Stirnbereichs interpretierbar, sondern alternativ auch als simultane Abwehr zur oberen Stufe mit einer Art Age-uke und direktem Konterangriff mit Tate-uraken-uchi.

Die beiden Formen von Yoko-uke lassen sich auch nach der Art ihrer Kraftentwicklung unterscheiden. In der Form des Naha-te geht diese nach einem kurzen Aufwärtstrend, der dem Auffangen des gegnerischen Impulses dient, wieder nach unten, wodurch der Gegner etwas aus der Balance gebracht oder eine weitere taktische Bewegung, wie das Ergreifen seines Arms, eingeleitet werden kann. Im Shuri-te hingegen geht die Bewegung leicht nach schräg oben, wodurch auch das Aufsprengen einer gegnerischen Fixierung (eines Festhaltens) möglich wird. Recht eindrucksvolle Beispiele hierfür bieten mehrere von Itosu überlieferte Kata, in denen diese Form von Yoko-uke aus Drehungen heraus ausgeführt wird.

Letztlich unterscheiden sich die beiden Formen von Yoko-uke auch darin, dass im Shuri-te eine starke Drehung der Faust im Handgelenk erfolgt, wodurch die Technik dort an Effektivität und Dynamik gewinnt. Im Naha-te dagegen wird die Position der Hand entsprechend der etwas anderen Zielsetzung während der Bewegung kaum verändert.

Ein häufiger Fehler bei der Ausführung von Yoko-uke als Basistechnik ist ein zu klein angesetzter Weg des Armes. Oberarm und Ellbogenspitze bewegen sich dann kaum und es erfolgt nur eine Rotation des Unterarms nach schräg oben. Auf diese Weise wird die Technik ineffektiv und es kann sogar passieren, dass eine Chūdan-Attacke des Gegners statt der Brust nun das eigene Kinn oder den Mund trifft.

Yoko-uchi-uke: Diese Technik kommt in ihrer bekannten Form im gesamten Spektrum der Kata eigentlich nur selten vor. Die neueren Versionen der Kata Bassai enthalten Bewegungen, die als seitliche Abwehr nach innen ausgelegt werden können. Innerhalb der Klassiker ist mir sonst nur in der Kata Sōchin in der Ver-

---

[188] Der Begriff wird im heutigen Shōtōkan so nicht mehr gebraucht.

[189] Siehe Anmerkung 155 auf S. 214.

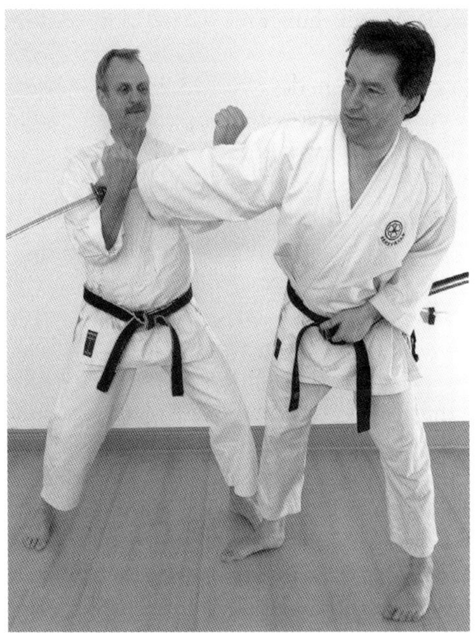

Abb. 11-4: Attacke mit Yoko-uchi-uke auf den einen horizontalen Schnitt ausführenden gegnerischen Arm

sion des Aragaki eine Sequenz bekannt, in der eine an Yoko-uchi-uke erinnernde Technik, hier in Kombination mit dem Umkehrstoß Ura-zuki, enthalten ist.

Hinsichtlich der Bedeutung des Wortes *uchi* gibt es immer wieder Missverständnisse. Die einen beziehen es auf die nach innen gerichtete Bewegung des Arms, die anderen auf die besonders harte Dynamik dieser Technik. Beides ist richtig, denn je nach Schreibweise kann *uchi* »(nach) innen« oder von *utsu/uchi(masu)* auch »schlagen« oder besser »schlagend« bedeuten. Tatsächlich kommt Yoko-uchi-uke dem Ideal einer harten Abwehr von allen Grundtechniken noch am nächsten. Meiner Meinung nach dienten solcherart Techniken aber weniger der Abwehr von Faustströßen als vielmehr dazu, den ein Schwert oder ähnliches haltenden Arm derart hart zu treffen, dass der Gegner die Waffe vor Schmerz fallen ließ (Abschnitt 9.2). Um eine solche Aktion erfolgreich ausführen zu können, ist es nötig, sich dem Gegner weit genug zu nähern, um die Distanz der Waffe zu überwinden.

Eine ähnliche Anwendung des harten Abschnitts des äußeren Unterarms, jedoch weniger als geschlagene Abwehr, findet man in diversen Kata als Kombinationsbewegung wieder. Ausgehend von Abwehrkombinationen wie Kaishu-uke/Kake-te wird der (möglicherweise bewaffnete) angreifende Arm weitergeführt und dann überstreckt. Man übt hierzu mit der harten Kante des Ellenknochens Druck auf einen Bereich oberhalb der Ellbogenspitze des Gegners aus, was dann durch den entstehenden Schmerz das Ausführen einer Hebeltechnik erleichtert. Der Gegner kann auf diese Weise unter Kontrolle gebracht, darüber hinaus kann dessen Gelenk durch einen Ruck aber auch dauerhaft geschädigt werden. Beispiele bieten die Kata Shisōchin und Wanshu (Version von Itosu).

Age-uke: So plausibel das Prinzip dieser Technik auch erscheinen mag, bei genauerem Hinsehen erweist sich deren Anwendung, so, wie sie bislang gelehrt wurde, doch ein wenig als fragwürdig. Angeblich soll mit Age-uke der Angriff in Richtung Kopf nach oben hin abgeleitet oder von oben Kommendes abgefangen werden. Angriffe zur oberen Stufe werden aber viel sinnvoller zu einer der beiden Seiten geführt, wodurch bei einem selbst eine viel geringere Lücke entsteht, als wenn der Arm in der Weise angehoben würde, wie es Age-uke erfordert. Etwas praxisgerechter sehe ich die Auslegung dieser Technik als Schutz nach oben hin, allerdings gäbe es auch hier weniger kraftintensive Alternativen.

Ich glaube fast, dass die Idee und die Notwendigkeit, nach oben hin abzuwehren, aus Zeiten stammt, als man noch mit Schild und Spieß kämpfte. Man findet entsprechende Abwehrbewegungen im Kobudō. Allerdings wird dann die Waffe – und damit der Arm – mehr nach oben *gehalten* als geschlagen, und dies wird dann als *uwa-uke*, also »nach oben hin aufnehmen« bezeichnet. Ansonsten wäre es sinnvoller, Hieben und Schlägen von oben auszuweichen als gegenhalten zu wollen.

Mir ist zudem keine einzige Kata bekannt, in der Age-uke so, wie im Kihon-kumite, mit einem Schritt zurück ausgeführt würde, sondern wenn, dann grundsätzlich mit einer Bewegung nach vorn. Die Aufwärtsabwehr mit anschließendem Konterstoß ist darum nur als Übung für den Anfänger sinnvoll. Darüber hinaus hat diese Art der Anwendung kaum strategischen Wert.

Ich persönlich könnte mir jedoch zwei sehr sinnvolle Weisen vorstellen, Age-uke anzuwenden, die von anderen als den üblichen Voraussetzungen ausgehen. Zunächst richtet sich meiner Meinung nach die aufwärts geführte Bewegung des Unterarms nicht gegen einen Faustſtoß oder sonst einen Angriff mit der leeren Hand. Trägt nämlich einer der Kontrahenten eine Waffe, dann sollte es das Bestreben des Verteidigers sein, deren Reichweite zu unterwandern, um überhaupt eine Chance auf einen Sieg zu haben.

Im Moment kurz vor Ausführung des entsprechenden Schnitts oder Schlags aus Jodan-kamae heraus abwärts (Kiri-otoshi oder Uchi-otoshi) überwindet man durch eine großen Schritt vorwärts auf den Gegner zu den gefährlichen Bereich der Waffe und kann damit direkt an dessen Armen ansetzend die Abwärtsbewegung und damit die gesamte Angriffsaktion blockieren. Zusätzlich kann durch eine Aufwärtsbewegung des eigenen Unterarms der Gegner aus der Balance gebracht werden. Dadurch können sich die Zwischenräume zwischen den Rippen so weit öffnen, dass eine Vielzahl vitaler Stellen frei wird für Stöße aus kurzer oder mittlerer Distanz. Der Ausdruck *ageru* kann sich somit auf das Anheben des eigenen Armes oder eines oder

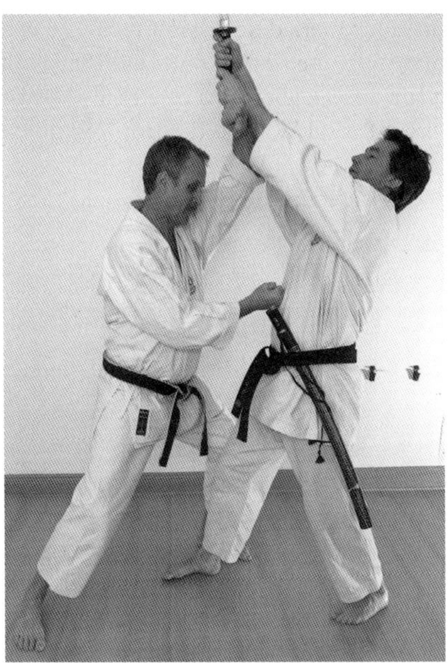

Abb. 11-5: Age-uke als strategische Antwort gegen einen Schnitt von oben.

beider Arme des Gegners beziehen oder auch auf ein direktes Herausheben desselben aus seiner Balance. Der Gegenstoß erfolgt bei einer solchen Aktion unmittelbar, fast gleichzeitig mit der Blockade des gegnerischen Angriffs. Der Abwehrarm wird dabei natürlich nicht wie etwa im Kihon-Training zur Hüfte gezogen, sondern zwecks weiterer Kontrolle des Gegners in seiner Position belassen.

Von einigen Meistern wird heute auch vielfach die Meinung vertreten, dass die Aufwärtsbewegung des Arms wohl weniger der Abwehr als vielmehr einem Angriff dient, gerade auch weil Age-»uke« sich uns ja durchweg im Vorwärtsgehen präsentiert. Bei dieser Interpretation wird ein Faustoß in einem Bogen um die Deckung des Gegners oder um dessen missglückten Angriff herumgeführt. Im Gōjō-ryū ist eine Variante dieser Strategie als *furi-zuki*, »Wirbelstoß«, bekannt.

Age-uke beziehungsweise dessen Anwendung ist nicht so simpel, wie es der erste Augenschein vermuten lässt. Auf jeden Fall ist die Abwehr von Angriffen zur oberen Stufe mit anderen Techniken sinnvoller – und auch einfacher. Anders als nach Ankündigung im Rahmen des Yakusoku-kumite ist die Höhe des gegnerischen Angriffs nie präzise voraussehbar. So kann es durchaus passieren, dass durch eine »Auswärtsabwehr« ein Stoß in Richtung Brustbein zum Hals oder von dort ins Gesicht gezogen wird, was fatale Folgen haben kann. Die Abwehr eines solchen schwer abzuschätzenden Angriffs ist mit seitlich geführten Abwehrtechniken in der Art von Nagashi-uke viel besser möglich.

Harai-uke und Nagashi-uke: Diese sind wohl die einzigen wirklichen Abwehrtechniken des Karate, mit denen durch eine klar definierte Bewegung ein Angriff sicher abgewehrt werden kann. Die Prinzipien beider Techniken sind sehr ähnlich.

Der Wortbestandteil *harai*, zu deutsch in etwa »fegend«, deutet auf eine eher weiträumige Ausführung hin, welche erfolgt, um eine sichere Distanz gewinen zu können, vor allem, wenn dies in Verbindung mit Ausweichmanövern mit Schrittbewegungen wie Tsuri- oder Mawari-ashi (Kapitel 8) durchgeführt wird. Im Idealfall wird dadurch der Gegner (nach einem Fußtritt) aus dem Gleichgewicht gebracht, oder sein Arm befindet sich nach der Abwehr in einer für ihn ungünstigen Position. Die sich so bietende räumliche und energetisch-geistige Lücke wird dann im Sinne von Go no sen (siehe weiter hinten) für den eigenen Angriff genutzt.

Die Technik wird auch gern kurz und recht hart ausgeführt, besonders nach unten und bei relativ geringer Distanz. Durch das Erschüttern des gegnerischen Ki entsteht auch hier eine Lücke, allerdings auf eine etwas andere Art als bei der großräumigen Ausführung, bedingt durch den Schmerz, der dem Gegner mit dem harten Unterarmknochen zugefügt wird. Fast möchte man dieser hart ausgeführten Variante der Technik eine andere Bezeichnung als »Harai-uke« geben, da in ihrer Motorik die charakteristischen Züge eines (großräumigen) Fegens weitgehend fehlen.

In den Kata des Naha-te kommt eine Technik vor, die man gemeinhin zwar oft als Harai-uke bezeichnet, die jedoch, obwohl diesem sehr ähnlich, eigentlich doch keine Abwehr ist. Sowohl bei der kurzen als auch der großen, kreisförmigen Bewegung denkt man im Naha-te eher an einen Schlag in den Unterleib des Gegners. In Kata wie Seipai und Seienchin wird zudem eine entsprechende Körperposition eingenommen. Im Kontext der Kata muss es sich dabei aber nicht unbedingt wirklich um eine Schlag- oder Abwehrtechnik handeln. Genau wie in Shuri- und Tomari-te diente die Haltung in tiefer Fußstellung mit einer Faust oberhalb des Knies auch als Kamae, also als Kampfstellung (»prefighting position«). Nicht selten wurden diese an eine »Action-Sequenz« angehängt, bei der man davon ausgehen konnte, dass ein imaginärer Gegner eigentlich besiegt sein sollte und man sich in eine Position des achtsamen Abwartens zurückzog (Zanshin). In anderen Kata wie Bassai oder Rōhai wird dies heute, besonders zu deren Ende hin, durch den Übergang in Haltungen wie Shutō-uke no kamae oder Kake-te no kamae dargestellt.

Das Konzept des großangelegten Fegens wurde eventuell in Anlehnung an analog angewandte Techniken des japanischen Schwertkampfes entwickelt. Selbst die dazugehörige Schrittbewegung findet man dort: das Herausgleiten mit der Abwehr und wieder hinein mit dem Konterangriff. Diese dem Go no sen entsprechende Taktik wird bisweilen auch *kusshin* genannt.[190]

Abwehrtechniken nach dem Prinzip des Fegens gibt es in allen drei Angriffstufen, wobei jene nach unten vom Gegner als härter empfunden werden. Die

[190] Siehe Anmerkung 155 auf S. 214.

bekannteste im Kihon gelehrte Variante dieser Technik ist Gedan-barai. Dieser Ausdruck ist den meisten geläufig und bedeutet »unten fegen«.[191] Die Variationen mit offener Hand wird Shutō-barai genannt, obwohl hier nicht zwangsläufig die Handkante, sondern auch der Unterarm zum Abwehren eingesetzt wird.

Bei einer weiteren Anwendung des gleichen Prinzips wird der Angriff mit der Handfläche von außen nach innen aus der Bahn gelenkt. Es handelt sich dabei aber schon um einen Übergang zu der »fließenden Abwehr«, *nagashi-uke*. Für die meisten von uns zählt Nagashi-uke zwar schon gar nicht mehr zum Kihon, aber wegen der Gemeinsamkeiten mit Harai-uke habe ich diese Technik dennoch mit an dieser Stelle aufgeführt. Zudem gibt es viele Übergänge, was, so hoffe ich, an dem obigen Beispiel bereits deutlich wurde.

Ein Hauptunterschied zwischen den beiden Abwehrtechniken ist ihr strategisches Konzept. Mit Harai-uke versuchen wir, über das Ableiten des Angriffs hinaus bereits Einfluss auf den Gegner zu nehmen, etwa, seine Balance zu stören oder ihm Schmerzen zuzufügen. Der Anwendung von Nagashi-uke hingegen liegt das Bestreben zugrunde, jeden unnötigen Kraftaufwand zu vermeiden und sich, so gut es geht, der gegnerischen Bewegung anzupassen.

Nagasu heißt »fließen lassen«. Entsprechend wird recht frühzeitig der Kontakt mit dem gegnerischen Arm oder Bein gesucht, um diese gerade eben soweit abzuleiten, dass Stoß oder Tritt ihr Ziel verfehlen. Bei einem besonders starken Gegner lässt man es dabei auch zu, dass man selbst durch den ausgeübten Druck ein wenig von ihm weggedrückt wird. Durch die Abwehrbewegung werden weniger der Gegner oder dessen Körperteile bewegt, sondern man verändert – wenn überhaupt – so weit wie nötig den eigenen Standort, bleibt aber vom Gefühl her an dem Gegner »kleben«. Dieses Vorgehen wird mitunter auch *ryūsui*, »Fluss des Wassers«, gekannt.[192]

Auch Nagashi-uke kann in allen drei Angriffsstufen zum Einsatz kommen. Die Technik bietet zweierlei Vorteile: Der geringe physische und energetische Aufwand gestattet einen sehr früh angesetzten Konterangriff, so dass es möglich wird, den Gegner noch vor Vollendung seiner Aktion – im Sinne von Sen no sen (siehe weiter hinten) – oder zumindest zeitgleich zu treffen. Nach Anwendung von Nagashi-uke in der meist bevorzugten Variante mit der offenen Hand kann außerdem leicht zugefasst und der Gegner so unter Kontrolle gebracht werden, etwa zum nachfolgenden Ansetzen von Hebel- oder Wurftechniken.

Shutō-uke: Die Abwehr mit der Schwerthand tritt nur in den Kata von Shuri- und Tomari-te auf, dort aber recht häufig. Daher hege ich persönlich meine

---

[191] Eine Eigenart der japanischen Sprache ist die Wandlung der Konsonanten in Wortkombinationen. So wird aus *haraimasu*, »sie, er oder man fegt« oder »ich fege« in Kombination mit *gedan* für »untere Stufe« aus dem *h* ein *b*.

[192] Siehe Anmerkung 155 auf S. 214.

Zweifel, inwieweit die Abwehr mit schneidendem Ki tatsächlich aus China kam oder ob sich diese nicht erst auf Okinawa aus ihren Vorläufern entwickelte. In den Kata des Naha-te hingegen gibt es diese Technik praktisch gar nicht. Daher ist zu vermuten, dass die Idee, die Handkante in Analogie zu einem einschneidigen Schwert zu gebrauchen, von Personen wie Sōkon Matsumura stammt,[193] die sowohl Experten im unbewaffneten Kampf wie auch im Umgang mit dem japanischen Schwert waren.[194]

Allerdings scheint in den meisten Stilen Okinawas die Position des leicht gebeugten Handgelenks bei Shutō-uke immer noch dem recht ähnlich zu sein, was man als Grundhaltung des Unterarms bei allen Varianten des Yongchun-baihe Südchinas wiederfindet. Nur in Stilen wie Shōtōkan und Wadō-ryū wird das Handgelenk gestreckt, so dass es sich mit dem Ellbogen und der Spitze des Mittelfingers auf einer geraden Linie befindet. Womöglich ist dies auf den Einfluss von Gichin Funakoshis zweitem Lehrer Ankō Azato zurückzuführen, der genau wie Matsumura Meister des Jigen-ryū war und bekanntermaßen die Auffassung vertrat, dass die Hände wie Schwerter zu gebrauchen seien. Entsprechend bestand Azato auch darauf, im Kampf jegliche harte Berührung durch den Gegner zu vermeiden, wohingegen Itosu der Meinung war, es sei durchaus vertretbar, gegnerische Treffer »einzustecken«.

In den Kampfsystemen Südchinas jedoch dient die erwähnte Handhaltung nicht dem imaginären Schneiden angreifender Extremitäten des Gegners, sondern eher einer ersten Kontaktnahme, nachdem sich die Distanz zu ihm auf die Reichweite der Arme verkürzt hatte.

Der Übergang zu schneidendem Ki wurde vermutlich aus denselben Gründen vollzogen, aus denen man harte Abwehrtechniken wie Yoko-uchi-uke und dessen nach unten gerichtetes Pendant Otoshi-uke entwickelte. Mit dem gezielten harten Schlag auf die Unterarme konnte man einen bewaffneten Angreifer dazu bringen, sein Schwert fallenzulassen. Es ist im übrigen keine besonders typische oder nur auf das Karate beschränkte Vorgehensweise. Viele klassische Schulen der japanischen Kampfkunst haben derartige Techniken in ihrem Ausbildungsprogramm.

Wenn wir Shutō-uke also trotzdem in Versionen von Kata, die auf die Zeit *vor* Matsumura zurückgehen, vorfinden, wie zum Beispiel die Kata Kushanku des Chantanyara (in der uns bekannten Form), so ist zu bedenken, dass wir nicht sicher sein können, wie authentisch diese überliefert sind und inwieweit sie nicht

---

[193] Gleichwohl gibt es in den chinesischen Kampfkünsten eine Position der »Schwertfinger«, bei der Zeige- und Mittelfinger gestreckt sind und der Daumen auf den Nägeln von Ring- und Kleinfinger liegt, wozu diese entsprechend gebeugt werden. Diese Handhaltung ist dem geraden, zweischneidigen Schwert nachempfunden.

[194] Es gibt in der japanischen Kunst der Schwertführung tatsächlich diagonal geführte Schnittbewegungen, die an Shutō-uke erinnern.

doch in ihrer Ausführung der Dynamik des Karate des 20. Jahrhunderts angepasst wurden. Ich vermute, dass die Meister der Generation Sakugawa und Chatanyara sich anders bewegten, zumindest aber weniger rigide, als wir dies heute tun. Letzte Gewissheit darüber gibt es aber nicht.

Die Haltung von Shutō-uke kann allerdings auch als Kamae gesehen werden. Denn obwohl man in chinesischen Systemen die Kombination Schwert- und Speerhand so kaum wiederfindet, gibt es dort doch eine Reihe von Kampfstellungen, bei denen eine Hand auf den Gegner zu und die andere in Höhe des Solarplexus gleichsam »in Reserve« gehalten wird (Abschnitt 7.5). Im Sinne einer Kamae könnte man darum Shutō-uke auch entsprechend langsam und bedächtig ausführen, ähnlich wie zum Beispiel Kake-te, also ohne den schlagend-schneidenden Charakter. Die Bewegung bekommt dann ein anderes »Feeling«. Dies bietet sich besonders an, wenn Shutō-uke als letzte, eine Kata abschließende Technik ausgeführt wird. Die Hände wären im Verlauf der gesamten fließenden Bewegung bis zum Erreichen ihrer Endposition flexibel einsetzbar. Hingegen lässt die einem Schlag ähnelnde schnelle Ausführung von Shutō-uke während der Bewegung eine Modifikation nicht mehr zu.

Insgesamt betrachtet, ist das Ideal von Shutō-uke in der Anwendung als schneidende Abwehr kaum realisierbar. Sofern die Schwerthand wirklich »schneiden« soll, ist ein vorheriges Ausweichen nötig, wodurch sich die Technik von der Abwehr in einen echten Schlag auf den Unterarm des Gegners, das heißt in einen subtilen Angriff verwandelt. Andererseits ist ein sicheres Ableiten des gegnerischen Impulses im Sinne einer echten Abwehr nur unter weitgehendem Verlust der schneidenden Härte machbar.

Oi-zuki und Gyaku-zuki: Die beiden Fauststöße gehören zum Standardprogramm jeder Karate-Ausbildung und kommen in praktisch allen Kata von Shuri-te und Tomari-te vor. In den Kata des Naha-te hingegen fehlt der Fauststoß im Vorgehen.

Die Bezeichnung *gyaku-zuki* (»umgekehrter Stoß«) für die Stoßtechnik, bei der das Bein der Seite des stoßenden Armes hinten steht, suggeriert, dass es einen normalen Stoß gibt, der dann auf japanisch *hon-zuki* heißen müßte. Diese Bezeichnung ist aber unüblich, unter anderem deswegen, weil die Bedeutung des Wortes *hon* neben »normal« auch für »wahr« steht. Da es sich aber kaum um den »wahren« Stoß handelt, wird statt dessen in einigen Stilen gern von *jun-zuki* im Sinne von »Standardstoß« gesprochen.[195] In den meisten anderen wird dagegen bei der Bezeichnung der Technik darauf hingewiesen, dass der Stoß mit einem Schritt auf den Gegner kombiniert wird. Dass man auch vorgehen

[195] Einige wenige Meister sehen den »seitenverkehrten Stoß« *gyaku-zuki* als »normalen Stoß«, also als *jun-zuki* an, und bezeichnen den »Stoß im Vorgehen« *oi-zuki* daher als *gyaku-zuki*.

und dann mit der dem vorderen Bein entgegengesetzten Seite stoßen kann, sei dahingestellt.

Bei der Vermittlung der Grundtechniken des Karate wird heutzutage schnell der Eindruck erweckt, es handele sich bei Gyaku-zuki mehr um eine Alternativtechnik oder um eine Abwandlung des »normalen« Stoßes. Wir alle wissen, dass in der Praxis eher das Gegenteil der Fall ist. In allen Formen des Kumite wie auch im Freikampf ist Gyaku-zuki der Fauststoß schlechthin. Oi-zuki wird von uns dagegen kaum mehr als nur in den Basisübungen mit Partner eingesetzt, gleichsam stellvertretend für alle möglichen bewaffneten und unbewaffneten Angriffe.

Da der Stoß im Vorgehen in den Kata insgesamt relativ selten ist und in den Kata des Naha-te sogar überhaupt nicht vorkommt, vermute ich, dass eher der Stoß mit der hinteren Hand die Standardausführung darstellt. Überhaupt unterschied man sicher in den Vorläufern des Tōde-jutsu – ebenso wie in den Stilen Südchinas von heute – gar nicht so sehr, welcher Fuß beim Stoßen vorn stand.

Das Prinzip der Gleichzeitigkeit von Abwehr und Konter sowie das von Abwehrgriff und Vitalpunktmanipulation mit anschließendem Stoß erfordern eher einen Stoß mit der Seite des zurückstehenden Beines. Die dabei eingenommenen Fußstellungen reichen in den heutigen Fassungen unserer Kata von Neko-ashi-dachi bis Zenkutsu-dachi. Bei anderen Verteidigungsstrategien und den mit ihnen verbundenen Bewegungsmustern kann aber der Stoß mit der Seite des vorn stehenden Beines durchaus von Vorteil sein. Oi-zuki kann jedoch nur in einer Vorwärtsstellung sinnvoll eingesetzt werden, wobei ich hierzu alle nach vorn ausgerichteten Fußstellungen zähle, demnach auch Fudō-dachi und alle Formen des Moto-dachi.

Ich hatte in vorangegangenen Kapiteln die These vertreten, dass der Stoß im Vorgehen nur in besonderen Kampfsituationen sicher ausgeführt werden kann. Um eine solche handelt es sich bei der Anwendung als finaler Stoß, wenn also der Gegner bereits angeschlagen ist. Nur wenn dieser nicht mehr sein volles Potential für eine Gegenwehr zur Verfügung hat, kann man es sich leisten, so offen auf ihn zu- oder in ihn hineinzugehen, wie es bei Oi-zuki der Fall ist. Andererseits hat man bei einem mit dem Schwert oder einer anderen Waffe angreifenden Gegner nur dann eine Chance zu überleben, wenn man ihm unter Verkürzung der Distanz zuvorkommt. Das normalerweise recht hohe Risiko des offenen Vorgehens mit Oi-zuki besteht hier insofern nicht, als eine im Falle eines unbewaffneten Gegners sinnvolle »Deckung« mit Hilfe der Arme genauso als Angriffsziel für die Waffe dienen könnte wie der restliche Körper. In einer so ungleichen Situation ist man so lange ungeschützt, wie man nicht aus der Reichweite der Waffe herauskommt. Natürlich kann dies auch durch eine Vergrößerung des Abstands erreicht werden – aber das bietet keinerlei strategischen Vorteil, geschweige denn die Möglichkeit, den Kampf für sich zu entscheiden.

Bisweilen wird angezweifelt, ob der innerhalb vieler Kata in Neko-ashi-dachi ausgeführte Gyaku-zuki überhaupt an einem Gegner eine ernstzunehmende Wirkung entfalten kann. Dabei wird argumentiert, dass durch den bei dieser Fußstellung extrem weit hinten liegenden Schwerpunkt und das Fehlen des nach hinten gestreckten Beines (wie bei der Ausführung im Kihon) kaum ein Widerlager gegen die Wucht des Stoßes besteht, wodurch sich kaum Kraft übertragen könne.

Eine sichere Ausführung von Gyaku-zuki in klassischer Form setzt jedoch bereits eine gute Zentrierung des Übenden voraus (Kapitel 9.2). Die Wirkung soll hier weniger durch grobe Wucht als vielmehr durch das präzise Auftreffen der stark beschleunigten Faust auf einen Vitalpunkt erzielt werden. Die Dynamik eines solchen Stoßes ist demnach nicht ganz dieselbe wie die des konventionellen Gyaku-zuki aus dem Basis(!)training. Tauscht man die Standardfaust Seiken gegen eine der früher üblicheren Arten der spitzen Einpunktfaust Ipponken, so lässt sich das Wirkpotential dieser älteren Form von Gyaku-zuki noch zusätzlich steigern.

Nuki-te und Sasoi-te: Da der Speerhandstoß eine sowohl in den Basis-Kata als auch im Kihon-Training recht häufig vorkommende Technik ist, greife ich diesen thematisch nochmals auf, obwohl das Wesentliche bereits gesagt wurde: Die »hervortretende Hand«, *nuki-te,* wird in den von Itosu überlieferten Kata als harter Stoß praktiziert und als solcher im Kumite umgesetzt. Dass man selbige auch als »einladende Hand«, *sasoi-te,* ansehen kann, wurde ebenfalls in Kapitel 7.5. erläutert. Die in Form einer Speerspitze vor dem Solarplexus am Körper aufgelegte Hand stabilisiert diesen auf komplexe und schwer zu erklärende Weise.

In den Kata Jion, Jiin und Jitte trifft man auf eine Sequenz, in der die beiden Prinzipien von Sasoi-te und Nuki-te miteinander vereint zu sein scheinen: Beim dreimaligen Vorgehen in seitlich-tiefer Stellung, Shiko-dachi, wird die Hand derart nach vorn gebracht, dass mit ihr sowohl Abwehr als auch Angriff möglich ist. Auch die unter dem Begriff *hangeki*[196] bekannte Ausführung von Abwehr und Gegenangriff innerhalb einer Bewegung ist denkbar. Die nach vorn gebrachte Hand kann jedoch auch eingesetzt werden, um den Gegner dazu zu verlocken, sie zu ergreifen. Ich beziehe mich an dieser Stelle auf die Art der Ausführung dieser Bewegung, wie ich sie vom Shitō-ryū her kenne. Mir ist bekannt, dass in anderen Stilrichtungen, wie etwa Shōtōkan und Wadō-ryū, gedanklich Stöße oder auch seitliche Abwehrtechniken mit dem Handballen ausgeführt werden. In der älteren Form dieser Bewegung ist aber all dies implizit enthalten.

Die offene, in Richtung Gegner ausgestreckte Hand eröffnet vielerlei Möglichkeiten der Anwendung, setzt aber ein flexibles Denken voraus. Zieht man hier nur eine einzige mögliche Auslegung in Erwägung, schränkt man sich unnötig ein. Die Interpretation derartiger Handpositionen, wie beispielsweise auch in der

---

[196] Siehe Anmerkung 155 auf S. 214.

Einleitung der Kata Naifanchin, als eine Art Kamae (»prefighting position«) oder »Strategiehand« – statt einer (einzigen) explizit ausgeführten Technik –, entspräche viel eher der Grundphilosophie der Schule des Weißen Kranichs, eine eingeübte Bewegung auf vielerlei unterschiedliche Weise einzusetzen.

Kake-te: Die formal wahrscheinlich vom Bild des Kranich-Flügels her abgeleitete Form der verbrückenden Hand kann streng genommen weder den Abwehr- noch den Angriffstechniken zugeordnet werden. Sie ist ein eindrucksvolles Beispiel einer Strategiehand, einer Handhaltung, aus der heraus sehr vieles möglich wird (Kapitel 7.5) Wichtig ist, zu wissen, dass im Falle eines Angriffs das Prinzip des Überbrückens erst nach erfolgter Abwehr stattfinden kann. Ansonsten ist bei entsprechender Distanz natürlich aus jeder Situation das Herstellen eines direkten Kontakts zum Gegner denkbar.

Dabei lässt sich aus der Überbrückung viel mehr machen, als nur den Gegner zu ergreifen und anschließend zu sich heranzuziehen. Ich erwähne dies noch einmal, weil ich es für sehr wichtig erachte, beim Ausführen von Kake-te, sei es in Kata oder im Kumite, jegliches Greifen erst einmal zu vergessen. Ist man zu stark auf diesen einen Aspekt dieser Handhaltung fixiert, so würde das den eigenen Handlungsspielraum im Vorwege gedanklich und letztlich dann auch auf intuitiver Ebene beträchtlich einschränken. Derartige, allzu voreilige Interpretationen lassen nicht zu, dass man sich nach dem Brückenschlag auch wieder lösen kann. Nämlich dann, wenn sich die Chance ergibt, sobald die Hand frei wird, mit der Wurzel des Zeigefingers, mit der »Schwertoberkante« oder dem »Schwertrücken«, in Richtung des gegnerischen Kopfes zu schlagen, was dann *haitō-uchi* genannt wird. Nach entsprechender Umpositionierung der Hand sind weitere Schlag- oder Stoßtechniken möglich, wie etwa der Schlag mit der Handkante, dem »Handschwert«, uns allen als *shutō-uchi* bekannt, oder dem »Stoß mit der Vordertatze«, das heißt dem Handballen, *teshō-zuki.*

Kake-te dient aber nicht nur dazu, den Kontakt zu einem Gegner herzustellen, sondern auch, sich von ihm wieder zu lösen. Die entsprechende Technik ist sehr hilfreich bei Befreiungen, wenn ein Gegner den eigenen Arm oder das Handgelenk bereits ergriffen hat. Die schon erwähnte Drehung in Gyaku-te, der umgekehrt ausgeführten Form dieser Technik, kann dabei als Alternative dienen. Und auch hier: Sobald die eigene Hand freikommt, schnellt diese vor und trifft mit dem Rücken des gebeugten Handgelenks, der »Bogenfaust«, japanisch *koken.* Es lässt sich aber auch aus einer Art Federwirkung heraus ein seitlich gerichteter Schlag mit den Fingerspitzen entwickeln (*washi-te*) – was dann tatsächlich schon etwas an das Stechen eines Vogelschnabels (in der Art eines Kranichs) erinnert.

Kake-te erfüllt in den Kata eine besondere Funktion, nämlich die einer Vermittlerrolle zwischen harter Abwehr und Konter einerseits und den weichen Techni-

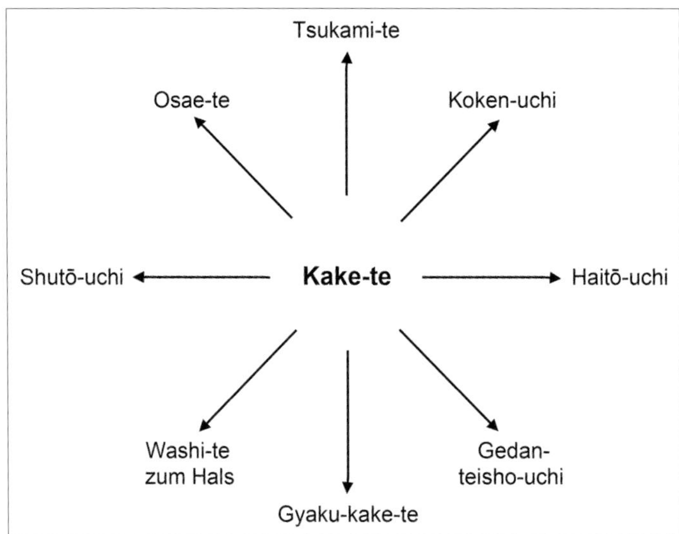

Abb. 11-6: Wandlungsmöglichkeiten für die Handhaltung aus Kake-te. Dies gilt sowohl für die rechte als auch für die linke Hand.

ken anderseits. Die Haltung der verbrückenden Hand schafft somit formal den Übergang zu Übungen mit dem Partner, in denen die Fähigkeit der Anpassung an die Bewegungen des Gegners erarbeitet werden soll, die uns unter dem Namen Kaki-e bekannt sind.

Häufig wird bei besagter Technik auch von »Kake-*uke*« gesprochen. Aber wie schon mehrfach erwähnt, schränkt eine solche Bezeichnungsweise wie »-*uke*« das Denken schnell ein. Man reduziert sich unbewusst auf das Abwehren und verliert all die Möglichkeiten aus den Augen, die diese Handhaltung darüber hinaus bietet.

Kurotora: Rein formal besteht diese Bewegung, bei der es ja eigentlich eher um das Einnehmen einer Haltung geht, aus zwei Abwehrtechniken, nämlich aus dem »unteren Fegen« *gedan-barai* und dem »seitwärtigen Aufnehmen« *yoko-uke*. Über die mögliche Herkunft des seltsam anmutenden Namens wurde in Kapitel 7.4. schon einiges ausgeführt.

Eine erste Vermutung legt nahe, es handele sich um eine kombinierte Abwehr zweier simultan ausgeführter Angriffe des Gegners. Ich will nicht gänzlich ausschließen, dass in älteren Stilen der Kampfkünste Chinas tatsächlich versucht wurde, simultan, das heißt mit beiden Armen gleichzeitig, anzugreifen (siehe weiter hinten). Wir haben in unseren Kata scheinbar noch Beispiele für solch eine Taktik vorliegen, etwa in der Kata Niseishi. Jedoch erscheint mir eine derart profane Auslegung dieser Technik doch etwas fern der Realität. Ich kann mir durchaus vorstellen, dass dies auch tatsächlich gelehrt wurde, aber zu allen Zeiten wurden »Erkenntnisse und Weisheiten« von Generation zu Generation weitergegeben, ohne hinterfragt zu werden. Und besonders im alten, vom Konfuzianismus geprägten China, galt Hinterfragen als unschicklich. Das Alte musste erhalten werden, wie die Lehre des Philosophen selbst, auch wenn der Sinn bisweilen schwer ersichtlich war oder die Bedingungen sich geändert hatten. Ob etwas wie im Falle der simultanen Angriffe wirklich funktionierte, war dabei von geringem Belang.

Eine viel geschicktere Auslegung dieser Kombinationsbewegung liegt, wie ich meine, im Konzept der »neueren« chinesischen Kampfkünste Südchinas begründet, nämlich in der Taktik einer gleichzeitigen Abwehr- und Konterbewegung – im Gegensatz zur Abwehr zweier simultaner Angriffe. Wenn man sich nur etwas von der Vorgabe des Kihon löst, dann erkennt man schnell, dass die Endpositionen der Hände ebenso gut die von Stößen und/oder Schlägen sein könnten. Das Endprodukt einer entsprechenden Kombinationsbewegung wäre daher eine Seitwärtsabwehr mit gleichzeitigem Stoß in den Unterleib oder eine Abwehr in der unteren Stufe, die von einem Stoß oder Schlag in Richtung Brust, Hals oder Kinn des Gegners begleitet wird. Natürlich müsste so etwas während einer passenden Ausweichbewegung geschehen, weil sonst die entsprechenden Abstände nicht stimmen würden (Kapitel 8.2).

Das Prinzip der Gleichzeitigkeit von Abwehr und Konter findet man auch in anderen Figuren verborgen, etwa in der meist mit »Morote-uke« bezeichneten Bewegung. Hier ist die (in der Kata) am Unterarm angelegte zweite Faust nicht als »Verstärkung« zu sehen, sondern als Faustsstoß kurz vor seiner Ausführung, der zudem an die räumlichen Verhältnisse angepasst werden kann. Je nach der sich ergebenden Distanz zum Gegner wird der stoßende Arm nur teilweise oder völlig gestreckt, wobei sich die Faust gar nicht, teilweise oder vollständig dreht (siehe weiter hinten).

Jedoch ist auch die Gleichzeitigkeit nur ein Ideal, das in der Realität kaum erreicht wird. Meist liegt eine, wenn auch sehr kurze Zeitspanne zwischen dem Kontakt während der Abwehr und dem Konterschlag oder -stoß. Interessanterweise vertrat Chōki Motobu eine Maxime von »Konter mit anschließender Abwehr«: Man sollte bemüht sein, möglichst zügig einen Treffer zu erlangen und dann erst im Zuge der weiteren Bewegung den Angriff des Gegners aus seiner Bahn zu leiten (siehe Literaturverzeichnis).

Wichtig ist, die Notwendigkeit zu verstehen, zwischen Abwehr und Konter so wenig Zeit wie möglich verstreichen zu lassen, im Idealfall eben gar keine. Dem Gegner wäre sonst allzu viel Gelegenheit gegeben, die Lage seines misslungenen Angriffs zu erkennen, sich neu einzustellen und einen weiteren Angriff zu starten oder sich in eine für ihn sichere Entfernung zurückzuziehen. Bei genauerem

Hinschauen eröffnen sich durch die entsprechende Auslegung der Kata vielerlei Möglichkeiten, all dies zu unterbinden.

Das für uns so selbstverständlich erscheinende Konzept von Abwehr mit anschließendem Konter, besonders im Kihon-kumite, geht implizit von der Annahme aus, dass der Gegner nach seinem fehlgeschlagenen Angriff gleichsam »bereit« ist für einen Gegenangriff. Ein solcher kann aber nur dann erfolgreich sein, wenn uns der Gegner eine physische und gleichzeitig mentale Lücke bietet, während der sein Ki nicht in der Lage ist, auf den Konterangriff zu reagieren.

Diese kann durchaus schon dadurch auftreten, dass er sein Scheitern bemerkt. Ein solcher Moment ist aber nur von sehr kurzer Dauer. Etwas länger wäre eine solche Phase der Reaktionsstarre, wenn der durch eine genügend hart ausgeführte Abwehr eintretende Schmerz stark genug ausfiele, um seine Aufmerksamkeit hinreichend lange abzulenken. Unsere hart ausgelegten Grundabwehren sollen dies ja angeblich bewirken. War eine solche Aktion erfolgreich, so hat sich die Abwehr bereits in einen Gegenangriff gewandelt, der sogar früher treffen kann als die misslungene gegnerische Attacke, deren gesamte Bewegung durch den harten Schlag in sich zusammenbrechen kann und deren Ki dadurch gleichsam »im Rohr steckenbleibt«. Man spricht bei solchen Fällen von der »Strategie des Vorher«, japanisch *sen no sen*.

Die »Strategie des Nachher«, *go no sen,* wird hingegen umgesetzt, indem man die Endphase eines zwar vollendeten, aber in die Leere gegangenen Angriffs ausnutzt. Der Gegner befindet sich dann oft kurz in einer für ihn räumlich ungünstigen Position, aus der heraus es ihm kaum möglich ist, angemessen zu reagieren.

Go no sen und Sen no sen werden gleichermaßen in den Kata verwirklicht. So gibt es eine Reihe von Ausweichbewegungen mit gleichzeitigem Stoß, die je nach Timing in die eine oder andere taktische Kategorie fallen, je nachdem, ob der eigene Stoß trifft, bevor einen der gegnerische Angriff erreicht hätte, oder im Anschluss daran. Die im Standardkumite praktizierte Folge von Abwehr und Konter ist also als reine Übung zu sehen, ohne die wir allerdings auch kaum in der Lage wären, zu höheren Stufen kampftechnischer Fähigkeit aufzusteigen.

Nach diesem Exkurs möchte ich nun gedanklich wieder zum Ausgangspunkt zurückkehren und mich noch etwas weiter vorwagen bei der Betrachtung der Technik oder Kamae mit dem Namen *kurotora.* Obwohl in den Kata des Shuri-te weitgehend mit geschlossenen Fäusten ausgeführt, ist es durchaus wahrscheinlich, dass zumindest früher die Variante mit offenen Händen die übliche war, was aber an ihrer Auslegung nur wenig ändern würde. Statt der Faust träfe den Gegner nun die Speer- oder Schwerthand.

Interessanter wird es, wenn wir zulassen, dass sich die Hand- und Ellbogengelenke weniger streng ausrichteten und sich besonders der untere Arm zu einem Bogen ausformt. Man nähert sich so einer Haltung der Arme, die für Kata des heutigen Naha-te als typisch angesehen wird. Ich könnte mir vorstellen, dass dies die Vorgängerhaltung von Kurotora war, und dass sich im Shuri-te erst im Zuge der Umstrukturierung allmählich die Form mit gestreckten Armen und dann mit geschlossenen Fäusten durchsetzte. Interessant ist in diesem Zusammenhang, dass in der Enpi genannten Version der Kata Wanshu des Shōtōkan eine ähnliche Bewegung mit offenen Händen in langsamer Form praktiziert wird. Womöglich ist man dem Original hier näher als in anderen Stilen, wo man die entsprechende Bewegung schnell und mit geschlossenen Fäusten ausführt.

Der Ursprung dieser Kamae könnte sowohl im Stil des Tigers zu finden sein als auch in den 18 Haltungen der Luohan. Man sollte sich bisweilen einmal fragen, wie man darauf kommt, den einen Arm angewinkelt nach oben und den andern fast im rechten Winkel dazu quer vor dem Unterbauch zu halten. Sollte es sich um die Imitation der gestreiften Großkatze handeln oder haben doch eher intuitiv-meditative Eingebungen dazu geführt?

Möglicherweise hat die Position, bei der eine Handfläche nach oben, die andere nach unten zeigt, eine besondere Bedeutung für den Haushalt des Qi. Es fällt die Häufigkeit auf, mit der diese und ihr analoge Ausrichtungen der Hände in den Kata (nicht nur des Karate) zu finden sind. Ihre Auslegung, das heißt, die mögliche Anwendung dieser Positionen, ändert sich natürlich je nach Öffnungswinkel zwischen den Armen.

Die etwas flexiblere Form der kampftechnischen Auslegung von Kurotora besteht aus *sukui-te*, der »auffangenden Hand«, oben und *osae-te*, der »niederdrückenden Hand«, unten. Die Haltung ermöglicht eine breite Palette an Reaktionen. Unter anderem können multiple Angriffe des Gegners mit Arm oder Fuß eine Zeitlang pariert werden. Auch lässt sich leicht zupacken, um etwa den angreifenden Arm von unten her aufzufangen, ins Fleisch zu greifen oder dort nach schmerzhaften Stellen zu suchen.

Ein in der Auslegung unserer Kata sehr häufig vernachlässigter Gesichtspunkt ist, dass in früheren Zeiten ein Angreifer keineswegs unbewaffnet sein musste. Im Gegenteil. Wie wir wissen, gab es diesbezüglich eine Diskrepanz zwischen Bediensteten des japanischstämmigen Satsuma-Klans und den Mitgliedern der Administration Okinawas, insbesondere was des Tragen von Schwertern betraf.

Von einem Schwert geht an sich wenig Gefahr aus, solange es sich in der Scheide befindet. Das Ziehen des mit der Schneide aufwärts im Obi[197] getragenen japanischen Schwertes ist ein heikler Vorgang, den man als Unbewaffneter leicht unterbinden kann, indem man die ausführende Hand oder den Arm des Gegners fixiert. Und genau dazu kann die Handposition Osae-te, wie wir sie in der älteren Form von Kurotora vorfinden, dienen. Die obere Hand kann sich dann leicht in angreifender Weise dem Hals des Schwertträgers nähern. Für den Erfolg einer

[197] Der etwa 3 Meter lange Gurt wurde mehrfach um den Leib gewickelt und hielt so die knielange Jacke der traditionellen Kleidung zusammen.

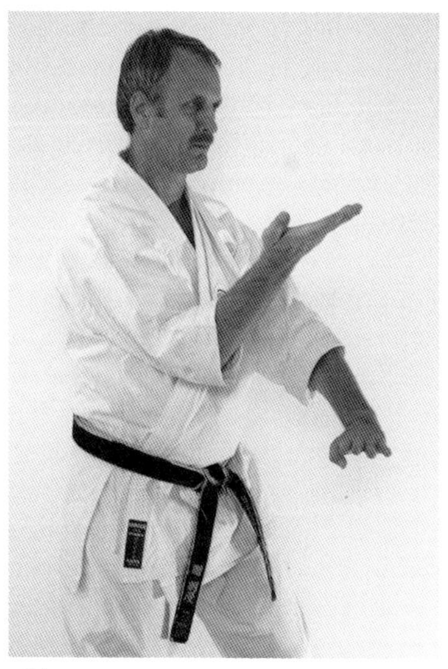

Abb. 11-7

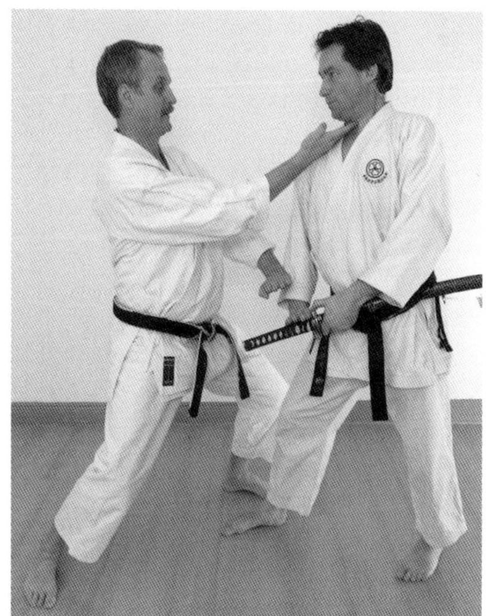

Abb. 11-8

Abb. 11-7: Die Haltung von Osae-te und Sukui-te.

Abb. 11-8: Der Gegner wird am Ziehen des Schwerts gehindert und gleichzeitig an der Kehle attackiert.

solchen Aktion ist nur wichtig, zur hinreichenden Verringerung des Abstands im rechten Moment konsequent auf den Gegner zuzugehen.

Am Ende der ersten Hälfte der Kata Pinan-yondan und mehrfach im Laufe der Kata Kushanku-shō findet man eine Situation dargestellt, die mit etwas Phantasie analog interpretiert werden könnte. Auch Auslegungen, die eine Attacke auf das gestreckte Ellbogengelenk beinhalten, wie die der Anfangssequenz der Kata Heian-nidan (Version des Shōtōkan), betreffen meiner Ansicht nach eher einen bewaffneten Angriff. Um etwa effektiv horizontal, zum Beispiel in Richtung Hals, schneiden zu können, muss das Schwert in einem weiten Bogen geführt werden, wobei der die Waffe haltende Arm relativ langgestreckt bleibt. Hierdurch wird möglich, diesen mit den eigenen Unterarmen aufzufangen und das Gelenk durch einem Ruck zu schädigen, woraufhin der Angreifer kaum noch in der Lage sein sollte, die Waffe weiter festzuhalten, geschweige denn effektive Schnitte zu vollführen.

Beidarmige Aktionen: Mit beiden Armen gleichzeitig ausgeführte Techniken sind praktisch in allen unseren Kata vorhanden, besonders aber in den Kata des Naha-te. Eine ganze Reihe von ihnen beginnt mit einer Sequenz, die wie eine simultane

Ausführung zweier Yoko-uke anmutet. Dazu werde ich in Kapitel 13 (über die Kata Sanchin und Tenshō) etwas mehr sagen.

Hinter vielen beidhändig auszuführenden Bewegungen stecken Anwendungen weicher Techniken. Zum großen Teil sind die von der linken und rechten Hand jeweils ausgeführten Bewegungen schon rein äußerlich verschieden. In anderen Fällen werden in der Kata beide Hände symmetrisch bewegt, was den Eindruck erweckt, sie würden die gleiche Aufgabe erfüllen. In Wirklichkeit handelt es sich dabei oft um eine Rationalisierung während der Entwicklung der südchinesischen Kampfstile, mit dem Ziel, bestimmte Bewegungsmuster in möglichst kurzer Zeit zu erlernen. In einem früheren Abschnitt dieses Kapitels wurde hierzu schon einiges angemerkt.

Beidhändige Aktion sind gar nicht so außergewöhnlich, und man findet sie in den Kata relativ häufig. Sie wurden jedoch bei der Entwicklung des Kihon-Trainingsprogramms ungenügend berücksichtigt. Zudem unterliegt man, so meine ich, bei deren gängigen Auslegungen einigen Irrtümern, oder besser ausgedrückt, diese entsprechen nicht mehr dem aktuellen Kenntnisstand über die historischen Zusammenhänge. Das Auftreten von Techniken wie Kosa-uke,[198] Wa-uke und Morote-uke reflektiert eigentlich das Konzept der Gleichzeitigkeit von Abwehr und Gegenangriff, und weniger das Ansinnen, unbedingt mit beiden Händen zugleich abwehren zu wollen. Obgleich ich die Notwendigkeit eines Kreuzblocks keineswegs absolut ausschließen möchte, betrachte ich solcherart Anwendungen doch eher als Sonderfälle in Extremsituationen.

Wenn auch eher selten, so ist eine symmetrisch anmutende Ausführung bestimmter beidarmiger Aktionen dann möglich und sinnvoll, wenn einem entsprechenden Angriff begegnet werden muss und sich durch die räumlichen Gegebenheiten keine Alternative eines Ableitens zur einen oder anderen Körperseite anbietet. Mit dem »Kreuz-Block« nach unten soll darum in erster Line wohl kaum eine von dort kommende Attacke direkt abgeblockt werden, wobei dann Kraft auf Kraft träfe, sondern es wird die Bewegung für die Anwendung etwas »verbogen«, so dass ein Arm der Abwehr dient, während mit dem anderen zugestoßen wird, auf den angreifenden Arm oder direkt in Richtung Unterleib des Gegners. Bei der Anwendung von kreuzförmigen Abwehrtechniken nach oben werden die in der formellen Übung aneinander liegenden Hände auseinandergezogen, was es zum Beispiel ermöglicht, direkt das Ellbogengelenk eines angreifenden Armes zu attackieren und in der Folge zu überstrecken. Auch ein simultaner Angriff zur Halsregion des Angreifers mit der vorderen Hand ist vorstellbar.

---

[198] *Kosa* bedeutet »Kreuz«; dieselbe Technik wird auch *jūji-uke* genannt. *Jūji* bedeutet »Buchstabe (für) zehn«. In der chinesischen Schrift wird die Zahl 10 durch zwei sich kreuzende (Pinsel-)Striche dargestellt.

Letztlich erscheint es mir wesentlich, auch bei der Auslegung von Kosa-uke, sowohl in der nach oben als auch der nach unten gerichteten Form, gedanklich von bewaffneten Angriffen auszugehen, zumindest in den Kata des Shuri-te.

Ich habe die »ringförmige Abwehr«, *wa-uke*, an dieser Stelle erwähnt, weil deren mögliche Anwendung meiner Ansicht nach derselben Idee folgt wie die des nach oben gerichteten Kosa-uke. Obwohl die (geöffneten oder geschlossenen) Hände in der Kata symmetrisch auf Scheitelhöhe nach vorn-oben geführt werden, erfolgt die Anwendung der Technik doch am geschicktesten derart, dass eine Hand tatsächlich abwehrt, während die andere das Gesicht oder den Hals des Gegners attackiert.

Beidarmige Aktionen mit unterschiedlicher Aufgabe der beiden Hände wurden während der Umgestaltung und Strukturierung des Karate als Budō in den 1920er und 1930er Jahren wohl als zu schwierig und auch unnötig angesehen. Schließlich sollte das Karate gar nicht mehr der Verteidigung dienen, sondern Körper und Geist stählen. Demzufolge wurde das Konzept von Abwehr mit anschließendem Konter – für die Masse der Trainierenden – als für das Verständnis des Karate vollkommen ausreichend betrachtet.

Im Zuge dessen wurde die Position eines als Seitwärtsabwehr Yoko-uke formierten Armes und der in Höhe von dessen Ellbogeninnenseite angelegten Faust als »Abwehr mit Unterstützung« angesehen, oder zumindest so benannt. Der heute für diese Technik oder Haltung gebrauchte Ausdruck *morote-uke*, »mit beiden Händen aufnehmen«, suggeriert, dass beide Hände an der vermeintlichen Abwehr beteiligt wären. Dabei hat es kaum Sinn, den abwehrenden Arm im Bereich des Ellbogens abzustützen. Wenn überhaupt, dann müsste die offene Hand an das Handgelenk oder die Faust des Abwehrarmes gelegt werden, wie es ja auch in einigen Kata des Naha-te gezeigt wird.

Eine sinnvolle Interpretation von »Morote-uke« entspräche eher dem Konzept des simultanen Gegenangriffs: Während des Ableitens nach außen erfolgt ein Stoß auf kurzer Distanz mit der (noch) ungedrehten Faust (Ura-zuki). Am deutlichsten wird dies in der Kata Sōchin des Aragaki sichtbar. Sobald man aber etwas flexibler denkt, erkennt man sehr schnell noch einen tieferen Inhalt dieser Armhaltung: eine Art Kampfstellung, *chūdan-kamae*, aus der heraus vieles möglich ist und die sogar häufig, meist jedoch unbewusst, von Teilnehmern bei Turnierkämpfen eingenommen wird (Kapitel 7.4).

Beidarmig ausgeführte Fauststöße sollten analog zu den in den Kata symmetrisch geübten Abwehrtechniken interpretiert werden. Insbesondere in Kombination mit Ausweichbewegungen werden diese »Verbundstöße«, *awase-zuki*, selten im gleichen Moment, sondern meist zeitversetzt auftreffen. Der erste Treffer könnte dabei sogar noch eine Abwehrfunktion erfüllen, wird aber noch nicht die entscheidende Wirkung entfalten. Er dient dazu, dem Gegner einen ersten Schock zu versetzen, der ihn für den Aufschlag des zweiten vorbereitet, ihn energetisch öffnet.

Gleichwohl ist auch ein simultanes Auftreffen möglich, unter Umständen für eine optimale Wirkung auch erforderlich, zum Beispiel bei dem einige Zentimeter oberhalb der Brustwarzen gelegenen Kyūsho Yingchuang (Ma 16). Beispiele bieten Kata wie Saifa oder Bassai des Ishimine.

Wird die einzelne Technik aus dem Kontext der Kata isoliert und sind nicht alle Prämissen bekannt, dann kann es bei deren Auslegung trotz aller Logik leicht zu Fehlschlüssen kommen. Je mehr zusätzliche Informationen zur Verfügung stehen, desto eher steigt die Wahrscheinlichkeit, dass man sich auf diese Weise einem realistischeren Verständnis von vermeintlich klaren Bestandteilen unserer Kata – wie beispielsweise den Techniken des Kihon – nähert. Man sollte aber auch dabei nicht vergessen, dass jede Wahrheit nur eine relative ist, und die Möglichkeit im Auge behalten, dass bei weiterem Nachforschen noch andere Erkenntnisse und Einsichten möglich sind.

11.5. Henka-oyo – das Prinzip des Wandels

Auf Vorführungen und Meisterschaften werden mitunter recht publikumswirksam Kata in Anwendung dargeboten. Die These von der Kata als symbolischer Kampf gegen mehrere Gegner wird dann derart veranschaulicht, dass »der Held« oder »der Gute« nacheinander von seinen »Feinden«, den »Bösen«, angegriffen wird, er sich ihrer unter Anwendung der in der jeweiligen Kata enthaltenen Techniken erwehrt und seine Gegner dann am Ende allesamt siegreich überwältigt hat. Nun liegen sie reglos auf der Erde, einige von ihnen wurden nach einem »zähen Kampf« zu Boden gebracht und durch einen finalen Stoß niedergestreckt. Ich gebe zu, dass auch ich an solchen Darbietungen Gefallen finde (sofern sie gut gemacht sind) und mich selbst früher mit meinen Kameraden entsprechend betätigt habe, um Werbung für unser jeweiliges Dōjō und das Karate selbst zu machen.

Es sollte nur klar differenziert werden zwischen der Show, die gewiss ihren Unterhaltungswert hat und das Karate für Außenstehende attraktiv machen kann, und einer Praxis, die zum Ziel hat, die Essenz der Kampfkunst aus der Kata zu extrahieren und dem Übenden zugänglich zu machen. Für das Publikum wäre eine realitätsnahe Darstellung des Inhalts einer Kata sicherlich wenig interessant. Alles ginge viel zu schnell, die Bewegungen wären für das ungeschulte Auge kaum sichtbar. Und wie soll man auch die Trefferwirkung auf einen Vitalpunkt glaubhaft darstellen?

Bei einer wirklichkeitsbezogenen Umsetzung muss auf alles Spektakuläre verzichtet werden. Der »Feind« soll ja eben *nicht* mitbekommen, was mit ihm geschieht und auch nicht, was man vorhat. Einen lang andauernden Schlagabtausch kann man sich im Ernstfall nicht leisten. Er wäre allzu kräftezehrend, und falls tatsächlich weitere Widersacher zugegen sind, könnten diese die Tatsache nutzen, dass der Mensch seine Konzentration jeweils nur in eine Richtung zu bündeln in der Lage ist. Maximale Effektivität bedeutet darum auch, den oder die Gegner in angemessen kurzer Zeit zu besiegen. Darauf ist das dem Karate im Wesentlichen zugrundeliegende Quan-fa, die »Faustmethode«, eigentlich ausgerichtet.

Nachdem ein Gegner präzise von einem Schlag, Stoß oder Tritt getroffen wurde, sollte er darum in sich zusammenbrechen, das Bewusstsein verlieren, bewegungsunfähig sein oder zumindest starke Schmerzen empfinden. Nur wenn keinerlei Wirkungen eintreten, könnte man einen Strategiewechsel rechtfertigen, etwa dahingehend, den Gegner in die Bodenlage zu bringen. Diese Taktik ist allerdings gar nicht so empfehlenswert, wie viele denken. Denn auf dem Rücken liegend hat ein guter Kämpfer nun alle vier Gliedmaßen für die Gegenwehr zur Verfügung. Man selbst hat in einer solchen Lage praktisch nur eine Hand frei, da die andere meist gebraucht wird, um den Gegner unter Kontrolle zu halten. Zudem könnte man vom Gegner zu Boden gezerrt werden, eine Lage, die wir Karateka eigentlich meiden sollten, da sie nicht unserem kampftechnischen Konzept entspricht und in der wir darum meist nicht die erforderliche Routine aufweisen. Die Schwierigkeit liegt für uns heute darin, dass wir kaum abschätzen können, ob und wie intensiv ein Treffer wirkt. Und ich gebe zu, auch ich habe keine so recht zufriedenstellende Lösung für dieses Problem parat.

In Abschnitt 11.1. hatte ich die These vertreten, dass unsere Kata nicht eins zu eins umgesetzt werden können und dies auch nicht dürfen. Bei der Entstehung der formellen Übungen, den Vorformen unserer Kata, waren Elemente verschiedener Konzepte und Zielsetzungen, wie spirituelle Riten und Methoden zur Stärkung der körperlichen Ressourcen, zusammengeflossen, die später in für den Kampf geeignete Bewegungsmuster umgewandelt wurden (Kapitel 3.5). Wahrscheinlich wurden auch direkt Handlungsweisen, die sich in der Verteidigung als zweckmäßig erwiesen hatten, in die sich ausbildenden Formen eingefügt. Insofern gab es in ihrem Ursprung, besonders in den ersten Jahrhunderten der Entwicklung der Faustmethode Quan-fa, sicher eine ganze Reihe von Eins-zu-eins-Anwendungen, von denen sich sogar einige bis in die heutige Zeit erhalten haben, wie es Patrick McCarthy in seinem Werk über das Bubishi andeutet (siehe Literaturverzeichnis).

Allerdings unterlagen die Formen im Laufe der Jahrhunderte durch die Übertragung über mehrere Generationen vielen Abänderungen und Überarbeitungen, von denen die gravierendsten während der Okkupation des Reiches durch die Manchu stattfanden. Besonders im schwer von den Besatzern zu kontrollierenden Süden des Reiches ging man vermehrt von der Eins-zu-eins-Übertragung einzelner Verteidigungssituationen als Muster für die Übungspraxis zu rationalisierten Trainingskonzepten über, um schneller die für den Widerstandskampf nötigen Fertigkeiten zu erreichen. Nach Analyse der vielen möglichen Kampfsituationen wurde deren Wesen extrahiert und umfassend anwendbare und kräftesparende

Techniken erarbeitet, die zudem schnell erlernbar sein sollten. Die verschiedenen Kampfstile Südchinas, allen voran die Variationen des Weißen Kranichs, Yongchun-baihe, sind als Ergebnis dieser Entwicklung zu sehen.

Obwohl also im Tōde-jutsu und damit in den Karate-Kata immer noch Eins-zu-eins-Anwendungen vorkommen mögen, ist, bedingt durch den starken Einfluß des Baihe-quan, das Grundkonzept doch ein anderes, nämlich die Verinnerlichung des Wesens einer Aktion von Angriff oder Abwehr und deren spontane Manifestation, wenn sich im Kampf eine »passende« Situation ergibt. Wohlgemerkt kann eine solcherart erarbeitete Technik auf vielerlei taktische Lagen passen, nicht nur auf eine, wie es vom Konzept her bei den »klassischen« Stilen des Quan-fa üblich war.

Wurde im Laufe der Entwicklung aus der Vielfalt das Eine extrahiert, so liegt es an uns, ob aus dem Einen wieder das Vielfältige erwächst. Um jedoch Missverständnissen vorzubeugen: »Vielfältig« bezieht sich auf einen Prozess der Diversifizierung, bei dem sich im Zuge der Übungspraxis aus einer Grundbewegung, wie zum Beispiel Kake-te, eine immense Anzahl von Anwendungen ergeben. Anders als in bestimmten Formen des Bunkai-kumite, bei denen von einer Standard-Anwendung ausgehend eine mitunter nicht enden wollende Kette von Angriffs- und Abwehrtechniken unter den Partnern ausgetauscht wird.

Bemerkenswert ist auch, dass aufgrund des geänderten Konzepts der südchinesischen Stile besser auf die Veränderungen der taktischen Lage reagiert werden kann. Möglich wird dies durch Übungen mit dem Partner, die vermehrt in jener Zeit entwickelt wurden und die wir heute unter Bezeichnungen wie *kaki-e* kennen. Nicht wenige Kata weisen bei genauerer Betrachtung derartige Wechsel auf, bei denen innerhalb einer Bewegung ein Angriff zur Abwehr wird oder umgekehrt. Als Beispiel sei an dieser Stelle die Kombination von Tsuki zu Yoko-uke im zweiten Abschnitt der Kata Passai oder zu Beginn der Kata Kushanku (des Itosu) genannt. Insofern kann es sich bei der in vielen Kata vorkommenden Endposition jener Technik, welche die meisten von uns heute als Yoko-uke ansehen, ebenso um einen schräg-aufwärts gerichteten Umkehrfauststoß, Naname-ura-zuki, wie auch um einen senkrechten Schlag mit dem Faustrücken, Tate-uraken-uchi, handeln.

Noch deutlicher wird das Konzept der Anpassung beziehungsweise deren Umsetzung in eine formale Übung in der Kata Naifanchin-sandan. Dort wird zunächst so etwas wie Ura-zuki mit Muchimi ausgeführt, worauf erneut Ura-zuki folgt, diesmal aber ungefedert mit nur noch leicht gebeugtem Arm und am Ende der Sequenz einem Stoß mit gedrehter Faust und maximal gestrecktem Ellbogen. Es werden hier in kurzer Folge mit dem gleichen Arm Angriffstechniken auf einer sich schrittweise vergrößernden Distanz vollzogen. Ich schätze die Kernaussage aber nicht unbedingt so ein, dass dreimal nacheinander versucht werden soll, den Gegner zu treffen. Vielmehr denke ich, dass die angesetzte Technik, nämlich Ura-zuki, sich je nach der Bewegung des Gegners und dem sich daraus ergebenden Abstand beendet und wirksam wird, woraus sich zwangsläufig jeweils eine etwas andere Dynamik ergeben muss, nämlich von »geschnappt« über »kurz und trocken« bis zur vollen Wucht des gestreckten Armes.

Das Prinzip der Variation einer Taktik unter Ausnutzung von sich bietenden Alternativbewegungen heißt *henka-oyo*. Die technische Abwandlung kann sich beziehen auf:

- Die Abänderung der Einzelbewegung; eine bestimmte Technik wird der Situation entsprechend in eine von der Bewegung her ähnliche variiert, wobei sich aber ihr Sinn und Charakter grundlegend ändern kann. So kann aus einer Abwehr ein Angriff werden, aus einem Stoß ein Schlag, aus einer Technik mit der Faust eine solche mit dem Ellbogen usw.
- Die Abänderung der Taktik; man antwortet auf die Aktion des Gegners mit einer gänzlich anderen Reaktion. Aus einer Kombination von Abwehr und Stoß etwa wechselt man zu einem reinen Ausweichen mit nachfolgendem Tritt. Hierzu gehören auch die Momente, in denen eine Technik fehlschlägt oder wenn die Wirkung auf einen Schlag oder Stoß anders ist als erwartet.
- Den Übergang von Kamae zur Aktion; aus einer gegebenen Kampfstellung heraus sind bestimmte Techniken möglich, andere wiederum nicht. Je flexibler und damit überraschender für den Gegner die Reaktion aus der eigenen Kamae auf dessen Impulse erfolgt, desto größer sind die Chancen auf einen Sieg.
- Die leichte Variationen der Kata zu Übungszwecken; in früheren Zeiten waren die Kata keineswegs bis ins letzte Detail vorgeschrieben. Es stand dem Übenden frei, die Art der Faust gegen eine andere zu tauschen, statt mit der geschlossenen mit der offenen Hand zu arbeiten, die Angriffsstufe zu wechseln oder von einem Tritt zum anderen überzugehen. Ich meine, dies sollte in einem gewissen Rahmen auch uns erlaubt sein, solange das Wesen der Kata dabei erhalten bleibt (das gilt jedoch nicht für Graduierungsprüfungen oder Turniere, wo die Kata sehr wohl in Verlauf und Detail genau vorgeschrieben sind!).
- Die Unterschiede zwischen den Versionen einer Kata; obwohl gleichen Ursprungs, weisen Kata mit demselben Namen von Stil zu Stil, aber auch innerhalb derselben Ryūha Unterschiede auf, die teils historisch bedingt sind, teils auf bewussten Abänderungen durch den einen oder anderen Meister beruhen.

Henka-oyo ist ein sehr wichtiger Gesichtspunkt für die Praxis einer Kampfkunst. Der Feind lässt – anders als der Partner im (Bunkai-) Kumite – nicht alles mit sich machen. Die Fähigkeit, Technik und Taktik der Situation anzupassen, setzt einen flexiblen Geist voraus. Wir können ihn dahingehend schulen, dass wir beim Üben nicht nur in eine Richtung denken und bei der Auslegung der Kata verschiedene »Wahrheiten« zulassen, solange die Prinzipien der Kampfkunst, die sich aus den Grundlagen von Physik, Anatomie und Physiologie in Verbindung mit angewandter Psychologie ergeben, erhalten bleiben.

Nach Durcharbeiten aller möglichen Variationen von Waza und Kamae gelangt man allmählich zum Wesentlichen. Durch das Erfassen der Essenz kehrt man gleichsam zurück zur Einfachheit, die aber eine umfassende Komplexität in sich birgt. Die technisch aufwendigen Kata dienen dem Erkennen und Erarbeiten von Prinzipien und dem Vertiefen dieser Essenz, also als Werkzeug oder Brücke. Beim individuellen Beschreiten des Übungsweges begnügt man sich darum im Laufe der Zeit mit immer weniger Kata, dann mit weniger Technik, am Ende kommt man vielleicht ganz ohne diese aus.

11.6. Von der Analyse zur Routine

Der durch das Formalisieren bedingte Minimalismus macht es mitunter schwer, das Offensichtliche zu erkennen. Im zweiten Teil dieses Buches ging es darum, möglichst alle technischen Facetten der Kata zu ergründen. In den vorangegangenen Kapiteln bin ich darum auf die verschiedenen Ebenen der Kata eingegangen, angefangen bei den Körperhaltungen über eine Differenzierung der verschiedenen technisch-energetischen Prinzipien der Kampftechnik, bis hin zur vielschichtigen Problematik ihrer Anwendung.

Ich habe versucht zu vermitteln, dass die Kata als Produkt des asiatischen Logikempfindens keine eindeutige Interpretation zulässt. Vielmehr begegnet man ständig einem »sowohl – als auch«. Folglich kann die Welt so sein oder auch anders – je nach Art der Betrachtung. Diese Mehrschichtigkeit von Bedeutungen, aber auch von zugestandenen Eigenschaften, findet man zuhauf in der Kultur Chinas. Als bestes Beispiel könnte man die Ideogramme seiner Schrift anführen. Je nach Kontext, das heißt, nach ihrer Verbindung mit anderen Zeichen, ergibt sich eine mitunter recht stark ausfallende Änderung in der Bedeutung trotz unveränderter Schreibweise.

So betrachtet relativiert sich meine These, bei der Kata handele es sich nicht um einen symbolischen Kampf gegen mehrere Angreifer. Die vielen Drehungen und Wendungen sowie auf maximale Wirkung ausgelegten Schläge, Stöße und Tritte sprechen ja eigentlich dafür. Andererseits erscheint die Zusammenstellung der gegen die einzelnen imaginären Gegner gerichteten Sequenzen bei nicht wenigen Kata weit entfernt von jeglichem Realismus. Ich denke, dass das geistige und körperliche Studium der Kata uns zunächst einmal in die Lage versetzen soll, mit einem einzigen Kontrahenten fertig zu werden – doch soll uns gleichzeitig auch die nötige Agilität vermittelt werden, um sich, langjährige Praxis vorausgesetzt, tatsächlich auf mehrere Gegner einstellen zu können.

Ein Kampf kann nur durch Irreführung des Gegners gewonnen werden (Sun Zi, siehe Literaturverzeichnis). Doch um seinen Gegner wirklich überraschen zu können, muss man in der Lage sein, Außergewöhnliches zu tun und über die Norm hinauszugehen. Das einfache, wenn auch häufige Wiederholen des Ablaufs einer Kata reicht dazu nicht aus. Obwohl alles für den Kampf an Technik Notwendige in der Kata enthalten ist, braucht es doch mehr. So muss zum einen erreicht werden, dass die durch das körperliche Training erarbeiteten Fähigkeiten der Spontaneität zugänglich werden. In gewisser Weise ist ein Reifeprozess nötig, der von mehreren, teilweise bereits erwähnten Faktoren abhängt.

Unter anderem ist es nötig, eine klare Vorstellung davon zu entwickeln, was das Ergebnis der Mühe sein soll. Der Inhalt des Übens muss einen Sinn ergeben, wobei dieser Sinn sich ändern kann, ja sogar muss, wenn unsere körperlichen Fähigkeiten und geistigen Erkenntnisse sich weiterentwickeln. Nichts ist für alle Zeiten unveränderlich, auch unser Standpunkt gegenüber den Techniken, deren Prinzipen und Anwendungen sollte es nicht sein. Ohne grundlegende Offenheit gegenüber alternativen Sichtweisen kann sich ein tiefes Verständnis der Kata und damit der Kampfkunst kaum entwickeln.

Ein beträchtlicher Anteil der Erkenntnis erfolgt dabei auf intuitivem Wege. Zumindest war dies der früher bevorzugte »wahre Weg«, der aber sehr beschwerlich und zeitraubend war und ein hohes Risiko des Scheiterns barg, wenn man nicht unter der fürsorglichen Obhut eines spirituell erfahrenen Meisters trainierte. Das Wechselspiel zwischen intuitiver Übungspraxis und rationalem Denken stellt somit einen besonders für unsere modernen Bedingungen angemessenen Kompromiss dar.

Eine intuitive Umsetzung geschieht, wenn sich zum Beispiel im Kampf eine Aktion manifestiert, die man mittels der Kata nie geübt hatte, die aber dennoch nicht zu dieser im Widerspruch steht. Hierzu gehören auch solche Momente, in denen man innerlich »Ach so!« sagt, nämlich dann, wenn bestimmte Zusammenhänge, seien sie technischer, energetischer oder spiritueller Natur, mit einem Schlag klar werden. Dies kann beim Üben der Kata selbst geschehen, aber auch während des Kumite-Trainings oder bisweilen in Situationen, von denen es scheint, sie hätten direkt gar nichts mit der Karate-Praxis zu tun.

Im Bunkai, dem Ergründen der Kata mit einem Partner, bei dem wir Überlegungen und Fragestellungen hinsichtlich der Anwendbarkeit praktisch umsetzen, finden wir ein Beispiel für ein rationales Annähern. Oft wird erst bei der gemeinsamen Trainingsarbeit ersichtlich, ob etwas so funktioniert, wie man es sich vorstellt oder die Kata vorzugeben scheint.

Dabei reichen Analysen der Kata in der Weise, dass man hohe kampftechnische Qualitäten nur im Bereich des Körperlichen sucht, nicht aus. Es müssen alle

Ebenen studiert werden, insbesondere solche der psychologischen und energetisch-geistigen Bedingungen eines Kampfes, was genauso auch rational, das heißt durch logisches Denken geschehen kann und soll.

Häufig wird dieser korrekterweise mit »Bunkai« bezeichnete Prozess der mehrschichtigen Ergründung einer Kata mit derem (vorläufigen) Ergebnis verwechselt, das heißt einer von vielen technischen Anwendungen einer bestimmten Bewegung. Dabei liefert das Ergebnis einer Analyse nur Daten, die zunächst in den Rahmen eines bestehenden, logisch aufgebauten Gebäudes von Argumenten eingefügt werden müssen, um Sinn zu ergeben. Es hängt also von der Art und Weise des Denkens ab, wie das Ergebnis einer Bunkai-Studie ausfällt, sei dieses nun auf rein gedanklichem oder auf dem praktischen Wege des Partnertrainings gewonnen worden.

Um es noch einmal auf den Punkt zu bringen: Beim Bunkai handelt es sich eben nicht um das Anwenden oder gar die Bedeutung einer Kata oder eines ihrer Abschnitte, sondern um eine für das Verständnis der Kampfkunst unumgängliche Vorgehensweise des vertiefenden Studiums. Ohne Bunkai würden wir kaum einen Schritt vorankommen. Unsere tägliche Übung brächte nur wenig ernstzunehmende Resultate.

Durch das häufige variationsreiche, modellhafte Durchspielen einzelner Sequenzen kann die Sicht über die Kata derart an Tiefe gewinnen, dass allmählich die ihr innewohnenden Prinzipien zutage treten und die gemeinsame Essenz der vielen auf den ersten Blick unterschiedlichen Bewegungen erkannt wird. Dies ermöglicht uns, von der Vielfalt zum Einfachen zurückzukehren, und nach dessen Erfassen die komplette Variationsbreite zuzulassen. Man gelangt zu einem Stadium, in dem einem immer mehr möglich wird.

Bei der Auslegung der Kata gibt es kein »wahr« oder »falsch«. Eine gegebene Anwendung erscheint nur in Zusammenhang mit den jeweiligen Voraussetzungen sinnvoll, realistisch oder wahrscheinlich. Man denke an das von mir mehrfach gebrauchte Beispiel eines schwerttragenden Angreifers! Vieles bleibt so lange unsichtbar, bis die entscheidende Detailinformation zugänglich wird. Diese zu finden kann das Ziel des Bunkai an anderer Stelle (!) sein. Denn es gibt viele Überschneidungen, was den Aufbau, aber auch bestimmte Feinheiten von Kata angeht. So kann ein Aspekt, der bei einer Kata recht leicht zu verstehen ist und sich durch relativ wenig Aufwand mit einem Partner ergründen lässt, bei einer weiteren von entscheidender Bedeutung, aber dort nur sehr schwer zugänglich sein.

Voraussetzung für das Erkennen des zunächst nicht Sichtbaren ist eine hinreichende Offenheit für Erkenntnisse, die nicht in das bekannte Konzept des jeweils aktuellen Denkens passen und die darum den bisher für richtig gehaltenen Zusammenhängen zu widersprechen scheinen. Oft ist das Neue aber auch nur ungewohnt, und es bedarf lediglich ein wenig Zeit und Geduld, um es in das eigene Paradigma zu integrieren.

Hierzu gehört auf lange Sicht sogar die Bereitschaft, sich von der (rigiden) Form zu lösen. Das Anhaften an Formalismen, die nicht mehr gebraucht werden, führt sonst in die Stagnation. Kata haben nur eine Brückenfunktion. Sie bringen uns weiter auf dem vom technischen Training geprägten Weg der Kampfkunst hin zum Budō. Jedwede Reaktion auf des Gegners Angriffe geschieht irgendwann frei und unabhängig von den Formen, jedoch ohne sie zu verletzen (Yagyū, siehe Literaturverzeichnis). Aber bis dorthin ist es sicher ein langer und beschwerlicher Weg. Wenn sich nach vielen Jahren der Praxis die eine oder andere Kata oder deren Version als nur noch wenig nutzbringend erweisen (man sollte da ehrlich mit sich sein!), dann sollte man ohne schlechtes Gewissen einen Wandel zulassen hin zum intensiven Studium einer anderen Version derselben oder einer vollkommen anderen, eventuell sogar neu zu erlernenden Kata.

Wir alle werden nicht jünger. Unser Training und damit auch unsere Übung der Kata sollte dem Alter angepasst sein. Das kann sogar die Auswahl der Kata betreffen, steht doch eine riesige Palette an Kata im Karate zur Verfügung, die sich jedoch nicht alle für jede Altersstufe gleichermaßen eignen. Niemand sollte sich irgendwelchen Stilvorgaben beugen, solange sie ihm nicht wirklich von Nutzen sind.

Mehr noch als alles Bunkai hilft uns, um auf dem Weg des Karate voranzukommen, eine angemessene Vorstellung beim Üben. Ohne ein klares Bild von dem, was erreicht werden soll, wird nicht viel passieren. Das Üben soll ja zielgerichtet sein. Hier ist besonders das Denken an die Effektivität wichtig, da ansonsten das Üben an Inhalt verliert und Tiefe so kaum zu erreichen ist.

Inwiefern dies nun plastische Formen annehmen kann, das heißt, wie weit man bei der Visualisierung eines Gegners gehen muss, sei dahingestellt. Meiner Meinung nach genügt es, sich über die Wirkmechanismen der Techniken und der energetischen Vorgänge bei den Kamae hinreichend klarzuwerden, und dies durchaus auch außerhalb des tatsächlichen Trainings. Beim Üben selbst denkt man besser an gar nichts, lässt aber das zuvor Durchdachte im Unterbewussten oder »halbbewusst« mitschwingen.

Die Kata der Kampfkunst können nur mit dem Gedanken an Wirksamkeit sinnvoll geübt werden. Die zu durchdenkenden Kriterien betreffen unter anderem

- die eigene Stabilität,
- die Präsenz des Gegners,
- anatomische Gegebenheiten bei sich und dem Gegner,
- den Moment des Aufpralls bei Stößen, Schlägen und Tritten,
- Kime und Muchimi,
- Abwehren und Ausweichen,
- besondere Situationen wie Hebeltechniken oder Würfe,
- Zanshin,
- Ästhetik.

Der letzte Punkt spielt weniger für das Ergebnis eines Kampfes eine Rolle, wohl aber für die eigene Motivation. Es ist nicht von unerheblicher Bedeutung, wenn man selbst auch mit dem äußeren Erscheinungsbild des eigenen Tuns zufrieden sein kann. Ist das der Fall, so macht das Training Freude, was den Fluss des Ki stärkt und ausgleicht, wodurch letztlich wieder die Effektivität der Technik steigt.

Der an unsere Kata angelegte Maßstab für Ästhetik entspricht dem der japanischen Kampfkunst oder des Budō.[199] Bei von der Technik her relativ einfach gehaltener, das heißt wenig spektakulärer Darstellung, soll geistig-energetische Überlegenheit demonstriert werden (technische Überlegenheit stillschweigend vorausgesetzt). Dazu muss diese aber erst einmal erarbeitet werden, und zwar durch die Kultivierung des Ki und die nach innen gerichtete Schau beim Üben. Wirkliche Überlegenheit, sei es auf körperlicher oder geistiger Ebene, kann sich nur dadurch einstellen, dass man hinreichend über den Gegner, aber auch über sich selbst Bescheid weiß (Sun Zi, siehe Literaturverzeichnis).

Die hierzu notwendige Selbstschau beginnt schon beim Üben der Kata, sobald man in der Lage ist, sie äußerlich ohne willentliches Zutun ablaufen zu lassen und sich dabei selbst zu beobachten. Mit dem inneren Auge können so Fehler und Schwächen entdeckt werden, deren Korrektur dazu führt, dass mehr und mehr »das Gefühl stimmt«. Auch das Erspüren des Ki gehört zu dieser Vorgehensweise, die mit der Zeit immer weniger von äußeren Bedingungen abhängt, vom Blick in den Spiegel etwa oder dem Urteil eines Trainers oder Meisters. Erst die Sensibilität für die eigenen inneren Vorgänge gibt einem die Fähigkeit, sich in das Innere eines Widersachers hineinzuversetzen.

Wird andersherum die Kata dahingehend geübt, dass nur das äußere Bild gesehen wird, im Inneren aber nicht viel passiert, so kann dies nicht als Praxis der Kampfkunst und schon gar nicht des Budō bezeichnet werden. Moderne, dem Breiten- und Turniersport angepasste, vereinfachte Versionen unserer Kata verleiten zudem leicht zur Illusion einer hohen Effektivität, hervorgerufen durch die geringe Schwierigkeit beim Erlernen und die mitunter recht schnell erlangte äußere Ästhetik. Ohne die Probe an Makiwara und Sandsack erscheinen die Techniken stark, weil schön anzusehen. Ob die so erworbenen Fähigkeiten in einem realen Zweikampf Bestand haben würden, bleibt fraglich.

Sofern sie durch komplementäre Übungen mit dem Partner und die Arbeit am Makiwara ergänzt werden, stellt die formelle Übung die ausgewogenste Weise dar, eine Kampfkunst zu üben. In ihr stecken Wissen und Erfahrungen vieler

[199] Kampfkunst, japanisch *bugei*, ist nicht gleich Bu*dō*. Zum Bestreben nach größtmöglicher Effektivität einer Kampfkunst gesellt sich beim Budō ein Streben nach persönlicher Perfektion an sich. Dabei manifestieren sich beim Übenden durch den langwierigen Prozeß des körperlich energetischen Trainings von innen heraus von selbst menschliche Tugenden, die ihm nicht von außen her auferlegt werden können (Tokitsu, siehe Literaturverzeichnis).

Generationen von Experten der Kampfkunst, die sie verfeinerten und variierten, immer mit dem Ziel maximaler Effizienz, nicht nur im Zweikampf, sondern auch bei der Übung. Aus den unendlich vielen Möglichkeiten gegnerischer Attacken wurden von ihnen Gesetzmäßigkeiten extrahiert und die passenden grundlegenden Antworten als Formalismen an ihre Schüler weitergegeben. Deren Entschlüsselung führt zurück zu einer umfassenden Fähigkeit zur Reaktion auf jedweden gegnerischen Impuls. Dabei darf es keine Absolutheit geben, sondern nur eine Wahrscheinlichkeit der richtigen Auslegung einer Kata, deren Anwendbarkeit in der Praxis des Kampfes Bestand haben muss.

Sicher enthielten meinen bisherigen Ausführungen einige Sichtweisen, die nicht mit den landläufigen Lehrmeinungen übereinstimmen, insbesondere was den Inhalt des Bunkai betrifft. Mein Anliegen ist es, hier Denkanstöße zu liefern, die dem Übenden neue Perspektiven eröffnen. Es liegt mir fern, letzte Antworten zu geben. Aber vielleicht ist es mir möglich, bei der Suche nach ihnen zu helfen.

Teil III

Besondere Kata

12. Die Pinan-Kata und ihre (wahre) Bedeutung

12.1. Die Entstehung der Pinan-Kata

Über die Herkunft der Pinan-Kata herrscht weitgehend Einigkeit. Nach allgemein verbreiteter Ansicht wurden sie von Ankō Itosu geschaffen, um das Karate leichter erlernbar zu machen. Dazu nahm Itosu aus der Kata Kushanku fünf Abschnitte und formte sie zu eigenständigen Kata um.

Bei eingehendem Studium der Pinan-Kata und der ihr angeblich zugrundeliegenden Kata Kushanku können in der Tat eine ganze Reihe von Gemeinsamkeiten festgestellt werden. Jedoch enthalten die einzelnen Pinan auch eine ganze Reihe von Sequenzen, die man in der Kata Kushanku vergeblich sucht. Forscht man aber im weiteren Umfeld der Basis-Kata des heutigen Shuri-te, so wird man diesbezüglich schnell fündig. Von einigen technischen Besonderheiten aber, wie etwa die des vorletzten Abschnitts der Kata Pinan-godan, wird sich der wirkliche Ursprung wohl nie vollständig klären lassen.

Sicher ist, dass Itosu für den beabsichtigten Zweck, nämlich das Erarbeiten einfach zu erlernender Grundkata, seiner Ansicht nach sinnvolle Kombinationen von Techniken aus verschiedenen Kata in einem gemeinsamen Grundmuster neu zusammenfügte. Wahrscheinlich war dies ein Prozess, der sich über einen Zeitraum von mehreren Jahren erstreckte. Die Schaffung der Pinan-Kata war kaum das Werk einer Nacht oder weniger Tage, wie so manch einer zu glauben geneigt ist.

Ankō Itosu war einer der ersten, wenn nicht sogar *der* erste Meister, der in Anbetracht des sich abzeichnenden Wandels der Gesellschaft dazu überging, das Karate, damals noch *Kenpo* oder *Tōde-jutsu* genannt, öffentlich zu unterrichten und diese Kampfkunst einem weit größeren Kreis an Schülern zugänglich zu machen als bisher üblich. In seinem an das regional zuständige Amt für Erziehung gerichteten Schreiben und den darin aufgeführten zehn Thesen vertritt er die Ansicht, dass das Training der Kampfkunst Okinawas ideal wäre für die körperliche und geistige Erziehung der Jugend. Auch meinte er, dass es von Vorteil wäre, wenn sich das Tōde-jutsu zunächst auf Okinawa selbst, dann aber über das ganze Land verbreiten würde, damit dessen junge Bürger durch das Training zu starken Soldaten und guten Patrioten würden (Bishop, siehe Literaturverzeichnis).

Itosu hatte, wahrscheinlich im Gegensatz zu vielen seiner Zeitgenossen, die Zeichen seiner Zeit wohl erkannt. Japan, und damit auch Okinawa, taten einen riesigen Schritt in die damalige Moderne, eine Entwicklung, der man sich nicht verschließen durfte. Das Karate wäre möglicherweise ohne seine Initiative in Vergessenheit geraten oder bestenfalls als kulturelles Kuriosum Okinawas erhalten geblieben.

Aus heutiger Sicht mag der Tonfall einiger Passagen von Itosus Thesen befremdlich anmuten. Doch muss man dies im damaligen geschichtlichen Kontext betrachten: Überall auf der Welt, also auch in Europa und sogar in den USA, herrschte ein von Nationalismus und Militarismus geprägtes Denken, dem auch Itosu sich kaum entziehen konnte. Man könnte annehmen, dass er seine Argumente in unserer Zeit moderater formuliert hätte.

Sein Anliegen war es, dass möglichst früh, das heißt schon an den Grundschulen, mit der Übung des Tōde-jutsu angefangen wurde. Daher mussten Inhalt und Zielsetzung der Kampfkunst »jugendgerecht(!)« und deren Techniken »entschärft« werden, um das Verletzungsrisiko zu minimieren, aber auch, um einen Missbrauch außerhalb des Schulunterrichts auszuschließen. Bislang hatte ein Meister ja noch die direkte Kontrolle über die Handlungsweise jedes einzelnen seiner nur wenigen Schüler. Nun aber sollte das Training im Rahmen des Schulunterrichts stattfinden, bei dem die Übenden dem Lehrer nur für jeweils relativ kurze Zeit anvertraut waren.

Die oft geäußerte Aussage, dass dafür aus den neu zu erschaffenden Pinan-Kata alle gefährlichen Techniken verbannt wurden, ist aber meiner Meinung nach nicht ganz richtig. Von den Grundtechniken her decken sich die Pinan-Kata weitgehend mit Klassikern wie Kushanku, Bassai oder Jion, zumindest mit deren heute bekannten Versionen. Im Übrigen erscheinen mir die in den neuen, kürzeren Kata enthaltenen Techniken so ungefährlich denn auch wieder nicht – man denke an den in der Kata Pinan-yondan enthaltenen Kniestoß. Die *gesamte* bis dahin als Tōde-jutsu bezeichnete Kampfkunst wurde einer Reform unterzogen, was beim Erarbeiten der neuen Kurzformen natürlich mit einfloss.

Sicher sind die Pinan-Kata nicht aus reiner Genialität erwachsen. Eher liegt es nahe, anzunehmen, dass Itosu dabei auf bereits Vorhandenem aufgebaut hat. Aus einigen schriftlichen Quellen geht hervor, dass Vorläuferformen mit dem Namen Channan geübt wurden, über die aber heute fast nichts mehr bekannt ist, außer dass sie sich von den Pinan-Kata in mancher Hinsicht unterschieden. Auch über deren Anzahl weiß man so gut wie nichts, weder ob es sich bereits um fünf in ihrem Schwierigkeitsgrad abgestufte Formen handelte, noch ob es nur drei oder gar nur zwei im Sinne von *-dai* und *-shō* waren (Joe Swift, siehe Literaturverzeichnis).

Nach den Aussagen von Schülern Itosus und anderer Zeitgenossen soll er bei einem in einer Höhle lebenden Schiffbrüchigen chinesischer Abstammung eine Kata erlernt haben, auf deren Grundlage er später seine Kurzformen aufbaute. Die Angaben über den Mann variieren bezüglich seines Namens: So soll er An-nan oder auch Chiang-nan geheißen haben. Auch ist nicht klar, ob dies sein wirklicher Namen oder nur ein Pseudonym war, das sich auf seine Herkunft bezog. Tatsächlich könnte es sich ebensogut um eine chinesische Ortschaft gehandelt haben oder um eine frühere, gleichklingende Bezeichnung für das Land Vietnam.

Es ist durchaus nicht ausgeschlossen, dass Itosu eine Form nach deren Überlieferer, zum Beispiel Herrn Chiang-nan, benannte. Bekanntestes Beispiel für diesen Brauch ist die Kata Kushanku. Über die Existenz und die zugegebenermaßen etwas legendenhaft anmutende Geschichte jenes mysteriösen Experten gibt es jedoch kaum noch Zweifel, da eine Vielzahl von Hinweisen aus verschiedenen Quellen über ihn vorliegen. Mehrere illustre Meister, insbesondere des Tomari-te, sollen bei ihm gelernt haben (Kapitel 6). Ihnen soll er als »An-nan« bekannt gewesen sein.

Unklar ist jedoch, warum es ausschließlich Itosu vergönnt gewesen sein soll, jene besondere Kata zu lernen. Zumindest taucht, trotz mittlerweile intensiver Nachforschungen, keine Kata mit ähnlich klingendem Namen auf, die von einem oder mehreren der übrigen Schüler des geheimnisvollen chinesischen Kampkunstexperten überliefert worden wäre. Die in einigen Stilen praktizierte, unter dem Namen *Annan* bekannte Kata, ist mit den Pinan-Kata nicht zu vergleichen. Aus technischer Sicht gibt es, vom Schrittdiagramm abgesehen, recht wenig Gemeinsamkeiten. Sie kann darum kaum als Nachfolgekata einer Form angesehen werden, die Itosu möglicherweise »Channan« genannt hatte. Ansonsten kommt keine der weiteren heute bekannten Kata des Tomari-te – das von Kōkan Oyadomari und Kōsaku Matsumora als die wohl bekanntesten Schüler jenes chinesischen Meisters überliefert wurde – als Weiterentwicklung einer Kata namens Channan in Frage.

Trotzdem bleibt die Frage offen, woher das Wort *Chan-nan* letztendlich stammt. Denn die Frühformen der Pinan-Kata wurden nachweislich unter diesem Namen unterrichtet. Vielleicht hatte Itosu doch nur eine erste Eigenkreation mit dem Namen jenes Meisters bedacht, um diesen zu ehren? »Chan-nan« klingt jedoch sehr chinesisch, so sehr sogar, dass Itosu selbst die Bezeichnung der von ihm unterrichteten Kurzkata abänderte, um der allgemein patriotischer werdenden Gefühlslage[200] insbesondere der jungen Leute, die angeblich vermehrt Schwierigkeiten mit der Aussprache des Wortes hatten, gerecht zu werden. Obwohl auch »Pinan«, zumindest nach meinem Empfinden, nicht gerade ein Beispiel für einen typisch japanischen Ausdruck ist. Es entspricht dem chinesischen *Ping-an* und wird im Dialekt Okinawas ungefähr »*piñan*« oder »*pinyan*« ausgesprochen. Die Silben *ping* oder *pi* gibt es im Japanischen gar nicht, weshalb es eigentlich nahe lag, das Kanji hier der normalen Lesung entsprechend »*hei*« auszusprechen. Um so mehr, als sich Japan damals bereits im Konflikt und später sogar im Krieg mit China befand. Ob die ursprünglichen Kanji *chiang* und *nan* etwas für die Kampfkunst Relevantes bedeutet haben, ist ungewiss. Die heutige Schreibweise *hei-an* bedeutet in etwa »Mäßigung-Friede«.[201]

Ob die Schaffung von Kurzkata wirklich die Idee Ankō Itosus war oder ob er sie von jemand anderem übernommen hatte, zum Beispiel von jenem Herrn Chiang-nan, bleibt wohl für immer ungeklärt. Zeitzeugen gibt es heute nicht mehr,

---

[200] Wahrscheinlich auch wegen des ersten chinesisch-japanischen Krieges von 1894 bis 1895.

[201] Siehe Anmerkung 101 auf S. 119.

und das schriftlich Überlieferte ist äußerst spärlich. Meiner Meinung nach ist es auch wenig wahrscheinlich, dass für die Entwicklung der Pinan-Kata nur eine Kata allein, ob nun eine mysteriöse Kata Chiang-nan oder die Kata Kushanku, als Quelle gedient hat. Zumindest ihr Grundmuster, das Doppel-T, weist eher auf die Kata Jion und Jiin hin als auf das komplexer anmutende Schrittdiagramm der Kata Kushanku.

Man kann davon ausgehen, dass auch die Anzahl der Pinan-kata das Resultat einer länger währenden Entwicklung ist, dass also nicht von vornherein fünf Formen geplant waren. So wäre es durchaus vorstellbar, dass es sich bei deren Vorläuferformen zunächst um nur zwei gehandelt hat. Tatsächlich weisen Pinan-yondan und Pinan-shodan eine starke Ähnlichkeit auf und erscheinen wie aus Bruchstücken der Kata Kushanku zusammengesetzt. Nach ähnlichem Konzept könnten dann später zwei weitere Kata geschaffen worden sein, diesmal aus Fragmenten anderer zum Basisprogramm Itosus gehöriger Kata. Um von der sich nun ergebenden Unglückszahl *vier*[202] wegzukommen wurde dann womöglich nachträglich die Anzahl der Kurzkata auf fünf erhöht. Pinan-nidan fällt durch ihre relativ einfachen Techniken auf, die fast wie im heutigen Kihon-Training beinahe ohne jegliche Beziehung zueinander ausgeführt werden. Möglich ist, dass Itosu diese Kata erst schuf, als er mit der Neustrukturierung des von ihm unterrichteten Karate schon weiter vorangekommen war und man dazu überging, einzelne Grundtechniken separat, etwa im Vor- und Zurückgehen, zu üben.

Dass die verschiedenen Pinan-Kata jeweils einer der fünf Wandlungsphasen entsprechen, ist zwar eine interessante, für manchen aber recht gewagte Hypothese. Es gibt hierzu keinerlei überlieferte Angaben oder Kommentare. Trotzdem halte ich es für nicht so unwahrscheinlich, dass ein in den klassischen Schriften Chinas belesener Mann, wie Itosu es sicher war, bei seinen Arbeiten unbewusst von einer Art naturphilosophischer Ästhetik beeinflusst war, und er deshalb die Zahl *fünf* der *vier* vorzog und sogar insgeheim eine Zuordnung der von ihm geschaffenen Kata zu den Elementen Holz, Feuer, Erde, Metall und Wasser im Sinn hatte.

Persönlich bin ich der Überzeugung, dass die Hypothese einer eigenständigen Kata mit dem Namen Chiang-nan oder Channan kaum haltbar ist und eine solche Form kaum als Basis für die Entwicklung der Pinan-Kata gedient haben kann. Deren technische Gemeinsamkeiten mit den Kata des Shuri-te, Jion, Bassai und natürlich Kushanku, sind allzu offensichtlich, gerade wenn man berücksichtigt, dass letztere selbst eine nicht unerhebliche Abwandlung in Technik und Schrittrichtung durch Itosu erfahren haben. Zum anderen ist außerhalb dieser Gruppe von Kata kaum irgendeine Form überliefert, die genügend Ähnlichkeit mit den Sequenzen der Pinan-Kata aufweist und die gleichzeitig als Vorläufer oder als Nachfahre einer Original-Channan angesehen werden könnte.

---

[202] Siehe Anmerkung 98 auf S. 119.

12.2. Die Beziehung der Pinan-Kata zu den Klassikern

Für die Betrachtung der einzelnen Pinan-Kata hinsichtlich ihrer Gemeinsamkeiten mit anderen Kata habe ich mich für eine besondere Reihenfolge entschieden, die keiner der heute üblichen entspricht. Ich folge dabei meiner eigenen Hypothese über eine mögliche Abfolge bei ihrer Entstehung. Aber wie gesagt, es handelt sich dabei zwar um die Umsetzung einer plausiblen, letztlich aber doch persönlichen Ansicht, welcher der Leser zustimmen mag oder auch nicht. Sicher ist, dass die Reihenfolge der Pinan-Kata im Laufe der Jahrzehnte mehrfach geändert wurde, so dass sie sich bis heute nicht in allen Stilrichtungen deckt. Zur genauen Bezeichnung der jeweiligen Pinan-Kata verwende ich im Folgenden die im Shitō-ryū übliche Numerierung.

Wie schon erwähnt, gibt es innerhalb der fünf Pinan-Kata gewisse Gemeinsamkeiten zwischen jeweils zwei Formen. Pinan-shodan und Pinan-yondan stimmen in Schrittdiagramm und Dynamik fast überein. Auch die Techniken ähneln sich in weiten Teilen, sind aber nicht identisch. Die restlichen drei weisen größere Unterschiede untereinander auf. Pinan-sandan und Pinan-godan ähneln sich etwas. Technisch am weitesten entfernt vom vermeintlichen Original der Kata Kushanku ist Pinan-nidan.

1. Pinan-shodan: Die erste Bewegung der Eingangssequenz findet man eigentlich so in keiner der Basis-Kata Itosus wieder. Sie gleicht aber weitestgehend der ersten Bewegung von Pinan-yondan, nur dass dort die Hände geöffnet sind, wodurch jene einen gewissen Bezug zu früheren Versionen der Kata Kushanku aufweist. Die anschließende Kombination von Abwehr und Konterangriff entspricht von der Motorik her dann aber weitgehend seinem Pendant in der Kushanku Itosus, ebenso der sich anschließende Vorwärtsfußtritt Mae-geri in die rückwärtige Richtung.[203]

Die Schwerthandabwehren Shutō-uke und der Stoß mit der Speerhand Nukite im Vorgehen werden genauso ausgeführt wie in der von Itosu überlieferten Form von Kushanku-dai, ebenso die Schwerthandabwehren in vier Richtungen, die in dieser Vierersequenz sonst in keiner weiteren Kata des Shuri-te zu finden sind.

In der zweiten Hälfte der Kata Pinan-shodan stoßen wir jedoch auf ein technisches Detail, das man in Kushanku-dai allenfalls angedeutet und in kaum einer anderen Kata wiederfindet: die umgekehrt abgedrehte Hüfte, Gyaku-hanmi. Nur in der Kata Kushanku-shō findet man so deutlich das Prinzip einer der Fußstellung entgegengesetzten Auslage der Arme wieder (siehe weiter hinten), wobei die dort relativ komplexe Abwehraktion in Pinan-shodan zur einfachen Seitwärtsabwehr Yoko-uke reduziert wurde.

---

[203] In einigen Stilrichtungen wird statt Mae-geri Yoko-geri ausgeführt, was aber eine neuere Entwicklung darstellt.

Die Sequenz schließt mit der gemeinhin als Morote-uke bezeichneten Bewegung, bei der es sich ja eigentlich um eine kombinierte Technik aus Seitwärtsabwehr und vorbereitetem Stoß mit der ungedrehten Faust Ura-zuki handelt, jedoch nicht um einen »Block mit Unterstützung« (Kapitel 7.4). Da sie eine Sequenz mit hohem Tempo abschließt, kann diese Position auch als Chūdan-kamae (zur Wahrung von Zanshin) ausgelegt werden.

Die Kata wird mit jeweils zwei Grundtechniken zu Ende gebracht, Gedan-barai und Age-uke in 45-Grad-Richtung zur Hauptlinie, was sehr untypisch für die Kata Kushanku ist. Möglicherweise handelt es sich um eine spätere Abänderung in Anlehnung an die mittlerweile geschaffene Kata Pinan-nidan.

2. Pinan-yondan: Man hätte diese Aufzählung auch mit ihr beginnen können, so sehr ähnelt ihr äußeres Bild dem der Kata Kushanku. In ihr kommen eine Reihe weiterer der für diese Kata als typisch angesehenen Techniken und Kombinationen vor. Beide Pinan-Kata, -shodan und -yondan, präsentieren zusammen so den Großteil der von Itosu überlieferten »kompletten« Kata Kushanku.

Ebenso wie diese beginnt Pinan-yondan mit einer Schwerthandabwehr Shutō-uke, aber anders als beim Original wird die Speerhand nicht zur Brust, sondern in Richtung Stirn, als Abwehr oder eine Art Deckung nach oben geführt. Womöglich haben sich hier zwei Entwicklungen überschnitten: In einer älteren Form der Kata Kushanku, der Version des Chatanyara, gibt es in der Anfangssequenz eine analoge Bewegung, jedoch geht die Abwehrbewegung der anderen Hand dort nicht zur Seite, sondern nach vorn-unten. Zudem ist die Ausrichtung der Füße eine andere. So ist es vorstellbar, dass Itosu in seiner frühen Variante von Kushanku während der Anfangsbewegung die zweite Hand noch nach oben vor die Stirn führte und er erst später, als es Pinan-yondan zumindest in einer Vorstufe schon gab, diese durch die auf der Brust aufgelegten Speerhand ersetzte.

In Pinan-yondan treten recht viele Kombinationsabwehren Morote-uke auf, wobei das dreimalige Vorgehen mit dieser Technik in der Katzenfußstellung Neko-ashi-dachi stark an eine entsprechende Sequenz in der Kata Bassai-shō erinnert.

Die jeweils zur linken und rechten Seite ausgeführten Vorwärtsfußtritte[204] mit anschließender, meist als Ellbogenschlag interpretierter Bewegung, entsprechen vollkommen den entsprechenden Abschnitten in der Kata Kushanku, wobei es dort mit den Shutō-uke in vier Richtungen weitergeht. In Pinan-yondan aber wird direkt eine andere Bewegung aus der Ursprungskata angefügt – die Kombination von Shutō-uchi mit einer aufwärts geführten Abwehr mit der offenen Hand; daran schließen sich ein Tritt und ein Faustrückenschlag Uraken-uchi an, ähnlich wie in Kushanku-shō (siehe weiter hinten). Überhaupt kommt es in Pinan-yondan zu

[204] Seitwärtsfußtritte in anderen Stilrichtungen.

einer bemerkenswerten Häufung von Fußtritten. Ein wirklicher Fußtritt kommt innerhalb der anderen Pinan-Kata ansonsten nur noch in Pinan-shodan vor.

Doch woher stammt der Kniestoß? Es gibt ihn so in keiner uns bekannten Kata. Die Dynamik der ihn enthaltenden Sequenz erinnert allerdings stark an den Abschluss der ersten Hälfte der Kata Bassai-shō, einer Kombination aus doppelter Brückenhand, Kake-te, Fußtechnik[205] und anschließender Drehung, jedoch dort nach nur zweimaligem Vorgehen mit Shutō-uke. In Pinan-yondan geht man analog, nunmehr dreimal mit der beidhändigen Abwehr Morote-uke vor, worauf wieder das imaginäre Ergreifen des Gegners, dann Kniestoß und Drehung folgen. Dem dreimaligen Vorgehen mit der beidhändigen Abwehr in Pinan-yondan entspräche in Bassai-shō das Ausführen des doppelten Fließfauststoßes Nihon-nagashi-zuki in der Katzenfußstellung Neko-ashi-dachi. Die zu diesen Techniken gehörige Hüftbewegung hat sich von der einen zur anderen Kata erhalten.

Den »Kreuzblock«, der gar keiner ist, sondern eine Abwehr mit gleichzeitigem Angriff auf das angreifende Bein, findet man auf die Weise ausgeführt wie in Pinan-yondan (und Pinan-godan) nur in der Kata Chintō wieder, nicht aber in der Kata Kushanku. Wir sehen, dass bei der Kata Pinan-yondan schon deutlich mehr Elemente aus anderen Kata verarbeitet wurden als bei Pinan-shodan, bei der die Mehrzahl der Techniken noch aus der Kata Kushanku stammt.

3. Pinan-sandan: Die Kata beginnt, fast gleich wie Kushanku-shō, mit drei Seitwärtsabwehrtechniken jeweils nach links, rechts und nach vorn. Gewiss wird dabei heute nur die einfache Seitwärtsabwehr Yoko-uke ausgeführt. Wir können aber nicht sicher sein, ob in einer früheren Variante von Pinan-sandan nicht mit der kombinierten Seitwärtsabwehr Morote-uke begonnen wurde. Was wir aber annehmen dürfen ist, dass auch die Pinan-Kata während ihrer Entwicklung – wie andere Kata auch – weiteren technischen Vereinfachungen unterlagen.

Der Übergang in die nächste Kombination, der sicher aus der Kata Jion oder Jiin, aber nicht aus der Kushanku stammenden Kombinationsabwehr Yoko-uke dōji Gedan-barai,[206] ist aus der Position von Morote-uke nämlich leichter ausführbar als aus der von Yoko-uke, bei dem sich die zweite Hand an der Hüfte befindet und dadurch einen viel längeren Weg zurücklegen muss.

In einigen Stilrichtungen wird sogar noch die dritte der drei Abwehrtechniken als Morote-uke ausgeführt, was die nachfolgende Technik, den Stoß mit der Speerhand, ebenfalls erleichtert und deutlich schneller werden lässt.

Während die Drehung nach dem Speerhandstoß die Abwandlung einer ent-

---

[205] Je nach Schule erfolgt an dieser Stelle Mae-geri oder ein kräftiges Aufsetzen des Fußes.

[206] *Dōji* – »zur gleichen Zeit«; die Kombinationstechnik entspricht der in Kapitel 7.4 beschriebenen mit Kurotora bezeichneten Kamae.

sprechenden Technik in Kushanku-dai darstellt, erinnert das Ende der Sequenz, ebenso wie ihr ansteigendes Tempo, an eine analoge Stelle in der Kata Jion.

Die gesamte zweite Hälfte der Kata Pinan-sandan, das dreimalige Vorgehen in Shiko-dachi sowie der Schluss, stellen Adaptionen von Sequenzen der Kata Jion, Jiin und Jitte dar.

4. Pinan-godan: Diese entspricht in ihrer Charakteristik der Kata Bassai-dai. Auch dort spiegeln die häufigen Richtungswechsel wohl eine Situation wieder, in der es gilt, sich zweier Angreifer zu erwehren. Sie ist komplexer aufgebaut als die übrigen Pinan-Kata und enthält Elemente aus den Kata Bassai-dai, Bassai-shō, Jion und besonders Chintō, etwa den »Scherenblock« nach oben, gefolgt von dem eigentümlichen gegenseitigen Umrunden der Hände um das eigene Gelenk. Die anschließende Kombination aus seitlichem Hammerschlag, Tettsui-uchi, und Fauststoß im Vorgehen, Oi-zuki, findet sich in Bassai-shō wieder, ähnlich wie die gesamte Scherenblockkombination bis zum Fauststoß in der Kata Chintō, nichts davon jedoch in der Kata Kushanku.

Fast identisch mit der entsprechenden Abfolge in Bassai-dai ist die gegen zwei Gegner gerichtete Sequenz in der zweiten Hälfte der Kata. Die für Bassai-dai zum Ende der Kata hin auftretende typische Dreifachkombination mit den Abwärtsschlägen mit im Ellbogengelenk aufgelegter Faust ist in Pinan-godan zu einer Art Seitwärtsabwehr mit untergelegtem Arm reduziert worden und erinnert in ihrer Endstellung an jene Armposition, die ich in vorigen Kapiteln als »Haltung der Luohan« bezeichnet habe. Sie kommt neben den Kata der Naifanchin-Gruppe besonders in der Kata Jion und auch dort als abschließende Technik vor. Die mehr kreisförmig im Sinne einer Abwehr geführte Bewegung des rechten Armes in Pinan-godan ähnelt hingegen eher der Einleitung der Kata Useishi. In der Kata Kushanku sucht man die Position jedoch vergebens.

Die zuletzt ausgeführten Kamae der Kata Pinan-godan findet man in verschiedenen Kata wieder, so zum Beispiel in Kushanku-shō, nicht aber in Kushanku-dai.

Der Beginn von Pinan-godan erinnert wieder an Kushanku-shō. Es ist vorstellbar, dass Abwehr und Fauststoß in einer Frühform der Kata noch simultan ausgeführt wurden. Die spätere zeitliche Trennung der beiden Techniken diente möglicherweise der leichteren Erlernbarkeit und würde die bereits erwähnte Abkehr vom Prinzip der Gleichzeitigkeit von Abwehr und Gegenangriff widerspiegeln.

5. Pinan-nidan: Diese Kata ist wahrscheinlich als letzte entstanden. Nicht selten schufen die Meister nach dem Erreichen höherer Erkenntnisstufen Formen der Übung, die von der Technik eher einfach gehalten waren und trotzdem hohe Anforderungen an den Übenden stellten. Sicher weist Pinan-nidan keine besondere spirituelle Tiefe auf, aber gerade der von der Technik her einfache Aufbau könnte das Ergebnis einer Reduktion auf das Wesentliche darstellen.

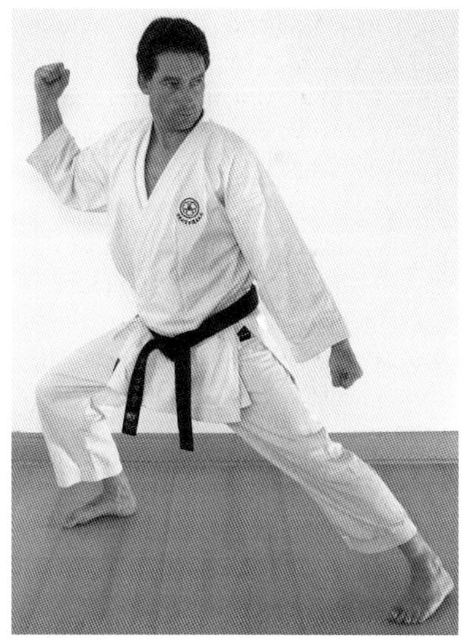
Abb. 12-1

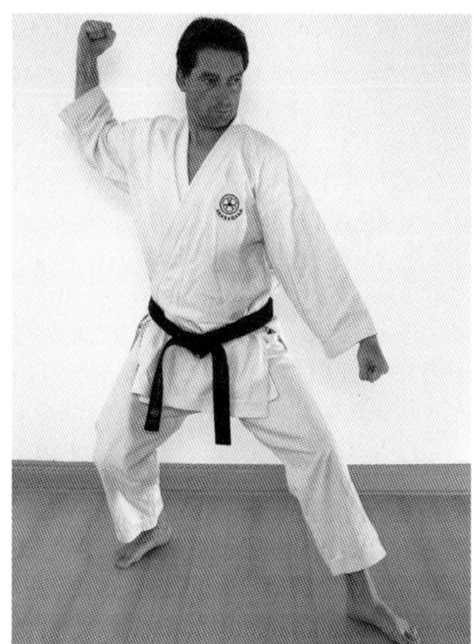
Abb. 12-2

Abb. 12-1: Abschluss der Kata Pinan-godan in klassischer Form.
Abb. 12-2: Abschluss der Kata Pinan-godan in neuerer Form.

Die meisten Bewegungen in Pinan-nidan haben ihren Ursprung in den Kata Jion, Jiin und Jitte. Mit Ausnahme des Schlusses: Diese Art der abwärts gerichteten Schwerthandfegeabwehr Gedan-shutō-barai findet sich in einer besonderen Version der Kata Bassai, nämlich der des Ishimine wieder (Kapitel 14.2).

Das Grundmuster der Kata – je zwei Schritte zu den Seiten… Kamae… drei Schritte vor –, ist eigentlich besonders einprägsam, wird aber in der zweiten Sequenz des ersten Abschnitts einmal unterbrochen. Viele Anfänger haben mit diesem Detail ihre Schwierigkeiten, so dass Pinan-nidan eben doch keine so einfache Form darstellt, wie es zunächst den Anschein hat.

Die dreifache Aufwärtsabwehr Age-uke mag der Kata Jitte entlehnt sein (dort je zweimal vor und zurück). Die drei Fauststöße aber könnten vom Ansatz her auch von der Kata Kushanku-shō her in Pinan-nidan eingeflossen sein, auch wenn dort nach jedem Stoß noch eine Drehung des Unterarms, ähnlich wie in Naifanchin-sandan, erfolgt.

Durch ihr an sich eingängiges Schrittdiagramm in Verbindung mit einfachen Grundtechniken diente Pinan-nidan später als Basis für die Schaffung sogenannter Kihon-Kata (Abschnitt 12.3).

Bei genauerer Betrachtung weist nur Pinan-shodan echte Gemeinsamkeiten mit der Kata Kushanku, oder besser gesagt, Kushanku-*dai,* auf. Alle übrigen Pinan-Kata haben weitaus mehr mit den anderen Basis-Kata Itosus gemein, teilweise sogar mit den etwas »anspruchsvolleren« Formen wie etwa der Kata Chintō. Es fallen aber auch beträchtliche Ähnlichkeiten mit den ebenfalls auf Itosu zurückgehenden Kata Kushanku-shō und Bassai-shō auf.

Ich hatte bereits einen der Beweggründe erwähnt, warum Itosu wohl den Klassikern Bassai und Kushanku eine mit *-shō* bezeichnete Zweitversion hinzufügt haben mochte. Beide sind von höherem Schwierigkeitsgrad als die »größeren« *-dai*-Originale, die von Itosu technisch derart vereinfacht wurden, dass wesentliche Details des Tōde-jutsu verloren zu gehen drohten. *Shō* bedeutet zwar »klein«, und tatsächlich sind diese Versionen insgesamt kürzer, stellen aber für die korrekte Ausführung deutlich höhere Anforderungen an den Übenden.

Die Kata Kushanku-shō ähnelt in weiten Teilen ihrer »großen Schwester« Kushanku-dai. Jedoch fehlen bestimmte, für die Kata eigentlich wesentliche Sequenzen. Es handelt sich bei Kushanku-shō gleichsam um einen Extrakt aus der Originalform. Es scheint aber, dass die an Kushanku-dai gemachten technischen Vereinfachungen zur gleichen Zeit wie oder sogar später als die Erschaffung von Kushanku-shō vorgenommen wurden. So würde sich erklären, warum bestimmte, in beiden Kata sich entsprechende Abschnitte in Kushanku-shō schwieriger auszuführen sind, eben weil sie dort noch mehr der im älteren Tōde-jutsu üblichen Motorik entsprechen.

Trotzdem scheint Kushanku-shō die Entwicklung der späteren Pinan-Kata in gewisser Weise vorwegzunehmen. Einige in Kushanku-shō enthaltene Bewegungen und Haltungen, besonders aber das Schrittdiagramm, weisen einen Trend zu einer Übersichtlichkeit auf, der schon zu den Pinan weist. Ist Kushanku-shō also eine Vorläuferform der Pinan-Gruppe? Trug sie womöglich zeitweise den Namen Channan?

Es wäre, zumindest für mich, vorstellbar, dass der in der Höhle lebende Meister aus China seinen Anhängern auch eine Version jener Kata zeigte, die sich mit der etwa 100 Jahre zuvor von Kuang Shangfu gelehrten Form technisch in weiten Teilen deckte. Ein möglicher Grund, warum ihr von den übrigen neben Itosu dort Lernenden nicht allzuviel Interesse geschenkt wurde, da sie ihnen nichts grundlegend Neues vermittelte.

Auf jeden Fall mutete die Form Kuang Shangfus sicher weniger rigide an als die heute bekannten Versionen der nach ihm benannten Kata Kushanku. Ähnlich müsste dann auch eine von Chiang-nan gezeigte Form noch eine ganz andere Dynamik gehabt haben als die späteren, relativ hart ausgeführten Pinan-Kata Itosus.

Während man bei der Kata Kushanku-shō vom äußeren Bild her insgesamt noch einen klaren Bezug zu Kushanku-dai erkennt, haben die Kata Bassai-dai und deren vermeintliche Kurzform Bassai-shō anscheinend kaum noch etwas miteinander gemein. Die zahlreichen Aktionen in verschiedene Richtungen im ersten

Teil fehlen gänzlich im Schrittdiagramm der *-shō*-Variante. Zudem tauchen einige komplett anders geartete Techniken auf, die in kaum einer der überlieferten Varianten der Kata Passai enthalten sind (Kapitel 14.2).

Obwohl man im Ansatz sehr wohl gewisse Elemente aus den verschiedenen Passai beziehungsweise Bassai wiederfindet, hat man beim Üben doch bisweilen den Eindruck, es handele sich um eine Form anderen Ursprungs. Gleichwohl finden wir in den Pinan weite Passagen aus dieser Kata wieder, wenn auch dort in etwas vereinfachter Weise dargestellt. Kann es also sein, dass es eine Vorform der Kata Bassai-shō gibt, die zeitweise den Namen Channan trug?

Der eine oder andere hält das hier Beschriebene wahrscheinlich für das Produkt meiner überschießenden Phantasie. Aber ohne gewagte Hypothesen hätte es in der Geschichte unserer Kultur keinen Fortschritt gegeben, weder in der Technik, noch in der Wissenschaft und schon gar nicht in der Philosophie.

Die Bereitschaft, jenseits der Konventionen zu denken, zeichnet den guten Strategen aus. Auch wenn meine These (wieder einmal) kaum zu belegen ist, so gilt das auch für ihr Gegenteil. Insofern könnte sie dazu beitragen, überkommene »Wahrheiten« bezüglich der Entwicklung unserer Kampfkunst in Frage zu stellen und einer Korrektur zu unterziehen. Gewiss wird unsere Technik zunächst dadurch nicht besser, dass wir um deren Herkunft wissen, wer sie erschaffen hat, wie, wann und warum. Das Wissen um ihre geschichtliche Entwicklung kann aber unsere Vorstellung von dem ihr zugrundeliegenden Konzept erhellen und somit Einfluss auf unser Üben haben. Und damit würde sich auch dessen Ergebnis verändern, hin zu höherer Wirksamkeit.

Wohl scheint es, als habe jede Pinan-Kata einen besonderen Übungsschwerpunkt. Auf die bemerkenswert hohe Anzahl an Fußtritten in Pinan-yondan habe ich bereits hingewiesen. Aussagen wie die, dass die eine oder andere Pinan-Kata für einen bestimmten Übungszweck geschaffen wurde, wecken bei mir jedoch eine gewisse Skepsis. Ich ziehe es vor, die Frage nach der Existenz einer tieferen, über die reine Grundtechnik hinausgehenden Zielsetzung einer jeden Pinan-Kata offenzulassen. Andernfalls würde das Ganze in eine Analyse nach Art des Bunkai abdriften, dem ich selbst ja eher kritisch gegenüberstehe. Am besten eröffnet sich die Tiefe der Pinan-Kata durch die Übung. Im Laufe der Jahre und Jahrzehnte unserer Praxis unterliegen die postulierten Intentionen Itosus dabei entsprechend unserer eigenen, hoffentlich zunehmenden Reife – wie bei Itosu selbst – sicher der Wandlung – ganz im Sinne des Dao.

12.3. Itosus Einfluss auf des Karate von heute

Kurze und einfache Einstiegskata gehören heute wie fast selbstverständlich zum Kurrikulum einer jeden Karate-Ausbildung. In praktisch allen der weltweit bekannten Karate-Stile gibt es eine Gruppe sogenannter »Schüler-Kata«. Man kann dies als das Resultat einer Entwicklung sehen, die auf die Vision Ankō Itosus zurückgeht, dass jedwede Person vom Training des Tōde-jutsu profitieren können sollte.

Hierzu leitete er selbst die ersten Schritte ein. Neben der Schaffung der Pin-an-Kata gehörten dazu die Strukturierung der Kampfkunst, die Reduzierung des technischen Repertoires innerhalb der Kata sowie Vereinfachungen der Technik selbst. Seine Schüler, unter ihnen insbesondere Kentsu Yabu, entwickelten dann das Konzept der Grundtechniken weiter, indem sie das Kihon-Training nach dem Vorbild des militärischen Exerzierens einführten und so die Karate-Ausbildung weiter rationalisierten. Standardisierte Formen der Partnerübung vermitteln ein grundlegendes Verständnis für die den Pinan-Kata entlehnten Techniken des Kihon.

Die Generation von Meistern wie Funakoshi, Miyagi, Mabuni und weiteren vollendete diesen Strukturierungsprozess. Dessen Ergebnis waren die »drei Säulen« der Karate-Ausbildung: Kihon, Kata und Kumite. Die neue Struktur machte das Erlernen des Karate deutlich übersichtlicher.

Insbesondere die kurzen, im Vergleich zu den Klassikern leichter zu erlernenden Pinan-Kata erhöhen sicher durch das früher einsetzende erste Erfolgserlebnis die Motivation vieler Anfänger. Zuvor ließen die Meister ihre Schüler über Jahre nur Kata wie Sanchin oder Naifanchin üben – zumindest wird es so berichtet (Funakoshi, siehe Literaturverzeichnis). Oder es wurden die großen Kata wie Kushanku, Bassai oder Jion abschnittweise über ähnlich lange Zeiträume vermittelt, so dass das Erlernen einer einzigen Form mit all ihren technischen Feinheiten viele Jahre dauerte. Einzelne Enthusiasten würden dies sicher bis heute so hinnehmen, aber ich glaube kaum, dass das Karate sich auf der ganzen Welt derartiger Beliebtheit erfreuen würde, wenn man es nicht den Veranlagungen vieler durchschnittlich begabter Individuen angepasst hätte.

Die meisten klassischen Kata erfordern ein mehrfaches Abschreiten desselben Weges in Form eines Doppel-T. Einige Kata erschweren durch ein anderes, komplexeres Schrittmuster die räumliche Orientierung. Die Pinan-Kata hingegen beinhalten entsprechend ihren Schrittdiagrammen ein einmaliges Vor- und Zurückgehen. Man geht also in einer Pinan-Kata einmal vor und einmal zurück und ist »durch«. Das erleichtert die Trainingsarbeit und macht den Körper eher bereit für eine weitere Wiederholung. Anders verhält es sich zum Beispiel beim Üben der Kata Jion, das weit mehr körperliche Kondition und geistige Kraft verlangt.

Eine Pinan-Kata ist relativ schnell erlernt, die nächste erscheint deshalb um so einfacher. Dies erleichtert besonders Kindern und Jugendlichen, aber auch

Übenden vorangeschrittenen Alters das Lernen. Hat man erst einmal fünf Kata geschafft, dann »packt« man auch noch die nächste. Dies ist dann meist Naifanchin-shodan oder schon eine der klassischen Kata, wie etwa Bassai-dai oder Rōhai.

Die hier beschriebenen Verhältnisse entsprechen den vom Shuri-te geprägten Stilrichtungen. Aber auch beim Erlernen der Kata der aus dem Naha-te entstandenen Stile geht es heute kaum anders zu. Auch hier gibt es mit Gekisai-ichi und Gekisai-ni, wenn auch nur zwei, Einstiegskata. Sie wurden von Chōjun Miyagi entwickelt, wobei er sich vermutlich am Modell der Pinan-Kata orientierte. Durch den engen freundschaftlichen Kontakt zwischen ihm und Kenwa Mabuni kam es zu einem regen Austausch an Information und Fachkenntnissen. Wahrscheinlich zeigte Mabuni seinem Kollegen und Freund Miyagi die Pinan-Kata. Ich möchte nicht spekulieren, inwieweit Miyagi diese auch für sich erlernte, kann mir aber kaum vorstellen, dass er diese »Schüler-Kata« Itosus besonders vertiefte. Mabuni wiederum verwendete die Gekisai-Kata als Grundmuster für eine eigene analoge Form mit dem Namen Shinsei, um seinen Schülern den Zugang zu den Kata des Naha-te zu erleichtern. Das Shitō-ryū enthält neben den Kata des Shuri-te ja auch alle des Naha-te, wenn auch meist als etwas vereinfachte Variante. *Shinsei* kann, je nach Kanji, »neuer Stern« oder auch »Wiedergeburt« bedeuten.

Überhaupt war Kenwa Mabuni sehr kreativ und versuchte anscheinend, seinen Meister Itosu hinsichtlich der Schaffung von Kurzformen noch zu übertreffen. Er entwickelte eine Reihe von Kata für »besondere Zwecke«. So sollte etwa die Kata Aoyagi[207] jungen Frauen die Fähigkeit vermitteln, sich gegen tätliche Übergriffe von männlicher Seite zu erwehren. Sie besteht im Wesentlichen aus Abschnitten der Kata Seienchin, Chintei und Jitte. Eine weitere Kata wurde nach dem Zeitpunkt ihrer Präsentation, dem 16. Jahr der Shōwa-Regierung, Jūroku,[208] benannt. Sie soll speziell für das Training junger Mädchen an den High-Schools[209] konzipiert worden sein und enthält Fragmente aus den Kata Wankan, Jitte sowie Pinan-shodan und -yondan. In der Kata Myōjō[210] sind eine Reihe von Elementen der Kata Nipaipo enthalten, aber auch Bestandteile anderer Kata wie Chintō und Unsu. Zur Kreation der Kurzkata Shinpa soll Mabuni durch den Meister Kanbun Uechi inspiriert worden sein.[211]

Mabuni folgte bei der Schaffung seiner »speziellen« Einstiegskata weiter dem Konzept Itosus. Nach dem Muster der Pinan-Kata setzte er seine Formen aus Bruchstücken anderer Kata zusammen. Das Umgruppieren von Sequenzen war

---

[207] *Ao-yagi* bedeutet »blaugrüne Trauerweide«.

[208] Shōwa 16 entspricht dem Jahr 1941 unserer Zeitrechnung; *juroku* bedeutet »sechzehn«.

[209] Japanisch: *kōtōgakkō*; entspricht weitgehend der Oberstufe unserer Gymnasien.

[210] In etwa: »Morgenstern«.

[211] *Shinpa* (aus *shin* und *ha*) bedeutet »Geist-Welle«. Die Kata soll von Mabuni aus von Uechi übernommenen Elementen der Tiger-Faust, *Hu-quan*, zusammengesetzt worden sein.

dabei nichts neues und auch früher nicht unüblich. Ob allerdings die von Mabuni neu erschaffenen Kata eine ähnlich energetisch-spirituelle Tiefe erreichen wie etwa die Kata Seipai oder Kururunfa ist fraglich. Die Leserinnen und Leser mögen dies für sich selbst (in der Praxis) ergründen.

Sicher ging es jedoch schon Itosu weniger um tiefergreifende, womöglich gar spirituelle Eigenschaften seiner Kata. Die Kurzformen, die er ja für Jugendliche und Kinder konzipierte, erwiesen sich lediglich als sehr praktisch für den Unterricht. Ihr Wert für das Erwachsenentraining war denn auch zu seinen Lebzeiten nicht unumstritten. Angeblich soll Kentsu Yabu zu seinen Schülern gesagt haben: »Wenn euch genug Zeit bleibt, um Channan zu üben, dann übt lieber gleich Kushanku!« (Joe Swift, siehe Literaturverzeichnis)

So könnte man es auch heute sehen. Die Pinan-Kata enthalten technisch nichts anderes als ihre klassischen Vorgängerformen. Sie stellen aber für den Unterrichtenden ein höchst wertvolles Werkzeug dar, um den Übenden auf einfache und wirksame Weise ein grundlegendes Verständnis des Karate zu vermitteln.

Auf Basis von Heian-shodan, seiner im Schrittdiagramm leicht variierten Version der Kata Pinan-nidan, schuf Gichin Funakoshi drei weitere, in der Technik nochmals vereinfachte Formen mit den Namen Taikyoku-shodan, -nidan und -sandan. Von diesen ausgehend entwickelten sich in vielen Schulen ganze Listen sogenannter Kihon-Kata. In ihnen werden alle möglichen Grundtechniken entlang der Linien des Doppel-T ausgeführt. Sie bilden eine willkommene, die Motivation steigernde Alternative zum Idō-kihon, bei dem die Techniken oder deren Kombinationen »nur« im einfachen Vor- und Zurückgehen ausgeführt werden – mehr aber auch nicht.

In einigen Richtungen des Shōrin-ryū wurde die erste der beiden Gekisai-Kata unter der Bezeichnung Fukyū-kata-ni als zweite Einstiegskata aufgenommen. Als erste, also Fukyū-kata-ichi, dient eine Adaption, die vom Ablauf her stark an Pinan-nidan erinnert, von der Technik her jedoch etwas anspruchsvoller gestaltet ist.

Andere Richtungen des Gōjū-ryū üben zwar die Gekisai-Kata, verwenden für diese aber ebenfalls den Namen Fukyū. Und um die allgemeine Verwirrung noch zu steigern haben einige besonders »kreative« Meister den bestehenden noch weitere Taikyoku-kata hinzugefügt, bei denen es sich aber in Wirklichkeit lediglich um einfache Kihon-Kata handelt.

Ich meine, dass es eigentlich schon genug Kata gibt. Jene Meister sollten sich überlegen, ob es sinnvoll ist, ihre Schüler mit immer neuen Eigenkreationen zu beschäftigen, anstatt ihnen wirklich profunde Kenntnisse des Kampfes zu vermitteln. Es gibt einen riesigen Schatz traditioneller Kata, die es zu bewahren gilt, und das erfordert viel Engagement. Das von mir praktizierte Shitō-ryū umfasst eine große Anzahl an Kata, daher weiß ich, wovon ich rede. Um es noch einmal im Sinne Kentsu Yabus zu sagen: Wer die Zeit hat, Kihon-Kata zu üben, der widme sich lieber den Klassikern!

Zu Klassikern sind mittlerweile auch die fünf Kata der Pinan-Gruppe geworden. Durch ihre Erschaffung wurde das Karate den Menschen auf der ganzen Welt zugänglich. Gleichzeitig wurde aus Itosus didaktischem Kunstgriff ein vielfach kopierter Geniestreich – was ihn sicher nicht zuletzt selbst erstaunt hätte.

13. Die Heishu-kata – Sanchin, Tenshō, Naifanchin

13.1. Drei Kämpfe

Die Kata Sanchin gehört zum Standardprogramm aller Stile des Naha-te. Allerdings herrscht über die Bedeutung des Wortes *sanchin* nur scheinbar Klarheit. In den – wie in Japan und auf Okinawa – in China (heute) üblichen Schreibweisen für *San-zhan*, *San-chien* oder *Sanchin* bedeutet *san* jeweils »drei«, während die beiden mir bekannten Kanji für *zhan* in Mandarin beziehungsweise kantonesisch *chien*, die im Japanischen zu *chin*[212] wurden, für den gewaltsamen Konflikt, also für »Kampf« oder »Schlacht«, aber auch für »Krieg« stehen.

Vielleicht hatte diese Namensgebung ursprünglich einen historischen Bezug. Die gängige Meinung heute ist aber, dass es sich bei den »drei Kämpfen« eher um die Lösung innerer Konflikte des Übenden handelt oder besser, um die Überwindung innerer Feinde in Form von negativen Emotionen und Charakterzügen, was auf einen buddhistischen Ursprung des Namens deuten würde.

Die am weitesten verbreitete Interpretation des Wortes *sanchin* ist die, dass es gilt, auf drei Seinsebenen einen inneren Kampf zur Vervollkommnung des Selbst zu bestehen: und zwar auf körperlicher, emotional-energetischer und auf geistiger Ebene. Das wäre ohne Frage ein guter Vorsatz für jeden ernsthaften Kampfkunstadepten. Aber ob dies tatsächlich mit dieser Basisform möglich sein soll, wage ich zu bezweifeln. Sicher gehört mehr zur positiv gerichteten Ausformung des Charakters, als das regelmäßige Ausführen der Kata Sanchin, einer im Grunde genommen recht einfach strukturierten Übungsform. Im übrigen muss jede Kata, ja, die gesamte Kampfkunst, auf körperlicher, emotionaler und geistiger Ebene gemeistert werden. Aber: Ist der Ausdruck »Kampf« in diesem Zusammenhang überhaupt angemessen?

Mir erscheint daher die These sinnvoller, die besagt, dass es sich bei der Kata Sanchin beziehungsweise deren Vorläuferform um eine Basisübung handelt, bei der im Laufe von jeweils drei Schritten vor und zurück gewisse, für den Kampfstil des Weißen Kranichs grundlegende Bewegungsmuster vermittelt wurden. Die meisten der heute bekannten Versionen, einschließlich der von Chōjun Miyagi weitgehend unverändert beibehaltenen früheren Sanchin Okinawas (siehe weiter hinten), bestehen im Wesentlichen aus drei Vorwärts- und drei Rückwärtsschritten in der für den Stil charakteristischen Kampfstellung mit nach innen gerichtetem Kräftefluss.

»Drei Schritte« hieße auf Mandarin *San-jan*, was sehr ähnlich klingt wie *San-zhan*. Wie die meisten unserer Kata unterlag wohl auch die in der Schule des Weißen Kranichs vermittelte Grundübung im Laufe der Zeit mehrfachen Ände-

---

[212] Wird normalerweise »*sen*« gelesen.

rungen hinsichtlich der genauen technischen Ausführung und womöglich auch bezüglich Schreibweise, Aussprache und Inhalt ihrer Benennung (Kapitel 6.1).

Der Legende nach wurde der Stil des Weißen Kranichs von einer Frau namens Fang Qiniang geschaffen, zu einer Zeit, als im Süden Chinas im Rahmen des schwelenden Widerstands gegen das Regime der Manchu Kampfsysteme entwickelt wurden, die denen der Fremdherrscher überlegen sein sollten. Man war bestrebt, die Ausbildung effektiver zu gestalten. Das war verbunden mit einer partiellen Abkehr von der bisherigen Praxis komplexer Formen, deren Details nur über einen langen Zeitraum erfasst werden konnten. Die Schüler sollten möglichst rasch kampftechnische Fähigkeiten erlangen. Daher verkürzte man die Formen beträchtlich und versuchte, durch sie einfache Techniken zu vermitteln, die auf maximale Effektivität bei zugleich geringem Aufwand ausgerichtet waren.

Sicher griff man dabei auch auf die daoistische Tradition der inneren Kampfkünste zurück. Deren Übungspraxis zielt viel stärker auf ein den freien Fluss des Qi gewährleistendes vollständiges Öffnen der Kanäle ab als auf das Vermitteln bestimmter Techniken. Das total frei fließende »wahre Qi« befähigt den Ausübenden dann zu allen notwendigen Aktionen und Reaktionen ohne willentliches Zutun.

Einer kampftechnischen Ausbildung ging darum eine sehr lange geistig-energetische Praxis voraus. Zu dieser gehörte insbesondere das regungslose Stehen, bei dem der Körper von innen her perfekt ausgerichtet und dann der freie Fluss des Qi zugelassen und beobachtet werden sollte. Äußerlich hat die dabei eingenommene Haltung den Anschein, als umarme man etwas. Zusätzlich zur Harmonisierung des Qi-Flusses wird bei dieser Übung eine starke Verwurzelung mit der Erde und eine Stabilisierung der Haltung insgesamt angestrebt – weshalb man auch von der »Übung des Baumstamms« spricht. Idealerweise sollten sich die für einen Kampf erforderlichen Bewegungen aus dieser indifferenten Haltung spontan manifestieren. Nach den Aussagen meines Qigong-Lehrers Meister Zhichang Li ist ein solcher Zustand der perfekten Reaktionsfähigkeit aber, wenn überhaupt, nur nach Jahrzehnten entbehrungsreicher Praxis zu erreichen.

Bei den daostischen Standübungen befinden sich die Füße etwas mehr als schulterbreit auseinander, wobei die Zehenspitzen leicht nach innen zeigen. Indem man sich auf einen imaginären Hocker »setzt«, sinkt der Schwerpunkt, und die Haltung gewinnt an Stabilität. Das Steißbein fällt nach schräg-vorn, wodurch das Becken nach hinten kippt und die Lendenwirbelsäule sich aufrichtet. Die restliche Wirbelsäule wird durch Einziehen der Kinnspitze nach oben hin gestreckt. Meist stellt man sich dabei vor, man hinge an einem am höchsten Punkt des Kopfes befestigten, unsichtbaren Faden, der bis in den Himmel reicht.

Nicht wenige werden sich durch diese Beschreibung an schon bekannte Übungsdetails erinnern. Denn bedingt durch unsere Anatomie bleibt es nicht aus, dass die Anleitungen zur Gewinnung an Standfestigkeit, auch wenn sie unterschiedlicher Herkunft sind, sich weitgehend decken. Sicher war die gut 2000

Jahre alte Übung des Baumstamms in Grundzügen einem »weiteren Kreis« von Experten bekannt und ich vermute, dass sie als Modell für vielerlei andere Übungen zur Regulierung des Qi und zur allgemeinen Kräftigung diente, womit sie sich auch als Grundlage für die Entwicklung von Kampftechniken anbot. Es ist daher anzunehmen, dass im Rahmen der Umgestaltung der Kampfkunst in Zeiten der Qing-Dynastie eine solche Übung als Basis für die Kata der drei Schritte und damit der Kata Sanchin diente, indem man versuchte, aus der stabilen Verwurzelung in eine angemessene Form der Bewegung überzugehen – was auch die typischen bogenförmigen Schrittfolgen erklären würde.

Allerdings gibt es in China auch Versionen der Form, bei der das Vor- und Zurückbewegen in einer Art Gleitschritt erfolgt und dadurch die Auslage (linker oder rechter Fuß) gleich bleibt. Wahrscheinlich ist beides richtig, das heißt, es wurde beides gelehrt, weil beide Formen der Bewegung, Gleit- und vollständiger Schritt, im Kampf von Nutzen sind. Wichtig für uns ist festzuhalten, dass die Schöpfer dieser Übung wohl bestrebt waren, die im Stand gewonnene Stabilität der Verwurzelung während der im Kampf unumgänglichen Ortswechsel so wenig wie möglich aufzugeben.

Insofern enthält die Kata Sanchin als Übung – vielleicht mehr als jede andere formale Übung des Karate – gewiss eine Qi-regulierende Komponente. Jedoch wird eine Übung nicht allein dadurch energetisch oder spirituell wirksam, dass man sie langsam ausführt.

Das für Sanchin typische langsame Üben ermöglicht zunächst einmal nur eine ausgiebige Detailarbeit, die aber Voraussetzung ist für einen frei werdenden Fluss des Qi. Bevor etwas fließen kann, müssen die entsprechenden Wege frei sein und Blockaden beseitigt werden. Natürliche Engstellen für den Fluss des Qi sind die Gelenke. Nach jedem Schritt vor oder zurück wird daher der Körper in all seinen Gelenken als Ganzes optimal ausgerichtet, bevor eine kampftechnisch relevante Bewegung der Arme einsetzt. Mit der Zeit wird durch die Routine die Phase des Ausrichtens immer kürzer, so dass gerade die Versionen Südchinas, San-zhan beziehungsweise San-chien, im Vergleich zu den uns bekannten Varianten Okinawas relativ zügig ausgeführt werden.

In den Versionen Südchinas sind die meisten Bewegungen beidarmig. Mir ist nicht bekannt, ob die Reduzierung der Armbewegungen auf das Minimum einer Kombination von Stoß und angedeuteter Abwehr das Resultat einer Entwicklung auf Okinawa selbst ist oder ob diese Abwandlung den Schülern aus Ryūkyū so bereits in Fuchou gleichsam als vereinfachte, »ausländergerechte« Fassung beigebracht wurde. Möglich ist natürlich auch, dass eine solche Version eine Spezialität von Meistern wie Ryuro Ko und Wai Xinxian darstellte (Kapitel 5.2).

Zumindest führten die technischen Vereinfachungen, ebenso wie der Übergang von der offenen Hand zur geschlossenen Faust, wahrscheinlich zu einer übermäßigen Betonung des Krafteinsatzes beim Ausführen von Sanchin. Möglicherweise hat man sich diesbezüglich innerhalb des Naha-te Okinawas einander angepasst. Allerdings gab es schon in Südchina überaus harte Varianten – etwa die des dem Tigerstil Hu-quan entlehnten Pangai-noon, aus dem später das Uechi-ryū entstand –, die jedoch den grundlegenden Ideen des Baihe-quan, Flexibilität und Anpassungsfähigkeit in der Taktik, eher entgegenstehen.

Im Kampf gibt es immer wieder Momente, in denen eine hohe innere Stabilität gefordert ist, insbesondere beim Auftreffen der Faust auf den gegnerischen Körper. Andererseits ist nur ein maximal entspannter Muskel zu einer schnellen Reaktion fähig. Daher ist das Spiel von Spannung und Entspannung wohl eher das Ziel von Übungen, wie die Kata Sanchin sie darstellt.

Eine muskuläre Panzerung, wie sie manche erzielen wollen, ist jedoch illusorisch. Zum einen wäre sie taktisch unvorteilhaft, denn die eigenen Reaktionsmöglichkeiten wären bei übermäßiger oder lang andauernder Anspannung eingeschränkt. Zum anderen ist eine solche »Immunisierung« gegen Schläge und Stöße gar nicht möglich, da die meisten verletzlichen Stellen zwar zwischen den Muskeln liegen, aber trotzdem mit entsprechend spitz ausgeformter Hand leicht erreichbar sind. Ein rein auf Spannung und Härte ausgerichtetes Ausführen von Sanchin bewegt sich somit an den Prinzipien der Kampfkunst vorbei.

Den Sinn der Praxis von Sanchin sehe ich daher vielmehr darin, die Bewegung zu optimieren und mit der Atmung zu koordinieren. Über die Schulung des Atems kann das Qi reguliert werden, wodurch in das Üben der Kata ein energetischer Aspekt mit einfließt. Wir sehen: Je mehr das reine Bewegen nach einem vorgegebenen Muster von Vorstellungen über Ziel und Methode erfüllt wird, desto stärker kommt die Übung auf energetischer Ebene zur Entfaltung. Dies gilt nicht nur für die Kata Sanchin, sondern für jede Form der Übung.

Durch ihre einfache, eben nicht auf eine direkte Anwendung im Kampf ausgerichtete Struktur eröffnet uns die Kata Sanchin noch mehr als die anderen, viel komplexeren Formen die Möglichkeit, uns mit uns selbst zu beschäftigen, da wir beim Üben kaum an einen imaginären Feind denken müssen. Wir können und sollten uns beim Üben von Sanchin die Zeit für die Schau nach innen nehmen und so die für einen Kampf notwendigen Voraussetzungen schaffen: nämlich einen stabilen Qi-Fluss (Kapitel 3.3), der hohen Belastungen und Irritationen von außen standhalten kann.

Die vermeintliche Einfachheit einer Basis-Übung wie die der Kata Sanchin stellt gleichzeitig die größte Schwierigkeit für den Übenden dar. Wie bei vielen meditativen Übungen rückt das Ziel der Perfektion im Laufe der Praxis scheinbar in immer weitere Ferne. Nicht weil man immer schlechter würde, sondern weil das Gespür für die eigene Unzulänglichkeit und die damit verbundenen Fehler wächst, obwohl diese eigentlich immer kleiner werden. Viele kennen das: Man hat einen technischen Schwachpunkt erkannt und behoben, dafür werden drei neue Fehler offenbar, die nun zwar weitaus feiner sind, aber dennoch beseitigt werden wollen.

Wahrscheinlich wird sich nie klären lassen, inwieweit energetische oder spirituelle Aspekte die Kata Sanchin von Anfang an prägten oder ob diese erst im nachhinein integriert wurden. Ich persönlich tendiere zu ersterem, meine aber auch, dass es sich bei der Form gleichwohl primär um eine Grundübung handelte – die der »drei Schritte« –, deren Entstehen aber weiter zurückliegt als die Schaffung des Yongchun-baihe-quan durch Fang Qiniang. Das Bubishi, in dem einige Hinweise über die Entstehung dieses Kampfstils zu finden sind, enthält keinerlei Angaben über den Namen der dort erwähnten grundlegenden Form, nur darüber, wie diese korrekt auszuführen ist, wobei die Beschreibungen und Hinweise tatsächlich sogar auf unsere heutige Form der Kata Sanchin anwendbar sind.

Obwohl die heute in China geübten Versionen von San-zhan beziehungsweise San-chien sich im Detail beträchtlich unterscheiden, so zeichnen sich doch alle dadurch aus, dass der überwiegende Teil der Armbewegungen simultan ausgeführt wird und in seiner Anwendung dazu dient, in direkten Kontakt mit dem Gegner zu gelangen, um solange an ihm haften zu bleiben, bis sich die Gelegenheit für eine Offensive bietet.

In der Version Okinawas hingegen wird aus der an eine beidarmige Seitwärtsabwehr Yoko-uke erinnernden Grundhaltung mit den zu Fäusten geschlossenen Händen aus einer vorherigen Rückholbewegung eine Art Stoß entwickelt. Danach kehrt die Faust in einer kreisförmigen, wiederum an eine Abwehr erinnernden Bewegung, in die besagte Grundhaltung zurück. Das Ganze geschieht betont langsam und wird meist von einer ausdrucksstarken Atmung begleitet. Solcherart Bewegungsmuster bieten jedoch kaum die Möglichkeit einer direkten Umsetzung im Kampf. Anders bei den Versionen Südchinas: Die Bewegungen dieser Formen sind im Rahmen von Übungen wie Kaki-e routinierbar und können somit auch im Kampf zur Anwendung kommen.

Die uns so bekannte, auf »Stoß und Abwehr« rückentwickelte Form der Bewegung dient letztendlich nur der Koordination unserer Grundtechnik und dem Erlangen innerer Festigkeit. Insofern ist unsere Kata Sanchin wieder das, was sie von ihrem Ursprung her sein sollte: ein Basiskonzept, eine Grundlage für die darauf aufzubauende kampftechnische Ausbildung, aber nicht mehr.

Bei der Fußstellung unterscheidet sich die südchinesische Variante in ihrer Weite zwar von der unsrigen, vom Konzept her decken sich die Ansichten jedoch. Ziel ist es, durch Absenken des Schwerpunktes bei geringer Standfläche größtmögliche Stabilität zu erreichen.

Eine ganze Reihe von Kata des Naha-te werden mit einer »Sequenz dreier Schritte« begonnen. Bei einigen, wie Suparinpei oder Seisan, sind dazu die Hände geschlossen, bei anderen, wie Shisōchin, geöffnet, wobei sich die Innenhandflächen gegenüberstehen. Statt eines Stoßes mit der Faust wird bei dieser älteren Form der Haltung gedanklich mit den Fingerspitzen attackiert. Auch hier befinden sich die Hände in der Ruhephase der Grundhaltung auf Schulterhöhe.

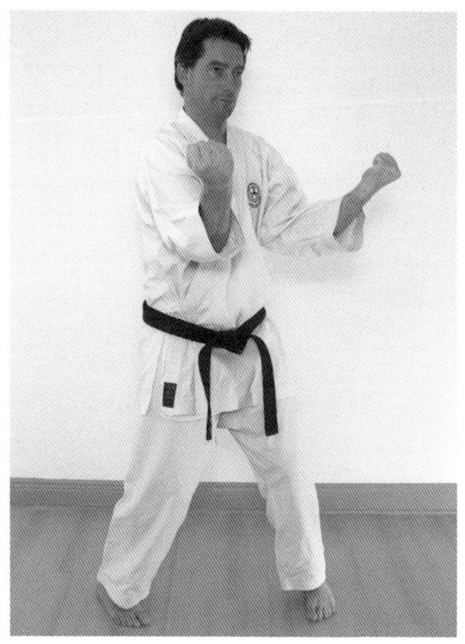

Abb. 13-1

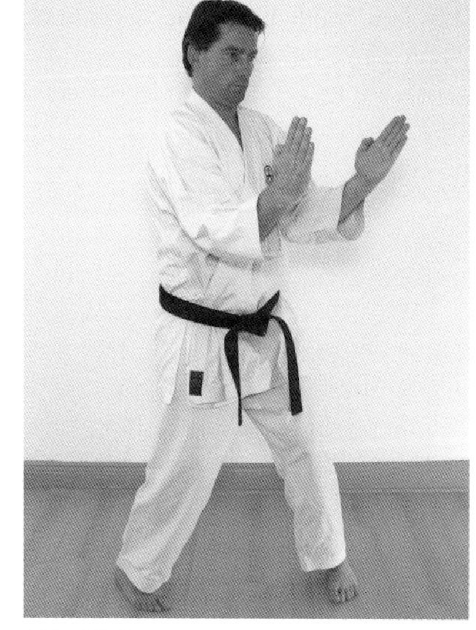

Abb. 13-2

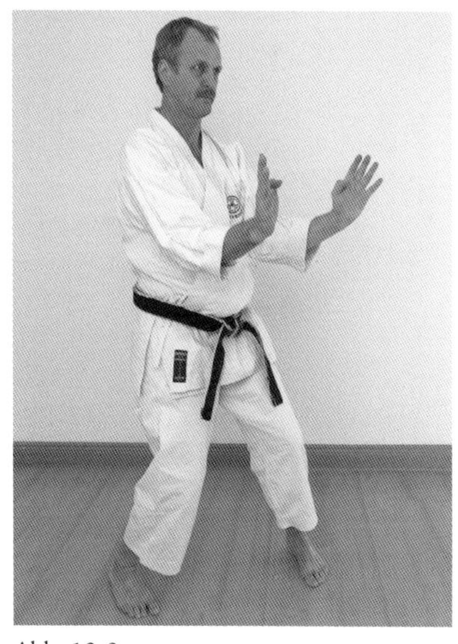

Abb. 13-3

Abb. 13-1: Sanchin-kamae in der heute üblichen Ausführung.

Abb. 13-2: Sanchin-kamae mit offener Hand.

Abb. 13-3: Ursprüngliche Armhaltung im Yonchun-baihe.

Letztere Variante der Handhaltung ist noch etwas mehr der Grundposition der Hände entlehnt, wie man sie bis heute im Yongchun-baihe-quan praktiziert. Dort befinden sich die Hände jedoch in etwa auf Höhe des Unterarms, wobei man die Handgelenke nach oben hin anwinkelt und die leicht gebeugten Ellbogen nach innen zieht.

Bekanntlich wurde die Kata Sanchin noch zu Zeiten Kanryō Higaonnas mit geöffneten Händen geübt. Inwieweit nun Chōjun Miyagi allein verantwortlich für das Schließen der Fäuste ist oder ob dies Folge eines allgemeinen Trends war, darüber wage ich keine Aussage. Auch nicht darüber, ob er es war, der die beiden ursprünglich nicht vorhandenen, aber heute vielfach praktizierten Wendungen in das Enbu-sen einfügte.

Eigentlich müsste Chōjun Miyagi eine der »original« südchinesischen Fassungen der Kata Sanchin bekannt gewesen sein, und zwar durch seinen freundschaftlichen Kontakt zu Wu Xingui,[213] einem Kaufmann aus China, der auf Okinawa sein Geschäft hatte, vor allem, nachdem beide zu Studienzwecken in Wus Heimat gereist waren. Wahrscheinlich scheute Miyagi aber die Konfrontation mit seinen Kollegen und Mitstudenten, weshalb er es bei kleineren Abwandlungen beließ. Statt dessen setzte er innerhalb seiner Schule der Kata Sanchin eine der ursprünglichen Idee von San-zhan entsprechende Form entgegen, die er Tenshō nannte (Abschnitt 13.2).

Miyagi empfiehlt, jedes Training mit den Heishu-kata (Kapitel 6.1) Sanchin, Tenshō und Naifanchin einzuleiten. Danach möge man zum weiteren Übungsprogramm übergehen (siehe Literaturverzeichnis). Tatsächlich entfaltet sich das Potential dieser Kata mehr als bei allen anderen über die Routine eines langen Zeitraums. Das so erreichte Gefühl von Fülle und Leere, Spannung und Entspannung, für Stabilität und flexible Bewegung überträgt sich auf andere Kata und auf die Kampfkunstpraxis als Ganzes.

Das betont langsame Ausführen bei der Übung von Techniken eröffnet dem Übenden die Möglichkeit, jede einzelne Phase der zunächst groß angelegten Abläufe zu korrigieren. Indem man diese intensiv »erfährt«, erlangt man die Fähigkeit, die jeweilige Technik aus jeder dieser Phasen direkt auszuführen und somit kurze Bewegungen mit sehr hoher Schlagkraft zu entwickeln. Die für das ungehinderte Fließen des Qi frei gewordenen Kanäle führen zu einer hohen Beschleunigung auf kurzem Weg.

Von praktisch allen, die diese Kata für sich praktizieren oder auch unterrichten, wird ein besonderer Wert auf die Schulung des Atems gelegt. Die einzelnen, langsam ausgeführten Bewegungen werden von lautstarkem Ein- und Ausatmen begleitet. Eine derart forcierte Atmung ist dann sinnvoll, wenn sie dazu dient, den Atem mit der Technik in Einklang zu bringen. Darüber hinaus kann bewusstes Atmen eine Form der Arbeit mit dem Qi darstellen. Durch das intensive Aus- und Ein(!) atmen wird vom Körper vermehrt Sauerstoff aufgenommen, was man eigentlich als der Gesundheit förderlich ansehen sollte. Die Atmung muss hierzu aber weitgehend

---

[213] Japanisiert *Go Genki.*

natürlich bleiben. Je mehr sie von dem natürlichen Rhythmus abweicht, desto höher ist das Risiko für gesundheitliche Schäden. Tatsächlich warnen chinesische Ärzte und Meister des Qigong vor einer allzu exzessiven Atmung, durch die es zu subtilem Verschleiß kommen kann. Danach ginge die intensive Atmung auf Kosten des *Jing*, einer Form vorgeburtlicher, relativ grobstofflicher Energie, deren Menge begrenzt ist und die sich im Laufe des Lebens aufzehrt. Anders ausgedrückt: Übertriebenes, gegen die Natur praktiziertes Üben der Atmung kann das Leben eher verkürzen.

Ebenfalls lebensverkürzend wirkt ein zu starkes, gegen den gespannten Körper gerichtetes Pressen beim Ausatmen. Allzuviel oder überzogene Anspannung kann die mit der Übung ja eigentlich erstrebte zunehmende Zirkulation des Qi mehr blockieren als fördern. Zudem kann es durch ein Aufsteigen des Qi leicht zu Bluthochdruck und damit zum vermehrten Risiko eines Infarktes oder Hirnschlags kommen. Des weiteren ist hinlänglich bekannt, dass isometrisches Training zwar die Muskeln wachsen lässt, dem Zugewinn an Geschwindigkeit aber eher entgegenwirkt, was für den Freikampf nicht gerade dienlich ist.

Eine Atmung, wie wir sie in Sanchin und einigen verwandten Kata zur Mobilisierung des Qi, also als Übung praktizieren, ist letztlich nicht immer angemessen. Setzen wir die Gegenwart eines Gegners voraus – und dies tun wir ja in den meisten Kata – wäre es strategisch falsch, diesem den eigenen Atem und damit raum-zeitliche Lücken für einen Angriff zu präsentieren. Entsprechend ist die Atmung in anderen Kata eher »verdeckt« zu halten und die auf vielen Turnieren gängige Praxis der Demonstration einer starken Atmung geht an jeglicher Realität eines echten Kampfes vorbei.

Übungen wie Sanchin sollen eher das Gespür für den Atem vermitteln als dem Übenden eine besondere Weise des Atmens aufzwingen. Insofern sehe ich es als angemessen an, Technik und Atmung einander anzunähern, anstatt den Atem der Technik oder diese den Atemzügen mit Gewalt anzupassen. Ich empfehle, sich hierfür viel Zeit zu nehmen. Mit der Zeit wird das Atmen geschmeidiger und die Technik »rund«. Dadurch verbessert sich die Dynamik, und die angemessene Körperspannung fließt fast von selbst mit ein.

Bei den nun folgenden Anmerkungen zur Ausführung der Kata beziehe ich mich auf die allgemein bekannte Version von Chōjun Miyagi, die meines Wissens die meistverbreitete ist. Das Bewegungsdiagramm besteht aus drei Vorwärtsschritten und nur einem Schritt in die rückwärtige Richtung. Dazwischen liegen zwei der für das Naha-te als typisch angesehenen Wendungen, bei denen zunächst der vordere Fuß umgesetzt wird. Nach jedem Voranschreiten mittels einer halbkreisförmigen Fußbewegung in der ebenfalls als typisch angesehenen und darum nach dieser Kata benannten Fußstellung folgt die bereits erwähnte Stabilisierung von innen heraus. Die so eingenommene, stabilisierte Körperhaltung wird während der sich nun anschließenden einfach gehaltenen Bewegung eines der beiden Arme so weit wie möglich beibehalten.

Der jeweilige Arm wird aus der Grundhaltung, bei der beide Fäuste in Schulterhöhe gehalten werden und die Ellbogenspitzen zum Unterbauch weisen, beim Einatmen langsam bis an den Rumpf zurückgeführt, um dann während des Ausatmens in einer ebenfalls langsamen Stoßbewegung nach vorn gebracht zu werden. In der letzten Phase dieser Bewegung wird der Körper dann komplett angespannt. Einer meiner früheren japanischen Lehrer verglich diesen Prozess sehr treffend mit dem Festziehen einer Schraube.

Die anschließende Rückkehr der Faust in ihre Ursprungsposition erfolgt auf einer kreisförmigen Bahn und erinnert an eine Seitwärtsabwehr. Auch hier wird am Ende der Körper nach innen hin muskulär »festgezogen«. Nicht wenige Übende gestalten die Phase des Einatmens hierbei betont kurz, so dass sie fast stoßartig Luft holen. Ich meine aber, es ist besser, den Atem durch Loslösen der Spannung von selbst einfließen zu lassen, was ein übermäßiges Aufsteigen des Qi vermeiden hilft. Überhaupt sollte während der gesamten Kata die Vorstellung nach unten gerichtet sein, weil es sonst kaum zur gewünschten Standfestigkeit und eventuell sogar zu gesundheitlichen Problemen kommt (siehe weiter vorn).

Im letzten Abschnitt der Kata erfolgen beidarmig ausgeführte kreisförmige Bewegungen mit offenen Händen, die dann beim Ausatmen nach vorn in der von mir zuvor (Kapitel 7.4) als Ten-chi no kamae beschriebenen Haltung enden.

Zur korrekten Regulation des Qi-Flusses wird empfohlen, beim Einatmen die Zunge an den Gaumen zu legen. Beim Ausatmen legt sich die Zunge dann an das Zahnfleisch der unteren Schneidezähne. Häufig geschieht dies bereits ganz natürlich und ohne bewusstes Zutun.

Während des Vorrückens in Sanchin-dachi wird in der Regel nicht geatmet. Wer dabei allerdings in Luftnot gerät, dem steht es frei, vorher oder während des Schrittes ein- und dann beim Stabilisieren des Körpers bei gleichzeitiger Ausrichtung der Wirbelsäule auszuatmen.

Auf lange Sicht tritt die Betrachtung des Atems zugunsten des Erspürens des Qi in den Hintergrund. Bei den daoistischen Vorläufern der Form der drei Schritte San-jan ging es wohl noch primär darum, das »wahre« Qi nutzbar zu machen. Die gedankliche Verwurzelung im Boden sollte einen festen Stand gewährleisten, in Verbindung mit dem Aufrichten der Wirbelsäule in Richtung Himmel den Körper stabil machen und zudem den Übenden mit den Kräften des Kosmos in Einklang bringen. Die korrekte Ausrichtung aller Gelenke, gefolgt von den langsamen Bewegungen vor und zurück, in Verbindung mit einfachsten Bewegungen der Arme, machen die Kanäle frei, in die das Qi dann als Fülle in die vorhandene Leere einfließt und kampftechnisch zur Entfaltung kommt.

Den Schöpfern der frühen Vorläufer von Sanchin ging es daher wohl eher, wenn überhaupt, um den Aufbau eines *energetischen* Schutzschildes. Ein sehr langwieriges Unterfangen, weshalb wir die Anspannung beim Lernen und Üben von Sanchin nicht als den wesentlichen Aspekt sehen sollten. Denn so sehr man den Körper auch anspannen mag, die meisten Vitalpunkte liegen ungeschützt und können mit hinlänglichem Fachwissen und der entsprechenden Technik leicht attackiert werden. Das eigentlich sinnvolle Überprüfen der Festigkeit bei der Ausführung der Kata Sanchin, wie es durch Sanchin-gatame und Sanchin-dameshi (siehe weiter hinten) geschieht, muss diese Tatsache berücksichtigen. Doch leider wird diese Überprüfung oft missverstanden und erweist sich dann als eine der Gesundheit wenig zuträgliche Praxis.

Um die größtmögliche Wirksamkeit zu erlangen, müssen für eine stabile Haltung oder im Verlauf einer Technik alle benötigten Muskeln koordiniert angespannt werden. Durch die Kata Sanchin wird dieser Prozess vermittelt, studiert und eingeübt. Werden hierbei aber nicht alle Muskeln ausreichend erfasst, verliert die Kamae oder Aktion schnell an Festigkeit und somit an Effektivität. Durch *Sanchin-gatame* und *Sanchin-dameshi* sollen die schwachen Glieder der muskulären Anspannungskette ausfindig gemacht und einer Korrektur unterzogen werden.

Eine zweite Person kann bei diesem »Festmachen«, japanisch *katameru*, helfen, indem sie während der Ausführung der Kata nach und nach alle in Frage kommenden Muskelpartien überprüft. Dazu genügt eigentlich schon ein einfaches Auflegen der Hände, wodurch der Ausführende den fraglichen Bereich bewusster wahrnimmt und als Konsequenz gegebenenfalls mehr Spannung hineingibt. Durch beherztes Klopfen kann zusätzlich überprüft werden, ob die Spannung an der jeweiligen Stelle ausreichend ist. »Prüfen, probieren« heißt japanisch *tamesu*, darum Sanchin-*dameshi*.[214]

Sanchin-dameshi ist aber kein Härtetest! Es soll und darf nicht eine vermeintliche Unverwundbarkeit oder Unempfindlichkeit gegen Schmerzen »überprüft« oder gar hart oder spitz auf die, wenn auch gespannten, Muskeln eingewirkt werden. Nur allzu leicht könnte man, ohne es zu wollen, vitale Stellen treffen. Die sich dann einstellenden Blockaden können sich dann später durch Beschwerden im Leitbahnverlauf und daher oft an ganz anderen Stellen des Körpers (!) manifestieren. Darum hat das Klopfen mit der Innenfläche der offenen Hand zu geschehen und dies erst, nachdem man es durch deren reines Auflegen angekündigt hat. Dies hilft zudem, die Leitbahnen freizuhalten, denn durch die hohe Anspannung der Muskeln kann das Qi leicht ins Stocken geraten.

Sehr wohl kann die durch Sanchin-dameshi geschulte Aufmerksamkeit später helfen, das Qi dahin zu schicken, wo es von Nutzen ist. Vitale Stellen sind weniger verletzlich, wenn sie mit Qi erfüllt sind. So können bis zu einem gewissen Grad im Moment der unsanften Berührung durch den Gegner durch die

[214] Im Japanischen wandeln sich Anfangskonsonanten im Verbund mit anderen Wörtern oft in ihre weiche Form.

schlagartige Konzentration auf den getroffenen Bereich größerer Schaden auf energetischer Ebene und damit schwere Folgen für die Gesundheit vermieden werden.

Da es sich bei Sanchin um eine spezielle Übung handelt, die anders als die meisten Kata keine direkte Übertragung in den freien Kampf zulässt, finden vor allem sehr junge Karateka nur schwer Zugang zu dieser Form. Sie können mit den seltsam anmutenden, scheinbar für den Kampf kaum nutzbaren Bewegungen naturgemäß wenig anfangen. Für sie bieten sich daher eher Kata wie Kushanku, Passai oder auch Seipai an, bei denen die vordergründige Bedeutung der Techniken leichter zu erfassen ist und die durch ihre hohe Dynamik dem Bedürfnis junger Leute nach »Action« besser gerecht werden. Obwohl die Kata Sanchin eine absolute Basisform darstellt, ähnlich wie auch die Kata Tenshō und Naifanchin, so ist sie doch schwer zu meistern, und erst mit zunehmender eigener Reife lernt man diese Form wirklich schätzen.

13.2. Rollende Hände

In den meisten Richtungen des Gōjū-ryū und des Shitō-ryū wird die Kata Tenshō als geschmeidiges Gegenstück zur Kata Sanchin geübt. Man sagt, sie diene dazu, die Harmonie im Sinne von Yin und Yang zu bewahren. In der Tat stehen ihre weich ineinander übergehenden Arm- und Handpositionen in gewissem Kontrast zu den allgemein doch recht rigide ausgeführten, simplen Stoß-Abwehrkombinationen der Kata Sanchin. Beide Kata sind im Aufbau recht ähnlich, wobei Tenshō mehr als Sanchin dem ursprünglichen Original der drei Schritte San-jan deutlich näher kommt – was kein Zufall ist.

Die Kata Tenshō wurde von Chōjun Miyagi in das System des sich in den 1920er und 1930er Jahren ausformenden Karate-Dō eingeführt, wobei er auf schon Vorhandenes zurückgriff. In jener Zeit wurden von verschiedenen Meistern eine ganze Reihe von Kata entworfen mit dem Ziel, die Kampfkunst leichter erlernbar zu machen oder sie den Anforderungen des Budō anzupassen. Dazu sollte in der Struktur des Unterrichts ein klarer Aufbau erkennbar sein. Zudem gehört es zum Charakter des Budō als System zur Entwicklung einer positiven Persönlichkeit, alle Extreme zu vermeiden.

Spätestens als es galt, eine Bezeichnung seines Karate im Sinne einer Ryūha zu finden, aber wahrscheinlich schon viel früher, muss Miyagi erkannt haben, dass der Trend zu immer mehr Härte im Karate sich besonders im äußeren Bild der Kata Sanchin manifestierte. In der damaligen Zeit wurde der Unterrichtsstoff in seiner technischen Vielfalt zunehmend eingeschränkt. Es bestand die Gefahr, dass sich das Karate irgendwann tatsächlich nur noch auf Stoßen und Treten reduzieren würde. Sollte das von ihm repräsentierte Karate seiner Bezeichnung, nämlich *gō-jū*, also »hart-weich«, gerecht werden, so musste sich dies doch auch durch eine besondere Kata zum Ausdruck bringen lassen.

Vielleicht gehe ich in meinen Ansichten über die Motive Miyagis, eine neue Kata in das Karate einzuführen, auch ein wenig zu weit. Vielleicht wurde er »nur« durch das, was er auf seiner Reise nach Südchina zu sehen bekam, dazu inspiriert, der schon weit von ihrem dort noch vorhandenen Original entfremdeten Kata Sanchin etwas Authentisches entgegenzusetzen – ähnlich wie schon Itosu, als er den vereinfachten Formen der Kata Kushanku und Bassai seine kürzeren, aber technisch anspruchsvolleren *shō*-Versionen hinzufügte, im Bestreben, bestimmte Feinheiten des Karate der Nachwelt zu erhalten.

Die auf Okinawa vorhandene Kata Sanchin im Sinne einer Rückentwicklung zu ändern, kam jedoch, allein schon aus Respekt und Dankbarkeit seinem Lehrer Kanryō Higaonna gegenüber, kaum in Frage. Dies hätte außerdem zu Verwirrung und Unsicherheit unter den Karate-Übenden jener Zeit geführt und dem eigentlichen Ziel Miyagis, der Verbreitung dieser Kampfkunst, wohl eher hinderlich im Wege gestanden.

Die hierzu nötigen, noch von Ankō Itosu eingeleiteten technischen Vereinfachungen innerhalb des Karate – wozu in vielen Kata das Schließen der Faust gehörte – waren sicher auch in Miyagis Sinn. Eine Basis-Kata wie Sanchin sollte leicht erlernbar und für jeden Anfänger zugänglich sein.

Gleichwohl hätte man die neue Form auch »Sanchin-shō« nennen können. Miyagi jedoch zog eine, wie auch ich meine, viel angemessenere, dem äußeren Erscheinungsbild der in ihr enthaltenen Handbewegungen entsprechende Bezeichnung vor: *Tenshō* bedeutet »rollende Hände« oder auch »Rollhand«, was die geschmeidigen Übergänge zwischen den verschiedenen Handpositionen versinnbildlicht.

Mehr als bei Sanchin ist der technische Inhalt der Kata Tenshō tatsächlich im Kampf anwendbar. Es werden alle nur denkbaren Ausrichtungen der Hand zum Unterarm für die Konfrontation mit einem Gegner auf kurzer Distanz nutzbar gemacht. Dabei wird jede Zone des Handgelenks nach und nach gedanklich eingesetzt, um den Kontakt zum gegnerischen Körper herzustellen. Die jeweiligen Endpositionen der weich ausgelegten Arm- und Handbewegungen sind mitunter als Kake-te, Teshō-tsuki oder ähnlich bekannt, allerdings reflektieren diese Bezeichnungen nicht das volle Potential der Bewegungen.

Die Essenz der Kata ist die Fähigkeit zum direkten Übergang aus einer nutzbringenden Position in eine andere. In einem wirklichen Kampf folgt man dabei der Bewegung des Gegners und ergreift, zieht oder stößt diesen je nach taktischer Lage oder attackiert ihn bei einer sich anbietenden (raum-zeitlichen) Lücke durch Schläge oder Stöße. Fortgeschrittene Karateka üben dies mit einem Partner in Form einer Übung, die als Kaki-e bekannt ist.

Die Kata Tenshō enthält, ebenso wie ihre chinesischen Vorläuferformen, keine Wendungen. Nach jedem der drei vorwärts gerichteten und nach demselben

Muster wie in Sanchin ausgeführten Schritte erfolgt, ebenso wie dort, zunächst die Ausrichtung und Stabilisierung des gesamten Körpers, bevor die Arbeit der Arme beginnt.

Aus der gleichen Grundhaltung heraus wird zunächst der linke Arm zum Rumpf gebracht, worauf sich die rechte Hand öffnet und langsam alle geforderten Positionen durchläuft. Im Laufe einer Sequenz bewegt sie sich dabei zurück und vor, auf und ab sowie aus- und einwärts. Die Abbildungen 13-4 bis 13-10 zeigen einige dieser Handhaltungen. Nachdem das Ganze mit der linken Hand wiederholt wurde, wird dieselbe Übung beidarmig durchgeführt. Miyagi folgte bei diesem Arrangement einer typischen Form des didaktischen Aufbaus von Grundübungen innerhalb der Kampfkünste Südchinas.

Im Laufe der drei rückwärts gerichteten Schritte werden die geöffneten Hände relativ zügig zur Brust und dann langsam unter starkem Ausatmen nach schräg-unten-vorn herabgeführt. In der Endposition weisen Arme und Hände einen leichten Bogen auf. Obwohl es zu dieser Übung eine technische Interpretation gibt, so halte ich sie doch eher für ein energetisches »Überbleibsel«.

Bei richtiger, das heißt nicht allzu spannungsbetonter Ausführung der Kata führt das Durchlaufen der einzelnen extremen Handgelenkpositionen zum Öffnen der Leitbahnen. Durch die sich verbessernde Qi-Zirkulation hat dies einen positiven Effekt auf den Zustand der Organe und damit auf die Gesundheit insgesamt. Natürlich trägt hierzu auch, wie bei Sanchin, die intensivierte, aber nicht allzu forcierte Atmung bei.

Während im ersten Abschnitt der Kata alle Bewegungen von langsamem Ein- und Ausatmen begleitet werden, scheint im zweiten Abschnitt eine Folge von kurzem Ein- und langsamem Ausatmen besser zu passen. Die Art und Weise des Atmens ist jedoch nicht absolut festgelegt. Typ und Ausführung der jeweiligen Technik lassen einen gewissen Spielraum zu. Logik und eigenes Empfinden sollten den Ausschlag dafür geben, wie man selbst die Atmung beim Ausführen von Tenshō gestaltet. Wie bereits im Abschnitt über die Kata Sanchin möchte ich auch hier davor warnen, sich irgendwelchen gekünstelten Vorgaben bezüglich des Atmens zu unterwerfen, die einem letztlich nicht gut tun. Tenshō ist ähnlich wie Sanchin als absolute Basisübung zu sehen. Besondere, von einigen Lehrern propagierte Verkomplizierungen in Technik und Atmung sind hier meiner Meinung nach fehl am Platze, da sie vom langfristigen Ziel der Kampfkunst, der Einfachheit, ablenken.

Kenwa Mabuni hat die verschiedenen Kombinationsmöglichkeiten von Ein- und Ausatmung in einer Systematik zusammengefasst. Diese ist unter dem Namen *kokyū-dontō*, wörtlich »Atmung – ein/aus«, bekannt (siehe Tabelle 13-1 auf Seite 342).

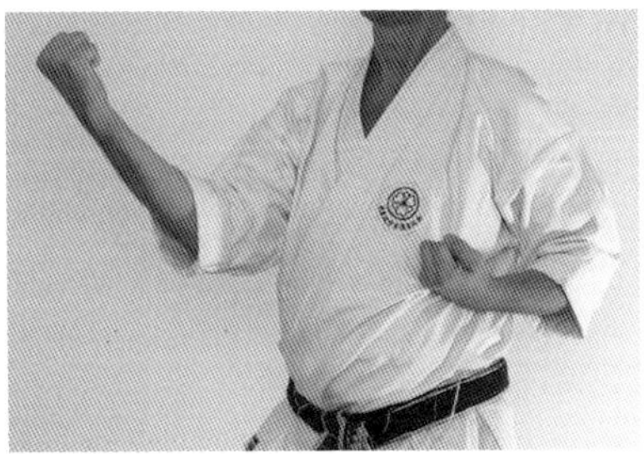

Abb. 13-4

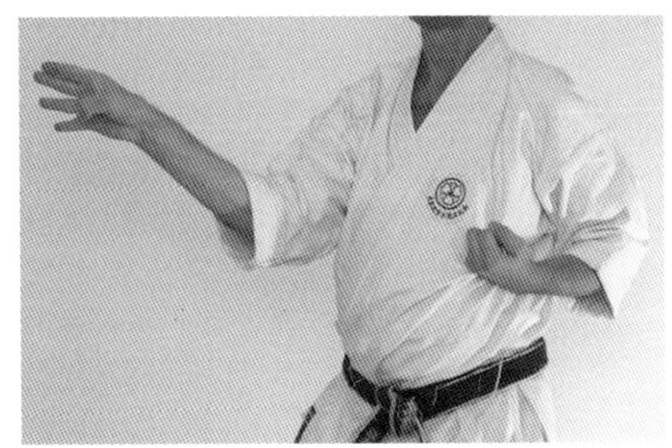

Abb. 13-5

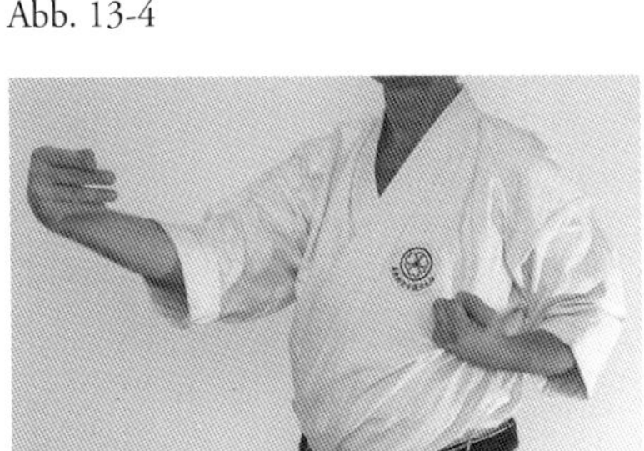

Abb. 13-6

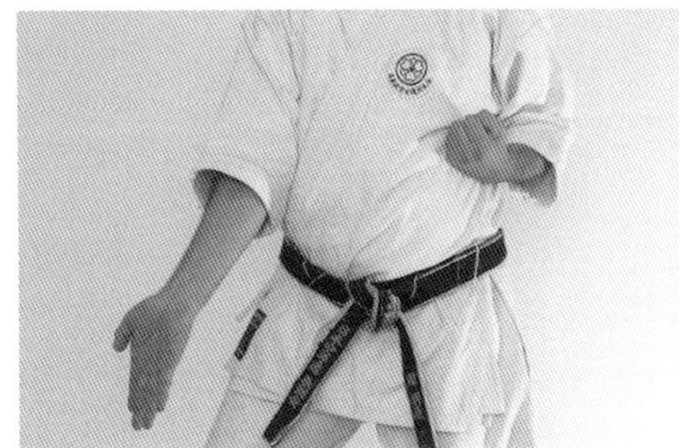

Abb. 13-7

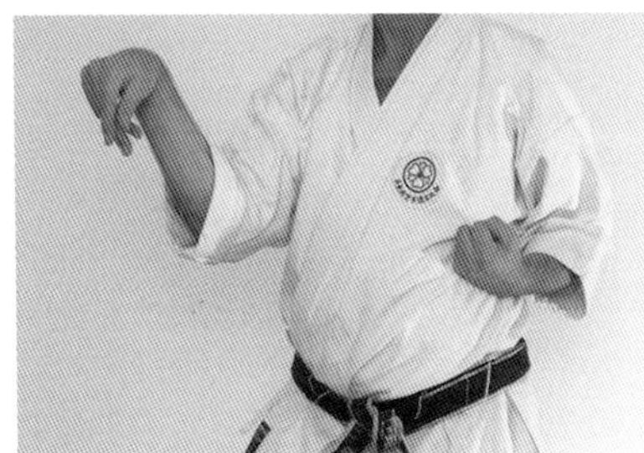

Abb. 13-8

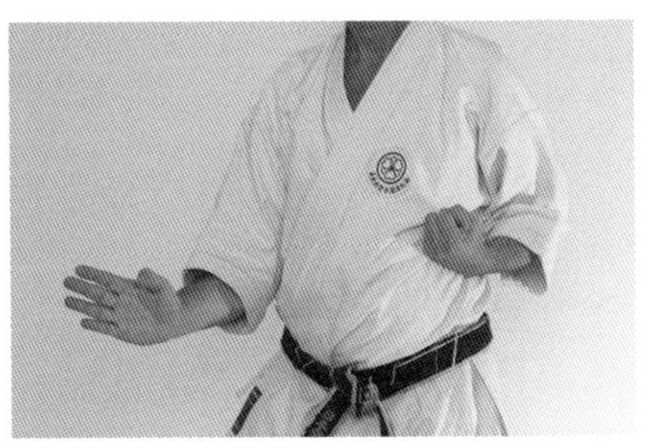

Abb. 13-9

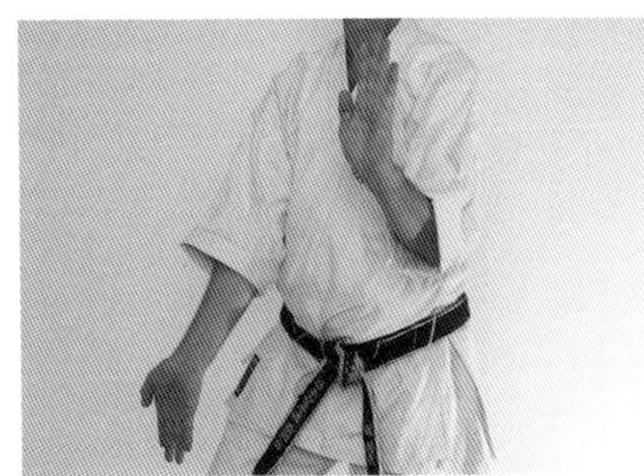

Abb. 13-10

Abb.13-4: Yoko-uke.

Abb.13-5: Kake-te.

Abb.13-6: Gyaku-kake-te.

Abb.13-7: Kote-teshō; Einsatz von Handgelenk oder Handballen.

Abb.13-8: Koken.

Abb.13-9: Teshō.

Abb.13-10: Tenchi no kamae.

Tabelle 13-1: Kokyū-dontō – Variationen der Atmung

Japanische Bezeichnung	Deutsche Übersetzung
chodon – chotō	lang ein – lang aus
chodon – tantō	lang ein – kurz aus
tandon – chotō	kurz ein – lang aus
tandon – tantō	kurz ein – kurz aus
hakei – dontō	wellenförmig ein – aus

Langes Ein- und Ausatmen finden wir besonders in der Kata Tenshō und ihrer »größeren Schwester« Sanchin, die Kombination kurz-kurz vor allem in den Kata mit zahlreichen Schlag- und Stoßtechniken, insbesondere des Shuri-te. Die Kombination kurz-lang kommt dagegen nicht ganz so häufig vor –meist beim Übergang in Kamae oder bei langsam auszuführenden Abwehrtechniken, vor allem, wenn ihnen ein gedankliches Ergreifen oder Ziehen des gegnerischen Armes folgt. Die Kombination lang-kurz findet man eher selten, etwa bei einer fortgeschrittenen Ausführung der dreifachen Stoßabwehrkombination aus der Kamae des beidarmigen Yoko-uke in den Kata Sōchin oder Suparinpei.

Die fünfte Variante dieser Aufstellung ist meiner Ansicht nach unangemessen kompliziert, weshalb ich nicht weiter auf sie eingehen möchte.[215] Überhaupt sehe ich diese Aufstellung eher als Übersicht an für das, was in den Kata an Varianten der Atmung vorkommen kann, und weniger als Programm einer Atemschulung, deren Wert ich persönlich anzweifeln würde.

Für die Ausführung der Kata Tenshō gilt Analoges wie bei der Kata Sanchin: Nach jedem Schritt erfolgt ein präzises Ausrichten aller Körperpartien. Danach geht man unter Beibehaltung der stabilen Haltung langsam durch alle Positionen der Hand beziehungsweise beider Hände. Nachdem eine hinreichende Koordination von Bewegung und Atem erreicht wurde, kommt es fast automatisch zum nach innen gerichteten Festziehen der Muskulatur, sobald die jeweilige Bewegung erfolgt und deren Endposition erreicht ist.

In fortgeschrittenerem Stadium, wenn man sich auf Ablauf und technische Details nur noch wenig zu konzentrieren braucht, empfiehlt es sich, sich in jene Partien von Hand oder Unterarm hineinzufühlen, die man für die imaginäre Kampfsituation als aktiv erachtet, das heißt jeweils die Stelle, an der man sich vorstellt, dass der Kontakt mit dem Gegner stattfindet. Dies können der Handballen sein, die Fingerspitzen oder die Kleinfingerseite des gekrümmten Handgelenks.

[215] Die wellenförmige Atmung wird in Kenei Mabunis Werk *»Leere Hand – Vom Wesen des Budō-Karate«* ausführlich beschrieben (siehe Literaturverzeichnis).

Auf diese Weise fließt das (durch die Übung mobilisierte) Qi dorthin, wo es später vielleicht einmal gebraucht wird. Mehr als beim Ausführen von Sanchin bietet sich bei Tenshō weiterhin an, subtile Bewegungen der Wirbelsäule oder der Hüfte in die Übung aufzunehmen und den Kraftfluss entsprechend zu akzentuieren.

Obwohl oft als Kata des Yin angesehen, besitzt Tenshō doch auch Phasen von Festigkeit und Dynamik, die man dem Yang zuordnet. Grundsätzlich kann nichts nur Yin oder Yang sein. Beide Qualitäten bestehen immer nebeneinander, wobei die eine oder andere Komponente zwar zeitweise überwiegen kann, insgesamt aber ein Gleichgewicht herrschen soll.

Dass die Kata Tenshō außer in den von Chōjun Miyagi geprägten Richtungen des Gōjū-ryū besonders innerhalb des Shitō-ryū geübt wird, ist auf die enge Freundschaft zwischen ihm und dem Stilgründer des Shitō-ryū Kenwa Mabuni zurückzuführen. Beide arbeiteten bei der Etablierung des Karate in Japan in weiten Bereichen zusammen und tauschten somit ihr Wissen aus (Kapitel 12.3).

Die Kata Tenshō wird von einer gar nicht so geringen Zahl von Karateka wegen der vermeintlich fehlenden Härte leider etwas vernachlässigt. Sie steht, historisch bedingt, im Schatten ihrer »großen Schwester«. Man sieht in ihr weniger Potential als in der Kata Sanchin. Ich sehe hier aber einen Denkfehler, nämlich den, dass Härte und Kraft in der Kampfkunst wesentlich wären. Dabei trifft genau das Gegenteil zu: Nur ein flexibler Kämpfer ist fähig, sich jeder Situation anzupassen und somit in der Lage, einen Sieg mit wenig Aufwand zu erringen. Und dennoch sind wir nur allzu häufig geneigt, dem Yang gegenüber dem Yin den Vorzug zu geben, ganz entgegen der Erkenntnis daoistischer Weiser, dass gerade das Wasser mit seiner Weichheit alles andere überdauert. Mir persönlich bietet darum Tenshō gegenüber Sanchin, zumindest was die heutzutage im Karate geübten Varianten angeht, deutlich mehr an Essenz und einen direkteren Bezug zum freien Kampf.

13.3. Mysterium Naifanchin

Die etwas seltsam anmutende Überschrift dieses Abschnitts bezieht sich auf meine Erfahrung, dass vielen Karateka der Zugang zu dieser Kata außerordentlich schwer fällt. Andererseits gehört sie zu den grundlegenden Formen des Karate. Lange Zeit bildete sie die Basis der Ausbildung im Tōde-jutsu, noch bevor die Kata Sanchin Okinawa erreichte oder Einstiegsformen wie die Pinan-Kata geschaffen wurden.

Bei kaum einer Kata gehen Geschmäcker und Meinungen über Wert und Bedeutung so weit auseinander. Selbst so namhafte Persönlichkeiten wie Masatoshi Nakayama oder Hironori Ōtsuka äußerten sich in dieser Beziehung nicht gerade positiv.[216] Letzterer bezeichnete die Kata Naifanchin zumindest als auf den ersten

[216] Beide waren maßgeblich beteiligt an der weltweiten Verbreitung des Karate.

Blick wenig interessant und auch extrem schwer anzuwenden, wobei sie einem zudem immer schwerer fiele, je mehr man sie übte. In ihr »liege aber dennoch etwas Profundes«, weshalb Ōtsuka sie dann doch in sein System mit aufnahm. Allerdings nur die erste, die anderen beiden, Naifanchin-nidan und -sandan, hielt er für »nutzlos« (siehe Literaturverzeichnis). Der Kommentar Nakayamas fällt nicht viel besser aus. Er findet die drei Kata monoton, weshalb er empfiehlt, sie besser mit viel Kraft und starker Kopfbewegung auszuführen (siehe Literaturverzeichnis).

Ich will mir nicht anmaßen, den beiden Meistern unzureichende Sachkenntnis zu unterstellen. Aber seit den Zeiten Ankō Itosus nahmen im Laufe der Generationen die Kenntnisse über die ursprüngliche Anwendung der Bewegungen – nicht nur dieser Kata –, vor allem in Verbindung mit dem Einsatz von Kyūsho, immer weiter ab. Besonders nach der Umformung des Karate zum Turniersport wurden die Vitalpunkte und damit die entsprechende Anwendung der alten Kata immer weniger interessant, so dass sie vernachlässigt und in der Folge oft auch kaum mehr verstanden wurden. Dies resultiert dann heute bisweilen in einer – aus meiner Sicht – unangemessenen Betrachtungsweise.

Hingegen wurde in früheren Zeiten der Wert der Kata Naifanchin sehr hoch eingestuft. Man sagte, dass derjenige, der diese Kata wirklich gemeistert hätte, keine andere Form mehr zu lernen bräuchte und trotzdem nicht zu besiegen wäre. Noch Chōki Motobu, der ja gerade wegen seiner überragenden Fähigkeiten im Freikampf bekannt und auch berüchtigt war, betonte in Wort und Schrift immer wieder die Wichtigkeit der Kata Naifanchin. Böse Zungen behaupteten sogar, er würde ja auch nur diese eine Kata beherrschen – was aber nicht stimmte, wie man heute weiß.

Die drei Naifanchin erscheinen im Vergleich zu den übrigen Kata in der Tat unspektakulär. Ihre Bewegungsmuster muten seltsam an und scheinen für den freien Kampf wenig tauglich, ja eher hinderlich zu sein. Für viele, insbesondere sportlich orientierte Karateka entspricht ihr Bild nicht so recht dem einer dynamisch-kraftvollen Kampfmethode. Hier liegt meines Erachtens auch der Grund für die Fehleinschätzung. Die Kampfkünste dienten in früheren Zeiten ja nicht dem Zeitvertreib, der Leibesübung oder der sportlich-ästhetischen Selbstdarstellung, sondern dem Überleben. Ziel der Übung war es, die Fähigkeit zu erlangen, einen Gegner möglichst rasch und mit wenig Aufwand außer Gefecht zu setzen. Dies brauchte und sollte auch gar nicht spektakulär sein.

Die Kata Naifanchin kam schon sehr früh nach Okinawa, lange bevor Kanryō Higaonna und seine Zeitgenossen ihre Varianten von San-chien nach Naha brachten. Es ist sogar durchaus möglich, dass in China selbst Naifanchin die viel ältere Form darstellt (siehe weiter hinten). Angeblich wurde sie von chinesischen Kampfkunstexperten an auserwählte Bewohner Okinawas weitergegeben. Es sollten Militäroffiziere mit den Namen *Iwah* und *Ason* gewesen sein, die während ihres Aufenthalts auf der Insel in der Gemeinde Kumemura,[217] dem Hafenbezirk Nahas, gelebt haben, und zwar dort, wo sich im 14. Jahrhundert angeblich die »36 Familien« niederließen. Man kennt heute nur die japanisierten, wenig chinesisch klingenden Namen dieser Herren.[218]

Es wird angenommen, dass Sōkon Matsumura eine Form der Kata Naifanchin von Iwah gezeigt bekam, bevor er selbst zu einer seiner Reisen nach China aufbrach. Es wäre aber genauso gut möglich, dass er die Kata direkt in China lernte. Oder er unterzog das bereits Gelernte einer Art »Abgleich«, das heißt, er ließ sich von seinen dortigen Lehrmeistern korrigieren.

Ason, der noch vor Iwah auf die Insel kam, soll seinen Kampfstil beziehungsweise seinen Unterricht auf einer Vorform der Kata Naifanchin aufgebaut haben. Er übertrug sein Wissen einer Gruppe von Schülern, zu der auch die Meister Sakiyama, Tomigusuku, Gushi, Tomoyose und Nagahama gehörten. Nagahama, von dem nicht viel mehr als der Familienname bekannt ist, lebte später in Naha und war, obwohl nicht viel älter als Ankō Itosu, über viele Jahre dessen Lehrer. Nagahama vertrat ein sehr kraftbetontes Tōde-jutsu, was man dem von Itosu unterrichteten Karate bis heute noch anmerkt – im Gegensatz zu Sōkon Matsumura, dem sich Itosu nach dem Tod Nagahamas anschloss und der stets meinte, dass alle Kraft und Härte nichts nütze, solange es an Beweglichkeit fehlt (Motobu, siehe Literaturverzeichnis).

Die Hinweise zu den Ursprüngen der Kata innerhalb Chinas sind widersprüchlich. Es gibt Spekulationen darüber, ob sich der Name der Form vielleicht von einem der klassischen Stile des Shaolin ableitet, der auf Mandarin *Dafanche-quan*, also »Große Engelsfaust« heißt. *Da-fanche* würde auf Kantonesisch zu *Dai-fanchie* und so dem Wort »*Naifanchin*« schon recht nahe kommen. Neben der Form des Großen Engels gibt es auch eine Form des »Kleinen Engels« *Xiao-fanche.* Beide gehören zum Stil der »Nördlichen Gottesanbeterin-Faust«, *Bei-tanglang-quan.*

Da-fanche und *Xiao-fanche* können in anderer Schreibweise aber auch »großer« und »kleiner Wirbelwind« bedeuten. Die genannten Formen zeichnen sich in der Tat durch mehrfache, groß angelegte kreisförmige Armbewegungen aus und weisen sehr dynamische Schrittfolgen auf, meist in einer tiefen Vorwärtsstellung und in alle Richtungen des Raumes. Xiao-fanche enthält sogar einige Sprünge. All dies vermittelt jedoch kaum den Eindruck, dass die beiden Formen denselben Ursprung wie unsere Kata Naifanchin hätten.

Natürlich erscheint es auch naheliegend anzunehmen, dass für die Silbe *chin* das Kanji für »Schlacht« oder »Kampf« benutzt wurde, ähnlich wie bei der Kata Sanchin. Es hätte sich dann bei der Kata Naifan-*chin* um eine Übung für eine spezielle Form des Kampfes gehandelt, bei dem besondere Bedingungen vorherrsch-

---

[217] Wird im Dialekt Okinawas als *Kuninda* ausgesprochen.

[218] Vielleicht hieß Iwah in Wirklichkeit *Ling*, *Yang* oder *Li*, bzw. Ason *An-Song* oder ähnlich.

ten. Auf Gedankengänge dieser Art mag die Legende zurückgehen, die Kata wäre für das Kämpfen auf engem Raum, wie zum Beispiel den Pfaden zwischen den Reisfeldern, konzipiert.

Ich halte solch eine Ansicht für etwas sehr eng gefasst und wenig realistisch. Zudem ist mir kein Kanji bekannt, das *han* ausgesprochen und »Reisfeld«, »Acker«, »Parzelle« oder sonst etwas aus dem Bereich der Landwirtschaft bedeuten würde. Alle drei mir bekannten Schreibweisen für Reisfeld werden *ta*, *da*, *hata* oder *hatake* gesprochen. Allenfalls könnte es sich bei einer möglichen Abwandlung von *hata* zu *han* um eine Veränderung durch einen Dialekt handeln.[219]

Das *han* der bisweilen gebrauchten Schreibweise »Nai*han*chin« geht darum sicher auf einen Übertragungsfehler zurück. Japaner haben Schwierigkeiten mit der Aussprache des Buchstaben *f*, wenn dieser einem anderen Vokal als dem *u* vorausgeht. Und auch dann wird eher eine Art Zwischenlaut ähnlich dem eines Pustens artikuliert. Ein chinesisches *Fan* wird darum im Japanischen zu *Han*. Die Interpretation des Wortes *Naifanchin* im Sinne von »Im-Reisfeld-Kämpfen« oder »Schlacht zwischen den Äckern« ist darum unglücklich, wenn nicht sogar falsch.

Sinnvoller und viel wahrscheinlicher ist die These, dass der Ausdruck *Nai-fan-chi* etwas über den Charakter eines Kampfstils aussagt, dessen herausragendes Detail die nach innen gerichteten Zehen seiner Fußstellung sind. *Nai* beziehungsweise *Nei* bedeutet »innen« oder »einwärts«, *Fan* in etwa so viel wie »Klaue«, *Chi* kann dann »Erde« im Sinne von »Erdung« bedeuten. Dies ist eine der noch heute gebräuchlichen Schreibweisen. Sie würde jener pragmatischen und von mir als ursprünglich angesehenen Namensgebung für die Kata Sanchin ähneln, bei der *San-jan* für »drei Schritte« stünde (Abschnitt 13.1).

Analog der möglichen Entstehung von San-jan suchte man wohl bei der Schaffung der Form der »geerdeten Innenklaue« auch nach einem für den Kampf so wichtigen Kompromiss zwischen Verwurzelung und Beweglichkeit, nur dass dafür in Naifanchin eine andere Art der Fortbewegung, nämlich der Übersetzschritt ausgewählt wurde. Es ist weiterhin möglich, dass man dies ursprünglich mehr als Alternative zum Gleitschritt ansah, ohne letzteren ausschließen zu wollen. Damit ergab sich eine zweite Möglichkeit, den bei einem vollen Schritt unumgänglichen, strategisch ungünstigen Wechsel der Auslage zu vermeiden, der dem Gegner für einen kurzen Moment eine größere Angriffsfläche böte. Wahrscheinlich ist daher, dass man eine entsprechende Übung, welche den Übersetzschritt betont, eher als eine Art Komplementärform zu den nach vorn und zurück ausgerichteten Vorläufern von Sanchin in die Ausbildung aufnahm.

Auch für die Kata Naifanchin kann vermutet werden, dass die in Abschnitt 13.1. über die Kata Sanchin erwähnte alt-daoistische Übung der Baumstamm-Umar-

[219] Der einzige Bezug zu einem Reisfeld wäre das Wort für Reis, dann jedoch in der gekochten Form, nämlich *(go-)han*.

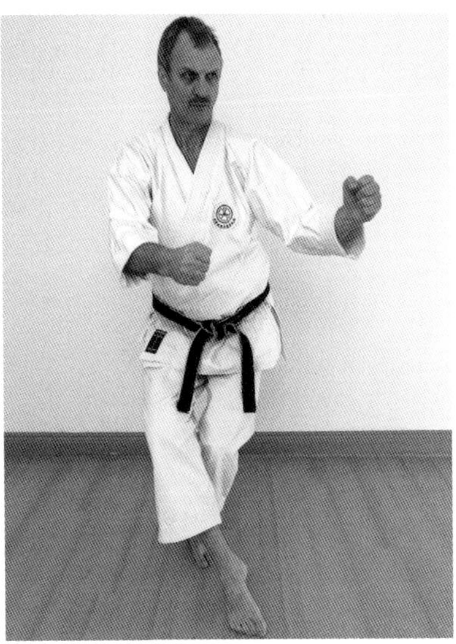

Abb. 13-11: Nuki-ashi als taktischer Schritt.

mung in sie eingeflossen ist, bei der es ja auch darum geht, sich energetisch zu erden. In der von Chōki Motobu noch als *Uchi-hachiji-dachi*, heute aber meist als *Naifanchin-dachi* bezeichneten Fußstellung (oder auch *Kiba-dachi*, siehe weiter hinten) werden die Fersen nach außen bewegt, wodurch die Zehen nach innen zeigen. Durch das Absenken des Körperschwerpunktes, verbunden mit der Bewegung der Steißbeinspitze nach unten-vorn, gewinnt die Stellung an Stabilität. Dies mag manchen Leser an die Beschreibung der von mir als *Moto-dachi* bezeichneten Fußstellung des Baihe-quan erinnern. Und in der Tat, so meine ich, basieren beide Fußstellungen, oder besser gesagt Körperhaltungen, wegen des Einbeziehens der Wirbelsäule auf derselben Grundidee.

Dreht man sich aus *Naifanchin-dachi* nach schräg-vorn, gelangt man schnell in die Position *Moto-dachi*, welche dann entsprechend, wenn man so will, Naifanchin-dachi über Eck darstellt. Der Abstand der Füße voneinander beträgt idealerweise das Eineinhalbfache der eigenen Schulterbreite. Durch das Ausrichten der Wirbelsäule und den nach innen gerichteten Zug aller Muskeln von Beinen und Rumpf stabilisiert sich die Haltung auch nach außen hin. Will man sich noch stärker »verwurzeln«, kann man zusätzlich gedanklich mit den Zehen in die Erde greifen. Motobu warnt aber davor, es mit dieser Art Vorstellung zu weit zu treiben, weil ansonsten die Beweglichkeit abnähme.

Vom äußeren Bild her scheint der Ausführende sich im Verlauf der Naifanchin-Kata gegen drei Aggressoren zu wehren. Ich will nicht ausschließen, dass nach hinreichender Praxis jeder Kämpfer, wenn nötig, in der Lage wäre, sich mit

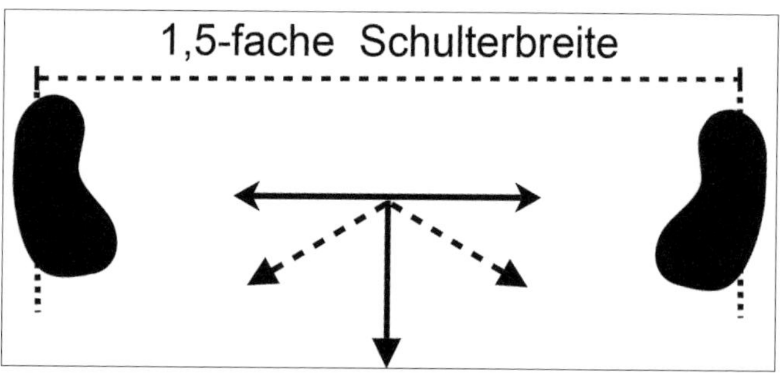

Abb. 13-12: Scheinbare Hauptrichtungen des Kampfes bei Naifanchin – in Wirklichkeit richtet sich die Aufmerksamkeit nach schräg-vorn.

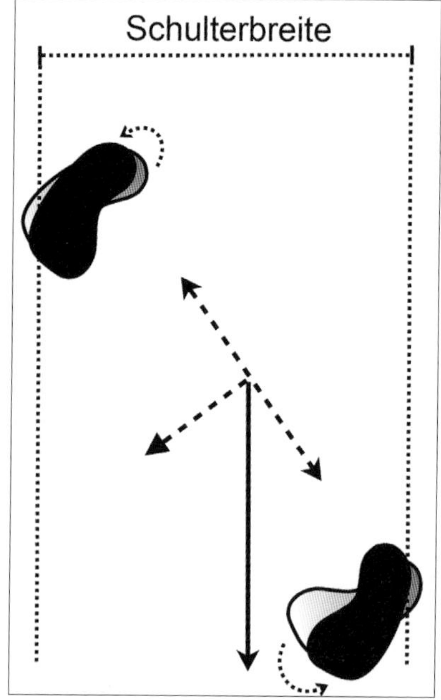

Abb. 13-13: Durch eine der Realität entsprechenden Ausrichtung der Aktion kommt es fast von selbst zu einem Übergang von Naifanchin-dachi zu Moto-dachi.

zwei oder mehr Kontrahenten zu befassen. Doch wäre hierfür die Übung anderer Kata als Naifanchin eher geeignet, vor allem solcher, die tatsächlich zur Verbesserung der räumlichen Orientierung beitragen. Mehr der Realität entspricht hingegen die Annahme, das die Kata Naifanchin zunächst einmal nur kämpferische Fähigkeiten gegen einen einzigen Gegner vermitteln soll.

Um ein der Realität entsprechendes Verständnis der Kata Naifanchin zu erhalten, müssen wir die für ihre Interpretation nötigen Grundannahmen verändern. Auch wenn wir aus der charakteristischen Stellung heraus mal nach vorn und dann wieder zur Seite blicken, so handelt es sich dabei nur um die Kardinalpunkte eines Bereichs, der in Wirklichkeit aus einer Vielzahl möglicher Richtungen besteht. Für jede gegebene Kampfhaltung (Kamae) gibt es eine optimal überschaubare Aktionsrichtung. Je größer die Abweichung davon, um so unvorteilhafter werden die kampftechnischen Möglichkeiten. Die wahre Blickrichtung befindet sich demnach irgendwo innerhalb des in der Kata gezeigten Winkels zwischen nach vorn und zur Seite.

Die für einen Kampf günstigste Ausrichtung des Körpers war früher, genau wie heute auch, die Links- oder Rechtsauslage. Man steht mit den Füßen längs-diagonal zum Gegner. Die Übersetzschritte in der Kata bekommen so einen ganz anderen Sinn als bei der Annahme seitlicher oder frontaler Angriffe. Man kann sich dem Gegner nähern oder ihm nachsetzen und bekommt zeitweilig die Möglichkeit, mit der Fußkante eines seiner Beine anzugreifen oder auch von ihm unbemerkt mit dem eigenen Bein hinter seinen vorderen Fuß zu gelangen. Die zwei Übungsvarianten, hierbei das entsprechende Bein zu bewegen, legen diese Auslegung nahe: In der einen wird nach dem Übersetzen für den folgenden Schritt das Knie angehoben, bei der anderen der jeweilige Fuß in einem Bogen um die eigene Ferse herum noch vorn gebracht (Abbildungen 13-14 bis 13-16).

Nach dem Anheben des Knies ist ein Tritt gegen verletzbare Stellen am Bein des Gegners oder ein Stampfen auf dessen Sprunggelenk möglich. Beides muss aber kontrolliert geschehen, damit man nicht selbst aus der Balance gerät, insbesondere wenn der Gegner die Aktion durchschaut und seinen Fuß wegzieht. Das vielfach

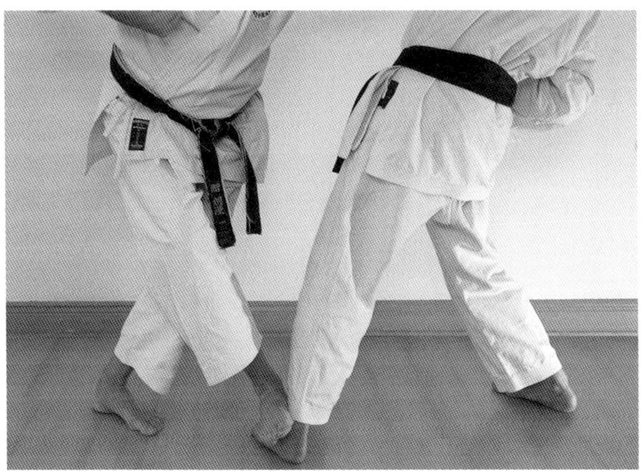

Abb. 13-14: Nuki-ashi in kampftechnischer Anwendung.

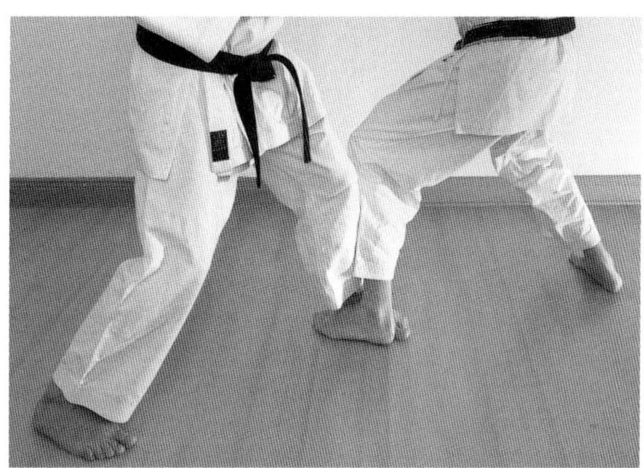

Abb. 13-15: Hinter den Fuß des Gegners gelangen.

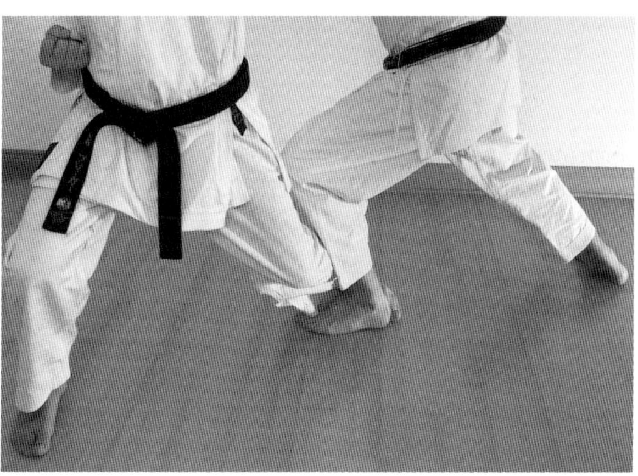

Abb.: 13-16: Durch starkes Drehen des eigenen Knies verliert der Gegner sein Gleichgewicht.

praktizierte harte Stampfen auf den Dōjō-Fußboden halte ich daher für unangebracht. Das Ki trifft dabei mehr die Erde als den imaginären Gegner. Zudem kann es durch eine solche Praxis langfristig zu Schäden in den Knie-, Fuß- oder Hüftgelenken kommen. Nach einer Schilderung Shigeru Egamis war selbst Gichin Funakoshi nicht gerade begeistert, als es durch solch ein überzogenes Stampftraining dazu kam, dass der Holzfußboden seines Dōjō brach (siehe Literaturverzeichnis).

Nicht nur deswegen meine ich auch, dass die von Funakoshi vorgenommene Umbenennung der Kata in *Tekki* nicht besonders glücklich war.[220] Die beiden Kanji

[220] Wegen der politischen Spannungen mit China und der daraus folgenden öffentlichen

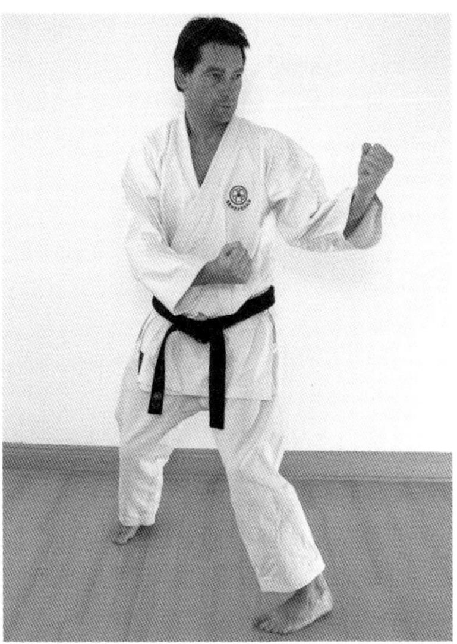

Abb. 13-17: Schrägauslage.

tetsu und *ki* bedeuten »Eisen« und »Reiten« und sollten sicher auf eine zu erreichende »eiserne« Standfestigkeit anspielen. Leider denkt so manch einer dabei wohl eher an Gusseisen statt an Federstahl, wodurch, auch wegen der dann eingenommenen extrem tiefen und spannungsreichen »Pferdereiterstellung« *Kiba-dachi*, viel von der in Naifanchin ursprünglich vorhandenen flexiblen Dynamik verloren geht.

Die in der Kata gelehrten Verteidigungs- und Angriffstechniken werden in der Realität des Kampfes weder direkt nach vorn noch seitwärts, also weder quer noch längs zur charakteristischen Fußstellung angewandt. Hat man sich erst einmal mit dem Gedanken angefreundet, dass die Hauptaktionsrichtung der Anwendung schräg-vorn ist, dann werden Zusammenhänge zu anderen Kata offensichtlich und es eröffnet sich eine Vielzahl strategischer Möglichkeiten für den Kampf auf mittlerer und kurzer Distanz. Das Schreiten innerhalb der Kata ist zwar so formalisiert, dass man meint, sich seitwärts zu bewegen. Es hilft aber, sich das Enbu-sen einfach längs angeordnet vorzustellen und die Kata im Geiste zu »halbieren«. Halbieren deswegen, weil die scheinbar seitliche Orientierung nur dadurch zustande kommt, dass – zumindest in Naifanchin-shodan und Naifanchin-nidan – alle enthaltenen Sequenzen »links« und »rechts«, also jeweils seitengespiegelt eingeübt werden.

Das imaginäre Geschehen bekommt nun gleichsam eine »normale Note« und erscheint gar nicht mehr so sonderbar oder speziell. Der gedachte Kampf kann

anti-chinesischen Grundstimmung im Land vor dem Zweiten Weltkrieg hat Funakoshi alle von ihm unterrichteten Kata mit japanisch klingenden Namen versehen.

sich überall abspielen, nicht nur auf den schmalen Wegen eines Reisfeldes. Gleichwohl wird gerade durch das Üben der Naifanchin-Kata die Sensibilität des unteren Körperbereichs, insbesondere der Füße, verbessert. Das steigert dann letztendlich doch die Fähigkeit, sich in schlechtem Terrain, also auf rutschigem oder unebenem Untergrund, zu verteidigen. Insofern kann gerade die Kata Naifanchin uns für den Einsatz des Karate als Selbstverteidigung dienen, denn solch ein Ernstfall wird wohl kaum auf einem gut gepflegten, ebenen Dōjō-Fußboden stattfinden.

Übersetzschritte werden – wie schon gesagt – im Kampf oft unbewusst ausgeführt, um vor- oder rückwärts zu schreiten, ohne die Auslage zu verändern. Auch werden so diverse für den Gegner schwer vorhersehbare Aktionen wie Drehungen oder Fußtritte möglich.

Besonders charakteristisch für alle drei Kata der Naifanchin-Gruppe ist die immer wiederkehrende Endposition einer Sequenz aus mehreren Abwehrtechniken, ein Stoß mit der Umkehrfaust Ura-zuki mit untergelegtem, zum Körper quergestelltem Arm. In Kapitel 7.4. hatte ich schon einiges zur energetischen Stabilisierung angemerkt, die sich durch Haltungen wie die des Riegelstoßes Kagi-zuki ergeben. Auch darüber, dass die ebenfalls häufig in der Kata vorkommende Kombinationsabwehr aus Yoko-uke und Gedan-barai möglicherweise ihren Ursprung in einer Haltung der Mönchsfaust, Luohan-quan haben könnte. Durch ein Öffnen der Fäuste aus der besagten Armhaltung wird dies noch deutlicher, wobei die sich ergebende Variation der Haltung dann stark an Endpositionen entsprechender Bewegungen in den Kata Kururunfa und Shisōchin erinnern – was manch einen vielleicht erstaunen mag, werden die genannten Kata doch heute angeblich verschiedenen »Stilen«, Shōrin-ryū und Shōrei-ryū (Kapitel 6.1), zugeordnet!

In den für älter gehaltenen, *Koshiki-Naifan* genannten Versionen der Kata werden alle Techniken mit geöffneten Händen ausgeführt. Der Stoß mit dem quer untergelegten Arm ähnelt dann stark den Techniken des ersten Abschnitts der Passai-Kata der Linie Matsumora-Tomari (Kapitel 14). So gesehen könnte man vermuten, dass Personen in der »Szene« um Oyadomari oder Matsumora die Ausführung mit der offenen Hand bei derartigen Techniken bevorzugten und darum auch die von ihrem legendären Meister Ason übernommene Kata Naifanchin entweder so beließen oder sie diesbezüglich ihrem Geschmack anpassten.

Genausogut findet man aber die gleichen Haltungen und Techniken, jedoch mit geschlossenen Fäusten, auch in anderen alten Versionen der Kata Passai, und zwar der Linie Matsumura-Itosu. Es ist somit unmöglich zu sagen, ob die Kata Naifanchin in ihrem Ursprung mit geöffneten Händen oder geschlossenen Fäusten gelehrt wurde. Wahrscheinlich ist beides geschehen und es gab von Anfang an, womöglich bereits in China selbst, (mindestens) zwei Versionen der Kata, jeweils mit geöffneter Hand und geschlossener Faust – oder einer Mischung von beidem.

Es mag naheliegen, aus der Tatsache, dass bei den chinesischen Vorläuferformen der Kata Sanchin (San-zhan beziehungsweise San-chien) die Hände geöffnet waren, dies auch für die Kata Naifanchin zu schließen. Jedoch sind Ursprung und Entwicklung der Kata Naifanchin in China, anders als bei San-chien, weit weniger bekannt und erforscht. Zudem gab es in der Kampfkunst des früheren China, insbesondere des Klosters Shaolin, noch keine bevorzugten Handhaltungen. So sind nicht wenige klassische Formen bekannt, bei denen der überwiegende Teil aller Techniken mit der geschlossenen Faust ausgeführt wird. Je nach strategischem Themenschwerpunkt, insbesondere im Rahmen der Tier-Stile, kamen dort die unterschiedlichsten Handhaltungen zum Einsatz.

Wie nun genau die Handhaltung in frühen Formen der Kata Naifanchin war, ist eigentlich unerheblich. Zumindest sehe ich es als wenig sinnvoll an, jene mit den geöffneten Händen als »die ältere« zu bezeichnen. Ich persönlich hielte es für besser, sie einfach nur dem Tomari-te zuzuordnen oder sie gemäß den »offenen Händen« *Kaishu*-Naifanchin zu nennen.

Ein interessantes Detail in der Kata Naifanchin ist die gemeinhin als »Stoß um die Ecke« interpretierte Bewegung mit der Bezeichnung Kagi-zuki. In Kapitel 7.4. hatte ich bereits beschrieben, dass eine solche spezifische Haltung des Armes aufgrund energetisch bedingter Effekte auf besondere Art stabilisierend wirkt. Wird nämlich diese Haltung als Kamae interpretiert (Abbildung 13-18 auf der folgenden Seite), so kann beim langsam-bedächtigen Übersetzen des Fußes auf den Gegner zu die so auf ihn gerichtete Faust auf subtile Art bedrohlich wirken. Das Ki sollte hierzu so kultiviert worden sein, dass es hinreichend konzentriert ist und gleichsam aus der Faust »ausströmt« (Tokitsu, siehe Literaturverzeichnis).

Kamae hatten ja in der Taktik der früheren Kampfkünste einen viel höheren Stellenwert als heute. Es ist vorstellbar, dass diese Art des Schreitens dazu diente, die Distanz zum Gegner zu halten oder sie zu verringern, wobei der im Bogen gehaltene Arm tatsächlich ein Gefühl von Bedrohung erzeugen sollte, ähnlich wie die Spitze eines Schwerts oder der Anblick einer Pistole. Die Haltung des Armes kann, wie die Kata zeigt, schnell gewandelt und zu einer dynamischen Technik werden. So werden im Laufe der jeweiligen Naifanchin-Kata mehrfach Übergänge zwischen Kamae und Technik und umgekehrt vollzogen, häufiger als in den meisten anderen Kata.

Ich meine, ein im Bogen geführter Fauststoß, wie ihn viele in Kagi-zuki sehen wollen, kann nicht besonders kraftvoll sein. Wahrscheinlich war gar nicht vorgesehen, die Technik in der gezeigten Endposition auftreffen zu lassen. Sie symbolisiert vermutlich eher ein flexibel gestaltetes, an verschiedene Abstände angepasstes Stoßen, welches mit angewinkeltem oder mit bis zu seiner vollen Länge ausgestrecktem Arm ausgeführt werden kann.[221] Wird am Ende noch die Hüfte mit eingedreht, so gelangt man fast zu dem uns allen bekannten Standardfaust-

[221] Entsprechend wird die Technik innerhalb einiger Linien des Shōrin-ryū deutlich tiefer ausgeführt als auf Höhe des Solarplexus. Allerdings entsteht so kein subtiles Gefühl eines erhöhten Qi-Flusses.

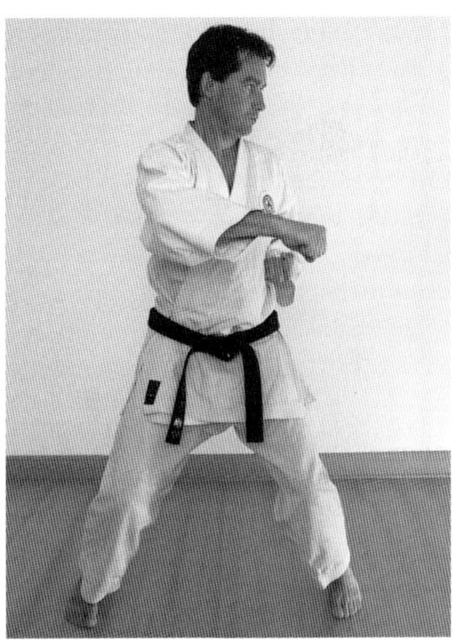

Abb. 13-18: Kagi-zuki no kamae.

stoß Gyaku-zuki. Der in der Kata scheinbar zur Seite gerichtete Stoß soll daher einen Gegner treffen, der sich in Wirklichkeit in einem Bereich direkt oder leicht schräg vor uns befindet.

In der dritten Stufe der Kata, Naifanchin-sandan, wird ebenfalls, jedoch auf eine etwas andere Art, die Anpassung an die Distanz geübt. Dafür werden im Verlauf einer komplexen Sequenz zwischen diversen Abwehrtechniken drei Stöße mit demselben Arm ausgeführt, wobei der Arm beim ersten Mal nur zur Hälfte, beim zweiten Mal zu zwei Dritteln und erst am Ende, beim dritten Mal, unter Drehung der Faust, vollständig gestreckt wird.

Sieht man auch die Kombination von Ura-zuki mit dem quer untergelegten Arm als Kamae an, bekommt die darauffolgende Fußbewegung in Naifanchin-shodan eine Bedeutung, die sich wesentlich von der bisher angenommenen unterscheidet. Entsprechend der allgemein akzeptierten Auslegung soll es möglich sein, durch das Hochschwingen des Fußes auf die Höhe der eigenen Leiste den Tritt eines frontal stehenden Gegners in die eigenen Genitalien abzuwehren. Man kämpft ja angeblich gegen drei Angreifer, gleichsam mit dem Rücken zur Wand. Nur: Wer wäre so dumm, sich dann einem von diesen mit breit geöffneten Beinen gegenüberzustellen?

Die als *nami-ashi* oder *nami-gaeshi*, also »Wellenfuß« beziehungsweise »Wellen-Rückkehr«, bezeichnete Bewegung des Fußes in Naifanchin-shodan kann durchaus als Abwehr eines angreifenden Fußes gesehen werden, jedoch muss man dies im rechten Kontext betrachten. Die hochschwingenden Füße symbolisieren

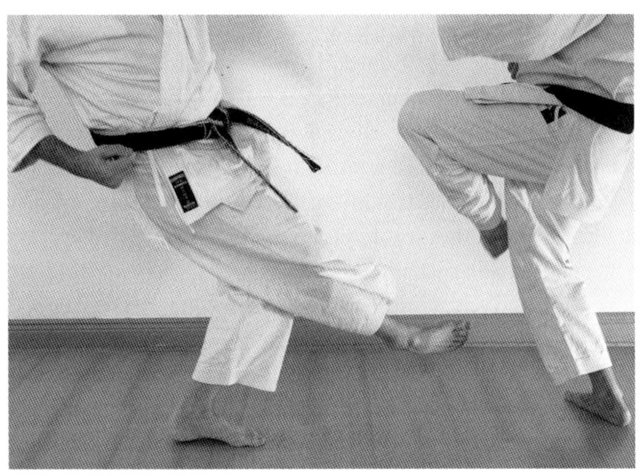

Abb. 13-19: Anwendung von Nami-ashi als Antwort auf einen Angriff mit Nuki-ashi.

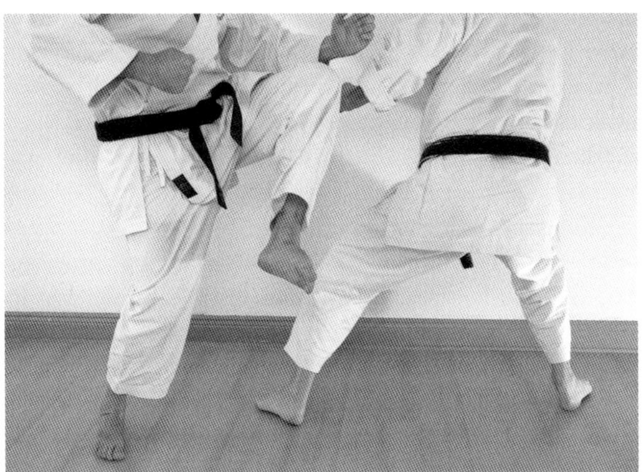

Abb. 13-20: Im Anschluss an Nami-ashi kann eine Attacke zum gegnerischen Knie erfolgen.

wohl mehr eine Art Nahkampf, wie er in vielen Stilen Südchinas gelehrt wird, und bei dem man versucht, den Gegner durch Einhaken, Druck und Zug an Knie oder Unterschenkel aus der Balance zu bringen, aber auch ihn hart an verletzlichen Stellen zu treffen, von denen es im Bereich des Knies besonders viele gibt. Das kurze Wegnehmen des Fußes hilft natürlich auch, genau solche Ambitionen seitens des Gegners zu vereiteln. Derartige Situationen entstehen oft, wenn sich beide Kämpfer auf kurzer Distanz ein Handgemenge liefern, das ins Stocken gerät, so dass sie nun einander gepackt halten – was vielleicht durch die Haltung der Arme angedeutet werden soll – und nun versuchen, mittels Bein oder Fuß Kontrolle über den Kontrahenten zu erlangen.

Viele von uns sind heutzutage allzusehr an das Bild des Turnierkampfes mit großer Kampfdistanz und weit ausgeführten Techniken gewöhnt. Dies verstellt uns bisweilen die geistige Sicht auf andere mögliche Gefechtssituationen. Diese werden dann bei unserer Analyse einer Kata unbewusst ausgeblendet, und wir gelangen, besonders bei Kata wie Naifanchin, zu falschen Schlussfolgerungen.

Alle drei Naifanchin-Kata sind von der Technik her für einen Kampf auf geringer Distanz ausgelegt und enthalten eine Reihe von Taktiken als Antwort auf verschiedene mögliche Situationen während der Auseinandersetzung mit einen einzigen Gegner. Tatsächlich würde es wohl kaum Sinn haben, dem vermeintlich seitwärts stehenden Gegner in der Haltung mit Kagi-zuki zu folgen, um sich dann nach vorn hin einem weiteren Angreifer zuzuwenden und den ersten so lange warten zu lassen, bis man mit seinem Kollegen fertig ist. Eine solche höchst fragwürdige und sogar lebensgefährliche Strategie entspräche nämlich der weit verbreiteten, vom äußeren Bild der Kata hergeleiteten Auslegung. Vielleicht handelt es sich bei diesem Formalismus der drei Angriffsrichtungen sogar um bewusste Irreführung in Zeiten strengster Geheimhaltung? Immerhin war es ja Brauch innerhalb der alten Kampfkünste, beim Vermitteln von Prinzipien und Fähigkeiten nach außen hin nur die halbe Wahrheit zu zeigen und den wirklichen Kern einer Übung nur ausgewählten Schülern zu verraten.

Bei den einzelnen Sequenzen der Kata handelt es sich wohl eher um so etwas wie Momentaufnahmen aus ein und demselben imaginären Zweikampf, bei dem man sich um einen Gegner herum-, auf diesen zu- und wieder von ihm wegbewegt, und zwar nicht nur mit einem einzigen Übersetzschritt, sondern mit so vielen wie nötig. Das nur einmalige Ausführen von Schritten oder Techniken innerhalb einer Kata ist nicht als Limitierung zu sehen.

Zu den Elementen der Kata, die besonders nutzbringend für den Nahkampf sind, gehören Attacken zu den Füßen und Knien des Gegners, aber auch, im Falle von Naifanchin-nidan, Reaktionen auf Angriffe aus rückwärtiger Richtung. Wesentliche Aspekte sind die Anpassung an die Bewegung des Gegners, das Taktieren und das Ausnutzen raum-zeitlicher Lücken. Innerhalb der drei Naifanchin-Kata erkennt man diesbezüglich eine Steigerung im Schwierigkeitsgrad. Dabei hat jede der drei Kata eine eigene subtile Charakteristik.

Bei jeder der drei Naifanchin-Kata lässt sich ein thematischer Schwerpunkt erkennen. Zudem sind die ersten beiden recht klar gegliedert, nach technischen Konzepten und deren Wiederholung rechts und links. Dagegen findet man in der dritten nur wenig direkte spiegelbildliche Wiederholungen und es gibt, ähnlich wie im Freikampf, keinen durchgängigen »Rhythmus« (Kapitel 10.2). Zwischen Naifanchin-shodan und -nidan wiederum gibt es einen gewissen Unterschied im Grundtonus: Die erste Stufe fordert insgesamt eine härtere Ausführung der Techniken, während in der zweiten recht viele »weich-elastische« Aktionen vorkommen, die wohl gegen das Halten oder Klammern eines von hinten kom-

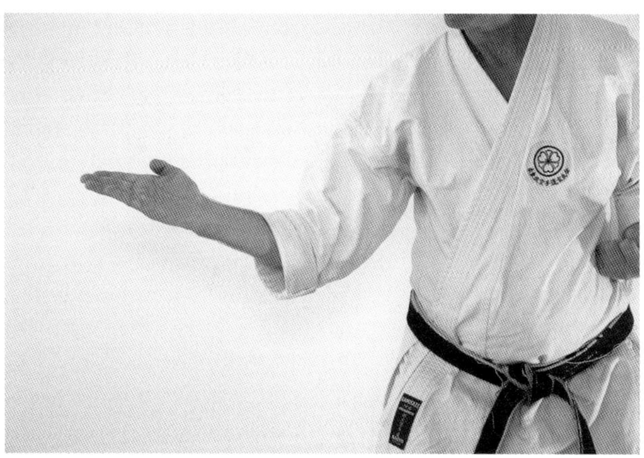

Abb. 13-21: Dies ist nur eine der möglichen Einleitungen von Naifanchin-shodan.

menden Gegners gerichtet sind. Hinzu kommt ein strategisch-psychologischer Unterschied bei der jeweiligen Einleitung: Naifanchin-shodan beginnt mit einem Übersetzschritt in Nuki-ashi ohne jede Handtechnik. Man kann dies als allmählichen Einstieg in ein Kampfgeschehen auffassen, bei dem der Ausführende noch Zeit zur inneren Vorbereitung auf die Auseinandersetzung hat. Sogar die erste mit dem Arm ausgeführte Bewegung würde ich weniger, wie allgemein üblich, als harte Abwehr deuten. Schließlich geht man mit Nuki-ashi ja gleichsam auf den Gegner zu, so dass solch ein Präsentieren der Hand eher der »energetischen« Kontaktaufnahme zu ihm dienen könnte (Kapitel 7.5).

Naifanchin-nidan beginnt, wenn auch noch langsam, direkt mit einer Abwehr aus einer Umklammerung aus rückwärtiger Richtung. Bei solchen Angriffen kann man sich etwas Zeit nehmen, da der Gegner ja selbst seine Arme nicht frei hat. In der dritten Stufe, Naifanchin-sandan, geht es dann sofort los, gleichsam »ohne Vorwarnung«. Man beginnt ohne Ansatz mit der Abwehr eines schnellen Angriffs, gefolgt von einer Sequenz aus mehreren Abwehr- und Stoßtechniken. Naifanchin-sandan birgt ein sehr hohes Maß an aggressiver Strategie bei einem sich ständig ändernden Takt, was die Fähigkeit zur Anpassung an den Gegner und somit die eigene Flexibilität steigern hilft.

Man erkennt bei den Naifanchin-Kata eine in den japanischen Kampfkünsten traditionell übliche Abstufung im Vertiefungsgrad der Ausbildung, bei welcher man zwischen *Shoden*, *Chuden* und *Okuden* unterscheidet.[222] Im Verlauf dieser drei Schwierigkeitsstufen entspricht die Anwendbarkeit der erlernten Technik immer mehr den realen Verhältnissen im Kampf (Kapitel 6.1).

[222] Der Begriff *den* im Sinne von »Ausbildungsniveau« ist nicht zu verwechseln mit *dan*, was »Stufe« in jedweder Weise bedeuten kann, wie zum Beispiel auch Treppenstufe.

Es wird bisweilen angezweifelt, ob die Dreierstufung der Naifanchin-Kata allein auf Ankō Itosu zurückgeht. Möglich wäre, dass zunächst eine Trennung einer Ur-Naifanchin, ähnlich den *dai-* und *shō-*Versionen anderer Kata, vorgenommen wurde und die dritte, die sich in Aufbau und Dynamik doch ein wenig mehr von den ersten beiden unterscheidet, erst später hinzugefügt wurde.

Die Kata der Naifanchin-Gruppe werden besonders in den traditionell ausgerichteten Linien des heutigen Karate geübt, aber wie schon gesagt, nicht immer mit der ihnen eigentlich zustehenden Hingabe. Als Kata für den Einstieg in die Karate-Ausbildung dienen heute die Pinan-Kata oder deren Äquivalente der einzelnen Stilrichtungen, so dass nicht wenige Instruktoren die Naifanchin-Kata als »überholt« ansehen. Demgegenüber empfahl sogar Chōjun Miyagi noch in den 1920er und 1930er Jahren das Üben dieser Kata neben Sanchin und Tenshō als erste Phase eines jeden Trainings und betonte damit ihren Wert (Kapitel 6.1).

Zu jener Zeit verfolgten viele Meister noch die Vision eines Gesamtkarate, bei dem es erst in höheren Stufen der Ausbildung zur Spezialisierung im Sinne von Ryūha kommen sollte. Dies umfasste wohl auch die Schaffung einer Serie von vereinheitlichten Basis-Kata, die zuvor zu erlernen gewesen wären und die man dann bei Graduierungsprüfungen und auf Turnieren vorgeführt hätte. Wir wissen, dass die Entwicklung anders verlief. Immerhin konnte im Laufe der letzten Jahrzehnte doch noch ein gewisser Einigungsprozess, wenn auch nur für den Rahmen von Meisterschaften, erzielt werden. Heute fehlt Naifanchin im Programm des Gōjū-ryū Miyagis, wohl auch als Folge einer späteren Abgrenzung und der Herausbildung der einzelnen Ryūha sowie aufgrund der Tatsache, dass diese Kata nie als dem Naha-te zugehörig angesehen wurde.

Zum Ende dieses Abschnitts möchte ich etwas zum Üben der drei Naifanchin-Kata anmerken. Viele meinen, die Kata müssten betont schnell geübt werden. Dabei ist es wie mit allem, was künstlich forciert wird: Es bringt einem selbst nicht viel, und die Darbietung wirkt nach außen hin hastig.

Wie alle Kata sollten auch diese mit der nötigen Ruhe und Konzentration ausgeführt werden, die es dem Übenden erlaubt, sich in jede Phase der Technik hineinzufühlen. Da Naifanchin besonders die Standfestigkeit fördern soll, ist es erforderlich, ausreichend in die Fußsohlen oder den Boden hineinzuspüren. Nach dem Ausrichten von Knien, Steißbein und Wirbelsäule erfolgt die Absenkung des Körperschwerpunkts, vorzugsweise mit einem Gefühl, als würde man in der Stellung »sitzen«. Im Laufe der gesamten Ausführung sollte eine geringe (!) Grundspannung der gesamten Muskulatur vorhanden und nach innen gerichtet sein, damit stets eine ausreichende Stabilität während des »seitlichen« Gehens gewährleistet ist.

Die sehr wohl erwünschte hohe Schnelligkeit einzelner Techniken erreicht man am besten durch das kurze Herausnehmen der Spannung aus der jeweiligen Kamae und der Aufnahme des sich daraus von selbst ergebenden Bewegungsimpulses. Man sollte jedoch, so gut es geht, jeden Gedanken an Schnelligkeit aufgeben, weil ein Festhalten daran nur den Ki-Fluss behindert und sich das ganze Bemühen in sein Gegenteil verkehren würde. Besser wäre es, ein Gefühl des Loslösens gleich dem eines Schusses zu suchen. Mit der Routine ständigen Wiederholens kommt es von selbst zu einem Zuwachs an Geschwindigkeit bei jeder einzelnen Technik. Das Bild der Kata wird dann durch den Wechsel zwischen den Phasen der Ruhe und den sich explosiv entladenden Kombinationen von Abwehr- und Angriffstechniken kontrastreich und erhält so eine rasante Dynamik.

Kapitel 14: Passai – Bassai

14.1. Herkunft und Entwicklung der Kata Passai

Im heutigen Karate ist die Kata Passai beziehungsweise Bassai eine der bekanntesten überhaupt. Man lernt sie innerhalb der auf Ankō Itosu zurückgehenden Stillinien ziemlich bald nach den Pinan- beziehungsweise Heian-Kata. Den meisten Karateka ist sie hier eher als *Bassai-dai* ein Begriff. Den Zusatz »*-dai*« trägt sie deshalb, weil es in einigen Stilrichtungen noch eine Art Kurzversion gibt, die *Bassai-shō* genannt wird. Aber davon mehr im nächsten Abschnitt. Zunächst möchte ich einige Angaben zur möglichen Herkunft der Kata machen, von der es (ohne Bassai-shō) elf überlieferte Fassungen gibt.

Passai gilt heute neben der Kata Kushanku als *die* Basis-Kata des Shuri-te überhaupt. Wer sie betrachtet, erhält einen ersten Eindruck von den Hauptmerkmalen dieser historischen Ausprägung des Tōde-jutsu. Während es als bekannt gilt, wer die Kata Kushanku auf Okinawa einführte, gibt es im Falle der Kata Passai nur Vermutungen. Auch über ihren Ursprung in China ist so gut wie nichts bekannt.

Anfänge auf Okinawa: Chronologisch ist die erste Passai die von Sōkon Matsumura, die um 1845 aufaucht; und schon kurz danach erscheint die Version von Kōsaku Matsumora. Von diesen beiden Meistern gehen Shigeru Sawabe zufolge (siehe Literaturverzeichnis) zwei historisch belegte Linien der Überlieferung aus.

Zu der von Kōsaku Matsumora ausgehenden Linie werden außer der seinigen auch die Passai von Kyan und Motobu sowie eine Version, die heute allgemein als Tomari-Passai bekannt ist, gezählt. Kurioserweise ist die Version des Oyadomari in dieser Aufstellung nicht enthalten, obwohl es sich bei ihm doch um einen Freund Matsumoras und Miturheber des späteren Tomari-te handelt. Sawabe führt sie in der von Ankō Itosu ausgehenden Linie mit auf. Ich persönlich bezweifle jedoch, dass die Passai Oyadomaris über Ankō Itosu überliefert wurde. Vielmehr nehme ich an, dass sie, wenn nicht in der Linie Matsumoras, dann vielleicht unabhängig von beiden Linien tradiert wurde.

Bei den Passai-Versionen der Tomari-Linie werden nämlich die mehrfachen Abwehr-Konter-Sequenzen in verschiedene Richtungen im ersten Teil der Kata mit der offenen Hand ausgeführt, während dies in der Linie von Ankō Itosu mit geschlossenen Fäusten geschieht. Zu dieser gehören neben seiner eigenen und der Passai des Matsumura noch die der Meister Chibana, Tawada, Ishimine und Funakoshi.

Die auffallende Ähnlichkeit aller historisch überlieferten Varianten legt nahe, dass die Kata auf eine einzige Person zurückgeht. Man vermutet daher, dass die Kata Passai exklusiv von Sōkon Matsumura aus China »importiert« und dann zunächst von Kōsaku Matsumora sowie etwas später von Ankō Itosu übernommen wurde. Möglich wäre aber auch, dass alle drei sie aus derselben Quelle bezogen hatten. Dann aber wäre unklar, aus welcher.

Da Matsumura schon eine für seine Zeit recht aufgeschlossene Unterrichtspraxis verfolgte, ist weiterhin vorstellbar, dass er als Urheber der Kata in gewisser Weise alle kursierenden Versionen seiner Form auf subtile Art »kontrollierte«, indem die meisten derjenigen Personen, von denen heute eine eigene Fassung überliefert ist, bei ihm vorstellig wurden, um eine zu damaliger Zeit noch sehr individuell ausfallende Korrektur zu erhalten. Dies würde erklären, warum sich alle Passai/Bassai untereinander sehr wohl im technischen Detail, nicht aber in ihrer Grunddynamik und ihrem Schrittmuster unterscheiden.

Letztlich wurde das Tōde-jutsu zwar im Geheimen geübt, es wurde aber keine Geheimniskrämerei betrieben. Unter Experten fand sehr wohl ein informativer Austausch statt. Man wusste, was der Kollege tat, und holte sich bei ihm sicher die eine oder andere Anregung.

Ursprünge in China: Man kann davon ausgehen, dass Matsumura Vorformen der Kata auf einer seiner Reisen durch China kennen lernte und sie zu einer persönlichen Form entsprechend seinen eigenen Ansichten über den Zweikampf umgestaltete. Hierzu würde ich zum Beispiel seine aus dem Studium des Jigen-ryū gewonnene Einstellung zählen, dem Gegner möglichst zuvorzukommen und den Sieg durch einen frühen, hochwirksamen und strategisch entscheidenden Schlag herbeizuführen.

Innerhalb der Kampfstile Chinas käme als Basis für diese Form die »Faust des Leoparden« *Pao-chuan* in Frage. Tatsächlich entsprechen die hohe Dynamik der Kata und ihre kraftvoll-elastischen Angriffs- und Abwehrsequenzen durchaus dem Bild eines Leoparden. Zumindest ließe sich aus dem Klang des chinesischen Wortes die okinawanische Bezeichnung »*Passai*«, geschrieben »*patsu-sai*«, für die Kata ableiten. Schon in Kapitel 6.1. hatte ich angemerkt, dass die heute verbreitete Schreibweise nicht so recht zur Charakteristik der Kata passen will und dass ihre vielen Drehungen und Wendungen kaum an die »Belagerung einer Burg« erinnern. Die gebräuchlichsten Übersetzungen der Kanji *batsu*[223] und *sai* würden Letzteres ja eigentlich nahelegen.

Bei der Faust des Leoparden handelt es sich um einen der fünf klassischen Tier-Stile des Klosters Shaolin. Deren Formen sollten dazu dienen, spezifische Fähigkeiten zu erlangen. Neben dem Stil des Leoparden gab es die Stile des Drachen, der Schlange, des Kranichs und des Tigers. Aus einer vereinfachten Sichtweise heraus wird gesagt, dass die Formen des Tigers die Knochen trainierten, also der Abhärtung und der Standfestigkeit dienten. Dem gegenüber zielten die Formen des Leoparden auf die Muskeln und erhöhten so Schnelligkeit, Behendigkeit und

223 Entspricht der japanischen Aussprache.

Sprungkraft des Übenden. Während also die späteren Stile der »Tiger-Faust« *Huquan* sehr rigide anmuten, zeichnen sich die des Leoparden durch eine variationsreiche Dynamik aus.

Was dem Leoparden an schierer Kraft und Größe im Vergleich zum Tiger fehlt, muss er als »kleinere Raubkatze« durch hohes Tempo und mehrfache Attacken wettmachen. Und genau solch eine Taktik ist in der Kata Passai wiederzufinden, die vom Konzept her gegen zwei Angreifer gerichtet zu sein scheint (Kapitel 14.2).

Als zweite Quelle für die Kata Passai käme noch der Stil der »Vier Tore des sitzenden Lotus« *Simen-zuolian* in Betracht. Auch hier finden sich viele Gemeinsamkeiten in den Bewegungsmustern und deren räumlicher Ausrichtung.

Des weiteren interessant ist eine Betrachtung über den möglichen Ursprung der Einleitungsbewegung der Kata: In allen Versionen, außer der des Matsumora, wird hier eine an eine Seitwärtsabwehr erinnernde Bewegung ausgeführt, bei der die zweite Hand im Bereich des Handgelenks oder (seltener) der Faust des ausführenden Armes anliegt. Bei den meisten Interpretationen dieser Bewegung wird davon ausgegangen, dass man gleichsam in den Gegner hineingeht, ihm mit der eigenen Abwehraktion zuvorkommt und seinen Angriff bereits in der Anfangsphase vereitelt. Das Ganze soll in einer gekreuzten Fußstellung erfolgen, die für solch ein Vorgehen aber eigentlich nur wenig Stabilität bieten würde. Mir erschien diese Argumentation seit jeher wenig glaubwürdig. Inzwischen bin ich durch weitergehende Informationen zu einer alternativen Sichtweise gelangt: Danach muss es sich bei der ersten Bewegung der Kata Passai weniger um eine Technik, als ursprünglich um eine Art Grußformel gehandelt haben.

Das Einnehmen einer Haltung, bei der die linke Handfläche an der rechten Faust anliegt, wurde in China auch als »Eintreten in das Tor der Hung« bezeichnet. In der Epoche der Qing-Dynastie, der Fremdherrschaft durch die Manchu, bezeichnete der Ausdruck *Hung* einen der größten und einflussreichsten han-chinesischen Geheimbünde, die sich im Widerstandskampf organisierten. Ihre Erkennungszeichen waren nur »Familienmitgliedern« bekannt.[224] Erwiderte ein Unbekannter einen solchen geheimen Gruß, wusste man, dass man ihm trauen konnte, wodurch ein Kampf sich erübrigte. Erwiderte er ihn nicht, kam es im Zweifelsfalle zum oft tödlichen Schlagabtausch. Viele Stile des Wushu beginnen heute noch ihre Formen, ja sogar ihre Übungskämpfe, mit entsprechenden Grußgesten, ähnlich wie wir es mit unserer Verbeugung tun. Meist wird dazu nach ein oder zwei vorwärts gerichteten Schritten eine Körperposition mit tiefem Schwerpunkt eingenommen, die eine gewisse Verwandtschaft zu unserer Katzenfußstellung Neko-ashi-dachi aufweist.

---

[224] Bei den *Hung* handelte es sich nicht um eine Familie im Sinne von Blutsverwandtschaft, sondern um den verschworenen Zusammenschluss vieler Gleichgesinnter. Aus solchen Widerstandsorganisationen gingen später einige der berüchtigten Triaden hervor.

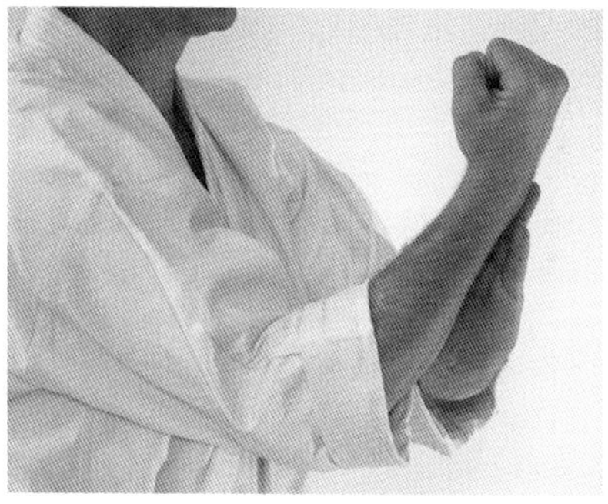
Abb. 14-1

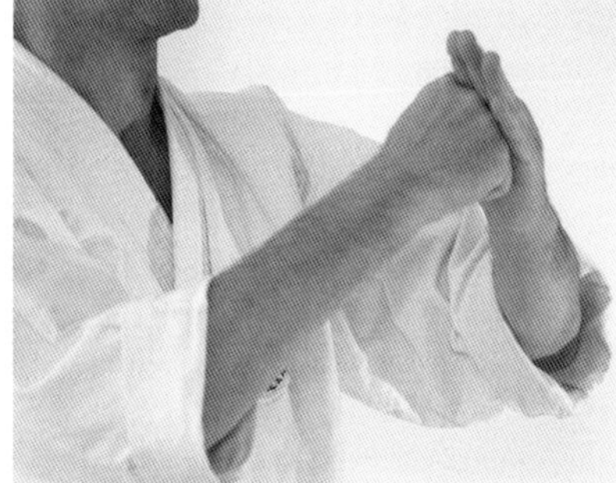
Abb. 14-2

Abb. 14-1: Beginn fast aller Passai/Bassai-Kata.
Abb. 14-2: Das Tor der Hung.

In allen Bassai-Versionen, außer der des Itosu und damit auch der des Funakoshi, werden zwei große Schritte nach vorn ausgeführt, danach wird innegehalten und die vermeintliche Abwehraktion vollführt, bevor die wirkliche »Handlung« der Kata einsetzt. Ich sehe es daher als sicher an, dass die heute als unterstützte Seitabwehr geübte Bewegung eine Abwandlung der altchinesischen Grußhaltung darstellt. Womöglich wurde diese wegen ihrer selbst in China streng geheim gehaltenen Symbolik auf Okinawa nicht verstanden. Vielleicht hatte aber auch Matsumura selbst sie aus ebendiesem Grunde von sich aus abgeändert, wodurch aus ihr scheinbar eine konkrete Kampftechnik wurde.

Nur in wenigen Kata finden wir das »Tor der Hung« in Form einer ähnlichen, auch Hōran no kamae (Kapitel 7.4) genannten Handhaltung wieder, etwa zu Beginn und Ende der Kata Jion, Jitte und Jiin sowie am Ende der Kata Chinte. Womöglich begannen aber noch weitere unserer Kata ursprünglich mit einer solchen Grußhaltung, doch wurde dies mit der Zeit aufgegeben, weil man auf Okinawa nur wenig Bezug zum Geheimbund der Hung und dessen Widerstandskampf gegen die Qing hatte.

Im folgenden Abschnitt soll es nun um technische Details der Kata Bassai/Passai und um die Unterschiede der einzelnen Versionen untereinander gehen.

14.2. Aufbau und Inhalt – die Versionen im Vergleich

In diesem Abschnitt folgen nach einem groben Überblick über den gemeinsamen Aufbau der Passai-Kata einige Angaben zu den auffälligsten Details der einzelnen Versionen. Alle Passai/Bassai haben, von leichten Abweichungen abgesehen, ein fast identisches Schrittdiagramm. Das Enbusen erinnert vom strategischen Bezug her jedoch mehr an die Verteidigung einer Burg als an deren Belagerung, wie vielfach behauptet wird. Nur in einem einzigem Abschnitt, in dem wiederholt Stöße auf ein vermeintlich gleiches Ziel gerichtet werden, könnte man so etwas wie einen Hinweis auf eine Belagerungstaktik sehen, was aber letztlich auch auf eine Fehlinterpretationen hinausliefe (siehe weiter hinten).

Eventuell schwingt ja auch bei dem Ausdruck *batsu-sai*, »aus der Festung heraus«, ein philosophisch-moralischer Aspekt mit, so dass in einem übertragenen Sinne nicht nur von der Verteidigung einer Burg, sondern auch einer Stadt und des eigenen Hauses die Rede sein könnte, oder vielleicht sogar das eigene Selbst, die eigene Überzeugung oder das Leben gemeint ist. Noch weiter gefasst könnte aber auch auf einen Aspekt persönlicher Entwicklung angespielt werden, bei dem es für eine umfassende Erkenntnis nötig ist, aus dem Kreis eigener, vermeintlich schützender geistiger Mauern herauszutreten.

Im Laufe der Kata werden von einem gedachten Zentrum aus unterschiedliche Bewegungen in mehrere Richtungen des Raumes ausgeführt, wobei man zwischendurch immer wieder zum Ausgangspunkt zurückkehrt. Die vielfachen Richtungswechsel deuten darauf hin, dass die Kata in ihrer Anwendung wohl (auch) für eine Auseinandersetzung mit mehr als einem Gegner ausgelegt war. Insbesondere in der Bassai des Itosu findet man eine Passage, bei der zwei Angreifer in geschickter Weise taktisch gegeneinander ausgespielt werden.

Nach der Initialtechnik, bei der man sich mit ein oder meist zwei großen Schritten nach vorn bewegt und jene an eine unterstützte Seitabwehr erinnernde Armbewegung ausführt, folgt eine Sequenz von Abwehr- und Stoßkombinationen in die drei Richtungen eines um 90 Grad gegen die Uhr gedrehten T. Abweichungen gibt es hierzu nur in der Version von Tomari, die keinen Namen eines Übermittlers trägt. Jedoch werden diese Sequenzen in allen vier zum Tomari-te gezählten Versionen wie auch in der des Oyadomari mit der offenen Hand ausgeführt, in der Linie des Shuri-te hingegen mit der geschlossenen Faust (Abschnitt 14.1). Dort fehlt bei den neueren Formen jedoch der unter dem Ellbogen quergestellte Arm.

Während alle älteren Passai auch zu Beginn eine mit beiden offenen Händen nach oben hin ausgeführte Technik (Wa-uke) aufweisen, findet man diese in den neueren Formen nur noch nach dem Ende der ersten Hälfte. Sie diente wahrscheinlich dem Öffnen der gegnerischen Deckung, um von unten her Raum für eigene Angriffe zu schaffen, eventuell auch dazu, vitale Punkte am Rumpf des gegnerischen Körpers freizulegen (Kapitel 11.4).

Alle Passai/Bassai enthalten ein dreimaliges Vorgehen, gefolgt von einem Schritt rückwärts. Allerdings unterscheidet sich die Fußstellung von Version zu Version. Auch der dreifache beidarmige Simultanstoß Awase-zuki in Verbindung mit einem charakteristischen Wechselschritt zum Ende hin (Kapitel 8.3) ist allen Versionen gemein.

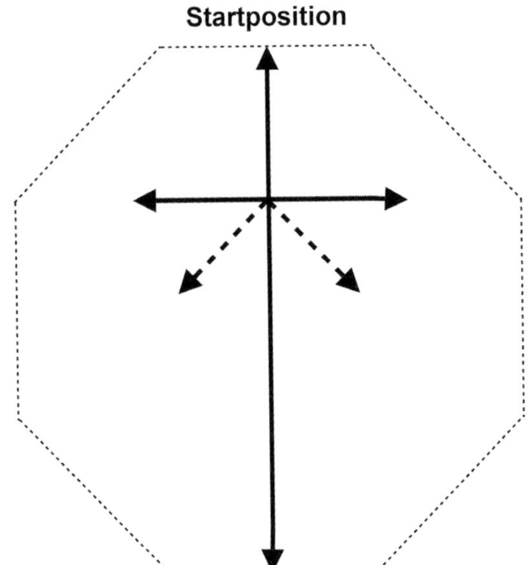

Abb. 14-3: Bewegungsdiagramm der meisten Passai/Bassai-Kata; einige Versionen verfügen auch über diagonal ausgerichtete Bewegungen.

Des weiteren kommt in allen Passai/Bassai ein markanter Tritt zur unteren Stufe vor: am Ende des zweiten Teils nach dem dreimaligen Vorgehen als Angriff zum Knie des Gegners oder in dessen Sprunggelenk. Die Kata enthält aber ansonsten nur noch eine weitere Bewegung, die man klar als geraden oder im Bogen ausgeführten Fußtritt deuten kann.[225] Es gibt keine Sprungtechniken oder andere spektakuläre Aktionen.

Weitere Gemeinsamkeiten der Passai/Bassai untereinander betreffen die Dynamik, wobei es aber Unterschiede in der technischen Ausführung gibt. Alle Versionen der Kata werden mit einer Hōran no kamae entlehnten Handhaltung begonnen und abgeschlossen, die rechte Faust in der linken Hand ruhend vor dem Unterleib. Nach der Eingangsbewegung liegt die linke Handfläche am rechten Unterarm oder an der Faust, wobei der Faustrücken noch vorn weist. Die Version des Matsumora und die des Kyan bilden hier Ausnahmen. Ich möchte nun ausführlicher auf die einzelnen Versionen eingehen und einige vergleichende Betrachtungen anstellen.[226]

[225] Modernere Versionen enthalten künstlich eingefügte Stampftritte.

[226] Ich folge bei den entsprechenden Versionen dem von Shigeru Sawabe angegebenen, historisch bedingten Wechsel der Lesung derselben Kanji von *patsu-sai* im okinawanischen Dialekt nach *batsu-sai* im normalen Japanisch.

Linie Matsumura-Itosu

Matsumura no Passai: Dies ist die älteste bekannte Version, wahrscheinlich sogar diejenige, von der alle anderen ihren Ursprung nahmen. Bei ihrer Erschaffung durch Sōkon Matsumura kam es möglicherweise zu einer einzigartigen Synthese aus einem klassisch-chinesischen Kampfstil des Klosters Shaolin und Prinzipien des japanischen Schwertkampfs. Dieser, wenn auch nicht nachgewiesenen, aber doch sehr schlüssigen These zufolge, wurde die Kata aus Elementen des Pao-chuan, der Faust des Leoparden entwickelt. Dabei ließ Matsumura Erfahrungen und Erkenntnisse seiner Ausbildung im Jigen-ryū (Kapitel 5.1) einfließen. Entsprechend der von Matsumura bevorzugten Strategie des zuvorkommenden Schlages ist die in der Kata enthaltene Technik auf schnelle Resultate ausgerichtet.[227] Anscheinend wurde dabei von Matsumura die geschlossene Faust bevorzugt, obwohl anzunehmen ist, dass er in dem Fall weniger die uns bekannte Standardfaust, sondern andere, spitz ausgeformte Typen der geschlossenen Handhaltung einsetzte – und auch lehrte.

Dass der Übende sich in der Kata gedanklich mit einem schwerttragenden Gegner auseinandersetzt, zeigt das Vorkommen der aufwärts gerichteten Abwehr Age-uke. Es gibt im gesamten Tōde-jutsu nur wenige Kata, in denen man die Technik in dieser Form wiederfindet. Besonders in ihrem »Gegenstück«, der von der Motorik und Dynamik her sehr ähnlich ausgelegten Kata Kushanku beziehungsweise deren Varianten, sucht man vergebens nach einer isoliert hart nach oben ausgeführten Abwehrbewegung mit der geschlossenen Faust.

Im Anschluss erfolgt eine weitere recht harte Abwehrbewegung, bei welcher der Arm gleichsam nach unten fällt. Man kann sie als Schlag auf die Unterarme eines Schwertträgers ansehen. Der folgende Fauststoß nutzt dann die Lücke der missglückten Schwertattacke aus.

Der rasch nach oben geführte Arm kann einen senkrecht abwärts geführten Schnitt mit dem Schwert in seiner Anfangsphase derart blockieren, dass der Angreifer die Balance verliert. Zudem kann das mit dieser Abwehrtechnik mögliche weitere Anheben der Oberarme des Gegners dessen Brustkorb öffnen, so dass vitale Stellen für einen Angriff freiliegen. Entsprechend enthält die Kata auch zweimal

[227] Das Jigen-ryū verfolgt eine sehr aggressive Strategie, bei der durch wiederholte zahlreiche Schläge jegliche Gegenwehr gleichsam im Keime erdrückt werden soll. Die meisten der auf Okinawa diensthabenden Samurai praktizierten das Jigen-ryū, weshalb man von Seiten der aus der Inselbevölkerung stammenden Beamtenschaft nach entsprechenden Gegenstrategien suchte. Matsumura erkannte wahrscheinlich, dass die einzige taktische Chance eines Unbewaffneten hier nur in einem Zuvorkommen liegen konnte, bei dem der schwerttragende Angreifer durch einen hinreichend starken Schlag oder Stoß außer Gefecht gesetzt würde, bevor dieser mit seiner »Taktik« begann.

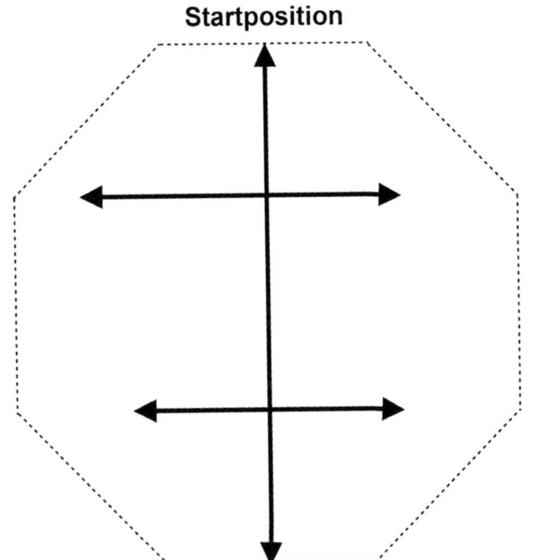

Abb. 14-4: Bewegungsdiagramm der Passai des Matsumura.

die als Wa-uke bekannte Abwehrbewegung mit beiden Armen (siehe weiter vorn).

Während der erste Teil der Passai des Matsumura wohl gegen bewaffnete Angreifer gerichtet ist, scheint der Rest der Kata von der Technik her für den Kampf mit zwei unbewaffneten Gegnern konzipiert zu sein – darauf deuten vor allem die vielen Wendungen hin.

Das taktische Vor- und Zurückgleiten im mittlerem Abschnitt der Kata ist recht einzigartig und in den übrigen Versionen verlorengegangen. Auch die dazugehörigen Handbewegungen wurden stark abgeändert. Aus einer Kombination von Abwehr und Rückhandschlag sowie nachfolgenden Wirbelfaustschlägen auf die angreifenden Arme des Gegners (Furi-uchi) der Ursprungsversion wurden in den neueren Fassungen dreifach ausgeführte Abwärtsabwehren mit am Ellbogen auf- oder angelegter Faust, die (meiner Ansicht nach) kaum noch sinnvoll interpretierbar sind.

Fast alle Bewegungen der Kata werden in der Katzenfußstellung Neko-ashi-dachi ausgeführt. In den Nachfolgeversionen beider Übertragungslinien werden dagegen mehr und mehr andere Fußstellungen bevorzugt.

Chibana no Passai: Diese Version deckt sich im ersten Abschnitt weitgehend mit der des Matsumura, wobei aber zum Ende hin deutliche »Modernisierungen« in Form technischer Vereinfachungen erkennbar werden. So wurde die Endsequenz der zweimaligen Brückenhand Kake-te nach links und rechts quer zur Grundlinie durch die Messerhandabwehr Shutō-uke jeweils in 45-Grad-Richtung ersetzt. Ebenso folgen nach der Wendung im Anschluss an den Unterstufentritt am Ende der ersten Hälfte anstelle des dreimaligen Ausführens von Kake-te nur noch zwei Shutō-uke in die rückwärtige Schrittrichtung.

Tawada no Passai: Diese ist mit der Version des Matsumura noch fast identisch. Nur wurde vor den drei wiederholten Fauststößen im Wechselschritt zum Ende der Kata hin jeweils ein Anheben des Knies eingefügt. Am Schluss werden statt der ursprünglichen Brückenhandtechniken in zwei Richtungen derer drei, und zwar nach links, rechts und nach vorn, ausgeführt.

Ishimine no Bassai: In dieser Fassung sind ähnlich deutliche Vereinfachungen der Technik feststellbar wie in der des Itosu. Beide Versionen sind, wenn man von einigen technischen Feinheiten absieht, fast identisch und weisen deutliche Unterschiede zur Passai des Matsumura auf. So fehlt im ersten Abschnitt bei allen Kombinationen der quergestellte Unterarm. An die Stelle der komplexen Abwehr-Stoßaktionen sind einfache Grundabwehren zur mittleren Stufe getreten.

Die Schlusssequenz ist noch dem Original des Matsumura entsprechend im rechten Winkel belassen, während Itosu nicht nur den Winkel auf 45 Grad reduzierte, sondern auch die Reihenfolge links-rechts umkehrte.

Eine Besonderheit dieser Version ist im ersten Teil der Kata und zu deren Ende hin in der Ausführung der nach vorn gerichteten Stoß-Seitabwehr-Kombination zu finden. Die seitwärts gerichtete, aus dem Stoß heraus entwickelte Abwehr wird ohne Drehung des Handgelenks ausgeführt, so dass der Kontakt zum Gegner mit der Außenseite des Unterarms erfolgt – im Gegensatz zu allen übrigen Versionen, wo dies mit der Innenseite geschieht. In Kapitel 11.4. hatte ich erwähnt, dass man es, besonders unter Experten des Shōrin-ryū, vorzog, mit der Außenseite des Unterarms abzuwehren, um einen harten Kontakt des Vitalpunktes Lu 7 im Bereich des inneren Handgelenks zu vermeiden.

Des Weiteren fällt auf, dass das dreimalige Vorgehen mit der abwärts gerichteten Schwerthandfegeabwehr Gedan-shutō-barai in der tief-breiten Fußstellung Shiko-dachi ausgeführt wird. Ich vermute sogar, dass auch Itosu selbst die Kata zeitweise in dieser Weise praktizierte, weil sich die entsprechende Technik in einer seiner Kurzkata, Pinan-nidan, wiederfindet.

Es scheint fast, als stellte die Bassai des Ishimine eine Frühform der Version des Itosu dar und dass dieser den Übergang von der Katzenfuß- zur Vorwärtsstellung erst später vollzog, als es darum ging, das Karate noch weiter zu vereinfachen und dabei die Wirksamkeit nur noch eine sekundäre Rolle spielte. Das voll durchgestreckte hintere Bein ist im freien Kampf eher hinderlich, wodurch Zenkutsu-dachi trotz des kraftvoll anmutenden Aussehens weniger zweckmäßig ist als eine flexiblere Position wie Neko-ashi-dachi.

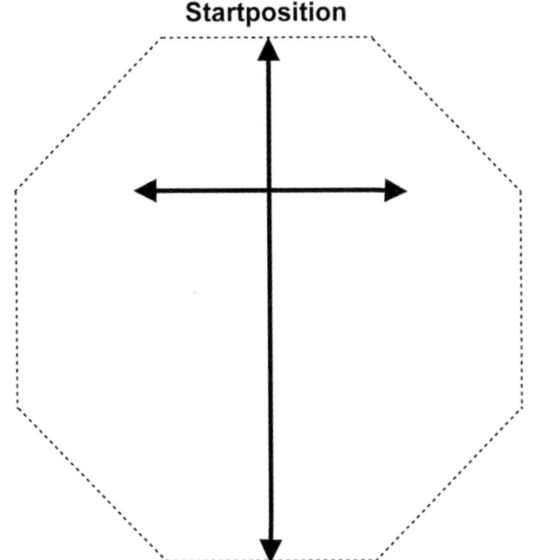

Abb. 14-5: Bewegungsdiagramm der Bassai des Ishimine.

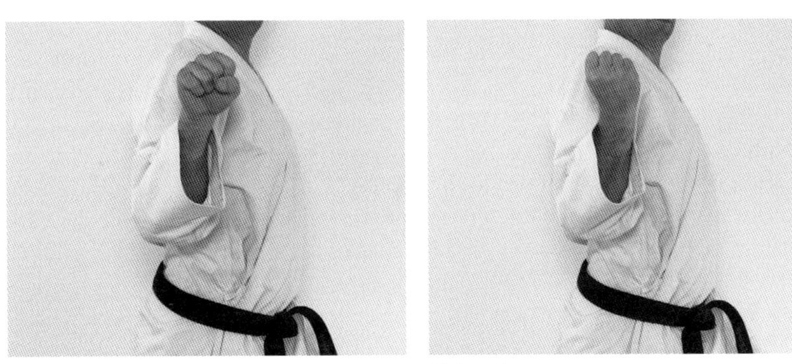

Abb. 14-6 Abb. 14-7

Abb. 14-6: Yoko-uke in der Bassai des Ishimine.

Abb. 14-7: Yoko-uke in den meisten anderen Passai/Bassai.

In gewisser Weise ein Kuriosum sind die drei Techniken der sich überkreuzenden Unterarme, die man hier anstelle der Wirbelfaustschläge der Ursprungskata findet. Obwohl es sicher hierzu einige andere tiefsinnige Interpretationen gibt, sehe ich darin die Adaptation eines »Kettenfauststoßes«, wie er in mehreren Linien des Yongchun-baihe vorkommt.

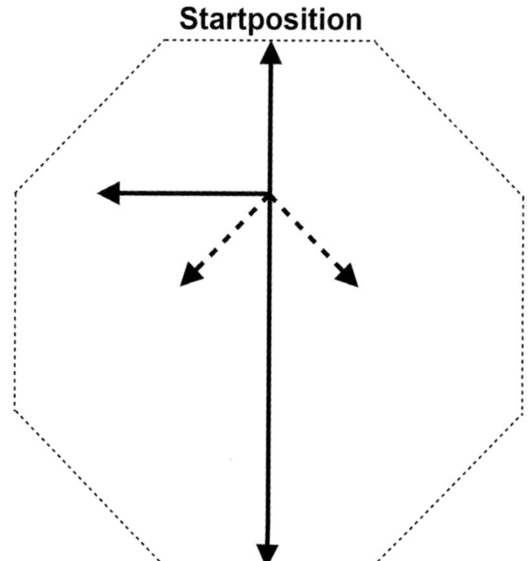

Abb. 14-8: Bewegungsdiagramm der Bassai des Itosu.

Itosu no Bassai: Das Wesentliche zu den technischen Details wurde schon im Zusammenhang mit der Bassai des Ishimine gesagt. Diese Version stellt für sich wiederum eine Ursprungsversion dar, nämlich für die Varianten des Funakoshi und damit auch die des Ōtsuka. Die von diesen beiden Meistern unterrichteten Formen des Karate zählen heute zu den meistverbreiteten weltweit. Dadurch erlangten auch ihre Versionen der Kata Bassai große Bekanntheit und die Version des Itosu gewann somit indirekt weiter an Bedeutung.

Allen drei Bassai fehlt der ursprüngliche Initialschritt mit dem linken Fuß. Statt dessen wird die Eingangsbewegung mit dem rechten Bein um so größer ausgeführt. In der Fassung des Funakoshi erfolgt dies mit einem vorherigen Hochreißen des Knies, was viele Instruktoren zu weiteren, in meinen Augen aber unzweckmäßigen Zusatzbewegungen mit dem Fuß im weiteren Verlauf der Kata inspiriert hat.

Da es eine zweite auf ihn zurückgehende, verkürzte Variante der Kata gibt (siehe weiter hinten), wird die Bassai des Itosu innerhalb der Schulen, die jene Kurzform ebenfalls in ihrem Programm haben, meist Bassai-*dai* genannt.

Funakoshi no Bassai: Die vielen Karateka als *die* Bassai-dai schlechthin bekannte Version eines der namhaftesten Meister des Karate ist vom Grundmuster her vollständig mit der des Itosu identisch. Jedoch weicht die Ausführung der jeweiligen Technik oft weit von der ihres Originals ab. Insgesamt wirkt die Kata

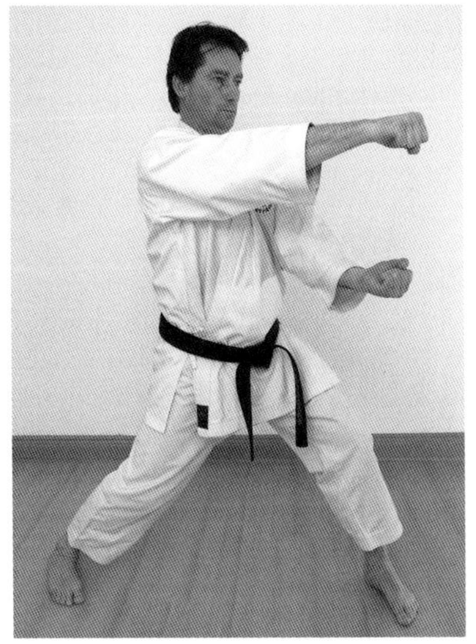

Abb. 14-9

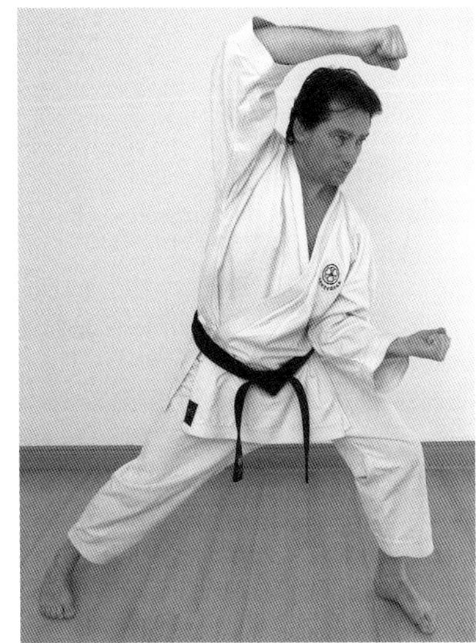

Abb. 14-10

Abb. 14-9: Awase-zuki in der Bassai-dai des Itosu.
Abb. 14-10: Yama-zuki in der Bassai-dai des Funakoshi (siehe nächste Seite).

sehr kraft- und bewegungsbetont (»sportlich«). Die Bewegungen gehen in ihren Endpositionen bisweilen weit über das früher übliche Maß hinaus, wodurch diese Form der Kata optisch sehr beeindruckt. So wurde etwa aus dem dreimaligen Verbundstoß Awase-zuki der Version des Itosu eine Bewegung, die als Yama-zuki bekannt ist.[228]

Auffällige Unterschiede findet man auch im Gebrauch der Fußpositionen: Statt der Katzenfußstellung wird die nach rückwärts gerichtete Fußstellung Kōkutsu-dachi der neueren Form (Kapitel 7.3) eingenommen. Beim dreimaligen Vorgehen erfolgt die Messerhandabwehr im Gegensatz zu den früheren Versionen (Gedan) nun zur mittleren Stufe (Chūdan). Die Brückenhandtechnik Kake-te kommt überhaupt nicht mehr vor, so dass auch der Schluss der Kata mit Schwerthandabwehr Shutō-uke erfolgt.

Die Variante des Ōtsuka deckt sich in Ablauf und Technik vollständig mit der seines Lehrers Funakoshi. Nur werden alle Techniken dem Wadō-ryū entsprechend mit etwas weniger Härte ausgeführt.

---

[228] Die Bezeichnung rührt von der weit geöffneten Haltung der Arme her, die mit dem an einen Dreizack erinnernden Kanji für *yama* = »Berg« assoziiert wird.

Linie Matsumora-Tomari

Matsumora no Passai: Diese sehr alte Version der Kata unterscheidet sich von den übrigen durch ihren vergleichsweise recht eigentümlichen Beginn: Die linke Handfläche liegt an der senkrecht stehenden Faust des fast gestreckten rechten Armes auf. Die Kata enthält weitere Bewegungen, die in einem Stoß mit der senkrecht stehenden Faust enden.

Bei den Positionen der Füße dominiert Shiko-dachi, auch beim dreifachen Vorgehen. Statt mit offener Hand erfolgen die Abwehrbewegungen dabei mit der geschlossenen Faust. Umgekehrt werden die Abwehr-Stoß-Sequenzen des ersten Teils mit der offenen Hand ausgeführt, das Ganze in einer entspannten Vorwärtsstellung. Die Abwehrtechniken sind hier immer zur mittleren Stufe gerichtet, das heißt, es gibt keine Aufwärtsabwehr wie etwa in der Version des Matsumura.

Nach der Drehung im Anschluss an den Unterstufentritt erfolgen zwei Schwerthandabwehren im Vorgehen in die rückwärtige Richtung. Auch der Schluss besteht aus einem zweimaligen Vorgehen, jedoch unter Ausführung der Brückenhandtechnik und zwar in der Katzenfußstellung, welche in der gesamten Form nur in diesen letzten beiden Bewegungen zur Anwendung kommt.

Insgesamt wirkt die Kata relativ »robust« und technisch weniger ausgereift als die Passai des Matsumura. Das unterstreicht meiner Meinung nach die These, dass letzterer der Urheber der Kata ist und Matsumora sie demnach von ihm übernommen haben muss. Es fehlt die in allen anderen Passai vorkommende Kombination von Stoß und Seitwärtsabwehr mit dem gleichen Arm. Statt dessen findet man nur den besagten Stoß mit der aufrecht stehenden Faust. Das Vorkommen von Tateken[229] wiederum beweist, dass in der damaligen Zeit das Stoßen auch auf andere Weise als mit der Standardfaust Seiken üblich war.

Kyan no Passai: Auch diese Fassung der Kata mutet relativ einfach an und entspricht in ihrer Dynamik weitgehend der des Matsumora. Die Initialbewegung endet in einer Haltung, bei der statt der offenen Hand die linke Faust am Ellbogen des rechten Arms anliegt, der eine Art Seitabwehr ausführt. Das dreifache Vorgehen erfolgt in der Katzenfußstellung mit der Brückenhand Kake-te.

Aus den Wirbelfaustschlägen der Passai des Matsumura sind, wie bei allen Passai des Tomari-te, kombinierte Abwehrtechniken aus Gedan-barai und Yoko-uke analog Kurotora (Kapitel 7.4) geworden. Sie erfolgen hier in Shiko-dachi.

Am Schluss wird zweimal die Brückenhandtechnik mit 45 Grad zur Hauptrichtung ausgeführt, wonach der Körper sich aber, ohne die Haltung der Arme zu verändern, jeweils um zusätzliche 45 Grad weiterdreht.

---

[229] Senkrecht stehende Faust.

Motobu no Passai: Auch diese Version entspricht weitgehend der des Matsumora. Jedoch hat Motobu sie in einigen Details seinen Ansichten des Freikampfs entsprechend geringfügig modifiziert. So wird ein Großteil der Techniken in der von ihm bevorzugten und mit Uchi-hachiji-dachi bezeichneten Fußstellung ausgeführt. Die Katzenfußstellung kommt überhaupt nicht vor. Am Schluss wird zwei Mal die Messerhandabwehr nach vorn im Vorgehen ausgeführt, ebenfalls in der für Motobu typischen Fußposition.

Tomari no Passai: Bei dieser Variante handelt es sich um eine Version unklaren Ursprungs. Man weiß nur, dass sie innerhalb des Karate der Ortschaft Tomari überliefert wurde. Sie weist einige deutliche Unterschiede zu den drei anderen Kata derselben Übertragungslinie auf. So enthält sie als einzige Version der Passai-Kata überhaupt eine 45-Grad-Ausrichtung innerhalb der Abwehr-Stoßkombinationen des ersten Teils (siehe Abbildung 14-11 auf der folgenden Seite). Zudem kommen alle drei Grundfußstellungen gleichermaßen in ihr vor. Die Ausführung der Handtechniken entspricht hingegen weitgehend der aller Versionen des Tomari-te.

Unabhängige Fassungen der Kata

Oyadomari no Passai: Diese Version weist sowohl in Enbusen als auch in der Technik derart starke Abweichungen von allen anderen Passai auf, dass diese Kata weder dem Tomari-te noch dem Shuri-te eindeutig zugeordnet werden kann. Das ist insofern erstaunlich, als das Tomari-te ja neben Kōsaku Matsumora auch auf Kōkan Oyadomari zurückgeht. Die Meister waren gut miteinander bekannt und hatten zumindest in dem bereits erwähnten chinesischen Schiffbrüchigen mit dem angeblichen Namen An-nan einen gemeinsamen Lehrer, von dem sie beide, entsprechend der zweiten These zum Ursprung der Form, dieselbe (Vorläufer-) Fassung der Kata Passai erlernt haben mussten.

Die Passai des Oyadomari hat einige Details mit den Versionen der Linie Matsumora-Tomari, andere hingegen mit denen der Linie Matsumura-Itosu gemein. Dies spricht dafür, dass sowohl Matsumora als auch Oyadomari sie unabhängig voneinander von Sōkon Matsumura selbst übernahmen.

Sie entspricht in der ersten Hälfte weitgehend der Tomari-Version. Im weiteren Verlauf der Ausführung erinnert sie bisweilen ein wenig an andere Versionen wie die des Ishimine, die des Itosu und dann wieder an die des Matsumura. In der Schlusssequenz wird nur ein einziges Mal die Brückenhand Kake-te diagonal nach rechts-vorn ausgeführt.

Bassai-shō: Die »verkleinerte« Variation der Kata hat scheinbar nur noch wenig mit den alten Passai gemein. Ihr im Vergleich einfacher, reduzierter Aufbau lässt

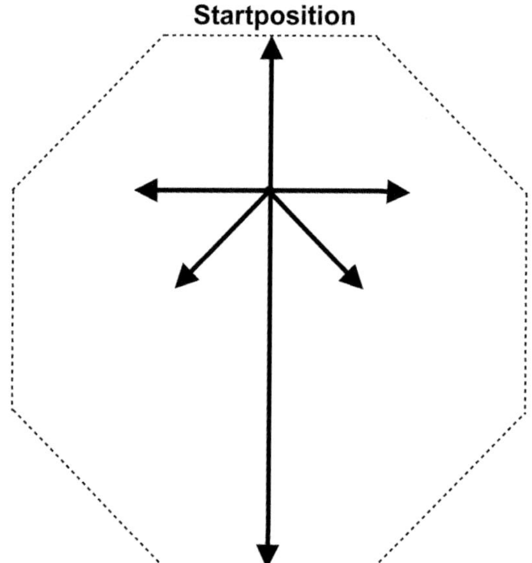

Abb. 14-11: Bewegungsdiagram der Tomari-Passai.

bereits die Entwicklung hin zu den Kata der Pinan-Gruppe erkennen. Passagen der Kata Pinan-godan und Pinan-yondan werden hier gleichsam vorweggenommen.

Zusammen mit Kushanku-shō könnte man demnach in Bassai-shō eine Vorläuferform der Pinan-Kata sehen. Womöglich haben sich jedoch beide für den Unterricht von Kindern und Jugendlichen immer noch als zu komplex erwiesen, weshalb sie in kürzere, noch einfachere Fragmente zerteilt und den Bedürfnissen entsprechend neu zusammengefügt wurden.

Vielleicht handelte es sich bei Bassai-shō, zumindest in einer Vorform, sogar um die mysteriöse Kata Channan, und Itosu wollte tatsächlich eine gänzlich neue Form erschaffen, indem er zwar ausgehend von der Passai des Matsumura ein vereinfachtes Schrittmuster entwarf, in dieses aber Elemente aus anderen Kata einfügte. Dem Resultat hätte er dann möglicherweise – auch wegen der geringen Ähnlichkeit mit dem »Original« – zunächst eine gänzlich andere Bezeichnung gegeben. Aus heutiger Sicht würde man vielleicht »*Channan*« als eine Art »Projekt« bezeichnen, das ausgehend von den klassischen Kata über mehrere Entwicklungsstufen zum Ergebnis »*Pinan*« führte (Kapitel 12.2).

Bassai-shō weist zwar noch das Schrittdiagramm des um 90 Grad gedrehten T auf, enthält aber neben Bewegungsfragmenten verschiedener Passai auch solche anderen Ursprungs. Oder besser gesagt, wir finden analoge Passagen in anderen von Itosu überlieferten Kata als Bassai-dai wieder. Einige Beispiele:

- Die Kombination von seitlichem Hammerschlag, Yoko-tettsui-uchi, zum Fauststoß im Vorgehen, Oi-zuki, gibt es auch in der Kata Chintō.
- In der Kata Chintei findet man die gleiche Dynamik einer kombinierten Kreisabwehr (dort mit umgekehrten Drehsinn) bei geschlossener Fußstellung, Heiko-dachi, wieder. In anderen Passai-Versionen wird die entsprechende Passage in einer Position mit schulterbreit voneinander entfernt stehenden Füßen ausgeführt. Auch ist die Dynamik eine etwas andere.
- Die wechselseitige Ausführung von simultanen Gedan-barai und Yoko-uke in Kōkutsu-dachi quer zur Hauptrichtung[230] findet man in den Kata Jion, Jiin oder Jitte. Diese Bewegung ist als Ersatz für die in den meisten Passai vorkommenden Kombinationen eines Fauststoßes mit anschließender Seitabwehr mit demselben Arm anzusehen.
- Die zum Ende hin nach dem Fauststoß ausgeführte Körperdrehung, bei der mit der Handfläche nacheinander Knie und Ellbogen berührt werden, gibt es in keiner Variante von Passai, wohl aber in der Kata Kushanku.[231]

Die Kata Bassai-shō enthält zudem noch Elemente ungeklärter Herkunft:

- Die Kata wird aus einer Grundhaltung mit übereinander gestapelten offenen Händen eröffnet. Zwar beginnt die Eingangssequenz mit einem weiten Schritt nach vorn, wie in anderen Bassai-Kata auch, aber es wird hier nach einer Art Abwehrbewegung nach unten diese kreisförmig nach oben weitergeführt, bis die Hände aufeinander liegend Stirnhöhe erreichen.
- Am auffälligsten ist eine Armbewegung, bei der dem Anschein nach etwas aufgefangen werden soll. Sie hat Parallelen im Bō-jutsu, der Kampfmethode mit dem Langstab.
- Obwohl es so aussieht, als ob Itosu innerhalb seiner Kurzfassung der Kata Passai alle Formen der Brückenhand Kake-te durch einfachere Techniken ersetzen wollte, taucht diese Handhaltung doch zum Ende der ersten Hälfte, und dann noch in einer für die übrigen Passai unüblichen, das heißt beidarmigen Variante auf, wie sie etwa auch in der Kata Chintō enthalten ist. Es ist nicht auszuschließen, dass an dieser Stelle der Kata Bassai-shō ursprünglich eine andere oder gar keine Technik vorgesehen war und die beidarmige Brückenhandhaltung erst später, womöglich sogar nicht von Itosu selbst, sondern von Kenwa Mabuni, eingefügt wurde.

---

[230] Entsprechend der Stilrichtung wird der die Seitwärtsabwehr ausführende Arm über die Höhe der Schulter hinaus angehoben. Die so entstehende Körperhaltung wird dann *Manji-kamae* genannt.

[231] In einigen Schulen wird an dieser Stelle sogar eine Sprungdrehung analog der in Kushanku-dai bzw. Kushanku-shō ausgeführt.

- Die Kombination von beidarmiger Seitabwehr Yoko-uke und zweifachem vertikalen Rückhandschlag Tate-uraken-uchi, die dem für Passai an sich typischen Stampftritt und der Drehung um 180 Grad folgt, sucht man in den alten Passai wie auch in anderen Kata vergebens.

Ähnlich wie bei der großen Schwester Bassai-dai gibt es auch zwischen den Versionen dieser Kata in Shitō-ryū und Shōtōkan, den jeweils auf Kenwa Mabuni und Gichin Funakoshi zurückgehenden Stilrichtungen, Unterschiede in Dynamik und technischer Ausführung. Da Funakoshi schon sehr früh nach Japan ging, ist es wahrscheinlich, dass er diese Kata erst dort von seinem Kollegen Mabuni, zu dem er freundschaftliche Kontakte pflegte, übernahm, sie dann aber seinem eigenen Stil anpasste. Und da Hironori Ōtsuka sich zu jenem Zeitpunkt wohl von seinem Lehrer Funakoshi bereits getrennt hatte, fand die Kata Bassai-shō dann auch nicht mehr den Weg in das von ihm geschaffene Wadō-ryū.

Natürlich konnten bei diesem groben Vergleich nur die Hauptmerkmale der einzelnen Versionen der Kata Passai/Bassai erwähnt werden. Das Wesen einer Kata ist unerschöpflich, und so wäre das Ansinnen auf Vollständigkeit hier ein vergebliches Unterfangen. Viele der Details lassen sich im Rahmen einer schriftlichen Darstellung kaum wiedergeben, sind dafür aber in der Praxis des Trainings relativ leicht zu demonstrieren.

Während man im Naha-te durch dessen eher kurze Geschichte und den direkten Bezug zur südchinesischen Provinz Fujian relativ viel über Ursprünge und Herkunft der verschiedenen Kata weiß, sind die Informationen darüber im Shuri- und Tomari-te eher rar. Die einzelnen Versionen der Kata Passai lassen sich jedoch historisch bekannten Personen zuordnen. Die Betrachtung der einzelnen, vom individuellen Charakter der »Verfasser« geprägten Versionen (die natürlich niemand alle beherrschen kann), gibt so Aufschluss über die Entwicklung des Tōde-jutsu innerhalb des Shuri-te und des Tomari-te, wo sie sie in allen Schulen gelehrt wurden und, insbesondere vor Einführung der Pinan-Gruppe, neben der Kata Naifanchin die Basis einer jeden Ausbildung darstellten. Daran hat sich, zumindest in den auf dem Shuri-te basierenden Richtungen des Karate, bis heute nicht viel geändert: Nach dem Erlernen der Pinan-Kata – und eventuell noch Naifanchin-shodan – wird den Schülern in den meisten Dōjō bereits Bassai-dai beigebracht – sozusagen als erste »richtige« Kata.

Teil IV

Schlussbetrachtungen

15. Rückschau und Ausblick

15.1. Das Ergründen der Form

Fehlt unserem Handeln der Sinn, so leidet unser Geist an diesem absurden Zustand. Es ist darum nicht unerheblich, sich über die Ziele im Klaren zu sein, die wir beim Üben der Kata verfolgen.

In früheren Epochen waren zumindest die vordergründigen Ziele andere als für uns heute. Einer der Gründe, sich formellen Übungen zu widmen, hatte seinen Ursprung im Kampf ums Dasein. Aus den Riten und Kulthandlungen zur Besänftigung der Natur und ihrer Gewalten entstanden im frühen China spirituell-energetische Übungen, welche die Basis für die Entwicklung der daoistischen Kampfkünste bildeten. Auch die Kampfkunst des Klosters Shaolin hat entsprechende spirituell geprägte Ursprünge (Kapitel 3.1).

Dem Überleben als solchem diente das Aneignen kampftechnischer Fähigkeiten, wiederum mit Hilfe formeller Übungen, die sich in ihrer Anwendung weniger an die Natur oder die Götter als vielmehr gegen mögliche sterbliche Feinde richteten.

Später rückte der Effekt der körperlich-geistigen Stärkung durch das Training der Kampfkünste deutlicher in den Vordergrund gegenüber ihrem Wert als Selbstverteidigung. Man wollte das Karate im Rahmen der Entwicklung Japans zu einer starken Nation nutzbar machen. In neuerer Zeit trat auch dieses Ansinnen in den Hintergrund, als man das Karate vermehrt zur »Zerstreuung« betrieb,[232] Turniere ausrichtete und Sieger kürte. Heute dient das Karate-Training den meisten Menschen vordergründig dazu, köperliche Fitness zu erlangen und zu erhalten, sowie auch, für den Fall eines tätlichen Angriffs, zu wirksamer Selbstverteidigung bereit zu sein.

Je nach Zielsetzung wird das Üben des Karate anders geartet sein, zum Beispiel im Hinblick auf die Intensität des Trainings. Wer nur aus Freude an der Bewegung trainiert – und dafür im Prinzip auch jeden anderen Sport ausüben könnte – der wird sich kaum für Kyūsho und Ryūha interessieren. Auch will man im Sport niemanden töten oder anderen weh tun, sondern vielmehr den »Feind«, das sind in diesem Fall Schiedsrichter, Kameraden und Publikum, nur vom eigenen Können überzeugen. Man will zeigen, dass man die oder der »Beste« ist, was, wenn es einem tatsächlich gelingt, natürlich stets ein Resultat harter Trainingsarbeit ist.

In den alten Kampfkünsten[233] waren Effektivität der Taktik und Wirksamkeit der Technik das Ziel der formellen Übung. Spirituelles Vorankommen suchte

---

[232] Das englische Wort *sport* leitet sich vom altfranzösischen *desport* ab, welches wiederum aus dem lateinischen *disportare* hervorging und »sich zerstreuen« bedeutet, was sich in früheren Epochen nur Wohlhabende und Adelige erlauben konnten.

[233] Siehe Anmerkung 199 auf S. 308.

man vielfach auf anderem Wege, meistens direkt durch Meditation. In der Praxis des Budō hingegen sucht man bewusst die rationale und intuitive Auseinandersetzung mit der Konsequenz kämpferischen Handelns. Erst durch Nichtkämpfen können die sich stets einstellenden schweren Folgen einer physischen Auseinandersetzung vermieden werden. Die Wahl zu kämpfen oder es zu lassen hat man aber erst, wenn die Fähigkeit zu ersterem vollständig entwickelt worden ist – daher kommt man nicht umhin, sich Techniken und Kampfmethoden mit hoher Wirksamkeit anzueignen. Die Erkenntnis, dass niedere Beweggründe den Fluss des Ki behindern und dadurch die Kampfkraft schmälern, lässt im Übenden eine innere Moral erwachsen, die jeder von außen aufgesetzten Norm überlegen ist. Durch das intensive Training wird man zum bescheidenen, aber aufrechten Menschen.

Welches Ziel auch immer erreicht werden soll: Um das häufige Wiederholen der formellen Übung kommt man nicht herum. Jedoch muss mit der Quantität auch Qualität einhergehen, ein Aspekt, der im zweiten Teil des Buches (wie ich meine) recht ausführlich beschrieben wurde.

Im dritten Teil habe ich die Bedeutung der Basis-Kata der Pinan-Gruppe sowie der Heishu-kata Sanchin, Tenshō und Naifanchin hervorgehoben und versucht zu umreißen, wie viel Detailarbeit nötig ist, um selbst diese recht einfach gehaltenen Kata wirklich zu können (ich vermeide bewusst das Wort »beherrschen«). Durch die Erläuterungen sollte nachvollziehbarer geworden sein, warum früher für das Erlernen einer einzigen Form mehrere Jahre veranschlagt wurden.

Es ist denkbar, dass meine Ausführungen, auch zu denen der elf Versionen der Kata Passai, in einigen Passagen dem einen oder anderen Leser etwas zu detailliert erscheinen mögen. Aber ich hielt es für wichtig, deutlich zu machen, dass die vielfach beschworenen Unterschiede zwischen den Stilen und deren Kata gar nicht wirklich vorhanden sind und dass viel mehr Gemeinsamkeiten bestehen, als sich nach dem ersten Anschein vermuten ließe.

Die Bedingungen des Kampfes sind für alle Menschen auf der Welt die gleichen. So vielfältig die Methoden der Kampfkunst auch sein mögen, bei näherem Hinsehen lässt sich die scheinbare Vielfalt auf wenige Grundprinzipien zurückführen. Anhand der Basis-Kata der später entstandenen Systeme Südchinas sollten eben diese Grundprinzipien verinnerlicht werden, so dass die sich individuell aus ihnen entwickelnde Kampfmethode einzelner Meister universell anwendbar wurde.

So betrachtet hatte es Sinn, wenn es hieß, dass nach dem *wirklichen* Meistern einer einzigen Kata wie zum Beispiel Naifanchin keine weitere Ausbildung mehr nötig sei. Und man versteht, warum zu Lebzeiten Kanryō Higaonnas über Jahre hinweg nur Sanchin geübt wurde.

Um vom Inhalt einer Kata profitieren zu können, muss sie so weit verinnerlicht sein, dass sie ohne geistiges Zutun abläuft und man sozusagen in der Lage wäre, nebenbei einer weiteren Tätigkeit nachzugehen – was man aber natürlich nicht tun sollte. Wie ich schon mehrfach erwähnte, ist es erst ab diesem Übungsniveau möglich, sich auf technische und energetische Details zu konzentrieren sowie darauf, eigene Akzente zu setzen.

Die meisten Kata sind so konzipiert, dass sie fast von selbst ablaufen. Probleme entstehen nur bei den Kata, die sich mit anderen in Ablauf und Technik überschneiden. So kann es vorkommen, dass man sich während der Ausführung einer bestimmten Kata plötzlich in einer anderen wiederfindet. Im Moment ist so etwas sicher ärgerlich, ich finde es aber nicht weiter tragisch. Zeigt dies doch, dass das Ki die Führung übernommen und einfach nur einen anderen Weg eingeschlagen hat. Für den Kampf ist so etwas nicht selten von Vorteil und kann essentielle Bedeutung erlangen, weil sich die strategische Lage rasch ändert und das jetzt Notwendige inzwischen vielleicht zu der vorherigen Intention im Widerspruch steht. Es gilt, sich ohne viel Nachdenken spontan an eine sich ständig wandelnde Situation anzupassen. Intuitives Handeln ist nichts anderes als das Zulassen des frei fließenden Ki.

In einem der Kapitel dieses Buches habe ich bereits meine Ansicht darüber geäußert, inwieweit es sinnvoll ist, viele Kata zu können. Ich glaube, viele Karateka verspüren insgeheim den Wunsch einer Reduzierung ihrer Ausbildungs- und Prüfungsprogramme. Ein Schritt dahin läge sicher in dem – zumindest teilweisen – Auflösen der großenteils künstlichen Abtrennungen zwischen den einzelnen Stilrichtungen. Andererseits sind die heutigen Fassungen der Kata derart in ihrer Tiefe reduziert, dass es der Kenntnis vieler Kata oder deren Versionen bedarf, um vollständig an ihre Essenz gelangen. Man denke an das Beispiel Passai!

Natürlich obliegt es jedem »traditionell-modernen« Karateka, sich den jeweiligen auch für die ersten Graduierungsprüfungen nötigen Einstiegskata Pinan, Heian, Gekisai, Fukyū oder wie sie auch immer heißen mögen, zu widmen. Die Trainer und Lehrer sollten diesen Kata aber nicht mehr Bedeutung beimessen, als ihnen zusteht. Sie dienen dem Aneignen von Basiskenntnissen und grundlegenden Fähigkeiten, mehr aber auch nicht. Sie sind gerade für Anfänger interessant und zugleich überschaubar sowie einfach genug, um motivierend zu wirken.

Klassiker wie die Kata Jion, Kushanku-dai oder Seienchin würden dort eher »abschrecken«, wenn ich mir diesen Ausdruck erlauben darf. Gerade im sogenannten Breitensport finden sich nämlich viele Interessierte, die aus dem Lernprozess junger Jahre heraus sind und im Beruf stehen und denen es nun deutlich schwerer fällt, strukturierte Abläufe im Gedächtnis zu behalten. Das Lernen ist aber wieder erlernbar, und die Praxis des Karate mit seinen Kata kann dabei helfen. Nur sollte man die Schritte angemessen klein halten.

Neben den Einstiegsformen erachte ich es für jeden Karateka gleich welcher Stilzugehörigkeit als empfehlenswert, ja eigentlich schon als obligatorisch, sich den Grundkata Sanchin, Tenshō und zumindest Naifanchin-shodan zu widmen. Ansonsten sollte jeder Übende die Kata entsprechend seinen Neigungen auswählen, lernen und üben. Wir sollten uns nicht mehr als unbedingt nötig dem Diktat von Stilrichtungen oder sonstigen Zwängen und Reglementierungen unterwerfen. Die Praxis des Karate und damit auch dessen Struktur und die Organisation des Trainings (in Vereinen und Fachverbänden) soll ja dem Übenden beziehungsweise wenn man so will, dem Sportler, dienen und nicht umgekehrt.

Die primären Gründe für das Kata-Training sind vielfältig. In der Unterstufe tut man es meist, um eine Prüfung zu bestehen, dann um Turniere zu gewinnen oder zumindest mit einer guten Platzierung nach Hause zu gehen. Die fortgeschrittenen und damit ernsthafteren Karateka üben Kata, weil sie sich etwas vom Üben an sich versprechen, jenseits vom Resultat einer schön anmutenden Ausführung.

Bei hinreichend tiefem Eindringen und Erfassen der Essenz technischer Prinzipien und taktischer Konzepte der jeweiligen Kata kommt es neben der Verbesserung der kampftechnischen Fähigkeiten beim Übenden zu Momenten des Erkennens, die auf geistiger Ebene sehr befriedigend sein und sogar ein angenehmes Körpergefühl hervorrufen können. Das Ki fließt dann besonders rund (Tokitsu, siehe Literaturverzeichnis). Diese häufig gar nicht bewusst gemachte Erfahrung motiviert zum weiteren abermaligen Wiederholen der einzelnen Kata oder von deren Sequenzen. Man begibt sich auf die Suche nach etwas und weiß bisweilen gar so recht, was es ist.

Zwar geht es beim Studium der Kampfkünste zunächst nur darum, einem möglichen Aggressor direkt gegenüberzutreten und ihn im Falle des Karate mit den »bloßen Händen« zu besiegen.[234] So erwächst für viele aus der Übungspraxis heraus ein gewisses Gefühl der Sicherheit, nicht völlig allem Negativen und Bedrohlichen hilflos ausgeliefert zu sein. Dies stellt eine mögliche Antwort dar auf die Frage, warum so viele Menschen auf der ganzen Welt sich gerade den alten Kampfkünsten zuwenden. In Wirklichkeit wird dabei jedoch einem Bedürfnis nach Spiritualität nachgegeben, wobei wohl nicht wenige ahnen, dass eine solche den Kampfkünsten aufgrund ihrer Entstehungsgeschichte zwangsläufig innewohnen muss (Kapitel 2).

Traditionell musste, wer den Zugang zur Kampfkunst suchte, zunächst über lange Zeit die Bewegungen des Lehrers wiederholen, bevor er langsam individuell

[234] Karate ist für den Kampf auf relativ kurze Distanz ausgelegt. Auch der Nahkampf ist möglich. Vorsicht ist geboten bei der Idee, sich gegen Angriffe mit Waffen erwehren zu wollen. Sie geben dem Gegner eine größere Reichweite und sind zusätzlich noch schwer, hart und/oder scharf. Es ist praktisch unmöglich, sich sicher gegen einen bewaffneten Angreifer zu behaupten, der ein annähernd gleiches kampftechnisches Niveau hat, wie man selbst. Bis zu einem bestimmten Grad kann diese Diskrepanz aufgehoben werden, indem man sich selbst mit dem Gebrauch von Waffen auseinandersetzt. Stärken und Schwächen bewaffneter Angreifer können so sicherer einschätzen werden. Jedoch hat man Attacken aus dem Hinterhalt, Schüssen und ähnlichem mit dem technischen Repertoire des Karate kaum etwas entgegenzusetzen.

in der Kunst aufgehen und im Sinne von Shu-ha-ri (Kapitel 11.3) seine eigene Persönlichkeit einbringen konnte. In vielen solchen Traditionen hat der Schüler den Meister nachzuahmen. Dieser zeigt seinem Adepten eigene bewährte oder über Generationen innerhalb der Schule oder Familie weitergegebene Formen der Übung.

Es hat mich bisweilen mit einen gewissen Stolz erfüllt, wenn ich von anderen japanischen Meistern gefragt wurde: »*Demura-san no seito desu ka*?«, zu deutsch etwa: »Sind Sie ein Schüler von Herrn Demura?« Es zeigte mir, dass ich erfolgreich die Art und Weise meines Lehrers (sein Ki) so weit verinnerlicht hatte, dass seine Kollegen dies am äußeren Bild meiner Bewegungen erkannten. Natürlich gehe ich bis heute davon aus, dass deren als Frage formulierter Kommentar als Anerkennung gemeint war.

Im Falle jeglicher Kampfkunst, also nicht nur des Karate, bietet die Form einem Schüler erste Anhaltspunkte dafür, wie er sich in einem Zweikampf zu verhalten habe. Aber ohne Vorstellung von dem, was und wie dies erreicht werden soll, eröffneten sich kaum die Geheimnisse der jeweiligen Kampfmethode. Bisweilen wird das Karate für den Kampf auf der Straße als wertlos erachtet. – Eine Kampfkunst soll für den Kampf nicht geeignet sein? Absurd! Statt sich jedoch dessen bewusst zu werden, dass es sich beim Karate von heute um eine entschärfte, als Sport betriebene Abwandlung handelt, gleichsam um einen schmalen Auszug aus der einstigen kompromisslosen Kampfkunst, wird versucht, die vermeintlichen Lücken im kampftechnischen Repertoire mit Elementen aus anderen Disziplinen mit wohlklingenden und vielversprechenden Bezeichnungen auszufüllen.

Kampfkünste wie das Karate dienten einst dem Überleben, wie sollten sie denn nicht auch heute geeignet sein, die eigene Haut zu verteidigen? Würden die Kata so geübt wie vor den Veränderungen der letzten 150 Jahre, läge der Fall sicher anders. Ein Grund für mich, dieses Buch zu schreiben, bestand darin, einen Teil der dazu nötigen Informationen zu liefern oder wenigstens klare Hinweise dafür zu geben, wo diese zu finden sind.

Die Praxis einer Kampfkunst erschöpft sich eben nicht im »Formen-Laufen«. Damit meine ich das Abspulen der Kata ohne Akzentuierungen und ohne ein Einfühlen in die verschiedenen Details entsprechend der eigenen Vorstellung, wie der gedachte Kampf zum Sieg geführt werden soll. Es gibt Kata-»Experten«, die kaum etwas mit dem von ihnen Dargebotenen anzufangen wissen. Fast wie ein Pantomime, der so tut, als putze er ein Fenster, bei dem aber zu bezweifeln ist, ob er tatsächlich in der Lage wäre, eine Scheibe mit Schwamm, Abzieher, Wasser und Reinigungsmittel wie ein professioneller Scheibenputzer zu säubern.

In der jüngsten Vergangenheit wird als Grund für das Betreiben des Karate und damit des Übens von Kata vermehrt eine anzustrebende spirituelle Entwicklung betont, was darunter auch immer zu verstehen ist. Jedoch handelt es sich beim Karate kaum um eine Methode zur Bewusstseinserweiterung – auch wenn dessen

Übung dabei helfen kann, den Verstand zu klären. Durch langfristig verbesserte Zirkulation des Ki kann die Funktion des Gehirns optimiert werden. Die Mönche des Klosters Shaolin und auch die frühen Daoisten benutzten die Übungen zur Ertüchtigung des Körpers ja auch, um dessen Kanäle für das Qi freizumachen, wodurch höhere Stufen der meditativen Praxis erst möglich wurden.

Soll die Kampfkunst Karate daher zum Budō werden, ist es erforderlich, gezielt das Ki zu kultivieren. Das bedeutet als erstes, sich seiner Existenz und seiner Gesetzmäßigkeiten bewusst zu werden, als zweites, es nicht unnütz zu vergeuden, und schließlich zu lernen, es anzureichern und zu konzentrieren. Unrund fließendes Ki lässt die Fähigkeit zu effektivem Handeln schwinden. Im freien Kampf kann dies bedeuten, dass aus der eigenen geistigen Schwäche heraus raum-zeitliche Lücken des Gegners ungenutzt bleiben und damit so manche Gelegenheit verpasst wird, ihn zu besiegen. Solche Erfahrungen veranlassen den Übenden, sein Verhalten im Umgang mit anderen zu ändern und zum Beispiel negative Ambitionen unter Kontrolle zu halten. Das sich dann einstellende »bessere Gefühl« bei der Übung wirkt weiter positiv, so dass von niederen Beweggründen abgesehen wird und auch Emotionen wie Missgunst, Hass oder Zorn, die das Ki blockieren und damit Kraft und Reaktionsfähigkeit im Kampf einschränken, sich immer seltener einstellen.

Beim Üben der Kata geht diese nur dann leicht von der Hand, wenn Körper, Geist und Ki im Einklang sind. Da wir aber das positive Empfinden einer gelungenen Ausführung von Kata nicht mehr missen mögen, lernen wir teilweise unbewusst, alle überzogenen Gefühlsregungen zu kanalisieren, indem wir sie bildhaft in die Erde ableiten oder auf andere Weise auflösen. In der Praxis der Übung geschieht dies durch das gedankliche Verwurzeln zu Beginn und während der Ausführung jeder Kata, besonders aber natürlich solcher wie Sanchin oder Naifanchin.

In der Kampfkunst kann jeder Fehler das eigene Leben oder das anderer kosten. Wer sich daher einmal mit der Wirksamkeit der angewandten Techniken auseinandersetzt und sich vorstellt, welchen Schaden diese anrichten können, der sucht schon aus diesem Grund, die Lösung von Konflikten auf physischer Ebene zu vermeiden. Die Moral des Karate als Budō entsteht demnach von innen heraus, aus der täglichen Praxis und dem Verständnis um die Folgen seines zur Wirkung gebrachten zerstörerischen Potentials.

Während es im Budō um die Überwindung menschlicher Schwächen geht, strebt man in der Kampfkunst nach einem möglichst umfassenden Wissen mit dem Ziel, einen Gegner zu überwinden. Ein profundes Verständnis der Prinzipien des Kampfes führt aber zu der Erkenntnis, dass ein vollständiger Sieg erst dann errungen werden kann, wenn es eben nicht zu einem Schlagabtausch kommt und damit letztlich beide Seiten gewinnen. Sich dafür zu entscheiden, ist aber erst dann möglich, wenn man dem Gegner keinerlei Lücke bietet, in die er hineinstoßen könnte. Solange man noch in irgendeiner Weise spezialisiert, das heißt auf bestimmte Techniken und Strategien angewiesen ist, werden sich dem Gegner jedoch immer Lücken offenbaren. Je weniger man aber auf ausgewählte, weil antrainierte Vorgehensweisen zurückgreifen muss, desto schwerer fällt es dem Gegner einzuschätzen, was man wohl tun könnte, so dass ihm ein Angriff kaum noch möglich ist. Am Ende einer solchen technisch-geistigen Entwicklung gelangt man zum Zustand der Formlosigkeit.

Die Fähigkeit zum kampflosen Sieg durch Formlosigkeit entspricht auch dem Ideal der Kampfkunst, weil so die Relation von Nutzen zu Aufwand, also die Qualität des Sieges im Vergleich zu den dafür erbrachten Mühen, maximiert werden kann. Aus Sichtweise des Budō wiederum wird so unnötiges Leid vermieden, denn es gibt keinen physischen Kampf ohne Verluste, wenn nicht auf der eigenen, so doch auf der Seite des Gegners.

Ein physischer Sieg befriedigt nie wirklich, denn niemand ist frei von Mitgefühl. Anders ausgedrückt, sofern man nicht unrettbar von Hass erfüllt ist, tut einem der Besiegte, wenn auch meist nur ein wenig, leid, und seine Niederlage macht einen nicht wirklich glücklich. Ein Mensch des Budō weiß um die Risiken und Folgen einer physischen Auseinandersetzung und ist darum aus einer inneren Haltung heraus bemüht, Konflikte trotz seiner Fähigkeiten im Vorfeld eines möglichen Kampfes zu lösen.

15.2. Die Form überwinden

Übertragen auf die Karate-Praxis und damit auf das Üben von Kata bedeutet Erlangen der Formlosigkeit zunächst, aus der technisch-strategischen Vielfalt aller gelernten Kata das für einen selbst für den Kampf Zweckmäßige zu extrahieren und nutzbar zu machen. Zudem gilt es zuzulassen, dass dieser Extrakt sich mit der Zeit in eine individuell natürliche Handlungsweise transformiert. Man tut dann in jeder Situation das Richtige – was bisweilen auch einmal bedeuten kann, rein gar nichts zu tun.

Der Weg dorthin führt dabei am Anfang über Spezialisierungen. Jeder von uns hat sicher bemerkt, dass ihm die eine Kata mehr zusagt als die andere. Man entwickelt Vorlieben und neigt dazu, die weniger geliebten Formen des eigenen Stils zu vernachlässigen. Um aber zu erkennen, dass sich die vielen Kata in ihren Grundzügen tatsächlich nur wenig unterscheiden, kommt man nicht umhin, sie im einzelnen zu üben. Vorher sind keine Vergleiche möglich.

Hinzu kommt, dass in früheren Zeiten trotz der »klassischen Didaktik« minimalisierter verbaler Erläuterungen der Unterricht stärker auf den einzelnen Schüler abgestimmt war. Die Kata wurden vom Meister entsprechend den Fähigkeiten und dem Erfahrungsstand des einzelnen Schüler modifiziert. Die heutigen standardisierten Kata passen aber nur noch bedingt zum jeweiligen Übenden. Von daher wäre es durchaus sinnvoll, sich zunächst ein größeres Spektrum an Kata (verschiedener Stile) anzueignen. Mit der Zeit spürt man dann meist, welche Form letztendlich für einen selbst die richtige ist.

Wieviele Kata letztlich erlernt werden müssen, um die in allen enthaltene Essenz zu erkennen, hängt von der Persönlichkeit des Übenden ab. Jeder muss die entsprechende Erkenntnis für sich selbst finden. Es nützt wenig, vom Meister gesagt zu bekommen, dass es eigentlich nicht vieler Kata, Techniken, Methoden oder wessen auch immer bedarf. Budō ist keine Sache des Glaubens und die Kampfkunst erst recht nicht. Nur die eigene Erfahrung zählt. In den Geschichten über die Kampfkunst hört man immer wieder von Personen, die in reiferen Jahren nur noch eine Form übten, dann nur noch eine Technik und sich am Schluss nur noch der Meditation widmeten. Gleichzeitig gab es niemanden, der diese Phasen hätte überspringen können.

Zunächst muss es daher zum Lösen von der *äußeren* Form kommen und zwar, indem man Grenzen überschreitet und das eigene Blickfeld erweitert. Ich habe bisher schon mehrfach betont, warum es Sinn hat, über die Einschränkungen des eigenen Stils oder der Ryūha hinauszugehen, soweit es nur möglich ist. Denn auch, wenn die Wege der Überlieferung im einzelnen unterschiedlich sein mögen, bleibt doch der Inhalt der gleiche. Er handelt davon, dass sich zwei (oder mehr) Kontrahenten mit jeweils zwei Armen und Beinen im Kampf gegenüber stehen – so banal dies auch klingt.

Hierzu gehört auch, Alternativen in Auslegung, Anwendung und Ausführung der formellen Übung zuzulassen. Ich habe jedoch auch davor gewarnt, allzu voreilig Abänderungen in den Kata vorzunehmen, die dann offiziellen Charakter bekommen, das heißt, in irgendeiner Weise für allgemeingültig erklärt werden. Rein technische Veränderung sind zwar nur oberflächlich und lassen die Essenz einer Form unberührt, führen aber nicht selten zu unnötiger Verwirrung bei denjenigen, die sich erst kürzere Zeit dem Karate widmen. Als Trainer oder Lehrer trägt man hier ein hohes Maß an Verantwortung.

Die Ryūha sind historisch gewachsen und bauen auf den Erfahrungen und Überlegungen vieler Generationen von Meistern auf. Wir dürfen uns nicht allzu schnell anmaßen, es besser wissen zu wollen. Respekt ist angesagt. Trotzdem sollte es erlaubt sein, das eine oder andere zu hinterfragen, weil sich sonst die Kampfkunst nicht weiterentwickeln würde.

Gleichwohl kann und sollte man für sich selbst das eine oder andere ausprobieren. Das kann rational oder intuitiv geschehen, aufgrund von Überlegungen oder auch spontan. Man sollte sich nur bewusst sein, dass man sich dabei gleichsam in einem Stadium des »Experimentierens« befindet.

Das Wort *Kata* kann durch seine Übersetzung »Form« schnell als etwas Statisches missverstanden werden. Dabei ist Kata eher als ein in die Zukunft gerichteter dynamischer Prozess zu sehen, mit dem Ziel der Vermittlung von Routinen und Verhaltensmustern für den Kampf. Angemessener wäre darum eigentlich das Wort Form*ung*, was dem Geschehen eher Rechnung trüge. Denn der Ausführende will sich ja *formen* und dies eben mit Hilfe der Übung. Ohne ihn wäre die Kata nicht existent, und erst durch ihn wird das Ideal einer Form mit Stofflichkeit und Leben erfüllt.

Da aber der Übende mit dem eigenen Fortschritt selbst einer steten Veränderung unterliegt, muss auch das Werkzeug seiner Formung, die Kata, fortwährend angepasst werden. Je mehr der Übende die grundlegenden Prinzipien einer Kampfkunst verinnerlicht, desto feiner werden die notwendigen technischen Korrekturen.

Wenn dann die Ausführung einer Kata äußerlich nicht mehr zu verbessern ist, hat diese selbst ihren Zweck erfüllt. Meist wird sie dann durch eine andere mit höherem Schwierigkeitsgrad ersetzt. Oder aber eine bestehende Form wird individuell angepasst, also in eine neue Version transformiert (Shu-ha-ri). Irgendwann wird dabei aber ein Maximum der Komplexität in der Form überschritten und es kommt zu einem Prozess der technischen Reduktion. Auch im Kampf nimmt dann der Hang zum variationsreichen Agieren ab. Der Sieg kann mit immer weniger technischem Einsatz erreicht werden.

Aus daoistischer Sicht sind die Kanäle nun vollständig frei für den ungehinderten Durchfluss des Qi. Es kann nun selbst die Führung über das kämpferische Handeln übernehmen: Dem Geist steht es dann frei, sich zurückzunehmen. Freier als frei geht aber nicht, und eigentlich sollte man meinen, dass es jetzt keiner Übungsarbeit mehr bedarf. Doch selbst nachdem die Kanäle geöffnet und von Blockaden befreit sind, muss dieser zunächst labile Zustand noch durch weitere Übung erhalten werden. Die zunehmende Stabilisierung des Qi-Flusses macht aber auch hier mit der Zeit willentliches Zutun immer weniger erforderlich – bis dies irgendwann gar nicht mehr nötig ist. Das Qi sorgt dann praktisch selbst dafür, dass seine Flusswege frei bleiben.

Der Geist unterstützt diesen Vorgang, indem er sich von überkommenen Normen und Vorschriften, wie denen einer Ryūha, aber auch einer von oben aufgesetzten Moral, frei macht. Durch Überwinden der *inneren* Form ist das Denken nicht mehr durch Kategorien eingeschränkt. Das eigene Tun wird für den Gegner unvorhersehbar. Man wird unergründlich und ist dadurch nicht mehr zu besiegen (Sun Zi, siehe Literaturverzeichnis).

Das Zurücknehmen des Geistes bedeutet unter anderem, sich allen überflüssigen Denkens zu entledigen und sich von überschießenden Emotionen frei zu machen. Es ist dies ein wechselseitiger Vorgang, denn Klarheit im Geist bedingt Verstehen der Dinge und dieses wiederum ermöglicht das Erkennen der Ursachen, die zum Konflikt führen, wodurch sich die Gefühle mäßigen und an Einfluss verlieren. Ruhe in der Gefühlswelt wiederum führt zu Klarheit im Geist (Yagyū, siehe Literaturverzeichnis).

Aus der Schau nach innen während des Übens der Kata kann auf lange Sicht ein ständiges Beobachten des eigenen Tuns werden. So überträgt sich die Praxis der Kampfkunst auf das Leben und wird zum Budō. Man ist zunehmend darauf bedacht, in allen Dingen Sorgfalt walten zu lassen und jedweden Schaden zu vermeiden. Die Buddhisten nennen dies den *Weg der Achtsamkeit*.

Dabei beginnt auch die wahre Praxis der Kampfkunst erst mit der Bereitschaft, sich der Übung jenseits des physischen Trainings hinzugeben. Denn wer formlos und damit im Kampf nicht zu besiegen sein will, kommt nicht umhin, sich neben der körperlichen auch der geistigen Schulung, einer spirituellen *Formung*, zu widmen.

Durch das Ausblenden von Vorurteilen wird das nicht Sichtbare wahrnehmbar. Das *nicht* Sichtbare ist aber nicht *un*sichtbar. Man kann es nur darum nicht sehen, weil der eigene Blick verstellt und man selbst darum nicht wirklich offen ist. Vieles in den Kata eigentlich Offenkundige wird erst dann wahrgenommen, wenn man die nötige Randinformation zum rechten Einordnen des Gesehenen hat. Das Auslegen einzelner in den Kata enthaltener Bewegungen und deren Anwendung mit dem Partner im Sinne des Bunkai ist hierbei nur der erste Schritt.

Ich habe einen Großteil meines Lebens damit zugebracht, das scheinbar Offensichtliche zu hinterfragen – besonders dann, wenn die einem Sachverhalt zugrundeliegende Logik Fehler enthielt. Ich wollte immer wissen, was wirklich hinter dem steckt, was von vielen als »wahr« hingenommen wird. Ich gebe aber zu, dass viele meiner Thesen und Erklärungsversuche in diesem Buch »stilgefärbt« sind. Dies war nicht zu vermeiden, denn ich selbst habe noch viel zu lernen. Ich bin weit davon entfernt, die Formlosigkeit zu erreichen, und bis dahin werde ich weiter Kata üben.

Nachwort

Als ich daran ging, meine Erfahrungen zum Wesen der Kata für dieses Buch niederzuschreiben, wurde mir mehr als zuvor die Komplexität der formellen Übung bewusst. Bei der Darlegung all der Zusammenhänge, die ich meinte verstanden zu haben, ergaben sich nicht selten ungeahnte Schwierigkeiten. Was ich intuitiv erfasst hatte, konnte ich oft nur schwer mit Worten zum Ausdruck bringen. So hat das »Von-der-Seele-Schreiben« meines bescheidenen Wissens mir sehr geholfen, Klarheit zu gewinnen – und Platz geschaffen für weiterreichende Erkenntnisse, die ich dann ebenfalls in dieses Buch habe einfließen lassen können.

Das Studium der Kampfkunst ist ein nie endender Vorgang. Dies ist mit ein Grund, warum ich meine Aussagen im Text nicht selten schon durch die Formulierung relativiert habe; jeder Absolutheitsanspruch wäre hier fehl am Platze. Denn naturgemäß sind meine Ansichten und Meinungen auch von Subjektivität geprägt, und zweifellos gibt es Personen, die mehr wissen als ich.

Sicher werden nicht alle meine Thesen widerspruchslos hingenommen werden. Das ist gut so. Auch für mich wurde mehr als einmal durch einen neu erlernten Sachverhalt mein gesamtes Bild des Karate oder der Kampfkunst als solcher ins Wanken gebracht. Für den Fortschritt braucht es Denkanstöße und die Bereitschaft, sich dem Neuen zu öffnen. Das Karate befand sich seit seinen Ursprüngen in einem Jahrhunderte andauernden Entwicklungsprozess, in dem vieles erprobt und wieder verworfen wurde. Techniken entstanden intuitiv auf Basis von Erfahrungen im Zweikampf oder durch kühle Überlegung und eben auch aus der Bereitschaft, das bisher für richtig Gehaltene zu hinterfragen.

Mit diesem Buches will ich andere Karateka an den Kenntnissen und Erfahrungen meiner eigenen Kampfkunstpraxis, insbesondere beim Üben und Vermitteln von Kata, teilhaben lassen und ihnen die Ergebnisse meiner Nachforschungen über die Kampfkunst Karate zur Verfügung stellen. Dies ist mit dem Wunsch verbunden, sie durch meine Überlegungen bei ihrer eigenen Suche zu motivieren. Ich hoffe, dies ist mir gelungen.

Anhang

Glossar

Age-uke: »Anhebend annehmen«; gemeint ist die Abwehr nach oben mit dem Unterarm.

Avalokiteshvara: Bodhisattva des universellen Mitgefühls, wurde im chinesischen Buddhismus dann später zu Kuanyin, einer eher weiblichen Gottheit, die in Japan als Kannon bekannt ist.

Bodhisattva: Mensch, der es im Laufe vieler Inkarnationen erreicht hat, die Erleuchtung zu erfahren und damit bereit ist, ins Nirwana, den Zustand jenseits von Leben und Tod, überzutreten, aber zunächst darauf verzichtet, um anderen Wesen zu helfen, dasselbe zu erreichen.

Chūdan-kamae: »Haltung der mittleren Stufe«; die Hände befinden sich etwa in Bauch- oder Brusthöhe.

Dantian: Wörtlich »Zinnoberfeld«; ein Begriff aus der inneren Alchimie der frühen Daoisten. Man bezeichnet hiermit eine Zone des Körpers mit besonderer Qualität. Im Falle des unterhalb des Nabels in einiger Tiefe des Körpers gelegenen *unteren* Dantian ist es die eines unbegrenzten Speichers des Qi. Es gibt neben dem unteren noch ein *mittleres* Dantian in der Brust mit einem besonderen Verhältnis zu Gemüt und Intuition sowie ein *oberes* Dantian im Bereich der Stirn mit spirituellem Bezug.

Daoismus: Philosophie chinesischen Ursprungs mit religiösem Charakter. Zwar werden keinerlei Gottheiten, aber die Natur an sich verehrt, derart, dass man sich ihrem Prozess, dem *Dao* (oder *Tao*), einfügen sollte, um glücklich zu werden.

Du-mai: »Lenkendes Gefäß«; zentraler, im Bereich der Wirbelsäule gelegener Kanal des Qi, in dem sich vornehmlich Yang-Qi nach oben bewegt.

Enbu-sen: »Vorführungslinie«; Schritt- und Aktionsrichtungsdiagramm einer Kata.

Feng-Shui: Wörtlich »Wind und Wasser«; Lehre und Praxis der chinesischen Geomantie. Ziel ist es, die Wirkungen von Landschaft und Gebäuden auf den Menschen zu verstehen und die Harmonie raum-zeitlicher Verhältnisse zu erhalten oder wiederherzustellen.

Furi-zuki: »Wirbelstoß«; im weiten Bogen ausgeführter Stoß um die gegnerische Deckung herum.

Gyaku-zuki: »Umgekehrter Stoß«; der Begriff bezieht sich auf die Position der Füße. In diesem Falle befindet sich der Fuß auf der Seite des stoßenden Armes hinten, im Gegensatz zur als *oi-zuki* oder *jun-zuki* bezeichneten Technik.

Haitō-uchi: »Oberschwert-Schlag«; gemeint ist die stumpfe Seite der Klinge. Getroffen wird mit der daumenseitig gelegenen Innenhandkante.

Han-chinesisch: Das heutige China ging aus mehreren Gebieten verschiedener Volksstämme hervor. Nach deren Einigung durch die *Qin* waren es die *Han*, die für mehrere Jahrhunderte das Gesamtreich regierten. Sie prägten im kulturellen Bereich wesentlich das, was wir heute als typisch chinesisch ansehen. Die erste Han-Dynastie dauerte von 206 v. u. Z. bis 220.

Hanmi: »Halb gesehen«; bei schräger Ausrichtung des eigenen Körpers ist dessen Frontalseite für den Gegner nur zu 50 Prozent sichtbar.

Harai-uke: »Fegend annehmen«; in der Regel ist die weiträumig ausgeführte Abwehr mit dem Unterarm zur unten Stufe gemeint. Ein ebenso gebräuchlicher Ausdruck ist deshalb auch *gedan-barai*.

Heikō-dachi: »Parallel-Stellung«; die Füße stehen schulterbreit auseinander, mit den Fußaußenkanten parallel zueinander. Die Knie sind gelöst, also nicht ganz durchgestreckt.

Heisoku-dachi: »Zusammen-Fuß-Stellung«; die Füße stehen bei natürlich lockeren Knien parallel nebeneinander.

Innere Kampfkünste: In der Kampfkunsttradition Chinas werden Systeme, die bemüht sind, einen Kampf allein durch Nutzbarmachung und Bündelung des Qi zu entscheiden, von den *Äußeren* Kampfkünsten abgegrenzt, die dies primär durch technische Perfektionierung oder Muskelkraft anstreben.

Jigen-ryū: Vornehmlich in der Satsuma-Provinz im Süden der Insel Kyūshū beheimatete Schule des Schwertkampfs. Sōkon Matsumura hat geraume Zeit im Rahmen seiner administrativen Aufgaben am Hofe der Satsuma, welche über lange Zeit Okinawa besetzt hielten, verbracht und dort diesen Stil des Schwertkampfes erlernt.

Jiyū-kumite: »Freie Partnerübung«; meist geregelter, freier Kampf.

Jōdan: »Obere Stufe«; gemeint ist der Kopf als Angriffsregion. Als *chūdan* – »mittlere Stufe« – wird der Bereich von Brust bis zur Taille und alles darunter als *gedan* – »untere Stufe« – angesehen.

Kagi-zuki: »Riegelstoß«; ein Stoß »um die Ecke«.

Kaishu-yoko-uke: Seitwärtsabwehr mit geöffneter Hand.

Kake-te: »Überbrückende Hand«.

Kanpo: Traditionell-japanische Medizin, vornehmlich Kräuterkunde: der Ausdruck *kan* weist, analog wie das Wort *kanji*, auf die *Han*-Dynastie, zu deren Zeit die chinesische Medizin in ihren wesentlichen Teilen nach Japan gelangte.

Kanji: »Han-Buchstabe«; der Ausdruck weist indirekt auf den Ursprung der Schrift hin, die wie praktisch die gesamte Kultur Japans aus China stammt. Die

Bezeichnung erfolgte in Anlehnung an die während der Übernahme der Schrift in China regierende Herrscherdynastie.

Kizami-zuki: »Hackstückelnd stoßen«; gemeint ist ein kurzer, für den Gegner oft sehr überraschend ausgeführter Stoß mit der vorderen Faust.

Kobudō: »Altes Budō«; heutzutage wird unter dem Begriff die Kampfkunst Okinawas verstanden, bei der besondere Waffen benutzt werden.

Kohai: »Der spätere Kamerad«; jemand, der später mit Karate anfing als man selbst.

Kokutsu-dachi: »Nach-hinten-gebeugt-Stellung«; das Körpergewicht befindet sich bezüglich der Blickrichtung mehr auf dem hinteren Bein. Tiefe Stellung mit weit auseinander stehenden Füßen. Es gibt innerhalb der Stilrichtungen verschiedene Varianten.

Mae-geri: »(Nach) vorn treten«; Fußtritt nach vorn.

Makiwara: »Wickelstroh«; dies bezieht sich auf das Polster an dem mit dem Wort allgemein bezeichneten Schlagpfosten.

Mawashi-geri: »Kreisförmig treten«; kreisförmiger Fußtritt.

Mawashi-zuki: »Kreisförmig stoßen«.

Mudra: Besondere Position der Hände, in denen bestimmte Finger einander berühren, überkreuzen usw., wodurch Kanäle des Qi miteinander verbunden werden, was gewisse Übungen der Meditation erleichtert oder möglich macht.

Nagashi-uke: »Fließendes Annehmen«.

Naha-te: Zusammenfassende Bezeichnung für Methoden des Kampfes, die (angeblich) bevorzugt in der Hafenstadt Naha ausgeübt wurden. Naha ist heute die Hauptstadt Okinawas.

Nuki-ashi: »Strecke-Fuß«; gemeint ist das Aufsetzen der Fußspitze bei einem Übersetzschritt.

Oi-zuki: »Hingehen-Stoßen«; es wird die Distanz zum Gegner durch einen Ausfallschritt überbrückt und dann gestoßen, wobei dann meist Fuß und Hand derselben Körperseite vorn stehen.

Ryūha: Klassisch-historische Stilrichtung der japanischen Kampfkünste; *ryū* bedeutet in etwa »Schule« oder »Strömung« und bezieht sich demnach auf den informativen Inhalt, während das Wort *ha* für »Abgrenzung« zu anderen Schulen steht. Eine Schule kann sich demnach in verschiedene Linien aufspalten. Oft handelt es sich um Familientraditionen, die bis in das 11. Jahrhundert zurückgehen.

Seiza: Der »rechte Sitz«; formeller Sitz mit untergeschlagenen Beinen und aufrechtem Oberkörper.

Seiken: Die »rechte Faust«; heutige Standardfaust.

Senpai: »Vorheriger Kamerad«; jemand, der deutlich mehr Jahre mit dem Training zugebracht hat als man selbst, der also schon »vorher« begonnen hat.

Sensei: Der »zuvor Geborene« und damit Erfahrenere; in Japan als Titulierung für Lehrer, aber auch Ärzte, Rechtsanwälte und weitere Wissensautoritäten gebraucht.

Shaolin: »Kleines Wäldchen«; Bezeichnung für wahrscheinlich mehrere buddhistische Klöster, in denen neben der Meditation auch die Kampfkunst als Mittel zur Vollendung des Weges geübt wurde.

Shihan: In etwa »Lehrmeister«; in Japan offizieller Titel.

Shiko-dachi: In etwa »Vier-Schenkel-Stellung«; viereckig anmutende tiefe Stellung; die Füße stehen anderthalb bis zwei Schultern weit auseinander, die Fußspitzen zeigen jeweils 45 Grad nach außen. Der Begriff ist dem traditionellen Zeremoniell der Sumo-Ringer entlehnt, bei dem sie ein Bein hoch in die Luft strecken und danach mit dem Fuß aufstampfen.

Shiai: »Probe-Harmonie«; im Sinne von Wettstreit oder Spiel. Im Karate werden Wettkämpfe in den zwei Disziplinen Kata und Kumite ausgetragen.

Shōrei-ryū: »Schule der leuchtenden Seele«; angeblich die Vorläufermethode des Naha-te.

Shōrin-ryū: »Schule des kleinen Wäldchens«; angeblich die Vorläufermethode des Shuri-te.

Shuri-te: Zusammenfassende Bezeichnung für Methoden des Kampfes, die überwiegend im Raum der früheren Hauptstadt Okinawas Shuri, dem Sitz des Königs, ausgeübt wurden. Der Begriff dient heute der groben Abgrenzung verschiedener Stilrichtungen oder ihrer Kata von anderen anhand bestimmter Kriterien, wie deren Technik oder Geschichte.

Soto-hachiji-dachi: »Außen-Buchstabe-8-Stellung«; die chinesische Schreibweise für »8« besteht aus zwei spiegelsymmetrischen schrägen Strichen (八). Die Fußspitzen sind leicht nach außen gerichtet.

Stilrichtungen des Karate: Entstanden in den 1920er und 1930er Jahren, analog den klassischen Ryūha, hauptsächlich aus den Strömungen Shuri-te und Naha-te, zunächst in Japan, später dann auch auf Okinawa selbst. Die meisten sind miteinander verwandt, beziehungsweise überschneiden sich hinsichtlich Technik und Übungspraxis.

Sukui-uke: »Auffangend annehmen«; weich ausgeführte Abwehrtechnik, bei der Arm oder Fuß des Gegners von unten her aufgefangen werden.

Tachi-kata: »Art und Weise zu stehen«; gemeint sind Fußstellungen.

Tateken: »Senkrechte Faust«; um 90 Grad gedrehte Standardfaust.

Teishō: In etwa »Vordertatze«; gemeint ist der Handballen.

Tōde-jutsu: »Tang-Hand-Methode«; im alten Okinawa gebrauchter Ausdruck, der die (im 17. und 18. Jahrhundert) aus China kommende Kampfkunst von den schon bestehenden Formen der Verteidigung abgrenzen sollte. *Tang* bezieht sich auf die von 618 bis 907 dauernde Tang-Dynastie.

Tomari-te: Zusammenfassende Bezeichnung für Methoden des Kampfes, die überwiegend im Raum der früheren Ortschaft Tomari ausgeübt wurden. Tomari ist heute ein Stadtteil von Naha-City.

Uchi-hachiji-dachi: »Innen-Buchstabe-8-Stellung«; die chinesische Schreibweise für »8« besteht aus zwei spiegelsymmetrischen schrägen Strichen (八). Die Fußspitzen sind nach innen gerichtet.

Uraken-uchi: »Kehrfaust-Schlag«; Schlag mit der Rückseite der Faust.

Ura-zuki: »Umgekehrt stoßen«; im Gegensatz zum »normalen« Stoß, bei dem der Faustrücken nach oben weist.

Ushiro-geri: »(Nach) hinten treten«.

Washi-te: »Adlerkralle«; offene Haltung der Hand mit krallenförmig gebogenen Fingern.

Wa-uke: »Ring-Abwehr«; Aufwärtsbewegung der beiden leicht gebogenen Arme, derart, dass sich die Hände beinahe berühren.

Yakusoku-kumite: »Vereinbarungs-Partnerübung«; Angriffs- und Verteidigungsaktion werden abgesprochen. Bisweilen erfolgt vor dem Angriff eine verbale Ankündigung über die Art des Angriffs oder dessen Angriffsstufe.

Yoko-geri: »(Zur) Seite treten«.

Yoko-uke: »Seitwärtiges Annehmen«; Abwehr mit dem Unterarm. In mehreren Stilrichtungen auch als *Uchi-ude-uke* – »Innen-Unterarmabwehr« – bekannt. Eine andere Form der seitlichen Abwehr wird mitunter als *Yoko-uchi-uke* – »Seit-Schlag-Abwehr« – bezeichnet. Man kennt sie auch als *Soto-ude-uke* – »Außen-Unterarm-Abwehr« –, wobei sich *außen* auf den Weg bezieht, den der Arm beschreibt, und zwar *von* außen *nach* innen. Es sind weitere Bezeichnungen möglich und üblich.

Yubi-basami: »Finger-Schere«; eine Handhaltung, bei der Daumen und Zeigefinger abgespreizt und die restlichen drei Finger eingerollt werden.

Zenkutsu-dachi: »Nach-vorn-gebeugt-Stellung«; das Körpergewicht befindet sich tendenziell mehr auf dem vorderen Bein. Tiefe Stellung mit relativ weit auseinander stehenden Füßen.

Literatur

Bishop, Mark: *Okinawan Karate*
Tuttle Publishing, North Clarendon (USA), 1999

Bittmann, Heiko: *Karate-dō – Der Weg der Leeren Hand*
Verlag H. Bittmann, Ludwigsburg, 1999

Clark, Rick: *Pressure Point Fighting*
Tuttle Publishing, North Clarendon (USA), 2001

Egami, Shigeru: *The Way of Karate – Beyond Technique*
Littlehampton Book Services Ltd., Durrington (England), 1976

Funakoshi, Gichin: *Karate-dō Kyōhan*
Kodansha International, Tōkyō (Japan), 1973

Funakoshi, Gichin: *Karate-dō – Mein Weg*
Kristkeitz Verlag, Heidelberg, 2001

Funakoshi, Gichin: *Ryūkyū Kenpō Karate*
Bukyōsha, Tōkyō (Japan), 1922

Jin Yiming: Secrets of Wudang Boxing
übersetzt ins Englische von Yuriko und Patrick McCarthy
International Ryūkyū Karate Research Society, Yokohama (Japan), 1994

Kuhn, Thomas: *Die Struktur wissenschaftlicher Revolutionen*
Suhrkamp Verlag, Frankfurt, 2001

Leung, Ting: *108 Movements of the Shaolin Wooden-Men Hall – Part Two*
Hrsg.: Leung Ting
Leung Ting Company, Hong Kong (China), 1994

Lin, Yutang: *Die Weisheit des Laotse*
Fischer Taschenbuch Verlag GmbH, Frankfurt a. M., 1989

Mabuni, Kenei: *Leere Hand – Vom Wesen des Budō*
Hrsg. Carlos Molina
Palisander Verlag, Chemnitz, 2007

Mabuni, Kenwa und Nakasone, Genwa: *Invitación al Karate-Dō (Karate-Dō Nyūmon)*
Miraguano Ediciones, Madrid, 2002

McCarthy, Patrick: *The Bible of Karate: Bubishi*
Tuttle Publishing, North Clarendon (USA), 1995

Miyagi, Chōjun: *Karate-Dō Gaisetsu – Outline of Karate-Dō*
übersetzt von Yuriko und Patrick McCarthy; veröffentlicht in

McCarthy, Patrick: *Ancient Okinawan Martial Arts*
Vol. 2
Tuttle Publishing, North Clarendon (USA), 1999

Miyamoto, Musashi: *The Book of Five Rings*
Übers. u. Hrsg. Thomas Cleary
Shambhala Publications, Boston (USA), 1994

Motobu, Chōki: *Watashi no Karate no michi*
veröffentlicht in Iwai, Kohaku: *El Maestro Chooki Motobu y el Karate de Okinawa*
Miraguano Ediciones, Madrid (Spanien), 2003

Nagamine, Shoshin: *The Essence of Okinawan Karate-Dō*
Tuttle Publishing, North Clarendon (USA), 1976

Nakayama, Masatoshi: *Best Karate – Heian, Tekki*
Kodansha International, Tōkyō (Japan), 1979

Ōtsuka, Hironori: *Wadō Ryū Karate*
Ins Englische übersetzt von Shingo Ishida,
Hamilton, Ontario (USA), 1997

Sakagami, Ryūshō: *Karate-Dō Taikan Pinan*
Kyūsei Printing Inc., Tōkyō (Japan), 1976

Sawabe, Shigeru: *Passai – Bassai*
Hrsg. Kageyama Kōfu
Nihon Karate-dō Rengo-kai, Ōsaka (Japan), 1982

Sun Zi (Sun Tsu): *The Art of War*
Übers. u. Hrsg. Thomas Cleary
Shambhala Publications, Boston (USA), 1991

Swift, Joe: *Channan: The Lost Kata of Itosu?*
Dragon Times, Issue No. 18,
Dragon Associates Inc., Thousand Oaks, (USA), 2001

Tokitsu, Kenji: *Budō. Le Ki et le sens du combat*
Éditions dés Iris, Paris, 2003

Tokitsu, Kenji: *La recherche du ki dans le combat*
Éditions dés Iris, Paris, 2004

Yagyū, Munenori: *The Sword and the Mind*
The Overlook Press, New York,1986

Zhuang Zi: *Das wahre Buch vom südlichen Blütenland*
Holzinger, Berlin, 2013

Roland Habersetzer – Die Grundtechniken des Karate

Ein Handbuch über die Grundlagen des Karate

Sensei Roland Habersetzer, 9. Dan, stellt anhand von mehr als 1 000 präzisen Zeichnungen über 100 Einzeltechniken des Karate vor. Die wesentlichen Punkte für jede Technik werden klar und verständlich dargelegt. Sämtliche Grundtechniken (Kihon waza), die die Karateka des Shôtôkan und des Wadô-ryû vom Weißgurt bis zum 1. Dan beherrschen müssen, werden auf nachvollziehbare Weise präsentiert.

Darüber hinaus werden die zehn Grundlagen, auf denen die Techniken und der Geist des Karate beruhen, erläutert, und es erfolgt eine Einführung in das Kumite mit zahlreichen Übungsbeispielen.

Dieses Buch stellt ein umfassendes Handbuch dar, das dem Karateka, unabhängig von seiner Stilrichtung, auf jeder Stufe seiner Entwicklung wertvolle Anregungen für sein Training gibt.

»Das Wesentliche beim Kihon lässt sich mit den folgenden Stichpunkten zusammenfassen: Respekt vor der Form der Ausführung, Konzentration, Präzision, Kontrolle, Wille nach Vervollkommnung, andauernde Geduld … Allesamt Konzepte, die nicht unbedingt dem herrschenden Zeitgeist entsprechen. In der heutigen Gesellschaft geht es fast immer nur darum, so rasch wie möglich die gewünschten Ergebnisse zu erreichen, am besten augenblicklich. Dennoch ist alle Mühe gerechtfertigt. Ein Baum, dessen Wurzeln gekappt werden, stirbt. Der erste Windstoß wird ihn umstürzen. Die Wurzeln einer jeden Kampfkunst sind die Grundtechniken. Damit ist alles gesagt.«

(Auszug aus der Einleitung)

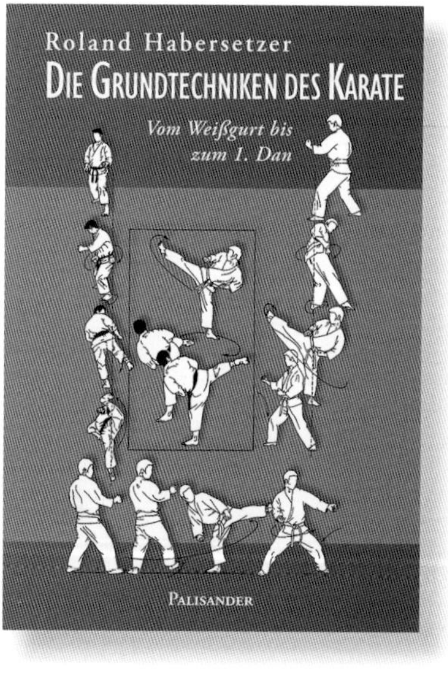

Roland Habersetzer
Die Grundtechniken des Karate
Vom Weißgurt bis zum 1. Dan
272 S., ca. 1000 Zeichnungen und 26 Fotos
1. Auflage 2011
ISBN 978-3-938305-18-8
€ 19,90
Auch als eBook erhältlich!

Karate der Meister – Mit Körper und Geist

Eine harmonisch entwickelte Einheit von Körper und Geist

Dieses Lehrbuch, eine Wiederauflage des Titels von 1994, wendet sich an fortgeschrittene Karateka. Es hat den Anspruch, sie tiefer in die Welt des Karatedô zu führen und ihnen dadurch zu ermöglichen, den grundlegenden Dingen ihrer Kampfkunst näherzukommen.

Roland Habersetzer möchte mit seinem Werk dem erfahrenen Karateka Perspektiven eröffnen, die es ihm erlauben, Karate als lebenslangen Weg zu betreiben, während er die drei klassischen Entwicklungsstufen (Shu-Ha-Ri) vom Schüler zum Meister durchschreitet. Karatedô heißt für den Autor, »kämpfen zu lernen mit Herausforderung der inneren Energie (Ki), die in jedem Wesen existiert, aber meistens verborgen bleibt«.

Nach einem Abschnitt über Tradition und Karate wird im ersten Teil des Buches auf zentrale Themen wie Aktivierung der Kraft des Hara, Kime und die Beherrschung der Distanz im freien Kampf sowie verschiedene Abwehrtechniken, z. B. die Abwehr mit doppelter Wirkung, eingegangen.

Der zweite Teil behandelt Kampfstrategien. Es wird gezeigt, wie man passives und aktives Verhalten nutzen kann, um dem Angreifer Fallen zu stellen, und welche Mittel der Täuschung es außerdem gibt. Ein weiteres Kapitel beschreibt Techniken von Tiger, Kranich und Drachen.

Den Leser erwarten eine Vielzahl anspruchsvoller Techniken, dargestellt mittels klarer und übersichtlicher Zeichnungen, zahlreicher Fotos und ausführlicher Beschreibungen, eingebettet in den philosophischen und geistigen Hintergrund des Karatedô.

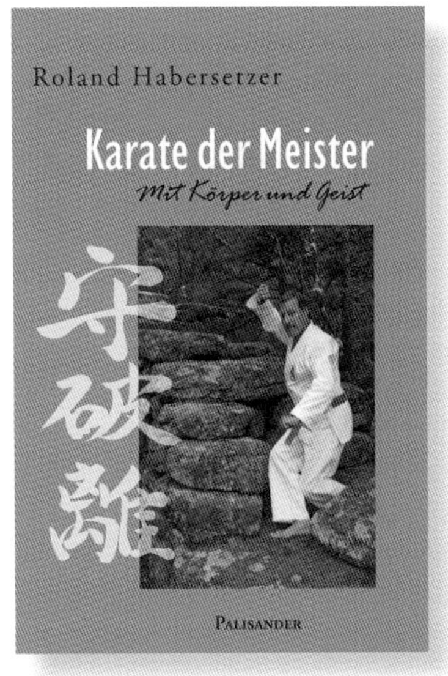

Roland Habersetzer
Karate der Meister – *Mit Körper und Geist*
320 Seiten mit zahlreichen Abbildungen
1. Auflage 2010
ISBN 978-3-938305-16-4
25,90 €

Mabuni Kenei: Leere Hand – Vom Wesen des Budô-Karate

Das Lebenswerk eines Großmeisters des Karatedô

Budô ist der Weg der traditionellen japanischen Kampfkünste. Mabuni Kenei ist diesem Weg bis heute durch nahezu acht Jahrzehnte gefolgt. Er gehört zu den letzten Meistern, die bei den Gründervätern des modernen Karatedô in die Lehre gegangen sind. Der Sohn und Erbe Mabuni Kenwas, des Gründers des Shitô ryû, ist im Lauf seines Lebens zu einem tiefen Verständnis vom Wesen des Karate als Budô-Kampfkunst gelangt. Auf lebendige, fesselnde Weise versteht er es, dem Leser dieses außerordentlich komplexe und vielschichtige Wissen nahezubringen. Dies geschieht in Form von Lebenserinnerungen, technischen Erläuterungen, historischen und philosophischen Ausführungen, Legenden und anekdotischen Begebenheiten aus dem Leben berühmter Samurai und Budôka (u. a. Meister des Schwertkampfes, des Aikidô, des Okinawa-te und des Karate).

Mabuni Kenei, Träger des 10. Dan, wurde 1918 auf Okinawa, dem Ursprungsort des Karatedô, geboren. Als Sohn eines der bedeutendsten Karateexperten in der Geschichte der Kampfkünste lernte er in seiner Jugend viele der großen Meister des Budô kennen, so z. B. Miyagi Chôjun, Motobu Chôki, Konishi Yasuhiro, Fujita Seiko und Funakoshi Gichin. Im Alter von 34 Jahren übernahm er den Vorsitz des Shitô ryû. Noch heute, im hohen Alter, hält er regelmäßig Lehrgänge in verschiedenen Teilen der Welt ab, in denen er authentisches Karatedô vermittelt.

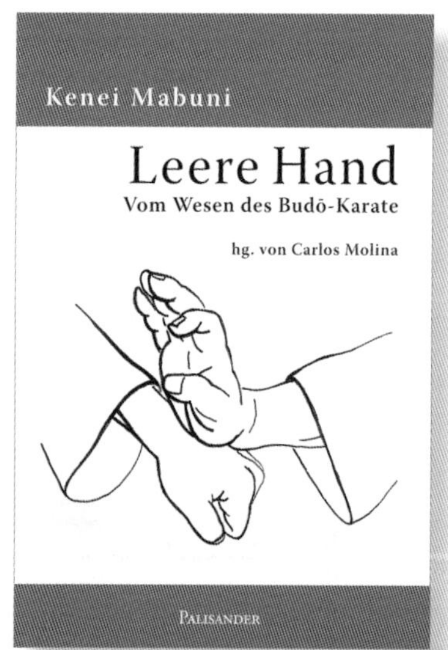

Dieses Werk, aus dem eine ebenso vergessene wie wertvolle Vergangenheit zu uns spricht, ist eine Einladung, dem Weg des »vollendeten Menschen« zu folgen, welcher der wahre Weg des Karatedô ist. Sôke Mabuni geht sogar über diesen Weg hinaus, indem er Verbindungen zu buddhistischer, taoistischer und konfuzianischer Spiritualität knüpft. Möge seine Botschaft gelesen und verstanden werden.

Roland Habersetzer

Kenei Mabuni
Leere Hand – *Vom Wesen des Budô-Karate*
Aus dem Japanischen von Bernd Winter
Herausgegeben von Carlos Molina
256 Seiten mit 100 Abbildungen
3. Auflage 2014
ISBN 978-3-938305-05-8
19,80 €

Jamal Measara: Verschollene Traditionen des Okinawa-Karate

Traditionen für unsere Zeit

Der aus Malaysia stammende Jamal Measara genießt weltweit den Ruf eines der besten Kenner der klassischen okinawanischen Kampfkünste. Anhand zahlreicher Beispiele und Geschichten zeigt der Schüler von Shimabukuru Zenpo und Donn F. Draeger in diesem Buch, was die Philosophie und die Praxis des Okinawa-Karate auszeichneten. Zu den Themen zählen die Rolle der Geduld, die Bedeutung des Respekts, das Verhältnis zwischen Lehrer und Schüler, die Beziehung zwischen Kampfkunst und Heilkunde sowie traditionelle Methoden zum Muskelaufbau und zur Abhärtung. Ein großer Teil des Buches ist den Kampftechniken des klassischen Karate gewidmet. Mit Hilfe von Fotografien und Erläuterungen werden eine Reihe konkreter Anwendungen von Techniken aus den alten Kata vorgestellt, von Verteidigungen, die zugleich als Angriffe eingesetzt werden, bis hin zu Vitalpunkttechniken. Besonderer Wert wird darauf gelegt, aufzuzeigen, dass die Kampftechniken einst von kampferprobten Meistern für den Zweck der Selbstverteidigung entwickelt wurden. Im modernen Karate werden viele davon kaum noch gelehrt, weil sie für den sportlichen Wettkampf nicht geeignet sind.

Der Autor erläutert, welche nützliche Rolle Tradition in der modernen Zeit spielen kann. Schülern des Karate sollen die Möglichkeiten, die ihre Kampfkunst ihnen bieten kann, gezeigt werden, nicht nur hinsichtlich der Entwicklung ihrer kämpferischen Fähigkeiten, sondern auch für ihre Persönlichkeitsentwicklung, welche im klassischen Budō eine zentrale Rolle spielt. Tatsächlich kann Karate-dō einen lebenslangen Weg darstellen, eine umfassende Schule des Lebens.

Karatetrainer erhalten zahlreiche Anregungen, wie sie die Ausbildung ihrer Schüler reichhaltiger gestalten können.

Sensei Measara lebt seit 1980 in Deutschland. In seinen Lehrgängen, die ihn in zahlreiche Länder führen, verbreitet und lehrt er die klassischen Kampfkünste Okinawas.

Jamal Measara
Die verschollenen Traditionen des Okinawa-Karate
160 Seiten, ca. 280 Fotos
1. Auflage 2012
ISBN 978-3-938305-11-9
€ 18,90

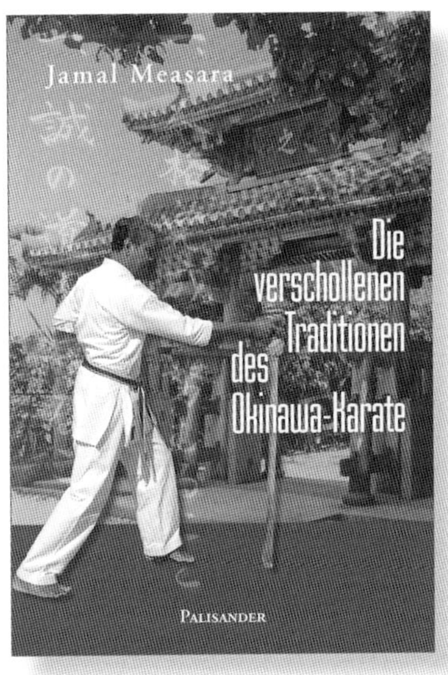

Koshiki Kata

Die klassischen Kata des Karatedô

Die Kata der großen Stilrichtungen des Karate – Shôtôkan ryû, Gôjû ryû, Wadô ryû und Shitô ryû – besitzen eine gemeinsame Grundlage, die Koshiki Kata. Diese klassischen Kata des Karatedô stammen aus Okinawa. Die Meister, die sie zwischen dem 17. und 19. Jahrhundert schufen, schöpften dabei sowohl aus chinesischen Quellen (die Tao des Wushu) als auch aus der jahrhundertealten einheimischen Kampfkunsttradition, dem Tôde bzw. dem Okinawa te. Die Koshiki Kata wurden einerseits als hocheffiziente, verschlüsselte Kampfformen konzipiert, andererseits stellen sie aber auch ein wirksames Mittel für die geistige Entwicklung des Praktizierenden dar, einen Weg zu tiefer Selbsterkenntnis. Damit sind sie tatsächlich unerschöpfliche Fundgruben, unendliche Schätze.

Roland Habersetzer, 9. Dan *Karatedô*, Historiker der Kampfkünste, schildert in diesem Buch Geschichte, Philosophie und Praxis der *Koshiki Kata*. Parallel dazu beschreibt er die Entwicklung vom *Tôde* über das *Okinawa te* zum modernen Karate und die Herausbildung der bedeutendsten Stilrichtungen des japanischen und okinawanischen *Karatedô*.

28 der *Koshiki Kata* werden ausführlich und auf praktisch nachvollziehbare Weise in Wort und Bild vorgestellt, so z. B. die 16 Kata der Schule des Matsubayashi Shôrin ryû (die fünf Pinan, die drei Naihanchi-Kata, Kûshankû, Passai, Ananko, Wankan, Rôhai, Wanshu, Chintô, Gojûshiho), acht personalisierte Kata, Itosu no Kûshankû, Matsumura no Passai, Chibana no Passai, Aragaki no Sôchin u. a.), zwei Kata des Uechi ryû (Sanchin und Seisan) und die Happoren-Kata.

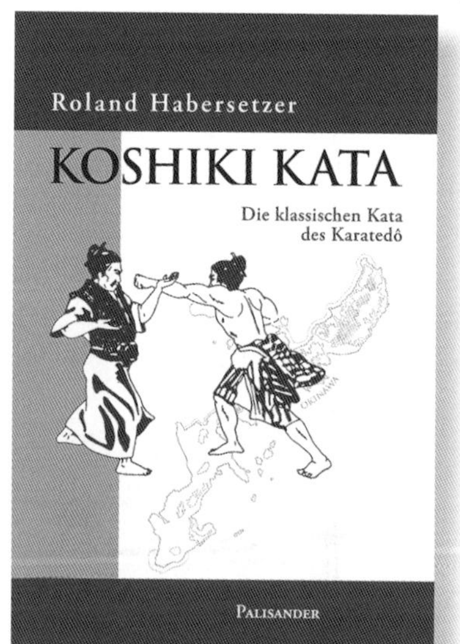

Roland Habersetzer
Koshiki Kata
Die klassischen Kata des Karatedô
400 Seiten mit zahlreichen Abbildungen
3. Auflage 2014
ISBN 978-3-938305-01-0
26,80 €

39 Karate-Kata

Die wichtigsten Kata aus drei Hauptstilen des Karatedô

Es gibt im modernen Karate vier Hauptstilrichtungen. Neben dem von Funakoshi Gichin geschaffenen Shôtôkan-ryû sind dies die Schulen des Gôjû-ryû (Miyagi Chôjun), des Wadô-ryû (Ôtsuka Hironori) und des Shitô-ryû (Mabuni Kenwa). Die Grundlage jedes Karatestils sind seine Kata. In diesen komplexen Bewegungsabläufen ist das gesamte Wissen einer Schule enthalten, ihre Techniken und selbst ihre Philosophie. Die Kata wurden in der Vergangenheit von den großen Meistern des Kampfes mit leerer Hand auf Okinawa, der Wiege des Karatedô, geschaffen. Manche von ihnen haben Wurzeln, die Jahrhunderte zurückreichen. In ihnen sind Einflüsse chinesischer Taolu ebenso zu finden wie die Erfahrungen der Okinawaner im Kampf gegen die Besatzung durch die Samurai aus Satsuma.

Im einzelnen werden anhand von 2540 hochpräzisen Zeichnungen des Autors und ausführlichen technischen Beschreibungen 12 Kata des Gôjû-ryû, 17 Kata des Wadô-ryû und 10 Kata des Shitô-ryû dargestellt. Aus dem Gôjû-ryû werden sämtliche 12 Kata, die der Stilgründer festgelegt hat, vorgestellt, von den beiden Kata Gekisai-dai bis zur Sûpârinpai. Mit Ausnahme der Kata Jitte werden auch sämtliche im Wadô-ryû praktizierten Kata vorgestellt, einschließlich der von Meister Ôtsuka geschaffenen 10 Serien der Kihon kumite kata. Aus dem Shitô-ryû werden die 5 Kata Pinan sowie die Kata Shihôzuki, Bassai, Gojûshiho, Niseishi und Rôhai vorgestellt. Andere Kata dieses Stils sind in ihren Abläufen den entsprechenden Kata aus Gôjû-ryû und Wadô-ryû sehr ähnlich.

Roland Habersetzer Hanshi, 9. Dan, hatte Gelegenheit, die Kata der verschiedenen Stilrichtungen bei einigen der besten Meister in Japan zu studieren. Er hat dieses Buch sowohl als Handbuch für die Praktizierenden der einzelnen Schulen verfasst, als auch in der Absicht, dass interessierte Karateka durch vergleichendes Studium der Kata verschiedener Stile zu einem tieferen Verständnis ihrer Kunst gelangen können.

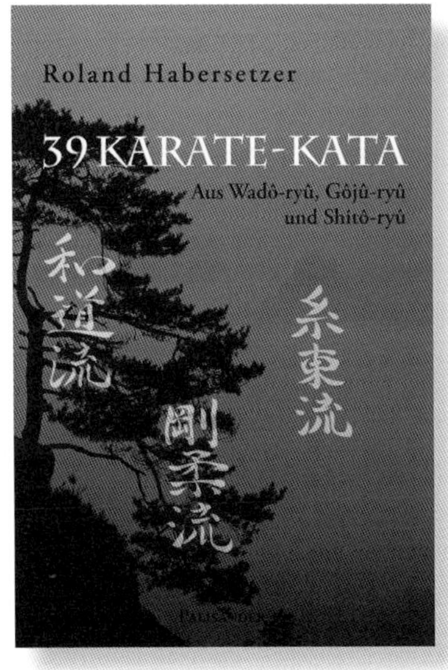

Roland Habersetzer
39 Karate-Kata
Aus Wadô-ryû, Gôjû-ryû und Shitô-ryû
432 Seiten mit zahlreichen Abbildungen
1. Auflage 2010
ISBN 978-3-938305-15-7
26,90 €

Roland Habersetzer: Kobudô 1 und 2

Ein Handbuch des Kobudô

Die Insel Okinawa ist nicht nur der Geburtsort des Karatedô, sondern auch Heimstatt eines einzigartigen Kampfkunstsystems mit Waffen: des Kobudô. Einfache Geräte des Ackerbaus und der Fischerei verwandelten sich in den Händen der freiheitsliebenden Insulaner in außerordentlich wirkungsvolle Waffen. Im 19. und 20. Jahrhundert haben die größten Meister des okinawanischen Kobudô ihre bis dahin streng geheimgehaltene Kunst kodifiziert und sie zu einer eigenständigen Budôkunst entwickelt.

Das insgesamt zweibändige Werk ist ein echtes Handbuch des Kobudô, beruhend auf den authentischen Lehren der Meister Matayoshi Shinpô (Okinawa) und Inoue Motokatsu (Japan).

Band 1 enthält die Grundlagen dieser Kampfkunst und eine Fülle von Techniken für Bô und Sai. Neben den Grundtechniken werden auch zahlreiche Beispiele für Verknüpfungen, Kumite-Techniken sowie repräsentative klassische und moderne Kata ausführlich und nachvollziehbar in Wort und Bild vorgestellt, so z. B. die Bô-Kata Shôun no kon, Shûshi no kon und Sakugawa no kon und die Sai-Kata Tsuken Shitahaku no sai, Chatanyara no sai und Hamahiga no sai.

Band 2 (ohne Abbildung) ist dem Nunchaku und dem Tonfa gewidment. Zudem wird darin auch die moderne Anwendung des Tonfa als »Mehrzweckeinsatzstock« der Polizei ausführlich abgehandelt.

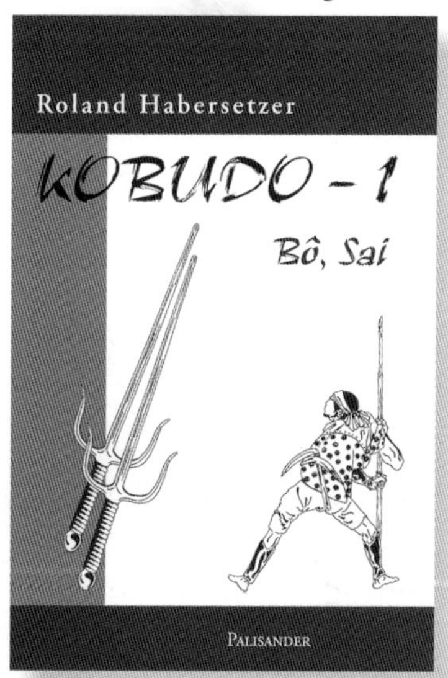

Roland Habersetzer Hanshi, 9. Dan, hatte Gelegenheit, Karate und Kobudô verschiedenen Stilrichtungen bei einigen der besten Meister in Japan zu studieren. 1973 begegnete er erstmals Matayoshi Shinpô in Naha, Okinawa, mit dem er bis zu dessen Tod 1997 freundschaftlich verbunden blieb.

Roland Habersetzer
Kobudô 1 – *Bô, Sai*
320 S., 390 Fotos, 1100 Zeichnungen
ISBN 978-3-938305-02-7
€ 25,40

Kobudô 2 – *Nunchaku, Tonfa, Polizei-Tonfa*
256 S., 370 Fotos, 600 Zeichnungen
ISBN 978-3-938305-03-4
€ 24,60

Bubishi: Mit den 32 Formen des Kaisers Song Taizu

Die Bibel der Kampfkunst mit leerer Hand

In der südchinesischen Provinz Fujian (Fukien) entstand vor Jahrhunderten der Kampfstil des Weißen Kranichs, als Fang Jin Jang, Tochter eines Shaolinmeisters, die Kampfkunst ihres Vaters mit Haltungen und Bewegungen des Kranichs verknüpfte. Dieser Stil wird im Bubishi beschrieben, einem illustrierten Manuskript, das für jene bestimmt war, die Meister im Kampf ohne Waffen werden wollten. Es zeigt sich, daß die im Bubishi beschriebenen Techniken nichts weniger darstellen als jene Urformen, aus denen sich so unterschiedliche moderne Kampfkünste wie Karate, Jûjutsu, Jûdô, Aikidô oder Wingchun entwickelt haben. Alle Geheimnisse der waffenlosen Kampfkünste sind hier bereits offenbart.

In diesem Werk werden die 48 Nahkampftechniken des Bubishi (ergänzt durch ausführliche Kommentare und detaillierte Zeichnungen des Autors), die Kunst des Dianxue (die geheimnisumwitterten Vitalpunkttechniken der »vergifteten Hand«), die Geschichte des Kampfstils des »Weißen Kranichs« sowie Geschichte und Technik der Kata Hakufa und Happoren vorgestellt.

Die vorliegende Neuauflage des Bubishi enthält zudem eine umfassende Darstellung der »32 Formen des Boxens des Kaisers Song Taizu«. Hierbei handelt es sich um ein vollständiges Kapitel des chinesischen Klassikers Ji Xiao Xin Shu von General Qi Jiguang, der 1564 erschien.

Der japanische Karatemeister Ôtsuka Tadahiko, Lehrer und Freund Roland Habersetzers, analysiert die darin vorgestellten 32 Kampfpositionen. Der Wushu-Experte Maik Albrecht übersetzte und kommentierte die Einleitung dieses Werkes, das erstmals einer nichtasiatischen Leserschaft zugänglich gemacht wird. Maik Albrecht, der bei einigen der größten lebenden Meister des Wushu (Kungfu) in die Lehre gegangen ist und chinesische Sprache und Kultur studiert hat, hat es vollbracht, den klassischen Text auf eine Weise zu übertragen und zu erläutern, daß der Leser tiefe Einblicke in die faszinierende Welt der waffenlosen Kampfkünste im alten China gewinnt.

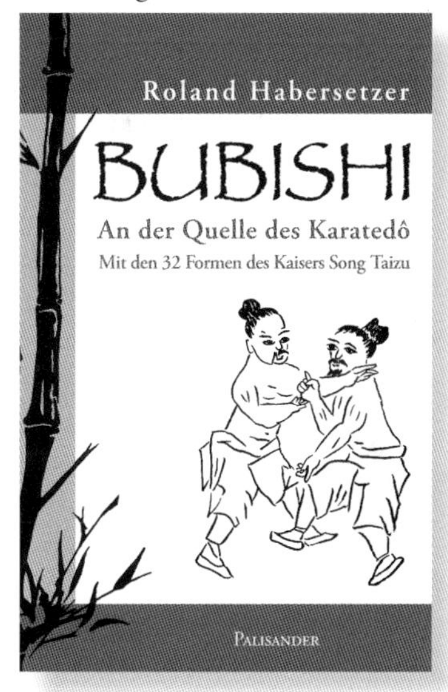

Roland Habersetzer
Bubishi – *An der Quelle des Karatedô*
Mit den 32 Formen des Kaisers Song Taizu
Aus dem Französischen von Frank Elstner
320 Seiten mit zahlreichen Abbildungen
4. Auflage 2014
ISBN 978-3-938305-00-3
25,90 €

Tai Chi als Gesundheitsübung für Kampfkünstler

Um das Jahr 1200 lebte in einem Tempel in den Wudang-Bergen ein daoistischer Mönch mit Namen Chang San-feng, ein Meister der Kampfkünste, um ein Leben im Einklang mit der Natur zu führen und den Regeln des Dao zu folgen. Der Legende nach beobachtete er eines Tages den spielerisch wirkenden Zweikampf eines Kranichs und einer Schlange. Der Sieger war Chang San-Feng: Nach Beobachtung und Analyse dieses Kampfes entwickelte er den Vorläufer des heutigen Tai Chi.

Das Wissen der »Alten« in ein neues Zeitalter zu überführen, ist das Anliegen dieses Buches. Im Unterschied zu anderen traditionellen Formen werden in der Kranichform des Tai Chi Bewegungen von Füßen und Zehen, Händen und Fingern stärker betont, um die Blutzirkulation, die Funktion des Lymphsystems und letztendlich den Fluss der Lebensenergie in den Meridianen zu fördern.

Die Kranichform des Tai Chi ist für jeden, der nach Verbesserung von Gesundheit und Wohlbefinden durch ein sanftes, leicht erlernbares Bewegungssystem sucht, geeignet. Die jahrzehntelangen Erfahrungen des Autors als Kampfkünstler und Heiler machen dieses Buch auch besonders wertvoll für Praktizierende von Kampfkünsten, die einen Ausgleich zu den harten Techniken ihrer Kunst suchen.

Zusätzlich zur Kranichform des Tai Chi, deren essentiellen Bestandteile ausführlich und nachvollziehbar vorgestellt werden, enthält das Buch auch eine detaillierte Darstellung der über 2000 Jahre alten Qigong-Form »Die sechs heilenden Laute«.

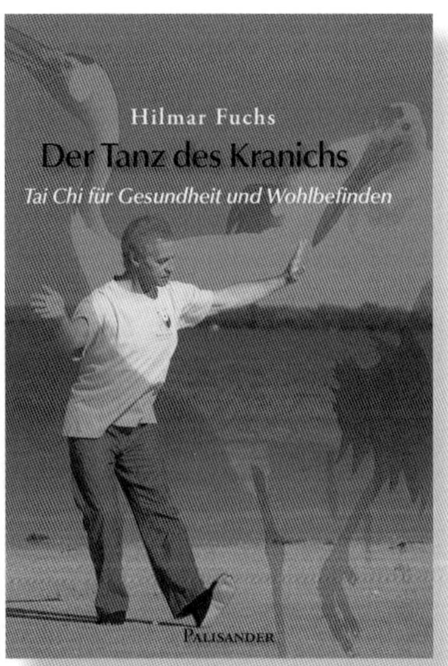

Hilmar Fuchs, Jahrgang 1948, ist Träger des 8. Dan im Karate. Zu seinen wichtigsten Lehrern zählten Dr. Georg Stiebler, Roland Habersetzer, Shigehiro Matsumura, Yasuhiko Noda und George Alexander. Durch letzteren kam er erstmals mit der Kranichform des Tai Chi in Berührung. Er ist als Heilpraktiker mit einer eigenen Praxis für Homöopathie, Isopathie und chinesische Medizin tätig.

Hilmar Fuchs
Der Tanz des Kranichs
Tai Chi für Gesundheit und Wohlbefinden
360 S., 780 Fotos, 26 Zeichnungen
1. Auflage 2015
ISBN 978-3-938305-83-6
€ 19,90

www.palisander-verlag.de